DIE GRUPPE 47

Ein kritischer Grundriß

Göttinger Seminar »Gruppe 47«: Heinz Ludwig Arnold, Karin Bertholdes, Reinhard Brenneke, Christiane Busch, Rainer Gerlach, Maria Gierse-Westermeier, Amelie Gräf, Ute Janisch, Axel Kahrs, Eberhard Koch, Ingrid Laurien, Otto Lorenz, Günter Peters, Eckhart Pohl, Wolfgang Schade, Uli Voskamp, Sybil Wagener, Anne Wallrath, Kurt Wölfl.

Herausgegeben
von Heinz Ludwig Arnold
edition text + kritik

Sonderband aus der Reihe TEXT + KRITIK

Titelbild: Günter Grass: Großer Hahnenkampf I (1978), Ätzradierung mit Kaltnadel auf Kupfer (33,3 x 40 cm).

Satz: Druckservice München-Ost GmbH
Druck: Alfred Aumaier GmbH, Unterhaching
© edition text + kritik GmbH, München 1980
ISBN 3-88377-022-1

INHALT

Vorwort 7
1 Der »Ruf« als Vorläufer der Gruppe 47 11

1.0	Vorbemerkung	12
1.1	Geschichte des »Ruf«	14
	Exkurs: Die gesellschaftspolitischen Entwicklungen der Nachkriegszeit	22
1.2	Die politische Konzeption des »Ruf«	25
1.21	Genese der politischen Position der »Ruf«-Redakteure	26
1.211	Verarbeitung und Bewältigung der Erfahrungen aus Faschismus und Krieg und des Scheiterns der Weimarer Republik	26
1.212	Zweifel am Erklärungswert des (dogmatischen) Marxismus und enttäuschte Abwendung vom Sowjetkommunismus	31
1.22	Die positive Alternative: Synthese von Humanismus und Sozialismus	32
1.221	Rückgriff auf Humanismus und Christentum	33
1.222	Einwirkungen der Tradition	35
1.223	Sozialismus als Mittel zur Verwirklichung der humanistischen Vorstellungen	37
1.224	Tendenz zu einer idealistischen Position	38
1.225	Die Auseinandersetzung mit Sozialreformismus und Sowjetkommunismus	39
1.23	Das Problem der Umsetzung des »Ruf«-Konzepts in politisches Handeln	40
1.24	Die Stellung des »Ruf« zu politischen Parteien und programmatische Berührungspunkte mit den wiedergegründeten Parteien	42
1.241	Grundsätzliches	42
1.242	Übereinstimmungen mit der SPD	42
1.243	Übereinstimmungen mit Christlichen Sozialisten in einigen CDU-Gründerkreisen	44
1.3	Die literarischen Positionen des »Ruf«	46
1.31	Hoffnung auf Erneuerung durch das Wort	46
1.32	»Kahlschlag« und Pathos des Neuanfangs	47
1.33	Präformierungen des Neuanfangs	48
1.331	Der französische Existenzialismus	49
1.332	Die Traditionen des »Abendlandes«	51
1.34	Literarische Positionen	52
1.341	Negativabgrenzung	52
1.342	Gegenvorstellung: Magischer Realismus	53
1.343	Erste Versuche neuer Literatur	55
1.35	Literatur als Garant in einer Umwelt ohne Orientierungen	56
1.36	Zum Selbstverständnis der Intellektuellen	58
1.4	Das Ende des »Ruf« als Anfang der Gruppe 47	60
1.41	Die Gründungsphase der Gruppe 47	60
1.42	Die literarische Werkstatt	61

2	**Zur literarischen Entwicklung in der Gruppe 47**	**71**
2.1	Voraussetzungen und Problemlage	71
2.2	Die literarischen Anfänge der Gruppe 47: »Kahlschlag«?	74
2.3	Entschwinden der Utopie: ›kafkaeske‹ Entfremdung	84
2.4	Autonomie der Kunst als Widerstand in einer formierten Gesellschaft	92
2.5	Abstraktion als Akt der Befreiung: Lyrik und Hörspiel	99
2.6	Die Haltung des Satirikers	109
2.7	Sackgasse und Neuansatz	114
2.8	Innovationsschübe und Gruppenkonventionen	116
2.81	Die innovativen Texte	118
2.82	Der Einfluß der innovativen Tendenzen auf konventionelle Schreibweisen	129
2.9	Lyrik und Dramatik im Schnittpunkt gruppeninterner Ansprüche	130
2.91	Das artifizielle, das hermetische und das ›engagierte‹ Gedicht	131
2.92	Revolutionstheoretische Stücke und pragmatische Konsequenzen	134
3	**Die Gruppe 47 als soziologisches Phänomen**	**140**
3.1	Vorbemerkung	140
3.2	Der Begriff ›Gruppe‹	140
3.21	Realisierung der Theorie an der Gruppe 47	142
3.211	Der Gruppenkonsens	142
3.212	Die Mitgliedschaft	144
3.213	Die Kohärenz zwischen den Tagungen	146
3.3	Die soziale Erscheinungsweise	147
3.31	Die Tagungen – Darstellung und Entwicklung	147
3.311	Das Einladungsverfahren	150
3.312	Die Lesungen	152
3.313	Die Kritik	155
3.314	Die Preisvergabe	159
3.315	Die inoffizielle Sphäre	159
3.4	Die Gruppenhierarchie	161
3.41	Hans Werner Richter	162
3.42	Günter Grass	164
3.43	Die Kerngruppe	164
3.44	Ingroups	167
4	**Die Gruppe 47 und der Literaturbetrieb**	**171**
4.0	Einführung	171
4.1	Rahmenbedingungen des Literaturbetriebs	171
4.11	Ausgangslage in den Westzonen nach 1945	171
4.12	Entwicklung der Medien in der Bundesrepublik	173
4.13	Literatur und Öffentlichkeit	175

4.2	Funktionswandel der Gruppe 47	176
4.21	Die Gruppe als literarische Werkstatt	176
4.22	Institutionalisierung der Kritik	178
4.221	Selektion für den Markt	178
4.222	Defizite des Verfahrens	181
4.223	Legitimation der Kritik	185
4.23	Die Gruppe als Marktagentur	186
4.231	Preisverleihungen	186
4.232	Umkehrung der Lesemotivation	189
4.233	Kalkulierung des Erfolgs	191
4.234	Subventionierung auf Gegenseitigkeit	193
4.24	Anwachsen der Publizität	194
4.241	Selbstkommentierung	194
4.242	Zugriff der Medien	197
4.243	Deformation der Privatheit	201
4.25	Tabuisierung des Funktionswandels	203
4.3	Verflechtung im Markt	205
4.31	Verlage	205
4.32	Literaturzeitschriften	215
4.33	Presse	218
4.34	Hörfunk	221
4.35	Fernsehen	225
4.36	Film	227
4.37	Theater	228
4.4	Monopolisierung der Literatur?	230
4.41	Repräsentanz	230
4.42	Der publizistische Streit	234
4.421	Ansatzpunkte der Gegner	234
4.422	Robert Neumanns polemischer Angriff	237
4.423	Vermarktung des Konflikts	242
5	**Der Verfall der Gruppe 47**	**251**
5.1	Skizze des Endes	251
5.2	Die ursächlichen Komponenten des Verfalls	254
5.3	Literarische Werkstatt und Literaturmarkt	255
5.4	Die Gruppe 47 und die Politik	262
5.5	Das Selbstverständnis Literatur	269
6	**Bibliographie**	**286**

VORWORT

Dieses Buch über die Gruppe 47 ist Ergebnis eines zweifachen Versuchs: zum einen sollte ein undeutlicher, von Legenden wie Polemiken gleichermaßen verhüllter und anscheinend schon historischer Gegenstand erforscht und dargestellt werden – die Gruppe 47; zum anderen war dies die Aufgabe für ein Seminar im literaturwissenschaftlichen Fachbereich der Universität Göttingen, in dem von Anfang an Erstsemester mit Examenskandidaten und Doktoranden zusammenarbeiten wollten – der für ein Universitätsseminar nicht gerade alltägliche Arbeitsprozeß dauerte mehr als vier Jahre. Verwunderlich an diesem Versuch ist eigentlich nur, daß eines seiner Ergebnisse tatsächlich auch jenem Buch über die Gruppe 47 ähnlich ist, das wir alle uns vorstellten, als wir mit der Arbeit daran begonnen hatten.

Abgesprungen sind auf dem langen Wege nur wenige. Aber auch sie haben Anteil an diesem Buch. Die Arbeit daran war aufwendig vor allem zu Beginn des Projekts: wir mußten uns Materialien aus Quellen verschaffen, die es erst einmal aufzustöbern galt. Es brauchte ein Jahr, um die uns erreichbaren Artikel, Berichte, Essays, Kommentare, Diskussionen, Polemiken usw. über die Gruppe 47 aus Tages- und Wochenzeitungen, Zeitschriften und Büchern, einige tausend Seiten, zusammenzutragen. Außerdem wurden einige jener Schriftsteller, die zum engeren Kreis der Gruppe 47 gehörten, ausgiebig von uns befragt: zweimal Hans Werner Richter, einmal Günter Grass, Walter Jens, Helmut Heißenbüttel, Alfred Andersch, auch Günter Kunert.

Erst nach der kritischen Durchforstung des wildwüchsigen Materials ließen sich sinnvolle Fragestellungen erarbeiten, mit denen wir das schillernde Phänomen ›Gruppe 47‹ einigermaßen darstellbar zu machen hofften. Sie waren das Ergebnis heftiger Diskussionen, vor allem über die Perspektive, aus der dreißig Jahre nach ihrer Gründung über die Gruppe 47 geschrieben werden konnte.

Die Fülle des Materials, das wir gesammelt hatten, ermöglichte uns eine umfassende Beschreibung der Gruppe 47. Aber gerade auch das Ende der Gruppe 47 im Jahre 1967 hatte einen Umbruch in der Bewertung von Literatur und Schriftstellern, und der gesellschaftlichen Rolle beider, bewußtgemacht. Deshalb vor allem hätte eine nur deskriptive Darstellung der Geschichte der Gruppe 47, sofern überhaupt möglich, eher die bereits im Umlauf befindlichen Legenden über die Gruppe 47 fortgesetzt, zumal eine solche deskriptive Gesamtdarstellung sich weitgehend auf Quellen zu stützen hatte, die zum großen Teil von Mitgliedern der Gruppe selbst geschrieben worden sind.

Eine kritische Sichtung des Materials mußte aber auch, auf der Grundlage einer Gesamtdarstellung des Phänomens ›Gruppe 47‹, eine kritische Auseinandersetzung mit der Gruppe aus der Sicht der späten 70er Jahre zur Folge haben. Doch wie war nun die kritische Sonde anzusetzen? Hierüber gab es mannigfach Streitgespräche: War die Gruppe 47 im wesentlichen von ihren idealistischen Ansätzen der Gründungsjahre her zu beurteilen? War sie aus ihrer Rolle als jährlicher Medienspektakel im Literaturbetrieb zu kritisieren? Inwieweit bestimmte sie den literarischen Geschmack der Zeit? Oder wurde sie selbst vom literarischen Zeitgeschmack bestimmt? War die nonkonformistische Rolle, die sie im politischen Alltag spielte, als Selbstüberschätzung, notwendiges staatsbürgerliches Engagement oder gar als werbeträchtige Skandalisierung zu bewerten? Spielte sie diese Rolle beiläufig, hatte sie Einfluß, ja Macht in Politik, Kultur und also in den sie vermittelnden Medien?

Diese Fragen waren zu beantworten nach einer sachorientierten Aufteilung des Gegenstands in einzelne Komplexe, die mit unterschiedlichen Ansätzen von verschiedenen Gruppen erarbeitet wurden.

Sinnvoll erschien es uns z. B., das gesamte Quellenmaterial hinsichtlich der Fakten, die aus ihm abzuziehen waren, zu ordnen. Damit wurde eine Art Probelauf, eine erste, weitgehend statistische und positivistische Darstellung der Gruppe 47 möglich, die einen ersten, wenn auch dürren Orientierungsrahmen abgab. Auf seiner Grundlage wurde das Kapitel »Die Gruppe 47 als soziologisches Phänomen« erarbeitet.

Sehr bald ergab sich dann als nächster sinnvoller Schritt der Versuch, die geistigen, politischen, literarischen und ideologischen Voraussetzungen der Gruppe 47 zu klären: Der »Ruf« und später die Null-Nummer des »Skorpion« boten für eine solche Grundlegung ausreichendes Material; vor allem das Eingangskapitel »Der ›Ruf‹ als Vorläufer der Gruppe 47« ist ihr Ergebnis. In diesem Kapitel wurden die Voraussetzungen erarbeitet, in deren Zusammenhang die Geschichte der Gruppe 47 zumindest in ihren ersten zehn Jahren dargestellt werden konnte.

Daß sich daran der Versuch anschließt, die Literatur der Gruppe 47 zu charakterisieren, hatte seinen Grund darin, daß sich der typische Literaturbegriff für die ersten zehn Jahre der Gruppe 47 noch am ehesten auf einen Nenner bringen ließ, während in den Jahren danach die Zahl der Gruppenmitglieder so zunahm, daß die von ihnen geschriebene Literatur fast das gesamte Spektrum der deutschen Nachkriegsliteratur abdeckt.

Wir müssen eingestehen, daß gerade dieses Kapitel über die Literatur der Gruppe 47 uns konzeptionell die größten Schwierigkeiten bereitet hat. Denn dieses Kapitel hätte ja eine kleine Geschichte der deutschen Nachkriegsliteratur abgeben müssen, weil nahezu alle wesentlichen Strömungen dieser Literatur während der ganzen Zeit ihres Bestehens in der Gruppe 47 vertreten waren. Eine solche Aufgabe war von uns in diesem Rahmen nicht zu leisten, sollte auch nicht geleistet werden.

Aber wie war innerhalb eines Buches über die wesentlich l i t e r a r i s c h e Gruppe 47 ihre Literatur ›spezifisch‹ zu machen? Wie konnte die Gruppe 47-Literatur von der allgemeinen literarischen Entwicklung abgehoben und als etwas Besonderes definiert und beschrieben werden?

Bald standen zwei Konzepte gegeneinander: Ein Teil der Gruppe, die das Literatur-Kapitel übernommen hatte, wollte die literarische Entwicklung der Gruppe 47 an ihren Preisträgern orientieren und mit deren Literatur die Entwicklung des literarischen Geschmacks und der literarischen Tendenzen innerhalb der Gruppe 47 belegen; dieses Konzept wurde versuchsweise verwirklicht und sogar als umfangreiches Kapitel ausgeschrieben, doch schließlich verworfen, weil eine stringente Beweisführung nicht erkennbar wurde und das Konzept nach Auffassung fast aller Seminarteilnehmer keine überzeugende Realisierung zutage gefördert hatte.

Das Kapitel, das dann für dieses Buch akzeptiert wurde, stellt die literarische Entwicklung in der Gruppe 47 als Folge einander ablösender, aus historischer Distanz identifizierbarer Innovationsschübe dar, auch wenn diese erst lange nach ihrem ersten Auftauchen in der Gruppe 47 sich mehr oder weniger vermittelt durchsetzen konnten. Dieses Kapitel verhehlt nicht, daß es ein Versuch ist.

Arbeitsintensiv, aber unproblematisch hinsichtlich der Darstellungsmethode war das Kapitel über die »Gruppe 47 und den Literaturbetrieb«; dieses Kapitel ist gleichzeitig eine kurzgefaßte Geschichte des bundesrepublikanischen Literaturbetriebes. In deren Zentrum steht natürlich die Gruppe 47, deren Praxis nicht anders zu begreifen ist als durch die Darstellung ihrer Funktion im Literaturbetrieb.

Ein Kapitel, das zwar erarbeitet wurde, aber so nicht in diesem Band erscheint, hieß »Die Gruppe 47 und die Politik«. Anläßlich dieses Kapitels waren die Diskussionen über die möglichen kritischen Perspektiven der Darstellung am entschiedensten und entschieden kontrovers. Doch weder die Tatsache, daß es hier ebenso viele Auseinandersetzungen über die Darstellungsweise wie beim Literaturkapitel gab, noch jene, daß dieses Kapitel aus eben diesen Gründen über einen vorläufigen Zustand nicht hinauskam, war entscheidend dafür, daß es nicht weiter bearbeitet wurde und schließlich als eigenes Kapitel herausfiel. Es wurde vielmehr immer deutlicher, daß die politischen Engagements einiger Schriftsteller oder einiger Schriftstellergruppen innerhalb der Gruppe 47 weder für die ganze Gruppe dingfest gemacht werden konnten noch auch nur das Wesen dieser Gruppe bestimmten. Politik hatte auf den Gruppentagungen nichts zu suchen; was an Politischem aus der Gruppe 47 herauskam, verdankt sich der persönlichen bzw. privaten Absprache Einzelner miteinander, die sich, hinsichtlich ihrer politischen Überzeugung jedenfalls, bei der Gruppe 47 mehr oder weniger zufällig trafen. Doch bleiben die verschiedenen politischen Äußerungen, Manifestationen, Resolutionen usw., die aus der Gruppe kamen, hier keineswegs unberücksichtigt. Sowohl im Kapitel über »Die Gruppe 47 als soziologisches Phänomen« wie in jenem über »Die Gruppe 47 und der Literaturbetrieb« fanden sie ihren Niederschlag; ausführlicher aber sind sie dargestellt im letzten Kapitel des Buches, das den »Verfall der Gruppe 47« und seine Gründe untersucht; denn einige der Gründe, die zum Ende der Gruppe 47 führten, sind auch die politischen Differenzen, die, nicht zuletzt unter Einfluß von außen, in den letzten Jahren der Gruppe 47 offenbar wurden.

Das Seminar verdient eine Würdigung nicht nur hinsichtlich seines Gegenstandes, des nun vorliegenden Buches über die Gruppe 47, es verdient eine kritische Würdigung auch als eine Veranstaltung, die im institutionellen Rahmen der Universität eine Art alternativer und produktiver Enklave war. Alternativ – zugegebenermaßen aber nicht im gesamten Rahmen der Universität zu verwirklichen – war schon die äußere Form des Seminars. Während des Semesters im Abstand von drei Wochen und in den Semesterferien im Abstand von ein bis anderthalb Monaten trafen wir uns in Landgasthöfen in der Umgebung von Göttingen jeweils sonnabends für einen Tag. Im Arbeitszusammenhang eines ganzen Tages, den Mittagessen und Spaziergang in zwei Hälften teilten, oder während einer Wochenendsitzung, die vom Freitag bis zum Sonntag dauerte, ließ sich motivierter und produktiver miteinander arbeiten als in einem wöchentlichen anderthalbstündigen Seminar. Außerdem saßen wir oft abends in privater Atmosphäre zusammen und diskutierten bis tief in die Nacht. Da wurden denn auch gruppendynamische Prozesse ausgetragen, die über sachgebundene Diskussionen nur selten zu vermitteln sind. Sie offen und gemeinsam durchzustehen, war zu lernen. Die unterschiedlichen Temperamente und Interessen schufen aber nicht nur Komplikationen, sondern eröffneten viele Chancen, voneinander zu lernen. So gab es zwar Auseinandersetzungen, die zuweilen die Grenzen des Erträglichen streiften; und vor allem dann immer wurde der Umgang miteinander problematisch, wenn Sachpositionen sich mit politischen oder persönlichen Zuneigungen oder Abneigungen mischten und erst mühsam auseinanderdividiert werden mußten. Doch auch diese Auseinandersetzungen, so heftig und zeitraubend sie auch gewesen sind, waren nicht vergeblich; meist förderten sie das bessere Verständnis füreinander und für die Fragen, um die gestritten wurde.

Dieses Seminar war keine stromlinienförmige Veranstaltung. Nicht wurde, wie bei vielen Universitätsseminaren, vorn vorgegeben, was hinten herausschauen sollte. Vielmehr haben wir versucht, uns in unsicherem Gelände zu orientieren und dieses sowohl sachlich im Hinblick auf die gestellte Aufgabe als auch persönlich jeder für sich selbst und im Umgang mit den anderen.

So ist dieses Buch das Ergebnis einer gemeinsamen Arbeit, auch wenn für seine endgültige Druckfassung einige mehr Sätze, Absätze oder gar Kapitelteile geliefert haben als andere. Deshalb haben wir darauf verzichtet, die einzelnen Kapitel mit den Namen ihrer endgültigen Verfasser zu zeichnen; denn Verfasser waren alle, die an diesem Seminar teilgenommen haben.

Dieses Buch über die Gruppe 47 wurde nicht von der ersten bis zur letzten Seite ›durchgeschrieben‹; es enthält thematisch gebundene Kapitel, die jeweils von Gruppen erarbeitet wurden und erst in ihrer Gesamtheit und gegenseitigen Ergänzung das gemeinsame Thema zu erschöpfen suchen. Zwar wurden die Entwürfe für die einzelnen Kapitel im Seminar immer wieder diskutiert, korrigiert oder sogar verworfen, doch war ein inhaltlicher Konsens in einigen Detailfragen nicht zu erreichen: Gegensätze, insbesondere in literarischen und politischen Wertungen, blieben daher als Widersprüche stehen – ihre Klärung bleibt der weiteren Diskussion vorbehalten, für die in diesem Buch eine Fülle an Materialien, Thesen und Argumenten bereitgestellt ist.

Verbunden mit diesem Ergebnis des Göttinger Seminars über die Gruppe 47, mit dem vorliegenden Buch also, ist immer auch das Ereignis dieses Seminars: als ein Versuch, unter weitgehend selbstorganisierten und solidarischen Arbeitsbedingungen einen Gegenstand gemeinsam zu erforschen.

Göttingen, am 16. Juni 1980   Heinz Ludwig Arnold

1. DER »RUF« ALS VORLÄUFER DER GRUPPE 47

Der Ursprung der Gruppe 47 ist politisch-publizistischer Natur. Nicht Literaten schufen sie, sondern politisch engagierte Publizisten mit literarischen Neigungen.
                    H. W. Richter, 1962

Sie sehen an der Reihenfolge ›literarisch, politisch‹, daß bei dieser Gruppe der Ruf-Redaktion die Literatur im Vordergrund stand, wenn die einzelnen Gruppenmitglieder das rückwirkend auch oft anders sehen wollten.
                    W. Schnurre, 1977

Man ging doch sowieso von der Tatsache aus, daß Literatur eine politische Wirkung hat. Das war eigentlich eins, Literatur als von Politik gelöste Elfenbeinturmgeschichte war für uns gar nicht denkbar. Die Frage ist nicht einmal aufgetaucht.
                    A. Andersch, 1976

1.0 VORBEMERKUNG

Die Geschichte der Gruppe 47 begann – genau genommen – nicht erst mit ihrem ersten Treffen Anfang September 1947 am Bannwaldsee, sondern ihre Ursprünge reichen zurück bis ins Jahr 1945. Die meisten der Publizisten und Schriftsteller, die zu der berühmten ersten Tagung im Hause von Ilse Schneider-Lengyel am Bannwaldsee bei Füssen zusammenkamen, kannten sich bereits aus ihrer gemeinsamen Arbeit an der Nachkriegszeitschrift »Der Ruf«, einige gar schon seit ihrer Internierung in deutschen Kriegsgefangenenlagern in den USA (1945/46)[1]. So hatten etwa Hans Werner Richter, Alfred Andersch oder Walter Mannzen bereits an der amerikanischen Kriegsgefangenenzeitschrift »Der Ruf« mitgearbeitet, dieselben Personen also, die auch die redaktionelle Linie der deutschen Nachkriegszeitschrift gleichen Namens weitgehend prägten und schließlich die Gruppe 47 mit gründeten.

Neben dieser personellen Kontinuität gab es auch eine Kontinuität der politischen und literarischen Vorstellungen vom »Ruf« zur Gruppe 47. Dies ist besonders hervorzuheben entgegen einem in der einschlägigen Literatur verbreiteten Vor-Urteil, nach dem der Übergang vom »Ruf« zur Gruppe 47 von vollständiger politischer Resignation, einem Bruch im Selbstverständnis bzw. einer *Emigration in die Gefilde der Literatur* (so Heinz Friedrich) gekennzeichnet gewesen sei[2].

Tatsächlich hielten beim Übergang zur Gruppe 47 die meisten »Ruf«-Redakteure an ihren ursprünglichen Vorstellungen fest. Was sich verschob, waren lediglich die Schwerpunkte bei der Wahl des Mediums, dessen man sich zur praktischen Umsetzung dieser Vorstellungen in die gesellschaftliche Praxis bedienen konnte und wollte: an die Stelle der politisch-literarischen Publizistik trat die Literatur.

Diese Wendung zur Literatur war einerseits eine Folge des amerikanischen Verbots des »Ruf«* und geschah insofern zwangsweise. Auf der anderen Seite wurde sie aber – zumindest von einigen führenden Köpfen der ehemaligen »Ruf«-Redaktion[3] – auch bewußt und gewollt vollzogen. Sie war die Konsequenz aus einer zu optimistischen Beurteilung der gesellschaftlichen Situation in Deutschland nach 1945, unter der die Redaktion des »Ruf« angetreten war. Mit der seit 1947 immer deutlicher hervortretenden ›Restauration‹ der alten Machtstrukturen in den Westzonen sowie der autoritären Durchsetzung eines Sozialismus nach sowjetischem Vorbild in der damali-

---

* Dem Lizenzträger des »Ruf« (Curt Vinz) wurde bei der Nymphenburger Verlagshandlung im April 1947 seitens der amerikanischen Besatzungsbehörden mit dem Entzug der Lizenz für den »Ruf« gedroht. Im Zusammenhang damit stand wohl die Entlassung Anderschs und Richters aus der Redaktion (Richter-Interview I, S. 3; vgl. Wehdeking: Eine deutsche *lost generation?*, Literaturmagazin 7 (1977), S. 162). Die Amerikaner warfen dem »Ruf« *Nihilismus* vor (vgl. Schwab-Felisch: Der Ruf (1962), S. 16; Richter: Was war die Gruppe 47?, Bayerischer Rundfunk (1974). Paul Konrad Kurz (Kurz: Die Gruppe 47. In: ders.: Über moderne Literatur 2, S. 279 f.) stellt dagegen unter Berufung auf ein Schreiben von Curt Vinz die Ablösung Anderschs und Richters als Folge von *Meinungsverschiedenheiten zwischen Verlag, Redaktion und freien Mitarbeitern* dar und bezeichnet das »Verbot« des »Ruf« als eine Legende. Beides muß sich jedoch nicht ausschließen, denn durch Lizenzentzug bzw. der Drohung damit konnten die Besatzungsmächte unbequeme und kritische Zeitschriften bzw. Verlage zwingen, sich den Normen alliierter Politik anzupassen und sich gegebenenfalls von unbotmäßigen Mitarbeitern zu trennen. Jérôme Vaillant hat in seiner Analyse des »Ruf« (Vaillant: Der Ruf, Unabhängige Blätter der jungen Generation (1945–1949), München u. a. 1978) sehr detailliert die Umstände verfolgt, die zur *Krise vom April 1947* und schließlich zum Ausscheiden von Andersch und Richter führten (S. 106–138). Er zeigt, wie vielschichtig, komplex und verwirrend die Vorgänge – erschwert durch unterschiedliche Erinnerungen der Beteiligten –, und wie politische Reglementierung und persönliche Querelen ineinander verknäuelt waren. Gleich aber, ob die beiden Redakteure durch explizites Verbot, politischen Druck oder persön-

Vorbemerkung

gen SBZ schien eine längerfristige ›Strategie‹ zur geistigen und demokratischen Erneuerung angezeigt, für die die Literatur das geeignete Medium zu sein schien[4]. So beschleunigte zwar das Verbot des »Ruf« die Konzentration auf das Medium Literatur, initiierte diese aber nicht. Pessimistische und resignative Tendenzen, die sich in den letzten Ausgaben des »Ruf« beobachten lassen, dürfen ebenso wie die Neigung zum scheinbar völlig unpolitischen ›Werkstattgespräch‹ während der ersten Tagungen der Gruppe 47 nicht verabsolutiert werden.

Ausgehend von solcher Kontinuität bietet es sich an, die politischen, literarischen und kulturkritischen Artikel des »Ruf« kritisch zu untersuchen, da sie meist aus der Feder derselben Personen stammen, die später eine führende Rolle in der literarischen Gruppe spielen. Anders als bei der Gruppe 47, deren Mitglieder sich ja bewußt ungern auf einen gemeinsamen politischen Nenner bringen ließen, liegen mit den redaktionellen Artikeln des »Ruf« eindeutig politische Äußerungen von weitgehender Einheitlichkeit vor. Um die literarisch-programmatischen Kontinuitäten zwischen »Ruf« und Gruppe 47 aufzuzeigen, sollen zusätzlich zeitgenössische Zeitungsberichte über die ersten Treffen der damals noch unbekannten Gruppe sowie ein Essay von Alfred Andersch aus dem Jahre 1948 herangezogen werden. Anderschs Essay »Deutsche Literatur in der Entscheidung« ist eine der wenigen theoretischen Äußerungen zum politischen Wert von Literatur, der auf einer der Tagungen der Gruppe 47 gelesen wurde (in Herrlingen 1947). Von da ab wurde ein politischer Anspruch von den Gruppenmitgliedern nur noch unausgesprochen aufrechterhalten[5]. Grundsätzliche Diskussionen fanden – wenn überhaupt – nur noch nach den Literaturlesungen statt[6].

Noch 1976 berief sich Hans Werner Richter, nach den politischen Orientierungen der Gruppe 47 befragt, auf den »Ruf«: *Die politischen Aktionen der Leute* (gemeint ist die Gruppe 47 in den 50er Jahren, d. V.) *waren Nebenerscheinungen* (gegenüber der Literatur, d. V.), *hingen aber immer zusammen mit den ursprünglichen Ausgängen des Ruf*[7].

Man ging doch sowieso von der Tatsache aus, daß Literatur eine politische Wirkung hat. Das war eigentlich eins, Literatur als eine von Politik gelöste Elfenbeinturmgeschichte war für uns gar nicht denkbar. Die Frage ist nicht einmal aufgetaucht.[8]

Nur dieser enge Zusammenhang ermöglichte 1947 die Umorientierung auf die Literatur.

---

liche Differenzen ausschieden, bleibt die Tatsache, daß unter Andersch und Richter der »Ruf« durch sein Engagement immer wieder das Einschreiten der Amerikaner provozierte und nach dem Frühjahr 1947 immer mehr zu einer blassen *pluralistischen* Zeitschrift wurde, *von der Opposition zur Befürwortung der Reaktion* (Vaillant) kam.
Leider konnten die Ergebnisse der Untersuchung Vaillants in der vorliegenden Analyse nicht mehr berücksichtigen werden, da sie erst nach Abschluß des Manuskriptes erschien. Vor allem die zahlreichen detaillierten Fakten, die Vaillant recherchierte, wären von großem Nutzen gewesen. Sie machen die Stärke der Arbeit Vaillants aus. Skepsis ist allerdings gegenüber einigen Urteilen geboten, die Vaillant oft unvermittelt fällt, ohne daß ihre Voraussetzungen durchschaubar sind. Er neigt dazu, Tendenzen in Begriffe zu pressen, deren historisches Umfeld er nicht genügend klärt (etwa: Der »Ruf« ist ein *Oppositionsblatt*, er ist *reformistisch*), und wertet oft zu rigoros, wo die erreichten Ergebnisse eher eine Analyse als eine Wertung erfordern. Indem er so etwas wie eine objektiv erkennbare historische Situation voraussetzt, kommt er zu dem Ergebnis, daß der »Ruf« geneigt war, *seine Wünsche mit der Realität, die er nur noch durch seine eigene Ideologie gefiltert sah, zu verwechseln*. Dieses Urteil scheint – ex post gefällt – zu hart. Die entscheidende Frage beginnt dort, wo Vaillant allzu oft seine Analyse beendet: Wie waren die Umstände, unter denen die Zeitschrift die sich ihr präsentierende Realität filterte, wie sah dieser Filter aus und, vor allem, auf welches Bewußtsein von sich selbst, von den Lesern und der Situation läßt der von Vaillant kritisierte *ideologische Filter* schließen?

Der »Ruf« als Vorläufer der Gruppe 47

1.1 GESCHICHTE DES »RUF«

Die Anfänge des »Ruf« lassen sich bis in die deutschen Kriegsgefangenenlager in den USA zurückverfolgen[9]. Dort erschien vom 1. 3. 1945 bis zum 1. 4. 1946 der »Ruf« als eine Zeitung für deutsche Kriegsgefangene, in deren Redaktion vor allem in Kriegsgefangenschaft geratene deutsche Antifaschisten arbeiteten. Der Sitz der Redaktion befand sich im Lager Fort Kearney, einem Spezial-Lager für kriegsgefangene deutsche Hitler-Gegner[10], in dem seit März 1945, auf eine Weisung General Eisenhowers hin, deutsche Hilfskräfte für die bevorstehende alliierte Verwaltung Deutschlands ausgebildet wurden[11]. Der »Ruf« wie auch andere, parallel zum »Ruf« erscheinende Lagerzeitschriften, deren politisches Spektrum von *noch immer so nationalsozialistisch, wie es nur ging* über *wertfrei* und *jugendbewegt* bis zu diffus antifaschistisch reichte[12], wurde in fast allen deutschen Kriegsgefangenenlagern auf amerikanischem Boden verbreitet, wobei ihm aufgrund der speziellen Funktion des Lagers Fort Kearney und der benachbarten Lager Fort Getty und Fort Eustis eine Sonderstellung zukam. Die Zeitung stand unter der ständigen organisatorischen und publizistischen Aufsicht der amerikanischen Militärbehörden und wurde von deutschen Emigranten, die der amerikanischen Armee angehörten, betreut[13].

Das Interesse des amerikanischen Militärs an einer Zeitung wie dem Kriegsgefangenen-»Ruf« resultierte aus der amerikanischen Konzeption eines ›Re-education‹-Programms, das noch während des 2. Weltkrieges für die Zeit einer alliierten Besetzung Deutschlands ausgearbeitet worden war. Die Amerikaner ließen sich dabei von der Überlegung leiten, daß nach dem militärischen Sieg über die faschistischen und militaristischen Systeme in Deutschland und Japan der Weltfriede nur dann dauerhaft gesichert werden könne, wenn in beiden Ländern die Durchsetzung einer ›freiheitlichen Demokratie‹[14] gelänge. Die Demokratisierung sollte sich aber nicht nur auf die politischen Institutionen (wie lokale Selbstverwaltung, Gründung von Parteien, Wahlen, Verfassungen etc.) beziehen (= ›democratization‹), sondern auch das ›politische Wertbewußtsein‹ der Bevölkerung[15] im demokratischen Sinne verändern (= ›re-education‹). Zu den Grundannahmen des amerikanischen ›Re-education‹-Programms zählte dabei die These, daß das gesamte deutsche Volk mitschuldig an den Verbrechen des Faschismus sei (Kollektivschuldthese*). Da man aber – ausgehend von den Traditionen der ausgesprochen optimistischen angelsächsischen Aufklärungsphilosophie, deren Fundamentierung auf gesicherte, ›objektive Werte‹[16] noch nicht wie in Europa durch die unmittelbare Vergangenheit erschüttert worden war, und bestärkt durch ein ungebrochenes Sendungsbewußtsein[17] – glaubte, *daß der Mensch von Natur aus gut ist und, wenn er vom guten Weg abgewichen ist, durch Erziehung wieder zu ihm zurückgebracht werden kann*[18], vertraute man auf die Wirkungen einer breit angelegten Entnazifizierung und eines umfassenden ›Re-education‹-Programms. Als wesentliche Mittel zur Durchsetzung dieses Konzeptes wurden das Bildungswesen, die Massenmedien (Zeitungen, Zeitschriften und Rundfunk) und der Kulturbereich (v. a. Bücher, Theater, Amerikahäuser)[19] angesehen und in den amerikanischen Vorstellungen entsprechend berücksichtigt.

---

* Die ›Kollektivschuldthese‹, die sowohl von den westalliierten Siegermächten des 2. Weltkrieges wie auch von der Sowjetunion vertreten wurde (übrigens auch von der KPD unmittelbar nach Kriegsende), behauptete eine Mitschuld des g e s a m t e n deutschen Volkes an der Entstehung und den Verbrechen des Nationalsozialismus. Eine politische und soziologische Differenzierung der Schuldfrage leistete diese These (bewußt?) nicht, so daß das Großkapital, das Bürgertum und die Arbeiterklasse gleichermaßen für die Durchsetzung des Faschismus in Deutschland verantwortlich gemacht werden konnten. Mittels dieser Gleichsetzung gingen die

Vor dem Hintergrund dieses ›Re-education‹-Programms muß auch der Kriegsgefangenen-»Ruf« betrachtet werden. Er sollte

möglichst unpolemisch und unpolitisch-neutral . . . berichten, wie sich die Kriegslage entwickelte; die Mehrheit der 375 000 Kriegsgefangenen sollte Vertrauen zur Objektivität des »Ruf« gewinnen und sich besinnen können, statt in die Opposition gedrängt zu werden[20].

Es versteht sich, daß Begriffe wie *Objektivität, neutral* oder *unpolitisch,* wie sie im voranstehenden Zitat gebraucht werden, selbstverständlich immer im Rahmen der amerikanischen Demokratie- und Aufklärungsvorstellungen zu interpretieren sind und keineswegs so werturteilsfrei waren, wie sie sich gaben. In den ersten Nummern des US-»Ruf« – Wehdeking nennt dies die erste von drei Phasen des US-»Ruf«[21] – entsprach die Zeitschrift noch weitgehend den Intentionen der amerikanischen Offiziere, die *dem Blatt, ihrer Verfassung entsprechend, ein liberales Gepräge geben wollten*[22]. Alfred Andersch, der von April bis August 1945 am US-»Ruf« mitarbeitete, erinnert sich, daß es den Amerikanern bei der Belehrung der deutschen Kriegsgefangenen in Fort Kearney und Fort Getty darauf ankam, *uns tolerantem Denken näherzubringen*[23] und die (US-) Demokratie als *System zur Herstellung schöpferischer Kompromisse*[24] zu idealisieren; für diese liberalen Vorstellungen, die sich völlig in Übereinstimmung mit der Position des (am 12. April 1945) verstorbenen Präsidenten Roosevelt befanden und auch durchaus offen für soziale Trends im Liberalismus - etwa die New-Deal-Politik Roosevelts – blieben[25], sollte der »Ruf« ein Sprachrohr sein.

Bei den deutschen Gefangenen, die von den Amerikanern zur Mitarbeit am »Ruf« ausgewählt und nach Fort Kearney gebracht wurden – dazu gehörten u. a. in der Anfangsphase Gustav René Hocke, Curt Vinz, Irmfried Wilenzig, Rainer Hörhager und Alfred Andersch sowie später Walter Mannzen, Hans Werner Richter und Wolf-Dieter Zander –, aber auch bei den Lesern des »Ruf« in den Lagern[26] rief das liberale ›Re-education‹-Konzept Enttäuschung hervor, da es sozialistischen Hoffnungen auf einen grundlegenden ökonomischen und politischen Neuaufbau Deutschlands nur wenig entgegenkam[27] und die demokratischen Traditionen in Deutschland kaum berücksichtigte. Es stieß immer mehr auf Ablehnung, vor allem seit sich nach dem Tode Roosevelts innerhalb der amerikanischen Politik verstärkt konservative Auffassungen durchsetzten, die auf eine ›harte Haltung‹ in der Bestrafung der Deutschen und auf eine Forcierung des ›Re-education‹-Programms drängten[28]. Hans Werner Richter beschreibt die politische Herkunft der deutschen Mitarbeiter am US-»Ruf« folgendermaßen:

Sie kamen fast alle aus sozialistischen Lagern, waren strikte Gegner des Nationalsozialismus gewesen, dem sie doch als Soldaten hatten dienen müssen, und glaubten in den ersten Nachkriegsjahren an einen radikal neuen Anfang.[29]

Diese radikaldemokratische bis sozialistische Erwartungshaltung der »Ruf«-Redakteure mußte über kurz oder lang mit den Intentionen der amerikanischen Offiziere und ihren ›Re-education‹-Vorstellungen kollidieren.

Vertreter der ›Kollektivschuldthese‹ jedoch tendenziell der nationalsozialistischen ›Volksgemeinschafts‹-Ideologie auf den Leim: die sozialen Träger und Nutznießer des Nationalsozialismus wurden dadurch entlastet und die Existenz einer breiten demokratischen Oppositionsbewegung gegen den Faschismus am Ende der Weimarer Republik (getragen v. a. von den Arbeiterparteien, Gewerkschaften und Intellektuellen) wie auch der regional unterschiedlich ausgeprägte Widerstandskampf von Kommunisten, Sozialdemokraten, Christen und bürgerlichen Kreisen zwischen 1933 und 1945 schlicht geleugnet.

Der »Ruf« als Vorläufer der Gruppe 47

Bereits während der zweiten Phase des US-»Ruf« (1. Juni bis 1. Oktober 1945)[30], in der der Chefredakteur Hocke unter dem Motto *Recht und Vernunft* und unter Verwendung der Embleme Fackel und Waage, *die an berühmte Zeitschriften von Karl Kraus und Ludwig Börne denken ließen*[31], *zwei Kernwerte amerikanischen Denkens mit der deutschen kämpferisch-publizistischen Tradition des ›Jungen Deutschland‹ und des Antifaschisten Karl Kraus zu verbinden*[32] suchte, kündigten sich die Konflikte zwischen deutschen Redakteuren und amerikanischen Offizieren an. Der »Ruf« wurde politischer, sein Anknüpfen an die demokratischen deutschen Traditionen wies bereits auf eine Ablehnung der amerikanischen Kollektivschuldthese hin. Es wurde nunmehr über den deutschen Widerstand gegen den Nationalsozialismus berichtet, und die Redaktion stellte erste Überlegungen über eine künftige *deutsche Vermittlerrolle zwischen den politischen Systemen der beiden mächtigsten Alliierten an*[33]. In der dritten und letzten Phase des US-»Ruf« (15. Okt. 1945 – 1. April 1946) traten die Differenzen dann offen zutage: Die von den leitenden »Ruf«-Redakteuren Mannzen, Richter und Zander *angestrebte Verbindung sozialistischer und demokratischer Ideale, wie sie die amerikanische Verfassung nicht kannte*[34], wurde von den amerikanischen Redaktionsmitgliedern, die sich immer mehr dem konservativen Kurs der amerikanischen Militäradministration anschlossen[35], v.a. Captain Schönstedt, nicht mehr toleriert. Die publizistische Aufsicht der amerikanischen Offiziere verwandelte sich nunmehr in offene Pressezensur, als z. B. ein Beitrag Richters gegen die Kollektivschuldthese nicht gedruckt werden durfte[36].

Diese Auseinandersetzungen hatten – wie Richter in seinen Hörfunk-Erinnerungen »Was war die Gruppe 47?« anschaulich schildert – zur Folge, daß sich die »Ruf«-Redakteure zu radikalen Demokraten entwickelten und gegenüber der amerikanischen Besatzungspolitik (Kollektivschuldthese, ›Re-education‹) eine oppositionelle Position bezogen, wie sie ab 1946 im inzwischen in Deutschland neu gegründeten »Ruf«, der sich bewußt als von amerikanischer Aufsicht *unabhängiger* Gegen-»Ruf« verstand[37], zunächst offen vertreten werden konnte.

Die Neugründung des »Ruf« in Deutschland (Erscheinungsort: München) war, bedingt durch die Entlassung der meisten ehemaligen Mitarbeiter am US-»Ruf« aus amerikanischer Gefangenschaft in der ersten Hälfte des Jahres 1946, erst zum 15. August 1946 möglich. Intensiv betrieben wurde die Gründung zuerst von Alfred Andersch und Walter Kolbenhoff, die früher als die anderen nach Deutschland zurückgekehrt waren[38]. Auf einen Brief von Kolbenhoff hin fand sich auch Richter im Sommer 1946 in München ein und übernahm zusammen mit Andersch ab Heft 4 als Mitherausgeber die Leitung der Zeitschrift[39]. Als Verleger konnte Curt Vinz, ebenfalls ein früherer Mitarbeiter am US-»Ruf« und inzwischen Lizenzträger der Nymphenburger Verlagshandlung in München, gewonnen werden[40]. Unter der Herausgeberschaft von Andersch bzw. dann Andersch/Richter erschienen in der Zeit vom 15. 8. 46 bis zum 1. 4. 47 insgesamt 16 Hefte. Die Zeitschrift erschien 14tägig jeweils zum 1. und 15. eines Monats. Außer Richter (geb. 1908) und Andersch (geb. 1914) arbeiteten noch zwei weitere ehemalige Redakteure des Kriegsgefangenen-»Ruf« an der neuen Zeitschrift mit, nämlich Hocke (geb. 1908) und Mannzen (geb. 1905).

Zu dieser Stamm-Mannschaft des Münchner »Rufs« stießen dann noch Walter Kolbenhoff (geb. 1908) und Friedrich Minssen (geb. 1909), gleichfalls als entlassener Kriegsgefangener Horst Lange (1904 – 1971) und der aus dem Exil zurückkehrende Walter Maria Guggenheimer (1903 – 1967).

Mitarbeiter wurden ferner Heinz Friedrich (geb. 1922), Walter Heist (geb. 1907), Karl Krolow (geb. 1915), Peter Miska (geb. 1915), Hans Schwab-Felisch (geb. 1918), Nicolaus Sombart (geb. 1923), Dietrich Warnesius (späteres Pseudonym Hans Kasper, geb. 1916), Wolfdietrich Schnurre (geb. 1920), der nach New York emigrierte Hans Sahl (geb. 1902) u. v. a..[41]

Wie aus dem Untertitel der Zeitschrift »Unabhängige Blätter der jungen Generation« hervorgeht, verstand sich der »Ruf« als Sprachrohr jener jungen Generation, die während des Faschismus in Deutschland aufgewachsen war und die grausame Wirklichkeit des Krieges am eigenen Leibe erfahren hatte –, gemeint waren demnach etwa die Geburtsjahrgänge von 1914 bis 1925[42]. Ein Blick auf die Geburtsjahre der Redakteure zeigt jedoch, daß die Mehrzahl der Mitarbeiter engagierte Vertreter einer Zwischengeneration

im Alter von meist schon zwischen 30 und 40 Jahren (waren), die ihre ersten politischen Erfahrungen bereits vor der Machtergreifung gewonnen und sich z. T. auch in antifaschistischer Tätigkeit bewährt hatten[43].

Dies galt insbesondere für Andersch, Kolbenhoff und Richter, die vor 1933 Mitglieder der KPD gewesen waren, aktiv in den Reihen der Arbeiterbewegung gegen die Machtübernahme durch den Nationalsozialismus gekämpft hatten und die sich – in individuell unterschiedlichen Erfahrungsprozessen – enttäuscht über die Niederlage der Arbeiterbewegung 1933 und die Perversion ihrer sozialistischen Ideale durch den Stalinismus während der 30er Jahre allmählich vom Kommunismus abgewendet hatten.

Andersch trat 1930 in die KPD ein, vollzog mit diesem Schritt eine radikale Emanzipation von seinem Elternhaus – der Vater war Kaufmann und streng deutschnational – und entwickelte eine umfangreiche politische Aktivität innerhalb des Kommunistischen Jugendverbandes. Bereits 1932 – also mit 18 Jahren – betraute ihn die Partei mit der Funktion eines Organisationsleiters in Südbayern. Nach dem Reichstagsbrand am 27. 2. 1933 wurde er wie viele andere Arbeiterfunktionäre verhaftet und ein Vierteljahr im KZ Dachau interniert[44].

Nach seiner zweiten Verhaftung im Herbst 1933 löste er sich auch äußerlich von der Kommunistischen Partei[45] und versuchte, *durch totale Introversion*[46] seine politischen Enttäuschungen zu verdrängen. Anderschs Schlüsselerlebnisse für seine innere und äußere Abwendung von der KPD waren das Versagen der Partei 1933 und der Spanische Bürgerkrieg: Er war (und ist heute noch) davon überzeugt,

daß die Partei im Januar 1933 den Bürgerkrieg hätte auslösen müssen. Sie hätte eine gute Chance gehabt, ihn zu gewinnen, wenn sie schon von 1930 an die Politik der Volksfront betrieben, und wenn sie sich militärisch auf den Faschismus vorbereitet hätte[47].

Der Schock dieser Niederlage wirkte so stark, daß er nicht einmal daran dachte, am Spanischen Bürgerkrieg teilzunehmen.

Stattdessen introvertierte ich, vom Faschismus umschlossen, vor mich hin.[48]

Anders als Andersch hatte Kolbenhoff (eigentlich Walter Hoffmann) eine proletarische Sozialisation hinter sich – er war der Sohn eines sozialdemokratischen Arbeiters –, als er sich um 1930 der KPD anschloß und Reportagen für die »Rote Fahne« schrieb[49]. 1933 konnte er sich nur durch einen Zufall der Verhaftung durch die SS entziehen, woraufhin er nach Kopenhagen emigrierte. Der Kontakt zu Wilhelm Reich, den er dort im Exil kennenlernte, veranlaßte ihn, seinen ersten Roman »Untermenschen« zu schreiben, der ihm wegen der darin implizit enthaltenen Kritik an der Politik der KPD gegenüber den Nationalsozialisten den Ausschluß aus der Partei wegen *Beleidigung der Arbeiterklasse*[50] einbrachte. Gleichwohl wurde er einige Jahre später wieder aufgenommen und ließ sich 1940, nach der deutschen Okkupation Dänemarks, im Parteiauftrag zur Wehrmacht einziehen, um sie *von innen her zu zersetzen*[51]. Dieses Vorhaben war nicht zu verwirklichen, und das Scheitern dieses Auftrags lieferte ihm den letzten Grund für seine Abwendung von der KPD, nachdem der von der Komintern verordnete Kampf gegen die Sozialdemokraten, *als Hitler schon in der Tür stand*[52], und *die Tatsache, daß Deutschlands kommunistische Arbeiter sich haben zurückpfeifen lassen vor dem letzten Gefecht*[53], Kolbenhoffs Vertrauen in die Partei bereits 1933 nachhaltig erschüttert hatten.

Richter schließlich, der während der Weimarer Republik als Buchhändler in Berlin lebte und ebenfalls etwa 1930 der KPD beitrat, wurde 1932 wegen *Trotzkismus* aus der Partei ausgeschlossen[54]; er emigrierte 1933/34 nach Paris, kehrte aber enttäuscht und demoralisiert wegen der fruchtlosen Theoriedebatten der emigrierten deutschen Sozialisten in Frankreich schon bald nach Deutschland zurück[55], wo er in verschiedenen Berufen arbeitete und von der Gestapo regelmäßig überwacht, aber – da man ihn für harmlos hielt – ansonsten in Ruhe gelassen wurde[56]. Die Loslösung von der KPD und vom sowjetischen Weg zum Sozialismus vollzog sich bei Richter in mehreren Phasen. Auch er kritisierte die Politik der KPD gegenüber dem aufkommenden Faschismus in Deutschland:

Sie kämpften mehr für die Sicherheit der Sowjetunion als für die proletarische Revolution in Deutschland, obwohl damals – und auch dies muß ich Dir sagen – eine revolutionäre Situation bestand, wie sie wahrscheinlich in diesem Land nie wiederkehren wird.[57]

Die weiteren Phasen seiner Enttäuschung über den Kommunismus lassen sich mit den Stichworten ›Spanischer Bürgerkrieg‹, ›Moskauer Prozesse‹ gegen die Stalin-Opposition und schließlich ›Hitler-Stalin-Pakt‹ (1939) schlaglichtartig beleuchten. Mit dem Bündnis zwischen dem faschistischen Deutschland und der Sowjetunion im Herbst 1939 vollzog sich für Richter die endgültige Abkehr von der Kommunistischen Partei:

Aber ich verbrannte in der darauffolgenden Nacht die Parteibücher einer ganzen Ortsgruppe ... Es war mein endgültiger Abschied von der Kommunistischen Partei, zu der es jetzt keine Rückkehr mehr geben konnte.[58]

Zu diesem Kreis von »Ruf«-Mitarbeitern, die noch aus eigener Anschauung die Tradition der sozialistischen Arbeiterbewegung (KPD, SPD) und die marxistische Theorie kannten, muß auch der Jurist Walter Mannzen gezählt werden[59], der vor 1933 in den »Neue Blätter für den Sozialismus«, einer der wichtigsten theoretischen SPD-Zeitschriften, publizierte. Selbst Schnurre und Schwab-Felisch hatten, obwohl beide zu den jüngsten Mitarbeitern des »Ruf« gehörten und im Jahre 1933 gerade 13 bzw. 15 Jahre alt waren, über ihre Erziehung noch eine direkte Berührung mit der Arbeiterbewegung der Weimarer Zeit. Schnurre, der ab 1928 in einem Arbeiterviertel Berlins aufwuchs, beschrieb in einem Interview seine Erziehung:

Ich bin antifaschistisch erzogen worden, auf eine sozialistische Schule und ein humanistisches Gymnasium gegangen. Meine Lehrer sind Sozialisten, Kommunisten, Weimarer Demokraten gewesen, von deren Vermächtnis ich heute noch zehre.[60]

Und Schwab-Felisch war der Sohn Alexander Schwabs, eines Mitbegründers der linksradikalen Kommunistischen Arbeiterpartei Deutschlands (KAPD) in Berlin, der sich am Ende der Weimarer Republik der Widerstandsgruppe der »Roten Kämpfer« anschloß und bis zu seiner Verhaftung 1936 an führender Stelle dieser Organisation den Widerstandskampf leitete[61].

Als die erste Nummer des »Ruf« am 15. 8. 1946 erschien, zeichneten sich die Grundlagen eines neuen deutschen Pressewesens unter alliierter Kontrolle längst ab. Die Nachrichtenblätter und Tageszeitungen der alliierten Militärverwaltungen, die unmittelbar nach Kriegsende die Bevölkerung mit den lebenswichtigen Informationen versorgten, aber mit Berichten über Konzentrationslager und den Nürnberger Kriegsverbrecher-Prozeß sowie mit immer neuen Enthüllungen über den faschistischen Terror auch den ›Re-education‹-Prozeß der deutschen Bevölkerung einleiten sollten, waren bereits zwischen Juni und November 1945 durch lizensierte deutsche Zeitungen abgelöst worden[62]. Die Einführung der deutschen Lizenzpresse in den westlichen Zonen war wesentlich langsamer vonstatten gegangen als in der SBZ[63], weil die Amerikaner durch ihre Besatzungspolitik[64] demokratische Initiativen deutscher Antifaschisten schroff abgewiesen hatten. Erst als sich deutlich zeigte, daß das ›Re-education‹-Programm ohne deutsche Beteiligung praktisch undurchführbar war und zudem an dem immanenten Widerspruch krankte, Demokratie mit undemokratischen Mitteln durchsetzen zu wollen[65], änderte sich die amerikanische Praxis; nun aber konnte die anglo-amerikanische Planungsgruppe für den Neuaufbau eines demokratischen Pressewesens nur mit Mühe geeignete deutsche Journalisten ausfindig machen, die so unbelastet waren, daß ihnen eine Lizenz gegeben werden konnte[66].

Ähnlich wie bei den Zeitungen verlief die Entwicklung bei den Zeitschriften. Auch hier erschienen bis Ende 1945 zunächst nur Produkte unter alliierten Herausgeberschaften (wie z. B. »Ausblick«, »Neue Auslese« und »Die Amerikanische Rundschau« in der amerikanischen und britischen Zone bzw. »Internationale Literatur« und »Neue Welt« in der sowjetischen Zone), die meist über Gesellschaftssysteme, Geschichte und Kultur der Siegermächte berichteten und einen ausgesprochen erzieherischen und werbenden Charakter hatten[67]. Die ersten lizensierten deutschen Zeitschriften Ende 1945 waren in der SBZ der »Aufbau«, das Organ des *Kulturbundes zur demokratischen Erneuerung Deutschlands*[68], in der britischen Zone »Die Sammlung«, die von Göttinger Pädagogen und Philosophen herausgegeben wurde und eine konservativ-humanistische Tendenz vertrat[69], in der amerikanischen Zone »Die Wandlung«, an der in Heidelberg u.a. Karl Jaspers, Werner Krauss, Alfred Weber und M. L. Kaschnitz mitarbeiteten und die einen *entschiedenen und modernen Humanismus* (so hieß es in Nr. 1)[70] befürwortete, und in der französischen Zone »Die Gegenwart«, die von ehemaligen Redakteuren der während des Krieges verbotenen »Frankfurter Zeitung« publiziert wurde[71].

Das Jahr 1946 schließlich ging als *Gründerjahr* einer erstaunlichen Vielzahl von politischen und literarischen Zeitschriften in die Pressegeschichte ein.

Die Militärregierungen der sowjetischen, amerikanischen, britischen und auch der französischen Besatzungszonen wetteiferten miteinander in der Lizensierung von publizistischen Unternehmen, die – so das allgemeine Verständnis und die Absichtserklärungen – der Re-Education und der Einführung der Demokratie in Deutschland dienen sollten.[72]

Der »Ruf« als Vorläufer der Gruppe 47

Die bekanntesten dieser oft nur örtlich verbreiteten und bekannten Zeitschriften waren neben den bereits erwähnten sowie dem »Ruf« und den linkskatholischen »Frankfurter Heften«[73]: der linksstehende pazifistische »Ulenspiegel« in Berlin, eine satirische Zeitschrift; die traditionsreiche und nach Kriegsende neu herausgegebene »Neue Rundschau« des S. Fischer-Verlags; die konservative, von Rudolf Pechel geleitete »Deutsche Rundschau« (Berlin), die 1942 wegen ihres indirekten publizistischen Widerstandes gegen das NS-Regime verboten worden war; die »Nordwestdeutschen Hefte«[74], die von Axel Eggebrecht und Peter von Zahn im Auftrag des NWDR in Hamburg betreut wurden und leicht hergerichtete oder gekürzte Manuskripte von Radiosendungen druckten; die »Weltbühne« in Berlin, deren Name in der Weimarer Zeit eng mit dem ihres Herausgebers Carl von Ossietzky und seines engen Mitarbeiters Kurt Tucholsky verbunden war und die nach 1945 nun der KPD und nach ihrer Gründung 1946 der SED nahe stand; Döblins neue Literatur- und Kunstzeitschrift »Das goldene Tor« (Lahr) sowie die orthodox-katholischen Zeitschriften »Hochland« und »Stimmen der Zeit«, die beide während des Faschismus ihr Erscheinen einstellen mußten.

Trotz der Vielzahl politisch-literarischer Zeitschriften in den einzelnen Besatzungszonen gelang es dem »Ruf« schon nach kurzer Zeit, eine vielbeachtete Bedeutung zu erlangen. Bereits die Nr. 4 wurde in einer Auflage von 100 000 Exemplaren[75] gedruckt, und diese Auflagenhöhe war noch wegen der knappen Papierzuteilung begrenzt. Der »Ruf« wurde nicht nur in München und der US-Zone verbreitet, sondern er erreichte in geringer Anzahl auch die anderen Zonen, wenn auch zuweilen – so jedenfalls Richter – die SBZ auf halb-illegalen Wegen[76]. Schwab-Felisch erklärt diese breite Resonanz des »Ruf« damit, daß er sich gezielt an die *junge Generation* und deren Erfahrungshorizont gewandt und sich von den anderen Zeitschriften, die meist zwischen Zerknirschung, Trotz und offiziellen Umerziehungsthesen lavierten, durch Geschlossenheit, geistiges Profil und die Schärfe einer unabhängigen Diktion gegenüber den Besatzungsmächten abgehoben habe[77]. Dies belegen u.a. auch im »Ruf« abgedruckte Leserbriefe von zustimmenden Lesern aus der *jungen Generation*. Über die Leserschaft des »Ruf« gibt es bisher keine soziologischen Untersuchungen. Doch lassen der Abdruck zahlreicher Artikel zur Situation an den Universitäten, der intellektuelle Charakter vieler Grundsatz-Essays und die von uns durchgeführten Befragungen ehemaliger »Ruf«-Redakteure[78] den Schluß zu, daß die Leserschaft sich in erster Linie aus jungen Intellektuellen und Studenten zusammensetzte[79]. Das vermutet auch Helga Gross:

Die Resonanz des »Ruf« schien sich auf einen Kreis linksgerichteter Intellektueller zu beschränken, ohne eine breitere Basis in der weitgehend entpolitisierten Masse der Bevölkerung finden zu können.[80]

Die der Sekundärliteratur oft zu entnehmende These, der »Ruf« hätte mit seiner humanistisch-sozialistischen Programmatik unter den damaligen Zeitschriften eine einzigartige Sonderstellung eingenommen und sei als *Unikum* zu bezeichnen[81], kann in dieser Form nicht akzeptiert werden. Einen zumindest ähnlichen Ansatz, der mit den Begriffen *antifaschistisch*, *humanistisch* und *demokratisch-sozialistisch* vage umschrieben werden kann, aber hinreichend Spielraum für eine jeweils eigenständige Schwerpunktsetzung ließ, formulierten neben dem »Ruf« auch der »Aufbau«, die »Sammlung«, die »Wandlung«, die »Gegenwart«, die »Frankfurter Hefte« und »Ende und Anfang«, wenngleich auch nicht alle ebenso hart und ent-

Geschichte des »Ruf«

schieden wie der »Ruf« mit der amerikanischen Besatzungspolitik ins Gericht gingen. Einige dieser Zeitschriften wurden daher auch in Nr. 1 des »Ruf« ausdrücklich als gleichgesinnt begrüßt:

> Gruppen von europäisch sehr fortgeschrittenen jungen Menschen beeinflussen die redaktionelle Gestaltung der »Gegenwart«, des »Aufbau« und der »Wandlung« oder verschaffen sich unmittelbar Ausdruck in »Ende und Anfang«.[82]

Es dürfte auch nicht zufällig gewesen sein, daß Mitarbeiter des »Ruf« nach dessen Verbot bei den »Frankfurter Heften« publizierten (wie etwa Andersch und Minssen) bzw. einer von ihnen dort sogar 1947 in die Redaktion eintrat (Guggenheimer)[83].

Die offen ausgesprochene Kritik an der amerikanischen Besatzungspolitik und das Eintreten für humanistisch-sozialistische Vorstellungen brachte den »Ruf« jedoch schon bald in Konflikt mit den amerikanischen Militärbehörden. Auf die Verwarnung der Redaktion durch Offiziere der US-Militärregierung im März 1947[84] – die amerikanischen Einwände lauteten v.a.: unerlaubte Kritik an der Politik der Alliierten in Deutschland – folgte bereits im April 1947 das Verbot der Zeitschrift wegen Nihilismus, da sich eine Änderung der politischen Tendenz des »Ruf« nicht abzeichnete. Mit dem Verbot einer gingen Meinungsverschiedenheiten zwischen Verlag und Herausgebern über die politische Linie des »Ruf«. Die Amerikaner stützten ihr Verbot vor allem auf die für Nr. 17 vorgesehenen Artikel »Der Sieg des Opportunismus« (Leitartikel, geschrieben von Richter) und »Sehr geehrter Herr Mitläufer« (verfaßt von Guggenheimer)[85]. In beiden Artikeln wurde der sich in Deutschland ausbreitende Opportunismus (gerade auch der beiden Arbeiterparteien SPD und KPD) gegenüber den Besatzungsmächten und dem Bürgertum scharf verurteilt. Die vorbereitete Nr. 17 hatte – wie Richter es zutreffend kennzeichnete[86] – eine *unabhängige scharfe Linkstendenz*; sie grenzte sich gleichermaßen entschieden von einem dogmatisch-erstarrten Marxismus bei SPD und KPD und von den Restaurationsbestrebungen des Bürgertums ab und forderte einen *revolutionären Elan* für ein vereinigtes sozialistisches Europa[87]. Dies ging den Amerikanern, aber auch einer *sehr ernst zu nehmenden deutschen Seite*[88], entschieden zu weit.

Da die amerikanischen Quellen hinsichtlich des »Ruf«-Verbots bis heute nicht publiziert bzw. ausgewertet wurden, blieb in der Sekundärliteratur Spielraum für die abstrusesten Spekulationen. So ortete beispielsweise Pross Gerüchte, *wonach kommunistischer Einfluß in der US-Militärregierung das Verbot bewirkt habe* . . .[89], und Schwab-Felisch wie auch Richter[90] vermuten hinter dem Verbot bis heute eine sowjetische Intervention im Alliierten Kontrollrat in Berlin. Für derartige Vermutungen gibt es jedoch kaum Anhaltspunkte. Schwab-Felischs Verdacht, daß die Russen wegen des Briefes der »Ruf«-Redaktion an das KPF-Führungsmitglied Marcel Cachin (»Ruf« Nr. 13) und des in Deutschland erstmalig erfolgten Abdrucks eines Koestler-Aufsatzes (»Die Gemeinschaft der Pessimisten« in »Ruf« Nr. 1) verärgert gewesen wären, sowie der Hinweis auf die KPD-Versammlung *Der Ruf und die Nation* in München wenige Wochen vor dem Verbot[91] reichen als Indizien kaum aus. Die Tatsache, daß die KPD in der oben erwähnten öffentlichen Veranstaltung die ideologische Auseinandersetzung mit dem »Ruf« geradezu suchte, spricht sogar eher gegen die zitierten Vermutungen. Ferner stellt sich die Frage, warum die Amerikaner, wenn sie das Verbot tatsächlich allein auf Ersuchen der Sowjetunion aussprachen, dann Ende 1947 / Anfang 1948, als der Kalte Krieg auch in Deutschland zwischen den Siegermächten in voller Schärfe entbrannt war, Richter die Lizenz für die Literaturzeitschrift »Der Skorpion«[92] verweigerten und dies mit dem gleichen Stichwort wie das Verbot des »Ruf« (nämlich *Nihilismus*) begründeten. Auch Gehring und Lattmann[93] sehen im Verbot des »Ruf« allein eine Zensurmaßnahme der Amerikaner gegen das ihnen zu unabhängige Blatt. Gehring belegt in diesem Zusammenhang mithilfe amerikanischer Quellen, daß bereits Mitte Juni 1946

> *ein Zeitungs- und Buchverleger, wenn in seinen Publikationen die Sowjetunion angegriffen wurde, allenfalls noch mit einem beiläufigen Tadel durch die Information Control rechnen (mußte)*[94].

Nach dem Verbot erschien der »Ruf« noch bis 1949, ehe er – völlig bedeutungslos geworden – ganz eingestellt wurde[95]. Die neuen Herausgeber Erich Kuby (1947), Walter v. Cube (1948) und Eitel Fritz v. Schilling (1949) vermochten die ursprüngliche Konzeption nicht fortzusetzen.

Es kam hinzu, daß spätestens ab Mitte 1947 die politische Wirklichkeit in Deutschland eine alternative Gesellschaftskonzeption im Sinne der humanistisch-sozialistischen Vorstellungen des »Ruf« endgültig in den Bereich der Utopie verwies. An dieser Stelle ist es daher angebracht, in kurzen Zügen die gesellschaftspolitischen Entwicklungen der Nachkriegszeit zu skizzieren.

Exkurs: Die gesellschaftspolitischen Entwicklungen der Nachkriegszeit

Trotz des Zusammenbruchs des Nationalsozialismus 1945 und trotz der Aufnahme vieler Flüchtlinge aus den deutschen Ostgebieten blieb die bürgerlich-kapitalistische Wirtschafts- und Gesellschaftsstruktur in den Westzonen im wesentlichen intakt. Insbesondere blieb der traditionell mittelständische und kleinbürgerlich-handwerkliche Charakter weiter Gebiete West- und Südwestdeutschlands mit den z. T. noch patriarchalischen Macht- und Abhängigkeitsstrukturen in Kleinstädten und ländlichen Gebieten ungebrochen erhalten. Eine Auflösung oder gar Proletarisierung der kleinbürgerlichen und -bäuerlichen gesellschaftlichen Zwischenschichten hatten auch Faschismus und Krieg nicht herbeigeführt; ebensowenig waren die Besitzverhältnisse im Produktionsbereich wie auch die gesamtgesellschaftlichen Machtverhältnisse zwischen den Polen ›Kapital‹ und ›Arbeit‹ durch das nationalsozialistische Herrschaftssystem grundlegend verändert worden, wenn es auch infolge der NS-Kriegs- und Zwangswirtschaft Eingriffe in die private Verfügungsgewalt der Kapitaleigner und Umschichtungen innerhalb der herrschenden Klasse – man denke an die ›Arisierung‹ des jüdischen Kapitals und die Eingliederung aufgestiegener NS-Parteifunktionäre ins besitzende Bürgertum – gegeben hatte[96].

Die amerikanische Besatzungsmacht verhinderte Ansätze zu einer tiefgreifenden Neuordnung (etwa die Sozialisierung in Hessen*) und begünstigte einseitig die traditionellen Machteliten und die restaurativen Kräfte[97]. Ein

---

* In Hessen fanden am 1.12.1946 Landtagswahlen und gleichzeitig ein Volksentscheid über die neue Landesverfassung statt. Über den Artikel 41, der die Überführung der Schlüsselindustrien in Gemeineigentum vorsah, ließ die amerikanische Militärregierung – in der Hoffnung auf die Ablehnung dieses Artikels durch die Bevölkerung – gesondert abstimmen. Dennoch wurde der Artikel 41 mit 72% der gültigen Stimmen angenommen, woraufhin die Amerikaner diesen Artikel der Verfassung suspendierten. Eine ähnliche Intervention erfolgte im August 1947 seitens der zu dieser Zeit bereits von den USA abhängigen britischen Militärregierung, als sie das vom nordrhein-westfälischen Landtag mit den Stimmen von SPD, KPD und Teilen der CDU angenomme Gesetz über die Sozialisierung der Kohlewirtschaft nicht genehmigte. Vgl. Schmidt: Verhinderte Neuordnung, 1970, S. 85 u. 150 ff.

bodenständiges *revolutionäres* Potential für eine radikale Systemveränderung andererseits war zwar in einigen Orten vorhanden[98], aber insgesamt doch zu schwach ausgeprägt und darf nicht überschätzt werden[99]. Hinzu kam, daß die sich neu formierende politische Arbeiterbewegung – trotz einiger gegenläufiger Tendenzen, die sich in der Gründung von Einheitsgewerkschaften und Versuchen zur Bildung einer einheitlichen Arbeiterpartei äußerten – organisatorisch und programmatisch unmittelbar an den Stand des Jahres 1933 anknüpfte. Die traditionellen Arbeiterparteien SPD und KPD wurden weitgehend durch die alten Funktionärskader der Weimarer Zeit wiederaufgebaut, die sich an ihren Erfahrungen und Prinzipien dieser Zeit orientierten und während des Faschismus kaum Lernprozesse hinsichtlich einer Überwindung der Spaltung der Arbeiterbewegung gemacht hatten. Die junge, aus Krieg und Gefangenschaft zurückkehrende Generation jedoch, auf deren politische Aktivität der »Ruf« gehofft hatte, verhielt sich überwiegend apathisch und überließ den Älteren das politische Handeln[100].

Eine entscheidende Rolle für die ökonomische und politische Entwicklung der drei Westzonen kam der amerikanischen Besatzungspolitik zu, die in ein globales Konzept integriert war. Die amerikanischen Nachkriegsplanungen gingen von der Absicht aus, ein *neues internationales Wirtschaftssystem in globalem Maßstab gemäß multilateralen, liberalen Grundsätzen zu begründen,* um so eine Wiederkehr der schweren Weltwirtschaftskrise Anfang der 30er Jahre zu verhindern, den internationalen Frieden zu sichern und den amerikanischen Wirtschaftsinteressen optimale – zwangsläufig hegemoniale – Realisierungschancen zu eröffnen[101]. Nach der Übernahme des US-Präsidentenamtes durch Truman 1945 wurde diese Absicht in der Weise modifiziert,

> daß eine Einbeziehung der Sowjetunion in ein kapitalistisches Weltwirtschaftssystem wegen der Intransigenz des Spätstalinismus und dessen vermuteter weiterer Machtambitionen weder wünschenswert noch zu amerikanischen Bedingungen durchführbar sei[102].

In Bezug auf Deutschland ließen sich die USA aufgrund der von ihnen 1945/46 angefertigten Studien außerdem von dem ökonomischen Interesse leiten, daß ein verstärkter wirtschaftlicher Wiederaufbau die Kosten der alliierten Besatzung auf Dauer wesentlich verringern würde[103]. Beides – das ökonomische Interesse, Kosten einzusparen, und der sich seit 1945/46 weltweit zuspitzende Ost-West-Konflikt, gekoppelt mit einem sich verschärfenden amerikanischen Antikommunismus – führte seit Ende 1946 zu einer allmählichen Änderung der amerikanischen Besatzungspolitik in Deutschland, die sich erstmals in der berühmten Rede des US-Außenministers Byrnes in Stuttgart (am 6.9.1946), die auch vom »Ruf« kommentiert wurde (Nr. 4, S. 3), andeutete. Von den Vorstellungen des Morgenthau-Planes* rückte die US-Administration endgültig ab und bereitete nunmehr Konzeptionen für einen verstärkten wirtschaftlichen Wiederaufbau der Westzonen nach ka-

---

* Der Morgenthau-Plan ging zurück auf den US-Finanzminister Morgenthau und spielte 1944/45 innerhalb der amerikanischen Administration eine gewisse Rolle bei den Überlegungen, wie man verhindern könne, daß von deutschem Boden je wieder ein Krieg ausgehe. Morgenthau zielte dabei auf die Zerschlagung der deutschen Wirtschaftsmacht. *Der Plan sah die Abtretung Ostpreußens und Oberschlesiens an Polen, die Abtretung der Saar und des Gebiets zwischen Rhein und Mosel an Frankreich vor, die Konstituierung eines deutschen Staatenbundes, die Zwangsverpflichtung eines Kontingents deutscher Arbeiter im Ausland als Reparation, die Internationalisierung des Ruhrgebiets, die auf Bremen, Kiel und Frankfurt ausgedehnt werden sollte, und vor allem die Umwandlung Deutschlands in ein Weideland durch die vollständige Zerstörung aller Industrie- und Kohleförderungsanlagen!* (Grosser: Geschichte Deutschlands 1974, S. 45)

pitalistischen Gesichtspunkten im Rahmen eines europäischen Verbundes und gleichzeitig mit antikommunistischer Stoßrichtung (Marshallplan) vor. Diese amerikanischen Vorstellungen deckten sich weitgehend mit den Interessen besitzbürgerlicher Kreise in den Westzonen, die sich vor allem in der FDP und immer deutlicher auch in der CDU und der CSU politisch organisierten.

Die Wirtschaftsdoktrinen von Vertretern der sogenannten »Freiburger Schule« und anderer Verfechter neoliberaler Wirtschaftsauffassungen (Walter Eucken, Wilhelm Röpke und vor allem Alfred Müller-Armack, der den Begriff der »sozialen Marktwirtschaft« prägte, und Ludwig Erhard) hätten wohl kaum in der Wirtschaftspraxis die Oberhand gewinnen können, wenn sie sich nicht in grundsätzlicher Übereinstimmung mit dem Kurs der amerikanischen Deutschlandpolitik befunden hätten.[104]

Die ideologisch-propagandistischen Einwirkungsversuche der Amerikaner auf die Deutschen (›Re-education‹-Programm) müssen vor diesem politisch-ökonomischen Hintergrund gesehen werden[105]; ihnen kam allerdings ein beachtliches, tendenziell von den ökonomischen Interessen losgelöstes Eigengewicht zu, und sie standen auch – z.T. wegen der Bemühungen einiger radikaldemokratischer und idealistischer Besatzungsoffiziere – nicht immer im Einklang mit anderen besatzungspolitischen Maßnahmen; beispielsweise setzten sich offen antikommunistische Tendenzen in diesem Bereich erst verspätet – ab November 1947 – durch[106].

Diese hier ausgeführten allgemein-politischen Entwicklungen waren vom August 1946 bis zum April 1947 – also während des Erscheinungszeitraums des »Ruf« – noch nicht so eindeutig und klar benennbar, wie sie sich heute aus historischer Distanz zur Nachkriegszeit darstellen, so daß man sich davor hüten sollte, die damaligen Vorstellungen und Überzeugungen der »Ruf«-Redakteure vorschnell als illusionär oder realitätsblind abzutun.

Im »Ruf«, der sich als politische u n d literarische Zeitschrift präsentierte, dominierte der politische Teil, der in der Regel die ersten 8 von insgesamt 16 Seiten umfaßte. Auf den nächsten 4–5 Seiten folgte der Literatur- und Kulturteil, und am Schluß des Heftes (etwa ab S. 13) fanden sich Besprechungen politischer und belletristischer Literatur sowie Kleinanzeigen. Die herausragende Stellung für das gesamte Heft besaß der Leitartikel, der das jeweilige Schwerpunktthema vorstellte und die gesamte Titelseite und meist noch einige Spalten der Seite 2 belegte. Der Verfasser des Leitartikels wurde oft nicht genannt, da die Redaktion (Kürzel: DR) die Verantwortung für den Inhalt gemeinsam trug. Der Leitartikel formulierte die grundsätzliche politische Position der »Ruf«-Redaktion zu allgemeinen Tagesfragen. Eine ähnliche Funktion erfüllte die Rubrik »Deutsche Kommentare« (Seite 2/3), nur daß hier die grundsätzliche politische Argumentation auf jeweils einen konkreten Sachverhalt zugespitzt wurde, so z.B. in Nr. 2 auf die Pariser Friedenskonferenzen der Alliierten mit Deutschlands ehemaligen Verbündeten oder in Nr. 3 auf die Kriegsgefangenenfrage. Wesentliche Bestandteile des politischen Teils waren außerdem Essays (z.B. Arthur Koestlers »Die Gemeinschaft der Pessimisten« in Nr. 1, bzw. Walter Mannzens »Die Selbstentfremdung des Menschen« in Nr. 2), Reportagen und Reisebeschreibungen (z.B. in den ersten beiden Heften eine Reportage Richters über eine Reise in die SBZ oder in Nr. 16 eine Reportage Anderschs über den Elendswinter 1946/47 in Hamburg: »Wintersende in einer frierenden Stadt«), Artikel über die Situation an den wiedereröffneten Hochschulen (so im »Ruf« Nr. 2 und in Nr. 7), die Leserbriefe »Rufe an den Ruf« (regelmäßig ab Heft 4) und kurze Beiträge unter den Sparten »Mosaik« und »Politisches Notizbuch«.

Im literarisch-kulturellen Teil spielte das »Studio« die dominierende Rolle. An dieser Stelle wurden – zumeist als Erstveröffentlichung – literarische Texte von bisher nur kaum oder nicht bekannten Autoren veröffentlicht. Als wichtigste Beiträge im »Studio« sind zu nennen: ein Auszug aus Kolbenhoffs Roman »Von unserem Fleisch und Blut« (Nr. 1), Lyrik der Kriegsgefangenen, die von Richter gesammelt worden war (Nr. 3 u. 14), Schnurres Erzählung »Die Tat« (Nr. 9), eine Anti-Kriegs-Erzählung des jungen französischen Autors J.-L. Bost: »Welch ein Handwerk« (Nr. 12), sowie literarische Texte von Simone de Beauvoir (»Stücke aus einem existenzialistischen Brevier« in der Sondernummer des »Ruf«: »Begegnungen mit dem jungen Frankreich« = Nr. 5), Ignacio Silone, Alfred Andersch und Ilse Schneider-Lengyel. Neben diesen literarischen Texten fanden aber auch literatur- und kunsttheoretische Beiträge Eingang ins »Studio«, beispielsweise der von der Redaktion (DR) verfaßte Beitrag »Deutsche Kalligraphie oder Glanz und Elend der modernen Literatur« (Nr. 7), ein Aufsatz zur neuen Baukunst und zur Bautradition (Nr. 4), ein Essay Mannzens über Camus und das Absurde (Nr. 8), eine Abhandlung Richters über die »Literatur im Interregnum« (Nr. 15) und eine kritische Betrachtung Horst Langes über »Bücher nach dem Kriege«. In der sich an das »Studio« anschließenden »Kritischen Umschau« folgten kurze Kultur-Glossen, Berichte über Theater-Aufführungen u.a.m.

Besondere Beachtung innerhalb des Abschnitts der Rezensionen verdient die Einführung der Rubrik »Bücher, die wir nicht lesen dürfen« (erstmalig in Nr. 4, dann regelmäßig). An diesem Ort stellte der »Ruf« englisch- und französischsprachige Bücher vor (z.B. Antoine de Saint Exupery: »Flug nach Arras«; Ernest Hemingway: »Wem die Stunde schlägt«; John Steinbeck: »Der Mond ging unter«), die zu diesem Zeitpunkt wegen der amerikanischen Zensurmaßnahmen im Literaturbereich weder in München noch sonst irgendwo in der US-Zone gekauft werden konnten[107], da sie aus unterschiedlichen Gründen als nicht geeignet im Sinne des amerikanischen ›Re-education-Programms‹ galten und daher nicht ins Übersetzungsprogramm der amerikanischen *Information Control Division* (ICD) gelangten. Ohne die Aufnahme des Buchtitels in die Listen des ICD war es aber keinem deutschen Verleger in der Nachkriegszeit (bis 1949) möglich, die Übersetzungsrechte für diese Bücher zu erwerben und Papier für den Druck zugeteilt zu bekommen[108]. Einem Verleger, der dennoch ein vom ICD verbotenes Buch gedruckt hätte, drohte der Entzug der Lizenz.

1.2 DIE POLITISCHE KONZEPTION DES »RUF«

Zur Analyse der politischen Position des »Ruf« eignen sich in erster Linie die Leitartikel und die politischen Essays. Daneben werden – zur Verdeutlichung und Ergebnissicherung – auch spätere schriftliche und mündliche Äußerungen ehemaliger Redakteure (Andersch, Richter, Guggenheimer, Schnurre, Kolbenhoff) verwendet. So erscheint es möglich, den politischen Grundkonsens der Redaktion zu ermitteln. Schwerwiegende Meinungsverschiedenheiten scheinen innerhalb der Redaktion und des Mitarbeiterkreises zu keinem Zeitpunkt bestanden zu haben, obgleich sich einige Differenzierungen anhand der Artikel verschiedener »Ruf«-Autoren durchaus aufzeigen lassen. Die (wenigen) Kontroversen wurden in erster Linie in der Redaktionsstube[109], aber nur selten direkt und öffentlich im »Ruf« ausgetragen[110].

1.21 Genese der politischen Position der »Ruf«-Redakteure
1.211 Verarbeitung und Bewältigung der Erfahrungen aus Faschismus und Krieg und des Scheiterns der Weimarer Republik

Für die Beurteilung der politischen Position des »Ruf« gilt es zu berücksichtigen, daß die Redakteure gleich nach 1945 noch unter dem unmittelbaren Eindruck des Vergangenen standen, der ihnen eine distanzierte und rationale Erklärung der Ursachen des Faschismus – etwa im Sinne Adornos[111] – weitgehend erschwerte[112]. Diese bewußte *Aufarbeitung* der deutschen Vergangenheit setzte ja bekanntlich (von wenigen Ausnahmen abgesehen) erst in den 60er Jahren ein, initiiert von der Studentenbewegung, der Kritischen Theorie und den Debatten um die Notstandsgesetze. Inzwischen existiert eine ganze Flut von Publikationen, die – basierend auf umfangreichen Forschungsprojekten in den einzelnen Fachwissenschaften – dem Phänomen Faschismus nachgegangen sind und sich um Antworten auf die Frage nach seinen Ursachen bemüht haben. Dies alles stand dem »Ruf« unmittelbar nach Kriegsende natürlich nicht zur Verfügung. Dennoch gelangte er zu zahlreichen wichtigen Beobachtungen über das Wesen des Nationalsozialismus, die auch der heutige Stand der Faschismusdiskussion noch nicht überholt hat[113].

Kennzeichnend für den »Ruf« war, daß er von zwei verschiedenen Richtungen her eine Klärung des Phänomens Faschismus versuchte. Der eine Ausgangspunkt war grundsätzlich politisch-ökonomischer Art. Gleichzeitig enthielt er aber auch starke geistesgeschichtliche Komponenten, und er bewies zudem die Kenntnis marxistischer Theoreme und das Wissen um die Niederlage der Arbeiterbewegung am Ende der Weimarer Republik.

Der »Ruf« verwies daher auf den engen Zusammenhang von Faschismus und Kapitalismus. Die Krisenhaftigkeit des Kapitalismus müsse – wie die Geschichte der Weimarer Republik exemplarisch zeige – notwendigerweise zur Verhinderung und Aufhebung der politischen Demokratie führen:

ohne wirtschaftliche Sicherheit verkümmern die besten Kräfte des Menschen; wo Massenarbeitslosigkeit herrscht, überlebt die politische Demokratie nicht lange. Die Freiheit muß verlorengehen...[114]

Sehr schnell weitete der »Ruf« diesen Ansatz auf eine grundsätzliche Kritik am schrankenlosen, liberalen Kapitalismus aus, der sich durch seine Wandlung zum Faschismus als historisch überholt erwiesen habe. Der Kapitalismus habe sein humanes Postulat,

das größtmögliche materielle und ideelle Glück aller Menschen und im Zusammenhang damit die Sicherung der Menschenwürde jedes Einzelnen gegen Übergriffe privilegierter Menschen und Mächte[115]

zu garantieren, nicht einlösen können. Die bürgerliche Revolution habe, so formulierte es der »Ruf«, nur die *formale* politische Freiheit und Gleichheit gebracht. Das Privateigentum an den Produktionsmitteln habe aber mittels sozial ungerechtfertigter Kapitalakkumulation und technischer Überlegenheit der Großbetriebe zu neuen kapitalistischen Mächten geführt, die ebenso wie die Feudaladligen zuvor die Menschen ausbeuten könnten und sie in Unfreiheit und Ungleichheit brächten.

Neben der möglichen und tatsächlichen Ausbeutung und Unterdrückung des Arbeiters durch das Privatkapital waren es die periodisch wiederkehrenden Wirtschaftskrisen mit ihrer Überproduktion, Kapitalfehlleitung und Arbeitslosigkeit[116], die die liberalen Postulate der bürgerlichen Gesellschaft (Freiheit, Gleichheit, Brüderlichkeit) uneingelöst ließen.

Diese enge Verzahnung von Kapitalismus und Faschismus führte den »Ruf« in seiner Analyse der gesellschaftlichen Wirklichkeit zu der unmittelbar nach 1945 weitverbreiteten Ansicht (siehe z.B. auch bei der SPD, besonders bei Kurt Schumacher), daß mit der Niederlage des Faschismus auch der Kapitalismus sowohl ökonomisch wie moralisch restlos zusammengebrochen sei und ein künftiges Deutschland daher nur sozialistisch gestaltet werden könne:

> Der Menschengeist hat eine Stufe erreicht, in dem ihm der private Besitz von Produktionsmitteln ebenso absurd erscheint wie vor 2000 Jahren die Sklaverei.[117]

> Die nun einige Menschenalter währende geistig-politische Auseinandersetzung um den Sozialismus kann heute wohl als zugunsten des Sozialismus entschieden angesehen werden ... Wieweit heute in Deutschland die Überzeugung von der Notwendigkeit einer sozialistischen Ordnung Allgemeingut geworden ist, zeigt die Tatsache, daß keine Partei den Sozialismus völlig abzulehnen wagt.[118]

Als die wesentlichen sozialen Träger des Faschismus erkannte der »Ruf« das reaktionäre Großkapital und das Kleinbürgertum:

> Die reaktionären Kräfte der Gegenrevolution versuchten in ihrem »Tausendjährigen Reich«, gewaltsam die evolutionäre Entwicklung aufzuhalten. Sie wollten das »Rad der Geschichte« zurückdrehen. In dem starken deutschen Kleinbürgertum, das weder 1848 noch 1918 politisch erfaßt worden war, fanden sie den idealen Humusboden für ihr grausames Experiment.[119]

Während das Groß- und Kleinbürgertum die Verantwortung für die nationalsozialistischen Verbrechen tragen müßten, sprach der »Ruf« bestimmte Teile der Bevölkerung, v.a. die Arbeiterklasse, ausdrücklich von einer Mitschuld frei, da sie vor 1933 den Nationalsozialisten kampfbereit gegenübergestanden haben.

> Der deutsche oder italienische Arbeiter hat so wenig den Faschismus in den Sattel gehoben wie der französische Arbeiter. Die Verantwortung für die Folgen des faschistischen Experiments trägt allein das europäische Bürgertum, das ihn gestützt und unterstützt und schließlich großgezogen hat.[120]

Aus dieser klassenmäßigen Zuordnung der Ursprünge des Faschismus ergab sich für den »Ruf« folgerichtig die radikale Ablehnung der amerikanischen Kollektivschuldthese und des darauf aufbauenden ›Re-education‹-Programms. Wiederholt wurde in Artikeln – siehe v.a. die Leitartikel »Die versäumte Evolution« (Nr. 11) und »Das deutsche Volk und die Demokratie« (Nr. 16) – auf die demokratische Tradition gerade der deutschen Arbeiterbewegung hingewiesen, aus der heraus sie eine führende Rolle im neuen Deutschland legitimieren könne. An diese demokratische deutsche Tradition sollte – so der »Ruf« – angeknüpft werden, für sie sollte das deutsche Volk aktiviert werden:

> Es geht nicht darum, das deutsche Volk für die Demokratie umzuschulen, sondern es für sie zu aktivieren.[121]

Der amerikanischen Besatzungspolitik wurde auf diese Weise der – von heute aus gesehen: berechtigte – Vorwurf gemacht, mithilfe der Kollektivschuldthese die demokratischen Kräfte zu lähmen und von der Schuld des reaktionären deutschen Bürgertums am Faschismus abzulenken. Die tatsächlichen Absichten und Tendenzen der amerikanischen Besatzungspolitik wurden offengelegt, indem der »Ruf« auf die hinter demokratischen Formeln und Floskeln verborgenen Kapitalinteressen hinwies, vermutlich jedoch ohne die ganze Tragweite dieser Aussage, die ja Konsequenzen für das eigene Denken und Handeln hätte haben müssen, zu erfassen:

Nur daß es jetzt der Weltkapitalismus ist, der sich hinter den demokratischen Redensarten verbirgt. Man spricht von Demokratie und meint dabei die Ausschaltung mißliebiger Konkurrenten. Man spricht von der Befreiung der Völker und spannt sie in die eigenen imperialistischen Pläne ein... Demokratisierung müßte nach den Erlebnissen der Weimarer Republik heißen: bewußte Stärkung der Schichten des Volkes, die damals als einzige einen wirklichen Kampfwillen für die Demokratie gezeigt haben. Ausschaltung all jener Gruppen und Cliquen, die diesen Kampf bewußt sabotierten oder die Stellung der Demokratie durch ihre Lauheit und Feigheit aushöhlten... Gerade jene Bankrotteure der Weimarer Republik, jene demokratisch getarnten Reaktionäre präsentiert man dem Volk als die Stützen der neu zu errichtenden Demokratie und läßt sie demokratische Erziehungsversuche an den Massen machen, die sie durch ihre bewiesene Haltung bei vielen Gelegenheiten beschämt haben. Die ersten, die sich seinerzeit, 1923, mit dem aufkommenden Faschismus verbündet hatten, waren aus den Kreisen der süddeutschen Reaktion gekommen, der damals jeder Bundesgenosse recht war, der sie vor der demokratischen und sozialistischen Arbeiterschaft sicherte; heute präsentiert man uns aus den gleichen Kreisen Bannerträger der kommenden Demokratie.[122]

Wenn sich 1933, trotz einer kampfbereiten Arbeiterklasse, dennoch der Faschismus durchsetzen konnte, so war das – so der »Ruf« – auf das Versagen und die *Unfähigkeit der proletarischen Führung*[123] zurückzuführen.

Es zeigte sich also..., daß das deutsche Volk in seiner Masse, vor allem aber die deutsche Arbeiterschaft, bereiter zur Demokratie war als seine Führer, auch wenn sie sich Demokraten nannten... Man mußte diesen Kampfwillen erst mühsam hinausmanipulieren, man mußte das Volk erst entmannen – dann nur konnte der Faschismus, der inzwischen mit den Geldern des Großkapitals hochgepäppelt worden war, breiteren Einfluß gewinnen.[124]

Da die politischen Führer, also die damalige demokratische Elite, diese Kampfbereitschaft nicht nutzten und weil die Führungen von SPD und KPD nicht zum gewaltsamen Widerstand gegen den Nationalsozialismus aufriefen, konnte es der NS-Propaganda gelingen – so sah es jedenfalls der »Ruf« –, einen Teil der desorientierten Massen auf ihre Seite zu ziehen[125]. Diese hier anklingenden Vorstellungen von einer fast beliebig bewegbaren und verführbaren Masse, die als *Objekt* auf ihre Führer reagiert und auf sie angewiesen ist, und vom Versagen der alten demokratischen Führung hatten Konsequenzen und waren Symptome für den Elitegedanken des »Ruf«, der dann später auch in der Gruppe 47 virulent wurde.

Richter, Andersch und die anderen »Ruf«-Redakteure leiteten aus dieser Bestandsaufnahme des Versagens der demokratischen Führer die Notwendigkeit einer demokratischen Elitenbildung ab:

Wir glaubten, daß kleine demokratische Eliten nach unten wirken sollten, sich immer mehr ausdehnen sollten, das hängt auch mit der Gruppe 47 zusammen. Sie sollten sich immer fester zusammenfügen, ohne daß man Par-

teien oder Organisationen aufbaute, und durch diese Wirkung nach unten sollte letztlich eine Bewußtseinsänderung herbeigeführt werden.[126]

In diesem Elitekonzept spiegelte sich deutlich das Mißtrauen, das die »Ruf«-Redakteure der Masse der Bevölkerung entgegenbrachten. Sie hielten die *Masse, die nach 1933 faschistisch und im Untertanengeist erzogen worden war, noch keineswegs für fähig, demokratisches Denken und Handeln zu praktizieren und einer möglicherweise erneut einsetzenden faschistischen Propaganda zu widerstehen.*

Sie glaubten, demokratisches Denken ließe sich nur von oben nach unten vermitteln, nicht von unten nach oben ...[127]

Deshalb hielt es der »Ruf« zunächst einmal für vordringlich, eine demokratische Elite zu bilden, die durch ihr konsequent-antifaschistisches und demokratisch-vorbildliches Handeln die Fehler der alten demokratischen Elite vor 1933 überwinden und die Einübung demokratischen Verhaltens auch bei den *Massen* auf lange Sicht garantieren sollte:

Erst die Lehrer, dann die zu Belehrenden, erst die Bildung von demokratischen Eliten, dann die Umerziehung der Massen.[128]

Aus der Kenntnis dieses Konzeptes verwundert es nicht, wenn im »Ruf« immer wieder an führende deutsche Politiker, kaum aber an die Arbeiterschaft in den Betrieben appelliert wurde:

Aber wir können unseren Politikern in Deutschland sagen:
seid in eurer Politik ehrlicher, arbeitet nicht mit faulen Argumenten,
... seid wirkliche Kämpfer für die Demokratie und nicht zufällige Tagespolitiker... Die Demokratisierung Deutschlands ist weniger ein Problem der Rückerziehung des deutschen Volkes als der endlichen und dringenden Wachrüttelung der deutschen politischen Führer.[129]

Den politisch-ökonomischen Ansatz einer Faschismuserklärung hielt der »Ruf« jedoch nicht für ausreichend, wie es bereits die Kritik am Versagen der Arbeiterführer 1933 und das Mißtrauen gegenüber den Massen andeutete.

Der zweite Aspekt, unter dem der »Ruf« das Phänomen Faschismus zu erklären versuchte, war folglich massenpsychologisch bestimmt; er überlagerte den politisch-ökonomischen Aspekt und stellte ihn gleichzeitig in Frage. Die im folgenden angesprochenen Sachverhalte galten dem »Ruf« als das vordringliche und eigentliche Problem bei dem Versuch, eine Erklärung für die Vergangenheit zu finden.

Der »Ruf« betrachtete die Irrationalität der Massen als einen äußerst wichtigen Faktor, der die Durchsetzung des Nationalsozialismus 1933 entscheidend mitherbeigeführt habe. Kennzeichnend war, daß die »Ruf«-Redakteure für diesen – wie Richter ihn nennt[130] – *irrationalen Faktor* kaum eine Erklärung fanden. Die Hilflosigkeit äußerte sich deutlich in den unternommenen Beschreibungsversuchen: An einer Stelle wird der Nationalsozialismus als *politisches Zwischenspiel..., als verzerrtes Spiegelbild jener tieferen seelischen Verschiebungen, die aus dem Unterbewußtsein der Massenseele kamen*[131], bezeichnet. An anderer Stelle erscheint er als *Ausbruch von Haß und Fanatismus und Einbruch des Irrationalen in die rational so durchdachte Welt durch die Bewegung der Massen*[132].

An weiteren Stellen fallen die Worte *Untergang in die Barberei* und *Katastrophe des Dritten Reichs*. All dies sind Metaphern, die vielleicht eine vage Umschreibung, aber gewiß keine befriedigende Erklärung geben, sondern eher das Unfaßbare, Unbegreifbare und Magische[133] der rätselhaften Mechanismen innerhalb der Massen und eine Furcht davor andeuten und so die Vergangenheit tendenziell dämonisieren. Der rationale Aspekt des politisch-ökonomischen Ansatzes wird auf diese Weise teilweise wieder zurückgenommen und eingeschränkt. Da eine Synthese beider Ansätze im »Ruf« nicht versucht wurde, muß die Frage gestellt werden, ob ein derartig ins Dämonisieren geratender massenpsychologischer Erklärungsversuch (der im strengen Sinne dem Anspruch auf Erklärung nicht genügen kann) nicht einer *Aufarbeitung der Vergangenheit* unbewußt entgegenlief und damit restaurativen Tendenzen, denen es einer Verdrängung und Mystifizierung des Faschismus gelegen war, ungewollt Vorschub geleistet hat. Zumindest wirkten diese den Nationalsozialismus dämonisierenden Sprachbilder dem Anspruch des »Ruf« (und dann der Gruppe 47), mit einer offenen und unmittelbar zugreifenden Sprache größere Wirklichkeitsnähe zu gewinnen, direkt entgegen und gaben, wenn auch ungewollt, dem *Verdrängungsbedürfnis vieler Deutscher*[134] nach, ähnlich wie auch Philosophen und Historiker wie Jaspers und Meinecke diesem Zwang zum Mythos folgten, indem sie hilflos-antifaschistisch mit Begriffen wie *Katastrophe* und mit mythischen Höllenmetaphern[135] die NS-Vergangenheit zu bewältigen versuchten und sie damit doch gleichzeitig einer rationalen Aufarbeitung entzogen.

Viel wesentlicher als die Fragen nach gesellschaftlicher Funktion und sozialer Trägerschaft des Faschismus stellten sich dem »Ruf« die Folgen der nationalsozialistischen Ideologie für das Bewußtsein der breiten Massen als Problem dar. Die geistige Entnazifizierung und die psychologische Enttrümmerung der durch NS-Propaganda als vollständig zerstört angesehenen Wert- und Moralvorstellungen verstand der »Ruf« daher als *die* politische Hauptaufgabe[136], für die die vermeintlich selbstverständlichen ökonomischen und politischen Veränderungen in Deutschland zwar notwendige Voraussetzungen, aber allein keineswegs ausschlaggebend waren[137]. Eine genauere Beschreibung dieser durch den Faschismus zerstörten Wert- und Moralvorstellungen (außer der Konstatierung dieser Zerstörung in pathetischen Worten) sucht man im »Ruf« jedoch vergeblich. Vermutlich erfaßte jeder Leser sofort gefühlsmäßig, was gemeint war, und eine nähere Erläuterung erübrigte sich infolgedessen:

> *Zugleich schleudert es (das Erlebnis der Todesnähe an der Front, d. V.) ihn (den Menschen, d. V.), der in den festgefügten ethischen, moralischen und geistigen Werten eines vergangenen Jahrhunderts ruht, aus diesen heraus... Der Mensch, gestern noch der Herr der Schöpfung, ist dem Menschen fragwürdig geworden ... Sein Bild, errichtet durch die Arbeit der Jahrhunderte, sinkt zu dem Transparent herab, das von Schlagworten gekennzeichnet ist. Das Bild selbst zerfällt, zerfällt vor dem grauenvollen Erlebnis dieser Zeit, das von der Inquisition bis zum Fronterlebnis, vom Konzentrationslager bis zum Galgen reicht.*[138]

Allenfalls wurde die Perversion der geistigen Werte durch die NS-Ideologie geschildert:

> *... wir möchten unsere Seelen reinigen von der nationalen Überheblichkeit, dem nationalen Hasse und der nationalen Unduldsamkeit. Wir wollen diese Unbeweglichkeit, die uns die ganzen Jahre hindurch in unseren Grenzen gefangen hielt, auflösen in Beweglichkeit, die aufnahmefähig wird für Kräfte, die überall in der Welt wirksam sind und Neues schaffen.*[139]

Die Annahme einer vollständig pervertierten geistigen und moralischen

Situation der Deutschen reichte bis hin zum totalen Zusammenbruch aller Wertvorstellungen[140]:

> ... *das deutsche Volk glich auch, und zwar in allen seinen Klassen, einem ausgebrannten Vulkan, ausgebrannt durch übersteigerte Emotionen, moralisch verzehrt in einem Trommelfeuer von Terror und Propaganda und ausgeblutet in einem sechsjährigen Krieg.*[141]

Als Konsequenz ergab sich aus dieser Bestandsaufnahme für die »Ruf«-Redakteure ein radikales Mißtrauen gegenüber jedweder kollektivistischen Massengesellschaft, gegenüber den benutzbaren und lenkbaren Emotionen der Massen sowie ein vollständiges Mißtrauen gegenüber allen Ideologien. Es blieb ihnen nur die Rückbesinnung auf ›letzte‹ humanistische (= existentialistische) Werte des Individuums, auf denen eine allmähliche Demokratisierung der noch faschistisch verseuchten Massen aufbauen sollte. Man wollte – bei Betonung der ›geistigen Ebene‹ *, der Wert- und Moralvorstellungen – *die Leute vom Faschismus wegbringen*[142] und ein neues, allen bisherigen Weltanschauungen kritisch gegenüberstehendes, humanistisch-sozialistisches Wertgefüge entwickeln, um auf diese Weise ein nochmaliges Wirken des *irrationalen Faktors* der Massen im faschistischen Sinne von vornherein auszuschalten.

1.212 Zweifel am Erklärungswert des (dogmatischen) Marxismus und enttäuschte Abwendung vom Sowjetkommunismus

Die Hinwendung zur ›geistigen Ebene‹, zur Betonung der Wert- und Moralvorstellungen als wesentlichster Aufgabe einer antifaschistischen Neugestaltung Deutschlands lag nicht nur im Faschismusbild des »Ruf« begründet. Eine weitere Ursache ist darin zu sehen, daß die »Ruf«-Redakteure (und das gilt besonders für die ehemaligen KPD-Mitglieder unter ihnen) die Machtergreifung des Nationalsozialismus 1933 und die Kapitulation der gesamten Arbeiterbewegung nicht mehr in Einklang mit der marxistischen Theorie bringen konnten.

Die dogmatisch verengte und der Dialektik entkleidete marxistische Theorie, wie sie in weiten Teilen von KPD und SPD rezipiert wurde, hatte eine weitgehende Proletarisierung der gesellschaftlichen Zwischenschichten (gemeint sind damit der alte Mittelstand: Handwerker, kleine Gewerbetreibende usw.; der neue Mittelstand: Angestellte, Techniker, Beamte usw.; Bauern; Intellektuelle etc.), die durch die Wirtschaftskrise nach 1929 dann ja auch eingetreten war, zwar vorhergesehen, hatte daran aber auch die Erwartung einer automatischen Linksentwicklung des Bewußtseins und einer revolutionären Situation geknüpft. Die Furcht dieser in Wirklichkeit nicht *verproletarisierten*, sondern *pauperisierten* Zwischenschichten vor sozialem Abstieg, tief verwurzelte traditionelle Vorurteile (wie gegen Juden und Sozialisten) und irrationale, rückwärts gerichtete Sehnsüchte in vor- und frühkapitalistische Idealzustände führten aber zu einer Radikalisierung ihres Bewußtseins nach rechts, für die die deterministisch verengte marxistische Theorie ebensowenig eine Erklärung wußte, wie für das Überlaufen eines Teils der Arbeiter und Arbeitslosen zu den Nationalsozialisten. Da alternative marxistische und massenpsychologische Theorieansätze, die von einer

---

* Der »Ruf« verwendete häufig die Wörter *Geist, geistig,* etc. (siehe etwa die Zitate, die durch die Anm. 117 u. 118 dieses Kapitelteils nachgewiesen werden). Die Existenz einer autonomen, *geistigen* Ebene oder Sphäre galt den »Ruf«-Redakteuren als etwas Selbstverständliches. Wir übernehmen in unserm Text die Diktion des »Ruf«, wenn wir von *geistiger Ebene* sprechen, obwohl wir heute eher von *Bewußtsein* reden würden. Die Vorstellung von einer Autonomie des Bewußtseins teilen wir nicht.

ähnlichen Kritik wie der »Ruf« an der Faschismusauffassung von KPD und SPD ausgingen, sowohl um 1933 wie auch noch nach 1945 – man denke etwa an die Erklärungsversuche Otto Bauers, August Thalheimers, Ernst Blochs und Wilhelm Reichs[143] – nur in kleinsten Zirkeln, jedenfalls nicht den späteren »Ruf«-Redakteuren, bekannt waren, ist es nicht verwunderlich, daß die »Ruf«-Mitarbeiter an der ihnen bekannten ökonomistischen marxistischen Theorie, die sie als *die* marxistische Theorie verstanden, zweifelten, sie für nicht ausreichend hielten bzw. sie in vielen Punkten als falsch und unzulänglich ablehnten:

> *Der Mensch ist nicht allein ein ökonomisches Wesen. Ökonomische Prozesse geben Anstöße zu Massenbewegungen, aber sie bestimmen sie nicht. Wohin sich die Masse bewegt, das hängt oft von ganz anderen Faktoren ab, von psychologischen vielleicht, aber mehr noch von irrationalen, die schwer zu analysieren und fast nie vorherzuberechnen sind.*[144]

Den endgültigen Bruch mit dem dogmatischen Marxismus und mit dem sowjetischen Weg zum Sozialismus vollzogen die aus dem kommunistischen Lager der Arbeiterbewegung kommenden »Ruf«–Redakteure (Richter, Andersch, Kolbenhoff) spätestens 1939 nach dem Hitler-Stalin-Pakt[145].

Die Enttäuschung über die Passivität der KPD-Führung 1933, das Versagen der ökonomistischen Theorie gegenüber dem Phänomen *Faschismus* und schließlich der Zusammenbruch sämtlicher verbliebener Hoffnungen, die sich auf das solidarische Handeln der Sowjetunion gegründet hatten, im Laufe der 30er Jahre – nach der nur halbherzigen Unterstützung der spanischen Republik im Bürgerkrieg, nach den Moskauer Schauprozessen gegen die Reste der Stalin-Opposition in der KPdSU, nach der vollständigen Durchsetzung des Stalinismus in der Sowjetunion, der keine demokratische Kontrolle des Sozialismus mehr zuließ, und schließlich nach dem Bündnis Hitler-Deutschlands mit der Sowjetunion, in dessen Folge u.a. 1939/40 emigrierte deutsche Antifaschisten von der SU an Deutschland ausgeliefert und damit außenpolitischen Erwägungen der Sowjetunion geopfert wurden – : dies alles führte zur radikalen Ablehnung des sowjetischen Weges zum Sozialismus, des Stalinismus. Richter drückte seine Enttäuschung folgendermaßen aus:

> *Und der Sozialismus, unser Ziel, unsere Idee? Über Nacht war er zu einer Illusion geworden, zu einer sehr, sehr fernen Hoffnung... Die Internationalität aber, die proletarische Solidarität, die Volksfrontidee, die Gemeinsamkeit des Kampfes gegen den Faschismus, das alles hatte die Sowjetunion beiseite geworfen wie ein lästiges Übel.*[146]

1.22 Die positive Alternative: Synthese von Humanismus und Sozialismus

Aus den Erfahrungen mit Faschismus und Sowjetkommunismus heraus skizzierte der »Ruf« für die deutsche und europäische Nachkriegssituation als positive Vorstellung eine Synthese aus Humanismus und Sozialismus. Dieses Programm wurde von Alfred Andersch im Leitartikel des »Ruf« Nr. 1 umrissen:

> *Sozialistisch – das meint in diesem Fall, daß Europas Jugend »links« steht, wenn es sich um die soziale Forderung handelt. Sie vertritt wirtschaftliche Gerechtigkeit und weiß, daß diese sich nur im Sozialismus verwirklichen läßt. In einem wirklichen Sozialismus, nicht in »sozialen Reformen«... Die sozialistische Forderung schließt die Forderung nach einer geplanten Wirtschaft... ein. »Links« steht dieser Geist ferner in seiner kulturellen Aufge-*

schlossenheit, seiner Ablehnung nationaler und rassischer Vorurteile, seiner Verhöhnung des provinziellen Konservativismus. – Humanistisch aber ist Europas Jugend in ihrem unerschöpflichen Hunger nach Freiheit. Humanismus bedeutet ihr Anerkennung der Würde und Freiheit des Menschen – nicht mehr und nicht weniger.[147]

Bis zum Verbot der Zeitschrift wandelte sich diese Positionsbestimmung nicht wesentlich; sie wurde wiederholt in Leitartikeln und Beiträgen aufgegriffen und variiert[148]. Dabei galt es als selbstverständliche Voraussetzung, daß durch den Zusammenbruch des Faschismus eine Art gesellschaftspolitische Nullpunktsituation (ähnlich der Annahme einer literarischen Nullpunktsituation) gegeben sei, die einen grundlegenden Neuaufbau sowohl der Gesellschaftsordnung wie des Bewußtseins erlauben würde.

Symptomatisch für den Entwurf dieser humanistisch-sozialistischen Alternative durch den »Ruf« war es, daß die entsprechenden Artikel – wie es bereits die Verarbeitung der Vergangenheitserfahrungen im »Ruf« zeigte – nur wenig konkrete Analyse der Gegenwart enthielten, stattdessen aber um so mehr vage Umschreibungen in einer z. T. sehr pathetischen Sprache, die als unbewußtes Überbleibsel der Sprache des Nationalsozialismus angesehen werden muß, der sich auch Antifaschisten nicht ohne weiteres entziehen konnten. Das folgende Zitat kann als Beispiel für diese Sprache gelten:

An dieser äußersten Grenze der menschlichen Existenz (gemeint ist der Tod, d. V.) ist das Erlebnis ein anderes, gewinnt es tiefere und größere Bedeutung, gräbt es sich in das seelische Sein des Menschen ein und formt und gestaltet ihn nach seinem Gesetz. Zugleich schleudert es ihn, der in den festgefügten ethischen, moralischen und geistigen Werten eines vergangenen Jahrhunderts ruht, aus diesen heraus, und gleich einer Landschaft, die, vom Blitz erhellt, unter einer regenschwangeren Gewitterwand sich duckt, erscheint ihm die menschliche Gesellschaft im Zwielicht irrationaler Kräfte und Mächte.[149]

Beispiele dieser Art ließen sich vermehren.

1.221 Rückgriff auf Humanismus und Christentum

Nach der vollständigen Zerstörung des Wert- und Moralgefüges durch den Nationalsozialismus und nach dem elementaren Erlebnis des Krieges, wie es im vorangehenden Zitat deutlich wird, und schließlich durch den radikalen Zweifel an kollektivistischen Gesellschaftsformen glaubten die »Ruf«-Redakteure, 1945/46 auf einer Position angelangt zu sein, die nur noch ein Zurückgehen auf die elementaren bzw. existenziellen Bedürfnisse des menschlichen Individuums zuließ. Von diesen existenziellen menschlichen Grundwerten ausgehend, die Andersch mit der prägnanten Formulierung *Anerkennung der Würde und Freiheit des Menschen* (s.o.) definierte, sollte eine neue Wertordnung aufgebaut werden, die aus der Selbstentfremdung des Menschen im Kapitalismus und Faschismus wie auch aus der Unterordnung des Menschen unter die Ökonomie im orthodoxen Marxismus positive Konsequenzen zog. Jede Verabsolutierung der Gemeinschaft gegenüber dem Wert des Einzelmenschen, wie sie der »Ruf« Gesellschaftssystemen kollektivistischer Prägung (dazu zählte Ortlieb u. a. den Nationalsozialismus, mit Einschränkungen den preußischen Staatsgedanken sowie eingeschränkt auch die Praxis des Bolschewismus in der Sowjetunion[150]) zuordnete, stieß auf entschiedene Ablehnung. Mit der Betonung der Rolle des

Individuums als Abgrenzung zum Kollektivismus verwies der »Ruf« explizit auf ähnlich gerichtete Vorstellungen im frühen Sozialismus, im Humanismus und im Christentum.

> Man muß daher dem Nationalsozialismus auch das Recht absprechen, eine Abart des Sozialismus gewesen zu sein. Er war überhaupt kein Sozialismus; denn dem Sozialismus liegt eine letztlich aus Christentum und Humanismus stammende Auffassung vom Wert des Einzelmenschen zugrunde, die jede Verabsolutierung der Gemeinschaft ausschließt.[151]

Trotz dieses deutlichen Hinweises auf die geistesgeschichtlichen Traditionen durch Ortlieb u. a. (etwa Mannzen) fühlten sich die meisten »Ruf«-Redakteure in einer geistesgeschichtlichen wie politischen Nullpunktsituation, die keine *Anknüpfungsmöglichkeit nach hinten*[152] zulasse. So wurde häufig von der anzustrebenden

> *Synthese zwischen der Freiheit der Persönlichkeit und der gesellschaftlichen Gemeinschaft, zwischen dem Recht auf individuelle Unabhängigkeit und wirtschaftliche Planung, zwischen der Demokratie und dem Sozialismus*[153]

gesprochen; doch erschienen die humanistischen Vorstellungen wie *Freiheit der Persönlichkeit* etc. als geschichtslose menschliche *Urphänomene*, deren Herkunft und Entwicklung nicht näher untersucht wurde.

Eine der wenigen Ausnahmen stellte Mannzens Artikel »Die Selbstentfremdung des Menschen«[154] dar, in dem der Verfasser eine historische und systematische Klärung der Frage versuchte, warum es bisher in der Geschichte der bürgerlichen Gesellschaft zu keiner Realisierung humanistischer Vorstellungen gekommen sei. Ausgehend von der Engels/Marx'schen Frühschrift »Die heilige Familie...« (1845)[155] zeigte Mannzen den Zusammenhang zwischen der kapitalistischen Entwicklung und dem Entfremdungsprozeß des Menschen auf. Konsequenz der immer weitergehenden Spezialisierung der Arbeit im Kapitalismus – so Mannzen – sei es, daß die

> *Persönlichkeit, der Mensch mit allen seinen Möglichkeiten, verschwindet. Die rationalistische Mechanisierung zerreißt die alten organischen Tätigkeiten in einzelne isolierte Funktionen, deren jede ein – im übrigen unwichtig gewordener – Mensch ausübt*[156].

Der Mensch wird zum Objekt. Eine grundsätzliche Änderung hielt Mannzen nur auf dem Wege einer radikalen ökonomischen Veränderung für möglich:

> *Die Heilung ist – wenn überhaupt – nur von der Wurzel her möglich. Die entscheidende Wurzel liegt im Ökonomischen. Die Heilung erfordert die Befreiung der Wirtschaft aus den Fesseln des Profits und des Marktmechanismus und ihre Beherrschung durch Planung.*[157]

Zu dieser Voraussetzung müsse aber noch kommen, daß

> *bei jedem Schritt, der hinfort getan wird, bedacht (werde), ob er zur Erfüllung oder zur Entleerung des Menschen führt*[158].

Nur so könne der Mensch wieder zum Subjekt werden, könne er die Selbst-Entfremdung durch Selbstverwirklichung im Sozialismus aufheben. Auch Mannzen warnt abschließend vor der Gefahr, die drohe, wenn dieses humanistische Element unberücksichtigt bleibe: die Entfremdung würde dann in einer zentralistischen Planwirtschaft *ins unvorstellbar Satanische* (man beachte die religiöse Metapher!) treiben.

Das Bemerkenswerte an diesem Artikel Mannzens bestand vor allem auch darin, daß Mannzen als einer der ganz wenigen Redakteure am Primat der ökonomischen Veränderung festhielt und (was auch andere Artikel aus seiner Feder zeigen[159]) von allen »Ruf«-Mitarbeitern noch am ehesten eine Kontinuität marxistischen Denkens bewahrte, während die meisten seiner Kollegen in ihren Artikeln die Ökonomie übergingen und fast nur noch auf die ›geistige Ebene‹ abhoben.

1.222 Einwirkungen der Tradition

Wie schon im vorangehenden Kapitel angedeutet wurde, muß die von vielen »Ruf«-Autoren angenommene geistige und politische Nullpunktsituation unmittelbar nach 1945 als Illusion bewertet werden[160]. Denn neben den bereits erwähnten Kontinuitäten in den Gesellschafts- und Herrschaftsstrukturen der westlichen Zonen wirkten parallel auch bewußtseinsmäßige, ideologische, in der Diktion des »Ruf« *geistige* Kontinuitäten fort, die auch vor den Köpfen der »Ruf«-Redakteure nicht halt machten. Wenn auch mehrfach im »Ruf« das subjektive Bewußtsein eines totalen Neuanfangs emphatisch ausgedrückt wurde, so muß dem entgegengehalten werden, daß die *Anfänge im »Ruf« . . . politisch und literarisch weit weniger »radikal« (waren), als die Legendenbildung uns heute glauben macht*[161].

Schließlich standen die beiden Grundpfeiler der »Ruf«-Position, *Humanismus* und *Sozialismus**, sowohl jeder für sich, aber auch aufeinander bezogen bereits in einer langen geistesgeschichtlichen und politischen Tradition, und auch der Versuch einer Synthese aus Humanismus und Sozialismus war 1945 keineswegs völlig neu. Diese Traditionslinien beeinflußten zumindest bis zum Ende der Weimarer Republik immer wieder massiv die öffentliche Diskussion über Literatur und Politik in Deutschland, sowohl innerhalb der Arbeiterklasse wie auch in einigen zumeist intellektuellen Kreisen des Bürgertums. Auf diese Weise kamen auch die meisten »Ruf«-Redakteure in ihrer Jugend mit bürgerlich-demokratischen und sozialistischen Gedanken in Kontakt, von deren Synthese sie sich nach 1945 die geistige Bewältigung des Faschismus erhofften.

---

* Eine sehr interessante These führt H.D. Schäfer (Periodisierung der deutschen Literatur, in: Literaturmagazin 7, S. 95 ff.) in die Diskussion ein. Er wertet die Konzeption des »Ruf«, die Verbindung von Humanismus und Sozialismus, als Ergebnis der Integration zweier verschiedener Lager von Intellektuellen nach 1945. Zum einen verweist er dabei auf die *Sozialisten*, d. h. vor allem die aus den amerikanischen Gefangenenlagern kommenden Mitarbeiter, die schon rein zahlenmäßig in der Minderheit blieben und die das sozialistische Gedankengut in den »Ruf« mit einbrachten. Zum andern habe es sich um *die in Deutschland während des Dritten Reichs verstreut publizierende junge Generation* (S. 110) – Schäfer nennt exemplarisch Günter Eich – gehandelt, die durchaus nach 1933 *zumindest ohne nachdrückliche Behinderung* (S. 105) veröffentlichen konnte (und das auch tat) und die literarischen Entwicklungen im Ausland verfolgte *(Von einer totalen geistigen Einkerkerung und einer hermetischen Absperrung von der ausländischen Literatur kann zumindest für die dreißiger Jahre keine Rede sein, . . .* S. 106). Diese zweite Gruppe hatte sich von der NS-Ideologie nach 1933 *mehr oder weniger konsequent abgesetzt* (S. 106), wurde aber wegen ihrer *betont politikfeindlichen Haltung nicht als Gefährdung des Regimes angesehen* (S. 107) und infolgedessen auch vor 1939 kaum unterdrückt. Schäfer betont bei den zu dieser Gruppe gehörenden Intellektuellen und Schriftstellern – neben Eich u. a. Bobrowski, Borchert, Brenner, Hocke, Holthusen, Kaschnitz, Koeppen, Krämer-Badoni, Krolow, Lange, Nossack, Schnurre, Sternberger, Weisenborn, Weyrauch – die Kontinuität existentialistischen Denkens vor und nach Kriegsende und verweist auf einen wesentlichen Unterschied zum französischen Existentialismus: *aber im Unterschied zur französischen Strömung war die deutsche Bewegung ausschließlich metaphysisch orientiert, soziologische und politische, aber auch psychologische Fragen lagen ihr fern.* (S. 107) Möglicherweise liegt hier eine entscheidende Ursache für die starke Betonung der *geistigen* Auseinandersetzung durch den »Ruf«.

Die Bezugnahme auf die Grundwerte und Grundfreiheiten des Individuums stand zweifellos in der Tradition der Geistesgeschichte des Bürgertums. Begriffe wie *Freiheit, Gleichheit* und *Brüderlichkeit* waren verbunden mit den Emanzipationsbestrebungen des frühen Bürgertums gegenüber dem Feudaladel im 18. und 19. Jahrhundert in Frankreich und Deutschland, und sie waren Kampfeslosungen der Bürger und unteren Schichten in der Französischen Revolution 1789 wie in der Revolution von 1848. Sie gehörten zu den Grundvorstellungen des Liberalismus in seiner frühen und progressiven Phase, wenn sie auch – wie der »Ruf« zutreffend erkannte – in einer Gesellschaft, die sich auf einer nach bürgerlich-liberalen Prinzipien bestimmten kapitalistischen Produktionsweise gründete, nicht verwirklicht werden konnten. Neben diesem Anknüpfen an bürgerliche Wertvorstellungen, wie sie im 18. und 19. Jahrhundert entwickelt worden waren, und deren sozialer Interpretation und Integration in ein sozialistisches Wirtschafts- und Gesellschaftskonzept[162]* ergaben sich noch weitere Parallelen zu Vorstellungen des frühen Bürgertums. Ähnlich illusionär war die Überbetonung der Rolle des Individuums, obwohl doch schon die gesellschaftliche Realität des 19. Jahrhunderts den Glauben an ein *autonomes Ich*, das von sich aus die gesellschaftliche Totalität durchschauen und sie (geniehaft) gestalten und verändern könne, gründlich erschüttert hatte. Parallel zu Vorstellungen der Aufklärung oder auch zum Idealismus Schillers maß der »Ruf« der ›geistigen Ebene‹ eine höhere Bedeutung zu als der Ökonomie oder dem gemeinen Tagesgeschehen in der Politik. Dieses Abheben auf die Sphäre der geistigen Auseinandersetzungen verstellte dem »Ruf« durchaus Einsichten in die sich abzeichnenden restaurativen Tendenzen in Ökonomie und Politik.

Mit seinen sozialistischen Forderungen knüpfte der »Ruf« an Vorstellungen der Arbeiterbewegung der Weimarer Republik an: Demokratisierung, Sozialisierung und Planwirtschaft gehörten zu den Kernpunkten in den Programmen von KPD und SPD, wenn auch jeweils sehr verschiedene Vorstellungen über die Art der Verwirklichung dieser Zielvorstellungen und den Weg dahin bestanden, auf die an dieser Stelle nicht näher eingegangen werden kann.

Auch die Verbindung sozialistischer Vorstellungen mit radikal-demokratischen Gedanken, die um eine Verstärkung der Einwirkungsmöglichkeiten des Individuums, eine Aufwertung des *subjektiven Faktors*, innerhalb eines sozialistischen Konzepts bemüht waren, konnte 1945 nicht als neu bezeichnet werden. Es lassen sich hier Berührungspunkte zu frühsozialistischen

---

* Diese soziale Interpretation früher bürgerlicher Wertvorstellungen (Freiheit, Gleichheit, Brüderlichkeit) war ebenfalls keineswegs neu. Denn bereits im 19. Jahrhundert, als sich zeigte, daß im Verlauf der Durchsetzung einer bürgerlich-kapitalistischen Gesellschaftsordnung das Bürgertum selbst mehr und mehr auf seine frühen Forderungen verzichtete, hatten sozialistische Theoretiker wie Marx, Engels und Lassalle und, durch sie beeinflußt, die frühe deutsche Sozialdemokratie diese ursprünglich bürgerlichen Forderungen sozial gewendet und in den Forderungskatalog der Arbeiterbewegung übernommen, um mittels der Konfrontation dieser politisch-gesellschaftlichen Utopien des frühen Bürgertums mit der sozialen Realität der bürgerlichen Gesellschaft auf die Konkretisierung bzw. Einlösung dieser Utopien durch die Arbeiterklasse zu drängen; dadurch sollte das Ziel der Aufhebung jeder Form von Herrschaft von Menschen über Menschen und der Beseitigung der Ausbeutung und Unterdrückung der Arbeiter, das die bürgerliche Revolution nicht erreicht hatte, nunmehr auf dem Wege einer sozialen Revolution durch die Arbeiterklasse verwirklicht werden. Diese Verbindung progressiver bürgerlicher Forderungen mit den auf eine radikale Veränderung der Produktionsverhältnisse gerichteten sozialistischen Zielen durchzog seit ihrer Entstehung die Geschichte der deutschen Sozialdemokratie. Im Terminus des *demokratischen Sozialismus*, der heutzutage von sozialliberalen Politikern zumeist nur noch als bloße inhaltsleere Floskel gebraucht wird, wurde diese Verbindung bürgerlich-progressiver und sozialistischer Wertvorstellungen auf die kürzeste Formel gebracht. (vgl. Weber: Prinzip Links 1973, S. 11 ff.).

Theorien des 19. Jahrhunderts, aber auch zu rätedemokratischen Modellen aus der Anfangsphase der Weimarer Republik finden. Dabei ist allerdings zu betonen, daß die rätedemokratischen Vorstellungen nicht so wie der »Ruf« die Rechte des Individuums verabsolutierten, sondern das (proletarische) Individuum immer als Teil seiner Klasse begriffen und auf die Einführung einer direkten und proletarischen Demokratie bei gleichzeitig starker Betonung ökonomischer Forderungen zielten.

Lediglich auf eine Parallele zwischen den politischen Vorstellungen des »Ruf« und denen rätesozialistischer Gruppierungen nach dem Ende des ersten Weltkrieges soll kurz hingewiesen werden, da die Ähnlichkeiten frappieren. Es handelt sich hierbei um Vorstellungen und politische Positionen, wie sie zwischen 1920 und 1922 von der durch Intellektuelle dominierten Berliner Gründergruppe der Kommunistischen Arbeiterpartei Deutschlands (KAPD) um Karl Schröder, Alexander Schwab (den Vater des »Ruf«-Redakteurs Hans Schwab-Felisch) und Bernhard Reichenbach entwickelt wurden[163]. Die hervorstechendsten Parallelen lassen sich mit den folgenden Stichworten umreißen: Primat des *Geistes*[164] vor der Ökonomie, da bereits die KAPD von der Annahme ausging, daß die ökonomische Revolution ganz zwangsläufig erfolgen werde, weil sich der Kapitalismus in der Todeskrise befinde und durch den Ersten Weltkrieg endgültig zusammengebrochen sei; grundsätzliche Kritik an den etablierten Organisationsformen der Arbeiterbewegung (v. a. an Parteien), da deren Funktionärswesen die einfachen Mitglieder zu Objekten degradiere. Als handelndes, revolutionäres Subjekt wurde nicht mehr die auf *Eudämonismus* = die auf Vervollkommnung des Lebensgenusses ausgerichtete Arbeiterklasse gesehen, sondern die junge Generation, die Jugend aller Klassen. Als Hauptaufgabe des revolutionären Kampfes bezeichnete die KAPD die *Umwandlung der Seelen*[165]. Zur Illustration, aber auch zur Verdeutlichung des z. T. ähnlich pathetischen Sprachgebrauchs sollen die folgenden zwei Zitate aus KAPD-Schriften dienen, die fast ebensogut 30 Jahre später auch im »Ruf« gestanden haben könnten:

> *Die Welt rast im Extrem. Teufel wüten am Höllenfeuer, und Engel posaunen Hosiannah. Man mordet aus Überzeugung, und man begeht Selbstmord aus Überzeugung. Prozessionen wandern zu Buddha und Christus, zu Napoleon und Marx; Prozessionen wandern und predigen Selbsterlösung. Der geblendete Simson krampft hungernd in den Ketten, und die Philister toben trunken im Schlamm des Fettes und der süßen Weine. Man lügt und stiehlt und bricht die Ehe wieder mit Lust, man kreischt in Liebe und Haß. Die Sprache ist tot, der Intellekt wird erschlagen, der jüngste Tag der Instinkte ist angebrochen (...) Warum das alles? Weil die M e c h a n i k der alten Welt erschüttert und durchbrochen ist, weil sie total versagt hat, als sie ihr Meisterwerk abzulegen gezwungen war und es zu schaffen glaubte*[166]. *In einer solchen Epoche, in der die Verhältnisse geradezu schreien nach der Übernahme der Herrschaft durch das Proletariat und nach Umwandlung in die kommunistische Produktionsweise, besteht die Macht des Kapitals letzten Endes nur noch in der g e i s t i g e n B e h e r r s c h u n g des Proletariats. Diesen Bann zu lösen, ... ist das eigentliche Problem der Revolution in Deutschland, in Westeuropa.*[167]

1.223 Sozialismus als Mittel zur Verwirklichung der humanistischen Vorstellungen

Wenn auch Mannzen in dem bereits zitierten Artikel auf dem Primat ökonomischer Veränderungen im sozialistischen Sinne bestand, die einer Verwirklichung humanistischer Vorstellungen zunächst vorausgehen müßten, so war er mit dieser Meinung innerhalb der Redaktion doch isoliert. Für die meisten Redakteure waren ökonomische Fragen zwar nicht unwichtig, wie der Abdruck von Artikeln über Fragen einer demokratischen Planwirtschaft[168] bewies; doch konzentrierte sich ihr Hauptaugenmerk auf die ›geistige Ebene‹, die der Ethik und der humanistischen Wertvorstellungen, wie es auch in Koestlers richtungsweisendem Essay »Die Gemeinschaft der Pessimisten« (»Ruf« Nr. 1) nachzulesen ist:

Die Zweite und die Dritte Internationale gerieten in die Sackgasse, weil sie den Kapitalismus nur auf seiner Ebene bekämpften, weil sie unfähig waren, den Kampf auf die höhere Ebene zu verlegen, die von jenem geistigen Ambiente getragen ist, dem die Sehnsucht gehört, die wir »in unseren Knochen spüren«.[169]

Da der »Ruf« Liberalismus und Kapitalismus für endgültig gescheitert ansah und er einen wirtschaftlichen Neuaufbau Deutschlands nur im Rahmen einer geplanten Wirtschaft für denkbar hielt[170], glaubte er, die politisch-ökonomische Ebene zugunsten der geistigen vernachlässigen zu können. Richter drückte das klar und deutlich aus:

Der Kapitalismus ist mit seinem »freien Spiel der Kräfte« am Ende. Mit diesem Ende verliert auch seine Kritik von Karl Marx bis zu Karl Kautsky ihre Bedeutung als lebendiges politisches Instrument. Nun wo die Entwicklung im schnellen Tempo von der individualistischen Gesellschaftsordnung zur geplanten Wirtschaft führt, geht es bereits um das größere Ziel..., (den) Aufbau einer sozialistischen Wirtschaft und es geht zugleich um die Bewahrung des Menschen, seiner Freiheiten und seiner Rechte in einer sozialistischen Ordnung. Da aber die Grundrechte des Menschen, die der Sozialismus auf seine Fahne schrieb, durch dessen eigene Entwicklung gefährdet erscheinen, erhebt sich die Kritik und beginnt jene Rebellion der Sozialisten, die mit der wirtschaftlichen Planung zugleich die Freiheiten des Menschen gewahrt sehen will.[171]

Der Hauptzweck von Sozialismus lag für den »Ruf« folglich in der Verwirklichung der ursprünglich bürgerlich-progressiven, humanistischen Wertvorstellungen, der Rechte des Individuums, die der Kapitalismus nicht hatte herbeiführen können. Die originär-sozialistischen Forderungen nach Planwirtschaft und Sozialisierung rangierten jedoch nicht mehr gleichauf mit denen der Demokratie und nach der Selbstverwirklichung der Individuen[172], sondern beide Ebenen wurden voneinander getrennt, die ökonomische Perspektive wurde letztlich den humanistischen Wertvorstellungen untergeordnet, sie galt als bloßes Mittel zum Zweck[173]. Ohne die Verankerung dieser existentiellen menschlichen Grundforderungen im Sozialismus wäre – so betont der »Ruf« – die junge Generation denn auch bereit, *das Lager des Sozialismus zu verlassen, wenn sie darin die Freiheit des Menschen aufgegeben sähe*...[174].

1.224 Tendenz zu einer idealistischen Position

Diese oben ausgeführte – aus dem unmittelbar vorausgehenden Faschismus- und Kriegserlebnis verständliche – Betonung von Individualismus und Humanismus sowie die Vernachlässigung ökonomischer Entwicklungen barg die Tendenz zu einer idealistischen Position in sich, die sich von der politischen Realität mehr und mehr entfernte. Dies führte zu der Gefahr, daß die politische Debatte – trotz aller gegenteiligen Beteuerungen – nicht mehr um konkrete Sachverhalte und Probleme und deren Veränderung und Lösung geführt wurde, sondern sich zu einer esoterischen Diskussion auf geistesgeschichtlicher und philosophischer Ebene verselbständigte. Teilweise ist der »Ruf« dieser Gefahr erlegen. Es muß aber auch darauf hingewiesen werden, daß Teile der Redaktion (z. B. Andersch und Mannzen) diese Tendenzen durchaus sahen und sich bemühten, auch das Problem der politischen Praxis zu diskutieren und den Bezug zum realen gesellschaftlichen Geschehen nicht zu verlieren. Andererseits hat die tendenziell idealistische Position 1947 den Übergang von der politischen Publizistik zur Literatur sicherlich erleichtert.

1.225 Die Auseinandersetzung mit Sozialreformismus und Sowjetkommunismus

Mit der Synthese aus Humanismus und Sozialismus ging es dem »Ruf« v. a. auch darum, aus dem Versagen beider Richtungen der deutschen Arbeiterbewegung vor 1933 (Sozialdemokratie und Kommunismus) Konsequenzen zu ziehen und einen neuen Sozialismus zu proklamieren, der – getragen von der jungen Generation in allen Ländern Europas – die alten Fehler und inneren Zwistigkeiten vermeiden und praktische Konzepte für den Aufbau eines demokratisch-sozialistischen Gesellschaftssystems entwickeln sollte. Zur Kennzeichnung dieser gewandelten sozialistischen Bewegung, die sich gleichzeitig vom Sozialreformismus und vom autoritären Sowjet-Kommunismus distanzierte und durch die Kritik an beiden als gescheitert angesehenen Richtungen eine Restauration dieser traditionellen Lager der Arbeiterbewegung verhindern wollte, verwendete der »Ruf« den Begriff ›heimatlose‹ und ›neue‹ Linke[175]. Anzeichen für das rasche Anwachsen dieser ›Bewegung‹ sah er in ganz Europa: Im Leitartikel von »Ruf« Nr. 1 erwähnte Andersch u. a. die Gruppe der *Existenzialisten* um Jean Paul Sartre, Albert Camus und Simone de Beauvoir in Frankreich, ebenfalls dort die linkskatholische Gruppe *Esprit* und einen oppositionellen Kreis um Aragon in der KPF, den Dichter Ignacio Silone und Ferruccio Parri, den Leiter der Aktionspartei, in Italien. Auch auf Veränderungen in der englischen Labour Party und auf *heimatlose Linke* wie Arthur Koestler, Stephen Spender und André Malraux wurde wiederholt hingewiesen[176].

Den ausführlichsten Versuch einer Abgrenzung vom Sozialreformismus wie vom orthodoxen Kommunismus und einer Präzisierung der Aufgaben eines neuen Sozialismus unternahm Andersch im »Ruf« Nr. 15[177]. Ausgangspunkt war für ihn die Frage nach dem Verhältnis von Individuum und Gemeinschaft, d. h. die Frage, *ob der Mensch der Revolution zu dienen hat oder die Revolution dem Menschen*[178].

Andersch konstatierte zunächst, daß in Deutschland durch die Wiedergründung von SPD und KPD in alter Form die Situation des Jahres 1932, in der sich beide Parteien in unversöhnlicher Schärfe bekämpften, wiederhergestellt sei. Die sozialistische Diskussion zeige aber zwei Tendenzen: zum einen die Kritik am Sozialreformismus der Sozialdemokratie und zum andern die Auseinandersetzung der Linken mit dem Phänomen des sozialistischen Rußland. Auf geistig-prinzipieller Ebene sah Andersch den Sozialismus an einer Wegkreuzung angelangt: eine Straße führe zum Sozialismus mit utopischen Fernzielen. Die Vertreter dieses sozialdemokratischen Weges leisteten zwar eine fundierte Kritik an der Sowjetunion, aber *(sie) verzichten auf revolutionäres Handeln überhaupt und enden in der täglichen Praxis bei einem stickigen Reformismus*[179].

Der zweite Weg führe dagegen zu einem *Machiavellismus*[180], dem, gemeint war hier der Sowjet-Kommunismus, es bei Aufgabe *gewisser ur-huma-*

*nistischer (oder wie wir heute sagen können: existenzieller) Forderungen, die
es mit dem Menschen und seiner Freiheit zu tun haben, einzig um die sozialistische Macht zur Durchsetzung seiner ökonomischen und politischen Aufgaben
geht*[181].

Ein Sozialismus dieser Art stelle – so Andersch – ein Zerrbild dar. Rußland biete den Anblick einer Ein-Mann-Diktatur, wenn auch die sozialistische Grundstruktur nicht völlig verändert sei, und sei dadurch *das stärkste Hindernis für eine sozialistische Entwicklung Europas (geworden)*[182].

Andersch forderte daher eine Synthese zwischen *Utopismus* und *Machiavellismus* und deutete in vier Punkten den Inhalt dieser Synthese an, mit deren Hilfe sich der »Ruf« die Lösung der brennendsten sozialistischen Gegenwartsaufgaben versprach[183]:

1. Als Lehre aus dem Faschismus müsse der Glaube des Reformismus an ein Bündnis mit dem Bürgertum aufgegeben, müßten revolutionäre Kampfmethoden wiederaufgenommen werden. Die Gruppen der bürgerlichen Intelligenz, die das Erbe des humanistischen Idealismus verwalteten, wüßten ohnehin, daß seine Bewahrung nur im Rahmen einer sozialistischen Demokratie möglich sei, wobei Andersch sich auf entsprechende Passagen einer Rede Thomas Manns im Berliner Beethovensaal 1932 bezog.

2. Die wirtschaftliche Lage der Mittelklassen begünstige ihre Integration in ein sozialistisches Gesamtkonzept. Andersch dachte hier an eine Organisierung v. a. der Techniker und Angestellten nach dem Vorbild der Labour Party in einer alle Arbeitnehmer umfassenden Partei der Arbeit.

3. Lösung vom liberalistisch-bürgerlichen Gedankengut des 19. Jahrhunderts, v. a. von der Utopie des rationalistischen Fortschrittsgedankens und von der Hypothese des naturwissenschaftlichen Materialismus. Auf diese Weise könne die Arbeiterbewegung durch Kräfte aus dem Bereich des Linkskatholizismus verstärkt werden.

4. Neuformulierung des gesamten Komplexes der sozialistischen Staats- und Wirtschaftstheorie. Andersch forderte eine Abwendung vom Gedanken der Parteidiktatur, die er nur als eine für kurze Zeit berechtigte Notwehr gegenüber dem Faschismus billigte.

Die sozialistische Lösung muß jenseits der bürgerlichen »Demokratie« und des bolschewistischen Totalstaates gelingen, in einer geistig kühnen Vereinigung revolutionären Handelns mit dem Willen zum Schutz des Menschen.[184]

Die eingangs gestellte Frage beantwortete Andersch dann dahingehend, daß der Mensch wieder die Basis der ökonomischen Verfassung werden müsse, wobei er sich auf Marx berief.

1.23 Das Problem der Umsetzung des »Ruf«-Konzepts in politisches Handeln

Das Hauptproblem der von Andersch im »Ruf« Nr. 15 noch einmal ausführlich dargelegten Sozialismus-Konzeption eines dritten Weges zwischen Sozialdemokratie und Stalinismus blieb jedoch ihre Verwirklichung. Den ersten drei von ihm selbst angesprochenen Möglichkeiten, nämlich einer inneren Revolutionierung der Sozialdemokratie, durchgreifenden Reformen in der Sowjet-Politik und auch einer Neukonstitution der sozialistischen Front unter Führung der *heimatlosen Linken* räumte er kaum eine

Die politische Konzeption des »Ruf«

Chance ein. Es blieb – Anfang 1947 – ihm wie auch anderen »Ruf«-Autoren[185] nur die (schwache) Hoffnung auf ein Gelingen des Labour-Experiments in England und auf die Bildung einer sozialistischen Massenpartei, hervorgehend aus der Wallace-Opposition bei den Demokraten in den USA, wobei man sich positive Auswirkungen auf Kontinental-Europa versprach. Indem Andersch am Ende seines Artikels aber nur diese vage Hoffnung formulieren konnte, verdeutlichte er das Dilemma des »Ruf«: Die Redakteure konnten zwar mit Hilfe ihrer Erfahrungen das Konzept eines humanistischen Sozialismus entwickeln, aber die politische und wirtschaftliche Entwicklung in Deutschland und der einsetzende Kalte Krieg eröffneten einem solchen Konzept, das zwischen Kapitalismus und Sowjetkommunismus angesiedelt war, kaum Realisierungsmöglichkeiten[186]. Es scheint, daß die feste Überzeugung der »Ruf«-Mitarbeiter *von der Notwendigkeit einer sozialistischen Gesellschaft zu einer Überschätzung der Realisierungsmöglichkeiten geführt und einem gewissen Voluntarismus Vorschub geleistet hat*[187].

Außerdem vernachlässigte der »Ruf« durch die Betonung der ›geistigen Ebene‹ möglicherweise vorhandene praktisch-politische Betätigungen fast völlig[188]. Es wurden keine Versuche unternommen, Kontakte und Verbindungen etwa zu Hochschulen, Betrieben, Gewerkschaften etc. herzustellen. Initiativen von »Ruf«-Leserkreisen in einigen Städten, die die Gründung einer »Ruf«-Partei vorschlugen, fanden in der Redaktion keine Unterstützung[189]. Es war auch keine Bereitschaft vorhanden, sich einer bestehenden politischen Partei anzuschließen (einzige Ausnahme: Hildegard Brücher, die zur FDP ging), um dort die Durchsetzung der eigenen Ziele wenigstens zu versuchen. Dabei waren lockere Kontakte einzelner »Ruf«-Mitarbeiter sowohl zur CDU wie zur SPD durchaus vorhanden. Beispielsweise nahmen Richter und Andersch im Frühjahr 1947 an einer Tagung in Tremsbüttel/Schleswig-Holstein teil, zu der der auf dem linken CDU-Flügel stehende Ministerpräsident von Schleswig-Holstein, Theodor Steltzer, eingeladen hatte[190]. Angebote der bayerischen SPD, mehreren »Ruf«-Redakteuren Landtagsmandate zu verschaffen, wurden ebenso abgelehnt wie nach dem Verbot des »Ruf« ein SPD-Angebot, der Redaktion mit Parteigeldern ein neues Publikationsorgan zu schaffen, da es an die Bedingung geknüpft war, sich der Kritik an der SPD zu enthalten[191]. Zudem dürfte das opportunistische Verhalten der SPD-geführten Landesregierung in Bayern (Ministerpräsident Hoegner) gegenüber der amerikanischen Besatzungsmacht nicht gerade die Bereitschaft der »Ruf«-Redakteure zu einer Zusammenarbeit mit der bayerischen SPD gefördert haben.

Die vom »Ruf« ab Ende 1946 wahrgenommenen Restaurationstendenzen in Deutschland machten das Dilemma der anfangs voller Optimismus vorgetragenen humanistisch-sozialistischen Konzeption dann vollends deutlich: resignative und pessimistische Züge im »Ruf« sind von nun an nicht mehr zu übersehen. In den letzten »Ruf«-Ausgaben zu Beginn des Jahres 1947 lassen sich eine Reihe von Belegen finden, die die Enttäuschung über ausbleibende sozialistische Veränderungen und die geringe politische Betätigung der *Jungen Generation* ausdrückten:

> *In solchen Zeiten, in denen nicht mehr idealistische Massenimpulse wie noch 1918 bestimmend sind, sondern Strategie und Taktik des Kampfes, Technik der Politik ... stößt der alte utopische, humanitäre, revolutionäre Elan ins Leere und muß sich damit begnügen* – »Oasen zu bauen« *(Koestler) ... Deutschland ist im Begriff, einmal wieder einen historischen Auftrag zu verpassen.*[192]

Im Leitartikel der Nr. 11 findet sich die folgende Passage:

1848, 1918, 1933, 1945, das ist der tragische Weg von der erstickten halben Revolution über den halben politischen Umsturz bis zur Niederlage und schließlich zum völligen Schweigen. In Deutschland gab es weder einen wirklichen revolutionären Sieg noch eine wirkliche revolutionäre Niederlage. Es blieb alles beim alten . . .[193]

1.24 Die Stellung des »Ruf« zu politischen Parteien und programmatische Berührungspunkte mit den wiedergegründeten Parteien
1.241 Grundsätzliches

Aus den Erfahrungen der Weimarer Zeit heraus wandte sich der »Ruf« grundsätzlich gegen eine Wiedergründung der Parteien als *Weltanschauungsparteien*[194]. Diese Haltung wurde damit begründet, daß das Ziel von Weltanschauungsparteien letztlich immer in der *Realisierung ihrer Weltanschauung* liege und dadurch *oft utopisch und imaginär* sei. Der totalitäre Anspruch einer Weltanschauung und ihrer Partei;[195] führe zur Unterordnung der Individuen und ihres politischen Handelns unter die Weltanschauung, ebenfalls zur Mißachtung der nationalen Interessen eines Volkes und zum Kampf der Weltanschauungen im *luftleeren Raum der Abstraktionen*. Die Entmündigung des Individuums in der Weltanschauungspartei wie auch die Aufspaltung des demokratischen Lagers in mehrere sich bekämpfende und lähmende Parteien und Ideologien hatten nach Ansicht des »Ruf« dem Faschismus ebenfalls den Weg bereitet.

Was sich hier am Thema Weltanschauungspartei konkretisierte, war – bedingt durch die Erfahrung des Nationalsozialismus und Stalinismus – wiederum der grundsätzliche Ideologieverdacht.

Die im »Ruf« nur grob umrissenen Gegenvorstellungen in der Partei-Problematik richteten sich nicht grundsätzlich gegen die Gründung von Parteien; doch sollten diese Parteien solche eines neuen Typs sein, die auf eine ausdrückliche Bindung an bestimmte Weltanschauungen verzichteten.

Die Intentionen des »Ruf« zielten dabei auf eine Gemeinschaft sozialistischer Praktiker, deren Mitglieder gemeinsam das Ziel einer sozialistischen Gesellschaft unter Wahrung der Rechte des Individuums teilten, jedoch ihre Entscheidung für diese neue Gesellschaftsform unterschiedlich (ethisch, christlich, marxistisch etc.) begründen könnten. Diese Überlegungen gingen deutlich in Richtung einer umfassenden *Partei der Arbeit*, einer *sozialistischen Volkspartei*. Sympathien hegte der »Ruf« daher auch für die lockere Organisationsform der britischen Labour Party[196], die unterschiedliche politische Positionen im Rahmen eines linken Pluralismus zuließ und damit die Spaltung der britischen Arbeiterbewegung weitgehend überwunden hatte.

Inhaltlich ergaben sich die stärksten Berührungspunkte des »Ruf« mit der SPD und einigen christlich-sozialistisch geprägten Gründerkreisen der CDU. Mit der KPD dagegen lassen sich wegen deren kritikloser Bejahung der sowjetischen Innen- und Außenpolitik und ihrer Zustimmung zur Kollektivschuldthese kaum inhaltliche Berührungspunkte nachweisen[197].

1.242 Übereinstimmungen mit der SPD

Die Hoffnungen des »Ruf« auf die Konstituierung einer Partei neuen Typs konzentrierten sich in erster Linie auf die SPD und hier besonders auf den neue Akzente setzenden Parteivorsitzenden Kurt Schumacher. In dem Artikel »Die Chance der SPD«[198] wurde die Sozialdemokratie als die einzige der neugegründeten Parteien hervorgehoben, der man zutraute, sich von der Rolle einer traditionellen *Weltanschauungspartei* zu lösen. Diese Hoffnungen stützten sich in dem erwähnten Artikel auf die Kölner Beschlüsse der SPD vom 25. 9. 1946, die ganz vom Geist und Stil Schumachers geprägt waren[199].

Mit diesen Beschlüssen bezweckte die SPD, die Westalliierten unter energischen politischen Druck zu setzen und ihre weitere politische Mitarbeit in allen Gremien von der Erfüllung verbindlicher Zusagen durch die Alliierten abhängig zu machen. Der von der SPD in Köln aufgestellte Forderungskatalog, der einen gerechten Lastenausgleich, die Sozialisierung der Grundstoffindustrien, der Energiewirtschaft, der Verkehrsunternehmen und der Banken, die Durchführung der Bodenreform, die Neuordnung der Löhne und Preise, ausreichende Renten und den Ausgleich der Ernährung zwischen Stadt und Land enthielt, fand die ungeteilte Zustimmung des »Ruf«, zeichnete sich in diesem Aufruf doch so etwas wie eine konsequent nationale und sozialistische Opposition gegenüber den Westalliierten und besonders den Restaurationsbestrebungen der Amerikaner ab. Gleichzeitig sah der »Ruf« in dem SPD-Aufruf den Charakter eines möglichen umfassenden Aktionsprogramms der deutschen Linken, das als programmatische Grundlage für die angestrebte *große Gemeinschaft sozialistischer Praktiker* nach dem Vorbild der britischen Labour-Party hätte dienen können. Die von der SPD erhobenen Forderungen konnten – nach Ansicht des »Ruf« – einen gemeinsamen Nenner bilden, der sowohl von der Elite der Arbeiterbewegung wie auch von der Mittelklasse und den versprengten Gruppen der Intellektuellen akzeptiert würde.

Bei dieser äußerst positiven Beurteilung der Kölner Beschlüsse überschätzte der »Ruf« jedoch die Bereitschaft der SPD, die gegenüber den Westalliierten angedrohten Maßnahmen für den Fall der Nichterfüllung der Forderungen auch wirklich in die Tat umzusetzen. Während Schumacher selbst und einige Gruppen in der SPD den Aufruf nicht nur als verbalradikale Ermahnung an die Alliierten verstanden wissen wollten und ihn konsequent umzusetzen gedachten, war die Mehrheit der SPD-Funktionsträger v. a. in den Länderregierungen und in den örtlichen Kommunalgremien nicht bereit, ihre Posten und ihr z. T. gutes Einvernehmen mit den alliierten Militärbehörden aufzugeben. Der *traditionelle sozialdemokratische Ministerialismus mit seinem Hang zum prinzipienlosen Koalieren (setzte sich) sozusagen vor der Tür des Parteivorstandes und unter den Augen Kurt Schumachers durch*[200].

Diese opportunistischen Strömungen in der SPD wurden durchaus auch vom »Ruf« gesehen. In dem erwähnten Artikel zur SPD richtete der »Ruf« daher auch einen scharfen Angriff gegen die Politik des bayerischen SPD-Ministerpräsidenten Hoegner, der eine fast prinzipienlose Unterstützung der alliierten Politik befürwortete, um so – wie er glaubte – größeren Einfluß für die SPD erlangen zu können[201].

Weitere Parallelen zwischen dem »Ruf« und dem SPD-Vorsitzenden Kurt Schumacher werden deutlich, wenn man zum Vergleich einige Schumacher-Reden aus den Jahren 1945/46 heranzieht[202]: Wie der »Ruf« betonte auch Schumacher wiederholt die Synthese von Freiheit und Sozialismus[203], wobei er sich damit gleichzeitig scharf von der KPD abgrenzte, der er – wie der »Ruf« – ein nur taktisches Verhältnis zu Demokratie und Freiheit und eine feste Bindung an die außenpolitischen Interessen der Sowjetunion vorwarf[204]. Gleichermaßen wie der »Ruf« hielt auch Schumacher den Kapitalismus für endgültig überwunden und erklärte, daß der Sozialismus in Deutschland auf der Tagesordnung stünde[205]. Ähnlichkeiten sind auch im Bereich des Faschismusbildes (in bezug auf gesellschaftliche Funktion und soziale Basis) sowie in der radikalen Zurückweisung der Kollektivschuldthese nachweisbar[206]. Auch findet sich bei Schumacher eine starke Betonung der geistig-moralischen Ebene:

> *Jetzt liegt das Trümmerfeld vor uns. Das Reich ist zerbrochen, die Nation auseinandergerissen, die Wirtschaft zerstört, die soziale Lage großer Volksteile von kläglicher Armseligkeit, die Verluste in den Familien niederdrückend und gar nicht wieder auszugleichen... Größer noch als das Trümmerfeld der Wirtschaft, als das Elend und die Trauer um die sinnlos Gestorbenen ist das geistige und moralische Trümmerfeld, das die Nazis hinterlassen haben.*[207]

Eine weitere Parallele lag in der Akzeptierung verschiedener Begründungen (neben dem traditionellen Marxismus auch Ethik, Christentum etc.) für den Sozialismus[208], wodurch die Abkehr der SPD von einer *Weltanschauungspartei* mit einheitlicher Theorie bereits antizipiert und auch anderen Gesellschaftsschichten außerhalb der Industriearbeiterschaft die Integration in eine sozialistische Strategie ermöglicht wurde[209]. Gerade diese politische und moralische Haltung Schumachers wie auch sein eindrucksvolles persönliches Auftreten übte auf die »Ruf«-Redakteure wie auf spätere Mitglieder der Gruppe 47 (etwa Grass) eine große Faszination aus.

Weitere Berührungspunkte mit der SPD bzw. mit ihren Vorstellungen ergaben sich im wirtschaftspolitischen Bereich. In den »Ruf«-Artikeln, die Überlegungen für eine freiheitliche Planwirtschaft vorstellten[210], findet sich ebenso wie bei SPD-Wirtschaftstheoretikern die begriffliche Unterscheidung zwischen ausbeutendem (Groß-) und nicht ausbeutendem (Klein-) Eigentum[211], woraus eine erforderliche Sozialisierung nur des ausbeutenden Großkapitals und der Monopole abgeleitet wurde (= quasi antimonopolistische und nicht mehr strikt antikapitalistische Konzeption). Ebenso wurden Elemente des Wirtschaftsdemokratie-Konzepts von Gewerkschaften und SPD aus der Weimarer Zeit vom »Ruf« aktualisiert. Die von Ehrmann und Ortlieb entwickelten planwirtschaftlichen Vorstellungen, die im wesentlichen die Planung auf staatliche Rahmenplanung, indirekte Lenkungsmaßnahmen sowie Steuer- und Sozialpolitik begrenzt sehen wollten und denen eine Art *regulierte Marktwirtschaft* vorschwebte, waren dabei am ehesten mit den wirtschaftspolitischen Konzeptionen der *freiheitlichen Sozialisten* (Weißer, Zorn etc., die dem rechten Flügel der SPD zugerechnet werden) in der SPD vergleichbar; mit neomarxistischen Konzepten innerhalb der SPD (Agartz, Abendroth) hatten sie nur wenig gemein.

1.243 Übereinstimmungen mit Christlichen Sozialisten in einigen CDU-Gründerkreisen

Die Übereinstimmungen des »Ruf« mit Vorstellungen von christlichen Sozialisten waren mindestens ebenso zahlreich wie jene mit der SPD. Besonders deutlich wird dies bei einem Vergleich mit den von Walter Dirks 1945 in Frankfurt a.M. formulierten 12 Thesen[212].

In Frankfurt hatte sich etwa im April 1945 ein *Kreis emanzipierter Intellektueller* um Walter Dirks und Eugen Kogon gebildet[213], der eine christlich fundierte *Partei der Arbeit* anstrebte, die den Namen *Sozialistische Einheitspartei Deutschlands* tragen sollte. Als Vorbild diente auch hier die britische Labour Party. Durch eine solche breite *Volkspartei* wollte man einerseits an die Geschichte der Arbeiterbewegung anknüpfen, andererseits aber eine Restauration der verschiedenen Flügel der Arbeiterbewegung (reformistische Sozialdemokratie, revolutionäre KPD und christliche Arbeiter in der Zentrumspartei) verhindern.

Mehrere Passagen der Dirks'schen Thesen hätten durchaus auch vom »Ruf« stammen können: Gemeinsam ist die angestrebte Verbindung von Sozialismus und Demokratie und die europäische Orientierung:

Ein wirklicher Ausweg aus dem deutschen und europäischen Chaos kann nur in einem deutschen und europäischen Sozialismus gefunden werden. Die Demokratie ist nur als Ausgangsbasis und als politischer Werk- und Kampfraum zu betrachten; aus ihr ist der deutsche und europäische Sozialismus zu entwickeln.[212]

Auch Dirks betonte die Notwendigkeit eines demokratischen Erziehungsprozesses der durch die NS-Propaganda beeinflußten Massen, wobei aber die Haltung gegenüber der amerikanischen »Re-education«-Politik unklar blieb:

Die sozialistische Partei muß nüchtern von der Voraussetzung ausgehen, daß die bäuerlichen und auch die Arbeitermassen in Deutschland durch das Regime und den Krieg zermürbt, erschöpft, ressentimenterfüllt, selbstsüchtig und kleinlich sind, also zur vollen Demokratie erst wieder regeneriert, geheilt, erzogen und geführt werden müssen ...[212]

Ebenso wie der »Ruf« verlangten auch Dirks und der Frankfurter Kreis eine Erneuerung der sozialistischen Theorie:

Das Ziel des Sozialismus ist weder eine totale Kollektivität, in der Persönlichkeit, Freiheit, Sittlichkeit und Würde des einzelnen untergehen (indem sie als bürgerliche Relikte gewertet werden) ... Die beiden für Theorie und Praxis des europäischen Sozialismus wichtigsten Formen der absoluten Bindung sind der (pantheistische) Glaube des absoluten Marxismus und der (theistische) Glaube der christlichen Kirchen.[212]

Wenn auch Dirks – wie der »Ruf« – besonderes Gewicht auf die »geistige Ebene« legte, so unterschied er sich doch durch die stärkere Betonung des christlichen Glaubens vom »Ruf«. Eine weitere Parallele zwischen Linkskatholiken und »Ruf« fand sich im wirtschaftspolitischen Bereich. Sozialisierung und Wirtschaftsdemokratie nannte auch Dirks als notwendige Maßnahmen:

Das Ziel des Sozialismus wird auf zwei Wegen erreicht werden müssen, über den Staatskapitalismus und den Staatssozialismus einerseits (Gemein-, Plan-Wirtschaft) und über die Demokratisierung der Wirtschaft (Gewerkschaften, Betriebe) andererseits.[212]

Ähnliche Vorstellungen wie die in der Frühphase des Frankfurter Gründungskreises der CDU entwickelten finden sich auch im Gründungskreis der Berliner CDU um Jakob Kaiser und andere ehemalige christliche Gewerkschafter[213]. Im Laufe des Jahres 1946 wurden in Berlin

Formen eines auf dem Solidarismus basierenden »christlichen Sozialismus« diskutiert, der Marx und den Klassenkampf hinter sich lassen und das Volk zur »organischen Gemeinschaft unabhängiger Persönlichkeiten« umformen sollte;...[214]

Im wirtschaftlichen Bereich konzipierten die Berliner eine Art staatlich gelenkter und geplanter antimonopolistischer Marktwirtschaft, die einen

Kompromiß zwischen Unternehmerinitiative und zentralistischer Planwirtschaft bei Realisierung einer weitgehenden Wirtschaftsdemokratie darstellen sollte. Manches erinnert an die Entwürfe Ehrmanns im »Ruf«[215]

Die christlich-sozialistischen Konzeptionen des Frankfurter und des Berliner Gründerkreises der CDU blieben freilich Randerscheinungen bei der Konstitution der CDU in den Westzonen. Während die *Frankfurter Leitsätze* von Ende 1945 noch ein klares Bekenntnis zum Sozialismus enthielten, wurden die sozialistischen Tendenzen (wie z. B. die Forderungen nach Sozialisierung der Großindustrie, nach Bedarfsdeckung) in späteren Programmen der CDU abgeschwächt (Ahlener Programm von Anfang 1947) und schließlich ganz eliminiert zugunsten eines klaren Bekenntnisses zu Privateigentum, Unternehmerinitiative, Leistung und Eigenverantwortlichkeit (sogenannte *soziale Marktwirtschaft* der neoliberalen Kräfte in der CDU, festgeschrieben in den *Düsseldorfer Leitsätzen* der CDU, 1949). Dirks und Kogon sowie weitere Linkskatholiken stellten bereits 1946, als sie erkannten, daß sich ihre Vorstellungen in der CDU nicht durchsetzen ließen, ihre Mitarbeit in der Partei ein und konzentrierten sich ganz auf die publizistische Tätigkeit bei den von ihnen herausgegebenen »Frankfurter Heften«.

1.3 DIE LITERARISCHEN POSITIONEN DES »RUF«[216]

Man sieht die Dinge und sagt mutig etwas über sie aus.
Gustav René Hocke

1.31 Hoffnung auf Erneuerung durch das Wort

Die Analyse der politischen Konzeption des »Ruf« machte deutlich, daß seine Herausgeber eine politische und gesellschaftliche Neugestaltung Deutschlands vor allem von einer geistigen Neubesinnung erhofften. Individualismus und Humanismus, die Bedeutung von Wert- und Moralvorstellungen überhaupt, wurden immer wieder als Voraussetzung für die Bildung von *Oasen* genannt, aus denen heraus sich ein neues Europa bilden könnte[217]. Der Begriff der *Oasen*, den Arthur Koestler prägte[218], zusammen mit dessen Beschreibung der Gegenwart als einer Zeit des *Interregnums* war bestimmend für die Grundhaltung vieler Artikel des »Ruf«. Mit Koestler forderte der »Ruf« eine intellektuelle Avantgarde, der die Bildung von Inseln *am Rande in einer Welt von kriegerischen Giganten*[219] zukomme. So sollte nach Koestler die Hauptaufgabe dieser Elite sein, *Oasen in die Wüste des Interregnums zu schaffen*[220]. Eine Avantgarde, eine geistige Elite, habe entgegen den allgemeinen Tendenzen der Zeit *die Kontinuität der Kultur*[221] zu bewahren und damit einen neuen Anfang zu setzen wie »*Der Same unterm Schnee*«[222].

Alfred Andersch, der 1948 in seiner Anthologie »Europäische Avantgarde« Koestlers Aufsatz noch einmal druckte, beschrieb diese geistige Elite:

Die schäbigen Anzüge der Menschen des heruntergekommenen Erdteils haben keine Ähnlichkeit mit dem Prunk ziselierter Rüstungen von ehedem. Und das Schwert der neuen Ritter, der Avantgarde Europas, scheint beim ersten Anblick recht unwirksam zu sein: es ist das Wort. Unscheinbar aus der Masse, aus dem Kampf, aus dem Untergang einer Kultur geboren, handeln sie, indem sie sprechen. Es beginnt mit dem gesprochenen Gedanken. Muß das Wort nicht am Anfang stehen, da Europa sich einen neuen Anfang setzen muß?[223]

Die Konzentration der Erneuerung Europas auf das *Wort* als Grundlage einer kulturellen Erneuerung drängte, wie an politischen Artikeln des »Ruf« beobachtet wurde, die konkrete Auseinandersetzung mit politischen Problemen in den Hintergrund. Teilweise wurde sie ganz durch geistesgeschichtliche und philosophische Diskussionen ersetzt; eine Tendenz zum Idealismus entfernte den »Ruf« vom politischen Tageskampf. Die Diskussionen selbst wurden mit wenig konkreter Begrifflichkeit und in einer vagen, pathetischen Sprache geführt[224]. Das Ausmaß der Zerstörung und Krise der damaligen Situation schien deren Beschreibung nur in der sprachlichen Überdimensionierung des Pathos zu ermöglichen.

Vor dem rauchgeschwärzten Bild dieser abendländischen Ruinenlandschaft, in der der Mensch taumelnd und gelöst aus allen überkommenen Bindungen irrt, verblassen alle Wertmaßstäbe der Vergangenheit.[225]

Es ist eine Zeit des Umbruchs, der großen Umschichtung der soziologischen Struktur einer Gesellschaftsordnung, einer Zeit seelischer und geistiger Unsicherheit, in der das Irrlicht irrationaler Einflüsse, magischer Suggestionen, unfaßbarer Massenbewegungen dem Ringen um ein neues Weltbild gegenübersteht. (...)

Was uns blieb, ist ein leeres Feld, umrahmt von den Ruinen unserer Zeit, auf dem ein paar Verirrte und Verwirrte ihre Bekenntnisse stammeln.[226]

Aus dem Chaos, das mit pathetischen Metaphern umschrieben wurde, könne, so hofften die »Ruf«-Autoren, dennoch der Anfang einer neuen Kultur entstehen.

Und allmählich dämmert unter der Totenmaske der nationalen Machtansprüche das wahre Gesicht der Völker herauf. Nirgends stärker als in Deutschschland, wo die Maske nicht langsam zerbricht, sondern klirrend zerspringt, unter den Hammerschlägen eines tragischen Geschicks.[227]

1.32 »Kahlschlag« und Pathos des Neuanfangs

Die Vorstellung eines voraussetzungslosen Neuanfangs war wie auf politisch-sozialem, so auch auf geistig-kulturellem Gebiet illusionär. Man glaubte, daß die Beschreibung und Verarbeitung der Gegenwart einen radikalen Bruch mit überholten Traditionen nötig mache. Immer wieder wurde betont, daß geistige Erneuerung eine grundsätzlich neue Sprache voraussetze, die sich von den Phrasen der Vergangenheit löse.

Die aber in Europa die Sprache gebrauchen – man verstehe: die Sprache, nicht das Gerede –, sie sind im Grunde Verzweifelte. Sie haben das große Nichts erblickt, die Möglichkeit des Untergangs, der realen und gräßlichen Zerstörung.[228]

Die Forderungen nach radikalem Traditionsbruch und Neuanfang auf geistig-literarischem Gebiet waren jedoch selbst von Pathos und Irrationalismen der NS-Sprache geprägt. Ein deutliches Beispiel dafür bietet Wolfdietrich Schnurres Artikel »Alte Brücken – neue Ufer«[229]:

Wir müssen unsere Chance jetzt wahrnehmen; wenige Jahre später, und

> das Gras träger Überlieferung ist darüber gewachsen. Nur jetzt, nach diesem gewaltigen Zusammenbruch, ist der Augenblick so günstig. Nicht lang, und der Schlamm stagnierender Gewohnheit wird wieder zur fließenden Lava. Noch ist es Zeit (...). Steigen wir offenen Auges in die Schächte unserer aufgerissenen Seelen; läutern wir den empfangenen Schmerz; erheben wir den lastenden Pessimismus zur tröstlichen Schau. Beginnen wir endlich, das verpflichtende Erbe erlittenen Grauens bejahend einzustufen in die Leiter zum Licht (...). Wir, die wir glauben, einmal zu Kündern des Kommenden und zu Deutern des Bleibenden berufen zu sein, wir haben, wie niemand sonst, die Verpflichtung, die geschlagene Wunde nicht verharschen zu lassen. Mag die Hände vors Antlitz heben, wenn wir unsere Geschichte beschwören, wer will. Wir können den Zusammenbruch einer Scheinwelt nicht überlebt haben, nur, um auf ihren Trümmern eine neue Welt des Scheins zu errichten. Und daher hat auch nur der heute ein Recht zu schreiben und vor die Öffentlichkeit zu treten, der, was er sagt, aus dem Wissen geschöpft hat, das die jüngste Vergangenheit ihm aufbürdete. (...) Nein, das Alte ist abgetan. Vor uns liegt, wenn auch noch unter Trümmern verborgen, eine neue und morgendliche Welt. Eine Welt, wie sie so jungfräulich, aber auch so schwer an Verantwortung noch vor keiner Generation sich erstreckte. Taumeln wir nicht mit Scheuklappen, stolpern wir nicht, Strophen der Vergangenheit lallend, in sie hinein. Unsere Sprache, unser Denken sei ihr gemäß. Unsere Lieder seien neue Lieder. Finden wir die Ausdrucksform, finden wir die Klarheit, die sie bedingt*.

Urs Widmer, der die Prosa der ersten deutschen Nachkriegsschriftsteller analysiert hat, konstatiert stilistische Ungeschicklichkeiten in vielen »Ruf«-Artikeln: *Die Sprache des »Ruf« ist erstaunlich unbeholfen. Es ist, als müßten alle jungen Mitarbeiter erst schreiben lernen*[230] – und eine ungeschickte pathetische Metaphorik[231], vor allem aber auch Relikte nationalsozialistischen Sprachgebrauchs, die die Diktion vieler Artikel prägen[232].

> Diese Einflüsse sind nicht so leicht zu erkennen. Wie schleichendes Gift vernebeln sie, dem Autor selbst unbewußt, die Sprache. Die Begriffe sagen plötzlich nichts mehr aus. Jede scharfe Differenzierung fehlt. Für diesen Begriffsbrei, für die Aufweichungen der Wortbedeutungen, für diesen schwammigen Sprachstil, den wir im »Ruf« überall antreffen, müssen wir das »Dritte Reich« und seine Schlagwort-Sprache verantwortlich machen.[233]

Die Schwierigkeiten, die der Versuch eines voraussetzungslosen Neuanfangs mit sich brachte, begannen also bereits in der Sprache, die den Autoren nicht mehr problemlos zur Verfügung stand. Zu sehr war sie von der vorangehenden Zeit geprägt worden. Der geistigen Erneuerung mußte eine Erneuerung der Sprache vorausgehen.

1.33 Präformierung des Neuanfangs

Nicht nur in ihrer sprachlichen Artikulation, sondern auch in ihrer inhaltlichen Prägung war die Vorstellung eines grundsätzlichen geistigen Neuanfangs, wie sie in vielen Artikeln des »Ruf« deutlich wird, nicht ganz

---

* Schnurre selbst hält an dem Anspruch fest, nach 1945 sei der *Kahlschlag* literarisch realisiert gewesen, wenn er 1977 in einem Interview sagt: *Daß da ein »humanitäres Pathos« aufgekommen sein soll allerdings, wage ich zu bestreiten. Trockener, sachlicher, menschlicher, anrührender als in den drei, vier Nachkriegsjahren ist in Deutschland lange nicht mehr geschrieben worden.* (Peter Sandmeyer, Schreiben nach 1945. Ein Interview mit Wolfdietrich Schnurre, in: Literaturmagazin 7, S. 191–202, S. 199.)

Die literarischen Positionen des »Ruf«

treffend. Auch der Neuanfang brauchte Orientierungen. Da in Deutschland selbst die Möglichkeit, geistige und politische Wertvorstellungen aus einer ungebrochenen Tradition zu begründen, durch die NS-Zeit zerstört schien, suchte die Redaktion des »Ruf« Neuorientierungen in geistigen Strömungen des Auslands. Dabei setzte man auf die angelsächsischen Länder besonders in politischer Hinsicht Hoffnung*. Für Koestler schien England

> dank der Zähigkeit seiner Tradition und dem Beharrungsvermögen seiner gesellschaftlichen Strukturen, am meisten geeignet, das Klima für (. . .) Oasen zu entwickeln.[237]

Waren es in den angelsächsischen Ländern die demokratischen Traditionen, die man für einen Neubeginn in Deutschland fruchtbar zu machen hoffte, so wurde auf geistig-kulturellem Gebiet der französische Einfluß bestimmend. In Frankreich sahen die Autoren des »Ruf« demokratische Gesinnung, abendländische Tradition und geistigen Aufbruch der *Jugend* vereint[235]. Anders als die USA und England habe Frankreich mit Deutschland das Erlebnis der Katastrophe gemein, ja sie habe Frankreich noch ungleich härter getroffen, denn sie kam unvorbereitet[236]. Doch gerade deshalb führte sie in Frankreich zu einer *außergewöhnliche(n) Steigerung des... Geistes*[237]. Die intellektuelle und emotionale Bewältigung der als Chaos empfundenen Gegenwart sah der »Ruf« in Frankreich weiter fortgeschritten als in Deutschland.

> Anders als in Deutschland, wo die junge Generation erst in wenigen Exponenten scharf umrissene eigene Meinungen zur Gegenwart ausdrückt, ist (. . .) in Frankreich eine lebhafte Diskussion im Gange, in der sich die verschiedenen Standpunkte klar voneinander abheben.[238]

Frankreich sah man als eine Insel geretteter abendländischer Kultur in der allgemeinen Katastrophe, und so betrachtete man den vergangenen Krieg zwischen Frankreich und Deutschland nicht primär als nationalen Konflikt:

> Nicht der Deutsche stand gegen den Franzosen, sondern der Ungeist gegen den Geist; es war die Kultur, die von der Barbarei unterdrückt wurde; es war Europa gegen den Boche![239]

1.331 Der französische Existenzialismus[240]

Vertreter der *jungen Generation Frankreichs* sah der »Ruf« vor allem in der Résistance. An der französischen Widerstandsbewegung stellten die Autoren heraus, daß ihr die Frage nach den Gründen des inneren Zusammenbruchs, der persönlichen ebenso wie der nationalen Freiheit, wichtiger wurde als die militärische Niederlage Frankreichs[241], daß hinter den politischen Tagesfragen die Frage nach der Stellung des Individuums in der Gesellschaft und nach dem Menschen überhaupt gestellt wurde.

> Die Transponierung des Widerstandskampfes auf eine Ebene bleibender Prinzipien, die allein in der Literatur möglich war, erhob die Résistance über die tägliche Notwendigkeit illegaler Kämpfe in einen Bereich dauernder menschlicher Geltung.[242]

---

* *Politik, das war für mich nicht die Eroberung der Parteien, des Parlaments oder gar der Straße (...), sondern die indirekte, langfristige Veränderung der Mentalität des Volkes, das obrigkeitsstaatlich erzogen worden war. Mein Vorbild war dabei die angelsächsische Demokratie.* (Richter, Was war die Gruppe 47? III. Teil, S. 3)

Daß die Vertreter der Résistance und des französischen Existentialismus Literatur und Philosophie in den Vordergrund stellten, verstand der »Ruf« nicht als Ausweichen vor der politischen Aktion, sondern als Vertiefung des Verständnisses der gegenwärtigen Situation, als Zugang zu deren Analyse und Bewältigung. Literatur käme

> als Ausdrucksmittel am weitesten dem französischen Bestreben entgegen, dem Gedanken eine scharfgeschliffene Festlegung zu geben[243].

Deshalb sei sie

> keine Flucht in irreale Bereiche, sondern die wirksame Einschaltung in einen ausschlaggebenden Sektor des nationalen Lebens[244].

Besonders in der Existenzphilosophie, und hier vor allem im Denken Jean Paul Sartres, glaubten die »Ruf«-Autoren eine Antwort auf die eigene Situation in Deutschland zu finden.

> Eine Philosophie für Bettler und Lumpengesindel, die wissen, wem sie ihr Elend verdanken. Alle Dinge sind auf den letzten Ort zurückgenommen: das eigene, leidvolle Dasein. Man hat aus der Not eine Tugend gemacht, die Tugend des Bewußtseins, als einer existenziellen Leistung. Damit aber hat man aus der Not Geist gekeltert. So schaut der neue Humanismus aus, ein unglaublich karger, unästhetischer Humanismus.[245]

> Die Welt ist zerbrochen, der Mensch ist allein. Er muß seine Einsamkeit tragen, und er will sie tragen. Das ist die Konsequenz einer Jugend, der sich die menschliche Gesellschaft als schreckliche Lüge gezeigt hat.[244]

Die radikale Rückführung aller Fragen der menschlichen Existenz auf den Menschen selbst in der Philosophie Sartres kam dem Selbstverständnis der im »Ruf« publizierenden Intellektuellen entgegen, für die alle moralischen und ideologischen Orientierungen fragwürdig geworden waren. Von eben dieser Fragwürdigkeit objektiver Werte geht der Existentialismus aus.

> Der Existentialist denkt (...), es sei sehr störend, daß Gott nicht existiert, denn mit ihm verschwindet alle Möglichkeit, Werte in einem intelligiblen Himmel zu finden; es kann nichts a priori Gutes mehr geben, da es kein unendliches und vollkommenes Bewußtsein mehr gibt, um es zu denken. Nirgends steht geschrieben, daß das Gute existiert, daß man ehrenhaft sein soll, daß man nicht lügen soll; genau aus dem Grunde, weil wir auf einer Ebene uns befinden, wo es nur Menschen gibt.[246]

Der Rückzug auf das Bewußtsein der menschlichen Existenz als das einzig wirklich Existierende hat zur Konsequenz die völlige Freiheit des Menschen[247].

> Der Mensch ist verurteilt, frei zu sein. Verurteilt, weil er sich nicht selbst erschaffen hat, anderweitig aber dennoch frei, da er, einmal auf die Welt geworfen, für alles verantwortlich ist, was er tut.[248]

> Der Mensch ist nichts anderes als sein Entwurf. Er existiert nur in dem Maße, in welchem er sich verwirklicht.[249]

Aber der Mensch verwirklicht sich nicht isoliert. Die ethische Entscheidung, mit der der Mensch sich zu dem macht, was er ist, bindet die gesamte Menschheit an seinen Entwurf. Das macht die Verantwortung des Menschen aus[250]. Da es aber keine objektiv definierbare *menschliche Natur* gibt[251], werden diese Entscheidungen immer wieder neu und anders getroffen. Das hat zur Konsequenz nicht nur, daß es keine verläßlichen Orientierungen gibt, die historische Prozesse überdauern, sondern auch, daß etwa politische Bewegungen nicht zwangsläufig zu ihren definierten Zielen führen*.

Die Existenz des Menschen als letzte Wahrheit, die Rückführung der Moral auf den Willen des Menschen zu seiner Freiheit** und der Voluntarismus als Wahl der Bindung, in der der Mensch sich verwirklicht, sind unausgesprochene Prämissen, die den politischen und literarischen Konzeptionen des »Ruf« vorausgehen.

1.332 Die Traditionen des ›Abendlandes‹

Der Begriff des Humanismus, den Sartre in dem genannten Aufsatz für die Philosophie des Existentialismus beansprucht, hat allerdings eine Tradition, die bis in die Anfänge der bürgerlichen Gesellschaft zurückführt. Obwohl *Humanismus* einen der wesentlichen Pfeiler der politischen und geistigen Orientierungen des »Ruf« bildet, begegnen seine Autoren dieser wie anderen begrifflichen Abstraktionen mit Mißtrauen. Alfred Andersch schreibt 1948:

> *Ohne, daß sie dies vielleicht voneinander wußten, haben die Wortführer neuer Gedanken und Strömungen (...) eine Mindestformel gefunden, auf die sie sich in Zeiten der Krise einigen können, um den ewigen Kampf Europas zu bestehen. Diese Mindestformel ist der Mensch, seine individuelle Freiheit und Würde, sein Anspruch und seine Verpflichtung auf die Gerechtigkeit und Liebe. (Natürlich werden einige in ihrer Neigung zur gebildeten Abstraktion jetzt das Wörtchen »Humanismus« murmeln, – aber ich spreche ohne jeden Hintergrund von einer M i n d e s t f o r m e l, die der Mensch sei!)* [252]

Die Formulierung von der *Mindestformel*, die eine Verpflichtung auf Traditionen und Systeme vermeidet, kann nicht darüber hinwegtäuschen, daß sie in ihrer konkreten Füllung dennoch in einer langen geistesgeschichtlichen und politischen Tradition steht. Begriffe wie *Humanismus*, *Geist* und der Glaube an die moralische Kraft der Philosophie verweisen auf die aufklärerische Tradition der bürgerlichen Gesellschaft, die im »Ruf« als die des *Abendlandes* bezeichnet wird. Dabei knüpft der »Ruf« bewußt an die aufklärerisch-politische Tradition des *Jungen Deutschland* an, wenn er sich im Untertitel »Blätter der jungen Generation« nennt. Hans Werner Richter beruft sich explizit auf eine deutsche idealistisch-freiheitliche Tradition:

---

* Sartre, Existentialismus, S. 36/37: *Ich weiß nicht, was aus der Russischen Revolution werden wird; ich kann sie bewundern und als Beispiel aufstellen, im Grade, wie mir das Heute beweist, daß das Proletariat in Rußland eine Rolle spielt. (...) Aber ich kann nicht behaupten, daß sie notgedrungen zu einem Triumph des Proletariats führen werde; ich muß mich beschränken, auf das, was ich sehe, ich kann nicht sicher sein, daß Kampfkameraden meine Arbeit nach meinem Tode wieder aufnehmen werden, um sie zu einem Höchstmaß an Vollendung zu führen, da die Voraussetzung besteht, daß diese Menschen frei sind und daß freiwillig morgen entscheiden werden, was der Mensch sein wird; morgen nach meinem Tode können Menschen beschließen, den Faschismus einzuführen, und die anderen können feige und ratlos genug sein, um sie machen zu lassen; in diesem Augenblick wird der Faschismus die menschliche Wahrheit sein, und desto schlimmer für uns; in Wirklichkeit werden die Dinge so sein, wie der Mensch beschlossen haben wird, daß sie sein sollen.*

** Sartre, Humanismus S. 54–58: *Und ferner kann ich ein moralisches Urteil fällen. Wenn ich erkläre, daß die Freiheit durch jeden konkreten Umstand hindurch kein anderes Ziel haben kann, als sich selber zu wollen, wenn der Mensch einmal erkannt hat, daß er in Verlassenheit Werte setzt – dann kann er nur e i n e s noch wollen, nämlich die Freiheit, als Grundlage aller Werte.*

Der »Ruf« als Vorläufer der Gruppe 47

> *Ähnlich wie nach den Befreiungskriegen 1815 eine junge Generation von den Schlachtfeldern Europas nach Deutschland zurückkehrte und leidenschaftlich die Einheit Deutschlands wünschte, kehrte heute die junge Generation Europas von den Schlachtfeldern der Welt zurück und wünscht die Einheit Europas. Wie jene Generation, entsprechend der Tendenz ihrer Zeit, liberalistisch gesonnen war, so ist diese sozialistisch gesonnen. Aus jener jungen Generation entwickelte sich die revolutionäre Bewegung des Jungen Deutschlands, möge sich aus dieser die Bewegung des Jungen Europa ergeben.*[253]

1.34 Literarische Positionen

Obwohl von Schriftstellern und Journalisten mit literarischen Ambitionen herausgegeben, hatte der »Ruf« vor allem politisch-kulturellen Charakter; ein literarisches Konzept wurde im Gegensatz zu einer politischen Konzeption explizit nicht entwickelt. Das war nicht zufällig so. Immer wieder wurde die Notwendigkeit freier Diskussion gegenüber festen politischen und literarischen Programmen betont; Zeitschriften sollten sich verstehen als *Kampfplatz für die geistige Auseinandersetzung*[254].

Die Herausgabe einer Zeitschrift sollte allerdings mit dem Bedürfnis identisch (sein), einem bestimmten Gedanken ein Sprachrohr zu geben[255].

So finden sich in den theoretischen literarischen Artikeln des »Ruf« nur wenige Gegensätze; hinter unterschiedlichen Äußerungen verbirgt sich eine relativ einheitliche Grundvorstellung, die sich aus den literarischen Grundsatzartikeln erschließen läßt.

1.341 Negativabgrenzung

Einmütig war die Ablehnung einer Literatur der *Zeitferne und Traumverlorenheit*[256], wie sie unmittelbar nach dem Zusammenbruch den wiedererstehenden Buchmarkt zu dominieren schien.

Bücher nach dem Krieg – wie haben wir darauf gewartet, wie ungeduldig sind wir gewesen, mit welcher Erregung und Unruhe haben wir nach ihnen gegriffen! Wir waren nicht darauf gefaßt, so vielen Bekenntnissen schöner Seelen zu begegnen, so viele retrospektive Elemente und Pansflötenbläser zu finden –[257].

In dieser Art Literatur sah der »Ruf« eine Fortsetzung derjenigen, die im Dritten Reich in die ›ästhetische‹ *Innere Emigration*[258] gegangen waren.

Wir haben nicht ohne Erstaunen jene Wendung wahrgenommen, in der sich, als es an der Zeit war, das »innere Reich« als »innere Emigration« deklarierte.[257/259]

Negation des politischen Systems durch Rückzug in eine ästhetische Traumwelt zur Zeit des Nationalsozialismus fand Gustav René Hocke *historisch legitim*[260]:

Manche untadelige dichterische Leistung entstand aus dieser durch force majeure bedingten Introversion.[261]

Doch nach dem Zusammenbruch konnte eine sich derart von jeder gesellschaftlichen Problematik ferngehaltene Literatur für die »Ruf«-Autoren nur noch eine reaktionäre Funktion haben.

Die moralisch und praktisch bedingte Abwendung von der Wirklichkeit der

Diktatur bewirkte (...), daß der Blick sich mehr nach innen als nach außen richtete. (...) Aber was nun, wo die politische Umwelt sich verändert (...) hat? Ist es nicht so, daß aus der Kunstprosa, die in der Flucht vor dem Grauen entstanden war, nun tatsächlich, dort, wo sie noch fortgeführt wird, diese vertrackten kunstgewerblichen Nichtigkeiten entstehen, die deswegen hohl wirken, weil die Notwendigkeit, die sie einst bedingte, nun fehlt?[262]

Gustav René Hocke führte für derart *kunstgewerbliche Nichtigkeiten* den Begriff *Kalligraphie* ein. Die *Schönschreiber*, so Hocke, rückten die ästhetische Form in den Vordergrund, hinter der die Aussage mehr und mehr verschwand.

Wir spüren zwar den übereifrigen Drang, die Worte behutsam zu wählen, die Satzrhythmen zum Wohllaut abzuwägen, sowie hin und wieder Archaismen, vorzugsweise aus der älteren Goethezeit, einzustreuen. Aber was wird eigentlich gesagt? Verstehen Sie, g e s a g t ?[263]

Hocke gestand dieser *Kalligraphie* nicht nur eine historische Berechtigung, sondern auch eine Rolle im Widerstand gegen die Diktatur auf dem Gebiet der Sprache zu:

Entschlossen hob sie einst die Sprache aus dem Sumpfbereich des Amts-, Zeitungs- und Rednerdeutsch der Diktatur empor in den Bereich einer zwar mühseligen, aber im Kern unantastbaren Sauberkeit der Absicht.[264]

Für Hans Werner Richter dagegen war kalligraphische Literatur auch in der NS-Zeit nicht zu legitimieren:

Der Ästhetizismus feierte abseits der blutigen Heerstraße unserer Zeit Triumphe der Einsamkeit. Der scharfgeschliffene Dolch des Widerstandes sank zum wohlgeformten Wortspiel herab.[265]

Auf der anderen Seite wurde im »Ruf« auch der *zeitnahe Verfolgtenroman*[266] kritisiert, der Elemente nationalsozialistischer Literatur schablonenhaft mit ausgetauschten Rollen weiterverarbeitete. Diese Austauschbarkeit von Sprache und Stil könne eine Abneigung gegen jede Art gesellschaftsbezogener Literatur fördern[267]. Auch den Vertretern der deutschen Literatur, die nach 1933 in das Exil getrieben worden waren, stand der »Ruf« mit Skepsis gegenüber. Wo Literatur die direkte Verbindung zu der Gesellschaft, aus der heraus sie entstand, aufgab, befürchteten die »Ruf«-Autoren *Stagnation*.

Wie aber die räumliche Entfernung mit dem Weg in die Fremde wuchs, so wuchs auch die Entfremdung von den geistigen und seelischen Ursprüngen ihrer Existenz. In einer fremden Umgebung, anderen Einflüssen und Erlebnissen ausgesetzt, einer fremden Sprache dienend, kam der natürliche Prozeß ihrer Entwicklung ins Stocken. Aus dem Widerstand gegen jene Einflüsse entstand der Wille zur Bewahrung. So wurde auch aus dieser progressiven Literatur eine Literatur der Stagnation.[268]

1.342 Gegenvorstellung: Magischer Realismus

Die *Jugend* suche nach einer neuen, unpathetischen literarischen Erfassung der Wirklichkeit.

Sie erstrebt direkte, mitteilende Sprache, welche Menschen, Dinge, Situationen und Ereignisse faßt; zugleich kennt sie jedoch Bieg- und Schmiegsamkeit dieser Sprache, ihre Sinnlichkeit und Musikalität.[269]

Immer wieder wurde ein einfacher, klarer, präziser Realismus gefordert:

Realismus – das bedeutet Bekenntnis zum Echten, zum Wahren und zur Wirklichkeit des Erlebten, das bedeutet, daß sich die Sprache dem Gegenständlichen anpaßt wie ein festgeschneidertes Kleid, das bedeutet die unmittelbare Aussage...[270]

In Themen, Sprache und Literatur suchte man einen Neuanfang. Literatur müsse erst tastend wieder beginnen, den Schleier des Falschen, Lügenhaften und Ideologischen zu zerreißen und zur Wirklichkeit vorzudringen:

Man sieht die Dinge und sagt mutig etwas über sie aus.[271]

Nur mit einer präzisen, sachlichen Sprache könne man die Wirklichkeit und hinter ihr die Wahrheit erfassen; mit dem Realismus forderte der »Ruf« einen *Durchbruch zur Objektivität*[272]. Das Ziel einer derartigen objektiven realistischen Literatur

kann immer nur der Mensch sein, der Mensch unserer Zeit, der aus der Verlorenheit seiner zertrümmerten Welt nach neuen Bindungen strebt[273].

Hinter illusionsloser Darstellung der Wirklichkeit solle die Wahrheit blitzartig aufleuchten, konzentriert auf den Menschen und seine existentielle Situation. Die *Wirklichkeit* aber, die *objektiv* erfaßt werden sollte, wurde als zutiefst irrational empfunden. Sie erschien als

Eruption dunkler Kräfte, denen der Mensch nicht mehr Herr zu werden vermag, inmitten der großen Strukturwandlung der menschlichen Gesellschaft (...)[274].

So kann Richter die von ihm geforderte neue Literatur gleichzeitig als *magischen Realismus* und *Objektivismus* bezeichnen[275].

Sowohl über den Realismus des 19. Jahrhunderts als auch über platten Naturalismus sollte die neue Literatur hinausgehen. Als Vorbilder wurden vorwiegend amerikanische Autoren genannt: Faulkner, Hemingway, Wolfe. Man wollte diese Autoren nicht epigonenhaft nachahmen, sondern aus ihrer Literatur für die eigene Situation lernen.

Nichts wäre unfruchtbarer als ihre Nachahmung. Ihre Erlebniswelt liegt jenseits der unsrigen. (...) Das Fenster nach außen aufzustoßen, heißt nichts anderes als die natürliche Verflechtung der Weltliteratur wiederherzustellen, die immer bestand.[276]

Vor allem bei Hemingway glaubte der »Ruf« die Anforderungen des *magischen Realismus* musterhaft erfüllt. In einer Besprechung von »Wem die Stunde schlägt« finden sich alle theoretisch erhobenen Forderungen wieder. Das Buch wird gelobt als *knapp und straff gefügtes episches Kunstwerk*, das hinter der Wirklichkeit des Krieges die Humanität suche, ohne dem Pathos zu verfallen:

Er (Hemingway) weiß um das Unzerstörbare im Menschen, in jedem von uns. Darum entwirft er auch nicht billige Titanen in Menschengestalt, Märchenfiguren, sondern läßt es beim Alltag und seinen Gestalten bewenden; nicht auf Helden, sondern auf Menschen wie du und ich kommt es ihm an.[277]

Nicht nur die amerikanischen Realisten, auch die Literatur des französischen Existentialismus fand ihren Niederschlag in den Artikeln des »Ruf«. Alfred Anderschs Aufsatz über Jean Anouilhs »Antigone«[278] entfachte eine Diskussion. Andersch behauptete:

Die literarischen Positionen des »Ruf«

Antigone ist die Jugend. Jugend (...) bedeutet unbedingtes Streben nach Wahrheit, Gerechtigkeit, Ehre, bedeutet Unbedingtheit schlechthin.[279]

Und er deutete das Stück politisch:

Die deutsche Jugend versteht aber den Franzosen Anouilh durchaus richtig, wenn sie ihn als Frondeur gegen jene Kompromißbereitschaft auffaßt, die sich mit dem Mantel der Demokratie tarnt. Denn wie wir noch in den Spalten dieser Zeitschrift zeigen werden, bedeutet Demokratie keineswegs grundsätzliche Bereitschaft zum Kompromiß, und sei er noch so faul, keineswegs Toleranz um der Toleranz willen, keineswegs vernünftlerische Flachheit und Verzicht auf Einsatzbereitschaft. Hier wird durch einen Franzosen und Demokraten auf großartige Weise demonstriert, daß sich der Unbedingtheitswille der Jugend nicht als faschistisch verdächtigen zu lassen braucht.[280]

Doch durch die ausweglose Tragik der Antigone habe Anouilh gleichzeitig die Jugend gewarnt.

Wolfgang Frankenstein schließt sich der Ansicht Anderschs an und wirft den Kritikern des Stückes vor:

Man übersieht (...) die große Aufgabe der Kunst, die durch ihre bloße Realisierung in Form auf weite Sicht und sofort wirkt. (...) Ein Zeitungsartikel, ein politischer Aufruf, muß aktuell sein, ein Kunstwerk kann aktuell sein. (...) es steigert einen auch aktuellen Tatbestand in das Gebiet der weltanschaulichen Auseinandersetzung.[281]

Die »Ruf«-Autoren sahen als die eigentliche Aufgabe von Kunst, Literatur und Philosophie nicht die unmittelbare Auseinandersetzung mit tagespolitischen Problemen, sondern das Zurückgreifen auf Grundwerte, die man hinter der aktuellen Gegenwart verborgen glaubte.

1.343 Erste Versuche neuer Literatur

Gustav René Hocke kritisierte in seinem Artikel »Deutsche Kalligraphie« nicht nur die *vertrackten kunstgewerblichen Nichtigkeiten*[282] der vorherrschenden vergangenen und gegenwärtigen Literatur und stellte die Forderung nach einer neuen literarischen Sprache auf, sondern er verwies auch auf erste Ansätze einer neuen Literatur, in der *plötzlich hell, klar, scharf Wirklichkeit in guter Sprache erscheine*[283].

Eine neue Gattung, so könnte man sagen, ist in den Zeitschriften aller Zonen entstanden: der kaleidoskopartige Bericht über Deutschlandfahrten. Auf diesen – ja – Irrfahrten wird, noch ganz impressionistisch Tupfen um Tupfen, Bewegung um Bewegung, die Wirklichkeit zurückgewonnen. Hier gleitet man an den Menschen heran, auch an den ganz andersartigen. Man sieht die Dinge und sagt mutig etwas über sie aus; in Trümmern entdeckt man die ersten neuen Gesetze der soziologischen und psychologischen Wirklichkeit von heute, vor allem Eindeutigkeit und Einfachheit des Leids und doch die Mannigfaltigkeit der Reaktion darauf.[284]

Reiseberichte wie die hier beschriebenen sind auch im literarischen Teil des »Ruf« zu finden. Meist sind es tagebuchartige Aufzeichnungen von Eindrücken, die auf Reisen durch die verschiedenen Zonen gewonnen wurden[285], oder aber fiktive Gespräche zwischen Reisenden, Soldaten oder Lagerinsassen[286]. Dabei verkörpern die verschiedenen Gesprächsteilnehmer unterschiedliche Formen der Realitätsbewältigung[287]. Gemeinsam ist ihnen die Ratlosigkeit gegenüber der Gegenwart, der sie ausgeliefert sind:

> Sie waren ein Häuflein von Männern der verschiedensten Lebensalter, aus allerlei Landschaften und Umwelten zusammengeführt durch den Zufall, den schrecklichen Zufall, der ein Gesetz des Krieges war. Sie kannten sich allesamt nicht. Und sie kannten sich manchmal bis in die Tiefe ihrer Herzen. Sie erkannten dann die ungeheure, die karstige Einsamkeit, die in ihnen war. Sie waren Verstörte. Aber in ihnen brannte unauslöschlich die Frage nach dem Sinn ihres Lebens. (...)[288]. Waren sie Kreaturen eines übermächtigen Willens, ausgeliefert der kalten Mechanik der Gewalt? Oder war noch ein Rest von Sinn, eine winzige Insel von Wahrheit in dieser Existenz, die sie herausgeführt hatte aus jeglicher Ordnung und Bindung in die Welt des Grauens, des toten Gehorsams, des Marschbefehls, der sie in die Ziellosigkeit entsandte?[289]

Hans Werner Richter, der seinen »Skizzen von einer Reise in die östliche Zone« programmatisch die letzten Worte von Hauptmanns »Michael Kramer« *Wo sollen wir landen, wo treiben wir hin* zum Titel gibt[290], versucht, durch symbolische Darstellung so etwas wie eine entstehende soziologische und politische Struktur anzudeuten. Der Demonstration großbürgerlicher Kultur in einem Beethoven-Konzert in Bad Pyrmont korrespondiert eine Tanzveranstaltung mit russischen Soldaten in Vorpommern. Doch solche Versuche, die Realität zu deuten, sind selten. Kennzeichnend für die Reiseberichte sind immer wiederkehrende Beschreibungen von Zugfahrten, Gesprächen in Abteilen, heimlichen Grenzüberschreitungen und vor allem von wartenden Menschen in Bahnhöfen, die die einzigen Fixpunkte zu bieten scheinen. Diese Reisebeschreibungen sind die ersten vorsichtigen Versuche zur Bestandsaufnahme gegenwärtiger Realität, gewissermaßen noch vorliterarisch. Mit ihrer oft photographisch genauen Wiedergabe von zerstörten Städten und den ratlosen Dialogen der Reisenden bilden sie die Vorstufe zu einer literarischen Verarbeitung der gesellschaftlichen Realität nach 1945.

> Heißhungrig tasten sie sich an eine für sie neue reale Möglichkeit heran, in der sie Fuß fassen können. Sie improvisieren und experimentieren dauernd. (...) Der Blick wird schärfer. Allegorisch gesprochen: Angesichts des Leids korrigiert die Schönheit ihre Proportionen. Man sieht die Dinge wie sie sind und bezeichnet offen und ohne Arabesken, was man am Rande der Wege und Ruinen findet. Man schildert, aber nicht nur um zu schildern, ebensowenig wie man aus Vergnügen reist. Man schildert, um in dieser Wirklichkeit Antwort und Lösung zu finden, um auf den vielen Wegen auf einen Weg zu stoßen, der in ein festes Ziel mündet.[291]

1.35 Literatur als Garant in einer Umwelt ohne Orientierungen

Der Mittelpunkt von Literatur wie aller Kultur wird von den »Ruf«-Autoren immer wieder umschrieben als der *Mensch, das Humane, das Leben unserer Zeit als Erlebnis des Menschen unserer Zeit*[292]. Ebenso wie bei den oft benutzten Begriffen der *Wirklichkeit* und der *Wahrheit* bleibt letzten Endes unerläutert, was damit eigentlich konkret gemeint ist. Die Abstraktheit der Begriffe ist symptomatisch. Sie stellen letzte menschliche Grundkonstanten dar, auf die man sich zu retten hoffte, nachdem alle moralischen Wertvorstellungen fragwürdig geworden waren. Gegenüber einer formbestimmten Literatur wird auf dem Primat der Inhalte insistiert und die Identität von Gegenstand und Sprache knapp gefaßt in der Hoffnung, daß hinter den dargestellten Fakten eine objektive Wirklichkeit erkennbar werde. Die Literatur selbst, so hoffte der »Ruf«, sollte in Zerstörung und Chaos der Wirklichkeit Grundorientierungen wiederfinden helfen. Ihr allein sah man den Zugang zu den menschlichen Grundwerten nicht verstellt durch Ideologien, denn Literatur selbst trage ein Element des Humanen in sich.

Es ist bezeichnend, daß die Rezeption eines Joyce oder Proust wesentlich zögernder vor sich ging als etwa die eines Hemingway oder Steinbeck. Man verstand noch nicht, daß die Zerstörung der literarischen Form ebenfalls eine Antwort auf eine Wirklichkeit sein konnte, die nur noch in Fetzen zu erfassen war. Was die »Ruf«-Autoren suchten, war im Grunde die geschlossene Form, die Rückgewinnung eines ›heilenden‹ Erzählens, mit dessen Hilfe man sich zu neuer Werthaftigkeit vorzutasten hoffte.

So asketisch die ästhetische Forderung nach einer neuen, präzis beschreibenden realistischen Literatur auch erschien, sie enthielt doch ein utopisches Element, die Hoffnung nämlich auf die Literatur selbst als einzigen Garanten in einer von Zerstörung gekennzeichneten Umwelt ohne Orientierungen. Anders als die Politik bewegte sich für die »Ruf«-Autoren die Literatur nicht auf der vordergründigen Ebene der Tagesinteressen und Ideologien. Sie allein vermochte, davon waren die Autoren des »Ruf« überzeugt, die *Wirklichkeit* illusionslos zu begreifen und zu den menschlichen Grundwerten vorzustoßen. Die Erneuerung der Nachkriegsgesellschaft erschien ja vor allem als eine Erneuerung des Bewußtseins; kultur- und geistesgeschichtlich orientierte Diskussionen traten an die Stelle des politischen Tageskampfes. Vor einer moralischen Neuerung, glaubte der »Ruf«, sei keine gesellschaftliche Erneuerung möglich, und als das geeignete Mittel einer moralischen Erneuerung sah man die Literatur an.

Literatur war für uns ein Instrument zur Bewältigung der Vergangenheit, zur Überwindung einer trostlosen Gegenwart und zur Gestaltung der Zukunft.[293]

Wie allgemein der Kultur überhaupt, so maß der »Ruf« gerade der Literatur eine hohe eigenständige Bedeutung zu. Dementsprechend sah man die literarische Verarbeitung der Gegenwart nicht als Ausweichen vor der politischen Auseinandersetzung, sondern als ihr voraufgehend und sie bestimmend*.

Literatur und Philosophie sah der »Ruf« nicht nur selbst als politisch an, sondern sie bildeten die Grundlage der Politik. Die Kehrseite solcher Hochschätzung von Literatur und Philosophie war Mißtrauen gegenüber der Ta-

---

* Wolfdietrich Schnurre zu den Intentionen der damals im »Ruf« schreibenden jungen Autoren: *Dieser sogenannte Zusammenschluß ist im Grunde nichts als die Folge einer (...) Freundschaft gewesen, die ausgerichtet war auf die naheliegende Schlußfolgerung, daß sich das Kriegserleben nicht wiederholen dürfe und daß aus der Chance eines völligen Neubeginns literarisch und politisch etwas gemacht werden müsse. Sie sehen an der Reihenfolge ›literarisch, politisch‹, daß bei dieser Gruppe die Literatur im Vordergrund stand, wenn die einzelnen Gruppenmitglieder das rückwirkend auch oft anders sehen wollten, denn die Amerikaner, die den RUF dann verboten, haben es ja a u c h anders gesehen. (...) Und tatsächlich trat ja nach dem Verbot des RUF sofort das literarische Element in den Vordergrund.* (Sandmeyer, Schreiben nach 1945. Ein Interview mit Wolfdietrich Schnurre, in: Literaturmagazin 7, S. 200/201.)

gespolitik. Das Geschäft des Politikers sah der »Ruf« nicht als Aufgabe des Schriftstellers an*.

Literatur sollte nicht direkt, etwa agitatorisch, in den politischen Prozeß eingreifen. Sie blieb im geistigen, polivalenten Bereich und erfüllte dort nach Meinung der »Ruf«-Autoren ihre gesellschaftliche Funktion. So gesehen war es nur konsequent und ist vom Selbstverständnis der Autoren her sicher nicht als Flucht empfunden worden, daß die Mitarbeiter des »Ruf« nach ihrem Ausscheiden aus der Redaktion sich zur Arbeit in einer literarischen Gruppe zusammenfanden**.

1.36 Zum Selbstverständnis der Intellektuellen

Schlüssel zum Verständnis dieser Auffassung von einer politischen Funktion der Literatur ist das Selbstverständnis der »Ruf«-Mitarbeiter als *Intellektuelle*[294]. Die Auffassung vom Intellektuellen als Beobachter, nicht als Akteur der Geschichte, der aber in Distanz zum institutionalisierten Handeln durch die moralische Macht seiner Reflexion legitimiert ist, in den politischen Prozeß einzugreifen, hat eine lange Tradition. Ihre Wurzeln liegen im aufklärerischen Impuls der Literaten des 18. Jahrhunderts. Die französischen Intellektuellen um Sartre nahmen dieses Verständnis forciert auf und konzentrierten es im Begriff der *littérature engagée*[295].

Der Intellektuelle, so sah ihn auch der »Ruf«, kommentierte, analysierte den Gang der Geschichte; eingreifen konnte er nur auf dem ihm eigenen Gebiet, dem des Geistes. Als Angehöriger einer geistigen Elite kam ihm ein selbstverständlicher Führungsanspruch zu, der in keiner Weise als elitär empfunden wurde und der keiner weiteren Legitimation bedurfte.

Doch die Überzeugung von der Macht des Geistes, die zu diesem Selbstverständnis des Intellektuellen unlösbar gehörte, war nicht mehr ganz ungebrochen. Das Vertrauen in die führende Rolle der Intellektuellen in der abendländischen Kultur war wie das Vertrauen in die Werte dieser Kultur selbst in eine Krise geraten. Der Artikel »Der Untergang der Intellektuel-

---

* So Alfred Andersch zur Möglichkeit, Landtagsmandate der SPD in Bayern zu erhalten: *Wir wollten ja schreiben und wollten uns als Journalisten, als Publizisten, als spätere Schriftsteller und haben da einfach aus Abneigung gegen politische Arbeit im Sinne einer Parteiarbeit abgelehnt* (Andersch-Interview S. 5), und Wolfdietrich Schnurre (ebenfalls zur Ablehnung der Landtagsmandate): *Und ich kann Ihnen auch sagen, warum. Weil ein Schriftsteller, der sich der Parteidisziplin unterwerfen muß, aufhört, ein Schriftsteller zu sein (...). Das hat mit seinem Wirkungsradius zu tun. Das geschriebene Wort hat mehr Kraft, dringt tiefer, währt länger als das gesprochene. Wenn ich wirken will, und ich will es, setze ich mich an meinen Schreibtisch. (...) Hinzu kommt, daß die politische Einflußnahme, die ein Schriftsteller in einem Buch anstrebt, desto größere Entfaltungsmöglichkeiten hat, je unparteilicher er sie zu verpacken versteht. (...) Den meisten ehemaligen RUF-Mitarbeitern, auch mir, hat der Umgang mit Literatur sehr schnell gezeigt, sie schließt zwar die Politik mit ein, bleibt jedoch nicht bei ihr stehen; denn Politik ist e i n e Ebene unseres Lebens, die Literatur hat es mit z a h l r e i c h e n Ebenen, nämlich mit dem G e s a m t l e b e n zu tun.* (Interview Sandmeyer 1977, S. 201/202).
** Siehe dazu im Richter-Interview I, S. 3:
Frage: *... Unser Problem ist hier die Frage, ob die Gruppe 47 eine Flucht aus der Politik war?*
Richter: *... Nein, es war keine Flucht, im Nachhinein kann man das natürlich so interpretieren. Und vorher?*
Dazu Richter früher: *Ja, es gab ein Ausweichen in die Literatur, aber es war keine Flucht in die Esoterik, in den Elfenbeinturm, und ich bezweifle, ob man es überhaupt als Flucht bezeichnen kann. Literatur, das war für uns etwas anderes als der Unterhaltung dienende Belletristik. Es war für uns Einflußnahme, Veränderung der Mentalität, langfristig natürlich, nicht kurzfristig. Wir glaubten noch an das geschriebene Wort, an die Möglichkeit, schreibend die Gesellschaft mit verändern zu können. War es ein Irrtum? Ich glaube, ja. Aber es war − auch von heute aus gesehen − nur ein bedingter Irrtum, eine Überschätzung vielleicht, doch nicht mehr.* (H. W. Richter, Briefe an einen jungen Sozialisten, Hamburg 1974, S. 113)

len«[296] ist ein Symptom dafür. Er zeichnet ein pessimistisches Bild der Zukunft der Intellektuellen im oben beschriebenen Sinne:

> Es gibt nur noch eine einzige Alternative für die Intellektuellen. Entweder sie verharren in ihrer überlieferten Methodik. Dann werden sie noch in diesem Jahrhundert aus den Geschichtsbüchern verschwinden (...). Oder sie verleugnen sich selbst. Es gibt nichts anderes.[297]

Ähnlich resigniert sieht Alfred Andersch die Situation:

> Reden, Reden! Alles ist im Grunde begriffen und formuliert worden, der Geist hat die Situation bewältigt, aber er hat sie nicht verändert. Der Geist bewegt sich, er schlägt um sich, er wuchert. Aber er ist zu nichts nutze, denn er bewegt sich im luftleeren Raum. Er kann sich nicht in der Praxis verwirklichen und vollenden. Denn er ist ein Geist ohne Macht.[298]

Das Erlebnis der totalitären Herrschaft des Nationalsozialismus, verstanden als *Aufbruch der Massen* und ihrer *nicht-intellektuellen Führer*[299], und die Hilflosigkeit der Intellektuellen trotz besserer Einsicht hatten die Überzeugung von der Macht des Geistigen erschüttert. Ein Übriges tat die ernüchternde Erfahrung der Machtlosigkeit gegenüber der gegenwärtigen Nachkriegsgesellschaft, die sich in eine ganz andere Richtung zu entwickeln drohte, als es die »Ruf«-Autoren erhofften.

Die Funktionsmechanismen der Massengesellschaft ließen sich mit dem Verständnis der Intellektuellen von *Geist* und *Kultur* nicht mehr erfassen[300].

> ... die Masse, welche früher deshalb kein Element einer eigenen Aktion gewesen war, weil ihr einfach die elementaren Geltungsfundamente gegenüber der intellektuellen Welt fehlten, hat sich heute sämtlicher Elemente bemächtigt, die zum Aktivismus befähigen, technischer, sozialer, geisteswissenschaftlicher.[301]

Zusammen mit der Furcht vor der Massengesellschaft ging die Furcht vor der Technologie und der von ihr geprägten Zivilisation. Unter diesem Aspekt war das Verhältnis des »Ruf« zu Amerika ambivalent. Einerseits bewunderte der »Ruf« die ungebrochene demokratische Tradition:

> ... mit seiner zweihundertjährigen republikanischen Tradition und seiner Fähigkeit, den Geist der Freiheit zu pflegen und zu behüten, ist Amerika im Begriffe, zur mütterlichen Brutstätte einer europäischen Erneuerung zu werden.[302]

Anders als die abendländische sah der »Ruf« die amerikanische Kultur nicht metaphysisch, sondern moralisch begründet. Ihr Leitmotiv sei die Forderung nach persönlichem Urteil, also nach individueller Vernunft. Rechtsdenken beherrsche sie, eine Vorliebe für klare Formeln, ethischer Optimismus, ein dynamisches Pathos demokratischen Freiheitsdenkens, bei dem der Mensch noch gebunden bleibe in seine Verantwortung vor Gott[303]. Andererseits glaubte man, in der amerikanischen Kultur *etwas Primitives* sehen zu müssen[304]. Den Aufstieg der amerikanischen Zivilisation sah der »Ruf« als unaufhaltsam an.

> Es geschieht hier zum erstenmal, daß ein Land seine Gefühle und Mythen in der ganzen Welt durchsetzt: seine Helden, seine Liebhaberinnen, seine Diebe und seine Mörder –

und seine Literatur, die *nicht von Intellektuellen gemacht wird*[305]. Hitler selbst habe mit seiner Zerstörung der abendländischen Kultur die Voraussetzungen für eine neue Kultur geschaffen, die atlantische Kultur, die sich von allem unterscheiden wird, aus dem sie hervorgehe[306].

Die heraufkommende technische Zivilisation der Massengesellschaft hatte etwas Bedrohliches für die Herausgeber des »Ruf«, die sich ja selbst als Angehörige einer geistigen Elite verstanden. Gesellschaftliche Prozesse sahen sie, auch wenn diese Überzeugung brüchig zu werden begann, wesentlich durch die Macht des *Geistigen* und der *Kultur* geprägt und standen dadurch den ökonomischen und sozialen Phänomenen der Gesellschaft, in der sie lebten, einigermaßen fremd gegenüber. Der Versuch, durch Literatur eine Wirklichkeit mit verbindlichen moralischen Werten wiederzugewinnen, sah sich von Anfang an in die Defensive gedrängt. Die Vorstellung des Intellektuellen als Erzieher entsprach nicht mehr widerspruchslos den Bedingungen einer industriellen Gesellschaft, die auch die Produktion und Rezeption von *Kultur* ihren Bedingungen unterwirft.

1.4 DAS ENDE DES »RUF« ALS ANFANG DER GRUPPE 47

1.41 Die Gründungsphase der Gruppe 47

Nachdem Andersch und Richter, bis dahin Herausgeber des »Ruf«, auf Druck der amerikanischen Besatzungsmacht im April 1947 aus der Redaktion ausgeschieden waren, verlor das Blatt mit seiner ursprünglichen Konzeption auch seine politische und literarische Sprengkraft. Die *junge deutsche Generation* hatte mit dem Verbot[307] die Plattform verloren, auf der sie ihre Kritik und ihre Ideen artikulieren konnte[308]. Hans Werner Richter verhandelte erfolglos mit der Wochenzeitung »Die Epoche«[309]. Im Juli 1947 (25.–29. Juli) fand auf dem Gut der Gräfin Degenfeld in Altenbeuren bei Rosenheim eine Tagung des 1946 von Inge Stahlberg gegründeten Stahlberg-Verlages statt. Unter Vorsitz von Rudolf Alexander Schröder lasen und diskutierten junge Schriftsteller, deren Arbeiten in der Schriftenreihe »Ruf der Jugend« veröffentlicht wurden[310]. Auch einige Mitarbeiter des ehemaligen »Ruf« waren eingeladen. Auf der Tagung wurde unter anderem theoretisch über die Funktionen und Aufgaben des Schriftstellers reflektiert, wenn auch die Beiträge selbst die ehemaligen »Ruf«-Autoren nur zum Widerspruch herausfordern konnten. Die Diskussionen waren hart und kontrovers. Nach dem Treffen beschlossen die ehemaligen »Ruf«-Autoren, als eigenes Diskussionsforum eine literarische Zeitschrift zu gründen.

Am 10. September 1947 trafen sich im Hause Ilse Schneider-Lengyels am Bannwaldsee Mitarbeiter des ehemaligen »Ruf«: Wolfgang Bächler, Maria und Heinz Friedrich, Walter Maria Guggenheimer, Isolde und Walter Kolbenhoff, Nicolaus Sombart, Toni und Hans Werner Richter, Wolfdietrich Schnurre, Freia von Wühlisch, Walter Hilsbecher, Friedrich Minssen, Franz Wischnewsky, Heinz Ulrich[311]. Aus ihrem Kreis sollte die Redaktion einer literarisch-satirischen Zeitschrift, des »Skorpion«, entstehen. Die gemeinsame Lektüre und Kritik literarischer Arbeiten sollte die Zeitschrift vorbereiten. Hans Werner Richter, *ohne Zuruf auf selbstverständliche und sympathische Weise primus inter pares*[312], leitete die Diskussion. Die literarischen Texte, die gelesen wurden, kamen den ästhetischen Forderungen des »Ruf« nahe: ... *sie waren ehrlich, sie verabscheuten formalistische Spielereien und versuchten, dem Menschen inmitten einer Welt der zerbrochenen Werte und der verlorenen Illusionen einen neuen Standort zuzuweisen.*[313]

Das Ende des »Ruf« als Anfang der Gruppe 47

Die Arbeits- und Diskussionsatmosphäre der ersten Tagung wirkte legendenbildend und bestimmte das Selbstverständnis der späteren Gruppe 47 für lange Zeit. Traditionen und Riten, die später als charakteristisch für die Gruppe angesehen wurden, gehen bereits auf dieses erste Treffen zurück: die unausgesprochene und nie bezweifelte Dominanz Hans Werner Richters, die demonstrative Nicht-Organisation, Härte und Offenheit der Kritik, das Verbot an den lesenden Autor, sich zu verteidigen.

Die Teilnehmer beschlossen, eine Probenummer des »Skorpion« auszuarbeiten und auf einem nächsten Treffen, am 8. und 9. November in Herrlingen bei Ulm, zu besprechen. Inzwischen begann sich bereits eine Art Gruppenselbstverständnis zu entwickeln. Hans Georg Brenner gab der Schriftstellergruppe den Namen »Gruppe 47«[314] in Anlehnung an die spanische »Gruppe 98«. Diese hatte sich 1898 nach dem verlorenen Krieg Spaniens gegen die USA gebildet und einer Erneuerung der spanischen Literatur und des gesellschaftlichen und politischen Lebens in Spanien angestrebt[315].

Eine Meldung der »Neuen Zeitung« vom 7. 11. 47 faßte die Gruppe bereits als Institution auf und wies den Teilnehmern des Treffens Mitgliederstatus zu: *Der Gruppe gehören die Schriftsteller Hans Werner Richter, Heinz Ulrich, Walter Kolbenhoff, Alfred Andersch, Wolfdietrich Schnurre, Heinz Friedrich, Ernst Kreuder, Walter M. Guggenheimer, Wolfgang Bächler, Friedrich Minssen, Nicolaus Sombart, Walter Mannzen, Günter Eich, Siegfried Heldwein, Walter Hilsbecher, Wolfgang Lohmeyer, Dietrich Warnesius, Walter Heist und andere an.*[316]

Zum zweiten Treffen erschienen 25 Teilnehmer, auch Alfred Andersch, der in Bannwaldsee gefehlt hatte. Hans Werner Richter legte die Probenummer des »Skorpion« vor. Die erste Nummer der Zeitschrift, für Januar 1948 geplant[317], konnte jedoch nicht erscheinen, da die Amerikaner ihr eine Lizenz wegen ihres *Nihilismus* verweigerten. Als die Lizenzschwierigkeiten überwunden waren, scheiterte die Herausgabe an den finanziellen Problemen, denen Zeitschriften nach der Währungsreform ausgeliefert waren[318].

Die Tagung der Gruppe 47 selbst war mit ihren harten Diskussionen bereits zu einer eigenständigen Institution geworden. Friedrich Minssen, der in den »Frankfurter Heften«[319] von der Tagung in Herrlingen berichtete, erwähnte den »Skorpion« als Anlaß des Treffens nicht mehr. Im Mittelpunkt stand die Diskussion um eine neue Literatur, die praktische Weiterentwicklung der »Ruf«-Positionen.

Auch bei dieser Zusammenkunft im November 47 wurde gelesen, viel gelesen sogar: Kurzgeschichten, Lyrisches, Dramatik, Epik, Essays. Die Sujets entstammten fast alle der Gegenwart. Sie wurden mit einer eindringlichen, unverhüllten, fast verbissenen Wahrheitsliebe angepackt. Experimentierend bemühte man sich, die Grenzen des Sagbaren vorzuverlegen. Eine neue Sprache, unserem bedrohten und illusionslosen Zeitalter angemessen, wurde vernommen.[320]

1.42 Die literarische Werkstatt

Eine theoretische Diskussion über Literatur, im »Ruf« noch dominierend, wurde bereits auf den ersten Tagungen durch die Lesungen literarischer Texte selbst verdrängt. In Herrlingen las Alfred Andersch allerdings noch seinen Essay »Deutsche Literatur in der Entscheidung«[321]; einer Diskussion über Anderschs Schrift trat jedoch Hans Werner Richter entgegen. *Es war der einzige Essay, der in diesen Jahren gelesen wurde. Essays führen – so argumentierte ich – zu Grundsatzdiskussionen, von denen es in anderen Gremien sicher mehr als genug gab. Sie standen unserer Absicht im Weg: Gestaltung, Form, neue Literatur*[322].

Die Überzeugung, daß es eben Literatur sei, die durch ihren emotional, nicht rational vermittelten *magischen Realismus* am ehesten in der Lage sei, sich der *Wirklichkeit* anzunähern, mußte zwangsläufig zu einer Abneigung gegen theoretische Diskussionen führen. Mit ihr glaubte man Gefahr zu laufen, den Ideologien und Gedankengebäuden, denen man skeptisch gegenüberstand, doch wieder Eingang in die Literatur zu verschaffen und damit die Erkenntnis der *Wirklichkeit* zu verstellen. Es war weniger der Inhalt als die Tatsache der theoretischen Erörterung selbst, die Richter veranlaßte, einer Diskussion des Essays in der Gruppe 47 entgegenzutreten. Ihm schwebte für die Gruppe vor, was im »Ruf« bereits unausgesprochen hinter den literaturtheoretischen Artikeln gestanden hatte: Literatur selbst sollte im Vordergrund stehen, da sie fähig war, tiefer zu greifen als jede theoretische Reflexion, die immer der Gefahr ausgesetzt schien, sich Erkenntnisse durch Ideologien und Konstrukte zu verstellen. Der *objektive* und gleichzeitig *magische* Realismus, den Richter im »Ruf« gefordert hatte, sollte in der Gruppe praktisch verwirklicht werden. Das bedeutete nicht Aufgabe, sondern in gewisser Weise Verstärkung des politischen Anspruchs, den die alte »Ruf«-Redaktion artikuliert hatte: nicht kurzfristig aktuell, sondern langfristig als Erzieher über das Medium Literatur wollten die Gruppenmitglieder wirken. Das hatte zur Folge, daß sich der Schwerpunkt der Aufmerksamkeit auf die Sprache verlagerte: Beherrschung der Sprache bildete die Voraussetzung der Erziehung über Literatur.

Für mich war es deswegen hochpolitisch: wenn Sie versuchen, eine neue Sprache zu schaffen, sind Sie eigentlich in dem politischen Feld, wo's drauf ankommt; das hatten wir im dritten Reich gesehen, was mit Sprache möglich ist. Für uns war nicht nur eine Säuberung der Literatur damit verbunden, sondern eine Säuberung der Sprache überhaupt, der politischen Sprache. Man kann das nicht prüfen, aber ich glaube, daß eine Wirkung da ist, die man nicht so ohne weiteres prüfen kann.[323]

So war der Übergang von der politischen Publizistik zur literarischen Werkstatt zwar einerseits durch äußere Umstände erzwungen, denn das Verbot des »Ruf« hatte unmittelbare und aktuelle politische Artikulation unmöglich gemacht, andererseits jedoch auch die logische Konsequenz aus den Positionen, die bereits im »Ruf« vertreten worden waren*. Alfred Andersch, der anders als Richter eine stärkere theoretische Orientierung der Diskussion anstrebte, konnte sich nicht durchsetzen**.

---

* Richter-Interview I, S. 12/13:
Frage: *War der Unterschied zum »Ruf« also der, daß man jetzt keine direkt politischen essayistischen Artikel mehr veröffentlichen konnte; weil man eben in dieser Zeitschrift nicht mehr schreiben durfte, versuchte man diesem Anspruch in der Gruppe 47 gerecht zu werden durch die Diskussion des Sprachstils?*
Richter: *Ja, es ist immer dieselbe Willensentscheidung, durch alle Möglichkeiten hinzuwirken auf eine Bewußtseinsveränderung in Deutschland. Ich glaube auch, daß es die ganze Bewegung vom »Ruf« bis zum Ende der Gruppe 47 war. Das konnte auch bei dieser Generation überhaupt nicht anders sein.*

** Dazu Günter Grass (Grass-Interview S. 1): *Anderschs Konzept von der Gruppe 47 ist ein anderes gewesen als das von Richter, ein nicht zu praktizierendes. Anderschs Konzept war eigentlich immer das einer linken Elite, die sich mehr in einer linken Akademie hätte sammeln müssen. Von einem erhöhten Standpunkt aus wären dann gelegentlich linke Worte gedonnert worden. Die praktische Arbeit, die in der Gruppe geleistet wurde, die zurecht sich in erster Linie am literarischen Text orientierte, hatte, glaube ich, für Andersch in erster Linie einen Anlaßcharakter, nicht mehr. Deswegen hat er sich dann auch immer mehr von der Gruppe 47 entfernt.*

Das Ende des »Ruf« als Anfang der Gruppe 47

So war die Gruppe schon auf den ersten Sitzungen das geworden, als was sie bis zu ihrer Auflösung gelten wollte: eine literarische Werkstatt, in der Handwerkliches diskutiert wurde: *wie man schreiben soll und was die Gesetze des Schreibens sind*[324]. Solche Betonung des Analytischen, Machbaren in der Literatur war allerdings im wiedererstehenden Nachkriegsdeutschland alles andere als selbstverständlich. Noch 1950 vermißte selbst die »Zeit« in den literarischen Produkten der Gruppe *dichterische Substanz* und *schöpferische Aussage, schöpferische Wiedergeburt des Erbes der Vergangenheit*[325]. Die literarische Intellektualität der Gruppe war einer traditionalistischen Ästhetik unverständlich, die im *Dichter* immer noch den begnadeten Seher und in seiner *Dichtung* etwas Höheres als literarische Bearbeitung der *Stoffe der Gegenwart und ihrer (oft sehr vordergründigen) Problematik*[326] sah.

Anmerkungen*

1 Letzteres gilt für Richter, Mannzen, Andersch, Vinz, Kolbenhoff und Hocke (vgl. Wehdeking: Nullpunkt, 1971, S. 13 ff.), die alle 1945 von den Amerikanern in spezielle Kriegsgefangenenlager für deutsche Antifaschisten (Fort Kearney, Fort Getty) gebracht worden waren. Auf die personellen Kontinuitäten zwischen »Ruf« und Gruppe 47 wird an anderer Stelle eingegangen. 2 vgl. Friedrich: Das Jahr 47. In: Almanach, 1962, S. 21, vgl. Hilsbecher: Rückzug auf die Literatur. In: Merkur, 8/1965, S. 767 f.; auch Richter selbst betont in einigen seiner zahlreichen Ausführungen die Resignations- und Flucht-These: *Auch dieses junge Deutschland, geboren aus einem politischen Impuls mit revolutionären Zielen und weiträumigen europäischen Aspekten, wurde in das Gebiet der Literatur verwiesen oder abgedrängt oder begab sich selbst aus Ohnmacht und frühzeitiger Resignation freiwillig in dieses Gebiet.* Richter: Fünfzehn Jahre. In: Almanach, 1962, S. 11. Bereits Helbig: Die politischen Äußerungen, 1967, tritt dieser Erklärungsversion entgegen und betont die Kontinuitäten des Übergangs vom »Ruf« zur Gruppe 47: *Es war kein nahtloser Übergang von der Politik zur Literatur. In der Gruppe 47 lebte der Grundgedanke eines Erziehungsauftrages weiter. Die demokratische Elitenbildung wurde auf das Gebiet der Literatur und Publizistik verlagert.* (S. 85) 3 vgl. Guggenheimer: Keineswegs wie Donnerhall. In: Frankfurter Hefte, 18 (1963), S. 350. 4 vgl. auch Lattmann: Stationen einer literarischen Republik. In: Literatur der Bundesrepublik Deutschland, 1973, S. 88 f. 5 Walter Jens, der 1950 in Inzigkofen zum ersten Mal an einer Tagung der Gruppe 47 teilnahm, erinnert sich an eine Kontinuität der politischen Ruf-Position, wenn es auch Anfang der 50er Jahre *nur noch ein letzter Abglanz der ursprünglichen Position* war, den man aus heutiger Sicht als *Gefühlssozialismus* bezeichnen könne. Jens-Interview**, S. 2; vgl. auch die Äußerung Schnurres: *Jedoch gleich beim ersten neuen Treffen im Gründungsjahr stellte es sich heraus, über das Politische brauchte, da Einstimmigkeit herrschte, nicht mehr gesprochen zu werden.* Sandmeyer: Interview mit W. Schnurre. In: Literaturmagazin 7, S. 201. 6 Richter-Interview 1, S. 11: *Diese Diskussionen sind schon sehr viel geführt worden... Diese ganze Restauration ging uns auf die Nerven. Aber sie wurden nicht auf den Tagungen selbst geführt, sondern nur abends oder in den Pausen. Da saß man zusammen und hat sich überlegt: was machen wir?* Siehe auch: Richter-Interview II, S. 41: *Wir hörten ja um 6 Uhr abends auf, dann wurde zusammen Abendbrot gegessen, dann wurde ganz hart gesoffen – und dann ist dort politisch auch sehr viel entstanden.* 7 Richter-Interview I, S. 11. Vgl. auch Richters Äußerungen in diesem Gespräch, S. 33, in dem er auf eine Frage nach politischen Meinungsverschiedenheiten in der Gruppe 47 antwortete: *Im großen und ganzen nicht. In Detailfragen sicherlich. In den 50er Jahren sehr wenig, damals lagen alle mehr oder weniger auf der Linie des »Ruf«.* 8 Andersch-Interview, S. 8. 9 Stehe dazu: Wehdeking: Nullpunkt, 1971. 10 Die Amerikaner verteilten die deutschen Kriegsgefangenen, um keine *troubles* in den Lagern zu haben, in der Regel auf zwei *compounds: eine(s) für Soldaten, die ihren Kriegsdienst nicht in Frage stellten, und eine(s) für Soldaten, die sich bei ihrer Gefangennahme als Hitler-Gegner bezeichnet hatten.* (Andersch: Der Seesack. In: Literaturmagazin 7, S. 118) 11 vgl. Wehdeking: Nullpunkt, 1971, S. 13. 12 vgl. Wehdeking: Deutsche Lost Generation. In: Literaturmagazin 7, S. 152 f. 13 Zu nennen ist hier v.a. Captain Walter Schönstedt, der ehemalige Leiter der Kommunistischen Jugend in Berlin, vgl. Wehdeking: Nullpunkt, 1971, S. 17. 14 vgl. Gehring: Amerikanische Literaturpolitik, 1976, S. 17 u. 24 f.; siehe auch: Wehdeking: Nullpunkt, 1971, S. 13. 15 vgl. Gehring, ebd. 16 vgl. Wehdeking: Deutsche Lost Generation. In: Literaturmagazin 7, S. 157. W. bezieht sich hier auf Äußerungen Anderschs. 17 vgl. Andersch-Interview, S. 7. 18 Bungenstab: Umerziehung zur Demokratie, 1970, S. 163. 19 vgl. ebd.; vgl. Hurwitz: Stunde Null der deutschen Presse, 1972; vgl. Matz: Zeitungen der US-Armee, 1969;

---

* Zur Entschlüsselung der verwendeten Siglen vergleiche das Verzeichnis S. 286.
** Zu den Interviews siehe Bibliographie 6.3.

Der »Ruf« als Vorläufer der Gruppe 47

vgl. Gehring, a.a.O.   20 Wehdeking: Nullpunkt, 1971, S. 17.   21 vgl. ebd.   22 Hocke: Der »Ruf« in Amerika, 1972.   23 Andersch: Der Seesack. In: Literaturmagazin 7, S. 121.   24 ebd., S. 120.   25 vgl. Wehdeking: Deutsche Lost Generation. In: Literaturmagazin 7, S. 160 f. W. bezieht sich hier auf entsprechende Äußerungen Hockes.   26 vgl. Wehdeking: Nullpunkt, 1971, S. 17. W. beruft sich hierbei auf Mannzen.   27 vgl. Hocke, ebd.   28 Besonders deutlich wirkten sich diese Veränderungen der US-Politik auf die Pressepolitik gegenüber Deutschland aus, vgl. Hurwitz, a.a.O., S. 11. Hurwitz weist *auf die Kurzsichtigkeit einer Politik der Bestrafung (hin), die den für die Presse zuständigen amerikanischen Behörden* (darunter waren zahlreiche aus Deutschland emigrierte und amerikanische Intellektuelle, die man im weitesten Sinn als politisch linksorientiert und radikal-demokratisch einschätzen kann, d. V.) *die Bewegungsfreiheit nahm, frühzeitig ihre liberalen Intentionen zu verwirklichen. Diese Politik hat die Spontaneität der deutschen Nazigegner eher unterdrückt als gefördert und damit die Entwicklung erster demokratischer Ansätze hinausgeschoben oder verhindert.*   29 Richter: Fünfzehn Jahre. In: Almanach, 1962, S. 11.   30 vgl. Wehdeking: Nullpunkt, 1971, S. 17 f. Diese zweite Phase des US-Ruf wurde später von den Redaktionsmitgliedern als *Hocke-Ruf* bezeichnet.   31 Wehdeking: Deutsche Lost Generation. a.a.O., S. 160.   32 ebd.   33 Wehdeking: Nullpunkt, 1971, S. 18.   34 ebd., S. 19.   35 vgl. ebd.   36 vgl. ebd.   37 vgl. ebd.   38 Schwab-Felisch: Der Ruf, 1962, S. 11 f. Andersch wurde vorzeitig aus amerikanischer Kriegsgefangenschaft entlassen und war bereits im September 1945 wieder in Deutschland, wo er als Redaktionsassistent bei Erich Kästner in der »Neuen Zeitung« arbeitete. Zunächst plante er, zusammen mit Nicolaus Sombart und Friedrich Minssen (beide spätere »Ruf«-Mitarbeiter) eine Zeitschrift mit dem Titel »Die verlorene Generation. Unabhängige Blätter für die junge Welt« herauszugeben, die primär als literarische Zeitschrift konzipiert war. Erst der Kontakt zu Richter im Laufe des Jahres 1946 und dessen Erfahrungen aus der dritten Phase des US-»Ruf« bewirkten *die Akzentverschiebung auf politische Anliegen.* (Wehdeking: Deutsche Lost Generation. In: Literaturmagazin 7, S. 160).   39 vgl. Richter: Was war die Gruppe 47?; vgl. Zeller (Hrsg.): Als der Krieg zuende war, 1973, S. 100.   40 vgl. Schwab-Felisch: a.a.O., S. 12; vgl. Lattmann: a.a.O., S. 85.   41 Zeller: a.a.O., S. 101. Weitere Mitarbeiter nennt Richter (in: Was war die Gruppe 47?): Hildegard Brücher, Heinz-Dietrich Ortlieb, den Karikaturisten Henri Meyer-Brockmann und den Lyriker Wolfgang Bächler.   42 Andersch ging bei der Benennung der Zielgruppe des »Ruf« noch etwas weiter: er bezeichnete im Leitartikel der Nr. 1 als *junge deutsche Generation die Männer und Frauen zwischen 18 und 35 Jahren, getrennt von den Älteren durch ihre Nicht-Verantwortlichkeit für Hitler, von den Jüngeren durch das Front- und Gefangenschaftserlebnis, durch das ‚eingesetzte' Leben also.* (Das junge Europa formte sein Gesicht. In: Ruf Nr. 1, S. 2)   43 Zeller: a.a.O., S. 101.   44 vgl. Wehdeking: Nullpunkt, 1971, S. 20.   45 ebd.   46 Andersch, zit. n. Wehdeking, ebd., S. 21.   47 Andersch: Der Seesack. In: Literaturmagazin 7, S. 126; ähnliche Äußerungen auch in: Andersch-Interview, S. 37.   48 Andersch: Der Seesack, a.a.O., S. 127.   49 vgl. Novak: Besuch bei Walter Kolbenhoff. In: Literaturmagazin 7, S. 279 f.   50 ebd., S. 281.   51 Kolbenhoff, zit. n. Wehdeking: Nullpunkt, 1971, S. 14.   52 Novak: a.a.O., S. 280.   53 ebd.   54 vgl. Wehdeking: Nullpunkt, 1971, S. 15.   55 vgl. Richter: Briefe an einen jungen Sozialisten, 1974, S. 34 – 65; vgl. Lexikon deutschsprachiger Schriftsteller, Bd. 3, 1974, S. 213.   56 vgl. Richter: Briefe, 1974, S. 72 f.   57 ebd., S. 37.   58 ebd., S. 84   59 vgl. Jens-Interview, S. 2: Jens betont, daß Mannzen *von Haus aus Marxist* gewesen sei.   60 Sandmeyer: Interview mit W. Schnurre, a.a.O., S. 191.   61 siehe dazu: Müller: Intellektueller Linksradikalismus, 1977; vgl. auch: Ihlau: Die roten Kämpfer, 1969, S. 181 f.; den *Roten Kämpfern* gehörte übrigens auch Hans Mayer an, vgl. Ihlau, S., Sl 173 f.   62 Eine Ausnahme war die »Neue Zeitung«, die als überregionale Zeitung der amerikanischen Besatzungsmacht eine Vorbildfunktion für die deutschen – meist nur regional verbreiteten – Zeitungen innehatte. Auch die britische Besatzungsmacht verfügte mit der »Welt« (die erst viel später von Springer aufgekauft wurde) über ein ähnlich einflußreiches Presseorgan. vgl. Lattmann: a.a.O., S. 49 f.   63 vgl. Zeller: a.a.O., S. 21 f.   64 Das eindrucksvollste Dokument für diese Phase der amerikanischen Besatzungspolitik ist die Direktive JCS 1067, die US-Präsident Truman am 11. Mai 1945 genehmigt hatte: *Es muß den Deutschen klargemacht werden, daß Deutschlands rücksichtslose Kriegführung und der fanatische Widerstand der Nazis die deutsche Wirtschaft zerstört und Chaos und Leiden unvermeidlich gemacht haben, und daß sie nicht der Verantwortung für das entgehen können, was sie selbst auf sich geladen haben. Deutschland wird nicht besetzt zum Zwecke seiner Befreiung, sondern als besiegter Feindstaat.* Zit. n. Westdeutschlands Weg zur Bundesrepublik, 1976, S. 28 f.   65 vgl. Gehring: Amerikanische Literaturpolitik, 1976, S. 20.   66 vgl. Zeller: a.a.O., S. 22.   67 vgl. ebd., S. 38 – 46.   68 vgl. ebd., S. 47 – 56. Der *Kulturbund zur demokratischen Erneuerung Deutschlands* wurde am 3.7.1945 in der SBZ gegründet und vertrat in seinem Programm u.a. einen entschiedenen Antifaschismus auf ideologischer Ebene, die nationale Einheitsfront der deutschen Geistesarbeiter sowie humanistisches Denken. Zu den bekanntesten Mitgliedern des in den ersten Nachkriegsjahren noch überparteilich-antifaschistischen Bundes gehörten: Joh. R. Becher, B. Kellermann, H.G. Gadamer, Willi Bredel, Hans Fallada, Ernst Wiechert, Th. Plivier, A. Seghers, G. Weisenborn, Klaus Gysi, Victor Klemperer, Ernst Lemmer u.v.a.   69 vgl. ebd., S. 56 – 62.   70 vgl. ebd., S. 62 – 78. Um Alfred Weber bildete sich in Heidelberg eine *Aktionsgruppe zur Demokratie und zum freien Sozialismus*, an deren Sitzungen u.a. Adolf Arndt, Heinrich v. Brentano (!), Carlo Schmid und Alexander Mitscherlich teilnahmen.   71 vgl. ebd., S. 78 – 86.   72 Lattmann: a.a.O., S. 46; vgl. auch Zeller: a.a.O., S. 144 ff.   73 Die »Frankfurter Hefte« erschienen erstmals im

Anmerkungen

April 1946 unter der Herausgeberschaft von Eugen Kogon und Walter Dirks und erzielten schon bald eine Auflage von 75.000. Die »Frankfurter Hefte«, übrigens eine der ganz wenigen Nachkriegszeitschriften, die bis heute (1978) trotz mancher Krisen überlebt haben, konzipierten eine Synthese von Christentum und Sozialismus, ausgehend von einem klaren christlichen Bekenntnis. Vgl. Zeller: a.a.O., S. 108-115; vgl. W. Dirks erinnert sich. Teil III, WDR 1976. **74** Lizenzträger der »Nordwestdeutschen Hefte« war damals der noch völlig unbekannte Altonaer Kleinverleger Axel Springer. Ein Jahr später erhielt er die Linzenz für die »Hör Zu«. Die »Nordwestdeutschen Hefte« erzielten – laut Eggebrecht – eine Auflage von 100.000. Der Grund: *Es gab nichts* (zum Lesen, d.V.). *Diese ganze Presse, die Regenbogenpresse gab's nicht.* Eggebrecht-Interview, S. 2 u. 8. **75** vgl. Neunzig (Hrsg.): Der Ruf, 1976, S. 16. **76** vgl. Richter: Was war die Gruppe 47? **77** vgl. Schwab-Felisch: a.a.O., S. 10; vgl. auch King: Literarische Zeitschriften, 1974, S. 17: *Dabei gehörte der offene Ton und die unerschrockene Haltung den Besatzungsmächten gegenüber zu ihren besonderen Merkmalen.* **78** Vgl. Andersch-Interview, S. 7: *Es waren Intellektuelle, sogenanntes gebildetes Bürgertum usw. In diese Schichten hinein wirkte das.* **79** Eine genauere Klärung könnte evt. eine Auswertung des Abonnentenkartei des »Ruf« bei der Nymphenburger Verlagshandlung erbringen. **80** Gross: Keineswegs wie Donnerhall. In: Frankfurter Hefte, 18 (1963), S. 347. **81** vgl. z.B. Pross: Literatur und Politik, 1963, S. 140. **82** Ruf Nr. 1, S. 2. Bezeichnenderweise wurde außer dem *Ruf* auch die Münchner Zeitschrift »Ende und Anfang« (Redakteure u.a. Theo Pirker und Burkhart Lutz) vom Verbot durch die amerikanische Militärregierung betroffen. Walter Dirks nennt *Ende und Anfang eine sehr mutige Zeitschrift . . . junger Katholiken aus München und Augsburg, die sozialistischer orientiert waren wie wir, um eine Stufe radikaler noch, weil sie orthodoxer marxistisch waren . . .* (W. Dirks erinnert sich, a.a.O.) Ein ähnliches Konzept wie der »Ruf« verfolgte auch noch die Wochenzeitung »Die Epoche«, mit deren Redaktion Richter nach dem Verbot des »Ruf« Verhandlungen aufnahm, um zu einer Zusammenarbeit zu gelangen. »Die Epoche« wurde 1947 ebenfalls durch eine Intervention der amerikanischen Besatzungsmacht am weiteren Erscheinen gehindert, vgl. Friedrich: Das Jahr 47, a.a.O., S. 18. Es wäre sicherlich eine lohnenswerte Aufgabe, die Praxis der Presse-Interventionen und Zeitungsverbote der US-Militärregierung (besonders gegenüber radikalliberalen und sozialistischen Zeitungen und Zeitschriften) umfassend zu dokumentieren. Wir möchten das an dieser Stelle ausdrücklich anregen. Interessant wäre dabei sicherlich auch die Rolle und der Einfluß, den deutsche Berater der amerikanischen Stellen ausüben konnten. Die amerikanischen Quellen, auf die sich eine solche Untersuchung stützen müßte, dürften mittlerweile zugänglich sein. **83** vgl. Zeller: a.a.O., S. 114. **84** vgl. Richter: Was war die Gruppe 47? vgl. Guggenheimer: Keineswegs wie Donnerhall, S. 347 f. **85** vgl. Richter, ebd.; vgl. Guggenheimer, ebd.; beide Artikel wurden erstmals veröffentlicht in: Schwab-Felisch: a.a.O., S. 291 ff. Zum genauen Ablauf des Verbots und den bis heute unterschiedlichen Interpretationen vgl. Vaillant: Der Ruf. S. 106-149. **86** vgl. Richter, ebd. **87** vgl. Richter: Sieg des Opportunismus. In: Schwab-Felisch, a.a.O., S. 293 u. 295. **88** So Richter in: Was war die Gruppe 47? unter Bezugnahme auf ein späteres Gespräch, das er mit amerikanischen Offizieren über das »Ruf«-Verbot führte. Die amerikanische Militärverwaltung stützte sich bei Fragen der Presse-Lizensierung in der Regel auf Gutachten deutscher beratender Stellen. Beispielsweise ging auch die Nicht-Lizensierung des »Skorpion« auf ein deutsches Gutachten zurück, vgl. Wehdeking: Deutsche Lost Generation, S. 149 f. **89** Pross, a.a.O., S. 141. **90** vgl. Schwab-Felisch, a.a.O., S. 16; vgl. Richter: Was war die Gruppe 47? **91** vgl. Schwab-Felisch, ebd.; vgl. Richter, ebd. Die KPD-Veranstaltung muß etwa im Januar/Februar 1947 stattgefunden haben. Die Glosse Richters »Wir verkappten Militaristen« (Ruf Nr. 13 v. 15.2.1947) reagiert sowohl auf Angriffe seitens der »Neuen Zeitung« als auch auf die Kritik der KPD am »Ruf«. **92** »Der Skorpion« war im Laufe des Jahres 1947 – nach dem Verbot des »Ruf« – von Richter und weiteren ehemaligen »Ruf«-Mitarbeitern (Andersch, Friedrich, Guggenheimer, Kolbenhoff, Mannzen, Minssen, Schnurre, Sombart, Heist u.a.) als literarisch-satirische Zeitschrift konzipiert worden. **93** vgl. Lattmann, a.a.O., S. 85 f.; vgl. Gehring, a.a.O., S. 89. **94** Gehring, ebd. **95** vgl. Zeller, a.a.O., S. 108. **96** Einen guten Überblick über die gegenwärtige Forschungssituation für die Nachkriegszeit geben: Sozialwissenschaftliche Informationen für Unterricht und Studium 6 (1977) Heft 3. Thema: Vorgeschichte und Anfänge der Bundesrepublik Deutschland; sowie: Peukert: Die Entdeckung der Nachkriegszeit. In: Blätter für deutsche u. internationale Politik 22 (1977) H. 6, S. 745-753. **97** Knapp: Deutsch-amerikanische Beziehungen, 1975, S. 26 sowie die dort angegebene Literatur. **98** Vgl. Schmidt: Verhinderte Neuordnung, 1970; Huster u.a.: Determinanten der westdeutschen Restauration, 1972; Badstübner: Restauration in Westdeutschland, 1965; Schmidt/Fichter: Erzwungener Kapitalismus, 1971; Borsdorf/Brandt/Niethammer (Hrsg.): Arbeiterinitiative, 1977; Borsdorf/Niethammer (Hrsg.): Zwischen Befreiung und Besatzung, 1976. **99** vgl. Knapp: a.a.O., S. 26. **100** vgl. Helbig: a.a.O., S. 72. **101** Knapp, a.a.O., S. 34. **102** ebd. **103** siehe dazu die Studie von Gimbel: Amerikanische Besatzungspolitik, 1971, deren Wert auch durch die apologetische Beurteilung der US-Politik kaum geschmälert wird. **104** Knapp, a.a.O., S. 35 f. **105** siehe Gimbel, a.a.O., S. 52 f., 174 f., 293 ff. **106** vgl. Gehring, a.a.O., S. 74 ff. **107** Zur amerikanischen Literaturpolitik in Deutschland 1945-1949 siehe: Gehring, a.a.O., bes. S. 35-58. **108** Das zuständige amerikanische Kriegsministerium in Washington sowie die amerikanischen Behörden in Deutschland gingen bei der Auswahl von (zumeist amerikanischen) Büchern für Deutschland nach folgenden vier Kriterien vor: 1. sollten sie einen Beitrag zur Entwicklung demokratischer und antimilitaristischer (ab 1947: auch antikommunistischer) Vorstellungen leisten, 2. das Leben in den USA und anderen westlichen Demokratien *unverzerrt* (= unkritisch) darstellen, 3. amerikanische Errungenschaften auf den Gebieten der Kunst und Wissenschaft vorteilhaft präsentieren und/oder 4. literarischen Wert besitzen (Gehring, a.a.O., S. 40). Zahlreiche Bücher, z. T. von so bekannten Autoren wie John O'Hara, Faulkner, Steinbeck, Dos Passos, Hemingway, aber auch Shakespeare's »Kaufmann von Venedig« und Dickens' »Oliver Twist« (!) wurden deshalb nicht zugelassen, weil die Autoren *kommunismusverdächtig* waren, in den Werken Gesellschaftskritik an den amerikanischen Verhältnissen geübt wurde oder die Werke möglicherweise antisemitisch interpretiert werden konnten. **109** vgl. die Äußerung Richters, daß es zwischen ihm und Andersch anfangs eine Diskussion um die Schärfe der Kritik an der amerikanischen Re-education-Politik gegeben habe. Während Andersch diese Politik zuerst mit Vorbehalten unterstützen wollte, verlangte Richter eine härtere Kritik. Vgl. Richter: Was war die Gruppe 47? **110** Im Ruf Nr. 4 distanzierte sich die Redaktion von einem Kommentar Ebbinghaus', in dem die Stuttgarter Byrnes-Rede zu positiv beurteilt worden war. Im Ruf Nr. 13 u. 15 beteiligte sich die Redaktion mit gegensätzlichen Beiträgen an der Diskussion der *unabhängigen Linken*, inwieweit die sozialistische Kritik am Stalinismus dem Klassengegner nütze; u.a. wandte sich hier Mannzen entschieden gegen Koestler. **111** *Aufgearbeitet wäre die Vergangenheit erst dann, wenn die Ursachen des Vergangenen beseitigt wären. Nur weil die Ursachen fortbestehen, ward sein Bann bis heute nicht gebrochen.* Adorno: Eingriffe, 1963, S. 116. **112** *Unserer These, daß der* »Ruf« *und im Anschluß daran die Literatur der Gruppe 47 die Vergangenheit des Faschismus nicht umfassend genug aufgearbeitet hätten, wurde von Andersch energisch widersprochen. Wir teilen jedoch die Ansicht Anderschs in diesem Punkt nicht. Vgl. Andersch-Interview, S. 18.* **113** Einen Überblick über den gegenwärtigen Stand der Faschismusdiskussion gibt: Saage: Faschismustheorien, 1976. **114** Ehrmann: Im Vorraum des Sozialismus, Ruf Nr. 3, S. 4 **115** Ortlieb: Sozialismus – gestern, heute, morgen. Ruf Nr. 6, S. 5. **116** ebd. **117** Leitartikel »Das junge Europa formt sein Gesicht«, Ruf Nr. 1, S. 1. **118** Ortlieb, ebd., S. 4. **119** Leitartikel »Die versäumte Evolution«, Ruf Nr. 11, S. 1. **120** Leitartikel »Der Sieg des Opportunismus«, Ruf Nr. 17 (geplant), in: Schwab-Felisch, a.a.O., S. 295. **121** Leitartikel »Das deutsche Volk und die Demokratie«, Ruf Nr. 16, S. 2. **122** ebd. **123** Richter: Sieg des Opportunismus, a.a.O., S. 295. **124** »Das deutsche Volk und die Demokratie«, a.a.O., S. 1. **125** Eine ähnliche Ansicht vertritt Richter auch in den »Briefen an einen jungen Sozialisten«. Seiner Meinung nach war 1933 eine revolutionäre Situation gegeben und hielt sich die kommunistische Jugend widerstandsbereit. Erst das ausbleibende Signal der Parteiführung, den Kampf zu beginnen, führte zur völligen Demoralisierung. Vgl. Richter: Briefe, 1974, S. 33-53. **126** Richter-Interview I, S. 4. **127** Richter: Fünfzehn Jahre. In: Almanach, S. 10. **128** ebd. **129** »Das deutsche Volk und die Demokratie«, Ruf Nr. 16, S. 2. **130** Richter-Interview I, S. 2. **131** Ruf Nr. 2, S. 12 (Artikel: »Es ist unmöglich ... «) **132** Richter: Literatur im Interregnum, Ruf Nr. 15, S. 10. **133** vgl. Richter-Interview I, S. 2. **134** Wehdeking: Deutsche Lost Generation, a.a.O., S. 154. **135** *Mit uns ist durch die zwölf Jahre etwas geschehen, das wie die Umschmelzung unseres Wesens ist. Mythisch gesprochen: die Teufel haben auf uns eingehauen und haben uns mitgerissen in eine Verwirrung, daß uns Hören und Sehen verging.* (Jaspers, Karl: Erneuerung der Universität. 1945. zit. n. Wehdeking: Deutsche Lost Generation, S. 155). **136** Richter-Interview I, S. 2 f.: *Wir waren aber nicht der Meinung, daß eine Veränderung der Ökonomie schon den irrationalen Faktor ausschaltet, und ich bin auch heute noch nicht der Meinung.* **137** vgl. ebd., S. 1: *Die Frage der Wirtschaftsstruktur war eigentlich eine sekundäre für uns ... Wesentlich war erstmal die Demokratisierung, die Leute vom Nationalsozialismus wegzubringen, die Vergangenheit zu bewältigen, all das war wichtig ... Wir glaubten nicht, daß der Kapitalismus wiederkommt.* **138** Leitartikel »Warum schweigt die junge Generation«, Ruf Nr. 2, S. 1. **139** Friedrich: Nationalismus und Nationalismus. Ruf Nr. 14, S. 8. **140** vgl. die Parallelen zur Literatur-Konzeption des »Ruf«. **141** Richter: Briefe, S. 93. **142** Richter-Interview I, S. 2. **143** Siehe: Bloch: Erbschaft dieser Zeit, 1973; Reich: Massenpsychologie des Faschismus, 1974; Abendroth (Hrsg.): Faschismus und Kapitalismus, 1967 (enthält u.a. Auszüge von Bauer und Thalheimer). Erst dieser von Abendroth herausgegebene Sammelband erschloß die alternativen marxistischen Faschismustheorien in den 60er Jahren einer größeren Öffentlichkeit und leitete ein neues Stadium der linken Faschismusdiskussion ein. **144** Richter: Briefe, S. 60. **145** vgl. Richter, ebd., S. 80 f. Diese Auseinandersetzung und schließlich der Bruch mit dem Sowjetkommunismus beschränkte sich nicht auf die späteren »Ruf«-Redakteure, sondern war ein Prozeß, den viele linke Intellektuelle, die ihre Hoffnungen auf die sozialistische Sowjetunion gesetzt hatten, in ganz Europa während der 30er Jahre durchlaufen haben. Vgl. dazu: Trommler: Nachkriegsliteratur. In: Literaturmagazin 7, S. 176 f.: *Allerdings unterließen es nur wenige Schriftsteller, nach den Moskauer Prozessen und dem Pakt zwischen Hitler und Stalin 1939 ihr Engagement zu überprüfen. Der Spanische Bürgerkrieg, in den die kommunistischen Säuberungen hineinwirkten, wurde ein wichtiger Katalysator.* **146** Richter, ebd., S. 83 f. **147** »Das junge Europa formt sein Gesicht«, a.a.O., S. 1. **148** vgl. bes. den Leitartikel »Deutschland – Brücke zwischen Ost und West«, Ruf Nr. 4, S. 1 und: Ortlieb: Sozialismus (Teil II), Ruf Nr. 7. **149** Leitartikel »Warum schweigt die junge Generation«, Ruf Nr. 2, S. 1. **150** vgl. Ortlieb: Sozialismus (Teil II), Ruf Nr. 7, S. 5. **151** ebd.; vgl. auch Kreuder: Briefe an Horst Lange. In: Literaturmagazin 7, S. 210: *Selbst die »Sozialisten« im Ruf wie z. B. Andersch standen dem »religiösen Erlebnis, das die junge Generation aus dem Krieg« mitbrachte, posi-

Anmerkungen

tiv gegenüber und sahen darin eine »starke Wurzel« des »doppelten Suchens nach Freiheit und sozialer Gerechtigkeit« (Nr. 1, 15.8.1946). Das positive Verhältnis des »Ruf« zu einem christlichen und personalen Sozialismus belegt auch der Abdruck des Artikels »Sozialismus der Christen?« im Ruf Nr. 13, S. 5f.   **152** »Warum schweigt die junge Generation«, Ruf Nr. 2, S. 1.
153 »Deutschland-Brücke zwischen Ost und West«, Ruf Nr. 4, S. 1.   **154** Ruf Nr. 2, S. 3.
155 Nachzulesen in: MEW Bd. 2; eine ähnliche Bezugnahme auf Frühschriften von Marx findet sich auch bei Andersch: Die sozialistische Situation, Ruf Nr. 15, S. 4. Andersch zitiert hier aus den »Theorien über den Mehrwert«, in denen Marx die humanistische Komponente betont: *Der Mensch ist selbst die Basis seiner materiellen Produktion, wie jeder anderen, die er verrichtet.*
156 Mannzen: Selbstentfremdung. In: Ruf Nr. 2, S. 3.   **157** ebd., S. 4.   **158** ebd.   **159** vgl. »Utopie und Politik« (Ruf Nr. 13, S. 2) und bes. »Marxismus – heute« (Ruf Nr. 17, S. 7): *Trotzdem kann festgestellt werden, daß keine andere historische Methode (als die materialistische Geschichtsauffassung und die marxistische Wirtschaftstheorie des »Kapitals« sowie deren Weiterentwicklungen und Konkretisierungen durch Hilferding, Rosa Luxemburg, Lenin und Sternberg, d.V.) als die, nach der die durch die jeweiligen Produktionsverhältnisse bedingten Klassenkämpfe und ökonomischen Determinierungen in letzter Instanz die Gesetzmäßigkeit historischer Abläufe verursach(en), besser geeignet ist, den Geschichtsablauf zu erhellen und verständlich zu machen.*
160 Zur politischen Kontinuität vgl. 1.1.   **161** Schäfer: Periodisierung. In: Literaturmagazin 7, S. 110 f.   **162** vgl. Jens-Interview, S. 27, 12f.: Jens charakterisiert hier die politische Position der frühen Gruppe 47 folgendermaßen: *Ich würde heute sagen, unser Sozialismus war eher vage umschreibend Rosa Luxemburgs Position im Verhältnis zur Russischen Revolution; das war es etwa. D. h.: Selbstverständlich Sozialismus und genauso selbstverständlich keine Sekunde Aufgabe der in der Französischen Revolution errungenen bürgerlichen Freiheiten, sondern Erweiterung der bürgerlichen Freiheiten durch deren Ansiedlung in der Produktionssphäre.*   **163** vgl. Müller: Intellektueller Linksradikalismus, 1977. Bei der KAPD handelte es sich um eine linksradikale Partei, die in ihrer Programmatik wesentlich weitergehende rätesozialistische Vorstellungen entwickelte als die KPD und die die etablierten reformistischen Organisationen der Arbeiterbewegung (SPD, ADGB) entschieden kritisierte und bekämpfte, z. B. durch die Gründung eigenständiger Gewerkschaften, die Allgemeine Arbeiter-Union Deutschlands (AAUD). Die Zeit ihres größten politischen Einflusses lag zwischen 1920 und 1923, danach zerfiel die KAPD in viele syndikalistische und anarchistische Einzelgruppen; ein Großteil ihrer Anhängerschaft und der führenden Mitglieder schloß sich der SPD, ein kleinerer Teil der KPD an (wegen des größeren Spektrums der in der SPD vertretbaren politischen Positionen) vgl. Bock: Geschichte des linken Radikalismus, 1976, S. 98 ff.   **164** Bezeichnenderweise trug die programmatische Zeitschrift der Berliner KAPD den Titel »Geist. Halbmonatsschrift für zielbewußte Sozialisten«, vgl. Müller, a.a.O., S. 8.
165 vgl. Müller, a.a.O., S. 9, 12, 42 f., 105 ff.   **166** Schröder: Der Tag der Instinkte. In: Geist, Jg. 1, Nr. 1 (1.2.1920), S. 2, zit. n. Müller, a.a.O., S. 9.   **167** Die Allgemeine Arbeiter-Union (revolutionäre Betriebsorganisation). Berlin (AAU) 1921, S. 6, zit. n. Müller, a.a.O., S. 9 f.   **168** vgl. Ehrmann: »Im Vorraum des Sozialismus«, Ruf Nr. 3 u. 4; vgl. Ortlieb: Sozialismus, a.a.O.; vgl. Ortlieb: »Freiheitliche Planwirtschaft«, Ruf Nr. 12 u. 13.   **169** Koestler: Gemeinschaft der Pessimisten, Ruf Nr. 1, S. 4.   **170** vgl. Richter-Interview I, S. 2.   **171** Leitartikel »Die Wandlungen des Sozialismus – und die junge Generation«, Ruf Nr. 6, S. 1; vgl. auch Richter-Interview I, S. 1: *Die Frage der Wirtschaftsstruktur war eigentlich eine sekundäre für uns... Wir glaubten nicht, daß der Kapitalismus wiederkommt.*   **172** Diese Forderungen sind zwar auch unverzichtbare Bestandteile einer demokratisch-sozialistischen Strategie und insofern ebenfalls sozialistische Forderungen, sie können aber ihren sozialistischen Charakter verlieren, wenn sie von den ökonomischen Forderungen isoliert werden.   **173** Auch philosophisch wird der Sozialismus vom Humanismus und Christentum abgeleitet. Ortlieb schrieb dazu: *... denn dem Sozialismus liegt eine letztlich aus Christentum und Humanismus stammende Auffassung vom Wert des Einzelmenschen zugrunde.* (Sozialismus. In: Ruf Nr. 7, S. 5) Eine Parallele zwischen seiner Sozialismuskonzeption und einem linkskatholischen *Christlichen Sozialismus* wurde im Ruf Nr. 13 angesprochen: beiden gehe es um eine Verbindung des Sozialismus mit dem Personalen (S. 6).
174 Andersch: Das junge Europa formt sein Gesicht. Ruf Nr. 1, S. 1.   **175** Andersch): Sozialistische Situation, Ruf Nr. 15, S. 6. Der Begriff wurde von Arthur Koestler und anderen ehemaligen KP-Mitgliedern, die sich in den 30er Jahren vom Sowjetkommunismus getrennt hatten, geprägt.
176 vgl. Leitartikel »Die Wandlungen des Sozialismus ... «, Ruf Nr. 6, S. 1 f.   **177** Andersch: Sozialistische Situation, Ruf Nr. 15, S. 4 – 6.   **178** ebd., S. 5.   **179** ebd.   **180** ebd.
181 ebd.   **182** ebd.   **183** ebd., S. 5/6.   **184** ebd., S. 6.   **185** vgl. Ehrmann: Vorraum des Sozialismus, Ruf Nr. 4, S. 6; vgl. Duché: Arthur Koestler über die heimatlose Linke, Ruf Nr. 15, S. 4.   **186** vgl. Exkurs in 1.1.   **187** Gross: Keineswegs wie Donnerhall, S. 347.   **188** Einzige Ausnahme war die Unterstützung eines Aufrufs der »Wandlung«, der die Abschaffung des Verhältniswahlrechts forderte, Ruf Nr. 8, S. 3.   **189** vgl. Schwab-Felisch: Der Ruf, S. 16; vgl. auch Sandmeyer: Interview mit W. Schnurre, S. 201 f.   **190** Steltzer hatte vor 1945 dem *Kreisauer Kreis*, einer bürgerlichen Widerstandsgruppe gegen den Nationalsozialismus, angehört. Über die Kontakte Richters und Anderschs zu Steltzer siehe: Andersch-Interview, S. 5; Richter: Bruchstücke der Erinnerung. In: Literaturmagazin 7, S. 134.   **191** vgl. Andersch-Interview, S. 5; Richter-Interview I, S. 3; Richter-Interview II, S. 2.   **192** Mannzen: Utopie und Politik, Ruf Nr. 13, S. 2.
193 Leitartikel »Die Versäumte Evolution«, Ruf Nr. 11, S. 2.   **194** vgl. Leitartikel »Parteipolitik

Der »Ruf« als Vorläufer der Gruppe 47

und Weltanschauung«, Ruf Nr. 7, S. 1/2.   **195** ebd., gilt ebenfalls für das folgende Zitat.
196 vgl. ebd., S. 2; vgl. auch Andersch: Sozialistische Situation, Ruf Nr. 15, S. 4.   **197** D.h. jedoch nicht, daß der »Ruf« grundsätzlich negativ über die Politik der KPD berichtete. Z. B. begrüßte er die Einführung von Jugend-Diskussionsabenden durch die Münchner KPD ausdrücklich, wenn er auch die Form der dort praktizierten Auseinandersetzung mit dem Nationalsozialismus kritisierte, vgl. Ruf Nr. 3, S. 14 f.   **198** In: Ruf Nr. 7, S. 3.   **199** Pirker: SPD nach Hitler, 1965, S. 63. Die *Kölner Beschlüsse* sind nachzulesen in: Jb. der SPD 1946, S. 77/78.   **200** Pirker, ebd., S. 62. **201** vgl. Die Chance der SPD, Ruf Nr. 7, S. 3.   **202** Schumacher: Politische Richtlinien, 1973, S. 245-280; Schumacher: Konsequenzen deutscher Politik, 1962, S. 25-50; Schumacher: Wir verzweifeln nicht, 1972, S. 1-38.   **203** vgl. Schumacher: Wir verzweifeln nicht, a.a.O., S. 20 f.; vgl. Schumacher: Politische Richtlinien, a.a.O., S. 246. Trotz der Betonung von Freiheit, Demokratie und der geistig-moralischen Ebene hatten jedoch die ökonomischen Forderungen bei Schumacher einen wesentlich höheren Stellenwert als beim *»Ruf«*. So definierte Schumacher den Sinn sozialdemokratischer Politik mit der ökonomischen Befreiung des Menschen, um die Voraussetzungen für seine politische und moralische Freiheit erst zu schaffen, vgl. Schumacher: Konsequenzen, S. 36.   **204** vgl. Schumacher: Politische Richtlinien, S. 271 ff.   **205** vgl. Schumacher: Konsequenzen, S. 37.   **206** Als eigentliche Träger und Hauptschuldige am Faschismus sah Schumacher Großkapital und Militaristen, als Mitschuldige und gleichzeitige Opfer bezeichnete er das Kleinbürgertum und die Mittelschichten, die nach 1918 kein nur taktisches Verhältnis zur Demokratie entwickelten und den Liberalismus zu Grabe trugen. Als mitschuldig galt für Schumacher auch die KPD, da sie durch die Sozialfaschismusthese und ihren Hauptkampf gegen die SPD die Arbeiterklasse geschwächt habe. Als eigentlichen Gegenpol zum Nationalsozialismus und Garanten der demokratischen Tradition, der zusammen mit breiten Arbeitermassen den Faschismus bekämpfte und daher unschuldig an ihm sei, stellte Schumacher die SPD dar, für die er deshalb einen Führungsanspruch beim sozialistischen Neuaufbau Deutschlands ableitete. Vgl. Schumacher: Wir verzweifeln nicht, S. 15 f.   **207** Schumacher: Konsequenzen, S. 25 u. 27; ähnlich auch in: Schumacher: Wir verzweifeln nicht, S. 13: *Der Geist aber ist zwölf Jahre in Deutschland niedergetrampelt worden.* Auch Schumacher sieht das Problem, daß der durch die NS-Propaganda stark beeinflußten Massen erst zur Demokratie erzogen werden müssen. (Politische Richtlinien, S. 253).   **208** *In der Sozialdemokratie werden sich viele Menschen aus den verschiedenen geistigen, sittlichen und politischen Motiven zusammenfinden . . . Es ist gleichgültig, ob jemand durch die Methoden marxistischer Wirtschaftsanalyse, ob er aus philosophischen oder ethischen Gründen oder ob er aus dem Geist der Bergpredigt Sozialdemokrat geworden ist.* (Schumacher: Konsequenzen, S. 44).   **209** vgl. Schumacher: Konsequenzen, S. 37/38. Programmatisch wurde diese Wende der SPD zur *Volkspartei* dann erst 1959 im *Godesberger Programm* vollzogen. **210** siehe: Ehrmann, a.a.O.; siehe Ortlieb: Sozialismus, a.a.O.   **211** Ortlieb kam bei der Erörterung der Eigentumsfrage zu dem Ergebnis, daß selbst bei Marx *das Privateigentum an den Produktionsmitteln nicht an sich verwerflich* sei, sondern nur dort, wo es seinen Ausbeutungscharakter bewahre. Ortlieb plädierte daher für die Beibehaltung einer privaten Unternehmerschaft bei Mittel- und Kleinbetrieben in Industrie und Landwirtschaft. Sozialisiert werden sollten nur die Großbetriebe, Bergbau, Banken sowie alle Betriebe mit ausgesprochenen Monopolstellungen. Überhaupt käme der Eigentumsfrage nicht mehr die Bedeutung wie früher zu. Vgl. Ortlieb, Ruf Nr. 6, S. 6. *Es ist nicht Tatsache des Eigentums schlechthin, welche die Klassen trennt, sondern sein Umfang, seine Intensität und die Methoden seiner Anwendung.* (Schumacher: Konsequenzen, a.a.O., S. 39).   **212** Die 12 Thesen sind abgedruckt in den *Frankfurter Heften*, 31 (1976), Heft 1, S. 60/61. Die folgenden Zitate in diesem Unterkapitel, die nicht besonders gekennzeichnet sind, wurden dieser Quelle entnommen.   **213** vgl. Westdeutschlands Weg zur Bundesrepublik, 1976, S. 99.   **214** ebd., S. 101.   **215** vgl. Ruf Nr. 3 und 4.   **216** Siehe auch: Ute Fischbach, Kunstbetrachtung im »Ruf«, in: Gerhard Hay (Hrsg.), Zur litera-rischen Situation 1945-1949, S. 118-132. **217** Siehe oben Kap. 1.21. Der Begriff »Europa« hat hier weniger konkrete tagespolitische Bedeutung als die Konnotation von *Abendland*, dessen *Untergang* (Spengler) man mit NS-Zeit und Krieg besiegelt sah.   **218** In: Die Gemeinschaft der Pessimisten, Ruf 1, S. 3/4.   **219** Koestler, Ruf 1, S. 4.   **220** Koestler, Ruf 1, S. 4, siehe auch H.W. Richter, Literatur im Interregnum, Ruf 15, S. 10/11.   **221** Koestler, Ruf 1, S. 4.   **222** Titel eines Buches von Ignazio Silone, zitiert von Koestler, Ruf 1, S. 4. Der Italiener Silone, der Sozialismus und Christentum zu integrieren versuchte, gehörte zu den vom »Ruf« empfohlenen ausländischen Autoren.   **223** Andersch, Avantgarde, Einleitung S. 6; in Anderschs Anthologie erschienen Aufsätze von: Arthur Koestler, Denis de Rougemont, Ignazio Silone, Vercors (Jean Bruller), Albert Camus, Jean-Paul Sartre, Stephen Spender, Simone de Beauvoir, André Malraux, Erich von Kahler, Emanuel Mournier, Eugen Kogon.   **224** Siehe dazu Urs Widmer, 1945 oder die »Neue Sprache«, Düsseldorf 1966. **225** Warum schweigt die junge Generation? Leitartikel Ruf 2, S. 1.   **226** H. W. Richter, Literatur im Interregnum, Ruf 15, S. 10.   **227** Zitiert nach Urs Widmer, So kahl war der Kahlschlag nicht, in: Lettau (Hrsg.), Die Gruppe 47, S. 328 - 335, S. 330 (Widmer zitiert nach der »Ruf«-Ausgabe von Schwab-Felisch, dort S. 61).   **228** Andersch, Avantgarde, S. 7.   **229** Ruf 16, S. 12. Der »Ruf« veröffentlichte gleichzeitig Kurzgeschichten des Autors, die das Schlagwort von der *Kahlschlagliteratur* mitprägten. (Ruf 9, S. 9 - 11: »Die Tat«; und Ruf 5, S. 11: »Der Fremde«). **230** Widmer, Neue Sprache, S. 30.   **231** Widmer, Neue Sprache, S. 30/31.   **232** Widmer, Neue Sprache, S. 32 - 69: Nationalsozialistische Relikte im »Ruf«.   **233** Widmer, Neue Sprache,

Anmerkungen

S. 67. **234** Koestler, Ruf 1, S. 4. **235** Siehe das Frankreich-Heft des »Ruf« (Nr. 5); darin besonders Carl August Weber, Die literarischen Strömungen in Frankreich und die junge Generation, S. 13 f. und den Leitartikel von Nicolaus Sombart: Junge Franzosen – Jeunes Allemands, S. 1/2. Alfred Andersch sah die Traditionen von Aufklärung und französischer Revolution in Frankreich noch immer wirksam: *Das Land, in dem die Menschenrechte formuliert wurden, hat es nicht nötig, in den Chorgesang billigster demokratischer Reklamestimmen einzufallen, ... Man spürt instinktiv, daß der französische Geist sich auch heute nicht mit Trivialitäten aufhält. Dabei verläßt dieser Geist nicht den Geist des demokratischen Gesprächs.* (Ruf 2, S. 13). **236** Vgl. C.A. Weber, Ruf 5, S. 13. **237** Sombart, Junge Franzosen, Ruf 5, S. 1. **238** C.A. Weber, Ruf 5, S. 13. **239** Sombart, Ruf 5, S. 1. **240** Zum Einfluß des Existenzialismus in der deutschen Nachkriegszeit siehe auch: Hans Egon Holthusen, Die Bewußtseinslage der modernen Literatur und Die Überwindung des Nullpunktes, beides in: H.E.H., Der unbehauste Mensch, München 1951. **241** C.A. Weber, Ruf 5, S. 13. **242** C.A. Weber, Ruf 5, S. 13. **243** C.A. Weber, Ruf 5, S. 13. **244** C.A. Weber, Ruf 5, S. 13. **245** Sombart, Ruf 5, S. 4. **246** Jean Paul Sartre, Ist der Existentialismus ein Humanismus?, Zürich 1947, S. 24. **247** Sartre, Existenzialismus, S. 25. **248** Sartre, Existenzialismus, S. 25. **249** Sartre, Existenzialismus, S. 38. **250** Sartre, Existenzialismus, S. 15. **251** Sartre, Existenzialismus, S. 35. **252** Andersch, Europäische Avantgarde, S. 10. **253** H. W. Richter, Churchill und die europäische Einheit, Ruf 14, S. 1/2, S. 2. **254** Idee und Equipe, Französische Zeitschriften als Gemeinschaftswerk, Ruf 5, S. 3/4, S. 4. Im gleichen Artikel wird die Konformität des deutschen Zeitschriftenmarktes kritisiert: *Wie die meisten politischen, und vor allem die meisten sozialen Programmpunkte sich bei allen Parteien wiederfinden lassen, so sagen auch alle Zeitschriften im Grunde dasselbe aus. (...) Grund zu dieser bedauerlichen Erscheinung mag die Gewohnheit der uniformierten Meinung sein, auch die Furcht vor den Konsequenzen eines eigenen Standpunkts ohne die Rückversicherung einer Vorzensur: ...* (S. 3). **255** Ruf 5, S. 3. **256** Horst Lange, Bücher nach dem Krieg, Ruf 10, S. 9. **257** Lange, Ruf 10, S. 10. **258** Zum Begriff »Innere Emigration« siehe Arnold, Exilliteratur, Bd. 2. **259** Eine Anspielung auf die Zeitschrift »Das Innere Reich, Zeitschrift für Dichtung, Kunst und deutsches Leben« München 1934/35 bis 1943/44. **260** Vgl. Hocke, Ruf 7, S. 9. **261** Gustav René Hocke, Deutsche Kalligraphie oder Glanz und Elend der modernen Literatur, Ruf 7, S. 9/10, S. 9. **262** Hocke, Ruf 7, S. 9. **263** Hocke, Ruf 7, S. 9. **264** Hocke, Ruf 7, S. 9. **265** Richter, Ruf 15, S. 10. **266** Jürgen von Hollander, Literarische Ankleidepuppen, Ruf 17, S. 12. **267** Von Hollander, ebd. **268** Richter, Ruf 15, S. 10. **269** Hocke, Ruf 7, S. 9. **270** Richter, Ruf 15, S. 11. **271** Hocke, Ruf 7, S. 9. **272** Richter, Ruf 15, S. 11. **273** Richter, Ruf 15, S. 11. **274** Richter, Ruf 15, S. 11. **275** Richter, Ruf 15, S. 11. **276** Richter, Ruf 15, S. 10. **277** Erich Pfeiffer-Belli, »Wem die Stunde schlägt«, Ruf 7, S. 15. **278** Alfred Andersch, Jean Anouilh's »Antigone«. Ein Drama der Jugend, Ruf 2, S. 13. **279** Andersch, Ruf 2, S. 13. **280** Andersch, Ruf 2, S. 13. **281** Wolfgang Frankenstein, Zum letzten Male: Antigone, Ruf 7, S. 13. **282** Hocke, Ruf 7, S. 9. **283** Hocke, Ruf 7, S. 9. **284** Hocke, Ruf 7, S. 9. **285** So etwa Alfred Andersch, Wintersende in einer frierenden Stadt, Ruf 16, S. 7/8. **286** H.W. Richter, Unterhaltungen am Schienenstrang, Ruf 4, S. 6/7. **287** Andersch, Gespräche am Atlantik, Ruf 1, S. 6/7. **288** Andersch, Jahre in Zügen, Ruf 2, S. 12. **289** Andersch, Jahre in Zügen, Ruf 2, S. 12. **290** H.W. Richter, Wo sollen wir landen, wo treiben wir hin?, Ruf 5, 4/5 und Ruf 6, S. 8/9. **291** Hocke, Ruf 7, S. 9/10. **292** Richter, Ruf 15, S. 11. **293** Richter, Was war die Gruppe 47?, 2. Teil, S. 2. **294** Zur Erläuterung und Geschichte des Begriffs des *Intellektuellen* siehe Gerd-Rüdiger Helbig, Die politischen Äußerungen aus der Gruppe 47. Eine Fallstudie über das Verhältnis von politischer Macht und intellektueller Kritik, Diss-phil. Erlangen-Nürnberg 1967, S. 23 – 46, Intellektuelle und Politik. Helbig unterscheidet zwischen *Intelligenz* und *Intellektuellen* und definiert: *Die Intellektuellen sind jener Teil der Intelligenz, der sein politisches Engagement öffentlich äußert; der keine Fachkenntnisse besitzt, die ihm Expertenfunktionen öffnen; oder der zwar Fachkenntnisse besitzt, sie jedoch (noch) nicht in einer Expertenfunktion ausnutzt, sondern in Form von Kritik anwendet (Professoren).* (S. 28). **295** Siehe dazu Jean Paul Sartre, Was ist Literatur?, Ein Essay, Hamburg 1950 (1949) und J.P. Sartre, Der Schriftsteller und seine Zeit, in: Andersch, Avantgarde, S. 69 - 75. **296** Alexander Borelius, »Der Untergang der Intellektuellen«, Ruf 10, S. 12. Der Artikel ist ein Auszug aus Borelius' Buch »Fatum und Schicksal«, das 1946 im Rowohlt-Verlag erschien. **297** Borelius, Ruf 10, S. 12. **298** Alfred Andersch, Aktion oder Passivität?, Ruf 12, S. 1/2, S. 1. Zum Begriffspaar *Geist und Macht* siehe Helbig S. 29 – 32. **299** Borelius, Ruf 10, S. 12. **300** Kennzeichnend für die Diskussion um das Phänomen der Masse ist José Ortega y Gasset, Der Aufstand der Massen (Madrid 1930), deutsch: Reinbek 1956. **301** Borelius, Ruf 10, S. 12. **302** Das junge Europa formt sein Gesicht, Ruf 1, S. 1/2, S. 2. **303** Julian Ritter, Ideen in Amerika (Buchbesprechung von Howard Mumford Jones, Ideas in America), Ruf 3, S. 13/14. **304** Frage an André Malraux, Ruf 5, S. 7/8. **305** Interview mit André Malraux, Ruf 5, S. 7/8. **306** André Malraux, Ruf 5, S. 7/8. **307** *Natürlich ist das Verbot des ‚Ruf' kein so klares Verbot, wie wenn die Regierung z.B. sagt ‚die Zeitung darf nicht herauskommen', das war damals anders, das lief über die Lizenzgeschichte. (...) Insofern ist das Ganze umgangen worden, aber ich würde es glatt als Verbot bezeichnen.* (Richter-Interview II, S. 3). **308** *Für Heinz Friedrich ist das Verbot des »Ruf« ein wichtiger Einschnitt in der deutschen Nachkriegspublizistik. Die entschlossensten Schreiber verloren ihr Sprachrohr, ihre Stimme verlor an Kraft.* (Heinz Friedrich, Das Jahr 47, in: Almanach, S. 15 – 21, S. 18. **309** Friedrich, Almanach, S. 18. **310** Friedrich, Almanach, S. 18. Rudolf Alexander

Der »Ruf« als Vorläufer der Gruppe 47

Schröder hielt ein Referat zum Thema »Vom Beruf des Dichters in der Zeit«, Heinrich Ringleb einen Vortrag über den »Dichter in der Zeit«. Mehr den Vorstellungen der »Ruf«-Autoren entsprach der Beitrag von Heinz Friedrich »Meine Gedanken zur geistigen Lage der jungen Generation«, an dem sich Kontroversen entzündeten. **311** Friedrich, Almanach, S. 20. **312** Friedrich, Almanach, S. 20. **313** Friedrich, Almanach, S. 21. **314** Friedrich, Almanach, S. 23. **315** Richter, Was war die Gruppe 47?, Teil I, S. 13. **316** Korrigierte Fassung nach Faksimile in: Lattmann (Hrsg.), Die Literatur der Bundesrepublik Deutschland, S. 89. **317** Das Impressum des »Skorpion« verzeichnet nach Friedrich (Almanach S. 21) *den Stamm der Gruppe 47 vollzählig: Herausgegeben von Hans Werner Richter unter Mitwirkung von Alfred Andersch, Wolfgang Bächler, Günter Eich, Heinz Friedrich, Walter Maria Guggenheimer, Walter Hilsbecher, Walter Kolbenhoff, Wolfgang Lohmeyer, Walter Mannzen, Friedrich Minssen, Ilse Schneider-Lengyel, Wolfdietrich Schnurre, Nicolaus Sombart, Maurice Toesca, Heinz Ulrich. Redaktion: Walter Heist.* In: Lattmann, Literatur der Bundesrepublik, S. 87. **318** Siehe Richter-Interview II, S. 2: *Wir haben ja für den »Skorpion« die Lizenz nicht bekommen: nicht wegen nationalsozialistischer Vergangenheit, sondern weil man uns Nihilismus vorwarf. Dann kam die Währungsreform im Juli '48, und dann hatten wir kein Geld, wir hatten jeder 40.– DM; und nachher wurde es dann so teuer.* **319** Frankfurter Hefte 2/1948, S. 110/111. **320** Frankfurter Hefte 2/1948, S. 110/111. **321** Karlsruhe 1948. **322** Richter, Was war die Gruppe 47?, Teil I, S. 13. **323** Richter-Interview I, S. 12. **324** Tausend Mark suchen einen Dichter, Die Gruppe 47 tagt in Inzigkofen, FAZ 22.5.1950. **325** Heinz Friedrich, Wo bleibt die dichterische Aussage? Eindrücke vom Frühjahrstreffen der »Gruppe 47«, Z 1.6.1950. **326** Friedrich, Z 1.6.1950.

2. ZUR LITERARISCHEN ENTWICKLUNG IN DER GRUPPE 47

2.1 VORAUSSETZUNGEN UND PROBLEMLAGE

Im Jahre 1962 stellte Hans Werner Richter in dem von ihm herausgegebenen »Almanach der Gruppe 47«, publiziert zu deren fünfzehnjährigem Bestehen, erstmals eine Sammlung literarischer Texte vor, die auf den vergangenen Gruppentagungen gelesen worden waren. In seiner Einführung betonte er, wie heterogen seine Textsammlung ausgefallen sei[1]. Nun gehört der Hinweis auf diese Heterogenität und damit die Beteuerung, es gebe keine Literatur *der* Gruppe 47, ebenso zu den Topoi, ohne die längst keine Darstellung der Gruppe 47 mehr auskommt, wie die andere, daß es sich bei der Gruppe 47 um eine *Nicht-Gruppe*[2], einen *politische(n), literarische(n) Freundeskreis*[3] handele. Auch die Publizistik und die literarische Kritik haben das Phänomen Gruppe 47, das die Literatur der 50er und eines großen Teils der 60er Jahre beherrschte wie kaum ein anderes, schon damals ebenso beschrieben – freilich gehörte manch einer, der so schrieb, selbst zur Gruppe: *Die Gruppe hat kein gemeinsames literarisches Programm. (...) Sie besteht aus Individuen, die nichts weiter gemeinsam haben als die schriftstellerische Tätigkeit und den Wunsch, dann und wann miteinander zu reden.* (Christian Ferber)[4]. Oder: die Gruppe sei lediglich *ein Freundeskreis, der sich mit lebendiger Literatur beschäftigt* (Hans Werner Richter)[5]. Und: *Jeder schreibt, wie er will: fortschrittlich oder traditionell, realistisch oder verspielt, verstiegen oder »funkisch«,* so Joachim Kaiser[6]. Auch Fritz J. Raddatz stellte in seinem einführenden Kommentar zu den Texten des Richterschen »Almanach« die Gruppe vor als ein *Phänomen des Heterogenen, sowohl im, Verzeihung, ideologischen Ansatzpunkt, als auch im ästhetischen Resultat*[7]. Und weitergehend konstatiert er, daß nach der Ermattung des pathetisch-moralischen Aufbruchs der »Ruf«-Zeit mit einer *Literarisierung der Literatur (...) auch eine gewisse Individualisierung* eingesetzt habe[8].

Mithin also wird für diese Entwicklung – so heterogen das Ergebnis von *Individualisierung* und *Literarisierung* auch erschienen sein mag – eine gemeinsame Grundlage vorausgesetzt und von Richter auch durchaus betont, wenn er von diesem *Freundeskreis* notierte, er habe *eine bestimmte Art der Betrachtung gemeinsam,* und von der Gruppe, sie sei *von vornherein von derselben Mentalität geprägt,* und schließlich: ihre *ideellen Ausgangspunkte* seien, trotz vieler *Mutationen, immer erhalten* geblieben[9]. Nun äußerte sich hier jemand, der seine eigene Kontinuität bzw. eine solche Kontinuität ex post für die der Gruppe gehalten haben mochte; aber was vielleicht für den Gruppengeist gilt, stimmt für die literarische Entwicklung keineswegs: mit seiner Literatur gehörte Richter in den späten 50er und frühen 60er Jahren schon lange nicht mehr zu den richtungsweisenden und auch nicht zu den herausragenden (schreibenden) Schriftstellern der Gruppe 47. Das waren damals Ingeborg Bachmann und Heinrich Böll, Martin Walser und Günter Grass, Hans Magnus Enzensberger und Uwe Johnson, und als Motoren der Gruppe wirkten schon zu Beginn der 50er Jahre sehr entschieden auch Walter Jens und Walter Höllerer mit; deren Literatur allerdings läßt sich auf den ersten Blick tatsächlich nur mit der Scheinkategorie des »Heterogenen« beschreiben – *Weder stilistisch noch thematisch lassen sich diese Arbeiten unter den Hut einer bestimmten »Richtung« (...) bringen*[10]. Und mit der Literatur, die in den ersten fünf Jahren die Gruppendiskussion bestimmte, hatte die Literatur dieser Schriftsteller – mit der einzigen Ausnahme: Heinrich Böll – ebenfalls kaum noch etwas gemein.

Immerhin erschöpfte sich die Funktion der Gruppe schon nach fünf Jahren nicht mehr darin, vorbildlich – und immer auch ein bißchen moralisch-elitär auf Außenwirkung bedacht – Gruppendemokratie zu praktizieren. Gerade die, wenngleich nur ein- oder zweimal im Jahr zelebrierte, gemeinsame Kommunikationsveranstaltung bedurfte jedenfalls einer gemeinsamen Grundlage und gemeinsamer Voraussetzungen, die auch kontroverses Debattieren ermöglichen, weil sie die gegenseitige Verstehbarkeit schaffen und sichern. Mit der Zeit wurde das formale Verfahren der Gruppentagungen selbstverständlich, es bot den Rahmen für ein Forum literarischer Arbeit und Diskussion und auch politischer Auseinandersetzungen oder zusammenführender Gespräche, die allerdings nie während der Lesungsdebatten, sondern in den Pausen und an den Abenden stattfanden. Und Hans Werner Richter konstruierte nicht nachträglich einen Mythos, wenn er im »Almanach« schrieb:

> *Hier sammelten sich alle Impulse, alle ideellen Bemühungen, alle Bestrebungen und alle Sehnsüchte nach einem neuen Anfang und nach einer Regeneration des gesamten deutschen gesellschaftlichen Lebens.*[11]

Er benannte damit vielmehr die Hoffnungen auf eine politische und gesellschaftliche Zukunft, die alle, die zum »Ruf« und später zur Gruppe gehörten, gemeinsam hegten. Diese Hoffnungen waren, ohne daß sie in Parteiprogramme oder theoretische Konzepte übertragen wurden, stets gegenwärtig, wenn sie auch nur negativ umschrieben werden konnten. Richter fand für diese Gemeinsamkeiten die Worte *antifaschistisch und antiautoritär*[12]: eine gemeinsame Grundlage in der geschichtlichen Erfahrung und im geschichtlichen Wollen, noch kaum politisch zu nennen, wie ja auch der Begriff ›nonkonformistisch‹, mit dem die konservative Kritik von außen die Gruppe 47 in den 50er Jahren immer wieder unter ein gemeinsames Programm zwingen wollte, lediglich eine Metapher dafür ist, daß die Schriftsteller der Gruppe gegenüber der mehr und mehr sich restaurativ formierenden Gesellschaft auf Distanz gingen – die Metapher für eine durchaus nicht immer rational begründbare Haltung, die viele einnahmen.

Kann man eine noch so allgemein beschriebene und mit negativen Begriffen umrissene, von ideellen moralischen Hoffnungen getragene gemeinsame Haltung der Gruppe 47 aber für den politischen Bereich annehmen, so wird man mit einigem Recht, wenngleich mit Vorsicht, auch von einer gewissen Gemeinsamkeit in Sachen Literatur sprechen dürfen, zumal das Politische mit dem Literarischen, wie Äußerungen von Gruppenmitgliedern aus der Gründungszeit der Gruppe belegen[13], nicht nur ›irgendwie‹ verbunden war, sondern erklärtermaßen eine Einheit bildete.

Nur ist es viel schwieriger, in den Texten, die während der Tagungen der Gruppe gelesen wurden oder eben von Autoren stammen, die sie zu einer Zeit schrieben, da sie als aktive Teilnehmer der Gruppe galten, jene gemeinsamen literarischen Voraussetzungen aufzuspüren, als von expliziten politischen Äußerungen eine gemeinsame Grundhaltung abzuziehen, weil den Mitgliedern der Gruppe die Gemeinsamkeit als eine *auch* literarische Gemeinsamkeit gar nicht so sehr bewußt war. In der Tat gibt es kein literarisches Gruppenprogramm, im Gegenteil, es wurde immer wieder vehement widersprochen, wenn der Gruppe ein solches von außen unterstellt wurde.

Voraussetzungen und Problemlage

So wird hier die Gemeinsamkeit im Literarischen verstanden als eine Summe gemeinsam akzeptierter Topoi gesellschaftlichen Verhaltens, die sowohl die Diskussion der gelesenen Texte bestimmte wie auch die auf verschiedene Weise modifizierte Umsetzung dieser Topoi in Literatur. Im folgenden Kapitel soll versucht werden, diesen Gemeinsamkeiten literarischer Verarbeitung auf die Spur zu kommen, um so die These von der Heterogenität der literarischen Produktion der Gruppenmitglieder auf einer tiefer liegenden Ebene zu relativieren.

Eine solche Aufgabe ist nicht leicht zu lösen: Schwierigkeiten bereitet schon der Umfang der zu untersuchenden Quellen – man müßte eigentlich die gesamte Literatur der 50er und frühen 60er Jahre vorführen. Da deren Darstellung aber nicht beabsichtigt ist, kann sie der hier versuchten, speziell auf die Literatur der Gruppe 47 gerichteten Spurensicherung nur als informeller Hintergrund und vergleichender Bezug dienen, wobei die Tatsache, daß die von Mitgliedern der Gruppe 47 geschriebene Literatur einen wesentlichen, wenn nicht *den* wesentlichen Teil der modernen Nachkriegsliteratur ausmacht, keineswegs unberücksichtigt bleibt; dieser Tatbestand eben macht die Lösung der gestellten Aufgabe so schwer, um es überspitzt zu formulieren: innerhalb der allgemeinen literarischen Entwicklung, die entscheidend von der besonderen Entwicklung der Gruppe 47 geprägt wurde, dieses ›Besondere‹ im Allgemeinen zu isolieren.

Auch die Quellenlage bereitet Schwierigkeiten: die einzelnen Lesungen sind kaum zu rekonstruieren, viele der gelesenen Texte sind untergegangen oder doch nur schwer zu erreichen, andere mögen infolge der Kritik durch die Gruppe verändert worden sein; für eine Reihe von Autoren ist nicht mehr festzustellen, ob, und wenn, dann was sie gelesen haben; andere, die nur peripher zur Gruppe gehörten, und wiederum andere, die mit ihren Texten durchfielen, sind von den Berichterstattern der Tagungen möglicherweise gar nicht erwähnt worden. Vor allem natürlich für die Frühzeit der Gruppe sind die Quellen dürftig.

Noch schwieriger ist die Rekonstruktion der mündlichen Kritik. Was von den Diskussionen aufgezeichnet wurde – zumeist von Berichterstattern, die auch als Kritiker in der Gruppe auftraten –, erfreut sich am Anekdotischen oder gibt Einzelsätze wieder, die, aus dem Diskussionszusammenhang gerissen, schon damals dunkel wirkten; um wieviel mehr heute. So ist auch die Rekonstruktion der gelesenen Texte und der zu ihnen geäußerten Kritik immer schon gefiltert durch das Selbstverständnis und die Selbstdarstellung der Gruppe. Pauschal formuliert: nur was die Gruppe selbst überlieferte – und das gilt mit Sicherheit für die ersten zehn Jahre –, überlebte.

All dieser Schwierigkeiten eingedenk, läßt sich jedoch aus einer Fülle von Material: Zeitungsberichten von damals und heute, aus Anlaß dieses Buches geführten Gesprächen mit Gruppenmitgliedern, zwar kein bis in alle Einzelheiten vollständiges, doch wenigstens ein in großen Zügen zutreffendes Bild von den Lesungen gewinnen. Dabei werden als repräsentativ für die literarische Produktion der Gruppe nur jene Schriftsteller berücksichtigt, die mit einer gewissen Kontinuität an den Gruppentagungen teilnahmen und die mit ihren Texten auch eine gewisse Kontinuität literarischer Entwicklung garantieren konnten, weil sie über kürzere oder längere Zeit Aufmerksamkeit und Resonanz erzielten. So kann es durchaus sein, daß Texte, die man heute aus der Rückschau als innovativ bezeichnen würde, aus dieser Untersuchung herausfallen, weil sie in den Berichten nicht erwähnt wurden oder weil die Gruppe einen solchen Text nicht als bedeutend erkannte – wie gesagt: es kann sein; denn Texte, die von der Gruppe zeitweise *noch* nicht als bedeutend erkannt wurden, die aber eine spätere Entwicklung der in der Gruppe gelesenen Literatur mit vorbereiteten, wie z.B. die von Helmut Heißenbüttel regelmäßig gelesenen experimentellen und sprachdemonstrativen Texte, ohne die etwa ein Preisträger wie Jürgen Becker nicht zu denken ist –, solche Texte liefern geradezu die Grundlage, auf der das ›Besondere‹, das auch charakteristisch war für die allgemeine Entwicklung der Literatur, dingfest gemacht werden kann.

So bezieht sich die folgende Untersuchung im wesentlichen auf die von Hans Werner Richter im »Almanach« von 1962 publizierten Texte, weil sie bei aller behaupteten Heterogenität, die ja relativiert werden soll, als für die literarische Produktion der Gruppe 47 repräsentativ verstanden werden können. Herangezogen werden aber auch Texte der dort aufgeführten Autoren, die gleichzeitig entstanden sind, weil sie das gewonnene Bild abrunden können und die Schwerpunkte der literarischen Verarbeitung und Umsetzung, die sich ergeben, umfassender belegen. Dabei wird, wenngleich nicht in allen Einzelheiten, die Chronologie der Lesungen verfolgt; denn es ist davon auszugehen, daß sich gerade unbewußt hingenommene, nicht diskutierte Innovationen und Strömungen nicht bruchlos und glatt aneinander anschließen, sondern daß sowohl bei der tatsächlichen Entwicklung als auch im Nachvollzug der Spurensicherung dieser Entwicklung mit Widersprüchen und Überschneidungen, Brüchen und Verwerfungen zu rechnen ist. Dabei stellt sich die Tatsache, daß die Untersuchung einerseits von den gelesenen Texten selbst ausgeht und andererseits die Rezeption einbezieht, die, weil fast nur durch die Berichte von Gruppenmitgliedern belegt, möglicherweise gruppensubjektiv ist, eher als hilfreich heraus; denn sie schafft eine Spannung zwischen objektivem Text und subjektiver Rezeption, die Rückschlüsse auf den Stand der literarischen Diskussion und also auf die jeweilige Station der literarischen Entwicklung innerhalb der Gruppe zuläßt.

Bleibt noch zu bemerken, daß diese Untersuchung nicht beabsichtigt, eine geschlossene Darstellung der Literatur der Gruppe 47 zu liefern, und auch nicht, alle angeführten Texte erschöpfend zu interpretieren. Ihre Interpretation dient der Darstellung des ›Besonderen‹ im Allgemeinen: der Sicherung jener Spuren, die zu literarischen Schwerpunkten innerhalb der Entwicklung der Literatur der Gruppe 47 führten, zu Schwerpunkten, die sich verlagerten und mit der Zeit ablösten und die, bei aller Heterogenität ihrer literarischen Erscheinungsweise, dennoch eine grundlegende Gemeinsamkeit hatten.

2.2 DIE LITERARISCHEN ANFÄNGE DER GRUPPE 47: »KAHLSCHLAG«?

Der Versuch, die literarischen Anfänge der Gruppe 47 in ihren Entwicklungslinien nachzuzeichnen, sieht sich mit dem Problem konfrontiert, daß die Quellenlage äußerst dürftig ist. Über die Gruppentagungen der Anfangszeit existieren nur wenige Zeitungsberichte, größere publizistische Resonanz ist erst im Laufe der 50er Jahre zu registrieren, als literarische Produkte und politische Verlautbarungen aus dem Gruppenzusammenhang zunehmend die Aufmerksamkeit einer interessierten, z.T. aufgeschreckten bzw. empörten Öffentlichkeit erregten. In der westdeutschen Literaturgeschichte ist es üblich, die literarischen Anfänge der Gruppe 47 als Fortsetzung und Realisierung des im »Ruf« proklamierten und erprobten ›realistischen‹ Literaturprogramms zu betrachten – was so falsch nicht ist –, sie unter Nennung der Namen vor allem von Wolfdietrich Schnurre, Günter Eich und Wolfgang

Weyrauch als »Literatur des Kahlschlags«, ersatzweise als »Trümmerliteratur« zu etikettieren und sie als Vorspiel der eigentlichen Entwicklung der westdeutschen Literatur zu betrachten. Als Ende dieser Zeit des Schreiben-Lernens, der »Kahlschlag«-Periode, wird zumeist die Tagung der Gruppe 47 1952 in Niendorf angesetzt, auf der sich, so Walter Jens, die *junge deutsche Literatur der Moderne*[14], beginnend mit Paul Celan, Ingeborg Bachmann und Ilse Aichinger, entfaltete.

Der Begriff »Kahlschlag« für die Literatur der ersten Nachkriegsjahre wurde von Wolfgang Weyrauch geprägt; er hat, noch ehe er im Frühjahr 1951 zur Gruppe 47 stieß, im Nachwort der von ihm 1949 herausgegebenen Prosa-Anthologie »Tausend Gramm« die ersten ›Gehversuche‹ einer neuen deutschen Literatur unter diesem Begriff zusammengefaßt[15]. In einem eher fragmentarischen Überblick über die literarische Prosa der ersten Nachkriegsjahre stellt er eher provozierend denn analytisch fest, die Literatur befinde sich wie die Zeitgeschichte *in einem verschlungenen und finsteren Dickicht*[16], das einige *Kahlschläger*[17] zu lichten begonnen hätten, um eine neue eigene, nicht epigonale deutsche Literatur zu schaffen.

(...) die Kahlschläger fangen in Sprache, Substanz und Konzeption, von vorn an (...) ganz von vorn, bei der Addition der Teile und Teilchen der Handlung, beim A–B–C der Sätze und Wörter, beim Stand der Anabasis (...) die vom Kahlschlag wissen, (...) daß dem neuen Anfang der Prosa in unserm Land allein die Methode und die Intention des Pioniers angemessen sind. Die Methode der Bestandsaufnahme. Die Intention der Wahrheit. Beides um den Preis der Poesie. Wo der Anfang der Existenz ist, ist auch der Anfang der Literatur. (...) Sie verstehen etwas vom Menschen. Sie wären, vermutlich, imstande, den Menschen, der sich selbst einbüßte, wieder zum Menschen zu machen.[18]

Indem Wolfgang Weyrauch den »Kahlschlag« definiert als Neubeginn einer Literatur, die in humaner Verpflichtung die gesellschaftliche Wahrheit in einer analytischen und nicht schönschreiberischen Bestandsaufnahme der Wirklichkeit des Nachkriegs sucht, hat er damit einen literaturgeschichtlichen Terminus geschaffen, der von Hans Werner Richter auch zur Charakterisierung der literarischen Anfänge der Gruppe 47 übernommen wurde[19]. Rückblickend auf die während des ersten Gruppentreffens, der Redaktionssitzung des »Skorpions«, gelesenen Literatur spricht Richter summarisch von »Kahlschlag«-Literatur, *die mit diesem so privaten und intimen Treffen in Bannwaldsee sichtbar wurde*[20]. Jedoch: diese Namengebung ist nicht unumstritten. So zahlreich die Schlagworte im Umgang mit der Literatur jener frühen Jahre sind: *Nullpunkt, tabula rasa, Trümmerliteratur, totaler Ideologieverdacht, Neorealismus*[21], so unterschiedlich sind auch die Urteile. Während einerseits Wolfdietrich Schnurre feststellt: *Trockener, sachlicher, menschlicher, anrührender als in den drei, vier Nachkriegsjahren ist in Deutschland lange nicht mehr geschrieben worden*[22], und Gustav Zürcher bei der Untersuchung der politischen Lyrik zu dem Ausruf veranlaßt wird: *Welche Hoffnung, wenn es s o beginnt*[23], stellt andererseits Hans Mayer fest, der nach dem Kriege proklamierte *sprachlich-literarische Kahlschlag ist niemals erfolgt*[24], und Heinrich Vormweg hält ihn eher für *ein erfolgreiches Gerücht und eine Wunschvorstellung*[25].

Angesichts solcher Divergenzen im Urteil der Kritik kann ein fester Begriff des »Kahlschlags« nicht vorausgesetzt werden, er bleibt vielmehr in der Analyse der Literatur in den materiellen und ideologischen Bedingungen jener Zeit inhaltlich zu rekonstruieren – sei es als bloßes Programm oder als etwas in der Literatur Wirkliches. Als ungeschriebenes, weithin unbewußtes Programm, als kollektives Selbstverständnis der schriftstellernden Publizisten in der Entstehungsphase der Gruppe 47 ist der »Kahlschlag« immerhin unbestritten. Dieses Selbstverständnis manifestiert sich am ehesten in den gelesenen Texten der ersten Tagungen und vor allem in den literarischen, literaturkritischen und -theoretischen Beiträgen des »Skorpion«, jenes literarischen Dokuments, das der Kristallisationspunkt war, um den sich die Gruppe 47 bildete. Der »Skorpion«, aus dem Gründungskreis der Gruppe entstanden und – da nie veröffentlicht – nur in ihm rezipiert, gilt als *Beginn dessen, was später als die Kahlschlagperiode der deutschen Nachkriegsliteratur bezeichnet wurde*[26].

Wenn der einzige Zeitungsbericht über das Treffen von Bannwaldsee berichtet: *Man war sich darüber klar, daß diese neue Zeit anders lebt und erlebt und deshalb anders schreiben muß, (...) um ohne Ressentiment dem Leben gerecht zu werden*[27], so wird an dieser Feststellung das kollektive Bewußtsein einer besonderen geschichtlichen Situation deutlich, das die Literatur des »Kahlschlags« bestimmt. Der »Skorpion« ist als literarisches Dokument zugleich auch ein Dokument der Bestandsaufnahme politischer Publizisten, die sich nach dem Verbot des »Ruf« der Grundlagen und Aufgaben ihrer literarischen Arbeit vergewissern.

Wesentliche Positionen des »Ruf« bleiben – zum Teil modifiziert und präzisiert – in den Anfängen der Gruppe 47 erhalten, andere gehen unter, vor allem aber bildet sich in den ersten literarischen Arbeiten der ehemaligen politischen Publizisten als auch in ihren zumeist literaturgeschichtlich und -soziologisch angelegten Beiträgen über die Aufgaben einer neuen deutschen Literatur ein zum Teil noch rudimentärer und, in Verkennung der historischen Situation, euphorisch überladener Literaturbegriff heraus, der die Entstehungs- und Entwicklungsgrundlage der Gruppe 47 ist. Ohne Rekonstruktion dieses ideellen Ursprungs der Gruppe 47 ist ihre Geschichte kaum nachzuvollziehen.

Weitgehend unbeeindruckt vom jähen Ende des »Ruf« halten die frühen 47er die These von der *Nullpunktsituation*[28], die die einmalige *Chance eines völligen Neubeginns literarisch und politisch*[29] böte, aufrecht. Die Feststellung: *Das Wesen unserer Zeit ist Zusammenbruch*[30] meinte nicht nur den Zusammenbruch der Wirtschafts- und Sozialstruktur, einen Zustand *gesellschaftlicher Leere, ohne Staat, ohne funktionsfähige Wirtschaft, ohne geordnete Gesellschaft*[31], sondern auch und vor allem die individuelle Komponente dieses Zusammenbruchs, die soziale und politische Orientierungslosigkeit des einzelnen Menschen, sein privates Wertgefüge, seine Moral. Mit dem deutschen Faschismus schienen der Kapitalismus und die bürgerliche Gesellschaft untergegangen zu sein, jeder Versuch, an Vergangenes anzuknüpfen, schien daher von vornherein zum Scheitern verurteilt. In dem programmatischen Leitartikel des »Skorpion« wird daraus die Konsequenz gezogen, aus den Trümmern der alten Welt sei *eine Restauration des Menschen von gestern so wenig möglich, wie die Restauration einer vergangenen Gesellschaftsordnung aus den Ruinen unserer Städte möglich erscheint*[32]. Neben dem Glauben, voraussetzungslos beginnen zu müssen und zu können, beruht die Rede vom Nullpunkt auf der Annahme, daß die Situation noch offen, die Zukunft noch nicht determiniert sei:

(...) weil kein Ansatzpunkt für Neues sichtbar wird, keine Umgestaltungskräfte sich regen, keine andersgerichteten Mächte hinter den zerstörten bereitstehen, um an ihre Stelle zu treten.[33]

Die literarischen Anfänge der Gruppe 47: »Kahlschlag«?

Dem Gefühl, in einem *Niemandsland zwischen den Zeiten*[34], *zwischen Gestern und Morgen*[35] zu stehen, entsprang keineswegs eine Flucht aus der Wirklichkeit, sondern eben deren Anerkennung als Grundlage des eigenen Handelns: *ein Bekenntnis zu den Trümmern unserer Zeit*[36]. In dem von Schlegel entlehnten Motto des »Skorpion« heißt es programmatisch: *Es wäre an der Zeit, dem Gegenstand, welchen die Beurteiler so lange nur seitwärts angeschielt haben, auch einmal von vorn gerade ins Auge zu schauen*[37]. Der Realität einer von Trümmern gekennzeichneten Wirklichkeit sollte die Literatur sich stellen; nicht an der Vergangenheit, nicht an der Zukunft, sondern an den Problemen der Gegenwart sollte sie sich orientieren, so forderten die frühen 47er unter dem unmittelbaren Erfahrungsdruck einer zerstörten Umwelt:

Die Wirklichkeit aber ist durch Ruinen, Hunger, (Not) und durch die Angst vor neuen, genau so unausweichlichen Katastrophen wie die jüngst vergangene gekennzeichnet. Dieser gänzliche Zusammenbruch aber ist die Erlebnisgrundlage, aus der sich der Stil unserer Zeit, ihr Gesicht, formen muß.[38]

Mit der Betonung des unbedingten Gegenwartsbezugs ist der gemeinsame Nenner des Realismusprogramms der frühen Gruppe 47 gegeben, das aber so weit gefaßt war, daß es in seiner praktischen Einlösung eine Vielfalt formaler Möglichkeiten zuließ[39].

Auf dem Arbeitsfeld der Literatur bedeutete die Nullpunkt-These eine radikale Abgrenzung gegen die literarischen Produkte der Vergangenheit, um in Opposition zu ihnen die eigenen literarischen Ansprüche und Erwartungen formulieren zu können. Die erste umfassende und geschlossene Auseinandersetzung mit der Literatur der damals jüngsten Vergangenheit leistete Alfred Andersch in seinem literatursoziologisch orientierten Essay »Deutsche Literatur in der Entscheidung«[40], den er auf der zweiten Tagung der Gruppe 47 im November 1947 in Herrlingen las. Obwohl für Andersch die deutsche Literatur 1933–1945 *identisch mit Emigration, mit Distanz, mit Ferne von der Diktatur*[41] ist – denn: *Eine Zeugung des Dichterischen aus dem Geist des Nationalsozialismus gab es nicht*[42] –, sieht er keine Anknüpfungsmöglichkeiten, sondern proklamiert in der Situation einer *tabula rasa* die *Notwendigkeit, in einem originalen Schöpfungsakt eine Erneuerung des deutschen geistigen Lebens zu vollbringen*[43]. Die emigrierten Schriftsteller könnten auf diese Entwicklung nur Einfluß nehmen, wenn sie zurückkehrten und so die mit der Entscheidung zur Freiheit in der Emigration gleichzeitig erkaufte Isolation aufhöben[44]. Verworfen wird von Andersch auch die Literatur der »Inneren Emigration«, die sich der Vereinnahmung durch den Faschismus entweder durch Flucht in eine Literatur der heimatlichen Idylle[45] oder durch Orientierung an der deutschen Klassik[46] oder schließlich durch eine kalligraphische Schreibweise[47] zu entziehen versucht habe. Wie schon im »Ruf« richtet sich die Kritik der frühen Mitglieder der Gruppe 47 vor allem gegen *die ästhetizistischen, pseudoinnerlichen Elfenbeinturm-Bewohner, die esoterischen Rosenzüchter und Spitzenhäkler, die einen Bombentrichter betrachten, als wäre er ein Lilienkelch*[48] – gegen die Kalligraphen also, die schon bald wieder die literarische Szene beherrschten. Einem anti-kalligraphischen Engagement war schon die Entstehung des »Skorpion« und damit der Gruppe 47 verpflichtet: Wie eine Grundsatzerklärung der Kalligraphie muß auf die ehemaligen »Ruf«-Mitarbeiter und späteren Mitglieder der Gruppe 47 jenes auf dem Stahlbergtreffen im Sommer 1947 von Rudolf Alexander Schröder gehaltene Referat »Vom Beruf des Dichters in der

Zeit«[49] gewirkt haben, das in der These gipfelt: *Das innerste Wesen aller Kunst ist Trost über die Vergänglichkeit des Daseins*[50]; ihre quasi-religiöse Aufgabe ist: *Trost über die Vergänglichkeit, Erhebung über sie, Freiwerdung von ihr*[51].

Als Reaktion auf derartig *unrevolutionäre Weisheit*[52] war der »Skorpion« entstanden, in dem eine Literatur der Innerlichkeit und des Trostes über eine trostlose Gegenwart entschieden abgelehnt wird als *Rauschgift eines verstiegenen Ästhetizismus*[53], das nur *den Schein statt der Wirklichkeit*[54] bietet:

> *Es ist nachgerade üblich geworden, die zerstörten Fenster mit Seidenpapier zu verkleben und Rosenwasser auf die Wunden von gestern zu gießen. Wir glauben, daß das eine schlechte Therapie ist.*[55]

Wie die »Skorpion«-Mitarbeiter die politischen Konzepte der Vergangenheit für überholt hielten, so mißtrauten sie auch jedem Anknüpfen an literarische Traditionen. Walter Heist diskutiert in einem Überblick über die Entwicklung der deutschen Literatur vom Naturalismus bis zum Expressionismus den Stil der jeweiligen Epoche in Abhängigkeit vom jeweiligen Stand der Klassenauseinandersetzungen zwischen Kapital und Arbeit und hält in einer Situation, da *die weltumgestalterischen Mächte des 19. und 20. Jahrhunderts erschöpft und aufgebraucht*[56] sind, die Wiederaufnahme literarischer Traditionen, den Rückgriff auf gestalterische Mittel etwa von Kleist, Keller, Fontane, Rilke oder Hölderlin für verfehlt.

> *Aus dieser toten Welt ist nichts Neues zu erwarten. Das ist endgültig der Untergang der Gestaltungskraft. Das ist die Entsprechung dessen, was man heute als »Politik« vorfindet: Apparat, totes Wiederaufnehmen abgestorbener Phrasen, Gerede, aber kein Schritt wirklicher Bewegung.*[57]

Der Stil der Kunst habe vielmehr dem Grunderlebnis des Zusammenbruchs der alten Welt gerecht zu werden, *eine Gestaltung, die sich formal als Fortsetzung von Früherem gibt, kann dieses Grunderlebnis nicht bewältigen*[58].

Auch der Gegenpol zur epigonalen, wirklichkeitsfernen und vorgeblich apolitischen (damit politisch affirmativen) kalligraphischen Literatur, die politische Tendenzliteratur wird in der Frühzeit der Gruppe 47 als *brutal und verlogen* abgelehnt[59]. In Auseinandersetzung mit der realistischen Tendenzkunst der Weimarer Republik (Heinrich Mann, Franz Werfel, Arnold Zweig und Alfred Döblin) wird für Alfred Andersch

> *ein geheimer künstlerischer Schaden dieser ganzen Strömung in der deutschen Literatur sichtbar, eben ihre elektrische Aufgeladenheit mit Tendenz, die, mag sie als solche noch so edel sein, doch dem eigentlichen künstlerischen Anliegen des Realismus Abbruch tut. Realistische Literatur ist Literatur aus Wahrheitsliebe; die Wahrheit aber spricht immer für sich selbst, sie hat keine Tendenz und keine Predigt nötig.*[60]

Der Vorwurf, auch gegenüber den am Marxismus geschulten proletarischen Schriftstellern Oscar Maria Graf, Willi Bredel, Anna Seghers und Theodor Plivier, lautet, daß eine ideologische Präformation des Künstlers dem Wahrheitsgehalt der Kunst abträglich sei, daß sie die künstlerische Verarbeitung der gesellschaftlichen Realität tendenziös verzerre. Literatur als pures Vehikel politischer Ideen, als Agitation und Propaganda, wird von den frühen 47ern verworfen. Wolfdietrich Schnurre macht am Beispiel des Theaters seine Aversion gegen marxistische Dogmatik in der Kunst deutlich:

Sehen wir klar: die Bühne als Agitationsforum ist ein Mißverständnis. Es gibt viele Wege nach Rom; aber der über die marxistische Dialektik, die die Kunst zum Registrier-Apparat ihrer erträumten klassenlosen Gesellschaft degradieren will, ist ein Holzweg. Es geht nicht um den Genossen. Es geht um den Menschen[61].

Der Grund für die Ablehnung jeder ideologisch eingefärbten Literatur in der frühen Gruppe 47 ist die Idiosynkrasie ihrer Mitglieder gegen alle Welterklärungsmodelle, die die existentielle Freiheit des einzelnen Menschen leugneten; man glaubte in einem post-ideologischen Zeitalter zu leben.

Heute nun, da die Brüchigkeit aller sich uns anbietenden objektiven Wertsysteme immer sichtbarer wird, da uns nichts bleibt als die schlechthinige Existenz des Menschen, erscheint uns ein Realismus, der sich an propagandistische Vorzeichen bindet, doppelt absurd[62].

Einige Mitglieder der Gruppe 47, Alfred Andersch, Hans Werner Richter und Walter Kolbenhoff, hatten als ehemalige Mitglieder der KPD den Niedergang der kommunistischen Bewegung in Deutschland miterleben müssen und sich enttäuscht vom Marxismus abgewandt[63]; die Erfahrung der praktischen Auswirkungen und Folgen der faschistischen Staatsideologie in Deutschland und die Anschauung des Stalinismus trugen zum *totalen Ideologieverdacht* bei: *Man war entschlossen, die Wirklichkeit ohne weltanschauliche Präformation zu betrachten: Weder prästabilierte Harmonie noch Disharmonie*[64]. Unbelastet von der Vergangenheit, die nur Trümmer hinterlassen hatte, glaubten die Mitglieder der frühen Gruppe 47 in dem *Gefühl einer völligen Voraussetzungslosigkeit*[65] am Bau einer neuen Welt ohne Muster und Vorbild mitwirken zu können. Dazu sollte die Literatur ihren Beitrag leisten.

Durch den bewußt herbeigeführten Bruch mit der Tradition, durch den »Kahlschlag« war Raum geschaffen für eine neue Literatur, die auf jeden Fall ›realistisch‹ sein sollte; gefordert war damit ein unbedingter Bezug zur Gegenwart, denn: *In ihr, in der Gegenwart, ist alles ewigmenschliche und alles allzumenschliche vorhanden: Hunger und Not, Angst und Verzweiflung, Armut und Furcht*[66]. Es ging darum, die *Angst vor der Wirklichkeit*[67] zu überwinden, ihr gerade ins Auge zu schauen und ein *natürliches Verhältnis zur Wirklichkeit unseres Lebens*[68] zu gewinnen. Für die Gründungsmitglieder der Gruppe 47 stand fest, daß *eine Zeit, die so gründlich mit sich selbst zu tun hat, sich um das Zeitliche kümmern soll, nicht um das Gestrige oder das von morgen und übermorgen, sondern um das Gegenwärtige*[69].

Günter Eich hat im »Skorpion« dieses Realismusprogramm verdeutlicht, indem er sich mit der Situation des Schriftstellers 1947 befaßt, dem er *mit ironischem Ernst*[70] nach einem verschollenen *Vorbild*[71] den Namen Rönne gibt. In Abgrenzung zur von Gottfried Benn geschaffenen Figur gleichen Namens, die von Benn als *Irrealitätsprinzip*[72] begriffen wird und ihm zu *Schilderungen des Zustandes, der als Depersonalisation oder als Entfremdung der Wahrnehmungswelt bezeichnet wird*[73], dient, geht es Eichs Rönne um ein bewußtes, nicht entfremdetes, möglichst exaktes Verhältnis zur gesellschaftlichen Realität durch Beschränkung aufs wahrnehmbar Materiale in der literarischen Verarbeitung der Wirklichkeit.

Im Sonnenuntergang, den Rönne besingt, geht nicht ein Tag der Gefühle zu Ende, sondern vorerst einmal eine genau meßbare Anzahl von Stunden, in denen Fabriksirenen ertönen, Straßenbahnen kreischen und ein Bagger den Häuserschutt von den Straßen räumt. Durch den Wald, von dem Rönne

> spricht, klingt kein Posthorn mehr, sondern bei Morgengrauen ziehen die
> Kinder und Frauen mit klappernden Eimern in die Beeren; dort werden Rei-
> sig und Zapfen gesammelt, nicht weil es poetisch ist, sondern weil es keine
> Kohlen gibt; Aufforstung und Abholzung, statistische Zahlen und eine Zif-
> fer im Haushaltsplan, – so trockene Dinge können bedeutender sein als die
> subtilen Gefühle, die der Spaziergänger beim Einatmen des Tannenduftes
> hat[74].

Günter Eich hat dieses realistische Programm in seiner Lyrik der ersten Nachkriegsjahre sinnlich und sinnfällig eingelöst: In »Latrine« reimt er *Hölderlin* auf *Urin* und in »Frühlingsbeginn« *Wolkenblau* auf *schriller Todesschrei der Sau*[75]. Durch den Kontrast zwischen dem harmonischen Endreim und der semantischen Dissonanz erfüllt Eich in diesen Beispielen die Methode der »Kahlschlag«-Literatur, eine Bestandsaufnahme der Wirklichkeit zu leisten, hart an der Wirklichkeit zu schreiben[76]. Die im »Skorpion« versammelten Beiträge der frühen Mitglieder der Gruppe 47 sind in der Wahl ihrer Sujets der unmittelbaren Wirklichkeitserfahrung der ersten Nachkriegsjahre verpflichtet – kein Text, aus dem nicht das Chaos des Jahres 1947 spricht. W. Bächler und W. Müller demonstrieren in ihren Gedichten die Einsamkeit, Verlorenheit und innere Erschütterung des Menschen in einer zerstörten Umwelt:

> (...)
> Mit glühender Faust
> am Buge des Monds
> schwebe ich frei
> schräg durch das Nichts. (...)[77]

> Ein Taumel nur – gleich irren Kompaßnadeln,
> die ihren Nordpol unverhofft verloren,
> so tanzen wir im Kreise hin und her.[78]

W. Heist beklagt in bitteren Gesängen die Entfremdung des Menschen von seinen Mitmenschen, von seiner Gattung; W. Kolbenhoff und H. Ulrich stellen entwurzelte Existenzen vor, Heimkehrer, Ausgebombte und entwurzelte Jugendliche; A. Andersch beschreibt die Gefühlsnöte einer vereinsamten Frau eines Kriegsgefangenen und W. Schnurre die Schwierigkeiten eines Schriftstellers bei der Suche nach einem neuen Stil.

Doch nicht die Wahl der Sujets allein, die Frage des ›Was‹, macht die Literatur des »Kahlschlags« aus, sondern vor allem die Frage nach der Sprache, die Frage des ›Wie‹. *Eine neue Sprache war notwendig, um diese Wirklichkeit transparent zu machen, eine Sprache der direkten Aussage, klar, eindeutig, präzis*[79]. Hans Werner Richter stellt im »Skorpion« fest:

> Das Wort ist leergelaufen. (...) Wir empfinden es nicht mehr als wirklich.
> Es klingt nur noch, aber es sagt uns nichts mehr (...) Die Diskrepanz zwi-
> schen dem Wort und der Wirklichkeit hat sich bis ins Unermeßliche gestei-
> gert (...) Das aber ist die Aufgabe einer jungen Literatur, ihre vornehmste
> Aufgabe, die Einheit zwischen Wort und Wirklichkeit anzustreben und wie-
> der so echt und unmittelbar zu werden, daß jedes Wort lebendiges Leben
> vermittelt und den Atem der Wirklichkeit in sich trägt.[80]

In der Verfolgung dieses Programms der Sprachreinigung unterwarf man die Wörter *Säuretests*[81], beginnend mit der Tagung in Bannwaldsee:

> Jedes vorgelesene Wort wird gewogen, ob es noch verwendbar ist oder viel-
> leicht veraltet, verbraucht in den Jahren der Diktatur, der Zeit der großen

Die literarischen Anfänge der Gruppe 47: »Kahlschlag«?

Sprachabnutzung. Jeder Satz wird, wie man sagt, abgeklopft. Jeder unnötige Schnörkel wird gerügt. Verworfen werden die großen Worte, die nichts besagen und nach Ansicht der Kritisierenden ihren Inhalt verloren haben: Herz, Schmerz, Lust, Leid. Was Bestand hat vor den Ohren der Teilnehmer sind die knappen Aussagesätze.[82]

Dem ersten in Bannwaldsee gelesenen Text, »Das Begräbnis« von Wolfdietrich Schnurre, ist das Bemühen um sprachliche Unmittelbarkeit deutlich anzumerken:

s Friedhofstor quietscht, wie ich's zumach. Am Zaun is n Zettel aufgespießt. Reiß ihn ab; Stück Zeitungspapier, Inseratenteil, weich vom Regen. Links sucht die Patria-Bar n eleganten Kellner mit eigener Wäsche; rechts tauscht einer n Bettlaken gegen ne Bratpfanne ein. Dazwischen, schwarzer Rand, Traueranzeige:
VON KEINEM GELIEBT, VON KEINEM GEHASST, STARB HEUTE NACH LANGEM, MIT HIMMLISCHER GEDULD ERTRAGENEM LEIDEN: GOTT.
Dreh mich um.
Der eine Totengräber is ins Loch reingesprungen und trampelt die Erde fest. Der andre schneuzt sich und schlenkert n Rotz von den Fingern.
In der Stickstoff-Fabrik rattern die Maschinen. Ihre Schornsteine sind von unten erleuchtet. Oben verlieren sie sich im Nebel. Hinterm Stacheldraht auf m Kohlenplatz stehn die Heimkehrer und warten. s regnet. Taghell haben's die Azetylenlampen gemacht; wo sie nicht hinreichen, ist Nacht. Jetzt ist auch das Harmonika wieder da. Einer singt zu ihr: ‚La paloma ohé!'
s Friedhofstor quietscht. Ist der Pfarrer. Er hinkt.[83]

Schnurre beschreibt hier in allegorischer Form den Verlust des Glaubens, ohne daß das – abgenutzte – Wort ›Glauben‹ benutzt wird. In einem Begräbnis dritter Klasse wird der von den Menschen verlassene Gott beerdigt; Gott ist tot, sein Widerpart hat gesiegt. In einer Welt existentieller Nöte und sehr profaner Probleme: Arbeitssuche, Tauschgeschäfte, Heimkehrerprobleme, hat der Glaube keinen Platz mehr: statt eines Chorals wird auf der Harmonika ein Schlager intoniert. Die Erzählung gewinnt ihren besonderen Charakter aus dem Kontrast zwischen dem ›hohen‹ Thema und dem Lapidarstil einer knappen, von der Redundanz direkter Rede gereinigten Umgangssprache, die Unmittelbarkeit des Stils entspringt aus dem durchgehenden Präsens, aus der Transskription gesprochener Sprache, aus elliptischen Konstruktionen, aus umgangssprachlichen Wendungen und aus den kurzen, parataktischen Sätzen bei Verzicht auf ausmalende Adjektive und Adverbien.

Die im »Skorpion« abgedruckten literarischen Texte von W. Schnurre, W. Kolbenhoff, H. Ulrich, A. Andersch und G. Eich zeichnen sich in ihrer Gesamtheit durch die von Urs Widmer analysierten Stilmerkmale der »neuen« Sprache des »Kahlschlags« aus: Sie ist eine idealisierte Umgangs- und Alltagssprache, die durch die stilistischen Merkmale: Parataxe, Sprechstil, Ellipsen, Inversion, sukzessive Präzisierung und Anakoluth gekennzeichnet ist[84].

Der karge Sprachstil ist Resultat einer doppelten Anstrengung: Die frühen Mitglieder der Gruppe 47 waren, mit wenigen Ausnahmen, literarische Novizen und mußten ihren individuellen Stil erst noch finden. Erschwert wurde ihr Start durch die Notwendigkeit einer Sprachreinigung, durch den Glauben, voraussetzungslos beginnen zu müssen. Auf sich selbst gestellt, allen ideologischen und literarischen Mustern mißtrauend, war der Anfang mühsam: *Es war so unglaublich schwer, kurz nach 1945 auch nur eine halbe*

Seite Prosa zu schreiben[85]. Günter Eich bedauert daher seinen Protagonisten Rönne:

> *Der arme Rönne! Sein Arbeitsmaterial, die Sprache, macht es ihm recht schwer.*
> *Er bemüht sich, sie zu einem angenehmen Teig zu zerkneten, doch gelingt es ihm schlecht. Der Stoff ist widerspenstig. Wie ärgerlich, daß die Sprache letzten Endes doch immer wieder Gedanken ausdrückt! So sieht sich Rönne gezwungen, zu denken. Es ist noch etwas mühsam, aber, mein Gott, mit der Zeit wird es schon gehen. Übung macht den Meister.*[86]

Die formale Reduktion in der Kahlschlagliteratur ist Resultat der Unsicherheit über die Wirklichkeit und zugleich der Anstrengung, die verbrauchten Sprachhülsen abzustreifen. Die Devise hieß Bestandsaufnahme, sie ist vorzugsweise an Günter Eichs Gedicht »Inventur« zu zeigen, dem beliebtesten Demonstrationsobjekts des »Kahlschlags«.

> *Dies ist meine Mütze,*
> *dies ist mein Mantel,*
> *hier mein Rasierzeug*
> *im Beutel aus Leinen.*
>
> *Konservenbüchse:*
> *Mein Teller, mein Becher,*
> *ich hab in das Weißblech*
> *den Namen geritzt.*
>
> *Geritzt hier mit diesem*
> *kostbaren Nagel,*
> *den vor begehrlichen*
> *Augen ich berge.*
>
> *Im Brotbeutel sind*
> *ein Paar wollene Socken*
> *und einiges, was ich*
> *niemand verrate,*
>
> *so dient er als Kissen*
> *nachts meinem Kopf.*
> *Die Pappe hier liegt*
> *zwischen mir und der Erde.*
>
> *Die Bleistiftmine*
> *lieb ich am meisten:*
> *tags schreibt sie mir Verse,*
> *die nachts ich erdacht.*
>
> *Dies ist mein Notizbuch,*
> *dies meine Zeltbahn,*
> *dies ist mein Handtuch,*
> *dies ist mein Zwirn.*[87]

Eich hat dieses Gedicht 1946 im Kriegsgefangenenlager in Remagen geschrieben; er macht Inventur und zählt auf, was geblieben ist, was noch sicher ist. Der Gestus der Bestandsaufnahme, deutlich an der Fülle der deiktischen Partikel, ist identisch mit der Methode des »Kahlschlags«: sich der Wirklichkeit zu vergewissern. In der Addition der Gegenstände der persönlichen Habe vollzieht Eich zugleich einen Akt originärer Namengebung, in dem er Wirklichkeit sich sprachlich aneignet und die Wörter auf ihre Tragfähigkeit prüft – prüft, was an Sprache und Wirklichkeit noch geblieben ist, was noch sagbar ist. Die besondere Betonung der Bleistiftmine verweist auf die besondere Bedeutung der Literatur als eines Instruments zur Orientierung in der Wirklichkeit. Diese Wirklichkeit des »Kahlschlags« ist so karg wie seine Sprache.

Mit dem Programm der Sprachreinigung, der Methode der Bestandsaufnahme, ist die Literatur des »Kahlschlags« jedoch nur unzureichend bestimmt, denn es ging den frühen 47ern nicht um die sprachliche Erfassung der Wirklichkeit um ihrer selbst willen, sondern um ihre Durchdringung, um die hinter der Wirklichkeit stehende Wahrheit. Diese *Intention der Wahrheit*[88] durchbricht, dem Anspruch nach, die bloße Anschauungsebene gesellschaftlicher Wirklichkeit des Jahres 1947 und umschreibt sehr allgemein die Suche nach deren verlorengegangener Sinnstruktur:

Literatur als Mittel zur größtmöglichen Annäherung des Menschen an die Wahrheit[89].

Echt, klar und wahr zu sein, das ist die Aufgabe, die dem Schriftsteller unserer Zeit gestellt werden muß[90].

Der Zwang zur Wahrheit, das ist die Situation des Schriftstellers[91].

In ihrem totalen Ideologieverdacht waren die frühen Mitglieder der Gruppe 47 darauf verwiesen, die Wahrheit nicht in einem Reich höherer Werte, sondern in der vorgefundenen Wirklichkeit selbst zu finden, in einer scheinbar anarchischen Gesellschaft, deren Wertgefüge zerfallen war. Geprägt war das gesellschaftliche Leben der ersten Nachkriegsjahre vor allem von einem Kampf um die Sicherung der einzelnen Existenzen; nicht kollektiv, sondern individuell wurden die Grundbedürfnisse zu befriedigen versucht. In dieser Übergangszeit zwischen einer finsteren Vergangenheit und einer unsicheren Zukunft war das einzig Sichere der einzelne Mensch als existentieller Kern gesellschaftlicher Wahrheit.

Wir sind unserer Zeit nicht mehr als Gruppen ausgeliefert, sondern als einzelne. Das grundlegende gemeinsame Erlebnis, das Leid, ist ein persönliches. Wir sind eine ungeheure Masse von einzelnen geworden. Bindungen und Sammlungen werden sich erst neu und nach neuen, jetzt noch nicht erkennbaren Gesetzen ergeben. Wir müssen, wie wir heute sind, genau so der endgültigen Auflösung wie einem Neubeginn ins Auge sehen[92].

Statt einer strukturierten Gesellschaft schien es nur eine Masse von vereinzelten Einzelnen zu geben. Als Träger gesellschaftlicher Wahrheit wird in der Frühzeit der Gruppe 47 in Anlehnung an den französischen Existentialismus[93] der einzelne Mensch in seiner Disposition zur Freiheit gesehen. Aufgabe der Literatur ist es, diesen Menschen moralisch zu erziehen. So bestimmt Wolfdietrich Schnurre im »Skorpion« z.B. das Theater als *moralische Anstalt*[94], deren Aufgabe es sei, die *Idee des Menschen*[95] zu propagieren, eine moralische Erziehung des Menschen zu leisten: *das Moralische ist die Sehnsucht nach dem menschlichen Urbild.*[96]

Um die Unsicherheit der menschlichen Existenz in einer unsicheren Gesellschaft adäquat erfassen zu können, wird im »Skorpion« ein neuer Realismus gefordert, der die bloße Faktizität der Dinge durchdringe und zu einer tieferen, wesentlichen Schicht der Realität vordringe, die als chaotisch, als magisch empfunden wird.

Es ist das blutige Erlebnis unserer Zeit und unseres Lebens, es ist die Fragwürdigkeit unserer geistigen Existenz und es ist die Unsicherheit unserer

> *seelischen Verwirrung, die ihn (den Realismus; d. Verf.) aus der bloßen Wahrnehmung des Objektiven ins Magische erhebt.*[97]

Dieser magische Realismus sollte es ermöglichen, die sichtbare Welt und die in ihr wirkenden unsichtbaren Kräfte in sinnlicher Form zu gestalten und begreifbar zu machen. So glaubte man, das doppelte Gesicht der Zeit, die Wirklichkeit und das Wirkliche hinter der Wirklichkeit, ihre Erscheinung und ihr verhülltes Wesen, erfassen zu können, um sich Klarheit über die Situation und ihre Entwicklungstendenzen und -möglichkeiten zu verschaffen. Die »Kahlschlag«-Literatur sollte gleichzeitig Beschreibung und Analyse sein:

> *Im magischen Realismus ist die Wirklichkeit transparent und das Unwirkliche real, sind die zwei Komponenten des Lebens, das Sichtbare und das Unsichtbare, das Physische und das Metaphysische, das Wirkliche und das Unwirkliche in eine Form gegossen. (...) Ein vertiefter Realismus, ein Realismus, der sich mit der Gestaltung der Oberfläche nicht begnügt, der nicht nachzeichnet oder fotografiert, sondern das Hintergründige unserer Zeit in den Vordergrund rückt, das Unbewußte bewußt werden läßt und für den die irrationalen unsichtbaren Vorgänge ebenso zur Wirklichkeit gehören, wie ihre sichtbaren Wirkungen.*[98]

Dieser weitgespannte Realismusbegriff ließ einen in der neu-sachlichen Tradition stehenden Roman wie Walter Kolbenhoffs »Von unserem Fleisch und Blut«[99] ebenso zu wie eine im »Skorpion« abgedruckte Erzählung von Wolfdietrich Schnurre mit dem Titel »Mal was Neues«[100], die in ihrer Mischung aus Wirklichkeitselementen und Traumbildern dem Surrealismus verpflichtet ist.

2.3 ENTSCHWINDEN DER UTOPIE – ›KAFKAESKE‹* ENTFREMDUNG

Schon 1951 hatte sich der Charakter der Prosa-Literatur, die unter den in der Gruppe 47 gelesenen Texten dominierte, gewandelt. Die angelsächsischen Vorbilder wie Hemingway und Dos Passos sowie die Anlehnung an literarische Konzepte der neuen Sachlichkeit waren abgelöst von einer neuen beherrschenden Autorität:

> *»Bei der nächsten Erwähnung Kafkas bekomme ich einen Schreikrampf«, rief einer der Diskussionsteilnehmer, als der schon zwanzig Mal beschworene Name des Magus von der Moldau zum einundzwanzigsten Male zitiert wurde.*[101]

Ilse Aichinger, die ein Jahr später für ihre sozusagen ›rückwärtsgespulte‹ Erzählung »Spiegelgeschichte« den Preis der Gruppe 47 erhielt, wurde von dem Lektor ihres Verlages verteidigt: *Ich glaube, man tut Fräulein Kaf... äh Aichinger Unrecht.*[102]

Die Bewältigung des Kriegerlebnisses und die möglichst unmittelbare und ungebrochene Auseinandersetzung mit den vom Krieg hinterlassenen Trümmern waren schon 1950 nicht mehr das beherrschende Thema gewesen.

Mit der ersten Verleihung des Preises der GRUPPE 47 an Günter Eich 1950 ist die Bindung ans Thema endgültig vorbei, schreibt Fritz J. Raddatz im »Almanach der Gruppe 47«[103]. In der Zeitschrift »Die Literatur«, die 1952 aus dem

---

* ›Kafkaesk‹ soll hier nicht als analytische Kategorie verstanden werden, sondern als Oberbegriff für alle Literatur, die sich an Kafka anlehnt und/oder sich als Kafka-Nachfolge verstand.

Kreis der Gruppe heraus erschien, wurden »Kahlschlag« und »Trümmerliteratur« bereits diskutiert wie eine lebendige Tradition[104]. Heinrich Böll konkretisierte auf spezifische Weise, was Hans Werner Richter im »Ruf« gefordert hatte: daß das *Wirkliche zugleich hinter der Wirklichkeit, die wir objektiv erfassen, beginne*[105].

Ein gutes Auge, so schrieb Böll in der »Literatur«, *gehört zum Handwerkszeug des Schriftstellers, ein Auge, gut genug, ihn auch Dinge sehen zu lassen, die in seinem optischen Bereich noch nicht aufgetaucht sind.* Wenn er das auch auf die zum Imaginieren von realistischen Situationen notwendige Phantasie des Schriftstellers bezog, so stand seine Forderung doch unter dem Eindruck einer kritischen Realitätswahrnehmung, die schon Gründe für die heftige Kafka-Rezeption der 50er Jahre in der westdeutschen Literatur ahnen läßt.

Es gibt unzählige Gründe, aus denen ein Mensch verwaltet werden kann. Unsere Aufgabe ist es, daran zu erinnern, daß der Mensch nicht nur existiert, um verwaltet zu werden, und daß die Zerstörungen in unserer Welt nicht nur äußerer Art sind und nicht so geringfügiger Natur, daß man sich anmaßen kann, sie in wenigen Jahren zu heilen.[106]

Damit war das Pathos des Neuanfangs, das den »Ruf« geprägt hatte, entscheidend relativiert. Man hatte inzwischen erkennen müssen, daß das *Wirkliche* so direkt auch nicht *hinter der Wirklichkeit* lag[107].

Die Entfernung von dem Selbstverständnis, das die Artikel des »Ruf« geprägt hatte, vollzog sich sichtbar zuerst in der Lyrik, in der die Zuversicht des *magischen Realismus* ohnehin nie völlig beherrschend gewesen war. Günter Eichs unter dem Stichwort »Kahlschlag« berühmt gewordene Gedichte wie »Inventur« oder »Latrine«, die 1948 in dem Band »Abgelegene Gehöfte« erschienen waren, wurden von dem Dichter schon bald verworfen. Typisch für den Günter Eich, der 1950 den Preis der Gruppe 47 erhielt, ist vielmehr eine Naturlyrik, in der Natur nicht, wie in der Nachkriegszeit verbreitet[108], als gesellschafts- und zeitlose Idylle gegen die Zerstörung der gesellschaftlichen Realität ausgespielt, sondern gerade als der Ort markiert wird, an dem diese Zerstörungen sichtbar wurden. Die Möglichkeiten der Orientierung, die Eich in den ersten Gedichten der Bestandsaufnahme nach dem Kriege gesucht hatte, nahmen mit zunehmender Konsolidierung der äußeren Realität nicht zu, sondern ab. Die einfache klare Bildlichkeit, die noch Gedichte wie »Der Mann in der blauen Jacke« prägte, trat in Eichs Gedichten immer weiter zurück gegenüber Chiffren, die mißtrauisch die Realität befragen. 1947 hatte Eich noch die *Wirklichkeit* durch Re-alphabetisierung der Realitätswahrnehmung zu erreichen gehofft:

Dies ist meine Mütze,
dies ist mein Mantel,
hier mein Rasierzeug
im Beutel aus Leinen.[109]

Zunehmend schwindet sein Glaube an die Möglichkeit des unmittelbaren sprachlichen Zugriffs. Das Gedicht wird für Eich immer weniger zur Orientierung in der Wirklichkeit und immer mehr zum vorläufigen Fluchtpunkt auf der Suche nach ihr. 1956 sagt er:

Ich schreibe Gedichte, um mich in der Wirklichkeit zu orientieren. Ich betrachte sie als trigonometrische Punkte oder als Bojen, die in einer unbekannten Fläche den Kurs markieren. Erst durch das Schreiben erlangen für mich die Dinge Wirklichkeit. Sie ist nicht meine Voraussetzung, sondern mein Ziel. Ich muß sie erst herstellen.[110]

Wahrnehmung von Wirklichkeit ist für ihn dort erreicht, wo Realität und ihr sprachlicher Ausdruck eine Einheit bilden, ein Zustand, der, wenn überhaupt, nur annäherungsweise zu erreichen ist.

Als die eigentliche Sprache erscheint mir die, in der das Wort und das Ding zusammenfallen. Aus dieser Sprache, die sich rings um uns befindet, zugleich aber nicht vorhanden ist, gilt es zu übersetzen. Wir übersetzen, ohne den Urtext zu haben. Die gelungenste Übersetzung kommt ihm am nächsten und erreicht den höchsten Grad von Wirklichkeit.[111]

Anders als Eich hier glaubten die Lyriker der ersten Nachkriegszeit noch an die Existenz einer – nur vage zu umschreibenden – allgemein-menschlichen Hoffnung. So formulierten sie mit dem großen Pathos des lyrischen Bildes und der deutbaren Metapher:

Auf den Balkonen des Lebens
stehn wir, hinabgebeugt,
und lauschen, ob uns vergebens,
vergebens die Eltern gezeugt.[112]

Wo auf diese Art der Verlust von Sinnhaftigkeit beklagt wird, besteht jedenfalls noch Hoffnung auf die Existenz eines wie immer gearteten Sinns. In Eichs Lyrik ist diese Hoffnung verschwunden. Die Natur wird zur Chiffre für unbeantwortbare Fragen. Sie steht als Herausforderung, als Gegenbild einer sinnentleerten gesellschaftlichen Realität gegenüber. Im Unterschied zur eskapistischen Naturlyrik ist sie bei Eich jedoch nicht Refugium, sondern Ausgangspunkt:

Kraniche, Vogelzüge,
deren ich mich entsinne,
das Gerüst des trigonometrischen Punkts.[113]

Wer möchte leben ohne den Trost der Bäume!
(...)
Dem Vogelzug vertraue ich meine Verzweiflung an.
Er mißt seinen Teil von Ewigkeit gelassen ab.
(...)
Es heißt Geduld haben.
Bald wird die Vogelschrift entsiegelt,
unter der Zunge ist der Pfennig zu schmecken.[114]

Das, was sich als Realität darstellt, meß- und verwaltbar, spart die Dimensionen aus, die erst eigentlich Wirklichkeit wären. Die wirkliche Zeit und die wirkliche Existenz sind nicht faßbar.

Und immer Gespinste, die uns einspinnen,
Aufhebung der Gegenwart,
ungültige Liebe,
der Beweis, daß wir zufällig sind,
geringes Laub an Pappelbäumen
und einberechnet von der Stadtverwaltung,
Herbst in den Rinnsteinen
und die beantworteten Fragen des Glücks.[115]

Zwischen den Ziffern der Abfahrtszeiten
breiten sich die Besitztümer unserer Liebe aus.

*Ungetrennt
bleiben darin die Orte der Welt,
nicht vermessen und unauffindbar.*[116]

Eichs Mißtrauen gegenüber der Realität geht über die Kritik an einer Gesellschaft, die sich selbstgefällig im Ungewissen einrichtet, hinaus. Das, was als eigentliche Realität, auch utopisch, zu bezeichnen wäre, ist in den Bereich des Unsagbaren gerückt. Es liegt selbst noch hinter dem, was die gesellschaftliche Realität am entschiedensten konstituiert: es liegt hinter der Zeit.

Nach meiner Vermutung liegt das Unbehagen an der Wirklichkeit in dem, was man Zeit nennt. Daß der Augenblick, wo ich dies sage, sogleich der Vergangenheit angehört, finde ich absurd. Ich bin nicht fähig, die Wirklichkeit so, wie sie sich uns präsentiert, als Wirklichkeit hinzunehmen.[117]

Diese kritische Unfähigkeit, die Realität so zu nehmen, wie sie sich an der Oberfläche darstellt, und die Verzweiflung an der Orientierungslosigkeit führen Eich letztlich zu individuellen Mythen (»Fränkisch-tibetanischer Kirschgarten«) und zum Grauen davor, was sich hinter der geschauten Oberfläche verbergen mag.

*Wenn das Fenster geöffnet ist
und das Grauen der Erde hereinweht –
Das Kind mit zwei Köpfen,
– während der eine schläft, schreit der andere –
es schreit über die Welt hin
und erfüllt die Ohren meiner Liebe mit Entsetzen.
(Man sagt, die Mißgeburten nähmen seit Hiroshima zu.)*[118]

In diesem Gedicht ist die Möglichkeit gegeben, das, was hinter der Realität liegt, nicht als utopischen Sinn zu denken, sondern als sinnloses Chaos[119].

Noch 1950 war die überwiegende Zahl der in der Gruppe 47 gelesenen Prosatexte vom Erleben des Krieges und seiner unmittelbaren Folgen beherrscht. Das hatte sich bereits ein Jahr später geändert, als Ilse Aichinger mit dem »Gefesselten« ihr Debüt gab.

Walter Jens bezeichnet den Zeitpunkt der Veränderung sehr exakt:

1952 schlug das Pendel weit und für lange zur anderen Seite aus. Ich glaube, ich könnte die Sekunde des Umschlags bezeichnen: es war in Niendorf an der Ostsee, Frühjahr 1952, eine Tagung der Gruppe 47 fand statt. Die Veristen, handwerklich-gute Erzähler, lasen aus ihren Romanen. Dann plötzlich geschah es. Ein Mann namens Paul Celan (niemand hatte den Namen vorher gehört) begann, singend und sehr weltentrückt, seine Gedichte zu sprechen; Ingeborg Bachmann, eine Debütantin, die aus Klagenfurt kam, flüsterte, stockend und heiser, einige Verse; Ilse Aichinger brachte, wienerisch-leise, die »Spiegelgeschichte« zum Vortrag.[120]

Nach den Tagungsberichten zu urteilen, behauptete sich 1951 von den alten Realisten nur Walter Kolbenhoff. Raddatz setzt den ersten Punkt der Neuorientierung bereits bei Hans Georg Brenner an:

Den ersten neuen Ton vernimmt man bei Brenner, und sicherlich nicht zufällig bei ihm. (...) Noch vor Ilse Aichingers berühmter Spiegelgeschichte spürt man hier: Sprachkunst ist kein Synonym für Inflation.[121]

Aus der Vorrede Ilse Aichingers zu ihrem Novellenband «Rede unter dem

Galgen«[122] spricht eine große Unsicherheit über die Möglichkeiten, die Literatur noch haben könnte in einer Wirklichkeit, deren Zustand sie bedrohlich genug mit dem apokalyptischen Begriff *Ende* umschreibt. Angesichts der Bedrohung, die von diesem Zustande ausginge, könne die Literatur eigentlich nur verstummen:

> *So liegt denn auch für den Erzählenden die Gefahr nicht mehr darin, weitschweifig zu werden, sie liegt eher darin, daß er angesichts der Bedrohung unter dem Eindruck des Endes den Mund nicht mehr aufbringt*[123].

Wer die ihn umgebende Wirklichkeit derart beschreibt, hat die Möglichkeit, zu einer Sinnhaftigkeit hinter der erscheinenden Wirklichkeit vorzudringen, längst aufgegeben. Derart ihres utopischen Gehalts beraubt, muß die Wirklichkeit als bedrohlich und übermächtig wahrgenommen werden. Eine solche Haltung macht die extensive Kafka-Rezeption, von der die einleitenden Zitate zeugen, verständlich: Auch Kafka schildert eine Wirklichkeit nach dem Verlust ihrer Sinnhaftigkeit. Unter solchen Prämissen gewinnt die literarische Form, von den magischen Realisten auf äußerste Kargheit reduziert, eine neue, inhaltliche Bedeutung.

> *Form*, schreibt Ilse Aichinger, *ist nie aus dem Gefühl der Sicherheit entstanden, sondern immer im Angesicht des Endes. Das kann uns ein Trost sein, wenn uns heute unsere Grenzen schmerzhaft deutlich werden und wir dem Ende vielleicht unmittelbarer gegenüberstehen.*[124]

Solche Aussagen verbieten es, Ilse Aichingers Erzählungen als bloße Formexperimente zu interpretieren. Gerade die Form, die sich dem direkten Zugriff auf die sichtbare Wirklichkeit verweigert, ermöglicht es, die Ausweglosigkeit und Bedrohlichkeit dieser Wirklichkeit wahrnehmbar zu machen.

> *Ob (die folgenden Geschichten) heute oder in hundert Jahren, im Krieg oder im Frieden auf dem Mond oder auf der Stadtbahnstation einer großen Stadt spielen, sie spielen alle deutlich vom Ende her und auf das Ende zu.*[125]

Das Spielen *vom Ende her* ist geradezu buchstäblich genommen in der »Spiegelgeschichte«, in der das Leben eines Mädchens vom Tod zur Geburt zurückerzählt wird, *das bei jeder Prüfung immer mehr von dem, was es wußte, vergessen haben muß, bis es endlich im Augenblick des Todes zur Welt kommt*[126]. Das *im Augenblick des Todes zur Welt kommen*, die Erstarrung, Fesselung, der Krampf, die endlose Wiederholung des immergleichen Augenblicks ist ein oft wiederkehrendes Thema in den Erzählungen Ilse Aichingers[127], in denen das Grauen durch die zunächst scheinbar alltägliche Realität bricht. Diese *Zerstörung nicht nur äußerer Art*, auf die der Blick gelenkt wird, sind durch Abbildrealismus nicht mehr darstellbar. Die Wirklichkeit erscheint als eine erstarrte, entfremdete: nicht zufällig fühlt man sich immer wieder an Kafkas »Verwandlung«, diesen real beschriebenen Alptraum, erinnert. Adornos Bemerkung über Kafkas Beschreibung von Wirklichkeit gilt auch für die Erzählungen Ilse Aichingers:

> *Unter den Schockmomenten ist nicht das schwächste, daß er die Träume à la lettre nimmt. (...) Nicht das Ungeheuerliche schockiert, sondern dessen Selbstverständlichkeit.*[128]

So muß man auch die frühen Erzählungen Martin Walsers, der 1953 vor der Gruppe 47 debütierte, verstehen. In »Die Niederlage«[129] schnellt ein Fensterbrett immer dann weit in den Raum vor und isoliert den Erzähler, wenn er aus dem Fenster blicken und Passanten sehen will: *Passanten sind die ein-*

Entschwinden der Utopie – ›kafkaeske‹ Entfremdung

zigen Menschen, die ich sehe. Der letzte der in Verzweiflung gerufenen Handwerker hält es mit dem Fensterbrett: Ein gutes Holz. Diese Erzählung nähert sich einer Parabel auf menschliche Isolation. In der Titelgeschichte des Bandes »Ein Flugzeug über dem Haus« wird die Geburtstagsfeier eines jungen Mädchens zum Kampfplatz, in »Der Umzug« erstarren nach und nach alle Bewohner einer ›besseren Gegend‹ zu leblosen Masken. Durch ihre Verzerrung wird die harmlose Oberfläche der Wirklichkeit hintergründig.

1953 war sich die Kritik in der Gruppe 47 über den schwäbischen Kafka Martin Walser noch nicht recht einig. Kafka sei ein gefährliches Vorbild, so meinte ein Teil der Kritiker.

Einfach deshalb, weil nicht alle Provinzialität durch einige Gespenster hintergründig zu machen ist. Wäre der junge Herr aus Stuttgart anspruchsloser gewesen, er hätte wohl was tüchtig Realistisches zu sagen gehabt.[130]

Hier hinken die Maßstäbe der Kritik den Intentionen Walsers hinterher. Nicht um *Provinzialität* geht es, sondern um die Darstellung einer versteinerten und den Menschen entfremdeten Realität – eben um das, was Ilse Aichinger als das *Ende* bezeichnet hatte. Die Darstellung solcher tiefergreifenden Zerstörung bedarf einer gewissen Abstraktion, die von Kritikern zunächst als Überbetonung der Form und als Rückzug aus dem Engagement, das eine kritische Bestandsaufnahme der gesellschaftlichen Wirklichkeit fordert, mißverstanden wurde.

Einige Kritiker (am schärfsten Walter Heist) forderten die Bewährung des Schriftstellers vor der handgreiflichen Wirklichkeit. Dieser Forderung gegenüber stellte Walter Höllerer, der Herausgeber der »Akzente« fest, die vordergründige Realität allein genüge nicht mehr zur Erkenntnis der Phänomene des Daseins. Proust, Musil, Joyce seien zum Beispiel Protagonisten einer Bewußtseinsrichtung, die hinter der Wirklichkeit psychologisch-kosmische Realitäten transparent und wirksam werden ließ.[131]

Diese Ansicht setzte sich in der Gruppe durch; 1955 erhielt Walser den Preis der Gruppe 47 für »Templones Ende«[132]. Ausgangspunkt auch dieser Erzählung ist die Isolation der Hauptfigur.

Nach dem Kriege aber wechselten viele Häuser ihre Besitzer, und die Mauern zwischen den einzelnen Grundstücken schienen von Jahr zu Jahr höher zu wachsen, und was hinter den Mauern der Nachbarn geschah, wußte Templone nicht mehr.[133]

Das umfassende Mißtrauen, in das Templone gerät, erinnert an Kafkas »Der Nachbar«:

Diese kleinlichen Bedenken waren daran schuld, daß ich mir die Wohnung habe nehmen lassen. Nun sitzt dort dieser junge Mann. Harras heißt er. Was er dort eigentlich macht, weiß ich nicht.[134]

In Kafkas Erzählung gewöhnt es sich die Hauptfigur ab, *den Namen der Kunden beim Telefon zu nennen*, aus Furcht, der unbekannte Nachbar könnte die erlauschten Informationen benutzen, um ihm entgegenzuarbeiten: *Die elend dünnen Wände, die den ehrlich tätigen Mann verraten, den Unehrlichen aber decken*[135]. Ganz ähnlich wähnt sich Templone einer übermächtigen Organisation gegenüber, die das Villenviertel *planmäßig erobern* wolle. So spielt Templone nach anfänglich vergeblichen Versuchen, die alten Villenbesitzer gegen die angeblich drohende Gefahr zu organisieren, ein heiter gelassenes Leben vor, das in gespenstischem Gegensatz zu dem unvermeidlich absterbenden wirklichen Leben in seinem Hause steht. Schließlich stirbt er, von einem schweren Folianten in seiner Bibliothek erschlagen und unter Staub begraben, in grotesker Verkennung der Wirklichkeit. Die Nachbarn *trugen es ihm nicht nach, daß er nie gegrüßt hatte* ...[136].

Die surrealistischen Elemente sind in dieser Erzählung vorsichtig eingesetzt. Sie überschreiten den Bereich des faktisch Vorstellbaren nicht. Nur durch die Überdimensionierung der Ängste der Isolierten wird die kommunikationslose Situation, in der sie leben müssen, scharf beleuchtet.

Sowohl in Kafkas wie in Walsers Erzählung ist die Gesellschaft, in der ihre Figuren existieren, erkennbar an das kapitalistische System gebunden, in dem die Konkurrenz und die anonyme Macht der großen Konzerne die Menschen ihren wirklichen Lebensmöglichkeiten entfremden. Walser bindet Morbidität und Kommunikationslosigkeit, die er hinter einer scheinbar heilen Oberfläche aufscheinen läßt, an die konkrete Welt eines wohlhabenden Bürgertums. Für ihn ist es, wie er selbst formuliert, die *Funktion der ins Unwirkliche katapultierten Fabel, aktiv* zu werden in einem kritischen Sinne[137]. Von Anfang an also zielt Walsers Kritik unmittelbar auf die Gesellschaft, in der er leben muß und die sich ihm in der Verzerrung decouvriert.

Undurchschaubar und bedrohlich in einem ›kafkaesken‹ Sinne ist die Wirklichkeit auch in den frühen Romanen und Erzählungen von Walter Jens. *Der Blinde* muß sie sich mit Hilfe eines Klötzchenspieles erst mühsam verfügbar machen, die Bewohner eines französischen Altersheimes formieren sich zu einem *skurrilen Gespensterreigen*[138] (»Vergessene Gesichter«). Jens' immer wiederkehrendes Thema ist es, *symbolisch das Individuum und seine Selbstbehauptung in einer dunklen, sinnleeren Welt zu zeigen*[139]. Auch wo Jens scheinbar unmittelbar Politisches erzählt, wie in dem Roman »Nein – Die Welt der Angeklagten«, in dem er *die Liquidation des letzten Individualisten in einem totalitären Zukunftsstaat* schildert, geht es ihm vor allem um eine *in uns allen vorhandene bedrohliche Welt*[140]. Nach »Der Mann, der nicht alt werden wollte« macht Jens in »Das Testament des Odysseus« den Helden der Odyssee zu einem *greisen, spätzeitlichen Rhetor*[141]. Nicht mehr das Ereignis, nur noch sein Destillat im schönen Wort lohnt ihm die Mühe.

Der Rückgriff des poeta doctus auf die Antike, wie ihn Walter Jens im »Testament des Odysseus« unternimmt, ist in den 50er Jahren keine Ausnahme (vgl. Frisch, Dürrenmatt) und enthält ein Moment scharfer Kritik an der Gegenwart:

> *Wo das Provisorische als derart unbehaglich empfunden wird, daß es nicht einmal mehr zum Thema einer Satire taugt, kann der Gedanke aufkommen, Vergangenheit und Geschichte zu benutzen, um jene Festigung des gegenwärtigen, transitorischen Zustands zu erreichen, wenn die Zukunft offenbar nicht auszuhelfen vermag. Es war daher ein sehr ernsthaftes Unterfangen, alles andere als Bildungsfexerei, wenn in jenen fünfziger Jahren immer wieder versucht wurde, das Antike im Gegenwärtigen aufzurufen: indem man die jetzige Übergangszeit als Wiederholung, gleichsam als neue Fassung eines uralten Topos, zu verstehen suchte.*[142]

Wenn die Übermacht der Gegenwart die Möglichkeit verbaut, das ganz Andere, Utopische, zu denken, *die Zukunft also nicht auszuhelfen vermag*, dann ist die Literatur selbst in ihrer Existenz in Frage gestellt. Mit der Odysseus-Erzählung trat Jens als literarischer Autor zurück und widmete sich hauptsächlich wissenschaftlicher und essayistischer Arbeit; in der Gruppe 47 spielte er eine immer größere Rolle als Kritiker. Heinrich Vormweg sieht in Jens' Verstummen nichts Zufälliges, sondern eine Konsequenz:

eine Absage an den Roman, eine Absage an die Literatur, die schließlich, so scheint es, nur noch der Geste, der Attitüde wegen als eine recht fragwürdig gewordene Möglichkeit, ein Mittel unter anderen zurückgelassen werden.[143]

›Kafkaeske‹ Überdimensionierung einer bedrohlichen Realität findet sich auch bei Milo Dor, einem jugoslawischen Emigranten, der in den 50er Jahren regelmäßig und mit Erfolg lesender Teilnehmer der Tagungen der Gruppe 47 war. In »Salto mortale«, einer Erzählung, die er im Herbst 1959 las, benutzt er dieses literarische Ausdrucksmittel und distanziert sich gleichzeitig von ihm. Die Erzählung beginnt ganz ›kafkaesk« mit dem Schrecken eines Redakteurs, der eines Morgens aufwacht und plötzlich von niemandem in seiner Umgebung mehr gekannt wird. Seinen Platz in der Zeitungsredaktion nimmt ein anderer ein, selbst seine Freundin hat ihn scheinbar nie gesehen. Er ist mit einem Mal jemand, der nicht existiert, so daß seine eigene körperliche Anwesenheit ihn verunsichert. Für den Leser überraschend, findet dieser Alptraum aber ein rational erklärbares Ende: Der Redakteur hatte eine von der staatlichen Agentur kommende Nachricht kritisch gewendet und war damit zur ›Unperson‹ geworden. Als er sich über den Grund seiner plötzlichen Nichtexistenz klar wird und den ›Mißgriff‹ schnell einem Kollegen, einem Setzer, in die Schuhe schiebt, findet er sich wieder am alten Platz, die Realität ist wieder zurechtgerückt, seine eigene Existenz wieder hergestellt. Nur, daß nun sein Kollege fehlt, ausgelöscht und zur Unperson geworden, von dessen Existenz allein ein Betrunkener noch reden kann, denn: *Er genoß eine Art Narrenfreiheit, die in unserem Land nur Kindern und Betrunkenen gewährt wird*[144]. Die vernünftige aber, die ernstzunehmende Gesellschaft hat seine Existenz ausgelöscht, nur im Traum erscheint er dem Erzähler, den sein schlechtes Gewissen plagt. Dann sitzt der Kollege an seiner Setzmaschine: *Ich weiß, daß er eine Rechtfertigung oder eine Anklage schreibt, aus der Setzmaschine kommt aber nichts anderes heraus als ein riesiger Bogen unbeschriebenen, schneeweißen Papiers.*[145]

Ende der 50er Jahre, als Dor seine Erzählung schrieb, war die grassierende Kafka-Rezeption in der Gruppe 47 schon zunehmender Kritik ausgesetzt. Man empfand die dermaßen surrealistisch entfremdete Darstellung von Wirklichkeit als nicht mehr ausreichend und sah die Gefahr, daß die literarischen Mittel sich mehr und mehr verselbständigten und letzten Endes doch zu einer fremdbestimmten Literatur führten. Auch das Epigonenhafte, daß der Kafka-Nachfolge anhaftete, wurde kritisiert: *Wenn ich Kafka lesen will, dann lese ich lieber Kafka*[146].

Wurde da doch wieder einmal von einem jungen Schriftsteller aufgewärmter Kafka serviert, und die Berufskritiker und Universitätsdozenten deuteten daran herum, legten allerlei hinein, was darinnen sein mochte oder nicht, redeten gescheit über die Konsequenz der stilistischen Mittel, und schließlich glaubte man beinahe, nur der eigene Verstand habe nicht ausgereicht für diese höchste Stufe hochliterarischer Produktion.[147]

Diese Situation bestimmte den Erfolg von Dors Erzählung in der Gruppe. Rudolf Walter Leonhardt lobte sie,

weil sie auch eine Art Herausforderung an die Literatur ist, bei der ich zu spüren meine, daß sie nur noch sich selber etwas zu sagen hat. Da fängt einer an, tut so, als sei er ein Kafka-Epigone, und nachdem der kritische Hörer schon zu einem »nicht schlecht – aber was soll's?« bereit war, engagiert sich der Autor auf einmal in einer Weise, wie sie diejenige Literatur verlernt hat, die glaubt, es genüge, »einen Text zu arbeiten« (der sich dann gern in einen kosmischen und damit völlig unverbindlichen Pessimismus verflüchtigt). Milo Dor selber sagt, er habe diese Erzählung eigens für die Gruppe 47 geschrieben; er hat sie daher auch Hans Werner Richter gewidmet. Sie könnte, auch in der Gruppe 47, zu einigem Nachdenken Anlaß geben.[148]

Doch »Salto mortale« zielte nicht nur auf die unverbindlicher werdenden Surrealismen »kafkaesker« Literatur. Die Erzählung enthält auch einen Kern konkreter Gesellschaftskritik, die um so eher als unmittelbare möglich ist, als hier ein Emigrant aus geographischer Distanz sein Heimatland beschreibt. Die Tatsache, daß er selber in einer Gesellschaft, in der es so schlimm noch nicht zu sein scheint, lebt, nämlich in der bundesrepublikanischen, ermöglicht ihm eben jene Distanzierung von der kritisierten gesellschaftlichen Gegenwart, die den in der Bundesrepublik schreibenden Schriftstellern so nicht möglich ist. Für sie gibt es nicht das immerhin relativ Bessere, an dem gemessen sich das Schlechte als Schlechtes offenbart. Ihr Unbehagen wird verursacht von einer gesellschaftlichen Gegenwart, die, als bedrohlich machtvoll empfunden, nicht mehr mit dem Gestus der Hoffnung beschrieben werden kann.

2.4 AUTONOMIE DER KUNST ALS WIDERSTAND IN EINER FORMIERTEN GESELLSCHAFT

Für die deutschen Schriftsteller, die in der Bundesrepublik der 50er Jahre schrieben, kann die Figur des Setzers in Milo Dors Erzählung als Metapher gelten: wo sie *Rechtfertigung* oder *Anklage* formulieren wollten, erschien nur *schneeweißes Papier.* So jedenfalls ließe sich die Aussage Ilse Aichingers auch formulieren, es bestehe *für den Erzählenden die Gefahr, daß er angesichts der Bedrohung den Mund nicht mehr aufbringt.*

Das Wort *Bedrohung* darf hier aber nicht im engeren Sinne politisch verstanden werden. Die ›kafkaeske‹ Literatur der 50er Jahre meinte zumeist nicht konkrete Kritik an den bundesrepublikanischen Verhältnissen. Die Abgründigkeit, die sie hinter einer scheinbar heilen Realität zu erkennen glaubte, hatte einen allgemeinen, existenziellen Gehalt. Ihr Problem war die Sinnentleerung des Lebens überhaupt. Diese Sinnentleerung empfand man nach der Rezeption der radikalen Existenzphilosophie Sartres, die nach dem Kriege zu wirken begonnen hatte, besonders heftig, wenn sie auch schon seit Beginn der Moderne ein Grundproblem von Philosophie und Ästhetik gewesen war. Der Verlust transzendenter Werte und ethischer Normen wurde als charakteristisch für die Zeit und als ihre zentrale Bedrohung empfunden. Nach dem Verlust der Transzendenz schien sich, so empfand man, die Welt zu einem einzigen riesigen Konglomerat von Bürokratien, Techniken und Systemen zusammenzuziehen, die den Menschen entfremdeten – eine Weltherrschaft des *Nihilismus* schien gekommen. Alfred Andersch beschreibt das sehr konkret als politische Perspektive:

Sollten die Monopole es gelernt haben, dem Phänomen der zyklischen Krisen Herr zu werden, dem sie noch 1930 erlagen, so wird der Wirtschaftsfeudalismus unserer Gesellschaft stabil sein, wie auch immer wir seinen moralischen Rang einschätzen. Er wird sich dann zu einem ebenso geschlossenen System verfestigen, wie es die von Profitkreisen freie Machtordnung der sozialistischen Administration bereits darstellt. Die beiden Systeme werden dann nicht mehr ethisch miteinander verglichen, sondern nur noch an-

thropologisch konstatiert werden können, und die Menschen, die in ihnen leben, werden auf sie in der Weise der Anpassung reagieren. Im Sinne moralischer Wertungen vergleichbar ist nur eine geöffnete mit einer geschlossenen Gesellschaft, nicht aber geschlossene Systeme, deren geistige Anstrengungen sich ausschließlich auf die Verwaltung jener Tabus richten, auf denen sie beruhen.[149]

Anti-Haltung schien unter solchen Bedingungen nur noch individuell und partiell möglich, in der Orientierung auf das schriftstellerische Individuum selbst, im literarischen Nonkonformismus. Durch individuellen Widerstand gegen nihilistische Systeme sahen nicht nur die in der Gruppe 47 versammelten Schriftsteller, sondern auch ein konservativer, allerdings stets singulärer Autor wie Ernst Jünger die gesamte Literatur der Moderne gekennzeichnet.

Der große Einschnitt liegt darin, daß die Vernichtung zunächst leidend empfunden wird. Das bringt oft eine letzte Schönheit wie in den Wäldern der erste Frost, auch eine Feinheit, die klassischen Zeiten nicht gegeben ist. Dann schlägt das Thema um, zum Widerstande; es stellt sich die Frage, wie der Mensch angesichts der Vernichtung im nihilistischen Sog bestehen kann. Das ist die Wendung, in der wir begriffen sind; es ist das Anliegen unserer Literatur. Das läßt sich mit zahlreichen Namen belegen – wie, um einige herauszugreifen, mit denen von Wolfe, Faulkner, Malraux, T. E. Lawrence, René Quinton, Bernanos, Hemingway, Saint-Exupéry, Kafka, Spengler, Benn, Montherlant und Graham Greene. Gemeinsam ist ihnen allen das Experimentelle, das Provisorische der Haltung und die Kenntnis der gefährlichen Lage, der großen Bedrohung; das sind zwei Daten, die über Sprachen, Völker und Reiche hinweg den Stil bestimmen – denn daß ein solcher bestehe und nicht nur in der Technik lebte, darüber kann kein Zweifel sein.[150]

Der Faschismus mit einer falschen Sinnhaftigkeit, die er vorgaukelte, hatte in Deutschland lange verdeckt, was nun, nach dem Zusammenbruch des Nationalsozialismus, auch ästhetisch stärker ins Bewußtsein trat: die Moderne als Krise der Kunst, die Abstraktion als Ausdruck ihrer zunehmenden Sprachlosigkeit.

Von Anbeginn war ästhetische Abstraktion (...) eher ein Bilderverbot. Es gilt dem, was schließlich die Provinzialen unterm Namen der Aussage sich herüberzuretten hofften (...): nach der Katastrophe des Sinns wird Erscheinung abstrakt. Solche Sprödigkeit ist, von Rimbaud bis zur gegenwärtigen avantgardistischen Kunst, äußerst bestimmt. Sie hat so wenig sich geändert wie die Grundschicht der Gesellschaft.[151]

Der Verlust von Sinnhaftigkeit, damit aber auch der Verlust der Fähigkeit zur Utopie, machte der Kunst den abbildhaften Zugriff auf die Realität problematisch:

Abstrakt ist die Moderne vermöge ihrer Relation zum Dagewesenen; unversöhnlich dem Zauber, kann sie nicht sagen, was noch nicht war, und muß es doch wider die Schmach des Immergleichen wollen.[152]

Mit der Hoffnung auf die werteschaffende Kraft von Literatur selbst hatte man in den ersten Nachkriegsjahren ihre Sinnhaftigkeit zu erhalten gehofft, so wie man durch Festhalten an der konkreten Utopie an eine positive Veränderung der Wirklichkeit glaubte. Dieser Optimismus war zunehmender Skepsis gewichen:

> *Alle Versuche, durch gesellschaftliche Funktion der Kunst zurückzuerstatten, woran sie zweifelt und woran zu zweifeln sie ausdrückt, sind gescheitert.*[153]

Dieser apodiktische Satz Adornos trifft die Erfahrungen vieler Schriftsteller der Gruppe 47, die in der Nachkriegszeit noch überzeugt von den politischen Wirkungsmöglichkeiten von Literatur gewesen waren[154].

> *Wir glaubten noch an das geschriebene Wort, an die Möglichkeit, schreibend die Gesellschaft mit verändern zu können. War es ein Irrtum? Ich glaube, ja.*[155]

Was sie jedoch behielten, war die Überzeugung, daß Literatur mehr zu leisten hätte als nur das Bestehende zu verdoppeln, ihr Insistieren darauf, das, was noch nicht war, gegen die Schmach des Immergleichen zu wollen. Die Überzeugung von der utopischen Kraft von Literatur war geblieben, ohne daß jedoch noch die Möglichkeit gesehen wurde, diese gestaltend auch zu konkretisieren.

Für eine solche Haltung, die der Literatur noch ein utopisches Potential zuschreibt, aber ein Anderes zum Bestehenden nicht kennt, konnte Kafkas Literatur ein wichtiges Vorbild werden.

> *Das Bild der heraufziehenden Gesellschaft entwirft er nicht unmittelbar – denn Askese herrscht bei ihm wie in aller großen Kunst gegenüber der Zukunft – sondern montiert es aus Abfallsprodukten, welche das Neue, das sich bildet, aus der vergehenden Gesellschaft ausscheidet. Anstatt die Neurose zu heilen, sucht er in ihr selbst die heilende Kraft, die der Erkenntnis: die Wunden, welche die Gesellschaft dem Einzelnen einbrennt, werden von diesem als Chiffren der gesellschaftlichen Unwahrheit, als Negativ der Wahrheit gelesen. Seine Gewalt ist eine des Abbaus. Er reißt die beschwichtigende Fassade vorm Unmaß des Leidens nieder, der die rationale Kontrolle mehr stets sich einfügt.*[156]

Mangel an Zukunft, Verzicht auf Utopie trotz des Insistierens auf ihrer Notwendigkeit prägten die Literatur der 50er Jahre in der Bundesrepublik nicht ohne Grund und Voraussetzung. Die Form des gesellschaftlichen Systems, in dem Kunst existiert, formt auch die Ausdrucksweise ihrer Kritik.

> *Die Grundschichten der Erfahrung, welche die Kunst motivieren, sind der gegenständlichen Welt, vor der sie zurückzucken, verwandt. Die ungelösten Antagonismen der Realität kehren wieder in den Kunstwerken als die immanenten Probleme ihrer Form.*[157]

Der Rückzug von politischem Engagement in die Abstraktion kann nicht allein den Schriftstellern angelastet werden, sondern ist die unvermeidliche Reaktion ihrer besten auf die zunehmende Verhärtung der Gesellschaft: *Neue Kunst ist so abstrakt, wie die Beziehungen der Menschen in Wahrheit es geworden sind.*[158] So existentiell und vom jeweils Konkreten abstrahierend man Übermächtigkeit und Bedrohung durch die Realität auch empfand, – es war immer auch die konkrete Übermächtigkeit einer bestimmten Gesellschaft, von der diese Bedrohung ausging, es war die Gesellschaft der Bundesrepublik in den 50er Jahren.

Das wurde in der Gruppe 47 auch durchaus so verstanden und diskutiert.

> *Hat nicht auch die stabilisierte Gesellschaftsordnung mit ihrem gesättigten Klima auf die Schriftsteller abgefärbt und damit die Zusammenkünfte selbst dieser gar nicht steifleinenen Gruppe zur Konvention gemacht?*[159]

Autonomie der Kunst als Widerstand in einer formierten Gesellschaft

In der Zeitschrift »Die Literatur«, die 1952 aus dem Kreis der Gruppe 47 herausgegeben wurde, ist die Diskussion von Möglichkeiten und Präformierungen oppositioneller Literatur eines der zentralen Themen. Die *Restauration, die sich wie ein langsamer Erstickungstod für die jungen Kräfte auswirkt*[160], gilt als allseitig akzeptiertes Faktum, mit dem ein Schriftsteller rechnen muß. Literatur machen heißt, sich gegen die Übermacht der sich alles subsumierenden anonymisierten Gesellschaft zur Wehr setzen.

In einer sich mehr und mehr konformistisch schließenden Gesellschaft nimmt die Wirkung der Literatur, die das System offenhalten will, die also nicht übereinstimmt, rasch ab, wenn sie nicht durch die Gewalt der Thematik, die sie wählt und tatsächlich packend darstellt, Achtung und Beachtung erzwingt.[161]

Welche Thematik aber sollte Literatur darstellen, wenn die Gesellschaft, unter deren Prämissen sie entsteht, so übermächtig ist, daß sie selbst die Möglichkeiten utopischen Denkens verstellt oder vereinnahmt? Die formierte Gesellschaft nahm auch die ihr opponierende Literatur in ihren Zwang:

Infolge mangelnder politischer Opposition ist auch die literarische Opposition einem Konformismus, einer Blockbildung gewichen, die einen empfindlichen Verfall der Auswahlaxiome verrät, die zur Voraussetzung auch der aktuellen Kritik gehören.[162]

Die Literatur gerät in den Sog der konformen Gesellschaft, weil sie ihr nichts anderes entgegensetzen kann als deren Negation, die Non-Konformität. Selbst diese beruht aber noch auf dem vagen Wissen um moralische Normen, denen diese Gesellschaft nicht entspricht, und auf dem Bewußtsein, daß es anders sein müßte. Noch in der Verweigerung ist der Schriftsteller letztlich Moralist und Utopist; die Vorstellung einer Alternative allerdings ist mit der konkreten Hoffnung auf Veränderung verloren gegangen. Der Antihaltung, dem vagen moralisch-politischen Nonkonformismus, der an der Gruppe 47 zu beobachten ist, entspricht auch eine literarische Antihaltung, ein literarischer Nonkonformismus. In der Hilf- und Ziellosigkeit des individuellen Aufbegehrens entspricht der literarische Protest der Schriftsteller dem der Halbstarken, auch sie sind *Rebels without Cause*. So prägt die Gesellschaft der 50er Jahre auch die Formen des in ihr erwachsenden Widerstandes, so wie auf der anderen Seite sie den *vor Zufriedenheit bis zur Leblosigkeit erstarrten Bürger* prägte, den der neue Staat zu seinem Ideal erkoren hatte[163].

Opposition scheint nicht mehr möglich, denn sie wird erdrückt vom wachsenden Wohlstand oder erstickt selbst an ihrer Perspektivlosigkeit. Nichts scheint sich der Integration entziehen zu können.

Neue Schlagworte werden präsentiert: Wirtschaftswunder, Restauration, unbewältigte Vergangenheit. Nichts daran ist echt. Schnurres Losung »Man sollte dagegen sein« wird nicht mehr ernst genommen. Man ist »dagegen« – und trägt bisweilen durch sein Dagegenschreiben zur Abrundung des scheinbar bekämpften Zustandes bei. Alles wird von nun an »integriert« durch eine offizielle Gesellschaftstheorie, die gelernt hat, daß man die abgenutzten Redensarten von der Volksgemeinschaft und dem Ständestaat nicht mehr anbieten darf, weshalb man auf den Terminus »formierte Gesellschaft« verfällt: zur Bezeichnung des gleichen Zustandes. Auch der Avantgardismus wird integriert und die Beatnikmentalität; die aleatorische Kunst nicht minder als die Literatur des Unbehagens an der neuen und unguten Prosperität.[164]

Zur literarischen Entwicklung in der Gruppe 47

Im Vergleich zum moralischen Anti-Pathos, mit dem die Autoren des »Ruf« angetreten waren, wirkt der kritische Impuls der Literatur, die in den 50er Jahren aus dem Umkreis der Gruppe 47 heraus entstand, verhalten. *Diese Literatur der fünfziger Jahre scheint klimatisch in einer gemäßigten Zone angesiedelt zu sein.*[165]

Noch die Resignation, die hinter dem Rückzug in die ästhetische Verweigerung steht, zeugt von der Macht der konformen Gesellschaft, die sich sogar den Protest unterwirft und ihn verharmlost. Was bleibt, ist ein ›kafkaeskes‹ *Klima unterschwelliger Furcht, als braue sich hinterm Rücken irgendein Unheil zusammen*[166].

Ein unbestimmtes Unbehagen an falscher Zufriedenheit wird in der Literatur manifest, die Entfremdung in einer Gesellschaft, die selbst noch den in ihr Opponierenden ihren Stempel aufprägt, scheint auf in Texten, in denen das Alptraumhafte real geworden ist. Kritik an der Übermacht der Gesellschaft äußert sich als Kritik an den durch sie deformierten Menschen. So läßt sich Adornos Kafka-Interpretation um so stärker auf die Motive der Kafka-Rezeption der 50er Jahre übertragen:

Nicht die Mächte, sondern die ohnmächtigen Helden scheinen überflüssig ... Sie kriechen eigentlich zwischen Requisiten umher, die längst amortisiert sind und ihnen ihr Dasein nur als Almosen gewähren, indem sie über die eigene Lebensdauer hinaus fortexistieren. Die Verschiebung ist der ideologischen Gewohnheit nachgebildet, welche die Reproduktion des Lebens zum Gnadenakt der Verfügenden, der »Arbeitgeber« verklärt. Sie beschreibt ein Ganzes, in dem die überzählig werden, die es umklammert und durch die es sich erhält. Aber darin erschöpft das Schäbige bei Kafka sich nicht. Es ist das Kryptogramm der auf Hochglanz polierten kapitalistischen Spätphase, die er ausspart, um sie desto genauer in ihrem Negativ zu bestimmen.[167]

Die Übermächtigkeit des Systems läßt keinen anderen Widerstand zu als den individuellen Rückzug der Kunst aus dem Abbildrealismus, mit dem die Kunst als sinnhaft immer auch hätte anerkennen müssen, als was die gesellschaftliche Realität sich präsentiert. Rückzug der Kunst in die Abstraktion, Besinnung auf den äußersten Ausdruck ihrer Autonomie ist die extremste Verweigerung von Affirmation, die ihr in den 50er Jahren zur Verfügung stand. Die Form der Kunstwerke selbst wird nun zu ihrem utopischen Gehalt.

Je totaler die Gesellschaft, je vollständiger sie zum einstimmigen System sich zusammenzieht, desto mehr werden die Werke, welche die Erfahrung jenes Prozesses aufspeichern, zu ihrem Anderen. Braucht man einmal den Begriff der Abstraktheit so lax wie nur möglich, so signalisiert er den Rückzug von der gegenständlichen Welt eben dort, wo nichts bleibt als deren caput mortuum.[168]

Daß die Kunst sich durch Abstraktion der sich immer mehr schließenden Gesellschaft verweigert, wurde im Umkreis der Gruppe 47 diskutiert und akzeptiert. 1955 las Alfred Andersch seinen Essay »Die Blindheit des Kunstwerks«, den er Adorno widmete. Wo die Gesellschaft sich zum System, die Idee sich zur Ideologie zusammenzieht, so argumentiert Andersch, kann allein die Abstraktion der Kunst noch einen Weg zeigen, *die Gesellschaft offen zu halten. (...) Die Abstraktion ist die instinktive oder bewußte Reaktion der Kunst auf die Entartung der Idee zur Ideologie.*[169]

Wenn sich keine politische Alternative mehr formulieren läßt, ohne daß sich diese ihrerseits wieder zum System verhärtet, ist die literarische Form der einzig mögliche Ausdruck des Protestes.

Da die Gefahr des Rückfalls in ein totalitäres Gesellschaftssystem heute unverändert weiterbesteht, bleibt auch die Kunst der Abstraktion weiter aktuell. Was sich daraus ergibt, ist aber, daß die abstrakte Kunst sich insgesamt wie in jedem einzelnen ihrer Werke einen genauen gesellschaftlichen und metaphysischen Inhalt gegeben hat: abstrakte Kunst ist nicht Kunst ohne Inhalt, sondern Kunst des Aufstands gegen den zur Ideologie degradierten Inhalt in der Weise des Sich-Entziehens.[170]

Der Künstler erkennt *den Ausbeutungscharakter, den der Gegenstand im geschlossenen Machtsystem annimmt*[171]. *Mimesis ans Verhärtete und Entfremdete*[172], als die Adorno nicht nur die Literatur Kafkas, sondern die der gesamten Moderne begreift, ist gleichzeitig Widerstand gegen diesen Zustand der Gesellschaft. Die ›*Aufteilung der Realität in eine eigene und eine fremde*‹ *ist jedenfalls keine schizoide Zwangsvorstellung, sondern ein notwendiges dialektisches Spannungsverhältnis, das gerade von der modernen Kunst leidend ermessen wird.*[173]

Gleichzeitig sieht Andersch jedoch auch Gefahren, die in dem Rückzug der Kunst auf ihre Autonomie als einziger Form ihres Widerstandes liegen: Wo die Kunst die Aporien ihrer Form gegen die ideologische Korrumpierung der Inhalte ausspielt, liegt die Gefahr ihrer Erstarrung zu bloßem Formalismus nahe. Das Widerstandspotential der Abstraktion ist nur schwach.

Dennoch: gegen die Versuche der Ideologie, die Kunst zu sterilisieren, bleiben Affront und Arroganz des »l'art pour l'art« ein leerer Protest. Die Reduktion des Kunstwerks auf ein Arrangement formaler Qualitäten bewirkt heute nicht mehr als bestenfalls ein Dasein petrefaktischen Einschlusses in die großen Gesteinsschichten der Gesellschaft. Das ist es, was die Programmatiker des Formalismus verkünden: im Schweigen, im Dunkel, in der Blindheit und völligen Absonderung sollen die Kunstwerke ruhen – Konfigurationen eines göttlichen Kunstgewerbes. Aber Bilder und Gedichte sind keine Ammoniten. Sie sind lebendig. Unter dem Kleid der Form bewegen sie sich. Jedes vollkommene Kunstwerk ist ein gelungener Ausbruch aus der Blindheit der reinen, sich selbst genügenden Form.[174]

Gegen den *leeren Protest* der Formbestimmtheit will Andersch die Kunst, analog zu seinem sieben Jahre früher entstandenen Essay »Literatur in der Entscheidung«, auf *Wahrheit* verpflichten, hier deutlicher als 1948 verstanden als utopischer Gegenbegriff zu Adornos *Unwahrheit* und *Negativität* der bestehenden gesellschaftlichen Systeme.

Nur indem Kunst sich auf den alles Erkennen voraussetzenden Begriff der Wahrheit bezieht, erfüllt sie die Aufgabe, die Gesellschaft geöffnet zu halten. Freiheit, die Bedingung der Kunst, ist nur in einer die Bemühung um die Wahrheit offen haltenden Gesellschaft möglich. So mag Kunst von allem abstrahieren – und ihre Abstraktion vom Inhalt ist heute noch eine Erscheinungsform des Wahren –, von der Wahrheit selbst abzusehen, ist ihr, ihrem Wesen nach, unmöglich. In der totalen Unwahrheit der geschlossenen Gesellschaft verstummt sie.[175]

In seinem Essay sah Andersch noch zuversichtlich die jüngeren Schriftsteller in der Bundesrepublik *fast ausnahmslos damit beschäftigt, an der Literatur einer ziellosen, aber keineswegs sinnlosen Revolte zu schreiben, ohne daß sie bereit wären, den Sinn der Worte an ihren Klang zu verraten*[176].

Doch mit seiner 1955 gegründeten Zeitschrift scherte Andersch aus der Gruppe 47 aus. Von Kritikern wurde »Texte und Zeichen« als engagierte Neuerung in einem *ebenso geschäftstüchtigen wie geistig schläfrigen Buchhandelsbetrieb (...)* gesehen. *»Texte und Zeichen« will, nachdem die Debatten über Engagement und reine Literatur verklungen sind, offenbar so etwas wie eine Weiterführung des engagierten Kurses, aber auf undoktrinäre Weise. Es gibt keine Manifeste und Programme. Dafür enthält das erste Heft eine Reihe von Beiträgen, die endlich wieder einmal jenen angreifenden Charakter haben, den wir an vielen sterilen Produkten zeitgenössischer Schriftstellerei vermissen.*[177]

Das Unbehagen, die Schriftsteller der 50er Jahre könnten ihr Engagement einer unverbindlichen formbestimmten Literatur opfern, breitet sich aus.

Das zehnjährige Jubiläum der Gruppe 47 1957 begann unter dem Zeichen eines *schlechten Gewissens*[178] und allgemeinen Krisenbewußtseins. Die Gruppe war in Gefahr geraten, ihren Werkstattcharakter und damit ihre ursprüngliche Funktion als Gruppe zu verlieren, weil sie zu einer Institution des literarischen Marktes geworden war. Daneben aber bezog sich das Unbehagen und das Gefühl der Krise auch auf die Literatur selbst. Aus den Berichten und Kritiken über Sitzungen der Gruppe 47 in den 50er Jahren läßt sich immer wieder Ähnliches herauslesen: eine allgemeine *literarische Ratlosigkeit*[179], Skepsis gegenüber den Möglichkeiten der Literatur, verbunden mit der immer wiederkehrenden Frage, ob die Gruppe nicht inzwischen ihre Funktion als kritische Instanz eingebüßt habe und überflüssig geworden sei.

So war es denn fast natürlich, daß dieser Tagung (1956, d. V.) Gerüchte über die bevorstehende Auflösung der Gruppe vorausliefen. Hat sie denn wirklich noch eine Funktion? Geht nicht jeder seiner Arbeit nach, unabhängig vom strengen Freundesurteil, dem er sich auf den Tagungen aussetzt...?[180]

Die hermetisch gegenüber aller Kritik sich verschließende Gesellschaft der 50er Jahre hatte die Verwirklichung der Intentionen, unter denen die Gruppe 1947 einmal angetreten war, unmöglich gemacht.

Inzwischen hat sich aber die deutsche Gesellschaft formiert (...), und nun droht die Gefahr – droht?, sie verfügt bereits über alle Ecken, Enden und Leitstellen – die Gefahr, daß die Herren und Damen von der Literatur zwar den Nachtisch, vielleicht auch das eine oder andere Anregungshäppchen liefern dürfen, aber weder Fleisch noch Brot noch Salz.[181]

Allzuleicht, so wird kritisiert, gäben die Schriftsteller diesem gesellschaftlichen Druck nach und flüchteten sich in unverbindliche Formspielereien und Konflikte, die längst der Vergangenheit angehörten.

Obwohl sich (...) in Deutschland seither so manches (durchaus nicht immer zum Guten) verändert hat, verharren die Anhänger der Gruppe 47 in der Thematik und Polemik von 1947 – sie beschwören mit schier manischer Besessenheit die Schatten der Vergangenheit oder vergnügen sich mit surrealistischen Spielereien, mit assoziativen Unverbindlichkeiten oder obszönen Abstrusitäten. Der biederen Selbstgefälligkeit unserer Gegenwart aber wagt sich kaum einer zu stellen, und der Kommunismus östlicher Prägung, diese Inkarnation der Unmenschlichkeit, ist vollends tabu. (...) Ressentimentgeladene Gesinnung allein ist nicht entscheidend, sie wirkt heute antiquiert und läßt kaum eine künstlerische Gestaltung zu. Leider übersieht die Kritik, die in der Gruppe 47 freimütig geäußert wird, nur allzuoft dieses Faktum und akzeptiert die antifaschistische Haltung schlechthin als künstleri-

sches Kriterium. *Sie leistet damit einer gefährlichen Flucht aus der Gegenwart Vorschub, denn der Kampf gegen den Nationalsozialismus birgt heute kein Risiko, der Gegner ist tot. Die Unmenschlichkeit unserer Tage hat subtilere Züge, der Terror der Mächtigen herrscht durch die Chimäre des Wohlstands und versklavt unbarmherzig das Individuum. Verzweifelt klammern sich die Schriftsteller an die Gegner von gestern, um ihre Unschlüssigkeit vor dem Heute zu kaschieren. (...) So glich die Jubelfeier der Gruppe 47 fast einer Kapitulation.*[182]

Aber auch Schriftsteller wie Hans Werner Richter selbst, für den das antifaschistische Engagement immer zu den ersten Voraussetzungen kritischer Literatur gehört hatte, übten Kritik. So warf Richter 1957 in einer Rundfunksendung den deutschen Schriftstellern vor, sie seien, *unsicher und ahnungslos* gegenüber gesellschaftlichen Problemen, *zu literarischen Fachleuten* geworden[183].

Wenn auch solche Urteile zum Teil hermetische Literatur als Formspielerei mißverstehen oder das unterschwellige Weiterleben faschistischer Elemente in der bundesrepublikanischen Demokratie unterschätzen mochten, so bestand doch ein wachsendes Unbehagen über die literarischen Mittel kritischer Bestandsaufnahme, mit denen die Autoren der Gruppe 47 der sie umgebenden Wirklichkeit begegneten. Ein Ausweg sollte sich erst mit dem Übergang zu den 60er Jahren zeigen, als auch politisch und sozial die erstarrte Gesellschaft der Wirtschaftswunderzeit in Bewegung kam.

2.5 ABSTRAKTION ALS AKT DER BEFREIUNG: LYRIK UND HÖRSPIEL

Die Abstraktion, durch die sich das Kunstwerk der verhärteten und entfremdeten Gesellschaft verweigert, zeigt sich am deutlichsten in der Lyrik, die in den 50er Jahren unter der in der Gruppe 47 gelesenen Literatur auch schon rein quantitativ immer gewichtiger wurde.

... das Schwergewicht der Auseinandersetzungen hat sich auch innerhalb der »Gruppe 47« von der Prosa zur Lyrik verlagert. Aus dem seinerzeit überwiegend homogenen Zusammenschluß realistischer Prosaschriftsteller ist eine Gruppe sehr unterschiedlicher Stilrichtungen geworden, und die radikalste Modernität findet sich bei den Lyrikern.[184]

Im Vorwort der Lyriksammlung »Transit« beschreibt Walter Höllerer, selbst einer der meistlesenden Lyriker auf Tagungen der Gruppe 47, den Prozeß, der den Lyriker, gerade wenn er sich seiner Verpflichtung zu kritischer Zeitgenossenschaft stellte, immer mehr in die Isolation und Abstraktion führt:

Der Moment 1945, der dem Ich ein wahres Gegenüber befreite, der Bestand und Nichtbestand erwies bei verbrannten Versicherungskarteien und Organisationslisten, stehengebliebenen Fahrstühlen und entmythisierten Uniformstücken, mußte weiterwirken als moment créateur. Die Wahrheit des lyrischen Moments will kein verschlafenes, unverwandeltes Zurückzulassen, keinen Ausverkauf an die Vergangenheit. Das Gedicht stößt sich dabei an entgegenstarrenden Vorgängen ringsum. – Der individuellste Ausdruck wird so der objektivste. Denn es besteht eine, wenn auch oft komplizierte, Beziehung des Gedichts zu dem, was nicht nur vom Dichter, sondern von seiner Zeitgenossenschaft als erreichbarer Bewußtseinshorizont geahnt wird, der aber außerhalb der Dichtung noch nicht mit Worten benannt ist.[185]

Gerade indem also die Lyrik am utopischen Anspruch von Literatur festhielt, wurde sie in dem Maße in die Abstraktion gedrängt, in dem die Gesellschaft sich verschloß. Die Lösung vom Gegenständlichen, von der deutbaren Metapher, wurde begriffen als ein Akt der Befreiung:

In diesem Moment wurde erkennbar, was das Wort »Abstraktion« zumeist eher verstellt als ausspricht: das Überschreiten einer Schwelle, das den Abschied von einem umfriedeten Raum mit sich bringt, und das Erkennen, daß jeder umfriedete Raum in einem größeren sich befindet, und daß auch dessen Zäune nicht die letzten Zäune sein werden. Auch diese Erfahrung des Weggangs und des Fortgangs aus den Zäunen, die die Erfahrung der geometrischen Figuren überbot, fand sich in den Versen wieder. In Versen freieren Atems; sie gibt ihnen Überlegenheit über fixe Deutungen, aber zugleich die Bedrängnis des Niezuendekommens, von Vergeblichkeit und Verantwortung.[186]

Verse als *trigonometrische Punkte*, als Orientierungen in einer Wirklichkeit, der man mißtraut, waren schon für Eich 1950 in seiner Naturlyrik bestimmend gewesen. Höllerer geht einen Schritt weiter, für ihn ist die fortschreitende Entgrenzung selbst Inhalt des Verses:

Er ist Vorgang. (...) Die Geste, die hinausweist in Räume jenseits der Legende von Anfang und Ende, bringt die Gedichte des Fortgangs mit sich, der Bewegung des immer neuen Sich-Aufraffens und Gehens, die sich der Starre entziehen will. Diese Geste, die als Sprachgeste eine Bewegung unseres Selbst ist, läßt sich nicht festlegen auf Zwischenstationen. Ihr Ungenügen beruft sich darauf, daß stets andere Ausblicke warten, und daß das Angeeignete umsonst zum Verweilen auffordert, weil das Unbekannte an kein Ende kommt. Immer wieder ziehen sich Verse am eigenen Schopf aus dem von ihnen hervorgerufenen vorübergehend Heimischen.[187]

Die ständige Bewegung, in der Verse sich befinden, ist ihr Widerstand gegenüber einer immer mehr zum starren System sich zusammenschließenden Realität, deren Erstarrung sich sprachlich ausdrückt in der *Phrase: festgelegt, nachsprechbar, vertauschbar*[188].

Solcher Protest der Lyrik gegen die Realität ist ein Protest der beweglichen Sprache gegen die Erstarrung. Er muß sich dem Vorwurf stellen, daß er zu bloßer Sprachartistik führe. Gegen solche Reduzierung hat Gottfried Benn in seiner Rede »Probleme der Lyrik« – in den 50er Jahren einer der meistrezipierten Texte zur Lyriktheorie –, den Begriff der *Artistik* verteidigt:

In Wirklichkeit ist es ein ungeheuer ernster Begriff und ein zentraler. Artistik ist der Versuch der Kunst, innerhalb des allgemeinen Verfalls der Inhalte sich selber als Inhalt zu beleben und aus diesem Erlebnis einen neuen Stil zu bilden, es ist der Versuch, gegen den allgemeinen Nihilismus der Werte eine neue Transzendenz zu setzen: die Transzendenz der schöpferischen Lust.[189]

Das Gedicht wird monologisch, *es gibt keinen anderen Gegenstand für die Lyrik als den Lyriker selbst*[190]. Die Verweigerung der Anpassung wird zur Verweigerung von Kommunikation, die ja nur in der entfremdeten, erstarrten Form der *Phrase* vor sich gehen könnte. Solche Lyrik beruht auf extremer Abgrenzung von der bürgerlichen Existenz, die sich eingerichtet hat und die Bedrohtheit ihrer vermeintlich gesicherten Wirklichkeit nicht mehr spürt. Wie elitär solche Ausgrenzung dort ist, wo sie nicht mehr die Prägung des Kleinbürgers durch die Unmenschlichkeit der Gesellschaft, in der er

Abstraktion als Akt der Befreiung: Lyrik und Hörspiel

lebt, reflektiert, wird in der Verachtung deutlich, mit der Gottfried Benn von der alltäglichen Existenz spricht[191].

Esoterik, Verweigerung von Kommunikation durch monologische Lyrik, Rückzug in Abstraktion und Entgrenzung der Möglichkeiten von Sprache – eine radikalere Kritik an der alltäglichen Realität durch Literatur mochte in den 50er Jahren kaum möglich gewesen sein. Vielleicht ist die Radikalität von Verweigerung, die sie ermöglichte – und zwar gerade *durch* Berufung auf ihren Charakter als Kunstwerk, nicht trotz dieser –, mit ein Grund für die Beliebtheit und den Erfolg von Lyrik bei den Lesungen der Gruppe 47 in den 50er Jahren.

Doch in dem Maße, in dem die Radikalität ihrer Kritik größer war, war auch die Gefahr, stumm zu werden, größer als bei Prosaliteratur.

Lyrik stößt immer wieder auf Schranken, die die Zwischenwelt einer falschen Sprache zwischen dem Individuum und der Wirklichkeit, die es zu beschreiben gilt, errichtet. Ihr bleibt als letzte Konsequenz der Entgrenzung von Sprache deren Eliminierung.

1953 erhielt Ingeborg Bachmann den Preis der Gruppe 47 nach einer Stichwahl gegen Walter Jens für Gedichte aus dem Band »Die gestundete Zeit«. Die Kommentare der Kritik waren positiv, aber knapp, und die äußere Erscheinung der Lyrikerin, ihr Auftritt vor der Gruppe, schienen fast eine größere Wirkung hinterlassen zu haben als ihre Gedichte selbst:

... ein schönes Mädchen, flirrend in der Bescheidenheit dessen, der noch nicht sehr lange schreibt, und in der Überzeugung, daß ihre Gedichte das beste sind, was sie in diesem Augenblick praktizieren kann.[192]

Die Lyrik Ingeborg Bachmanns sperrte sich allzu schnellen Interpretationen. Trotz der Esoterik ihrer Gedichte widmete ihr der »Spiegel« im folgenden Jahr eine Titelgeschichte[193]; ein Indiz für die große Aufmerksamkeit, die die Lyrikerin auch außerhalb des engeren Bereichs eines literarischen Publikums auf sich zog. In der Gruppe 47 bekam sie bald die Rolle einer Grande Dame. Daß ihre Lyrik fast immer überschwenglich gelobt wurde, ist vielleicht nicht zuletzt darin begründet, daß man in ihr – endlich – wieder eine ›Dichterin‹[194] fand. Um Ingeborg Bachmanns sowohl intellektuelle wie poetische Lyrik wuchs bald ein Mythos, dem sich die Interpretationen ihrer Gedichte nur schwer entziehen konnten.

Ähnlich wie für Eich ist auch für Ingeborg Bachmann das Schreiben identisch mit der Suche nach Wirklichkeit, die durch eine falsche Sprache verstellt wird.

Ingeborg Bachmann hat den Begriff »Gaunersprache« geprägt. Eine Sprache ist damit gemeint, die ungeprüft und gedankenlos übernommen wird. Sprache wie Mobiliar, Sprache der Meinungslosigkeit und Lüge.[195]

Beeinflußt durch die Sprachkritik Heideggers und vor allem Wittgensteins, mit der sie sich theoretisch ausführlich beschäftigt hatte, versteht die Bachmann-Sprache als etwas Vorgegebenes, Bewußtseinbildendes. Dagegen gelte es, eine Sprache zu finden,

die noch nie regiert hat, die aber unsere Ahnungen regiert. (...) Wir, befaßt mit der Sprache, haben erfahren, was Sprachlosigkeit und Stummheit sind – unsere, wenn man so will, reinsten Zustände – und sind aus dem Niemandsland wiedergekehrt mit Sprache, die wir fortsetzen werden, solang Leben unsere Fortsetzung ist.[196]

Zur literarischen Entwicklung in der Gruppe 47

In ihren Gedichten wird *Aufgestörtheit durch die Sprache*[197] deutlich, eine Bewegung, die Höllerer mit der *Bedrängnis des Niezuendekommens*[198] bezeichnet hatte.

Ihr Worte, auf, mir nach!,
und sind wir auch schon weiter,
zu weit gegangen, geht's noch einmal
weiter, zu keinem Ende geht's.[199]

Durch die Entgrenzung ihrer poetischen Möglichkeiten sei eine Sprache, die eingezwängt ist in die Phrasen und Konventionen eines heteronomen Systems, zu überwinden. Indem die Metaphern sich zu Chiffren verselbständigen, gewinnt die poetische Sprache jene Autonomie zurück, die das System ihr versagte, um den Preis ihres monologischen Charakters. So bleiben Sinn und Thematik der meisten Gedichte unbestimmt, schweben *in der Unschlüssigkeit eines überwuchernden Gefühls*, wie der »Spiegel« den Eindruck beschrieb, den die Gedichte Ingeborg Bachmanns hinterließen:

Trauer und Klage um das Verlorene; das Gefühl des Absterbens; Angst vor dem Unheimlichen einer mechanisierten Welt; die Vereinsamung des Menschen; Feindlichkeit der Zeit und Erlösung in Schlaf und Traum ...[200]

Durch die reimlosen Zeilen ihrer Lyrik zieht sich ein großer lyrischer Gestus, eine schwer deutbare Bildersprache, die ein vages Empfinden von Melancholie und Endzeit hinterläßt, oft auch von Bedrohung.

Maria am Gestade –
das Schiff ist leer, der Stein ist blind,
gerettet ist keiner, getroffen sind viele,
das Öl will nicht brennen, wir haben
alle davon getrunken – wo bleibt
dein ewiges Licht?

So sind auch die Fische tot und treiben
den schwarzen Meeren zu, die uns erwarten.
Wir aber mündeten längst, vom Sog
anderer Ströme ergriffen, wo die Welt
ausblieb und wenig Heiterkeit war.
Die Türme der Ebene rühmen uns nach,
daß wir willenlos kamen und auf den Stufen
der Schwermut fielen und tiefer fielen,
mit dem scharfen Gehör für den Fall.[201]

So ist die Sprache dazu befreit, hinter der Bindung an Konkretes in tiefere Schichten vorzustoßen. *Fast wie ein Medium erfaßt* Ingeborg Bachmann *die Zustände und Begebenheiten unserer Zeit, die Drohungen und Überwältigungen und Verfluchungen, und ordnet sie in ihren Strophen ...*[202]

Nur selten zielt ihre Lyrik auf konkret benennbare gesellschaftliche Zustände. *Zur Konkretisierung reicht ihr der Zustand der Welt nicht aus, sie beschränkt sich auf Andeutungen und Umschreibungen.*[203] Wo dennoch durch ihre Bildlichkeit gesellschaftliche Zustände erkennbar werden, so meint sie eher das Unauffällige, Private.

Von den Hornissen will ich schweigen,
denn sie sind leicht zu erkennen.
Auch die laufenden Revolutionen
sind nicht gefährlich.
Der Tod im Gefolge des Lärms
ist beschlossen von jeher.

Abstraktion als Akt der Befreiung: Lyrik und Hörspiel

Doch vor den Eintagsfliegen und den Frauen
nimm dich in acht, vor den Sonntagsjägern,
den Kosmetikern, den Unentschiedenen, Wohlmeinenden,
von keiner Verachtung getroffenen.
. . . . .
Seht zu, daß ihr wachbleibt![204]

Nicht zuletzt mochte für die Faszination, die die Lyrik Ingeborg Bachmanns ausübte, die Schönheit des Klangs und der Fluß der Bilder von Bedeutung gewesen sein. Gewisse ästhetizistische Elemente können ihren Gedichten jedenfalls nicht abgesprochen werden.

Seit Anfang der 50er Jahre wurden nicht nur die Lesungen von Lyrik zahlreicher, auch die Anzahl der vor der Gruppe gelesenen Hörspiele nahm zu. Die Funktion, die der Rundfunk als neues Medium für den Schriftsteller haben könnte oder sollte, wurde immer wieder aufs Neue diskutiert. Es reizten die neuen Möglichkeiten, die das Hörspiel eröffnete; doch in die Faszination, die das Medium ausübte, mischte sich auch Skepsis.

Es herrschte weitgehend Einstimmigkeit darüber, daß der Autor merkt, er werde beim Funk gebraucht. Und daraus resultiert seine Einstellung zum scheinbar so schnell weggesprochenen Wort-Werk, das zur echten, großen Aufgabe wird.[205]

Es war, wie man sieht, viel vom Rundfunk die Rede auf dieser Tagung. Allzu viel, fanden die Kritiker zuweilen. Es regnete Warnungen davor, sich dem Äther-Einfluß allzu stark zu beugen (...) – und der Hinweis auf die von solchen Verlockungen begünstigte Schludrigkeit hatte seine Gründe.[206]

Die neue Kunstform, die quer zu den überlieferten literarischen Gattungen stand, erschien vielen als allzu unsicheres Neuland. Einige befürchteten, *daß darüber die Kunst des Erzählens verkümmern könnte, weil die Stationen den Hörern ja keine Lust zur Muße zutrauen (und ihnen die Muße notfalls nicht zumuten).*[207]

Andere sahen im Rundfunk dem Theater eine mächtige Konkurrenz heranwachsen:

Und das Theater, das noch immer nach dem Schriftsteller sucht? Der Funk findet ihn; auch die Anwesenheit von Vertretern verschiedener Sender auf den Tagungen der »Gruppe 47« läßt auf die Möglichkeit einer dauerhaften Zusammenarbeit hoffen. Der Funk sucht Mitarbeiter, und das Theater?[208]

Trotz lebhafter Diskussionen über die Möglichkeiten des Funks blieb der Hauptgegenstand der Tagungen, der auch das Bild der Gruppe 47 in der Öffentlichkeit prägt, immer noch die Literatur im traditionellen Sinne. Es ist bezeichnend, daß Hans Werner Richter 1962 in den »Almanach der Gruppe 47«, als die große Zeit der Hörspiele schon vorbei war, keinen einzigen Hörspieltext aufnahm. Und vor allem die realistischen Prosaschriftsteller blieben der neuen Form gegenüber mißtrauisch. Als problematisch wurde auch die Abhängigkeit empfunden, in die die Schriftsteller durch die Mäzenatenrolle gerieten, die der Rundfunk für viele von ihnen spielte.

Die Kehrseite der großzügigen Unterstützung durch die Rundfunkanstalten war die inhaltliche Verpflichtung auf die Bedingungen, die diese den Autoren auferlegten.

> *Die Autoren, auch die als Dichter genugsam ausgewiesenen, arbeiten heute mehr und mehr zielgerecht, maßgerecht: nach Bedingungen, wie sie die einzelnen – sehr verschiedenartigen – Rundfunkstationen (als »fette Arbeitgeber«), die Zeitschriften, Zeitungen und Verlage nun einmal bieten.*[209]

Die Macht der Rundfunkstationen wirkte sich bis auf die Lesungen der Gruppe 47 aus.

> *Auf dieser Tagung waren die Vertreter von vier Rundfunkstationen: was (!) die Probe bestand, durfte damit rechnen, zu einer Sendung aufgefordert zu werden, wer durchfiel, mußte auch mit Zurückhaltung der Sender rechnen – und da eine vorgetragene Arbeit ja doch immer ein Teil des Ganzen eines Autors ist, geht es bei solchen Entscheidungen nicht um wenig.*[210]

Doch das Interesse vieler Schriftsteller am Medium Hörspiel war nicht nur materiell, sondern vor allen Dingen literarisch motiviert. Die neue Gattung bot Ausdrucksmöglichkeiten, die den traditionellen Literaturformen versperrt waren, und sie besaß außerdem die Möglichkeit, ein gegenüber dem Medium Buch unvergleichlich größeres Publikum zu erreichen.

Schon wegen seiner *fragwürdigen, individualistischen Natur*[211] mußte das Hörspiel für Autoren interessant sein, deren kritische Haltung gegenüber der sie umgebenden Realität vor allem durch Skeptizismus gegen alle Ideologien und Formen kollektivistischen Denkens gekennzeichnet war. Für den gleichgeschalteten Rundfunk zur Zeit des Nationalsozialismus etwa sei das Hörspiel als Medium völlig ungeeignet gewesen[212], weil es sich immer an einen Einzelnen als Hörer gewendet habe.

> *Das Hörspiel ist nicht, wie das Theater oder wie der Film oder wie sogar in hohem Grade noch das Fernsehen, das man innerhalb einer kleinen Gruppe, etwa der Familie, genießt, eine öffentliche Repräsentation. Sondern, obwohl der Rundfunk ein »Masseninstrument« ist, wendet er sich immer nur an den Einzelnen in seiner Isolierung (. . .). Selbst wenn zwei miteinander hören, sind es – nicht anders als wenn zwei miteinander im gleichen Buche lesen – zwei getrennte Vorgänge, zwei völlig verschiedene und eigene, weil ganz und gar innerliche Welten, in denen sich die beiden befinden. Darum ist auch ein sogenannter Gemeinschaftsempfang bei Hörspielen undenkbar.*[213]

Der einzelne Hörer selbst muß sich die Realität des Spieles aus den ihm angebotenen Schallbildern schaffen; der eigentliche Ort des Hörspiels befindet sich im Kopf des Hörers. Diese individuelle Intimität des Mediums bestimmt auch seine Sprache.

> *Die Sprache im Rundfunk, wenn man das Instrument redlich anwendet, hat nichts Kollektives und pathetisch Mitreißendes, läßt sich kaum aufschminken und zu falschen Tönen mißbrauchen. Immer kann sie den Einsamen, den Einzelnen nur auf sich selbst und auf die Auseinandersetzung mit sich selbst, auf den inneren Schauplatz verweisen. Innere Handlung, innerer Monolog, imaginärer Dialog, Dialog mit sich selber: das sind die Begriffe, von denen her man auch die Form des Hörspiels verstehen muß. Stets hat es – merkwürdig viel mehr als jede andere literarische Form – unmittelbar mit dem Gewissen des Menschen zu tun, der da lauscht.*[214]

Ort, Zeit und Raum verlieren ihre konkrete greifbare Wirklichkeit und verschmelzen zu einer imaginären Einheit, die es verbietet, im Hörspiel mit herkömmlichen Mitteln realistischer Darstellung zu arbeiten[215]. Diese Gat-

Abstraktion als Akt der Befreiung: Lyrik und Hörspiel

tung macht nicht nur, wie keine andere, innere Vorgänge darstellbar, sie öffnet sich auch der Darstellung imaginärer und surrealer Bereiche und komplexer Metaphorik. Es wundert daher nicht, daß die prominentesten Vertreter des Hörspiels in der Gruppe 47, Günter Eich, Ingeborg Bachmann, Wolfgang Weyrauch, von der Lyrik herkamen.

Das Hörspiel ist – wie die heutige Lyrik – eine sprachlich sehr extreme Möglichkeit (...)[216] Es ist *die einzige darstellende Wortkunst, bei der durch die Darstellung keine fremde, keine kompakte Wirklichkeit in die imaginäre Wirklichkeit der Sprache hineinkommt*[217].

Eines der wirkungsvollsten Hörspiele der frühen 50er Jahre war das 1951 erstmals gesendete Hörspiel »Träume« von Günter Eich. In sechs Szenen gestaltet Eich die Bedrohung, die er hinter der Oberfäche der menschlichen Existenz sieht, in einem *zentralen und beängstigenden Entwurf, der den Anspruch erhebt, Gleichnis unserer ganzen heutigen Existenz zu sein*[218]. Die Bedrohung, die in der langsamen, unmerklichen *Zerstörung des Menschlichen im Menschen*[219] liegt, wird nur im Alptraum wahrgenommen, im wachen Zustand aber verharmlost oder vergessen.

Ich beneide sie alle, die vergessen können,
die sich beruhigt schlafen legen und keine Träume haben.
Ich beneide mich selbst um die Augenblicke blinder Zufriedenheit
erreichtes Urlaubsziel, Nordseebad, Notre Dame,
roter Burgunder im Glas und der Tag des Gehaltsempfangs.
Im Grunde aber meine ich, daß auch das gute Gewissen nicht ausreicht,
und ich zweifle an der Güte des Schlafs, in dem wir uns alle wiegen.[220]

In den fünf Träumen des Hörspiels bricht die scheinbar sichere Realität ein, es wird eine Bodenlosigkeit spürbar, die Grauen erzeugt. Der Zweifel an der Wirklichkeit, den Eich immer wieder in seiner Lyrik erkennbar werden läßt, motiviert auch sein Hörspiel.

Es gibt Wegweiser an den Straßen
leicht erkennbare Flußläufe,
Aussichtsgerüste an erhöhten Punkten,
Landkarten, auf denen die Seen blau eingezeichnet sind
und die Wälder grün,
– es ist leicht, sich zurechtzufinden auf der Erde.
Aber du, der du neben mir gehst, wie verborgen
ist mir die Landschaft deines Herzens![221]

Das Grauen hinter der scheinbar sicheren Oberfläche bleibt unbestimmt, fast dämonisch, metaphysisch, doch ruft Eich im Schlußgedicht des Hörspiels *zu einer äußerst schwierigen und mühsamen, weil individuellen und positiven Art des sittlichen Widerstandes auf*[222].

Die Schlußzeilen von »Träume« wurden berühmt:

Nein, schlaft nicht, während die Ordner der Welt geschäftig sind!
Seid mißtrauisch gegen die Macht, die sie vorgeben für euch erwerben zu müssen!
Wacht darüber, daß eure Herzen nicht leer sind, (...)
Tut das Unnütze, singt die Lieder, die man aus eurem Mund nicht erwartet!
Seid unbequem, seid Sand, nicht das Öl im Getriebe der Welt![223]

Hier ist das Äußerste erreicht, was in den frühen 50er Jahren an konkreter politischer Kritik in Literatur möglich schien, angesichts einer Gesellschaft, deren wachsende Prosperität und Geschlossenheit allenfalls vages Unbehagen an ihr zuließ. Scheinbar paradoxerweise ist solche Schärfe der Kritik vor allem dadurch möglich, daß mit symbolischen, surrealen Mitteln eine abstrakte Bedrohung geschildert wird. Was das Unbehagen an der scheinbar so gesicherten Realität eigentlich begründete, ließ sich so einfach nicht fassen. Kritik, die mit abbildrealistischen Mitteln, gar mit Reportagetechniken arbeitete, war weniger überzeugend und in ihrer Wirkung eher problematisch.

Ein Beispiel dafür ist Heinz Hubers Hörspiel »Früher Schnee am Fluß«, gelesen in der Gruppe 47 im Herbst 1953. Sein Thema ist die Grausamkeit des Korea-Krieges und die satte Gleichgültigkeit, mit der die Menschen der westlichen Industrieländer dem Kriegsgeschehen gegenüberstehen. Ein Kriegsberichterstatter, der die Erschießung von koreanischen Gefangenen miterlebt und mundgerecht für ein Radioprogramm in Deutschland zubereiten muß, wird durch dieses Erlebnis verunsichert. Unter den Gefangenen ist ein Freudenmädchen mit einem kleinen Kind, dessen verzweifelte Klagen die Soldaten des Erschießungskommandos ungerührt lassen. Die moralische Empörung darüber, daß im Namen hoher Ideale Unrecht begangen wird, erinnert in diesem Hörspiel bereits an die späteren Vietnam-Proteste. Doch die Entrüstung bleibt hilflos, das Hörspiel gleitet ins Sentimentale ab. Empörung ist nicht als politische Kritik artikulierbar, solange das Unbehagen an den westlichen Gesellschaften als allgemeine menschliche, als existenzielle Bedrohung wahrgenommen wird. Die ist mit den symbolischen Mitteln Eichs glaubhafter und eindringlicher zu machen.

Allgemein ließ sich das Gefühl der Bedrohung mit politischen Kategorien nicht fassen. In Ingeborg Bachmanns »Der gute Gott von Manhattan« ist bereits die Liebe zweier Menschen eine derartige Herausforderung für *Gleichgewicht* und *Ordnung*, daß sie zerstört werden müssen. Der *gute Gott* symbolisiert eine übergreifende Ordnungsmacht, die jedes wirkliche menschliche Leben erstickt. Sein Glaubensbekenntnis lautet:

> Ich glaube an eine große Konvention und an ihre große Macht, in der alle Gefühle und Gedanken Platz haben, und ich glaube an den Tod ihrer Widersacher. Ich glaube, daß die Liebe auf der Nachtseite der Welt ist, verderblicher als jedes Verbrechen, als alle Ketzereien. Ich glaube, daß, wo sie aufkommt, ein Wirbel entsteht wie vor dem ersten Schöpfungstag.[224]

Liebe ist dargestellt als *Grenzfall*, der die umgebende Realität sprengt und Ausblick gewährt auf das, was dahinter sein könnte, der aber auch von den Repräsentanten der geordneten, greifbaren Realität vernichtet wird. Nicht das Grauen ist hier hinter der Oberfläche verborgen, sondern die Möglichkeit der Befreiung.

> *Nun steckt aber in jedem Fall, auch im alltäglichsten von Liebe, der Grenzfall, den wir, bei näherem Zusehen, erblicken können und vielleicht uns bemühen sollten zu erblicken. Denn bei allem was wir tun, denken und fühlen, möchten wir manchmal bis zum Äußersten gehen. Der Wunsch wird in uns wach, die Grenzen zu überschreiten, die uns gesetzt sind. Nicht um mich zu widerrufen, sondern um es deutlicher zu ergänzen, möchte ich sagen: Es ist auch mir gewiß, daß wir in der Ordnung bleiben müssen. Daß es den Austritt aus der Gesellschaft nicht gibt und wir uns aneinander prüfen müssen. Innerhalb der Grenzen aber haben wir den Blick gerichtet auf das Vollkommene, das Unmögliche, das Unerreichbare, sei es der Liebe, der Freiheit oder jeder reinen Größe.*[225]

Abstraktion als Akt der Befreiung: Lyrik und Hörspiel

Der Wunsch nach Auflehnung, nach Befreiung aus den Fesseln der wohlgeordneten, sich immer mehr schließenden Realität ist umso absoluter, je vager und unbestimmter er sich artikuliert. Wie die Kritik der esoterischen Lyrik ist die Kritik des literarischen Hörspiels an der verhärteten und entfremdeten Gesellschaft auf ihre Weise radikal.

Ein Grenzfall zwischen Lyrik und Hörspiel bildet der Funkmonolog. 1953 las Wolfgang Weyrauch aus dem Monologgedicht »Die Minute des Negers«, das im Januar des gleichen Jahres – von Martin Walser inszeniert – gesendet wurde. Der Neger Joseph Billings hält, seinen nahen Tod vor Augen, Zwiesprache mit sich, mit seiner Mutter, mit seiner Frau, er erlebt die 4 x 400-Meter-Staffel, die er als Schlußmann in Helsinki gewinnen wollte, ehe das Flugzeug, in dem er sitzt, am Mount Whitnay zerschellen wird. *Ehe er eins wird mit dem Berg, fühlt er sich eins mit allen leidenden Menschen.*[226] In extremer Zeitdehnung wird die letzte Minute im Leben des Negers zur anklagenden Beschreibung menschlichen Leidens vom Indochinakrieg bis zur Atombombe.

Stein, der stammelt,
muß versuchen,
sprechen zu lernen,
damit jedermann versteht,
was er auf dem Herzen hat.
Denn in dieser Zeit,
da die Menschen keine Herzen haben,
haben die Steine Herzen.
Irgendwo müssen die Herzen
geblieben sein.[227]

In der Klage des Negers Joseph Billings gehen die Leidenden unter, ähnlich wie in Weyrauchs Hörspiel »Die japanischen Fischer«, das er 1955 las. Anklage ist geprägt von Resignation.

Anders verhält es sich in Hans Magnus Enzensbergers großem Monologgedicht »Schaum«, das er 1959 vor der Gruppe las. Die melancholische Anklage des Individuums hat sich zum moralischen Ekel vor einer korrupten Gesellschaft gewandelt; die aggressive Emotionalität geht weit über das hinaus, was bisher in den 50er Jahren an Lyrik in der Gruppe zu hören war. Enzensberger gibt sich nicht zufrieden mit der Verweigerung, dem Rückzug in Autonomie, die der Lyrik geblieben war, wo die Gesellschaft sich allen Möglichkeiten von Kritik sperrte.

Poesie tradiert Zukunft. Im Angesicht des gegenwärtig Installierten erinnert sie an das Selbstverständliche, das unverwirklicht ist. (...) Nicht daß sie über die Zukunft spräche: sondern so, als wäre Zukunft möglich, als ließe sich frei sprechen unter Unfreien, als wäre nicht Entfremdung und Sprachlosigkeit (da doch Sprachlosigkeit sich selbst nicht aussprechen, Entfremdung sich nicht mitteilen kann). Solches Vorgreifen schlüge ihr zur Lüge aus, wäre es nicht zugleich Kritik; solche Kritik, wäre sie nicht Antizipation im gleichen Atemzug, zur Ohnmacht.[228]

In »Schaum« steigert Enzensberger zu aggressiver Bildlichkeit, was auch seine Gedichte wie »landessprache« (1960) prägt: hier formuliert jemand aus schmerzhaft empfundener Distanz seinen Abscheu vor einer Gesellschaft, deren falsche friedliche Konformität ihn ihr entfremdet hat.

Zur literarischen Entwicklung in der Gruppe 47

> *was habe ich hier verloren,*
> *in diesem land,*
> *dahin mich gebracht haben meine älteren*
> *durch arglosigkeit?*
> *eingeboren, doch ungetrost,*
> *abwesend bin ich hier,*
> *ansässig im gemütlichen elend,*
> *in der netten, zufriedenen grube.*[229]

In Gedichten wie diesem wird deutlich, wie mit der Forderung, *frei unter Unfreien* zu sprechen, nicht bei der bloßen Verweigerung stehen zu bleiben, das Vorbild Brecht stärker in den Vordergrund rückt. Noch lag allerdings auch für Enzensberger der Widerstand, den Lyrik der Gesellschaft bieten kann, in ihrer Verweigerung:

> *Das Gedicht spricht mustergültig aus, daß Politik nicht über es verfügen kann: das ist sein politischer Gehalt.*[230]

Der Schriftsteller ist der einzelne, der Außenseiter, der nur einen negativ-kritischen Standort einnehmen kann.

> *Das Ich muß die Position eines Außenseiters behaupten, will es seine Kritik, seine Warnungen und Mahnungen nicht einstellen, will es nicht mit den »Wölfen« heulen und den »Lämmern« dösen. Aber »in welcher sprache« und mit »wem« kann es sich verbünden? Je geringer die Aussichten auf ein solidarisches Wir sind, dem sich das Ich in seiner Aufgewühltheit und mit seinen Befürchtungen anschließen könnte, desto mehr muß es darauf bedacht sein, sich selbst als kritische Gegeninstanz gegen den »Faustschlag der Welt« zu erhalten.*[231]

Dennoch verweigerten sich Enzensbergers Gedichte nicht durch Abstraktion, sondern ihre Widerborstigkeit liegt in der bis zum äußersten gesteigerten subjektiven Aggressivität; ihre Metaphorik entzieht sich dem Gegenstand nicht, sondern benennt ihn. Enzensberger will

> *seine Verse als Inschriften verstanden wissen. In eine Mauer geritzt, auf eine Mauer geklebt; nicht im Raum, nicht in den Ohren des verborgenen geduldigen Lesers sollen die Gedichte verklingen; sie sollen vor den Augen stehen; wirken wie das Inserat in der Zeitung, das Plakat auf der Litfaßsäule, die Schrift am Himmel: Mitteilungen hier und jetzt, an alle*[232].

Von solcher Position ist es nicht mehr weit, die mittelbare politische Funktion von Lyrik zur unmittelbaren politischen Intention zuzuspitzen.

1959 setzte die Aggressivität eines Gedichtes wie »Schaum« der Gruppe 47 neue Maßstäbe. *Dieses Gedicht ist eine einzige Herausforderung, niemand wird geschont. Es ist eine Bestandsaufnahme großen Stils, verbittert und resigniert zugleich.*[233] *Ein aggressives, höchst kunstvoll konstruiertes Gebilde, hart, widerwillig.*[234] Hier wagte jemand erstmals, in seiner Kritik nicht nur Distanz und Verweigerung, sondern Angriff und moralisches Urteil zu formulieren: *Unter der Decke des Zynismus wird eine neue Ethik entwickelt; jeder, der die Gedichte liest, wird das spüren.*[235]

Zum ersten Mal klingt die Erinnerung an politische Utopien an, die der bundesdeutschen Literatur wie dem politischen Denken aus dem Blickfeld geraten waren.

> *an glühenden telefonen baumeln die makler*
> *im schweiß ihrer schweinsledernen gesichter:*

*der klassenkampf ist zu ende, am boden liegt
die beute in ihrem fett, liquide,
schaum in rosigen augen, verschimmelt
in den vitrinen ruhn, unter cellophan,
banner und barrikaden. aus einer antiken jukebox dröhnt
die internationale, ein müder rock.*[236]

In dieser furchtbaren *Kulturverzweiflung*[237], gewendet zum moralischen Angriff, kündigte sich eine neue Phase kritischer Bestandsaufnahme bundesrepublikanischer Gegenwart in der Literatur an. Die verhaltene Melancholie der 50er Jahre, die nur Distanz und Entfremdung, Verweigerung von Konformität formulieren konnte, ist mit Enzensberger an ein Ende gekommen. Der Ton wird selbstbewußter, die Literatur aggressiver. Hier schon liegen die Anfänge der allgemeinen Politisierung des Bewußtseins der 60er Jahre.

Gegen Ende der 50er Jahre gärte es bereits in der Gruppe. Im gleichen Jahr wie Enzensberger las Grass aus der »Blechtrommel«. Uwe Johnson und Enzensberger stritten sich über Möglichkeiten und Sinn politischer Literatur, *für beide sehr charakteristisch.* Johnson über »Schaum«: *... zum an die Wand hängen – aber es hilft nicht. So soll die Welt nicht sein, aber wie denn?*[238]

2.6 DIE HALTUNG DES SATIRIKERS

Keine Gemeinsamkeit der im Umkreis der Gruppe 47 entstandenen Literatur wurde seit ihren ersten Anfängen so betont wie ihre Abneigung gegenüber Helden, Ideologien und Lösungen, die eine bessere Zukunft zu kennen glauben. Die Anti-Haltung gegen ein solches als falsch verstandenes Pathos gehörte zu den Impulsen, die das Entstehen der Gruppe unter anderem motiviert hatten. In ihrer Anfangszeit, als die allgemein verbreiteten ästhetischen Vorstellungen noch sehr von geschlossenen Klassizismen beherrscht waren, hatte die Gruppe wegen dieser Haltung häufig gegen Kritik zu kämpfen. So konstatierte Heinz Friedrich in der »Zeit«[239]: *Es wird die Lage des Menschen in unserer Zeit wohl analytisch aufgezeigt, aber es werden keine Beiträge zur Lösung geliefert;* und er klagte über *mangelnde dichterische Substanz.* Wer derart versöhnliche ästhetische Vorstellungen hatte, mußte die Intentionen der meisten Texte der Gruppe verfehlen. Von Anfang an überwogen *die Satire, die ernste Idylle, das Niedrig-Abseitige und noch immer der Krieg. Nur keine Helden, nur kein Pathos! Wenn sie vorkommen, dann als Abbau-Objekte.*[240]

Wenn die Helden obsolet geworden sind, weil sich keine Sinnhaftigkeit mehr benennen läßt, in deren Namen sie Helden sein können, dann bietet sich nicht nur die surreale Verfremdung zu ihrem Abbau an, sondern auch die Haltung des Satirikers. Denn wie der Surrealist verzerrt der Satiriker die Realität, um in der so erscheinenden Hintergründigkeit deren Falschheit sichtbar zu machen: *Die Verzerrung soll e n t zerren: oder auf tatsächlich bestehende Verzerrungen hinweisen.*[241] Die Satire* lenkt ihre Aggressivität auf ein konkretes Objekt, in dem vagen Bewußtsein um eine Norm, der dieses Objekt nicht entspricht.

---

* Die ›Satire‹ meint hier nicht die literarische Gattung, die seit Juvenal mit diesem Begriff bezeichnet wird, sondern eine gattungsübergreifende literarische Haltung, die sich in verschiedenen Gattungen ausdrücken kann, deshalb: ›Die Haltung des Satirikers‹.

Ihre Konstitutentien sind erstens der Angriff auf irgendein nichtfiktives, erkennbares und aktuell wirksames Objekt individueller oder allgemeiner Art; zweitens die Normbildung des Angriffs: daß er wenigstens dem Anspruch nach nicht rein privat motivierter Feindseligkeit entspringt, sondern helfen soll, eine Norm oder Idee durchzusetzen ...[242]

Der Satiriker ist Moralist. Er erkennt die Widersprüche und Verderbtheiten der Gesellschaft, die er ihren eigenen Ansprüchen gegenüberstellt. Gerade dann, wenn diese Gesellschaft in sich widersprüchlich, aber in diesen Widersprüchen nicht greifbar ist, wenn sich ihr falscher Zusammenhang als Harmonie tarnt – und das trifft ja auf die bundesrepublikanische Gesellschaft der 50er Jahre zu –, ist die satirische Haltung geeignet, die Kluft zwischen Anspruch und Realität aufzudecken.

Trifft das Gesetz des immanenten Widerspruchs zu, so wird es für die spätbürgerliche Welt in besonderem Grade gelten. Diese schlechte Welt wäre damit prädestiniert, Objekt der Satire zu sein – wenn man Satire ernst nimmt und sie nicht als die vergnügte Banalität des Spottes über den lokalen Mißstand versteht, sondern als eine Methode der Kritik am Bestehenden. Ihr Angriffsfeld ist ja eben das Widersprüchliche; sie zeigt, scheinbar uninteressiert und sachlich, wie sich das brutale Gegeneinander als Harmonie tarnt und die Lüge die Maske der Redlichkeit trägt, sie zeigt das Elend als selbst angerichtet und den Abfall von jener Idee, die man öffentlich gutheißt.[243]

In diesem Verständnis wurde die Satire zum wichtigen Instrument der Kritik für die Gruppe 47. Das Vorherrschen satirischer Texte bei den Lesungen empfand man als so gewichtig, daß etwa Wolfgang Schwerbrock 1954 zum ersten Mal so etwas wie eine bestimmte Linie in diesem Experiment sah, das die Gruppe darstellte, *die sich ganz zufällig und doch notwendig ergibt als Ausdruck eines Zeitgefühls. Die Satire nämlich herrschte vor ...*[244] Entsprechend überschrieb er seinen Bericht »Das Treffen der Satiriker«. Die Menge der Autoren der Gruppe 47, deren Texte aus der Haltung des Satirikers heraus geschrieben sind, ist in der Tat frappierend. Hans Werner Richter selbst las 1954 ein satirisches Kapitel aus einem noch unfertigen Roman[245]. Preise der Gruppe 47 gingen zweimal an Satiriker: an Heinrich Böll 1951 für »Die schwarzen Schafe« und an Martin Walser 1955 für »Templones Ende«. Wolfgang Hildesheimer verfehlte 1955 mit einer seiner »Lieblosen Legenden« nur knapp den Preis[246], und auch die Erzählungen Adriaan Morriëns, der 1954 für »Zu große Gastlichkeit verjagt die Gäste« aus dem Band »Ein unordentlicher Mensch« den Preis der Gruppe erhielt, sind von satirischem Ton geprägt.

Zwischen ›kafkaesker‹ und satirischer Verzerrung, den für die 50er Jahre wichtigsten Haltungen gesellschaftskritischer Literatur steht die Haltung des Ironikers. Er steht der Wirklichkeit weniger aggressiv, darum aber nicht weniger distanziert gegenüber als der Satiriker. Schon immer beschränkte sich der literaturtheoretische Begriff der Ironie nicht auf die so bezeichnete rhetorische Figur, sondern wies auf eine tiefer liegende Problematik, die Friedrich Schlegel mit dem *Gefühl von dem unauflöslichen Widerstreit des Unbedingten und des Bedingten* bezeichnete[247], auf ein Problem von Norm und Realität also. Ihre zunehmende Sublimierung im Lauf der Geschichte der Literatur machte die Ironie *zu einem gerade noch wahrnehmbaren Spiel des sich unauffällig vom Gesagten distanzierenden Autors.*[248]

Der Autor distanziert sich von einer Realität, die er als widersprüchlich empfindet:

Die Haltung des Satirikers

Nicht der Autor verstellt sich in dem einfachen Sinn, daß er wörtlich etwas anderes sagt als er meint, sondern die ironische Darstellungsweise ergibt sich folgerichtig aus der Verfassung der dargestellten Welt, die in sich selbst »verstellt«, mehrschichtig und von paradoxen Beziehungen erfüllt ist.[249]

Solche ironische Distanz kennzeichnet nicht nur die Literatur Thomas Manns und Musils, sondern letzten Endes auch die Literatur Kafkas, und auf diese Distanz verweist Martin Walser, wenn er die Sprache des Schriftstellers in der Bundesrepublik der 50er Jahre als *Zuschauersprache*[250] bezeichnet. Schon in seiner Dissertation hatte Walser an Kafka besonders *diesen Zwang, »Beobachter« zu sein und allein sein zu müssen*[251] betont, der Kafka ganz beherrscht habe. In Walsers Erzählung »Templones Ende« vermischt sich denn auch das ›Kafkaeske‹ mit dem Ironischen; das Grauen, das die Darstellung einer verzerrten Realität hervorruft, wird nicht gemildert, sondern verstärkt durch die Lächerlichkeit, der sich der Protagonist aussetzt. Die Aggressivität, die sie zur Satire macht, enthält Walsers Erzählung »Die letzte Matinee«, die er im Frühjahr 1954 vor der Gruppe 47 las. Auch wird das Grauen einer ›kafkaesken‹ Situation – die aus dem Kino zurückkehrenden Matineebesucher finden ihre Wohnungen besetzt von fremden Leuten – durch die Lächerlichkeit der handelnden Personen verstärkt: Unaufhörlich diskutierend, lassen sie sich von der Polizei in eine Hafenbaracke einsperren, aus der sie nie wieder zum Vorschein kommen. Hans Werner Richter spielte auf die gesellschaftskritische Stoßrichtung dieser Erzählung an, als er (...) *in die Diskussion beklommen einfließen (ließ), daß sich womöglich die »Gruppe 47« in dieser Geschichte selber karikiert sehen müßte*[252]. Diese Bemerkung braucht sich nicht nur auf die Diskussionsgewohnheiten der Gruppe zu beziehen; man kann die Erzählung durchaus als satirischen Angriff auf die Situation und Haltung der Intellektuellen der 50er Jahre generell verstehen.

Es ist bezeichnend, daß Heinrich Böll den Preis der Gruppe 47 nicht für eine Lesung aus einem seiner Romane erhielt, die sich mit dem Erlebnis von Krieg und Zusammenbruch auseinandersetzten, sondern für eine Satire. In »Die schwarzen Schafe« erzählt er ironisch aus der Perspektive dessen, der von den anderes als unnützes Mitglied der Gesellschaft angesehen wird, seinerseits aber in den ernsthaften Beschäftigungen ›ordentlicher‹ Menschen nur Zeitverschwendung sieht.

Unser Chef, dieses rastlose Rindvieh, der nie Zeit hat und nichts tut, der die wertvollen Stunden des Tages zäh verschwätzt – tödlich sinnlose Existenz –, (...) der sich selbst ernst nahm.[253]

Was die Außenseiter zu gemiedenen schwarzen Schafen macht, ist, daß sie ihre Existenz nicht den allgemein akzeptierten Gesetzen von Gewinn und Nützlichkeit unterwerfen:

Ich glaube, das ist es, was uns unmöglich macht: daß wir unsere wirklichen Fähigkeiten nicht versilbern können – oder wie man jetzt sagt: gewerblich ausnutzen.[254]

Allein ein ordentliches Leben und ein gesichertes Einkommen scheidet die weißen von den schwarzen Schafen, und die Schwarzen sind es, deren Existenz allein wirklich sinnvoll ist: *So wurde das Tröstliche und Brauchbare illegal geschaffen.* Arbeit, Lebensinhalt der angesehenen Bürger, vergeudet nur einen wertvollen Tag, *der mir nur Müdigkeit eintrug, Wut und ebensoviel Geld, wie nötig war, um weiterarbeiten zu können.*[255]

In Bölls Erzählung entlarvt sich die ›ordentliche‹ Gesellschaft selbst durch ihre allgemeinen Wertsetzungen: Wer am Ende Recht behält, ist der Außenseiter. Er hat die Moral des Satirikers auf seiner Seite. Seine Kritik trifft die Gesellschaft aus der Distanz eines Beobachters, der sich selbst ihren Maßstäben entzieht – hier ließe sich eine Linie bis zu Bölls »Ansichten eines Clowns« (1962) verfolgen, wo die Satire umschlägt in bittere Gesellschaftskritik. Was für »Die schwarzen Schafe« gilt, trifft auch auf die anderen Satiren zu, die Böll vor der Gruppe 47 las, »Nicht nur zur Weihnachtszeit« etwa und »Hauptstädtisches Journal«.

Aus entfremdetem Abstand versucht der Autor mit Hilfe der Satire die Wirklichkeit der Gesellschaft und die Wirklichkeitserfahrung des einzelnen in ihr zu ermitteln.[256]

Als 1955 der Preis der Gruppe 47 an Martin Walser ging, war auch der an Stimmen ihm nächste Preisträger-Kandidat ein Satiriker: Wolfgang Hildesheimer. Hildesheimer, 1948 aus der Emigration zurückgekehrt, von Zusammenbruch und Aufbruch der ersten Nachkriegszeit also nicht geprägt, schildert in seinen »Lieblosen Legenden« satirisch nicht so sehr die alltägliche Wirklichkeit in der Bundesrepublik, als vielmehr einen ihrer Auswüchse, den bildungsbürgerlichen Kunst- und Literaturbetrieb. Die Bindung an dieses Thema wurde ihm in der Gruppe als Verengung zum Vorwurf gemacht:

Dies Gebiet beherrscht er souverän, dennoch wurde die Frage aufgeworfen, ob solche Basis nicht etwas schmal sei, ob er sich nicht ganz anderen Stoffen zuwenden solle. Natürlich verbat Hildesheimer sich diesen Vorwurf, die Stoffwahl stehe ihm frei.[257]

Der Vorwurf war ohnedies nicht berechtigt, denn Hildesheimers Satire trifft die bundesrepublikanische Wirklichkeit an einer Stelle, wo sich Borniertheit und innere Leere eines bildungsbeflissenen Wohlstandsbürgertums deutlich zeigen. Sein gesamtes Wertsystem orientiert sich an der leeren Symbolik und an inhaltsloser Betriebsamkeit, die die Scheinwelt der zu weihevollen Objekten verdinglichten Kunstwerke um sich aufbaut. So entzieht äußerliche leere Betriebsamkeit der Kunst ihre Möglichkeiten, die einzig sinnbildend für sie sein könnten.

Wo die Satire ihre aggressive Stoßkraft einbüßt, ist die Grenze zum bloß unterhaltend Witzigen fließend. Es scheint so, daß durch die Rezeptionsbedingungen, denen die Texte vor der Gruppe ausgesetzt waren, die witzige Pointe immer mehr in den Vordergrund geriet, weil sie spontane Wirkung erzeugte.

Unterhaltendes, Witziges, Satyrisches, nicht Langweiliges kommt wie bei jedem Zuhörerkreis mit schöner Selbstverständlichkeit auch bei solch einem Kreis von Fachleuten am besten an und wird im ersten Augenblick leicht überbewertet.[258]

Eine gelungene Pointe bewirkte Erleichterung und vermittelte, wenn sie auf Kosten der bundesrepublikanischen Zustände ging, das gemeinsame Gefühl, es eben doch besser zu wissen. Da lag dann die Gefahr nahe, daß solche gemeinsame Distanzierung in *völliger politischer Unverbindlichkeit*[259] endete, daß die Gruppe zu einem abgehobenen Treffen von Fachleuten wurde, die sich nur noch untereinander über ihr Gebiet verständigten. Rudolf Walter Leonhardt stellte in der »Zeit«[260] fest,

daß innerhalb der Gruppe (...) heute eine Literatur überschätzt wird, die aus der Literatur kommt und in die Literatur mündet, die auch kritisch nur wieder zu anderer Literatur in Beziehung gesetzt wird, die sich also immerzu im Kreise um sich selber dreht.

Gerade diejenigen, die die politischen Ansprüche aus der Anfangszeit der Gruppe am intensivsten mit getragen hatten, empfanden ein Unbehagen an solcher Literatur, wenn auch *ein Mann wie Hans Werner Richter dieser [pessimistischen] Tendenz nicht offensichtlich widerstrebt*[261].

Es ist daher nicht verwunderlich, wenn die Gruppe in dieser Situation, 1958, die »Blechtrommel« von Günter Grass überschwenglich aufnahm als einen Roman, der die Satire aus ihrer kritischen Unverbindlichkeit zu führen versprach. Darin mag auch ein Grund dafür liegen, daß Grass, wie immer wieder betont, vital, urwüchsig und ungebärdig auf die Gruppe wirkte – *grimmig, raubtierhaft, voll böser Phantasie*[262]. *Diesem jungen Mann glaubt man seinen Nonkonformismus – möge er anhalten!*[263] Es ist kein sachliches Argument, sondern ein charismatisches. In Grass glaubte die Gruppe endlich jemand gefunden zu haben, der den zaghaften Versuchen, sich mit sublimen Mitteln der Verfremdung von der allumfassenden Konformität der gesellschaftlichen Wirklichkeit zu distanzieren, aggressive Gesellschaftskritik entgegensetzte:

eine wilde Energie des Ausdrucks, eine unwiderstehliche Sicherheit der Gebärde und unheimliche Empfänglichkeit für die bizarr-groteske Verbindung. Oft ungleichartige Stilmittel tarnen eine wilde Attacke, vor deren Kraft die Gruppe 47 kapitulierte[264].

Lesung und Preisvergabe gerieten zur Sensation, die anwesenden Verleger, der Wirkung dieses Buches sicher, überboten sich gegenseitig. Die Berichterstatter jubelten: *Die Gruppe 47 lebt auf*[265]; *(...) die Gruppe hat sich nach einigen mittelmäßigen Tagungen wieder gefangen*[266]; *der Bann ist gebrochen*[267]. Die Stagnation, in der manche Kritiker die deutsche Literatur der 50er Jahre gesehen hatten, schien überwunden, der Ausbruch aus der Provinzialität gelungen; auch international wurde »Die Blechtrommel« stark beachtet. Vor allem aber schien es mit der resignativen Hilflosigkeit der bisherigen Literatur vorbei:

Noch zittert der Bruch mit den Bedingtheiten des Augenblicks in allen Werken spürbar nach, finden sich die Helden allein in der Welt, ausgestoßen. Aber auch hier wird ein neuer Ton angeschlagen, handelt es sich nicht um die übliche, »existenzialistisch« verbrämte Ohnmacht der sogenannten Nonkonformisten, die nur die Kraft zur Vereinigung aufbrachten. Die neuen Helden sind aus härterem Holz geschnitzt, lassen sich nicht abwimmeln, drehen den Spieß herum, gehen ihrerseits gegen die Gesellschaft vor.[268]

Das Wilde, Ungebärdige, das an Buch und Autor empfunden wurde, hatte nicht zuletzt darin seinen Grund. Hier verließ jemand die Mäßigung von Ironie und Satire zugunsten bösartig-aggressiver Groteske. Aus der falschen Kinderperspektive des amoralischen Krüppels Oskar gesehen, enthüllt sich die vertraute Welt der Kleinbürger plötzlich als fremd und unheimlich. Die Verzerrung löst weder wissendes Lachen noch moralische Entrüstung aus, sondern die Bodenlosigkeit des Vertrauten wirkt beängstigend.

Das Grauen überfällt uns so stark, weil es eben unsere Welt ist, deren Verläßlichkeit sich als Schein erweist.[269]

Die Darstellung der Absurdität des Alltäglichen ist ins Extrem getrieben; das Lachen, das die Figur des Oskar zuläßt, ist *jenes Lachen, mit dem wir unwillkürlich auf eine Situation reagieren, die gleichsam keine andere Möglichkeit der Befreiung mehr übrigläßt*[270]. Der Verlust von Sinn ist so weit getrieben, daß er nicht einmal mehr in den Blick gerät: *es geht nicht um das Zer-*

brechen der moralischen Weltordnung (. . .): es geht primär um das Versagen schon der physischen Weltorientierung[271].

Diese Radikalität des Angriffs machte die »Blechtrommel« zum Gipfelpunkt der Verweigerungsliteratur der 50er Jahr und gleichzeitig zu ihrem Umschlag. Die Schriftsteller begannen, die distanzierte Beobachterhaltung, die sie während der gesamten 50er Jahre eingenommen hatten, zu verlassen und ihrerseits zum Angriff überzugehen. Es ist kein Zufall, daß solche literarische Aggressivität mit einem zunehmenden politischen Engagement von Autoren der Gruppe 47 zusammenfällt. Die Polemik um den literarischen und politischen Standort der Gruppe begann sich zu intensivieren. Um die Wende zu den 60er Jahren begann die erstarrte, konform geschlossene Gesellschaft der Bundesrepublik sich zu bewegen. Enzensberger und Grass, so unterschiedlich sich ihre politischen Positionen in der weiteren Diskussion auch zeigen sollten, setzten dafür die ersten Signale.

2.7 SACKGASSE UND NEUANSATZ

Nicht nur durch ihre gesellschaftskritische Aggressivität, auch durch die kritische Reflexion ihrer Erzählhaltung setzte »Die Blechtrommel« Maßstäbe. Die Fragwürdigkeit nicht des Erzählers, sondern des Erzählten erreicht nun auch den Autor selbst. Die Satiriker und ›kafkaesken‹ Erzähler hatten als distanzierte Beobachter die Deformierung der sie umgebenden Realität registriert, oft auch eine Hauptperson geschildert oder erzählen lassen, deren Lächerlichkeit oder moralische Korrumpiertheit die dargestellte Wirklichkeit nur um so mehr diskreditierte.

Charakteristisch ist die Vorliebe für die Parodie der kleinbürgerlichen Denkweise und der klischeehaften Sprache. In der Regel soll sich nach dem Willen des Verfassers der Kleinbürger in einer Ich-Erzählung selbst entlarven.[272]

Die Selbstdarstellung des Erzählers wird nun zunehmend kritisch diskutiert. Die Skepsis, die nach den magischen Realisten den auktorialen Erzähler getroffen hatte – wie kann man die erzählte Realität unter einen übergreifenden Sinnzusammenhang ordnen, wenn man dessen Verlust gerade zum grundlegenden Thema der Literatur macht? – trifft nun auch den Ich-Erzähler.

Auffällig und viel diskutiert war das Vorherrschen des »Ich-Romans«, in dem eine vorgeschobene Figur dem Erzähler ein gewisses Alibi verschafft. Hier stieß die Kritik zu grundsätzlichen Fragen vor. Werden die sittlichen Entscheidungen im Ich-Roman wirklich vom stellvertretenden »Ich« getroffen, ohne daß der Autor sich mit ihnen identifizieren müßte? Wie ist es mit den Gefahren bestellt, wenn der Autor sich selbst einschaltet, wo liegen die Verführungen zum Stilbruch, ist der »Ich-Roman« Kennzeichen einer Epoche der Unsicherheit . . ?[273]

Woher nimmt das Individuum, ob Autor oder vorgeschobener Ich-Erzähler, seine Integrität, um die auf es einwirkenden Realitätspartikel an seinen Normen zu messen? Mit der Diskussion um die traditionellen kommunikablen Formen erzählender Literatur erreichte die Zerstörung der geschlossenen Formen ein neues Stadium.

Wie problematisch es war, die alten Formen auktorialen Erzählens, verbunden mit gesellschaftskritischem Impetus, noch beizubehalten, zeigen unter anderem die Romane Siegfried Lenz'. »Der Mann im Strom«, aus dem

Sackgasse und Neuansatz

Lenz 1957 las, wird heute noch vom Verlag angekündigt als *Zeitdarstellung und Zeitkritik, ohne satirische Überschärfe und tendenziöse Vergröberung*[274].

Lenz erzählt bieder und traditionell; es gelingt ihm nicht, die gesellschaftskritischen Dimensionen seines Romans atmosphärisch plausibel zu machen, seine ›story‹ wird nur an ihrer Oberfläche bewegt. Als beständiger traditioneller Realist konnte sich Lenz jedoch immer seines Erfolges in der Gruppe sicher sein, setzte er doch in gewisser Weise die Tradition jener kritischer Realisten fort, die an der Gründung der Gruppe 47 maßgeblich beteiligt waren.

In der Diskussion an der Wende zu den 60er Jahren erwiesen sich die traditionellen Formen des Erzählens aber mehr und mehr als Sackgasse. Mit ihnen war eine kritische Bestandsaufnahme der, auch bundesrepublikanischen, Wirklichkeit nicht mehr zu erreichen. Langsam, tastend und vorsichtig noch, richtete sich die Skepsis gegenüber den literarischen Ausdrucksmöglichkeiten auch in der Prosa nicht mehr nur gleichsam gattungsintern auf Erzählhaltungen und Techniken, sondern ihr geriet zunehmend die Sprache selbst ins Visier.

Die Sprache, die so viel mißhandelte, so schwer zu beurteilende, so mühsam zu erlernende, war auf dieser Tagung der Gruppe 47 immer wieder Gegenstand kritischer Überlegungen. Da gab es viel Verwirrung und viele kühne Behauptungen. Den Textarbeitern scheint vor allem die »konventionelle« Sprache verhaßt. Was schon einmal gesagt worden ist, wird »Klischee« genannt.[275]

Bereits bei seiner ersten Lesung auf einer Gruppentagung, schon 1955, setzte Helmut Heißenbüttel, dessen Texte traditionellen Gattungen so ohne weiteres nicht zuzuschlagen waren, ein Signal. Die Kritik blieb zurückhaltend, reagierte vorsichtig, abwartend positiv, also hilflos und pauschal:

(...) wem immer moderne Lyrik nicht gleichgültig ist, der kommt jetzt an Heißenbüttels Versen nicht mehr vorbei.[276]

Seit 1959 las auch Uwe Johnson regelmäßig vor der Gruppe. Auch ihm gegenüber blieb die Kritik zurückhaltend, aber positiv; seine Texte seien *interessant*[277], sie versuchten,

der ungeheuren Komplexität der Wirklichkeit Herr zu werden[278]. *Nur angespannteste Aufmerksamkeit (...) hätte das kunstvoll angelegte Wort-, Satz- und Assoziationsdickicht noch zu durchdringen vermocht. So blieb es beim Eindruck von etwas Bedeutendem, das nur Hans Mayer quick zu verstehen und zu erklären erbötig war.*[279]

Ähnlich hilflos urteilte man 1959 über Walter Höllerers vorläufige, erste Exzerpte aus seinem Roman »Elephantenuhr«, in dem

zum ersten Mal das hohe Wagnis unternommen worden sei, die Sprache selbst zum Helden eines Romans zu machen[280], *meilenweit entfernt freilich von dem, was der Romanleser zur Entspannung nach des Tages Müh' erwartet. Jedes Wort darüber hinaus wäre zuviel, solange nicht der ganze Roman vorliegt*[281]. *Held des Buches ist gewissermaßen die Sprache – nicht irgendeine Sprache, sondern die menschliche Sprache schlechthin. Wir haben es also mit einer außerordentlich ehrgeizigen und wohl waghalsigen Konzeption zu tun, für die wir keinerlei Vorbilder sehen.*[282]

Daß die Problematik dieses Romans ihren Ursprung in Diskussionen in der Gruppe 47 hat, klingt im Text selbst an, wenn die Hauptfigur der »Elephantenuhr« zu Anfang des Romans ihr Problem vor dem Blechtrommler Oskar ausbreitet – *immerhin vor einer Figur mit schwieriger Existenz*[283]. Doch Oskar bleibt stumm, von ihm ist keine Hilfe zu erwarten. In Höllerers Romanfragmenten ist die Hauptfigur aufgespalten in Gustav und den Sprachwissenschaftler G, in das zu seinem Konkurrenten gewordene bessere Ich Gustavs. Während Gustav auf der Suche nach einer neuen Sprache ist, arbeitet G bereits an einem neuen Zeichensystem:

> »*eine neue Semiologie*«, *schreit er*, »*für eine neue Kommunikation*«, *schreit er*, »*in einer neuen Gesellschaft*«, *schreit er. Gustav ist skeptischer: Und was wäre bewirkt damit, wenn man, in der Eile, alte Worte ohne den alten Sinn gebraucht, das Wort Seele zum Beispiel, das Wort Herz, das Wort Sinn. Es geht ihm um die Ungelegenheit, daß unsere Umwelt, und ebenso unser Denken, in Rechtecke aufgeteilt wird, und befestigt und betoniert wird, und daß sich das gegen das Wohlbefinden des menschlichen Gehirns richtet.*[284]

2.8 INNOVATIONSSCHUBE UND GRUPPENKONVENTIONEN

Als zu Beginn der Aschaffenburger Gruppentagung im Jahre 1960 die Autoren Dieter Wellershoff, Ludwig Harig und Jürgen Becker nacheinander auf dem »elektrischen Stuhl« Platz nahmen und ihre Texte vortrugen, wurde dies als ein zweifaches Signal verstanden[285], denn da hatte sich nicht nur eine junge Schriftstellergeneration zu Wort gemeldet, sondern auch eine neue ästhetische Richtung angekündigt.

Zwar stieß diese Literatur bei der Kritik noch auf viel Unverständnis[286], doch fand sie immerhin – zumindest aufgrund ihres massiven Auftretens – eine starke allgemeine Beachtung. Wichtiger aber noch für die weitere Entwicklung dieses literarischen Neuansatzes war, daß durch ihn für die jüngeren aufstrebenden Autoren ein Punkt markiert wurde, hinter den nur um den Preis überholter Schreibweisen zurückgegangen werden konnte. Mit anderen Worten: Es hatte sich für die Rezeption wie Produktion von Literatur ein neuer Erwartungshorizont herausgebildet.

Wenn damit gerade das ereignishaft-diskontinuierliche Moment des Geschehens betont wurde, so darf dennoch nicht übersehen werden, daß die Entstehung dieser Literatur nicht in einem autonomen, eigengesetzlichen Raum, sondern in Auseinandersetzung und sogar unter Einfluß vorausgegangener literarischer Positionen erfolgte.

Wird nun das spezifische Eigengewicht der Gruppe 47 gegenüber allen außerhalb praktizierten literarischen Spielformen hervorgehoben, so läßt sich vereinfachend feststellen, daß die jungen Autoren im selben Maße von den internen Vorgegebenheiten sich befreiten, wie sie in Abhängigkeit von den externen gerieten. Der im Jahre 1960 einsetzende Erwartungswandel muß deshalb unter einem doppelten Gesichtspunkt betrachtet werden: unter dem einer Abstoßfläche, d. i. die Literatur der mittleren Generation[287] der Gruppe 47, deren poetische Möglichkeiten entweder erschöpft waren oder in eine Sackgasse geführt hatten, und dem einer Anlaufbahn, d. i. die Literatur des nouveau roman und der konkreten Poesie[288], deren ästhetische Pionierarbeiten jetzt weiter vorangetrieben wurden.

Was also neu war an der Umorientierung der Erwartungshaltung, war nur neu für die Gruppe 47, nicht aber für die literarische Szene insgesamt.

Vielleicht ließe sich die junge Literatur mit dem paradoxen Ausdruck einer ›epigonalen Avantgarde‹ bezeichnen, womit angezeigt werden soll,

Innovationsschübe und Gruppenkonventionen

daß im Rahmen der Gruppe 47 zwar keine kreativen Ansätze entwickelt wurden, dennoch aber genug Offenheit für die kritische Aufnahme und dann allerdings auch konstruktive Fortführung empfangener Impulse bestand.

Bevor jedoch der Spielraum literarischer Ausdrucksweisen, der sich mit der Konstitution eines neuen Erwartungshorizontes eröffnet hatte, umgrenzt werden kann, sind zunächst die Bedingungen, unter denen er zustandekam, näher zu bestimmen. Damit erhebt sich die Frage nach der Form und Thematik zuvor veröffentlichter Literatur, den poetologischen Voraussetzungen der jeweiligen Gattung und den mittelbaren Bezügen zur Wirklichkeit[289].

In der zweiten Hälfte der 50er Jahre hatten sich literarische Tendenzen durchgesetzt, die Walter Jens veranlaßten, sehr emphatisch von der »jungen deutschen Literatur der Moderne«[290] zu sprechen. Diese war thematisch ausgerichtet auf eine engagiert-kritische Bestandsaufnahme der aktuellen Wirklichkeit und auf eine ebenso kritische, aber schon distanziertere Auseinandersetzung mit dem zeitgeschichtlichen Geschehen der NS-Zeit, des Zweiten Weltkrieges und der deutschen Teilung[291].

Hinsichtlich der Form verfolgte diese Literatur die virtuose Ausschöpfung und konsequente Weiterentwicklung konventioneller Mittel. Ihr angestrengtes, das Ausdruckspotential des Vorgegebenen arg strapazierende Bemühen war nicht zuletzt ein Indiz dafür, daß sich der naiv-abbildhafte Zugriff auf die Realität als problematisch erwiesen hatte. Der artifizielle Stil selber aber war nur eine letzte Station vor dem ausdrücklichen Eingeständnis des Scheiterns: Das realistische Programm wurde auf bloße Annäherungsversuche reduziert[292]. Eine Fortsetzung dieses Ansatzes hätte die objektiven Bezüge dieser Literatur immer mehr aus den Augen verloren und damit den ästhetischen Rahmen der Gruppe 47 gesprengt. Eine Umorientierung schien unausweichlich.

Im gleichen Zeitraum waren indessen zwei andere literarische Richtungen in Erscheinung getreten: vor allem in Frankreich der »nouveau roman« und gewissermaßen weltweit die »Konkrete Poesie«[293].

Auch hier können nur einige Konturen skizziert werden: Propagierte und praktizierte der nouveau roman einen auf Wahrnehmungstätigkeit gestützten und an Detailgenauigkeit orientierten Oberflächen-Realismus, so betrachtete die Konkrete Poesie das Medium Literatur als Experimentierfeld zur Erforschung der faktischen und potentiellen Verwendungsweisen der Sprache.

Die Rezeption der Repräsentanten dieser Innovation setzte in der Bundesrepublik bald ein: Von Alain Robbe-Grillet waren 1957 »Der Augenzeuge« und 1959 »Die Jalousie«, von Nathalie Sarraute im selben Jahre »Tropismen« erschienen; in Österreich machte immer mehr die »Wiener Gruppe« von sich reden, Eugen Gomringer, Franz Mon, Ernst Jandl publizierten ihre zunehmend beachteten Texte, seit längerem bereits las Helmut Heißenbüttel auf den Tagungen der Gruppe 47.

Wenn nun die Literatur der Gruppe 47 unter dem Gesichtspunkt ihres realistischen Programms am Ende einer ästhetischen Sackgasse angelangt war, so boten sich hier mit einem Mal gangbare Auswege an. Denn die Frage nach den Gründen für das Versagen vor der Realität hatten sich die Vertreter dieser literarischen Bewegungen nicht nur selbst gestellt, sondern auch durch die Art ihrer Produktion von Texten implizit beantwortet.

Indem sie nämlich signifikante literarische Techniken fanden, verdeutlichten und behoben sie zugleich die Mängel, die für das Entstehen des Dilemmas verantwortlich waren. Denn so wie der nouveau roman durch Sensiblisierung des Auges das Wahrnehmungsfeld nicht nur erweiterte, sondern auch die Intensität des Eindrucks steigerte und damit die Eingefahrenheit der gewöhnlichen Perspektive und Ungenauigkeit des alltäglichen Hinsehens zu überwinden half, so konnte auch die Konkrete Poesie durch Demonstration der sprachlichen Vorstrukturiertheit der Erfahrungen einen Beitrag dazu leisten, daß nun auch literarisch über die Eingebundenheit jedes einzelnen in den öffentlichen Raum gemeinsamer Sprache reflektiert wurde.

Schuld an dem versperrten Zugang der Realität schien den Autoren also nicht so sehr die vermeintlich undurchdringliche Realität selbst, als vielmehr ein sensorisches Instrumentarium, das seine restringierten Wahrnehmungsakte wie seine irreduzible Sprachabhängigkeit noch nicht genügend durchschaut hatte. Sofern nun in dieser literarischen Richtung die Darstellung des Faktischen nicht ganz aufgegeben, wohl aber von der Reflexion auf die Bedingungen der Erkennbarkeit der intendierten Gegenstände in den Hintergrund gedrängt wurde, geschah dies durchaus noch in Übereinstimmung mit den konventionellen ästhetischen Normen. Überschritten wurden sie nur dort, wo eine Seite in diesem Wechselverhältnis den eindeutigen Vorrang erhielt. Doch hatten gerade die Autoren, die sich bestimmter Einseitigkeiten befleißigten, etwa Vertreter einer von literarischen Formproblemen wenig belasteten Schreibweise[294] oder solche bloßer experimenteller Spielereien[295], keine Chancen in der Gruppe 47.

Am Beispiel der Initiatoren und Repräsentanten dieser neuen literarischen Tendenzen auf deutschem Gebiet soll nun der für das Produzieren von Literatur in den 60er Jahren konstitutive Erwartungshorizont umrissen werden. Die Position des nouveau roman wurde eingenommen und weiterverfolgt von dem Prosa-Autor Peter Weiss, die der Konkreten Poesie von Helmut Heißenbüttel.

2.81 Die innovativen Texte

Von Peter Weiss war im Jahre 1960 das bereits 1952 geschriebene Prosastück »Der Schatten des Körpers des Kutschers« erschienen, hierauf folgten die autobiographischen Berichte »Abschied von den Eltern« (1961) und »Fluchtpunkt« (1962). Das als »Fragment« bezeichnete »Gespräch der drei Gehenden« (1963) setzte dann einen vorläufigen Schlußpunkt unter Peter Weiss' frühe erzählerische Produktionsphase. Mit seinem Debut-Roman hatte Weiss eine Schreibweise entwickelt, die ganz auf die genaue Wiedergabe nicht des objektiv Gegebenen, sondern des subjektiv Wahrgenommenen ausgerichtet war. Weder wurde auf Allgemeingültigkeit der Aussage abgezielt, noch auf eine spezifische Ausprägung individueller Autorschaft. Allein den sinnlichen Impuls galt es in präziser Beschreibung zu artikulieren. Zu Anfang des 5. Abschnitts kennzeichnet Weiss seine poetische Methode:

> *Zum ersten Mal in meinen Aufzeichnungen um weiter als einen sich im Nichts verlierenden Anfang hinausgeratend setze ich nun fort, indem ich mich an die Eindrücke halte die sich mir hier in meiner nächsten Umgebung aufdrängen; meine Hand führt den Bleistift über das Papier, von Wort zu Wort und von Zeile zu Zeile (...) Mit dem Bleistift die Geschehnisse vor meinen Augen nachzeichnend, um damit dem Gesehenen eine Kontur*

Innovationsschübe und Gruppenkonventionen

zu geben, und das Gesehene zu verdeutlichen, also das Sehen zu einer Beschäftigung machend, sitze ich neben dem Schuppen auf dem Holzstoß (...)[296]

Hier wird ausgesprochen, wie der Gefahr des Scheiterns entgangen werden kann: durch den unmittelbaren Bezug auf die dem Akt des Schreibens zugrundeliegenden Inhalte konkreter Wahrnehmung. Eine kurze Passage aus dem Prosatext soll die literarische Ausgestaltung dieses Verfahrens veranschaulichen. Am Ende der Beschreibung eines sexuellen Vorgangs im Inneren eines Hauses heißt es:

> *Nach einer Weile richtete sich der Schatten des Kutschers vom Schatten der Haushälterin auf, und auch der Schatten der Haushälterin richtete sich auf, und an den weiteren Bewegungen der Schatten sah ich, daß sowohl der Kutscher wie auch die Haushälterin den Tisch verließen und sich in die Tiefe der Küche hineinbegaben, wo mir ihr Vorhaben verborgen blieb.*[297]

Insofern die sprachliche Manifestation der sinnlichen Eindrücke allein es ist, die die Konstitution eines bedeutungstragenden Textganzen noch gewährleistet, schien tatsächlich ein Ausweg aus dem Sich-Verlieren in ein *Nichts* gefunden zu sein. Doch da sowohl der subjektive Anteil der Wahrnehmungstätigkeit wie die Bedingungen ihrer literarischen Reproduktion unberücksichtigt blieben, wurden wichtige Fragen offengelassen, deren erste Weiss selbst im »Gespräch der drei Gehenden« thematisierte, während die zweite im Umfeld sprachreflektierender Literatur behandelt wurde.

Aus dem 1963 veröffentlichten »Gespräch« hatte Weiss auf der Tagung in Berlin im Jahr zuvor gelesen und bei der Kür des Preisträgers erst in der Stichwahl gegen Johannes Brobrowski[298] verloren. Die innovative Kraft seiner Literatur war bereits nach kurzer Zeit auf den für jede breitere Wirkung äußerst fruchtbaren Boden der Gruppe 47 gestoßen, die sich ihrerseits durch diese literarische Neubelebung nicht nur aus der Klemme ihrer poetischen Schwierigkeiten befreit sah, sondern auch in der Rolle des Wegbereiters progressiver Bestrebungen ein weiteres Mal bestätigt fand. Dies um so mehr, als Weiss mit seinem zweiten fiktionalen Prosatext einen markanten Schritt über den ersten Ansatz hinausgelangt war. Veranlaßt dazu wurde er durch die Einsicht, daß sich die ganz am Gegenstand der Beobachtung orientierte Beschreibungsliteratur sofort in eine Aporie verstrickte, wenn sie gezwungen war, den subjektiven Pol des Wahrnehmungsvorganges zu berücksichtigen. Solange nämlich die poetische Transformation einer realen Impression an dieser selber überprüft werden konnte, war die Gewähr für eine zwar nicht behauptete, jedoch unausgesprochen beanspruchte Objektivität gegeben. Im Falle der Erinnerung an Gegenstände, Personen und Ereignisse aber, bei der auf die Präsenz dieser Korrelation verzichtet werden muß und das Gedächtnis auf sich allein gestellt ist, führt die Dominanz des Subjektiven ein ganzes Arsenal von Täuschungsstrategien mit sich. Schon die ersten Sätze des Textes beleuchten die neue Konzeption: *Es waren Männer, die nur gingen gingen gingen (...) Sie gingen und sahen sich um und sahen was sich zeigte, und sie sprachen darüber und über anderes was sich früher gezeigt hatte.*[299]

Im Gegensatz zum »Kutscher« wird hier nicht von *einem* Subjekt der Beobachtung erzählt, sondern von mehreren, den Männern Abel, Babel, Cabel, die zudem nicht bloß von dem gegenwärtig Erfahrenen berichten, sondern auch von dem aus der Vergangenheit Erinnerten. Dieses Erinnerte wird aber, selbst wenn es zeitlich und räumlich auf dieselbe Begebenheit bezogen ist, sowohl von den drei Personen als auch selbst von nur einer ganz verschieden dargestellt. So bricht in der Passage, die Weiss auf der Gruppentagung vorgetragen hat, der Erzähler seinen Bericht immer wieder ab und sucht von neuem sich auf das Geschehene zu besinnen: *Nein, so war es nicht, ich sehe es falsch, es ist so lange her, vielmehr befanden wir uns in einem Abenteuer (. . .)*[300] Damit war die Vergeblichkeit des Versuchs, sich durch bloßes Verlassen auf die Wahrnehmung der Wirklichkeit zu nähern, eingestanden. Peter Weiss selbst hat in dieser Richtung nicht weitergearbeitet, sondern sich der Dramatik zugewandt; vor allem jedoch hat er sich ein ideologisches Korsett angelegt, das ihm erst wieder und eigentlich überhaupt erst eine weitgehend verbindliche Sinnkonstitution im Medium der Literatur ermöglichte. Andere Autoren, für die sein Prosawerk schulbildend war, mußten jedoch dort anknüpfen, wo er aufgehört hatte. Den Prozeß der Wahrnehmung von Realität galt es noch weiter auf seine Bedingungen hin zu befragen.

Eine dezidierte Antwort hierauf hatte aber auch die andere zu Anfang der 60er Jahre immer mehr Boden gewinnende literarische Tendenz anzubieten.

Helmut Heißenbüttel, für die Gruppe 47 schon lange kein Unbekannter mehr, las von 1961 – 64 mit stetig wachsendem Erfolg aus seinen »Textbüchern«[301]. Seine Grundeinsicht bestand darin, die Sprache nicht als ein schlichtweg dem Wahrnehmungs- und Gedankenausdruck dienendes Medium, sondern umgekehrt als eine den Erkenntnisakten immer schon vorausliegende und diese allererst leitende Sinngebungsinstanz zu begreifen. Nun war eine solche Auffassung zwar nicht gerade neu – eine Traditionslinie geht etwa über Ludwig Wittgenstein[302] auf Wilhelm von Humboldt[303] zurück – doch waren die poetischen Folgerungen, die Heißenbüttel aus ihr zog, von großer innovativer Bedeutung für die Gruppe 47 wie für die Gegenwartsliteratur überhaupt. Wenn nämlich der Sprache ein jede Erkenntnis vorstrukturierender transzendentaler Status zuerkannt werden muß, so kann von den intendierten Wirklichkeitsbezügen immer nur das in den Blick geraten, was die sprachlichen Vorgegebenheiten von sich aus zulassen. Die Aporien einiger literarischer Ansätze resultierten im wesentlichen daraus, daß diese Abhängigkeit nicht genügend beachtet worden war. Indem Heißenbüttel dieses in sprachtheoretisch fundierten Texten nachholte und die Funktionsweise der Sprache in ihrer realen wie experimentellen Verwendungsfähigkeit überprüfte, gelang ihm neben einer Klärung der Gründe für den erschwerten Zugang zur Realität auch noch ein Beitrag zur Bestandsaufnahme dieser Realität selbst. Denn die Einsicht in die erkenntnisleitende Geltung der Sprache impliziert, daß in den vorhandenen wie in den erst zu konstituierenden Sprachzeugnissen die prätendierten Wirklichkeitsbezüge bereits eingeschrieben sind[304].

Zur Realisierung seines Programms hat Heißenbüttel gezielt solche Techniken benutzt, die sich jeweils auf einen anderen Aspekt der Sprache beziehen. Um die sprachlichen Ausdrucksmöglichkeiten aus ihren verfestigten Gebrauchskontexten zu befreien, wodurch er deren zwar verdeckte, doch noch mitschwingende Bedeutungsvielfalt wieder voll herstellen konnte, griff Heißenbüttel auf die Methode der die sprachlichen Bestandteile in ihrem Eigenwert isolierenden Reduktion zurück. Ein Beispiel hierfür ist eines der auf der Tagung in Berlin 1962 gelesenen »Sprech-Wörter«[305].

zu   rück   rücken
zu   rück
zu   rücken

```
        rück
zu      rück
zu
zu
zu              rücken
        rück
zu
```

Zunächst wurde ein Wort aus dem Vorrat der Sprache herausgehoben und in drei – auch separiert noch sinnvolle – Teile zerlegt, die dann, mehrfach wiederholt und in eine überlegte Anordnung gebracht, ihre rein klanglichen Ausdruckswerte – losgelöst von allen syntaktischen und semantischen Bindungen – freisetzen können. Darüberhinaus ermöglichen sie durch ihre beliebige Kombinierbarkeit die Konstitution überraschender, neuer Bedeutungen.

War dies ein Beleg für die phonetische Reduktion auf der morphologischen Ebene, so stellt der Text »vokabulär« eine Reduktion auf der semantischen Ebene dar:

```
einsetzen Einsatz
Aufsatz   Vorsatz
vorsätzlich  Satz
der Satz    vom
Grunde    Grund
satz   grundsätz-
lich   Grundsatz-
referat gründlich
   grundlegend
     (...)306
```

Indem hier die aus einer Stammwurzelklasse ausgewählten Elemente an die aus einer anderen angeschlossen werden, wobei die Schaltstellen *(Satz/ der Satz vom Grunde)* oft durch bloße Klangassoziationen entstehen, wird die gewohnte syntagmatische Kombination der Wörter zu Sätzen unterbunden und durch die paradigmatische Selektion ihr im normalen Sprechen immer mitgemeinter, nie aber mitgeteilter Bedeutungshof ausdrücklich genannt. Durch dieses Verfahren wird angezeigt, inwieweit der semantische Gehalt der Wörter durch deren lexikalische Umgebung determiniert ist. Für die Reduktion auf der syntaktischen Ebene findet sich eine exemplarische, von Heißenbüttel selbst am Ende seiner 2. Frankfurter Vorlesung über »Literatur und Grammatik«[307] zitierte Stelle im Textbuch I:

quatschend gequatscht abgelockt Lockung tausch Syntax um mit der/ Grammatik verkuppel um mit der Grammatik endlich Schluß zu machen/ was immer vorkommt was (...)

Dadurch, daß die elementaren Regeln syntaktischer Verknüpfung außer Kraft gesetzt werden, wird deren restringierende Einflußnahme auf die kognitiven wie verbalen Akte bewußt gemacht. Zugleich aber findet die reale Lebenserfahrung der Unverfügbarkeit über Welt und Worte in dieser *antigrammatischen* Redeform ihren adäquaten Ausdruck: *Satzsubjekte, Satzobjekte, Satzprädikate fallen weg, weil die Erfahrung, von der geredet wird, außerhalb der eindeutigen Subjekt-Objekt-Beziehung steht*[308]. Das ›Subjekt‹ des Sprechens, zu einem *Bündel Redegewohnheiten*[309] degradiert, sieht sich einem ›Rauschen‹ der Worte ausgesetzt, das es nicht mehr zu ordnen vermag.

Wenn nun *formelhaft* geredet wird, dann hat zwar auch der Produzent von Texten noch seinen Anteil daran, doch er kann gerade durch eine rigorose Beschränkung auf die bloße Reproduktion des Gehörten und Gelesenen der *Sprichwörterzeit*[310] einen Spiegel vorhalten. Die hierfür geeignete literarische Technik der Zitatcollage fand im Werk Heißenbüttels in einem weiteren Texttyp ihren Niederschlag, für den »Deutschland 1944« exemplarisch steht:

> *hängt ihr am Leben sie geben es brünstig für Höheres niemand/ zwang sie dazu denn ihres Herzens Schlag ihrer Seele Gebot hängt/ ihr am Leben sie geben es (...)*[311]

Auf den einzelnen Nachweis der Herkunft der Zitate kommt es hier nicht an, wichtig ist allein, daß sie als aus dem öffentlichen Sprachraum der NS-Zeit stammend erkannt werden[312]. Geschieht dies, so hat diese Art der Literatur mittels ihrer Reproduktionstechnik den *im Wort Sprache gespeicherten Sachbezug* herauszustellen vermocht, ein Ergebnis, das zwar unter dem Gesichtspunkt der skizzierten Sprachproblematik und der damit zusammenhängenden erzählerischen Engpässe durchaus befriedigend war, jedoch aufgrund des Verzichts auf sinnstiftende Gliederung des Materials und der Enthaltsamkeit von jeder kritischen Stellungnahme einen hohen Preis forderte. Wo selbst mit dieser Methode die intendierten Sachverhalte nicht greifbar wurden, da konnte noch die *Halluzination* aus dem *Medium, aus dem Vorrat und der Gesetzlichkeit der Sprache*[313] Abhilfe schaffen.

Einen sich dieser Konzeption annähernden Text hat Heißenbüttel 1964 in Sigtuna gelesen:

> *Kalkulation über was alle gewußt haben*
> *natürlich haben alle was gewußt der eine dies der andere das aber niemand mehr als das und es hätte schon jemand sich noch mehr zusammenfragen müssen wenn er das gekonnt hätte aber das war schwer weil jeder immer nur (...)*[314]

Scheinbar spielerisch treibt der Strom der Worte eine Wendung nach der anderen hervor; kein sprechendes Subjekt und kein angesprochenes Objekt rückt in den Vordergrund, und doch ist genau getroffen, was Zielscheibe des Angriffs war: die Abwehrstrategien der um das eigene Seelenheil besorgten Mit-Schuldigen. Indem Heißenbüttel den grundlegenden Zweifel, *ob überhaupt noch sagbar ist, was gesagt werden kann*, erhoben und damit beantwortet hatte, daß tatsächlich nur das sagbar ist, was *die vokabulären und syntaktischen Mittel anbieten, was Sprache ihrem Wesen nach an Erzählmöglichkeit vorgibt*[315], war das Problem der realistischen Schreibweise von der Orientierung an den Wahrnehmungsakten auf die Reflexion über den Sprachbestand verschoben worden.

Mit der Vorstellung der Positionen von Peter Weiss und Helmut Heißenbüttel sind die ästhetischen Richtlinien für einen progressiven literarischen Standort spezifiziert worden. Die Literatur der 60er Jahre kann nun im Blick auf das abgesteckte Feld und der darin eingezeichneten Spuren in möglichst chronologischer Reihenfolge charakterisiert werden.

Zunächst sei der wesentlich durch Peter Weiss inaugurierte Strang der Wahrnehmungs- und Beschreibungsliteratur aufgewiesen.

Einer ihrer Repräsentanten, Dieter Wellershoff, hatte nach der Tagung in Sigtuna in analytischer wie programmatischer Hinsicht dieser damals weitverbreiteten Schreibweise ein theoretisches Fundament gegeben. Darin erklärte er, daß die mit den Namen »Kölner Schule« oder »Neuer Realismus« etikettierte Literatur die Gesellschaft *immanent durch genaues Hinsehen (kritisiert)*. *Es ist eine Kritik, die nicht von Meinungen ausgeht, sondern im Produzieren der Erfahrung entsteht*[316].

Nicht also werden die *Meinungen*, die unreflektierten Redensarten oder auch die Ergebnisse der Wissenschaften ein weiteres Mal aufbereitet, sondern die Literatur selbst erhebt den Anspruch, unverfälschtes und originales Erfahrungsmaterial zur Verfügung zu stellen. Diesen kann sie aber nur dann einlösen, wenn sie über die Methode des positivistischen Konstatierens von Realität hinaus literarische Techniken entwickelt, die neue Einsichten ermöglichen, Techniken, *die an die subjektive Optik der bewegten Filmkamera erinnern, also die konventionelle Ansicht eines Gegenstandes oder Vorganges verzerren oder völlig auflösen durch extreme Einstellungen der Aufmerksamkeit*[317].

Eine pars-pro-toto-Stelle aus dem Roman »Ein schöner Tag«, dessen zweites Kapitel Wellershoff in Sigtuna vorgelesen hat, soll diese Technik vorführen:

Sie blickt auf ihre Füße, die sich in dem geschrumpften Schattenfleck unter ihr bewegen, und schwankt oder fühlt sich schwanken, weil um sie der leere Hof ist wie ein nach allen Seiten fliehender Raum, in dem sie die Richtung verliert.[318]

Wie hier im kleinen durch die ungewöhnliche Perspektive eine die alltägliche Erfahrung übersteigende Sehweise gewonnen wird, so gibt der Roman im ganzen neue, weil verfremdete und daher zunächst befremdende Einblicke in seine Themenstellung – die Familie als soziales Phänomen – zu erkennen.

Die Konzentration auf die Bedingungen und Inhalte realer Erfahrung, auch und gerade in ihren irrealen, grotesken Aspekten, sowie die Suche nach signifikanten Perspektiven, wobei die objektiven Korrelate nie ganz aus dem Gesichtsfeld geraten – mit diesem Raster kann eine ganze Gruppe von Autoren im Umkreis von Wellershoff, aber auch in Abgrenzung zu ihm, erfaßt werden. Unter dem zugleich damit umrissenen Erwartungsaspekt haben Günter Herburger, Günter Seuren, Gisela Elsner und Renate Rasp mit beachtlichem Erfolg auf den Tagungen ab 1964 gelesen[319].

Der Strang der sprachkritischen Literatur blieb innerhalb der Gruppe 47 ohne jede nennenswerte Gruppierung, zu unterschiedlich waren die jeweiligen Ansätze der einzelnen Autoren.

Dennoch lassen sich die in den folgenden Jahren veröffentlichten Texte auf die bei Heißenbüttel in Anschlag gebrachten Techniken zurückbeziehen. So konnte auf dem von ihm bereiteten Boden ein Mitglied der »Wiener Gruppe« auf der Tagung in Saulgau einen wahren Triumph verbuchen. Konrad Bayers mit kabarettistischen Effekten vorgetragene Prosastücke aus »der sechste sinn« entsprachen aber auch der realistischen Gesamttendenz. Seine Texte trafen nämlich selbst in ihren spielerisch-experimentellen Formen sowohl die verfestigten und leerlaufenden Sprechgewohnheiten als auch die gleichfalls nichtssagenden Verhaltensweisen. Neben dem formelhaften Reden war – als weiterer Beitrag zur Bestandsaufnahme – das bloß ›formelle‹ Handeln in den Blick geraten.

Wie dieses literarisch verarbeitet werden kann, demonstriert ein 1963 von Bayer gelesener Abschnitt:

der empfang

franz goldenberg kam zur tür herein und gab mir die hand. ich gab dr. ertel die hand. dr. ertel gab marion bembe die hand. marion bembe gab dr. aust die hand. dr. aust gab dr. herbert krech die hand (...)[320]

Die penetrante Wiederholung der zeremoniellen Geste des Händeschüttelns weist auf die von normierten Verkehrsformen nur schwach überdeckte Leere und Belanglosigkeit sogenannter ›gesellschaftlicher Ereignisse‹ hin.

Noch stärker als hier ist bei Reinhard Lettau der enge Zusammenhang von Sprach-, Denk- und Handlungsstrukturen zum Ausdruck gebracht.

Lettau, der im Beschreibungsstil begonnen hatte (»In der Umgebung«, 1964), trug 1966 in Princeton die mit sehr viel Beifall bedachte Groteske auf das Militär »Der Feind« vor. Mit diesem kurzen Prosastück gelang ihm der Nachweis, daß die Eigendynamik der Wörter die autoritären Denkstereotypen ebenso präformiert wie die ritualisierten Befehlsabläufe. Schon die ersten Sätze lassen die Verfahrensweise erkennen:

Draußen regnet es. Der General kommt zurück. »Haben Sie gewonnen?« wird er gefragt. »Ich habe den Feind nicht gefunden«, antwortet der General.[321]

Der semantische Signalwert der einzelnen Substantive zieht jeweils ein weiteres in seinen Bedeutungskreis. An der durch Verzahnung eines bestimmten Orientierungs- und Sinnpotentials der Sprache vorgebildeten Wortfolge läuft die Geschichte ab: Zum General gehört wie selbstverständlich die Schlacht, zur Schlacht der Sieg oder die Niederlage *(Haben Sie gewonnen?)* und dazu natürlich der Feind. Durch dessen Fehlen wird – das ist der kritisch-groteske Impetus – diese offenbar zwingende Logik außer Kraft gesetzt bzw. ironisch unterlaufen.

In ähnlicher Weise sind die Kurztexte von Peter Bichsel konstruiert, der 1965 in Berlin den Preis für vier Abschnitte aus dem 1967 erschienenen Roman »Die Jahreszeiten« erhielt. Auch Bichsel benutzte die Technik der Kombination sprachlicher Versatzstücke. Die Wörter fungieren als Glieder einer Assoziationskette, an denen erinnerte oder imaginierte Erfahrungen aufgehängt werden. Der erste, auf der Tagung gelesene Absatz deutet dies an:

Kiesinger ist nicht bereit, mir Geschichten zu erzählen. Ich schiebe ihm Wörter zu, ich sage »Tarragona« und er sagt »Tarragona«, wenn ich Elfriede sage, wiederholt er es. Wenn er es mehrmals wiederholt und mit kleinen Unterschieden in der Betonung, werde ich aufmerksam und fülle sein Glas nach.[322]

Wie ein Köder wird der Reizwert der Worte eingesetzt, um die sich wie von selbst sprechende Sprache in Bewegung zu bringen.

Diese von Heißenbüttels halluzinativer Literaturkonzeption inspirierten Schriftsteller stehen repräsentativ für eine ganze Anzahl weiterer Autoren. Genannt seien noch: Hubert Fichte, Helga M. Novak, Klaus Stiller und Uwe Brandner[323].

Damit sind in groben Zügen die ästhetischen Orientierungsmarken der 60er Jahre durch ihre literarischen Realisationsformen bezeichnet worden.

Konnten jedoch die vorgestellten Texte jeweils genau dem einen oder dem anderen Strang zugeordnet werden, so kann dies nicht gelingen bei der

Berücksichtigung zweier Positionen, die sich von der Klammerung an Wahrnehmung wie der Stützung auf Sprachreflexion durch eine Weder-noch-bwz. eine Sowohl-als-auch-Haltung abhoben.

Erst diese Positionen, vertreten von Alexander Kluge und Jürgen Becker, vervollständigen das Bild der literarischen Neuerungen. Alexander Kluge hatte auf der Tagung in Berlin 1962 einen seiner »Lebensläufe«: »Hauptfeldwebel Hans Peickert« vorgelesen. Der Ansatz und das Verfahren Kluges bestanden darin, ohne direkten Rekurs auf die Wahrnehmungs- und Sprachproblematik, in der nüchternen Diktion des gelernten Juristen, Lebensgeschichten als nackte Tatbestände in ihrer sozialen und historischen Bedingtheit festzuhalten. Dabei verleugnete er jede emotionale Anteilnahme am Schicksal der betreffenden Personen und verzichtete auf jede Art von »sinnhafter« Beurteilung des Geschehens. Allein die Form des kommentarlosen Berichtens aus unpersönlicher Distanz schien ihm geeignet, einen von automatisierten Gefühls- und Gedankenabläufen nicht verstellten und durch keine vorschnellen Interpretationsangebote erleichterten Zugang zu der besonderen Geschichte der einzelnen Menschen wie der allgemeinen Geschichte der jüngsten Vergangenheit zu gewinnen.

Ein Absatz aus dem oben erwähnten »Lebenslauf«, der wie alle *teils erfunden, teils nicht erfunden* ist, soll ein Licht auf diese dokumentarische Methode werfen:

Pflicht und Leben
Peickert lebte Sommer 1940 in Frankreich. Sein Truppenteil wurde damals in Lille/Frankreich aufgefrischt. In Metz lernte Hans Peickert seine spätere Verlobte Angelique Danatier kennen. Sobald er genügend Verfügungsmacht über sie besaß, vermittelte er sie an Offiziere der Garnisonen Lille, Metz, Montmedie und Reims. Waffengeschäfte, Geschäfte mit englischen Zigaretten und Passierscheinen sowie mit vermischten Marketenderwaren traten hinzu. In seiner Dienstzeit bot Peickert das intakte Bild eines deutschen Hauptfeldwebels.[324]

Jede menschliche Handlung, auch die vielleicht persönlichste einer Liebesbeziehung, wird hier sogleich in einen zweckhaft-funktionalen Zusammenhang gebracht, der seinerseits allerdings als verantwortlich für das beschriebene Handeln angesehen werden muß: Die kapitalistische Gesellschaftsstruktur offenbart ihre verborgene Unmenschlichkeit.

Indem der Autor diese Welt des Inhumanen durch eine kühle, regungslose Darstellungsweise wiedergibt, entgeht er jeder Versöhnungs- und Verbrämungsgefahr und verdoppelt noch den bestürzenden Eindruck des Inhalts durch den der Form. Der Aufgabe des zupackenden, harten Realismus war eine durchweg geglückte Lösung beschert worden. Dennoch muß eingewendet werden, daß Kluge – wie auch die anderen Autoren – dem breiten Publikum etwas zu viel an selbständiger Reflexion zugemutet hat, und daß er – ebenfalls wie andere Autoren auch – mit der einmaligen Realisation einer neuen Methode diese auch schon erschöpft hatte. Ein zweiter Aufguß wie etwa der Stalingrad-Roman »Schlachtbeschreibung« (1964) hatte nicht mehr die gleiche aufrüttelnde Wirkung. So wurde Kluges Ansatz weder von ihm noch von anderen kontinuierlich weiterverfolgt. Die gleichfalls dokumentarisch orientierte Literatur der Arbeitswelt, die ab Mitte der 60er Jahre sehr ins Gespräch kam, ist aufgrund ihrer naiveren, weniger reflektierten Bezugnahme auf Realität nicht in einem Atemzug mit Kluge zu nennen. Sie stieß mit ihren Absichten in der Gruppe 47 auch auf viel Unverständnis[325].

Jürgen Becker, auf dessen Konto vorwiegend die Initialzündung von 1960 ging, nahm im Kontinuum der progressiven Strömungen zwischen den äußersten Bahnen die Spur der Mitte ein. In diese Position gelangte er ganz absichtslos, indem er strikt seiner eigenen poetischen Zielrichtung folgte. Ihm kam es nämlich darauf an, sein *subjektives Ausdrucksverlangen* auf authentische Weise zu erfüllen. Dabei war er sich darüber im klaren, daß für die direkte, nicht präformierte Realisation dieses Vorhabens die durch das *syntaktische System unserer Sprache* und der *vorgeprägten erzählerischen Modellformen*[326] aufgebauten Hindernisse umgangen werden mußten. Dieses konnte nur dann geschehen, wenn dem zugrundegelegten Erlebnisimpuls eine leitende Funktion bei der Suche nach seiner adäquaten sprachlichen Umsetzung zuerteilt wurde. In einem Brief an Hans Magnus Enzensberger hat Becker seine Art der Textproduktion am Beispiel der »Felder« (1964) beschrieben:

Dieser Text demonstriert nur die Bewegungen eines Bewußtseins durch die Wirklichkeit und deren Verwandlung in Sprache (. . .) Sie lesen nur Mitteilungen aus meinem Erfahrungsbereich; das ist die Stadt hier, mein tägliches Leben, die Straße, die Erinnerung. All das reflektiere ich in einer jeweils veränderten Sprechweise, die aus dem jeweiligen Vorgang kommt. So entstehen F e l d e r; Sprachfelder, Realitätsfelder (. . .)[327]

Hier wird, immer noch unter dem Aspekt des zu erzielenden Wirklichkeitsgewinns, der Rückgriff auf Wahrnehmungsakte und der Zwang zur Sprachreflexion ganz deutlich als zusammengehörig begriffen. Eine kurze Passage aus den 1962 in Berlin gelesenen »Feldern« hebt dies noch stärker hervor:

Ich setze an, wo ich mich befinde, die Gelegenheiten schwinden, wieder, weiter, wie fortsetzen was ich setze fort, hier, der Punkt ist überall und die Stimmen sinds, was sprechen, die zusammenstoßenden Punkte, die ungesammelten Schritte, die springenden Fenster, die Flecken, das Pflaster, die Asche, das Haar, der Rest, das drohende Geräusch, der vermutliche Morgen, die Hoffnung auf Sprechen und kein Ende, das nicht, bloß dies ein geringes weiter.[328]

Der Beginn zeigt eine Verwandtschaft zu der Textprobe aus dem »Kutscher« von Peter Weiss: ein fixierter Ort als Standpunkt des Eindrücke sammelnden *Ichs*. Nur sind diese Eindrücke hier nicht nur visueller, sondern auch auditiver Art. Wahre Wogen von erinnerten Bildern und gehörten *Stimmen* scheinen den Autor zu überfluten und ihn in seiner Sprachbewegung fortzureißen. In raschem Tempo, von keinem Satzeinschnitt unterbrochen, von keiner Erzählvorschrift beschränkt, manifestiert sich der Strom der Bewußtseinsinhalte.

Schien es noch in den »Feldern« möglich zu sein, trotz der Einsicht in die sprachlichen und erzählerischen Vorgegebenheiten, die subjektiven Impulse annähernd frei und unvermittelt konkretisieren zu können, so erlangte das Wissen um die für jeden Ausdruckswillen eng gezogenen Grenzen in den »Rändern« (1968) eine spürbare Vorrangstellung. Dennoch wurde die Intention auf das Sich-Aussprechen eines fast lyrisch zu nennenden Ichs auch hier nicht völlig aufgegeben. Im Gegenteil: Wenn man schon genötigt ist, den determinierenden Charakter dieser Vorgegebenheiten anzuerkennen, dann soll deren Anteil an der Konstitution von Erfahrung auch in seiner diese relativierenden Funktion erfaßt werden. Noch konsequenter als in dem ersten Text, in dem Becker eine lineare Ausdrucksabsicht verfolgte, sind hier die beiden Pole der subjektiven Wahrnehmung und der objektiven

Sprachordnung einander vermittelt worden. Die Anfangszeilen des ersten Textblocks aus den »Rändern«, den Becker 1967 in der Pulvermühle vorgetragen und für den er den letzten Preis der Gruppe 47 erhalten hat, lassen diese Vermittlung genau erkennen:

> Da hängt die Landkarte, alle Wände sind weiß, dies ist das Land, dies sind die Küsten, dies ist Geschichte, das ist das hohe Fenster mit den Bäumen im Park, darüber ist der Himmel, das ist die tägliche DC 8, das ist (...).[329]

Die dem Ausdruckspotential der Sprache entnommenen hinweisenden Wendungen *da...* und *dies ist...* werden als sorgsam ausgewählte Folien dafür benutzt, die durch eben diese sprachlichen Komponenten gelenkten Bewußtseinsinhalte auf ihre faktischen Reizquellen zurückzubeziehen.

Mit dieser Schreibweise des bloßen Benennens von gegenständlicher Realität hatte die Gruppe 47 den Bogen zu ihren Anfängen geschlagen. Zur Erinnerung seien noch einmal die Verse aus Günter Eichs programmatischen Gedicht zitiert:

> *Dies ist meine Mütze,*
> *dies ist mein Mantel,*
> *hier mein Rasierzeug*
> *im Beutel aus Leinen.*
> *(...)*
> *Dies ist mein Notizbuch,*
> *dies meine Zeltbahn,*
> *dies ist mein Handtuch,*
> *dies ist mein Zwirn.*[330]

Von dem Bemühen, durch nüchterne Bestandsaufnahme der einfachen, alltäglichen Dinge wieder – noch einmal – ›sprechen‹ zu lernen, bis zu den Versuchen, der unübersehbaren sprachlichen Vorbestimmtheit des Bewußtseins mit der präzisen Registration des Faktischen zu begegnen, reicht aber auch die ungeschriebene ästhetische Gesetzgebung der Gruppe 47. Diese hatte gefordert, daß die Herstellung von inhaltlichen Bezügen zur Wirklichkeit an der formalen Problematik sprachlich-literarischer Erfordernisse zu brechen wäre.

Das Auftreten Günter Eichs im Jahre 1967 in der Pulvermühle kann deshalb nicht als ein bloß zufälliges Ereignis gewertet werden. Denn zum einen personifizierte sich in seiner Präsenz die Geschichte der Gruppe 47 – Eich war das literarische Idol der frühen Tagungen und der schärfste Kritiker jeder ›unwahren‹ ideologieverhafteten Sprache –, zum anderen dominierte ein ästhetisches Klima, das gerade ihn – er war der einzige Autor der ›alten Garde‹, der in den letzten Jahren gelesen hat – noch einmal lockte, an einem Treffen teilzunehmen. Etwas überspitzt ließe sich sagen, daß Eich mit seinen frühen Gedichten eine literarische Entwicklung inauguriert hatte, die in seinen eigenen späten Texten kulminierte. Denn von der literarischen Orientierungssuche in der Wirklichkeit durch Ausschaltung der ideologischen Bindungen der Sprache bis zu der zum selben Zweck erfolgten Destruktion der vorhandenen Sprachmuster, lag zwar ein langer, aber ganz geradliniger Weg. Im Unterschied zu den bloß sprachdemonstrativen Techniken bei Autoren wie Heißenbüttel und Becker zeichnete sich jedoch Eich durch eine äußerst sprachkritische Position aus. So ist er in den 1967 gelesenen »Maulwürfen« rigoros mit den Mitteln der Sprache gegen die Sprache vorgegangen. Sein grundsätzlicher Argwohn, daß Literatur auch in ihren kritischen Produkten noch einen Beitrag zur Legitimation bestehender

Machtverhältnisse leiste, hat ihn dahin geführt, jeden möglichen Ansatzpunkt für eine möglicherweise affirmative Rezeption auszuschalten. In dem Text »Späne« hat er sein poetisches Selbstverständnis offengelegt[331]: *Wäre ich kein negativer Schriftsteller, möchte ich ein negativer Tischler sein.* Denn: *Späne sind mir wichtiger als das Brett.* »Späne« taugen nichts in einer zweckgerichteten Welt, und eine Lyrik der »Späne« spricht nicht die Sprache der Macht, – das ist ihr verborgener Sprengstoff. Darüberhinaus erinnern »Späne« an *lebendiges Haar*, während *Bretter* auf *Särge* verweisen. In den »Maulwürfen« wird an dem Brett der Sprache solange gehobelt, bis nur noch Späne übrigbleiben. Doch diese anarchische Zerstörung bedeutet nicht nur einen politischen Widerspruch, sondern zielt auch auf eine neue literarische Ausdrucksweise: Die Auflösung der sprachlichen Verkrustungen soll eine unverstellte, unmittelbare Rede von *lebendigem Haar* ermöglichen.

Obgleich mit Günter Eich zum erstenmal ganz ausdrücklich ein politisches Moment in dem Erscheinungsbild der formalen Neuerungen erkennbar wurde, blieb dieses doch zu sehr literarisch fundiert, als daß es in der konkreten gesellschaftspolitischen Konfliktsituation der 60er Jahre eine aktuelle Orientierungsfunktion hätte übernehmen können.

Dennoch war mit dem Hochruf *Aber es lebe die Anarchie!*[332] die weithin spürbare Abstinenz vom Politischen aufgehoben und die barsche Antihaltung der Anfangsjahre wiedergewonnen worden. Der Umstand aber, daß diese in einer Zeit, die den subjektiven Faktor als treibende Kraft politischer Veränderungen wirklich ernst zu nehmen begann, als obsolet erschien, mußte nicht nur Eich, sondern die vom Nonkonformismus geprägten 47er ganz generell isolieren. Die strikte Gegenposition zum CDU-Staat wie die bloß registrativ-passive Notierung des Faktischen blieben hinter den Ereignissen – Eintritt der SPD in die Regierung, Aufkommen der Studentenrebellion – zurück.

In einer Situation, in der in ständig wachsender Reform-Euphorie demokratische Rechte mehr praktisch als ideell zur Geltung gelangten und auch den Schriftstellern ein aktiv-politisches Handeln abverlangt wurde, mußte diese Entwicklung entweder zu einer Kehrtwendung im Selbstverständnis oder zur Auflösung der Gruppe 47 führen. Da das erste wegen der Identifikation der tonangebenden Mitglieder mit sozialdemokratischer Politik und der noch immer virulenten Ideologiefeindlichkeit der frühen Jahre nicht erwartet werden konnte, blieb nur die Auflösung als Eingeständnis der politischen Endstation – mit der Illusion freilich, die favorisierte Partei mit in den Sattel gehoben zu haben.

Aber auch in ästhetischer Hinsicht war das kontinuierliche Vorwärtsschreiten zum Stillstand gekommen. Die Literatur der Bestandsaufnahme hatte mit der Inventarisierung des zeithistorischen Geschehens, der subjektiven Wahrnehmungsoperationen, der sprachlichen Vorgegebenheiten und der verschiedensten poetischen Gestaltungsmuster alle für sie erreichbaren Dimensionen des Wirklichen ausgemessen.

Sie hätte sich nun von ihrer rezeptiven Grundauffassung zu einer konstruktiven Konzeption durchringen müssen.

Allerdings konnte eine sich realistisch verstehende Literatur auch unter einem zukunftsweisenden Gesichtspunkt ihre Aufgabe erfüllt sehen. Denn die Beschränkung auf die genaue Darstellung dessen, was ist, kann als vorbereitende Praxis für gesellschaftliche Veränderungen schon genügen.

Wenn die Literatur der Gruppe 47 also durch ihre wirklichkeitsabbildenden Leistungen in inhaltlicher Hinsicht gewirkt haben mag, so hat sie in formaler Hinsicht durch eine Vielzahl poetischer Innovationen eine wirklichkeitsbildende Geltung erreicht[333]. Denn der den formalen Neuerungen vorausgehende Impuls des *So nicht weiter*, des Ausbrechens aus eingefahrenen Gleisen, setzte schließlich auch politische Aktivitäten frei.

War der mit dem Jahr 1960 einsetzende Innovationsschub auch integriert in den für die gesamte Geschichte der Gruppe 47 konstitutiven Erwartungshorizont, so bedeutete doch das Auftreten der jungen Generation zugleich ein Zurückweichen der älteren. Dies gilt insgesamt – mit Ausnahme des erwähnten Günter Eich – für die Gründergeneration und zu weiten Teilen für die nachfolgende Generation der ›Kriegskinder‹.

Allein die Autoren, die ihren durch frühe Erfolge geschaffenen eigenen Erwartungshorizont mitbrachten und zugleich dem raschen Entwicklungsgang progressiver Literatur sich anzuschließen vermochten, konnten – vorausgesetzt, daß sie weiterhin an der Vermittlungsinstanz Gruppe 47 interessiert waren – auf Resonanz hoffen. Alle anderen wurden durch herbe Enttäuschungen, wie die Stars der ersten Jahre Walter Kolbenhoff und Adriaan Morriën, von einer weiteren Teilnahme abgehalten.

So waren es lediglich Siegfried Lenz und Günter Grass, die eine stärkere Aufmerksamkeit auf sich ziehen konnten.

2.82 Der Einfluß der innovativen Tendenzen auf konventionelle Schreibweisen

Günter Grass hat in den 60er Jahren ausnahmslos an jeder Tagung teilgenommen und auf fast jeder gelesen. Das Echo reichte von überschwenglicher Zustimmung über kritische Auseinandersetzung bis zu heftiger Ablehnung.

Gelobt wurden die Passagen aus den letzten beiden Teilen der »Danziger Trilogie« (»Kartoffelschalen« aus »Katz und Maus« und »Führerhund Prinz« aus »Hundejahre«), sowie die Lyrik von 1966; kontrovers beurteilte man die dramatische Desavouierung Brechts in »Die Plebejer proben den Aufstand« und die Gedichte von 1961, eindeutige Mißbilligung fand die auf der Schlußtagung in der Pulvermühle gelesene Lyrik.

Wenn Grass auch gelegentlich mit Gedichten einen Erfolg verbuchen konnte, so lag seine herausragende Stellung innerhalb der Gruppe 47 – literarisch gesehen – in seinen Prosaarbeiten begründet.

Wie sehr er in ihnen aber die Waage hielt zwischen den eigenen poetischen Absichten und den aktuellen Schreibweisen, wodurch unter rezeptionstheoretischem Aspekt zuallererst die Garantie für eine breite Wirkung gegeben war, zeigt ein kurzer Blick auf die genannten Erzählwerke. Wenn nach der Fixierung der engstirnigen Mentalität des Kleinbürgertums in der »Blechtrommel« in »Katz und Maus«[334] die faschistisch geprägten, durch die Schule eingeübten, heroisch-autoritären Bewußtseinsmechanismen beschrieben wurden, so hatte das nicht einfach eine ergänzende Funktion, sondern partizipierte an der allgemeinen literarischen Frage nach den Bedingungen und Vollzugsweisen der Wahrnehmungs- und Verhaltensstrukturen. Diese wurde aber von Grass mit einer deutlichen Akzentuierung der historischen Komponente beantwortet, so daß er – im Sinne Benjamins – den Faschismus in seinem Geschäft der ›Ästhetisierung der Politik‹ bloßzulegen vermochte.

In den »Hundejahren«[335] wird dann unter derselben Themenstellung der sprachliche Anteil dieser Denk- und Handlungsformen etwa durch Parodie gestanzter ideologischer Redeweisen herausgearbeitet. Auch darin ist Grass den modernen literarischen Strömungen nahe geblieben. Selbst der nach dem Ende der Gruppe 47 veröffentlichte Roman »örtlich betäubt«[336] verrät in seiner perspektivischen Rollendifferenzierung und seiner diagnostizierenden Zeitbezogenheit auffällige Verwandtschaften zu Parallelerscheinungen.

Siegfried Lenz hatte auf den Tagungen »Die Gleichgültigen« aus dem Hörspiel »Zeit der Schuldlosen« (1960), »Stadtgespräche« aus dem gleichnamigen Roman (1961) und zweimal aus der »Deutschstunde« (1965/67) gelesen. Seine Arbeiten galten als ideale Realisationen des frühen »Kahlschlag«-Programms, weil sie in sachlich-solider Machart und mit verhalten-moralischem Engagement zeitnahe Themen aufgriffen. Lenz konnte aus diesem Grunde, auch wenn er sich als ein durchaus konventioneller Autor erwies, immer auf eine gewisse Zustimmungsbereitschaft rechnen. Die dennoch geäußerte Kritik war deshalb von eher milden und hilfreichen Tönen begleitet.

Die Wirkung dieser Kritik kann am Beispiel der »Deutschstunde«[337] an den Techniken der Einbettung der Erzählhandlung in ein Rahmengeschehen, der Darstellung aus verschiedenen Sichtweisen, der Differenzierung in eine erzählende Hauptfigur und einen urteilenden Erzähler abgelesen werden. Alle diese Verfahren deuten darauf hin, daß auch bei Lenz – selbst wenn es dazu eines Anstoßes von außen bedurfte – die aufgeworfene Problematik des literarischen Zugriffs auf Realität ihre Spuren hinterlassen hat.

2.9 LYRIK UND DRAMATIK IM SCHNITTPUNKT GRUPPENINTERNER ANSPRÜCHE

Nach Darstellung der innovativen Ansätze und ihrer Auswirkungen auf die literarische Produktion muß das Erscheinungsbild der Gruppe 47 der Vollständigkeit halber um ihr lyrisches und dramatisches Areal erweitert werden.

Die Berücksichtigung dieser Gebiete konnte bisher aus mehreren Gründen unterbleiben. Denn abgesehen von der prinzipiellen Problematik, angesichts moderner Literatur die traditionelle Gattungstrias aufrechtzuerhalten (auch hier dient sie vor allem dem heuristisch-technischen Zweck der übersichtlichen Gliederung), haben sich die hier skizzierten neuen literarischen Konzeptionen in eher erzählerischen Gestaltungsformen sedimentiert oder in solchen, die mit dem nur umfassenderen, nicht präziseren Begriff ›Text‹ bezeichnet wurden[338]. Darüberhinaus fanden die herkömmlichen Gattungen Lyrik und Dramatik aufgrund der besonderen Präsentationsbedingungen von Literatur auf dem Forum der Gruppe 47, die nur eine akustische Rezeption erlaubten, eine bloß stiefmütterliche Beachtung, die allerdings dem Anteil dieser Gattungen am literarischen Gesamtvorkommen proportional entsprach[339]. Schließlich war zu hoffen, daß die detaillierte Analyse einflußreicher Neuerungen ein Beurteilungsniveau erreichen würde, von dem her der progressive oder eher restaurative Gehalt auch anderer literarischer Manifestationen leichter erkannt werden könnte. Die Probe aufs Exempel soll nun abschließend versucht werden.

Lyrik und Dramatik im Schnittpunkt gruppeninterner Ansprüche

2.91 Das artifizielle, das hermetische und das ›engagierte‹ Gedicht
Insofern sich allgemeine ästhetische Tendenzen am deutlichsten im Werk einzelner Autoren kristallisieren, mag es genügen, diese an repräsentativen Beispielen zuerst lyrischer, dann dramatischer Produktion zu demonstrieren. Aufgrund ihrer eigenständigen Diktion und breiten Resonanz eignen sich, die Lyrik betreffend, besonders gut zu solchem Demonstrationszweck die Autoren Peter Rühmkorf, Johannes Brobrowski und Erich Fried.

Peter Rühmkorf, ein aktiver Teilnehmer an mehreren Tagungen, fand vor allem zu Anfang der 60er Jahre ein größeres Echo. Seine Gedichte gründeten auf einem poetologischen Fundament, das in einer Reflexion über sein literarisches Selbstverständnis dokumentiert ist. Darin verpflichtet er sich, die Tradition der französischen Frühmoderne fortsetzend, auf *sehr intensive Bindungen zur Wirklichkeit, zum Gegenstande, zur naturalen und sozialen Realität*[340]. Wie bei seinen Vorläufern geschieht dies aber durchaus im Bewußtsein der unleugbaren Differenz zwischen Literatur und Realität:

Hier die Sprache – dort die Welt, das will doch immer wieder als Bruch erfahren sein, als ständige Unsicherheit akzeptiert, als Problem der Schreibweise vorausgesetzt, und erst nach und nicht neben den Dissoziationen beginnt die Lösung des Gedichts. Eine Lösung, die sicher nicht in Stutzformen und herkömmlichen Harmonien besteht, sondern in der Stiftung ganz neuer Balanceakte: statt des goldenen Schnitts der goldene Bruch![341]

Sowohl die Gegenstandsorientiertheit als auch die Formproblematik, die die ästhetischen Eckpfeiler der Gruppe 47 bildeten, finden sich hier wieder. Allein die fatale Hoffnung, durch geglückte Reime zerrissen ›Ungereimtes‹ darzustellen, unterscheidet ihn vom Gruppenkonsens.

In dem Gedicht »Aussicht auf Wandlung« heißt es:

Oh Herz, oh Herz, wen verwundert's,
daß du zerspringen mußt?
Der tragende Stich des Jahrhunderts
geht hier durch die luftige Brust.[342]

Rühmkorf zieht aus seinen durchaus richtigen Prämissen die falschen Schlüsse, weil er verkennt, daß der ›Bruch‹ kein ›goldener‹ zwischen der persönlichen Erfahrung und deren ästhetischer Transformation ist, sondern ein realer im objektiven Geschehen selbst, der im subjektiven Reflex auf dieses Geschehen, soll Kunst realistisch sein, erscheinen muß. Weil Rühmkorf aber die dichterische Kreativität aus ihrer Verankerung in den konkreten Erlebnisimpulsen freisetzt und ihr einen autonomen Spielraum gewährt, kann er den durchaus im Einklang mit der Grundposition der Gruppe 47 erhobenen Anspruch nicht erfüllen:

Sing', neurotische Seele, die also geschundene Unschuld,
sing' dein Glück auf der Schneide, singe Bilanz![343]

Die intendierte Bilanzierung der Zeit gelangt über eine ungewollte Ästhetisierung der Bilanz nicht hinaus.

Gegen dieses affirmierende, weil zu wohllautende Resultat hat sich der DDR-Lyriker Johannes Brobrowski abzuschirmen gewußt. Indem er nämlich seine Gedichte mittels dunkler Chiffren und einer parataktisch-sperrigen Syntax zu hermetischen Gebilden gestaltete, sicherte er seine dichterische Aussage vor einer allzu leichten, bloß ästhetisch kulinarischen Rezeption.

Dieser Gefahr vorzubeugen, zwang ihn aber mehr noch als die Vorausschau auf den Leser die Rücksicht auf sein ›Thema‹, das er in einer biographischen Notiz unverschlüsselt dargelegt hat:

Zu schreiben habe ich begonnen am Ilmensee 1941, über russische Landschaft, aber als Fremder, als Deutscher. Daraus ist ein Thema geworden, ungefähr: die Deutschen und der europäische Osten (. . .) Eine lange Geschichte an Unglück und Verschuldung, seit den Tagen des deutschen Ordens, die meinem Volk zu Buch steht.[344]

Auch hier wieder die selbstauferlegte Verpflichtung zur Bestandsaufnahme, nicht um *zu tilgen und zu sühnen aber um einer* »*Hoffnung*«[345] willen, die offenbar nur solange aufrecht zu erhalten ist, als das Jahrhunderte währende Leid der Völker nicht vergessen und als mahnender Imperativ des Friedens verstanden wird.

Die Landschaften des oft als reinen Naturlyrikers apostrophierten Bobrowski enthalten unübersehbare Spuren der Vernichtung und zeigen den Menschen als den Träger unendlichen Leids. Die letzte Strophe aus dem Gedicht »Im Strom«, für das er neben anderen 1962 den Preis der Gruppe 47 erhielt[346], kann als Beleg für diese Feststellungen dienen:

Wir beugten uns über erstarrte
Fische, mit Schuppen bekleidet
trat der Grille Gesang
über den Sand, aus den Lauben
des Ufers, wir waren gekommen
einzuschlafen, Niemand
umschritt das Lager, Niemand
löschte die Spiegel, Niemand
wird uns wecken
zu unserer Zeit.[347]

Dieses hermetische Gedicht kann hier in seinem polyvalenten Gehalt nicht aufgefächert werden. Aber auch einem oberflächlichen Blick offenbaren sich die *erstarrten Fische* als Zeichen der Zerstörung, *der Grille Gesang* als kreatürlicher Klagelaut und das Einschlafenwollen als die sehr verbreitete Neigung zum vermeintlich heilsamen Vergessen. Sollte ihr nachgegeben worden sein, so wird uns *Niemand* wecken, worunter entweder im Sinne der jüdischen Überlieferung Gott zu verstehen ist, auf dessen Hilfe dann gesetzt wird, oder tatsächlich *niemand*, dann aber müssen wir uns selbst helfen, indem wir gar nicht erst vergessen. Ein solches Erinnern ist nicht ästhetisch zu leisten; es muß – in Fortführung des Gedichts – in der Lebenspraxis des Lesers real vollzogen werden. Das hermetische Gedicht erhebt Anspruch auf eine solche produktive Rezeption. Seine Grenze erfährt es jedoch da, wo dieser Versuch der Kommunikation in offensichtlicher Nicht-Kommunikation tatsächlich und zumeist scheitert. Brobrowski hat sein Wissen darum in einem späten Gedicht eingestanden:

Sprache
abgehetzt
mit dem müden Mund
auf dem endlosen Weg
zum Hause des Nachbarn.[348]

Wäre es umgekehrt, nämlich so, daß der Nachbar sich auf den Weg machte, dann könnte der Autor seine Botschaft in Erwartung ihrer Entschlüsselung konzessionslos verschlüsseln; weil dem aber gerade nicht so ist, muß er sie in einer Form zu transportieren versuchen, die sie dem Adressaten verständlich macht.

Eine solche Form hat das aktuelle politische Gedicht in der direkten Sachaussage, in der provokativen Aufforderung zur unmittelbaren Stellungnahme gefunden.

Erich Fried kann mit gutem Recht zu den tonangebenden Autoren dieser zeitkritisch-appellativen Literatur gezählt werden, weil er mit prägnanter Sicherheit die dem politischen, dem immer noch garstigen Lied zu Gebote stehenden Möglichkeiten subjektiven Eingreifens neu ausgelotet hat. Dabei erwies er sich in seinem undogmatisch-humanistischen Verständnis des Sozialismus, in seiner Anknüpfung an die sprachexperimentellen Techniken zur Decouvrierung ideologisch verformten Bewußtseins und in seiner Hinwendung zur lakonischen gegenwartsbezogenen Notiz als wohlerzogener Sohn der Gruppe 47. Wie sehr er aber aus den vor ihm bereits erarbeiteten Ergebnissen politische, den Gruppenrahmen sprengende Folgerungen gezogen hat, deuten einige Zeilen an, die er im Anschluß an ein Symposion über das Thema »Unser Jahrhundert und sein Roman« aufschrieb:

Nicht nur literarische Schablonen sind gefährlich und insgeheim längst veraltet. Die Durchforschung unseres Bewußtseins auf Wahrheitsgehalt und Heucheleitatbestände (. . .) kann nicht gedeihen, wenn wir uns von den großen Schablonenbegriffen nicht freimachen, die uns überall begegnen und umgeben.[349]

Wenn hier die *Heuchelei* im Zusammenhang mit den *Schablonen* gesehen wird, so kann dies nur besagen, daß die verfestigten Sprach- und Denkstrukturen, die *Schablonen*, als gezielte Strategien zur Vermeidung von unverstellter Erkenntnis sowie unbeschränkter Kritik zu verstehen sind. Weil jedoch eine Aufdeckung dieses Mechanismus zugleich die Interessen derer offenbart, denen an seiner Funktionstüchtigkeit gerade gelegen ist, scheint die Hoffnung berechtigt, über die sprachskeptische Destruktion vorgeprägter Meinungsbilder eine wirksame Basis zu schaffen für eine Veränderung zunächst des subjektiven Bewußtseins, dann auch der objektiven Verhältnisse. Diesem weitgesteckten Ziel sucht Fried allerdings nicht mit suggestiv-propagandistischen Aktionsgedichten, sondern in diskreten, zu den intendierten Schlußfolgerungen in subtiler Weise nötigenden epigrammatischen Beobachtungen näher zu kommen:

Der Lügner

Zu den Kindern sagt er:
Fürchtet euch nicht
vor dem Schwarzen Mann
Es gibt keine Schwarzen Männer![350]

Wird die durch den Titel angezeigte beschwichtigende und opportunistische *Heuchelei* vom Leser in komplementärer Mitarbeit in ihr Gegenteil verkehrt, so hat er nicht nur bestimmte Redekonventionen in unreflektierter Kindererziehung durchschaut, sondern auch – weil ja die kontradiktorische Formulierung lauten müßte: *Fürchtet euch. Es gibt Schwarze Männer* – einen Hinweis auf real bestehende Gefahren erhalten. Daß diese im politischen Selbstverständnis Frieds von der gesellschaftlichen Gegenseite drohen und in den kritisierten Verhaltensstereotypen virulent sind, muß nach den gegebenen Erläuterungen nicht weiter ausgeführt werden. Nicht jedoch darf unerwähnt bleiben, daß Erich Fried, wie auch andere vorwiegend jüngere

Autoren, sich im Zuge allgemeinen politischen Engagements zunehmend radikaler artikuliert hat. Im mehr gemäßigten common sense der Gruppe 47 mußte ihn dies unweigerlich isolieren. Das gerade auch aus solchen politischen Differenzen resultierende Ende der Gruppe 47 muß deshalb aus Frieds und gewiß auch aus der Sicht anderer Autoren als nur willkommener Schlußpunkt gewertet werden.

2.92 Revolutionstheoretische Stücke und pragmatische Konsequenzen

Die Nachzeichnung der Entwicklungsstränge auf dem ›textualen‹ und lyrischen Sektor hatte in beiden Fällen eine progressive Tendenz zur Politisierung ergeben. Für die Dramatik jedoch steht dieses Ende am Anfang. Soweit die wenigen gelesenen Ausschnitte aus Theaterstücken Generalisierungen zulassen, ist ihnen allen eine konkrete politische Thematik gemeinsam. Die Prädisposition der Bühne für die Behandlung ›öffentlicher Angelegenheiten‹ mag dazu ebenso beigetragen haben wie das noch immer ästhetische Maßstäbe setzende Werk Bertolt Brechts. Daß dieser in einem Schauspiel (Grass, Die Plebejer proben den Aufstand) zur Zielscheibe heftigster Kritik wurde, kann daher als Abwehr einer jede eigenständige Entwicklung behindernden übergroßen Beeinflussung nicht verwundern.

Der politische Gehalt der Stücke wurde zumeist unter Rückgriff auf historische Stoffe konkretisiert, was angesichts nicht zensierter Produktion und wohl kaum gebrochener kreativer Phantasie vor allem als Indiz für ein waches Bewußtsein von noch nicht abgegoltener Vergangenheit zu verstehen ist.

Aus der nicht allzu großen Menge dramatischer Produktio-nen – ausdrücklich genannt seien noch das Rosa-Luxemburg-Stück von Walter Jens und Richard Heys »Rebellion« (beide 1966 gelesen) – sollen hier als die erfolgreichsten, der »Marat« von Peter Weiss und »Die Plebejer proben den Aufstand« von Günter Grass, herausgehoben werden.

Peter Weiss hat 1963 auf der Tagung in Saulgau in theatralischer Pose auf einer Trommel schlagend Szenen seines weltweite Beachtung findenden Stücks »Die Verfolgung und Ermordung Jean Paul Marats dargestellt von der Schauspieltruppe des Hospizes zu Charenton unter Anleitung des Herrn de Sade«[351] vorgetragen. Trotz der vielfach gerügten sprachlichen Mängel und einer äußerst verwirrenden Spiegelung des Geschehens auf verschiedenen Handlungsebenen hatte das Stück eine theaterspezifische Qualität, die es, besonders als ekstatisches Spektakel, höchst spielbar machte.

Unter dieser etwas aufgesetzt sensationellen Darbietungsweise blieb aber der sachliche Gehalt, um den es Weiss ging, weitgehend verborgen: Der »Marat« zeigt die intellektuell geführte Debatte zwischen dem revolutionären, sich in kollektive Dienste stellenden Akteur (Marat) und dem egozentrischen, seinen Passionen lebenden Voyeur (de Sade). Doch der Ausgleich dieser konträren Standpunkte wird utopisch in die Zukunft projiziert:

Einmal wird es sich verwirklichen,
daß der Mensch im Einklang lebt mit sich selbst
und mit seinesgleichen.[352]

Indem aber dieser antizipierte Zustand nur in einer anderen herbeizuführenden *Gesellschaftsordnung* für möglich erachtet wird, neutralisiert sich das kontroverse Räsonieren im folgenlosen Gerede.

Lyrik und Dramatik im Schnittpunkt gruppeninterner Ansprüche

Denn solange keine *grundlegende(n) Änderungen in den Verhältnissen*[353] erzielt sind, muß jede bloß geistige Auseinandersetzung vergebens sein. Deshalb kann auch das Volk, der von politisch verschuldeter Not am meisten betroffene Teil der Menschheit, selbst gegenüber dem zwar handlungsbereiten, doch idiosynkratisch verstrickten Marat seinen Anspruch unmißverständlich erheben:

Marat was ist aus unsrer Revolution geworden
Marat wir wolln nicht mehr warten bis morgen
Marat wir sind immer noch arme Leute
und die Änderungen wollen wir heute.[354]

Was aber auch diese scharfe Kritik an untätiger Selbstreflexion folgenlos macht, ist, daß sie durch ihre theatralische Artikulation im elfenbeinernen Turm der Kunst unter ihr eigenes Verdikt fällt.

Günter Grass hat, bevor er die pragmatische Schlußfolgerung aus diesem Dilemma zog und als Wahlredner für die SPD auftrat, seinen Zorn über die parasitäre Selbstbespiegelung der Künstler in einer vehementen Attacke auf Bertolt Brecht entladen. Dieser als Versagen vorgeblich engagierter Intellektueller vor der Aktion inszenierte Angriff muß aber ebenso als karikierender Abbau einer ästhetischen Autorität wie als Rechtfertigung eigenen politischen Handelns verstanden werden. Das Stück »Die Plebejer proben den Aufstand«, das Grass 1964 in Sigtuna auszugsweise vorgelesen hatte, bezieht sich auf die Ereignisse des 17. Juni 1953. Der *Chef* eines Theaters in Ostberlin, der mit seinem Ensemble eine »Coriolan«-Bearbeitung von Shakespeares probt, um durch Zeigen der Revolution auf der Bühne sein Publikum auf eine wirkliche Revolution vorzubereiten, wird von revoltierenden Arbeitern um die Abfassung einer politischen Erklärung gebeten. Anstatt diesem Wunsch zu entsprechen, interessiert er sich jedoch aus ästhetischem Eigennutz mehr für die Berichte über den Verlauf des Aufstands, die der Inszenierung zugutekommen sollen. Das Theater dient auf solche Weise nicht der Wirklichkeit, sondern die Wirklichkeit dient umgekehrt dem Theater. Der politische Autor Brecht, der auf den »subjektiven Faktor« als politisch wirksame Kraft gesetzt hatte, wird so als inkonsequenter Ästhet mit nur revolutionärer Attitüde entlarvt. Wenn also die von einer Arbeiterin ausgesprochene Aufforderung:

Los Chef, kriech raus aus deinem Bau:
Laß uns der Welt ein Stück aufsagen!
Das auf der Straße spielt, auf Barrikaden . . .[355]

vom Chef unbeachtet blieb, so hat sie der Autor dieses Stückes, obwohl reformerisch gemäßigt, befolgt. Der Wechsel von der schriftstellerischen Aktivität zum politischen Engagement mußte aber notgedrungen die literarische Produktion einschränken. Die damit verbundene Wahl neuer Vermittlungswege und alternativer Ausdrucksformen parteilicher Stellungnahme ließ das literarische Forum der Gruppe 47 funktionslos werden. Eine Fortführung der Gruppentagungen schien wenigstens zwischenzeitlich entbehrlich geworden zu sein.

Rückblickend läßt sich feststellen, daß die Gruppe 47 ihren frühen Maximen treu geblieben ist: auf ihren *politisch-publizitären Anfang*, bezeichnet mit Schlagworten wie *Kahlschlag, raus aus dem Elfenbeinturm* und *hart an der Wirklichkeit*, hat sie sich in kritischer Bezugnahme auf eine sich wandelnde gesellschaftliche Realität und in unnachlässiger Offenheit für neue formal-ästhetische Erfordernisse als ihre unausgesprochene, dennoch aber verbindliche Direktive immer wieder besonnen. Daß gerade diese Konsequenz schließlich ihr Schicksal besiegelte, gereicht ihr jedenfalls nicht zum Schaden.

Anmerkungen*

1 Hans Werner Richter: Fünfzehn Jahre. In: Almanach, S. 13.   **2** F.J. Raddatz: Die ausgehaltene Realität. In: Almanach, S. 57.   **3** Hans Werner Richter: Fünfzehn Jahre. In: Almanach, S. 13. **4** Christian Ferber: Man war sich selten einig. In: W 17.10.55.   **5** Marcel Reich-Ranicki: Autoren auf dem Präsentierteller. In: W 27.10.59.   **6** Joachim Kaiser: Dichter-Wochenende in Berlin. In: FAZ 20.5.55.   **7** ebd.   **8** F.J. Raddatz: Die ausgehaltene Realität. In: Almanach, S. 57. **9** Hans Werner Richter: Fünfzehn Jahre. In: Almanach, S. 8.   **10** Christian Ferber: Man war sich selten einig. In: W 17.10.55.   **11** Hans Werner Richter: Fünfzehn Jahre. In: Almanach, S. 12. **12** ebd., S. 13.   **13** Vgl. Kap. 1.   **14** Walter Jens: Deutsche Literatur der Gegenwart. S. 150. **15** Vgl. Wolfgang Weyrauch (Hg.): Tausend Gramm. S. 209 ff.   **16** ebd., S. 210.   **17** ebd., S. 214. **18** ebd., S. 214 ff.   **19** Vgl. Hans Werner Richter: Fünfzehn Jahre. In: Almanach. S. 8. **20** Hans Werner Richter: Was war die Gruppe 47? Teil II, S. 10.   **21** Vgl. Heinrich Vormweg: Deutsche Literatur 1945–1960. S. 13–30. Vgl. auch: Frank Trommler: Der ‚Nullpunkt 1945'. S. 9–25. Vgl. auch Heinrich Böll: Bekenntnis zur Trümmer-Literatur. In: Die Literatur 5/1952. **22** Wolfdietrich Schnurre; zit. nach Peter Sandmeyer: Schreiben nach 1945. In: Literaturmagazin 7. S. 199.   **23** Gustav Zürcher: ‚Trümmerlyrik'. S. 318.   **24** Hans Mayer: Zur deutschen Literatur der Zeit. S. 301.   **25** Heinrich Vormweg: Prosa in der Bundesrepublik. S. 175.   **26** Hans Werner Richter: Was war die Gruppe 47? Teil II, S. 30.   **27** Maria Eibach: Ein bedeutungsvolles Treffen. In: Lettau (Hg.): Die Gruppe 47. S. 22.   **28** Hans Werner Richter: Was war die Gruppe 47? Teil I, S. 31.   **29** Wolfdietrich Schnurre; zit. nach Peter Sandmeyer: Schreiben nach 1945. In: Literaturmagazin 7. S. 201.   **30** Walter Heist, »Skorpion«, S. 31.   **31** Hans Werner Richter: Was war die Gruppe 47? Teil I, S. 31.   **32** Hans Werner Richter, »Skorpion«, S. 7.   **33** Walter Heist, »Skorpion«, S. 31.   **34** Hans Werner Richter, »Skorpion«, S. 9.   **35** Ebd.   **36** Ebd., S. 8. **37** »Skorpion«, S. 7.   **38** Hans Werner Richter, »Skorpion«, S. 7.   **39** Vgl. Walter Heist, »Skorpion«, S. 33.   **40** Alfred Andersch: Deutsche Literatur in der Entscheidung. Ein Beitrag zur Analyse der literarischen Situation. Karlsruhe 1948.   **41** Ebd., S. 7.   **42** Ebd.   **43** Ebd., S. 24. **44** Vgl. ebd., S. 16 f.   **45** Vgl. ebd., S. 9 f.   **46** Vgl. ebd., S. 10.   **47** Vgl. ebd., S. 12.   **48** Gunter Groll; zit. nach Alfred Andersch: Die Gruppe 47. S. 13.   **49** Eine gekürzte Fassung dieses Referats ist abgedruckt in: Merkur. 1947/48. H. 6. S. 861–876.   **50** Ebd., S. 871.   **51** Ebd., S. 874. **52** Heinz Friedrich: Das Jahr 47. In: Almanach, S. 18.   **53** Hans Werner Richter, »Skorpion«, S. 7.   **54** Ebd.   **55** Ebd., S. 8.   **56** Walter Heist, «Skorpion», S. 32.   **57** Ebd., S. 33.   **58** Ebd.   **59** Hans Werner Richter, »Skorpion«, S. 7.   **60** Alfred Andersch: Deutsche Literatur..., S. 19.   **61** Wolfdietrich Schnurre, »Skorpion«, S. 50.   **62** Alfred Andersch: Deutsche Literatur..., S. 20.   **63** Vgl. Kap. 1.   **64** Hans Mayer: In Raum und Zeit. In: Almanach, S. 31. **65** Alfred Andersch: Deutsche Literatur..., S. 25.   **66** Hans Werner Richter, »Skorpion«, S. 8. **67** Ebd., S. 7.   **68** Ebd., S. 8.   **69** Ebd.   **70** Günter Eich, »Skorpion«, S. 3.   **71** Ebd. **72** Gottfried Benn: Lebensweg eines Intellektualisten. In: G.B. Gesammelte Werke. Bd. 8. S. 1903. **73** Ebd., S. 1875.   **74** Günter Eich, »Skorpion«, S. 4.   **75** Vgl. Günter Eich. Werke I. S. 26 und 36.   **76** Vgl. Maria Eibach: Ein bedeutungsvolles Treffen. In: Lettau (Hg.): Die Gruppe 47. S. 22. **77** Wolfgang Bächler: Schräg im Nichts. »Skorpion«, S. 18.   **78** Marlise Müller: Die Heutigen. »Skorpion«, S. 28.   **79** Hans Werner Richter: Was war die Gruppe 47? Teil II, S. 10.   **80** Hans Werner Richter, »Skorpion«, S. 7.   **81** Wolfdietrich Schnurre; zit. nach Peter Sandmeyer: Schreiben nach 1945. In: Literaturmagazin 7, S. 198.   **82** Hans Werner Richter: Was war die Gruppe 47? Teil II, S. 6.   **83** Wolfdietrich Schnurre: Das Begräbnis. In: Almanach, S. 60–64. **84** Vgl. Urs Widmer: 1945 oder die ‚Neue Sprache'. S. 133–172.   **85** Heinrich Böll: zit. nach Urs Widmer: 1945 oder... S. 200.   **86** Günter Eich, »Skorpion«, S. 4.   **87** Günter Eich: Inventur. Zuerst veröffentlicht in: Hans Werner Richter (Hg.): Deine Söhne, Europa. S. 17.   **88** Wolfgang Weyrauch (Hg.): Tausend Gramm. S. 217.   **89** Alfred Andersch: Die Gruppe 47. S. 15.   **90** Hans Werner Richter; zit. nach Alfred Andersch: Die Gruppe 47. S. 7.   **91** Günter Eich, »Skor-

---

* Zur Entschlüsselung der verwendeten Siglen vergleiche das Verzeichnis auf Seite 286.

pion«, S. 4. **92** Walter Heist, »Skorpion«, S. 33. **93** Vgl. Kap. 1. **94** Wolfdietrich Schnurre, »Skorpion«, S. 50. **95** Ebd. **96** Ebd., S. 51. **97** Hans Werner Richter, »Ruf« 15, S. 9f. **98** Hans Werner Richter, »Skorpion«, S. 8. **99** Walter Kolbenhoff: Von unserem Fleisch und Blut. München 1947. **100** Wolfdietrich Schnurre: Mal was Neues. »Skorpion«, S. 9-11. **101** Ernst Theodor Rohnert: Symposium junger Schriftsteller. In: Das literarische Deutschland, Darmstadt 20.5.51. **102** Heinz Ulrich: Dichter unter sich. In: Z 24.5.51. **103** F.J. Raddatz: Die ausgehaltene Realität. In: Almanach, S. 54. **104** Heinrich Böll: Bekenntnis zur Trümmerliteratur. In: Die Literatur 5/52, S. 1 und Christian Ferber: Die Legende vom Kahlschlag. In: Die Literatur 6/52, S. 1. **105** In: »Ruf« 10, S. 11. **106** Ebd. **107** Hans Werner Richter: Literatur im Interregnum. In: »Ruf« 15, S. 10. **108** Vgl. Peter Rühmkorf: Das lyrische Weltbild der Nachkriegsdeutschen. In: P.R.: Ströhmungslehre I, Reinbek 1978. **109** »Inventur. Zuerst veröffentlicht in: Hans Werner Richter (Hg.): Deine Söhne, Europa, S. 17. **110** Günter Eich: Einige Bemerkungen zum Thema »Literatur und Wirklichkeit«. In: Akzente, 1956, S. 314. **111** Ebd. **112** Wolfgang Bächler: Jugend der Städte. (Gelesen 1947). In: Almanach, S. 76 f. **113** Der große Lübbe-See. In: Günter Eich: Botschaften des Regens. (1955). In: G. E.: Werke, Bd. 1, S. 82. **114** Ende eines Sommers. In: Günter Eich: Botschaften des Regens. (1955). In: G. E.: Werke, Bd. 1, S. 79. **115** Gegenwart. In: Günter Eich: Botschaften des Regens. (1955). In: G. E.: Werke, Bd. 1, S. 81. **116** D-Zug München – Frankfurt. In: Günter Eich: Botschaften des Regens. (1955). In: G. E.: Werke, Bd. 1, S. 81f. **117** Günter Eich: Bemerkungen..., S. 314. **118** Augenblick im Juni: In: Günter Eich: Botschaften des Regens. (1955). In: G. E.: Werke, Bd. 1, S. 98 f. **119** S. u. zu Eichs Hörspiel »Träume« **120** Walter Jens: Deutsche Literatur der Gegenwart. München 1966. S. 129 f. **121** Almanach, S. 68. **122** Die Literatur 6/52, S. 1. **123** Ebd. **124** Ebd. **125** Ebd. **126** Ebd. **127** Z. B. in: »Der Gefesselte«, »Die Puppe«, »Seegeister«. **128** Theodor W. Adorno: Aufzeichnungen zu Kafka. In: Th. W. A.: Prismen, Frankfurt a. M. 1978, S. 307. **129** Die Literatur 4/52, S. 6. **130** Karl Korn: Literarische Werkstattproben. In: FAZ 26.5.53. **131** Heinz Friedrich: Gruppe 47 am herbstlichen Main. In: HeN 21.10.54. **132** Almanach, S. 225 - 234. **133** Ebd. **134** Franz Kafka: Gesammelte Werke. Hg. von Max Brod (1935). Tb-Ausgabe in 7 Bänden, Frankfurt a. M. 1976, Bd. 5, S. 100 f. **135** Ebd. **136** Martin Walser: Templones Ende. In: Almanach, S. 225-234. **137** Martin Walser: Erfahrungen und Leseerfahrungen. Frankfurt a.M. 1965, S. 63. **138** Heinrich Vormweg: Walter Jens und ein Ende. In: Heinz Ludwig Arnold (Hg.): Geschichte der deutschen Literatur aus Methoden. Bd. 2, S. 110. **139** Ebd. **140** Ebd. **141** Dieter Lattmann: Literatur der Bundesrepublik Deutschland, S. 232. **142** Hans Mayer: Halbzeit. In: H.M.: Deutsche Literatur seit Thomas Mann. Reinbek 1968, S. 80 f. **143** Heinrich Vormweg: Walter Jens und ..., S. 111. **144** Milo Dor: Salto mortale. In: Almanach, S. 340. **145** Ebd. **146** Walter Hasenclever: Dichter und Richter. In: Der Monat, Dez. 1959. **147** Klaus Mampell, in: FR 30.10.59. **148** Rudolf Walter Leonhardt: Die Gruppe 47 und ihre Kritiker. In: Z 10.7.59. **149** Alfred Andersch: Die Blindheit des Kunstwerks. In: A. A.: Norden, Süden, rechts, links, Frankfurt a. M. 1972, S. 142. **150** Ernst Jünger: Über die Linie. In: E.J.: Werke, Bd. 5, Essays I, Betrachtungen der Zeit, Stuttgart o.J., S. 288. **151** Theodor W. Adorno: Ästhetische Theorie, S. 40. **152** Ebd. **153** Ebd., S. 9. **154** Vgl. Kap. 1. **155** Hans Werner Richter: Briefe . . . **156** Theodor W. Adorno: Aufzeichnungen zu Kafka, S. 312. **157** Theodor W. Adorno: Ästhetische Theorie. S. 16. **158** Ebd., S. 53. **159** Hans Schwab-Felisch: Dichter auf dem elektrischen Stuhl. In: FAZ 1.11.56. **160** Hans Werner Richter, in: Die Literatur 4/52, S. 1. **161** Günter Giefer/Peter Gundwin: Die Siebenundvierziger, Notizen von zwei Schriftstellertreffen. In: FH 12/55, S. 897. **162** Hans Werner Richter, in: Die Literatur 2/52, S. 4. **163** Anonym: Heimweh nach den falschen Fünfzigern. In: Sp 14/1978, S. 108. **164** Hans Mayer: Halbzeit, S. 77. **165** Ebd. **166** Anonym: Heimweh . . . , Sp 14/1978, S. 110. **167** Theodor W. Adorno: Aufzeichnungen zu Kafka, S. 319. **168** Theodor W. Adorno: Ästhetische Theorie, S. 53. **169** Alfred Andersch: Die Blindheit . . . , S. 146. **170** Ebd., S. 147. **171** Ebd., S. 148. **172** Theodor W. Adorno: Ästhetische Theorie. S. 39. **173** Alfred Andersch: Die Blindheit . . . , S. 149. **174** Ebd., S. 152. **175** Ebd., S. 150. **176** Ebd., S. 155. **177** Karl Korn: »Texte und Zeichen«, eine neue literarische Zeitung. In: FAZ 10.11.55. **178** Joachim Kaiser: Zehn Jahre Gruppe 47. In: FAZ 2.10.57. **179** Heinz Friedrich: Wo bleibt die dichterische Aussage? In: Z 1.6.50. **180** Hans Schwab-Felisch: Dichter auf dem elektrischen Stuhl. In: FAZ 1.11.56. **181** Günter Giefer/Peter Gundwin: Die Siebenundvierziger . . . In: FH 12/55, S. 897. **182** Heinz Friedrich: Zehn Jahre danach. In: DZ 5.10.57. **183** Karl Ude: Sind unsere Schriftsteller verantwortungslos? In: SZ 12.2.57. **184** Hans Schwab-Felisch: Dichter . . . In: FAZ 1.11.56. **185** Walter Höllerer (Hg.): Transit. Lyrikbuch der Jahrhundertmitte. Frankfurt a.M. 1956. Vorwort S.X. **186** Ebd. **187** Ebd., S. XIII. **188** Ebd. **189** Gottfried Benn: Gesammelte Werke. Hg. von Dieter Wellershoff. Bd. 1: Essays, Reden, Vorträge. Wiesbaden 1959. S. 500. **190** Ebd., S. 510. **191** Ebd., S. 521 f. **192** Wolfgang Weyrauch: Sie erhielt den Preis. In: W 30.5.53. **193** anonym: Stenogramm der Zeit. In: Sp 34/1954. **194** Vgl. P. Conrady: Fragwürdige Lobhudelei. In: Text + Kritik. H. 6. Ingeborg Bachmann. 2. Aufl., S. 49. **195** Hans Bender: Über Ingeborg Bachmann. In: Text + Kritik. H. 6. Ingeborg Bachmann. 2. Aufl., S. 4. **196** Ebd. **197** Ebd. **198** Walter Höllerer (Hg.): Transit . . ., Vorwort, S. XII. **199** Ihr Worte. In: Ingeborg Bachmann: Werke. Bd. 1, S. 162. Außer Konkurrenz 1961 vor der Gruppe 47 gelesen. **200** anonym: Stenogramm . . . In: Sp 34/1954. Vgl. P. Conrady: Fragwürdige Lobhudelei. In: Text + Kritik. H. 6. Ingeborg Bachmann. 2. Aufl., S. 49: *Dem Spiegel glücken aber Formulierungen, die ähnlich bis heute in vielen Bespre-*

chungen und Interpretationen der Werke Ingeborg Bachmanns wiederzufinden sind. **201** Große Landschaft bei Wien. In: Ingeborg Bachmann: Werke, Bd. 1, S. 59 f. **202** Wolfgang Weyrauch: Sie erhielt... In: W 30.5.53. **203** Peter Mayer: Zeit zum Schweigen? In: Text + Kritik. H 6. Ingeborg Bachmann. 2. Aufl., S. 12. **204** Holz und Späne. In: Ingeborg Bachmann: Werke, Bd. 1, S. 40 f. **205** J.D.A.: Vor historischer Kulisse. In: Lettau (1967). S. 80 f. **206** Christian Ferber: Man war sich selten einig. In: W 17.10.55. **207** Günter Giefer/Peter Gundwin: Die Siebenundvierziger... In: FH 12/55, S. 896. **208** Christian Ferber: Man war... In: W 17.10.55. **209** Günter Giefer/Peter Gundwin: Die Siebenundvierziger... In: FH 12/55, S. 894. **210** Rolf Schroers: Dichter unter sich. In: FAZ 23.10.53. **211** Heinz Schwitzke: Das Hörspiel. Dramaturgie und Geschichte. Köln/Berlin 1963. S. 108. **212** Ebd., S. 107 und 109. **213** Ebd., S. 109. **214** Ebd., S. 110. **215** Ebd., S. 196. **216** Ebd., S. 107. **217** Ebd., S. 102. **218** Ebd., S. 304. **219** Ebd., S. 305. **220** Günter Eich: Träume. In: G.E.: Fünfzehn Hörspiele. Frankfurt a.M. 1973. S. 53–88. **221** Ebd. **222** Heinz Schwitzke: Das Hörspiel..., S. 301. **223** Günter Eich: Fünfzehn Hörspiele. S. 88. **224** Ingeborg Bachmann: Der gute Gott von Manhattan. Die Zikaden. München 1963. S. 69. **225** Zitiert nach Hans Bender: Über Ingeborg Bachmann. In: Text + Kritik. H. 6. Ingeborg Bachmann. 2. Aufl., S. 8/9. **226** Rezension von: Die Minute des Negers. In: Die Literatur 12/52, S. 5. **227** Wolfgang Weyrauch: Die Minute des Negers. In: W.W.: Mit dem Kopf durch die Wand. Geschichten – Gedichte – Hörspiele 1929–1971. Darmstadt/Neuwied 1972, S. 54–109. **228** Hans Magnus Enzensberger: Poesie und Politik. In: H.M.E.: Einzelheiten II. Frankfurt a.M. 1964. S. 136 f. **229** landessprache. In: Hans Magnus Enzensberger: Landessprache. Gedichte. Frankfurt a.M. 1960, S. 7. **230** Hans Magnus Enzensberger: Poesie..., S. 133. **231** Gustav Zürcher/Jürgen Theobaldy: Veränderungen der Lyrik. München 1976, S. 87 f. **232** Werner Weber: Nachwort zu Hans Magnus Enzensberger: Gedichte. Frankfurt a.M. 1962, S. 84. **233** Hans Schwab-Felisch: Lyriker lesen Prosa. In: FAZ 29.10.59. **234** Klaus Wagenbach: Gruppen-Analyse. In: FH 12/59, S. 907. **235** Ebd. **236** Alfred Andersch: 1 (in Worten: ein) zorniger junger Mann. In: FH 2/58, S. 145. **236** Schaum. In: Hans Magnus Enzensberger: landessprache, S. 33–44. **237** Hans Mayer, zitiert nach: Hans Schwab-Felisch: Lyriker... In: FAZ 29.10.59. **238** Klaus Wagenbach: Gruppen-Analyse. In: FH 12/59, S. 907. **239** Heinz Friedrich: Wo bleibt... In: Z 1.6.50. **240** Günter Giefer/Peter Gundwin: Die Siebenundvierziger... In: FH 12/55, S. 895. **241** Jürgen Brummack: Satire. In: Merker/Stammler: Reallexikon der deutschen Literatur. 2. Aufl. Berlin 1977. 3 Bd., S. 602. **242** Ebd. **243** Helmut Olles: Von den Anstrengungen der Satire. In: Akzente 1/54, S. 154 f. **244** Wolfgang Schwerbrock: Treffen der Satiriker. In: FAZ 20.10.54. **245** Ebd. **246** Günter Giefer/Peter Gundwin: Die Siebenundvierziger... In: FH 12/55, S. 894. **247** Lyceums-Fragment 108. **248** Fischer-Lexikon Literatur. Art. »Ironie«, S. 307. **249** Ebd., S. 308. **250** Martin Walser: Erfahrungen und Leseerfahrungen. Frankfurt a.M. 1965, S. 50. **251** Martin Walser: Beschreibung einer Form. Frankfurt a.M./Berlin/Wien 1973, S. 10. **252** Wolfgang Schwerbrock: Treffen... In: FAZ 20.10.54. **253** Die schwarzen Schafe. In: Almanach, S. 147–153. **254** Ebd. **255** Ebd. **256** Hinton R. Thomas/Wilfried van der Will: Der deutsche Roman und die Wohlstandsgesellschaft. Stuttgart 1969, S. 61. **257** Joachim Kaiser: Die Gruppe 47 lebt auf. In: SZ 5.11.58. **258** Jürgen von Hollander: Ganz ohne Feierlichkeit. In: V 14.11.58. **259** So Hans Werner Richter in einem Rundfunkvortrag über »Beziehungen zwischen Literatur und Gesellschaft im Deutschland und im Europa der Nachkriegszeit«, zitiert nach Karl Ude: Sind unsere Schriftsteller verantwortungslos? SZ 12.2.57. **260** Rudolf Walter Leonhardt: Die Gruppe 47 und ihre Kritiker. In: Z 30.10.59. **261** Ebd. **262** Joachim Kaiser: Die Gruppe 47 lebt auf. In: SZ 5.11.58. **263** Marcel Reich-Ranicki: Autoren auf dem Präsentierteller. In: W 27.10.59. **264** Joachim Kaiser: Die Gruppe 47... In: SZ 5.11.58. **265** Ebd. **266** Jürgen von Hollander: Ganz ohne Feierlichkeit. In: V 14.11.58. **267** anonym: Der Bann ist gebrochen. In: V 12.11.59. **268** Ebd. **269** Wolfgang Kayser: Das Groteske. Seine Gestaltung in Malerei und Dichtung. Oldenburg 1957, S. 199. **270** Ebd., S. 201. **271** Ebd., S. 200. **272** Marcel Reich-Ranicki: Autoren... In: W 27.10.59. **273** Hans Schwab-Felisch: Talente und Stilfragen bei der Gruppe 47. In: FAZ 7.11.58. **274** So der Klappentext der Ausgabe dtv, München 1963. **275** Rudolf Walter Leonhardt: Die Gruppe 47... In: Z 30.10.59. **276** Joachim Kaiser: Die Gruppe 47... In: SZ 5.11.58. **277** Rudolf Walter Leonhardt: Afaha – aber doch lieber Tregrusi. In: Z 11.10.60. **278** Hans Schwab-Felisch: Stimmungswald mit künstlichen Vögeln. In: T 10.11.60. **279** Roland H. Wiegenstein: In dieser Zeit Literatur zu machen. In: FH 1/61, S. 70 f. **280** Hans Schwab-Felisch: Lyriker... In: FAZ 29.10.59. **281** Rudolf Walter Leonhardt: Die Gruppe 47... In: Z 30.10.59. **282** Marcel Reich-Ranicki: Autoren... In: W 27.10.59. **283** Walter Höllerer: Die Elefantenuhr. Frankfurt a.M. 1973. **284** Ebd. **285** So bezeichnet H. Heißenbüttel die Tagung in Aschaffenburg als die *große Wende*, weil *andere Autoren hineingenommen wurden*, die eine literarische Richtung vertraten, die *später konkret oder experimentell genannt wurde*. Heißenbüttel-Interview, S. 20. **286** Vgl. ebd. S. 21: *(...) und da stand Reich-Ranicki auf und sagte: Ich weiß nicht, was hier los ist, was hier passiert ist?* **287** Vgl. das vorstehende Kapitel. **288** Vgl. Anm. 293. **289** Diese drei Kriterien hat H.R. Jauß für die Rekonstruktion eines epochalen Erwartungshorizonts aufgestellt. Vgl. H.R. Jauß: Literaturgeschichte als Provokation der Literaturwissenschaft, Frankfurt ⁴1974, S. 173 ff. **290** Walter Jens: Deutsche Literatur der Gegenwart. Themen. Stile. Tendenzen. München 1961, S. 150. **291** Vgl. das vorstehende Kapitel. **292** Uwe Johnson: *Mutmaßungen* über Jakob, Frankfurt 1959 (Hervorheb. v. Verf.). **293** Zur Geschichte des nouveau roman bzw. der Konkreten Poesie vgl.

Anmerkungen

Julius Wilhelm: nouveau roman und anti-théâtre, Stuttgart 1972, S. 16 ff. sowie Harald Hartung: Experimentelle Literatur und Konkrete Poesie, Göttingen 1975, S. 33 ff. **294** Autoren der Gruppe 61 waren zu Anfang der 60er Jahre zwar zur Gruppentagung eingeladen worden, hatten aber nicht teilgenommen. Sie suchten, offenbar aus Furcht vor dem in formaler Hinsicht viel strengeren Klima der Gruppe 47, ihr eigenes Forum. **295** Mit Ausnahme von Konrad Bayer nahm kein Mitglied der »Wiener Gruppe« an den Tagungen teil. **296** Peter Weiss: Der Schatten des Körpers des Kutschers, Frankfurt 1960, S. 47 f. **297** Ebd. S. 99 f. **298** Zu J. Brobrowski, vgl. Abs. 2.9.1. **299** Peter Weiss: Gespräch der drei Gehenden, Frankfurt 1963, S. 7. **300** Ebd. S. 83. **301** Helmut Heißenbüttel: Textbuch 1-5, Olten 1960 ff., Textbuch 6, Neuwied 1967. Vgl. auch die von Heißenbüttel selbst besorgte Zusammenfassung der Textbücher 1-6: Das Textbuch, Olten und Neuwied 1970. **302** Vgl. etwa L. Wittgensteins berühmten Satz: *Die Grenzen meiner Sprache bedeuten die Grenzen meiner Welt*. Tractatus-logico-philosophicus, Frankfurt [8] 1971, Satz 5.6. **303** Für W. v. Humboldt *liegt in jeder Sprache eine eigentümliche Weltansicht, (...) da jede Sprache das ganze Gewebe der Begriffe und der Vorstellungsweise eines Teils der Menschheit enthält*. W. v. Humboldt: Über die Verschiedenheit des menschlichen Sprachbaus und ihren Einfluß auf die geistige Entwicklung des Menschengeschlechts, hrsg. v. H. Nette, Darmstadt 1949, S. 60. **304** H. Heißenbüttel: *Nur indem wir den im Wort gespeicherten Sachbezug z i t i e r e n , vermögen wir uns dem zu nähern, was man außerhalb der Sprache Welt nennen könnte*, In: Ders./H. Vormweg: Briefwechsel über Literatur, Neuwied/Berlin 1969, S. 29. **305** Ders.: Sprech-Wörter. In: Textbuch 4, a.a.O., S. 19. **306** Ders.: vokabulär. In: Textbuch 6, a.a.O., S. 11. **307** Ders.: Textbuch 1, a.a.O., S. 30 u. Über Literatur, Olten 1966, S. 155. **308** Ders.: Über Literatur, S. 223. **309** Ebd., S. 213. **310** J. Becker: Ränder, Frankfurt 1968, S. 22. **311** H. Heißenbüttel: Textbuch 6, a.a.O., S. 29. **312** Vgl. J. Stückrath: Zur Poetik der Zitatmontage. Helmut Heißenbüttels Text »Deutschland 1944«. In: Replik 4/5 (1970) S. 16. ff. **313** H. Heißenbüttel/H. Vormweg: Briefwechsel über Literatur, a.a.O., S. 65. **314** Ders.: Textbuch 5, a.a.O., S. 10 f. **315** Ders.: Über Literatur, a.a.O., S. 232 u. ders./H. Vormweg: Briefwechsel, a.a.O., S. 46. **316** Dieter Wellershoff, zitiert nach Heinrich Vormweg: Prosa in der Bundesrepublik seit 1945. In: Die Literatur der Bundesrepublik Deutschland, hrsg. v. Dieter Lattmann, München/Zürich 1973, S. 309. **317** Ders.: Literatur und Veränderung, München 1971, S. 21. **318** Ders.: Ein schöner Tag, Köln 1966, S. 31. **319** Ihre damals geschriebenen Texte sind z.T. in den »Akzenten« dokument rt. Zu Günt r Herburger vgl. »Vier Gedichte« und »Tanker« 13 (1966), S. 94 ff. und 14 (1967), S. 455 ff.; zu Günter Seuren: »Die Glücksbringer«, 13 (1966), S. 140 ff.; zu Gisela Elsner: »Der Nachwuchs«, 15 (1968) S. 259ff.; zu Renate Rasp: »Fünf Gedichte«, 15 (1968), S. 7 ff. **320** Konrad Bayer: aus: »der sechste sinn«, in: Akzente 11 (1964), S. 52 ff., S. 55. Vgl. auch: K.B.: Das Gesamtwerk, Reinbek 1977, S. 345. **321** Reinhard Lettau: Der Feind, in: Feinde, München [2] 1969, S. 7. **322** Peter Bichsel: Die Jahreszeiten, Darmstadt 1967, S. 39. Gegenüber dem auf der Tagung vorgelesenen Ausschnitt (vgl. Akzente 13 (1966), S. 91 ff.) wurde der Name des Romanfigur in »Kieninger« abgeändert und ein Tempuswechsel ins Präsens vorgenommen. **323** Hubert Fichte hat 1963 aus »Das Waisenhaus« (vgl. Akzente 11 (1964), S. 148 ff.) und 1965 aus »Die Palette« (Akzente 13 (1966), S. 100 ff.) gelesen; von Helga Novak finden sich die »Geschichten« in: Akzente 15 (1968), S. 15 ff.; zu Klaus Stiller vgl. »Zwei Gedichte« in Akzente 16 (1969), S. 152 f.; von Uwe Brandner sind in den Akzenten enthalten: »Niemand darf beiseite stehen« 14 (1967), S. 447 ff., »Kintopp« 15 (1968), S. 221 und »Wir ziehen uns zurück« 16 (1969), S. 267 ff. **324** Alexander Kluge, »Hauptfeldwebel Hans Peickert«, in: Akzente 10 (1963), S. 269. Dieser Text wurde nicht in die neubearbeiteten »Lebensläufe« aufgenommen. **325** Vgl. Fußnote 294. **326** Jürgen Becker: Gegen die Erhaltung des literarischen status quo, in: Über Jürgen Becker, hrg. v. Leo Kreutzer, Frankfurt 1972, S. 13 ff., bes. S. 15, 18 f. **327** Ders.: in: Vorzeichen, hrg. v. H.M. Enzensberger, Frankfurt 1962, S. 16. **328** Ders.: Felder, Frankfurt 1964, S. 37 f. **329** Ders.: Ränder, Frankfurt 1968, S. 7. **330** Günter Eich: Gesammelte Werke, Bd. 1: Die Gedichte. Die Maulwürfe, Frankfurt/M. 1973, S. 35. **331** Ebd. S. 317. **332** Ebd. **333** Vgl. H.R. Jauß: Literaturgeschichte als Provokation, a.a.O., S. 217. **334** Günter Grass: Katz und Maus, Neuwied 1961. **335** Ders.: Hundejahre, Neuwied 1963. **336** Ders.: örtlich betäubt, Neuwied 1969. **337** Siegfried Lenz: Deutschstunde, Hamburg 1968. **338** Vgl. J. Becker: Gegen die Erhaltung des literarischen status quo, a.a.O., S. 19. **339** Das zahlenmäßige Verhältnis der Gattungen Prosa – Lyrik – Dramatik war auf den Tagungen etwa 70:20:10. Am Beispiel der Tagung in Princeton 1966: von insgesamt 42 Autoren lasen 22 Prosa, 7 Lyrik und 2 Dramenakte. **340** Peter Rühmkorf: Die regenerierte Unschuld, in: Akzente 8 (1961), S. 34-38, S. 35. **341** Ebd., S. 37. **342** Ebd., S. 33 f. Vgl. auch Peter Rühmkorf: Gesammelte Gedichte, Reinbek 1976, S. 76. **343** Ders.: in: Akzente 1961, S. 59. Die deutliche Anspielung auf die Anfangsverse von Klopstocks »Messias« unterstreicht dabei nur die ästhetisierende Stagnation im literaturimmanenten Bereich. **344** Johannes Brobrowski: Selbstzeugnisse und neue Beiträge über sein Werk, Berlin 1975, S. 13. **345** Ebd. **346** In Kampfabstimmung gegen Peter Weiss. Den Ausschlag für Brobrowski mag der Wunsch gegeben haben, ein Jahr nach dem Mauerbau ein deutliches Zeichen der deutsch-deutschen Zusammengehörigkeit, wenigstens auf kulturellem Sektor, zu setzen. **347** J. Brobrowski: Nachbarschaft, Berlin 1967, S. 11. **348** Ders.: Wetterzeichen, Berlin 1967, S. 38. **349** Erich Fried, in: Akzente 13 (1966), S. 16. **350** Ders.: in: Akzente 11 (1964), S. 3. **351** Erschienen 1964 in Frankfurt; uraufgeführt im selben Jahre im Schiller-Theater Berlin. **352** Ebd., S. 76. **353** Ebd., S. 97. **354** Ebd., S. 98. **355** Günter Grass: Die Plebejer proben den Aufstand, Frankfurt/M. 1968, S. 82.

3. DIE GRUPPE 47 ALS SOZIOLOGISCHES PHÄNOMEN

3.1 VORBEMERKUNG

Als soziologisches Phänomen wird hier verstanden eine Erscheinungsform menschlichen Sozialverhaltens. Es geht hier vor allem um den *empirischen* Nachweis dieser Verhaltensform und deren Analyse. Durch eine vorangestellte gruppentheoretische Definition kann der Leser die soziologischen Phänomene der Gruppe 47 an diesem Maßstab messen und sich ein eigenes Urteil bilden.

Dabei soll auch der Frage nachgegangen werden, ob es sich bei der sogenannten Gruppe 47 um eine Gruppe im soziologischen Sinn handelte.

Es soll gezeigt werden, wie sich eine soziale Gruppierung in einem spezifischen sozio-kulturellen Umfeld in einer bestimmten Zeit *verhielt* und welche gruppendynamischen Folgen diese Verhaltensweisen hatten. Es wird die soziologische Innen- und Außenwirkung der Gruppe zu beschreiben sein.

Der besondere Reiz, aber auch die Schwierigkeit dieses Kapitels besteht in der richtig taxierten Verzahnung von notwendiger Abstraktion und empirischer Deskription: Der Leser soll einmal vertraut gemacht werden mit den einzelnen Elementen einer Tagung der Gruppe 47 und deren Zusammenspiel, und er soll zugleich Material an die Hand bekommen, diese Elemente aus einer soziologischen Perspektive betrachten zu können.

3.2 DER BEGRIFF ›GRUPPE‹

Da es schwierig ist, eine knappe, weithin akzeptierte Definition des Begriffs ›Gruppe‹ zu geben, sollen nur die wichtigsten gruppenkonstituierenden Kriterien angeführt werden. Die Reihenfolge gibt zugleich eine qualitative Priorität an.

Unter ›strukturierter Gruppe‹ verstehen wir, daß sie aus mehreren Personen besteht, die eine intensive Interaktion untereinander pflegen, um dadurch ein gemeinsam zu erreichendes Ziel anzustreben. Sie teilen ein Wertsystem (Gruppenideologie), aus dem heraus Normen entstehen, die für alle Gruppenmitglieder gültig sind. Im Hinblick auf das Ziel werden von den Gruppenmitgliedern Rollen (Funktionen) übernommen.[1]

Hier sind in Kurzform die wichtigsten Gruppenelemente zusammengeführt, die wir nun im einzelnen etwas ausführlicher beschreiben wollen.

1. Das Vorhandensein mehrerer Personen – wobei eine Begrenzung nach oben in der Fachliteratur selten erfolgt – ist eine notwendige Bedingung für das Zustandekommen einer Gruppe.
2. Es sind zumeist merkmalsähnliche Personen, die sich zusammenfinden. *Mit seltener Übereinstimmung zeigt sich..., daß Personen mit ähnlichen Einstellungen vorgezogen werden... Aber nicht nur die Ähnlichkeit der Einstellungen, sondern auch die Ähnlichkeit der Aufgabenleistung, der Schulbildung, Intelligenz,... des Alters, des Status... wirken in derselben Weise**.

---

* Schneider: Kleingruppenforschung, 1975, S. 57. Vgl. auch S. 58: *Die Tendenz zur Wahl ähnlicher Personen als Partner ist... ein Versuch, die eigenen Einstellungen zu stabilisieren.*

Die Gemeinsamkeit kann auf gleicher Mentalität, auf gleicher Überzeugung in Hinsicht auf ein gemeinsames Ziel beruhen. Gruppenbildung aufgrund von Interessengleichheit beruht meist auf der Einsicht, nur im Kollektiv mit Gleichgesinnten dieses Ziel erreichen zu können.

3. Nach einer Konstituierungsphase schaffen sich die Mitglieder die gruppendynamischen Voraussetzungen zur Erreichung ihres Ziels. In einem intensiven Interaktionsprozeß kommt es in der Regel zur Herausbildung eines spezifischen *Gruppenbewußtseins,* einer Gruppenidentität, bzw. zu einem spezifischen ›Wir-Gefühl‹.

4. Kommunikation ist eine notwendige Bedingung für die Existenz einer Gruppe. *Infolge der gegenseitigen Einflußnahme der Gruppenmitglieder bilden sich gemeinsame Verhaltensrichtlinien... heraus*[2]. Eine zielgerichtete, zweckorientierte Kommunikation führt zur Entstehung einer Gruppenstruktur mit bestimmten Normen (Wertsystem) *. Die Interaktion zeigt insofern Wirkungen, als sich bestimmte strukturelle, interdependente Verhältnisse zwischen den Mitgliedern entwickeln, daß, wenn Mitglied A handelt, dies für die gesamte Gruppe Folgen hat.

5. Die Wechselbeziehungen der Mitglieder führen zur Aufgabenteilung und zur Zuordnung spezifischer Rollen an bestimmte Mitglieder. *Eine Rolle ist die Summe der Erwartungen, die sich an den Inhaber einer bestimmten Position richten*[3].

6. In einem weiteren Entwicklungsstadium bekommen die Inhaber dieser Rollen Positionen unterschiedlichen Ansehens zugewiesen, so daß eine Rangordnung, ein hierarchisches Gefüge entsteht**. Der Status des einzelnen Rolleninhabers in der Gruppe erwächst aus dem Spannungsverhältnis zwischen Rollenerwartung und Erwartungserfüllung.

7. Im Verlauf der Rollenausbildung kommt es gewöhnlich zur Bildung einer Führerrolle. Persönliche Merkmale (z. B. Sympathie/Sachkompetenz u. ä.) sowie die spezifische innere Dynamik im Hinblick auf das zu erreichende Ziel sind die Faktoren, die die Selektion der Führungsperson steuern. *Auch die Führerrolle, wie die übrigen Rollen in einer Gruppe, kann vielleicht nicht anders als Funktion der Gruppe betrachtet werden*[4].

8. Bei steigender Mitgliederzahl vollziehen sich in der Gruppe auch qualitative Veränderungen: ... *die Gruppe wird unübersichtlicher, die Kommunikation wird erschwert... eine Aufgliederung in Untergruppen mit relativer Selbständigkeit setzt ein*[5].

Eine in der Kleingruppensoziologie gängige Gruppen-Grobklassifizierung ist die Einteilung in formelle vs informelle Gruppen. Formelle Gruppen haben eine feste Organisation, bestimmte Statuten mit wohldefinierten Zielen. *Informelle Gruppen haben ihre Ziele, Normen, Rollen usw. dagegen nur implizit vorliegen*[6]. Außerdem lassen sich bei ihnen keine festen Organisationsstrukturen antreffen. Eine weitere Differenzierung ist die in offene vs geschlossene Gruppen, je nachdem, ob sie neue Mitglieder zulassen oder nicht.

---

* Schneider: Kleingruppenforschung, 1975, S. 73; *Struktur, Normen und Gruppenbewußtsein sind ohne Kommunikation nicht denkbar.*

** Schneider: a.a.O. S. 71. *Die Strukturierung beinhaltet die Verteilung von Rollen und Status, wobei zunächst die extremen Ränge nach der positiven und negativen Seite zugeordnet werden. Die mittleren Ränge folgen zuletzt.*

Die Gruppe 47 als soziologisches Phänomen

Die Klassifizierung in formelle/informelle und offene/geschlossene Gruppen wird für unsere Belange von besonderem Interesse sein, wie sich bei der Rekonstruktion des Gruppenkonsens bei der Gruppe 47 zeigen wird.

Ohne das Ergebnis dieses Kapitels vorwegnehmen zu wollen, soll schon hier – aus Gründen terminologischer Klarheit – festgestellt werden, daß die soziale Erscheinungsweise der Siebenundvierziger es als durchaus berechtigt erscheinen läßt, sie fürderhin als ›Gruppe 47‹ zu bezeichnen. Wir klassifizieren die Gruppe 47 vorläufig als informelle, offene Gruppe.

3.21 Realisierung der Theorie an der Gruppe 47
3.211 Der Gruppenkonsens

Eine literarische Gruppe unterscheidet sich nicht prinzipiell, sondern nur qualitativ von anderen Gruppenarten, durch einen spezifischen Objektbereich (Kunst) mit besonderen Implikationen (Wertsystem). Wie wir oben festgestellt haben, ist die – wie auch immer geartete – Merkmalsähnlichkeit der Mitglieder primär verantwortlich für die Gruppengenese. – Nun ist die Frage nach Gemeinsamkeiten von Mitgliedern der Gruppe 47 nicht ohne weiteres zu beantworten. Denn Gemeinsamkeiten, die sich in Form einer Satzung, eines Statuts oder eines Programms niedergeschlagen hätten, sind für sie nicht auszumachen. Es kann also nur eine Rekonstruktion versucht werden, um bestimmte Kohäsionsfaktoren soziologisch zu erklären.

Es gab bei den Gründern der Gruppe im Jahre 1947 sowohl soziale als auch politische und literarische Gemeinsamkeiten, die das Zustandekommen dieser Gruppe erklären können*. Es fand sich ein Kreis zusammen, der *wesentlich geprägt wird von Schriftstellern, die Arbeiter- und kleinbürgerlichen Milieus entstammen und/oder nicht-akademische berufliche Sozialisation durchlaufen haben…***. Es kommt in den ersten Jahren eine Anzahl von Personen zusammen, die auf das gleiche Generationserlebnis (Faschismus, Weltkrieg) zurückblicken können: *…zwei Generationen mit den gleichen Erlebnissen, mit der gleichen Mentalität und mit den gleichen Voraussetzungen*[7]. Freundschaftliche Beziehungen vor diesem Hintergrund wirkten lange Zeit als soziale Klammer. *An Stelle der Mitgliedskarte steht die Freundschaft****. Die Kontinuität der Gruppe wird in der frühen Phase durch eine ähnliche Generationsmentalität und Zeitgenossenschaft der Beteiligten gesichert, die ein gruppenspezifisches ›Wir-Gefühl‹ aufkommen läßt. Die persönlichen Gemeinsamkeiten sind nicht zu trennen von politisch-literarischen. Ein ›Faschismus-Trauma‹ des frühen Kreises hatte bei manchem Schriftsteller zu einem geradezu idiosynkratischen Verhältnis gegenüber Massenorganisationen und Ideologien jedweder Art geführt****. Die skeptische Grundeinstellung gegenüber Theorien, Kunsttendenzen und Wissenschaften führte zu *Bescheidenheit gegenüber Erkenntnisansprüchen theore-*

---
* Der konkrete Anlaß des ersten Treffens war die Diskussion um die gemeinsam projektierte literarisch-politische Zeitschrift »Der Skorpion«.
** Friedhelm Kröll: Die Gruppe 47, 1977, S. 43, vgl. dazu Hupka: Münchner Rundfunk v. 22. 10. 1949: *Es haben sich hier Schriftsteller zusammengeschlossen, die fast alle ein gemeinsames Herkommen haben…* In: Lettau (1967), S. 46
*** Hans Werner Richter, zit. nach Friedhelm Kröll: Die Gruppe 47, 1977, S. 171, vgl. auch: Alfred Bellebaum: Soziologische Grundbegriffe, Stuttgart 1972, S. 41: *Die sozialen Beziehungen… beziehen persönliche, private und emotionale Aspekte wesentlich mit ein.*
**** Walter Jens (Jens-Interview, S. 11): *Das ist bei vielen Älteren so, bei der alten Gruppe, die sind doch noch die gebrannten Kinder des Faschismus und beurteilen einander wirklich unter dem Aspekt:* »Versteckst der mich?«

tischen Wissens[8]. So erklärt sich hieraus wohl eine scharfe Ablehnung des Faschismus und des Stalinismus auf emotionaler Basis, die aber keine rationale (gesellschaftstheoretische) Grundlegung erfährt. Repräsentativ für diese Haltung war Walter Jens:

> *Mir schien es so, daß mein Gefühlssozialismus, das moralische Engagement, die a l l g e m e i n e Position . . . die Opposition derer war, die ein für allemal genug hatten von großen Worten und großen Taten*[9]. *Der Begriff Antifaschist war immer ein Ehrenname im Kreise der Gruppenmitglieder. Dieser gemeinsame Konsens war gegeben.*[10]

Der emotionale Antifaschismus und Gefühlssozialismus spiegelten sich dann in der Haltung gegenüber der gesellschaftspolitischen Entwicklung der Bundesrepublik wider. Diese gemeinsame Grundeinstellung führte zu einer moralisch fundierten Kritik an restaurativen Tendenzen, wie der Wiederbewaffnung der BRD, sowie neuer nationalistischer Töne in der Öffentlichkeit, die, bezogen auf das politische Umfeld der 50er Jahre, wesentlich weiter links von der Mitte anzusiedeln ist als heute. Rolf Schroers kommt (1952) zu einer ähnlichen Einschätzung: *In der Tat hat die Versammlung politisch gesehen eine linke Note – antimilitaristisch, antirestaurativ, antisentimental*[11]. Konsequent führte diese Entwicklung zur Ablehnung des CDU-Staates. Die moralische, non-konformistische Antihaltung war lange Zeit eine entscheidende Kohäsionskraft der Gruppe 47 als Gruppe.

Es war ja ein großer Freundeskreis ... ein großer Kreis von Bekannten also, in dessen Mittelpunkt die Literatur stand ... Natürlich fuhren sie da immer wieder hin. Da kannten sie ja alle – das war ihr Leben.[12] Der gemeinsame Handlungsrahmen, den Richter hier anspricht, war also der Bereich der Kunst*, im besonderen der der Literatur. Die Bestrebungen, die Kalligraphie, die ›Sklavensprache‹ des III. Reiches zu Gunsten einer nüchternen, realistischen, antipathetischen Beschreibungssprache abzubauen, war schon im »Ruf« gefordert und versucht worden und wurde nun in der Gruppe 47 gleichsam zum literarischen Programm.

Aus dieser Absicht heraus wandten sie sich gegen die ›Kalligraphen‹, wie sie die Schönschreiber der Vergangenheit nannten, begannen die ›Sklavensprache‹ zu roden, sie von dem Gestrüpp der Propagandasprache zu reinigen, und sie gleichzeitig von der wortreichen, stilistisch übergewandten, nicht mehr klaren und nicht mehr verständlichen ›inneren Emigrationsliteratur‹ zu befreien**.

Diese Absicht war für die frühe Gruppe durchaus programmatisch. Im Zusammenhang damit entstand das Schlagwort von der *Kahlschlag-Prosa*[13]. Mit diesem literarischen Anspruch aber war aufs engste die von Richter folgendermaßen umschriebene gesellschaftspolitische Zielrichtung verbunden:

> *Und anders als die praktischen Politiker wollten sie v o r e r s t nicht die Massen zur Demokratie erziehen, sondern sich selbst, ihresgleichen, jene also, die f ä h i g sind, mit dem Wort Einfluß zu gewinnen. Ihre Grundkonzeption war die einer demokratischen ›Elitebildung‹.*[14] *Sie glaubten, demokratisches Denken ließe sich nur von oben nach unten vermitteln . . .*[15]

---

* Dieter Wellershoff zit. n. Friedhelm Kröll: Die Gruppe 47, 1977, S. 107: *Der Zusammenhalt der Gruppe ... beruht auf der Voraussetzung, es gäbe ein gemeinsames Medium, das alle Gegensätze in sich aufhöbe ... das sei die Kunst. [...]*

** Hans Werner Richter: Almanach, S. 8, vgl. dazu auch: Richter-Interview I, S. 3: *Es war das Problem, die Wirkung des Nationalsozialismus wegzubringen ... es ging um psychologische Enttrümmerung.*

Veränderung der Massen durch befähigte demokratische Eliten also. Natürlich blieben Angriffe auf die Gruppe 47 im restaurativen Klima der Adenauer-Ära nicht aus. Man reagierte in der Regel fast nie als geschlossene, Einheitlichkeit demonstrierende Gruppe, sondern beschränkte sich auf Einzel- oder Kleingruppenproteste. Diese partialisierten Reaktionen zeigen aber recht deutlich, auf welch, gruppenpsychologisch gesehen, uneinheitlicher Basis solche Aktionen stattfanden. In einem einzigen Fall hat die Gruppe 47 massiv reagiert, im Fall der Neumann-Nossack-Polemik in der Zeitschrift »konkret«[16].

Walter Höllerer, als Herausgeber der Zeitschrift »Sprache im technischen Zeitalter«, hat ein ganzes Heft der Reaktion auf diese Polemik gewidmet[17]. Aber nicht nur dort, sondern auch über andere Kanäle literarischer Kommunikation wurde von der Gruppe heftig zurückgeschossen. Diese Reaktion schweißte denn auch die Gruppe für die Dauer dieser Affäre enger zusammen.

Kritik von innen an den Modalitäten der Gruppenexistenz wurde lange Zeit überhaupt nicht geübt, und wenn – wie im Falle Walsers oder Schroers[18] – wurde über sie während des offiziellen Teils der Tagungen nicht diskutiert. Zum gruppeneigenen Normensystem gehörte nämlich, daß die Verfahrensweise der Tagungen (Stilkritik statt inhaltlicher Kritik) nicht Gegenstand kritischer Diskussion sein durfte. Richter hat die wenigen Versuche im Keim erstickt. Die Verdrängung der Kritik von innen und die Verhinderung öffentlich geführter Grundsatzdiskussionen führte zu unterschwelligen Animositäten und Antipathien und belegt des weiteren die soziologische Fragilität der Gruppe.

Man verstand sich als Junge Generation*, was nicht nur sprachlich von vorneherein eine Absage und Abgrenzung an vorgefundene literarisch-politische Formen bedeutete. *Bei der ›Gruppe 47‹ ging es mehr um den Aufbau der neuen deutschen Literatur. Ich wollte das nicht vermischt haben mit der alten.*[19] Diese von Richter formulierte Einstellung der Gruppe schloß eine Verbindung zu Faschisten und Stalinisten, aber auch zu den Emigranten aus.

Die Emigranten standen in ihrer Mentalität noch in der Weimarer Republik, und das hatten sie in der Emigration konserviert. Aber wir wollten ja etwas Neues. . .**.

Aufgrund der politisch-geographischen Trennung wurden 1947 ostdeutsche Schriftstellerkollegen nicht mit einbezogen. Als man dann später (um 1960) versuchte, in größerem Umfang Kontakte zu DDR-Autoren aufzunehmen, scheiterte dies einmal an der politischen Restriktion, mit der die DDR bereits eingeladene Schriftsteller belegte, und zum anderen an dem unzureichenden Potential an Gemeinsamkeiten. Es fehlten die notwendige kommunikative Kohärenz zwischen den Tagungen und der politische Konsens.

3.212 Die Mitgliedschaft

Da bei der Gruppe 47 keine formelle Mitgliedschaft existierte und es auch keine eindeutig abzulesenden Kriterien für die Beantwortung der Frage gibt, wann eine Mitgliedschaft gegeben war, muß die Definition aus der Empirie gewonnen, d. h. aus den uns verfügbaren Quellen rekonstruiert

---

* Man findet auch die Formel ›junge deutsche Literatur‹, wobei jung nicht im biologischen Sinn zu verstehen ist, zumal das Durchschnittsalter der Gründungsmitglieder 1947 ca. 35 Jahre betrug.

** Richter-Interview II, S. 23, ebd.: *Wir mußten sehen, daß wir allein was auf die Beine brachten.*

werden. Vorweggenommen sei eine unproblematischere Definition von ›Gast‹ und ›Ehrengast‹. Walter Jens gibt hier einen deutlichen Hinweis: *Gäste waren die nicht potentiell Lesenden oder professionell Kritisierenden, also Verleger oder Politiker**. Als ›Gäste‹ werden fortan also Personen verstanden, die passiv als Zuschauer und Zuhörer dem Tagungsgeschehen beiwohnten: der ›Medientroß‹ ebenso wie einige Politiker, die gelegentlich an einer Tagung teilnahmen. Zutritt wurde auch den Gästen nur durch eine Einladung von Hans Werner Richter gewährt. Die Bezeichnung ›Ehrengast‹ findet sich einmal bei der Anwesenheit von Ernst Bloch bzw. Walter Mehring. Die Abgrenzung zu Gast ist nicht ganz klar. Es handelte sich hier vermutlich um Personen, deren Erscheinen eine einmalige Angelegenheit war und die bei den Mitgliedern der Gruppe ein besonders großes Ansehen genossen.

Die Bezeichnung ›Teilnehmer‹ wird als Oberbegriff für a l l e an einer Tagung Beteiligten verstanden.

Das äußere Kriterium der Mitgliedschaft war die stetige Einladung zu den Tagungen durch Hans Werner Richter. Sie bezog sich auf *diejenigen, die sich überhaupt beteiligten*[20]. Potentiell in Frage kamen also alle Personen, die mehrmals lesend und/oder kritisierend an einer Tagung teilgenommen hatten.

Die Faktoren des gruppenspezifischen Wertsystems stellen sich auch hier wieder ein, wenn man die Frage nach der Mitgliedschaft beantworten will. Man war nicht einfach Mitglied, wenn man bei der Gruppe zu Gast war, wie Helbig das Problem der Mitgliedschaft wohl allzu leicht in den Griff zu bekommen versucht**, sondern man wurde es erst nach und nach. Die Mitgliedschaft kristallisierte sich heraus als das Resultat eines gruppenpsychologischen Prozesses der harmonischen Integration eines Teilnehmers in das Gruppengefüge. Kröll benennt diesen Prozeß folgendermaßen: *Allen Dementis zum Trotz entwickelt sich sukzessive ein gruppenkonstitutives Gefüge informeller Mitgliedschaften*[21]. Eine gruppeninterne Mitgliedschaft war dann gegeben, wenn eine Person folgende Rahmenbedingungen erfüllte:

– Sie mußte sich geschmeidig in den Tagungsverlauf mit seinen gruppendynamisch relevanten Rollenstrukturen einfügen.
– Sie mußte sich erfolgreich in die tagungsübergreifenden Freundschafts- und Bekanntschaftskreise einreihen. In der Regel waren die Voraussetzungen für eine erfolgreiche Integration ähnliche oder gleiche Wertvorstellungen, wie sie der Mitgliederstamm pflegte und tradierte.
– Förderlich war es, ein gutes persönliches Verhältnis zu Hans Werner Richter zu entwickeln***.

Die Mitgliedschaft definiert sich also primär als eine gruppenpsychologische Qualität der sukzessiven Einbettung eines Neulings in den emotionalen Haushalt der Gruppe.

Neben der gruppeninternen Mitgliedschaft ist noch eine gruppenextern determinierte Mitgliedschaft zu nennen. Sie war dann gegeben, wenn die

---
* Jens-Interview, S. 34; vgl. auch Richter-Interview I, S. 32: *... die Verleger z. B. waren Gäste, die nichts mitzureden hatten. Das waren reine Gäste, die eben an den Diskussionen nicht teilnahmen.*
** G. R. Helbig: Die politischen Äußerungen aus der Gruppe 47. Diss. Erlangen 1967, S. 88: *Wer bei ihr zu Gast ist, gehört ihr an.*
*** *Also die Autoren, die ich dazuzählte.* Richter-Interview II, S. 21. Vgl. auch Hans Peter Krüger: Wer dazugehört, bleibt Geheimnis. T v. 1. 11. 1963: *Das Fazit der Tagung* (Saulgau 1963, Anm. d. Verf.) *gab Hans Werner Richter... Viele, meinte er, bildeten sich ein, zur »Gruppe 47« zu gehören, aber nur er wisse, wer dazugehöre, und er werde es nie sagen.*

kommentierende Öffentlichkeit ausdrücklich auf die *Tagungsabwesenheit einer bestimmten Person hinwies, ... da weiß man von außen ziemlich genau, wer auf jeden Fall dazugehört*[22]. Alte Mitglieder, wie z. B. Heinrich Böll oder Alfred Andersch, die jahrelang den Tagungen fernblieben, wurden im öffentlichen Bewußtsein so immer wieder als Gruppenzugehörige erinnert.

Diese ›publizistische‹ Mitgliedschaft hatte eine andere Qualität. Jene stützte sich auf den Institutionalisierungsmechanismus der Anerkennung durch die Öffentlichkeit, diese auf eine gruppendynamische Feuerprobe. In der Regel fielen aber beide zusammen, so daß eine Person gleichzeitig zwei verschiedene ›Anerkennungsverfahren‹ durchlaufen mußte, um ein informelles Mitglied der Gruppe 47 zu werden.

3.213 Die Kohärenz zwischen den Tagungen

Von Hans Magnus Enzensberger stammt die Legende, daß die Gruppe 47 an *362 Tagen des Jahres... nur virtuell vorhanden gewesen sei*[23]. Die Quellen können das nicht bestätigen: Ein spezifisches Zusammengehörigkeitsgefühl, das nicht nur auf die kurze Zeitspanne der Tagungen beschränkt blieb, hielt die Autoren emotional zusammen. Freundschaften unter den Mitgliedern wurden gepflegt und vertieft, Erfahrungen und Informationen persönlicher und sachlicher Art ständig ausgetauscht. Es bildeten sich auch regionale Schwerpunkte, wovon Berlin nach 1961 der wichtigste wurde:

> *Aus dem engeren Kreis der »Gruppe 47« leben... eine Handvoll Autoren in Berlin: Hans Werner Richter, Günter Grass, Walter Höllerer, Ernst Schnabel, Hans Magnus Enzensberger und Reinhard Lettau etwa. Um dieses Zentrum gruppiert sich ein größerer Kreis von Jungautoren, Kritikern und Publizisten. Schriftsteller wie Klaus Röhler und Günter Herburger zogen zu, Klaus Wagenbach begründete hier seinen Einmannverlag, Kritiker wie Roland H. Wiegenstein und Franz Schonauer siedelten sich in Berlin an. Friedenau ist ein bevorzugtes Wohngebiet.*[24]

Lockere regionale Gruppierungen gab es zudem um Wellershoff in Köln, Heissenbüttel in Stuttgart und Kaiser und Baumgart in München[25]. Die Gemeinsamkeit der erlebten und erwarteten Tagungen mit ihrem nicht allein auf die Treffen beschränkten ›Wir-Gefühl‹ bildeten das emotionale Rückgrat.

Viele Mitglieder der Gruppe 47 hatten miteinander zu tun, so, wenn Rundfunksendungen, Fernsehdiskussionen, Autorenlesungen, Zeitungs- und Zeitschriftenprojekte die Schriftsteller zusammenführten. Man verlor sich nie aus den Augen, weil man ständig voneinander hörte, las, sich sah und übereinander schrieb. Man war verbunden durch das gemeinsame Band der literarischen Kommunikation. Der Vorwurf der ›Clique‹ und ›Mafia‹ hat hier seinen Ausgangspunkt*.

Die Öffentlichkeitssphäre selbst wurde zu einem bedeutenden Kohärenzfaktor: wo sich die Gruppenexistenz öffentlich zur Diskussion stellte und dabei die Gruppenmitglieder in der Reaktion auf Kontroversen und Polemiken enger zusammenführte. Die permanente Existenz, die Kontinuität der Gruppe 47 zwischen den Tagungen blieb durch diese Faktoren gewahrt.

---

* Eine Manifestation dieses Sachverhalts ist zu sehen in Walter Jens' Schlußbemerkung in seiner Rezension über den von Hans Werner Richter herausgegebenen Almanach zum fünfzehnjährigen Bestehen der Gruppe: *Ich gehöre als Autor und Kritiker dieser Gruppe seit 12 Jahren an. Diese Besprechung wurde nicht pro, wohl aber ex domo geschrieben.* Walter Jens: Eine Kumpanei zur Verhinderung von Unfug. Z v. 21. 9. 1962.

3.3 DIE SOZIALE ERSCHEINUNGSWEISE

3.31 Die Tagungen – Darstellung und Entwicklung

Die 1. Phase (1947–1950) Konstituierung

Im Jahre 1947 gab es noch keine funktionierende literarische Öffentlichkeit in Deutschland, und so wurde auch vom ersten Treffen der 47er kaum Notiz genommen. Die Atmosphäre der ersten Treffen war exklusiv, freundschaftlich-intim. Da es kein adäquates öffentliches Forum für Nachwuchsautoren gab, andererseits aber die Gründungsmitglieder und von ihnen vor allem die alten »Ruf«-Mitarbeiter veröffentlichen wollten*, lag es nahe, sich ein eigenes Forum, eine eigene literarische Öffentlichkeit zu schaffen. *Zuerst trafen sie sich, um überhaupt ein Publikum zu haben, sich selbst*[26]. Diese spezifische, exklusive Öffentlichkeit der frühen Gruppe 47 sei hier aus heuristischen Gründen ›Mikroöffentlichkeit‹ genannt**. Hans Werner Richter bestätigt auch diesen Tatbestand: *Für viele Jahre war sie (die Gruppe 47) der einzige Kommunikationspunkt dieser jungen deutschen Schriftsteller und e r s e t z t e für sie zugleich die literarische Öffentlichkeit, die nach dem Krieg nicht mehr bestand.*[27] Den Mitgliedern der frühen Gruppe gewährten die Medien und Verlage nur zögernd Gehör. Sie kümmerten sich in erster Linie um die ›Weltliteratur‹ und standen den neuen, weitgehend unbekannten Literaten skeptisch gegenüber. Aber in dem Maße, wie der Literaturbetrieb wieder zu funktionieren begann, gewährten die Medien auch einigen Mitgliedern der Gruppe 47 zunehmend die Gelegenheit, eine größere Öffentlichkeit für die Belange der jungen deutschen Literatur zu interessieren ... *denn die Schriftsteller wollten doch ihre Produkte verkaufen. Die mußten ja durchkommen*[28] ... *die Bücher müssen gedruckt, vertrieben werden*[29].

Und so trat rasch ein was die Gruppe zwar erstrebt, aber in solcher Intensität nicht erwartet hatte: Von 1948 an, mit steigender Tendenz, gewannen die Tagungen der Gruppe 47 eine literarische Öffentlichkeit. Die Vertreter einiger Verlage, wie z. B. Fischer, Desch und Rowohlt und verschiedene Journalisten, besuchten nun ständig die Zusammenkünfte.

Die 2. Phase (1951–1958) Durchbruch und Institutionalisierung

Ein Wendepunkt in der Entwicklung war etwa 1950/51 erreicht***. Hans Mayer bestimmte diesen Umschwung für das Jahr 1951: *Seit 1951 hatte sich die Gruppe ... so durchgesetzt, daß alle westeuropäischen und amerikanischen Feuilleton- oder Feature-Instanzen über die Tagungen ... r e g e l m ä ß i g zu referieren begannen.*[30]

Die exklusive, private Öffentlichkeit Gruppe 47 nahm Verbindungen mit dem wiedererstehenden westdeutschen Literaturbetrieb auf****.

---

* »Der »Ruf« wurde den Herausgebern von den Amerikanern aus der Hand genommen, und für die projektierte Zeitschrift »Der Skorpion« bekam man keine Lizenz.
** Der Information halber sei erwähnt, daß der hier verwendete Öffentlichkeitsbegriff sich nicht mit dem Habermasschen Öffentlichkeitsbegriff deckt, von dem in Kapitel 4 die Rede ist.
*** *Auch eine ganze Reihe von Managern, Verlagslektoren, Rundfunkmännern, Publizisten, war zugegen, und ihre Anwesenheit gab der Veranstaltung fast so etwas wie den Charakter einer literarischen Börse.* E. Th. Rohnert: Symposion junger Schriftsteller. Das literarische Deutschland v. 20. 5. 1951. Zit. n. Lettau (1967) S. 59.
**** *Eine Reihe deutscher Verleger hat sich entschlossen, junge Autoren zu bringen, ihre Namen sind nicht mehr unbekannt.* Rolf Schroers: Junge deutsche Schriftsteller. FAZ v. 7. 11. 1952. Zit. n. Lettau (1967) S. 83.

Die Gruppe 47 als soziologisches Phänomen

Der Erfolg des einzelnen Gruppenautors verstärkte die einsetzende Publizität der Gruppe zusehends. 1953 brach die Makroöffentlichkeit (professionelle Medien) massiv in die Gruppe 47 ein: der Rundfunk stellte Mikrophone auf: *Die Frühjahrstagung hat beinahe offiziellen Charakter...*[31]. 1954 fragte man sich,... *ob das alles noch mit Literatur zu tun hat? Und ob!*[32]. Heinz Friedrich schrieb im selben Jahr: *Inzwischen waren nämlich die Tagungen von der Publicity fast erdrückt worden...*[33]. Und drei Jahre später hieß es lapidar: *Die ursprüngliche Intimität und Exklusivität ist dahin*[34].

Im Jahre 1958 hatte die Publizität ein solches Maß erreicht, daß Reich-Ranicki stolz schreiben konnte: *Und sie sind auch diesmal nach Großholzleute ins Allgäu gekommen: sogar aus der Schweiz, aus Österreich, und Holland. Und die BBC hat ihren Berichterstatter geschickt, und aus Polen ist der Vertreter der f ü h r e n d e n literarischen Zeitschrift gekommen**. Die Makroöffentlichkeit hatte die Mikroöffentlichkeit entdeckt und okkupiert. Nun beschleunigte sich der Prozeß des langsamen Aufgehens der Gruppe 47 in der Öffentlichkeitssphäre. Indem die Mikroöffentlichkeit Schritt für Schritt der Makroöffentlichkeit weichen mußte, löste jene sich langsam in dieser auf. Es gab kein Zurück mehr. Alle späteren Versuche Richters, die exklusive Atmosphäre zu restaurieren – wie z. B. 1961 in Göhrde und 1965 in Berlin – schlugen letztlich fehl. Die Dialektik von notwendiger Öffentlichkeit als Bedingung der Möglichkeit schriftstellerischer Existenz und ihrer gleichzeitig destruierenden Wirkung bekam die Gruppe 47 nun zu spüren, und sie veränderte sie wesentlich.

In dieser Phase wurde die Entwicklung der Gruppe 47 zu einem fest umrissenen, klar zu berechnenden Bestandteil der bundesrepublikanischen Literaturszene vollzogen. Aus einem lockeren Gefüge von Freunden, die sich in handwerklicher Kritik gegenseitig halfen, wurde in dieser Zeit, nicht zuletzt unter dem Erwartungsdruck der Öffentlichkeit, eine strukturierte Gruppe, ein öffentliches Forum zur Selektion aktueller Gegenwartsliteratur. Weil sich die Gruppe 47 als Clearing-Stelle für Literatur, als *eine Art Ersatzlektorat für die Verleger...*[35] im literarischen Leben der Bundesrepublik etabliert, wurde diese Funktion zu ihrer Legitimationsbasis. Die Anerkennung der Gruppe durch die literarische Öffentlichkeit war unabdingbar gebunden an die erfolgreiche Erfüllung ihrer Vorlektorierungsfunktion. Die Siebenundvierziger unterlagen etwa ab 1958 einem Legitimationsdruck, sich selbst immer wieder bestätigen zu müssen, um anerkannt zu werden.

Diese von der Öffentlichkeit ausgeübten Zwänge bewirkten eine arbeitsteilige Funktionsgliederung und die Spezialisierung der Tagungsteilnehmer zu einem relativ fest umrissenen Rollenverhalten. Es bildeten sich innerhalb der Gruppe 47 Instanzen mit bestimmter Kompetenz: Die Kritiker, die dann in der ersten Reihe saßen, Formalisten und Traditionalisten.

Das Auditorium geriet zu einem passiv-rezeptiven Forum. Der Mitgliederstamm gliederte sich hierarchisch. Das Tagungsgeschehen verlagerte sich nun ganz nach vorn, wobei selbstverständlich interkollegiale, helfende Kritik weitgehend verkümmerte zu Gunsten eines brillanten, eloquenten Schlagabtauschs einer Handvoll Kritiker. Die Gruppe 47 hatte sich institutionalisiert, weil sie ein berechenbares, einem bestimmten Zweck (Selektion) dienendes Instrument geworden war**.

---

* Marcel Reich-Ranicki: Eine Diktatur, die wir befürworten. Die Kultur v. 15.11.1958; Lettau (1967) S. 140. Reich-Ranicki übertreibt hier insofern, als es sich bei diesen internationalen Berichterstattern z. T. um langjährige Freunde der 47er handelte.

**Friedhelm Kröll: Die Gruppe 47, 1977, S. 86: *Institutionalisierung hat statt, indem Zusammenhänge oder Geschehnisse zu vorproblematischer Selbstverständlichkeit ... gerinnen.*

Die soziale Erscheinungsweise

Im Jahre 1957 wurde der Gruppe 47 ein Artikel im »Großen Brockhaus« gewidmet. Als weiteres Institutionalisierungsindiz ist die offiziöse Behandlung der 47er bei ihren drei Auslandstagungen anzusehen: *Sie wird begrüßt, als handelte es sich um den repräsentativen Verband der deutschen Schriftsteller.*[36]

Die Gruppe 47 wurde zu einer offiziösen Organisation, die man nicht ignorieren konnte. Ihre Berühmtheit, die sicherlich 1966 in Princeton ihren Kulminationspunkt erreicht hatte, wurde eine ungeheure Belastung, der sie sich nicht entziehen konnte*.

3. Phase (1959-1967) Folgen der Entwicklung

Mit der sukzessiven Auszehrung des Werkstattcharakters ging eine gewaltige ›Aufblähung‹ der Teilnehmerzahl zu Gunsten des passiven, fluktuierenden Teils einher. Dieser Teil nahm im Verhältnis zum Mitgliederstamm stark zu. Die Folge dieser ›Aufblähung‹ und der omnipräsenten Öffentlichkeit waren Befangenheit und Passivität unter den Schriftstellern während der Tagungen: ... *es lief dann nicht mehr, es führte zur Befangenheit der Schriftsteller***. Diese Veränderungen führten dazu, daß bedeutende Autoren it meist traditionellem Gruppenverständnis den Tagungen fernblieben. *Der Akkumulationsprozeß von Prestige*[37], die ständig wachsende Berühmtheit führten zu einer starken Fluktuierung. Junge Autoren drängten zahlreich zu den Tagungen und ... *benutzten das dann nur noch als Sprungbrett*[38]. Die Gruppe wurde unter Nachwuchsautoren zu einer Instanz zur Ausstellung von Talentzertifikaten. Sie absorbierte mit einer erstaunlichen Elastizität fast den gesamten Bereich der westdeutschen Belletristik, weil es inzwischen an einem literarischen wie politisch-theoretischen Konsens fehlte.

Die Konsequenz dieser Entwicklung war die Herausbildung einer »Showatmosphäre« mit partieller Verselbständigung der Kritik. Lesung und Kritik zeigten exhibitionistische Züge***.

In dem Maße, wie sich die Gruppe 47 in die sozio-kulturelle Landschaft der BRD integrierte, und in dem Maße, wie die Öffentlichkeit die Tagungsstrukturen präformierte, übernahm die Gruppe allmählich Verhaltensstrukturen der westdeutschen Gesellschaft, insbesondere das System eines konkurrenzgesteuerten Bezugs von Personen und Produkten untereinander****. Heinrich Böll wies bereits 1965 sehr eindringlich auf diesen Sachverhalt hin:

---

* ... *so eine Einladung (nach Princeton) ablehnen, konnten wir auch nicht.* Richter-Interview I, S. 21.

** Richter-Interview II, S. 8. Vgl. auch Joachim Kaiser: Die Gruppe 47 lebt auf. SZ v. 5.11.1958 (Lettau S. 138): *Zwar waren mehr als hundert »Literatoren« zusammengekommen, was die freie Aussprache anfangs behinderte.*

*** *Der Samstagnachmittag (die Rücksicht auf ›volles Haus‹ war unverkennbar) blieb dem Star-Trio der Lyriker vorbehalten.* K. Wagenbach: Gruppen-Analyse. FH 12/1959. Zit. n. Lettau (1967), S.153. *Während die Fernsehkameras zuschauen und mit ihnen Millionen potentieller Zuschauer, die hinter diesem Auge des großen Bruders stehen; während die Tonbänder an der Wand horchen, in dieser gespannten Atmosphäre ... in dieser Aula wird jedes Experiment zur Exhibition.* H. Böll: Angst vor der Gruppe 47? M 8/1965. Zit. n. Lettau (1967), S. 393; ebd. S. 394: *Der panem et circenses-Charakter einer solchen Schau ist allzu eindeutig ...*

**** Vgl. dazu: G. Zwerenz: Bloß keine Sozialisierung der Gruppe 47, Z. v. 17. 7. 64: *Überdies können wir auf die 47er als Privatunternehmen keineswegs verzichten, denn dieses belebt die Konjunktur, regelt Nachfrage und Absatz und ist als Privatkonzern der größte Arbeitgeber der Bewußtseinsindustrie.*

Die Gruppe gehört zu diesem Staat, sie paßt zu ihm ... sie hat nicht alle, aber einige Eigenschaften mit der bundesrepublikanischen Gesellschaft g e m e i n s a m, und damit ist sie in der wirklichen und einzigen Gefahr ... eine Funktion zu übernehmen; also: zu funktionieren.[39]

Manifestationen dieses Sachverhalts sind in Versuchen von Teilnehmern, Sitzordnung und Lesereihenfolge zu beeinflußen, also in individueller Chancenwahrnehmung zu sehen. Das Unbehagen vieler Mitglieder führte zu einem latenten Konflikt zwischen Kritikern und Autoren und wurde, da es nicht offiziell thematisiert wurde, individuell (literarisch) sublimiert; so z. B. als Hans Werner Richter eine Satire auf die Gruppe schrieb, die anonym verlesen wurde.

Politische Ereignisse wie der Vietnamkrieg und die Studentenrevolte wirkten selbstverständlich auch zurück in die Gruppe. Sie führten – verbunden mit einem deutlichen Nachlassen der Kohäsionskräfte – zu einem sich abzeichnenden Zerfall in Untergruppen*.

Literarisch war die Gruppe inzwischen so heterogen geworden – zumal ein Nachlassen der traditionellen Toleranzbereitschaft festzustellen ist –, daß eine Amalgamierung dieser disparaten Faktoren nun nicht mehr möglich war. Der Stamm der Gruppe 47, die Kernmitglieder, konnten sich der in die Gruppe hineingetragenen Politisierung nicht mehr anpassen, so daß sie von der Studentenbewegung 1967 nicht mehr akzeptiert, sondern zum verachteten und attackierten Establishment gerechnet wurde.

Der traditionell orientierte Mitgliederstamm war zurückgegangen zu Gunsten einer jungen Generation, für die die Gruppentagungen ein rein zweckorientierter, notwendiger Schritt zum Beginn einer erfolgreichen Karriere darstellte und für die die emotionale Komponente des freundschaftlichen Beisammenseins nur noch eine blasse Erinnerung war und kaum noch eine Rolle spielte. Das Marktinteresse hatte in der Gruppe allzu sehr das Übergewicht gewonnen, so daß es auch für Hans Werner Richter immer schwerer wurde, ihrer Heterogenität Herr zu werden.

Die Gruppe 47 war keine hermetische, sondern eine in hohem Maße offene Gruppe, so daß von außen hineingetragene Veränderungen soziologisch relevante Rückwirkungen auf die Teilnehmer- und Tagungsstrukturen nach sich zogen. Die Innenwirkungen sind eine direkte Resultante des Öffentlichkeitseinflusses. Die einzelnen Komponenten der Binnenstruktur sollen nun einer näheren Analyse unterzogen werden.

3.311 Das Einladungsverfahren

Ich habe erst einmal die eingeladen, die i c h einladen wollte[40]. Diese Richtersche Formel trifft insofern zu, als sie zum Ausdruck bringt, daß eine Person, die eine Tagung der Gruppe 47 besuchen wollte, dies nur über das ›Nadelöhr‹ Richter erreichen konnte; aber sie trifft insofern nicht zu, als sie nahelegt, als hätten Richters Ansichten a l l e i n die Einladungspraxis bestimmt. Vielmehr gibt es genau zu beschreibende Einladungskriterien, gruppeninterne und -externe Einflüsse und Zwänge, die strukturierend in das Auswahlverfahren eingingen.

---

* ... *weil die Gruppe in Untergruppen auseinanderzufallen beginnt* ... J. Kaiser: Drei Tage und ein Tag. SZ v. 30. 4./1. 5. 1966.

Die soziale Erscheinungsweise

Eine Tagung der Gruppe 47 kam nur dann zustande, wenn Hans Werner Richter die Teilnehmer mit seinen berühmt gewordenen Postkarten verständigt hatte. Kröll nennt deshalb die soziale Erscheinungsform der Gruppe *privat-postalisch gestiftete Zusammenkünfte*[41]. Ein junger Schriftsteller, der eine Probe auf sein Talent vor der Gruppe eingehen wollte, mußte bestimmte Voraussetzungen erfüllen: Hans Werner Richter mußte vorher eine – nicht notwendigerweise veröffentlichte – Leseprobe als Fähigkeitsnachweis in der Hand haben. Der Schriftsteller durfte in der Regel noch nicht prominent sein, und er mußte einen bestimmten sozial-biographischen Hintergrund haben. Eine künstlerisch-formale Beschränkung bestand nicht. Die Maximen der sozial-biographischen Qualität richteten sich nach den gleichen Wertkoordinaten, die den Gruppenkonsens und die Mitgliedschaft bestimmten. Das Einladungsverfahren wurde aus diesen Gründen zu einem selektiven Steuerungsinstrument der sozialen Zusammensetzung der Mitglieder.

Nachdem die Siebenundvierziger berühmt geworden waren und sich immer mehr junge Autoren um eine Einladung bemühten, wurde es für Hans Werner Richter zunehmend schwerer, allein die Übersicht zu behalten. Er ließ sich dann von Freunden, prominenten und/oder kompetenten Mitgliedern und auch von Gästen beraten. *Die Empfehlenden mußten Leute sein, zu denen ich Vertrauen hatte, Höllerer etwa oder Jens, also Leute, die einen guten literarischen Geschmack hatten.*[42] Dieser Mechanismus des Rat-Gebens führte im Laufe der Zeit zur Etablierung eines Gefüges von informellen *Beratungsgremien mit z. T. wechselnder personeller Zusammensetzung*[43].

Die Zusammensetzung und Rangordnung richtete sich zum einen nach der sozialen Nähe zu Richter und zum anderen nach dem Vertrauen Richters in die Sachkompetenz des Empfehlenden*. Deshalb fanden sich in dieser Funktion zumeist ›Vollmitglieder‹, d. h. Personen, die die Maximen der Mitgliedschaft in einem hohen Grade erfüllten. Verläßlichkeit des Empfehlenden und bestätigtes Vertrauen Richters führten zu einer Art Vorschlags-Privileg, das aber wieder entzogen werden konnte, wenn ein protegierter Neuling durchfiel, ... *dann war es ziemlich peinlich, wenn er* (das empfehlende Mitglied; Anm. d. Verf.) *dort gesessen hat und sein Schützling fiel durch*[44]. Da die Gruppe 47 als Institution später durch den Literaturbetrieb fest eingerahmt war, entstand auch von dort eine gewisse Einflußgröße, der Richter sich nicht entziehen konnte**. Verleger und Presseleute wollten selbst die Tagungen besuchen und ihre Schützlinge mit»einbringen«***. Verlagslektoren haben nachweislich Empfehlungen ausgesprochen, denen Richter vorsichtig gegenüberstand. Kröll trifft diesen Sachverhalt genau, wenn er schreibt: *Vermutete und gewußte Erwartungen auf seiten der sozialen Umgebung gehen folglich zunehmend als strukturierende Antizipation in das Einladungsverfahren ein.*[45]

Die Erst-Einladung war selbstverständlich kein Daueranspruch für die Zukunft:

---

* *Aber es gab dann später auch eine andere Methode, daß Leute mir junge Leute empfohlen haben, Höllerer oder Jens oder später auch Grass. Ich habe mich auf das Urteil des Empfehlers v e r l a s s e n.* Richter-Interview I, S.15.

** *Ich habe Konzessionen gemacht, natürlich, in so vielen Jahren macht man natürlich Konzessionen.* Richter-Interview II, S. 65.

*** *Was schließlich die eingeladenen Schriftsteller anbelangt, so verdanken sie ihre erste Einladung oft einem der etwa 12 Verleger, die der Gruppe nahestehen.* P. O. Chotjewitz: Ein Fall für Soziologen. Co Nr. 6/1966.

Wenn man den literarischen oder den kritischen, aber auch oft den politischen Maßstäben nicht gewachsen war oder den Traditionen und der Mentalität dieser Gruppe nicht gerecht werden konnte, dann wurde die Einladung nicht wiederholt.[46]

An erster Stelle der Grundsätze für eine Wiedereinladung standen die literaturkritische Bewährungsprobe und ein gewisses Stehvermögen gegenüber der Kritik. Es gab aber auch Autoren... *an denen nie ein gutes literarisches Härchen gefunden wurde, die aber immer wieder eingeladen werden*[47]. Hier kommen psychologische Faktoren ins Spiel, die Richter mit ›Tradition‹ und ›Mentalität‹ bezeichnet. Die Wahrscheinlichkeit der Wiedereinladung richtete sich nach dem Grad der Integrationsfähigkeit in 1. die vorgefundene Gruppenstruktur der Tagungen und 2. in die inoffizielle Sphäre. Ein freundschaftliches Verhältnis zu Hans Werner Richter war in manchen Fällen sehr hilfreich, denn trotz aller Zwänge, die das Einladungsverfahren präformierten, blieb ein Rest an Unwägbarkeiten, subjektiver Willkür und Beliebigkeit: ... *im Grunde genommen, sind immer die Leute gekommen, die ich wollte*[48].

3.312 Die Lesungen

Die Vorstellung eines literarischen Textes durch den Autor war auf den Tagungen der Gruppe 47 neben der sich anschließenden Kritik das zentrale Ereignis. Der Vorgang blieb stets gleich: Von Hans Werner Richter aufgefordert und – wenn der Vortragende unbekannt war – mit ein paar einleitenden Worten vorgestellt, begab sich der Autor zum ›elektrischen Stuhl‹ vor dem Auditorium, führte – falls es sich um einen Auszug aus einem längeren Werk handelte – kurz in die Problematik ein und begann mit der Lesung. Sie dauerte in der Regel zwischen zwanzig und vierzig Minuten. Das Vorgelesene mußte im allgemeinen unveröffentlicht sein und einen literarisch – künstlerischen Text darstellen. Nach Abschluß der Lesung blieb der Schriftsteller für die Dauer der Kritik auf seinem Platz neben Hans Werner Richter, ohne sich weiter äußern zu dürfen. Obwohl diese institutionalisierte Prozedur während des Bestehens der Gruppe beibehalten wurde, veränderte sich der Charakter der Lesungen analog zum tiefgreifenden Wandlungsprozeß, der die gesamte Tagungsstruktur erfaßte.

Schon auf den ersten Treffen galten für Vorstellung und Beurteilung eines literarischen Textes die Prinzipien der Auslese*; man wollte die Qualität des Textes steigern, formale Schwächen ausbügeln und im gegenseitigen Austausch mit anderen Autoren Erfahrungen sammeln: *Zunftgenossen*, so Hans Mayer, *äußerten sich über Handwerksfragen*[49]. Die ursprünglich vorhandene Bereitschaft eines jeden Schriftstellers aber, Arbeiten vorzulegen,

die ihm selber problematisch erscheinen, die noch nicht gedruckt sind und zu denen er von Kollegen im Gespräch einen Kommentar erhofft, der ihm eventuell über Klippen hilft[50],

die Inkaufnahme des potentiellen Scheiterns um der Sache willen also, wurde durch die Veränderung der Tagungssituation stark eingeschränkt. Die ständig erwartete Preisverleihung, eine zunehmende publizistische Resonanz, die sowohl die Texte als auch die Urteile einer immer größer werdenden Öffentlichkeit unterbreitete, und nicht zuletzt die Umfunktionierung

---

* Dazu Hans Werner Richter: *Das Ausleseprinzip war nach dem Krieg notwendig. Die Literatur mußte wieder Qualität bekommen, die Sprache mußte gereinigt werden.* Richter-Interview II, S.14.

interkollegialer Gespräche zu einer institutionalisierten Kritik mit über den Tagungsbereich hinausstrahlenden Einfluß zeigten ihre Wirkung. Die Schriftsteller verhielten sich überwiegend defensiv: Sie nahmen die Veränderungen hin (wenn sie sie nicht gar begrüßten) und reagierten mit einer gewandelten Einstellung zu den Lesungen. Auf verschiedene Weisen suchte der einzelne Autor je nach Reputation, Gruppenstatus und persönlicher Intention dem Verdikt der Kritik zu entgehen:

Die L e s e a u s w a h l berücksichtigt die Ausnahmesituation der Tagungen. Angesichts der akustischen Darbietung und der Kürze der Zeit errang der ›lesbare‹, dramatisch gedrängte, geschlossene und ›zündende‹ Text einen unverdienten Vorsprung[51]. Die Konsequenz daraus war, daß zunehmend kurze Prosastücke und Gedichte bevorzugt wurden; Dramen und Romane konnten nur auszugsweise vorgelegt werden, waren so in der Kritik und bei der Preisvergabe benachteiligt und galten bald als ein Wagnis*, dem sich nur noch Arrivierte stellen mochten.

Die L e s e a b s i c h e r u n g steht in engem Kontext zur Leseauswahl, sie bedeutet die Bevorzugung perfektionierte(r), ja fast (bewußt) manierierte(r) kleine(r) Meisterwerke[52], die weitgehend risikofrei verlesen werden konnten. Um die in sie gesteckten Erwartungen zu erfüllen, warteten auch erfolgreiche Schriftsteller nur noch mit Paradenummern auf. Ihren Verfassern war offensichtlich nicht an einer freimütigen Diskussion gelegen[53]. Dem Ansehen der Gruppe war dieses Verhalten allerdings eher förderlich.

Die L e s e a u t o r i s i e r u n g ist ein Ausdruck der abnehmenden Bereitschaft, unfertige, nicht bis zuletzt ausgearbeitete und daher leichter angreifbarere Texte vorzustellen. Erkennbar war seit dem Ende der 50er Jahre das zunehmende Bestreben, im Druck befindliche oder sogar schon gedruckte Texte in die Lesung einzubringen. Was in den ersten Jahren eine Ausnahme bildete und der ausdrücklichen Erlaubnis bedurfte**, bürgerte sich nun zusehends ein. Frisch abgezogene Druckfahnen ersetzten das Manuskript; der Verlagsvertrag in der Tasche – gleichbedeutend mit der Billigung des Textes durch einen Lektor – und der Verleger im Saal konnten einem Text jene Autorität verleihen, die zwar keineswegs den Erfolg garantierte, jedoch unterschwellig beim Auditorium ihre Wirkung nicht zu verfehlen brauchte.

Der L e s e v e r z i c h t kann als Konsequenz auf die veränderte Tagungsstruktur im Kontext mit dem Rückzug aus dem aktiven Gruppenleben verstanden werden. Verstärkt in den 60er Jahren hielten sich gerade einige arrivierte Autoren auffallend zurück*** und überließen den jüngeren, unbekannteren Schriftstellern das Feld. Dieses Verhalten ist jedoch nicht allein auf die Tatsache zurückzuführen, daß – wie Hans Mayer schreibt – nach

---

* Zwei Autoren nahmen das Wagnis auf sich, aus dramatischen Texten zu lesen. Louis Jent: Tagung der Gruppe 47. NZZ v. 13. 11. 1963.
** So geschehen bei Wolfgang Weyrauch mit »Agnes« 1957, Humbert Fink mit »Die engen Mauern« 1958 und Tadeusz Nowakowski, der die noble Erlaubnis erhielt, aus dem kurz zuvor erschienenen Werk »Polonaise Allerheiligen« zu lesen (vgl. Klaus Wagenbach: Gruppen-Analyse. FH 12/1959, S. 908)
*** Dazu schreibt Reich-Ranicki: Jedenfalls liegen die letzten Lesungen von Ingeborg Bachmann, Martin Walser, Wolfdietrich Schnurre und Peter Rühmkorf sechs Jahre zurück, bei Ilse Aichinger sind es auch schon fünf. Uwe Johnson debütierte bei der Gruppe 47 vor nunmehr sieben Jahren; es war zugleich sein letzter Auftritt. Heinrich Böll hat seit 1957 auf keiner Tagung mehr gelesen. (Marcel Reich-Ranicki: Politik in den Pausen. Z v. 20. 10. 1967). Schon 1965 klagte auch Joachim Kaiser: Die Berühmten oder relativ Berühmten lasen nicht mehr. (Joachim Kaiser: Spaß an Tabus. SZ v. 24. 11. 1965)

reiflicher Prüfung der kaufmännischen Gegebenheiten[54] Absagen erteilt wurden; vielmehr war der Verzicht oft auch ein Ausdruck des Unwillens über die Tagungsmodalitäten. Heinrich Bölls Ausführungen[*] und Martin Walsers »Brief an einen ganz jungen Autor«[55], der in ironischer Weise die Dominanz der Kritik vor den Texten bloßstellt, seien hier exemplarisch genannt. Diesem eher ausweichenden Taktieren der Autoren steht nur vereinzelt das L e s e w a g n i s gegenüber. Es blieb gezwungenermaßen den Neulingen vorbehalten, die durch die Radikalität eines Textes Aufmerksamkeit zu erringen hofften, wurde aber auch sporadisch von anerkannten Autoren eingegangen.

Hans Magnus Enzensberger stellte so 1961 sein Drama »Die Schildkröte« vor, von dem es in einer Tagungskritik heißt: *Ein Versuch übrigens, den er in b e w u ß t e r A b s i c h t z u r D i s k u s s i o n g e s t e l l t hatte, weil er sich selbst über seine Qualitäten nicht klar war*[56].

Daß dieser Versuch, die eigene Arbeit als unfertig und der kollegialen Hilfe bedürftig in die Gruppe einzubringen, besonders hervorgehoben wurde, zeigt, daß es sich hier um eine Ausnahme und nicht um die Regel handelte.

Der Wandel in der Funktion der Lesungen wird auch durch zwei weitere Entwicklungsstränge deutlich. Das ursprüngliche Prinzip des gegenseitigen Vorlesens wich im Laufe der Jahre einer exzeptionellen Stellung des Vortragenden: Bis in die Mitte der 50er Jahre bildete die Gruppe 47 einen kleinen, aber aktiven Teilnehmerkreis, aus dem im Durchschnitt jeder Zweite oder Dritte las[**]. Das seit 1957 rapide einsetzende Ansteigen der Zuhörerschaft veränderte dieses Verhältnis von Grund auf; nur noch jeder Fünfte der Anwesenden kam zu Wort[***]. Das früher allgemein Selbstverständliche wird nun zur Ausnahme, das gegenseitige Messen zur Konfrontation Leser versus Kritiker.

In der Reihenfolge der Lesungen und der Art des Vortragens machte sich zudem ein gewisser Show-Effekt geltend, der Rücksichtnahme auf die anwesenden Vertreter der Öffentlichkeit verriet und gleichzeitig eine Rangordnung unter den Autoren andeutete: Die erfolgversprechenden Schriftsteller erhielten die beste ›Redezeit‹, unbekanntere Stimmen hatten das Vorprogramm zu bestreiten[****]. Wenn auch diese von Hans Werner Richter inszenierte Steuerung nie zum perfekten System wurde – charakteristisch war eher eine Mischung aus Improvisation und Organisation[*****] –, fügt sie sich doch ein in das Bild einer Lesesituation, die mehr und mehr zum Prüfstein

---

[*] *Was die Treffen einmal waren, eben »Werkstattgespräche«, sind sie längst nicht mehr.* Heinrich Böll: Angst vor der Gruppe 47? M 8/1965, zit. n. Lettau (1967) S. 393.

[**] Als Beispiele: Tagung 1947: 17 Teilnehmer – 7 Lesungen
Tagung 1950: 40 Teilnehmer – 20 Lesungen
1. Tagung 1955: 35 Teilnehmer – 12 Lesungen

[***] Als Beispiele: Tagung 1958: 100 Teilnehmer – 20 Lesungen
Tagung 1963: 125 Teilnehmer – 5 Lesungen
Tagung 1967: 100 Teilnehmer – 25 Lesungen

vgl. zu diesen Zahlen auch Friedhelm Kröll: Die Gruppe 47, 1977, S. 72.

[****] Klaus Wagenbach berichtet dazu anläßlich der Tagung in Elmau: *Der Samstagnachmittag (die Rücksicht auf »volles Haus« war unverkennbar) blieb dem Star-Trio der Lyriker vorbehalten: Hans Magnus Enzensberger, Ingeborg Bachmann, Walter Höllerer.* Klaus Wagenbach: Gruppen-Analyse, FH 12/1959, S. 909). Ähnlich Roland Wiegenstein über Aschaffenburg 1960: *In der D r a m a t u r g i e der Tagung war jetzt etwas G e w i c h t i g e r e s fällig: Richter bat Günter Grass in den Lesesessel.* (Roland H. Wiegenstein: In dieser Zeit Literatur zu machen. FH 1/1961, S. 71, Hervorhebg. v. Verf.)

[*****] Richter spricht hier von *Fingerspitzengefühl*. Richter-Interview II, S. 31

Die soziale Erscheinungsweise

des Erfolges gerann und auf Wirkung abzielte. Am Endpunkt stand der ›elektrische Stuhl‹, von dem aus *die Debütanten der Gruppe 47 ihre literarische Position e r o b e r n und die Arrivierten sie v e r t e i d i g e n* [57] mußten. Das Prinzip des konkurrenzgesteuerten Verhaltens hatte auch hier obsiegt.

3.313 Die Kritik

Sowohl der vortragende Autor als auch die zuhörenden Mitglieder der Gruppe sahen in der Diskussion über den vorgestellten Text ein für die Tagungen *bezeichnendes, wenn nicht sogar noch bezeichnenderes Faktum als das Gelesene*[58]. Dem Verfasser lieferten die Kritiken ein erstes Resonanzbild auf seine bislang nur ihm bekannte Arbeit, dem Auditorium war Gelegenheit gegeben, Stellung zu nehmen und Meinungsverschiedenheiten über den Text auszutragen. Auf allen Tagungen blieb dabei der Modus gleich: Gefordert wurde eine sachliche, harte Kritik im Rahmen einer Stegreifdiskussion, eine spontane*, vom unmittelbaren Eindruck der Lesung geprägte Äußerung, zu der alle Mitglieder der Gruppe berechtigt waren. Hans Magnus Enzensberger stellte so 1961 sein Drama »Die Schildkröte« vor, von dem es in einer Tagungskritik heißt: *Ein Versuch übrigens, den er i n Kritik zu schweigen.* Diese etwas befremdlich erscheinende Regel wurde mit dem Hinweis begründet, daß es sich hier um eine Art Bewährungsprobe handele, die die Standfestigkeit des Autors belegen und zudem verhindern solle, daß die Diskussion durch Eigeninterpretationen des Verfassers beeinflußt werde. Auch der Hinweis darauf, daß ein Autor ja auch in der literarischen Öffentlichkeit der Kritik wehrlos ausgeliefert sei, spielte eine Rolle: Die Reaktion auf Kritik sollte im Binnenbereich der Gruppe erprobt werden.

Wie bei den Lesungen gab es also auch hier einen Handlungsrahmen, dessen inhaltliche Ausfüllung sich jedoch in qualitativer Hinsicht entscheidend veränderte.

In den Anfangsjahren der Gruppe war die Funktion der Kritik stark durch die Erfahrungen des Nationalsozialismus geprägt; zwölf Jahre des Schweigens und Verschweigens in Deutschland, die Zeit der Rücksichtnahmen und Beschränkungen in Exil und Gefangenschaft hatten ein freies, von offener Kritik und gegenseitiger Toleranz bestimmtes Klima unmöglich gemacht. Hans Werner Richter und die Gründungsmitglieder sahen es daher als eine wesentliche Aufgabe an, die Fähigkeit zur Diskussion und die Bereitschaft, Kritik nicht als feindseligen Akt, sondern als Hilfestellung bei der Erreichung eines gemeinsamen Ziels aufzufassen, durch die Tagungen der Gruppe zu fördern**. So waren die Treffen bis in den Anfang der 50er Jahre von einer Debattierfreudigkeit geprägt, die – zu gleichen Teilen auf den Prinzipien der Auslese und der kollegialen Hilfe beruhend – dazu beitragen sollte, die Nachwirkungen des Faschismus zu überwinden und im sprachlichen Bereich die ästhetische Qualität der Texte durch eine ›handwerklich‹ ausgerichtete Kritik zu steigern. Die in jener Zeit noch gewährleistete Arbeit im Freundeskreis unter weitgehendem Ausschluß der Öffentlichkeit ermöglichte es, daß eine Werkstattatmosphäre*** aufkam, in der eine von

---

* *Als sich in einigen Fällen zwanzig Sekunden nach dem letzten Wort des gebotenen Stücks niemand zur kritischen Äußerung meldete, wurde der Vorsitzende bereits unwillig.* Marcel Reich-Ranicki: Sollte man jeden aufs Sprungbrett lassen? W. v. 8. 11. 1960.
** *Wir glaubten, daß eine Gesundung nach dem Nationalsozialismus nur durch Kritik, durch Förderung des kritischen Bewußtseins möglich sei.* Richter-Interview I, S. 3.
*** *Über der ganzen Tagung lag die Atmosphäre einer literarischen Werkstatt, in der wie in einer Schreinerei gesägt und gehobelt, begutachtet und vermessen und das Handwerkliche oft überbewertet wurde.* Herbert Hupka: Die Gruppe 47, in: Lettau (1967) S. 47.

keinerlei Rücksicht bestimmte, doch selbst in schroffer Ablehnung immer kameradschaftliche Kritik herrschte[59]. Im Mittelpunkt standen Texte, die bewußt als veränderbar vorgestellt wurden; es ging um das *Abhören, das Abklopfen diskussionsfähiger Arbeiten, lange bevor die Öffentlichkeit mit ihnen beschäftigt wird*[60]. Der Verfasser und die kritisierenden Kollegen faßten diese Beschäftigung mit dem ›work in progress‹ nicht als vorwegnehmendes, feststehendes Urteil auf, sondern nahmen die Einwände oder Besserungsvorschläge als verwertbare Hilfestellung: *Viele Manuskripte gewannen neue Gestalt*[61]. Gesucht wurde also der *kritische Rat der Freunde, der noch unmittelbar der Arbeit, die man unter der Hand hatte, zugute kommen konnte*[62]. Diesem Verhalten war die Tatsache förderlich, daß der Kreis der Teilnehmer in jenen Jahren relativ klein blieb und eine *starke, menschliche Verbundenheit innerhalb der Gruppe*[63] herrschte, durch die *die Eigenart des Partners auf jeden Fall toleriert*[64] wurde. Die Kritik blieb so auch in ihrer schärfsten Form stets konstruktiv und nahm nie den Charakter des Ver – Urteilens an. Als Regulativ wirkte zudem, daß die Gruppe noch nicht arbeitsteilig strukturiert war; da jeder zweite oder dritte Teilnehmer auch einen Text las, hatte der, der kritisierte, stets gewärtig zu sein, im nächsten Augenblick selbst als Kritisierter im Mittelpunkt der Debatte zu stehen.

Die 47er bildeten so in ihren Anfängen eine Mikroöffentlichkeit, die auf einer nach innen gerichteten Interessengemeinschaft beruhte: Der einzelne Schriftsteller stellte seine Arbeiten anderen, gleiche oder ähnliche Ziele verfolgenden Kollegen vor, um mit ihnen zusammen die Prägnanz und künstlerische Qualität seiner Texte zu steigern (sustentative Kritik) bzw. ihre Tauglichkeit und Wirksamkeit zu testen (Ausleseprinzip). Dieses Verfahren war ausgerichtet auf den schriftstellerischen Erfolg des einzelnen in der Makroöffentlichkeit; Richters ›demokratische Elitenbildung‹ mit politisch-pädagogischen Ambitionen sah in der Praktizierung einer radikalen, zugleich jedoch tolerant zugeschnittenen Kritik sowohl ein Mittel zur Einübung gesellschaftlicher Denk- und Verhaltensweisen als auch eine Möglichkeit, mit dieser Arbeit an sich selbst die Wirkung nach außen hin zu steigern. Die Mitglieder der Gruppe hatten die außerordentliche Fruchtbarkeit der Tagungen in dieser Hinsicht sehr schnell erkannt: *Sie stellten sich dieser gegenseitigen Kritik nicht nur, sie verlangten nach ihr*[65].

Zwei Entwicklungsstränge waren es, die in den 50er Jahren den Tagungscharakter und insbesondere den Vorgang der Kritik inhaltlich entscheidend veränderten: Das Eindringen von Makroöffentlichkeit in die bis dahin weitgehend intakte Mikroöffentlichkeit der Gruppe und ein damit einsetzender Prozeß der Herausbildung einer autonomen Kritiker – Ingroup. Schon die ersten Tagungen können nicht als reine Autorentreffen gelten, Kritiker wie Mannzen, Guggenheimer, Minssen oder Heist waren geladen und trugen zu den Diskussionen bei. Sie blieben jedoch noch ein voll integrierter, keineswegs exponierter Teil des Auditoriums. Die wachsende Bedeutung der 47er für die Publizistik erweckte jedoch bald das Interesse der Literaturkritiker; sie stießen zur Gruppe, *sicherten sich nahe Sitzplätze*[66] und bildeten, ohne dabei auf größeren Widerstand zu stoßen, allmählich ein Team heraus, das die Diskussionen der Texte mehr und mehr zu beherrschen begann. Hans Werner Richter sieht den Beginn dieses Prozesses auf der Frühjahrstagung von 1953 mit dem Auftritt Joachim Kaisers gegeben; er reagierte verstimmt auf dessen *präzise Mentalität* und *witterte gleichsam das Ende der jovial burschikosen Gruppenepoche – zu Recht*[67]. Denn spätestens 1955 war eine Kritiker-Crew etabliert, die – *vom Zufall vorzüglich abgestimmt*[68], wie Christian Ferber formulierte – bis 1967 das Bild der 47er in der

Die soziale Erscheinungsweise

Öffentlichkeit entscheidend prägte. Der Anspruch der Gruppe auf eine präzise, Schwächen und Fehler rücksichtslos bloßlegende Bewertung der Texte schien mit dieser Entwicklung vollends eingelöst. Walter Jens, Joachim Kaiser, Walter Höllerer, Marcel Reich-Ranicki und Hans Mayer wurde bescheinigt, *in corpore die beste literarische Instanz zu sein, die in diesem Lande ... besteht*[69]. Rhetorische Eloquenz, profunde literarische Kenntnisse sowie Stilgefühl und Prägnanz der Aussage schienen zu verbürgen, daß der verlesene Text einer Beurteilung unterworfen wurde, die man in der Regel als genau begründet und in der Argumentation treffend ausgab.

Die Autoren akzeptierten weitgehend die zunehmende Präponderanz eines Teils der Gruppenmitglieder, ja sie trugen teilweise selbst zu der nie in Frage gestellten Autorität ihrer Kritiker bei: *Die grimmige Entschiedenheit, mit der wir Autorität annehmen, (...) bildet die zentrale Komponente des Legitimationszusammenhangs der Institution ›Kritik‹.* (G. Eich)[70] Das veränderte Verhalten der Schriftsteller in der Lesesituation weist jedoch darauf hin, daß die Implikate dieser Entwicklung durchaus gespürt wurden. Die Publizistik, die in den Berufskritikern selbst repräsentiert war (Kaiser, Reich-Ranicki, Raddatz, Wapnewski u. a. berichteten über die Tagungen und ließen dabei ihre eigenen Wertungen einfließen), wiederholte nur zu oft die Meinungsbildung der *Super-Jury*[71] und trug so dazu bei, den Urteilen einen *beachtlichen kommerziellen Effekt*[72] zu geben. Die Makroöffentlichkeit usurpierte das private, auf Gegenseitigkeit beruhende Gespräch unter Gleichgesinnten und gab ihm ein Gewicht, das sich lähmend auf die Kommunikationsbereitschaft der Autoren legte. Man wußte um die Konsequenzen einer kritischen Beurteilung und überließ dieses ›Geschäft‹ den Profis*:

> *Das grimmige Kollegenwort war zu verkraften. Das Spontanurteil des Fachkritikers im Ensemble der anderen bedeutete mehr. Es mußte als Vor-Urteil eingehen in die spätere kritische Würdigung eines Textes, als ein mit allen Imponderabilien der Tagung gewürztes Vorurteil.*[73]

Diese Entwicklung brachte das Prinzip der Rollenverteilung mit sich; die Gruppe gliederte sich in den überwiegenden Teil der potentiell lesenden Autoren und den kleinen Kreis der nur Beurteilenden auf, der sich zunehmend als ›ingroup‹ verstand und verhielt.

Waren die 50er Jahre noch als Zeit der sich erst allmählich herausbildenden Gruppenstruktur anzusehen, so demonstrierten die späteren Tagungen, daß die Entwicklung der Kritik eine Eigendynamik gewonnen hatte, die sich in eklatanter Weise auf das gesamte Gruppenleben auswirkte. Die ursprünglich helfend-selektiv ausgerichtete Diskussion wurde partiell zum Selbstzweck, zum Schaukampf. Die zentrale Bedeutung, die die Publizistik den Kritikern zumaß, die hohe Erwartung, die in sie gesteckt wurde, brachte nun einen Legitimations- und Erfolgszwang mit sich, der zu Höchstleistungen verpflichtete: Ein Mitglied des *literarischen Gericht(s) der Gruppe 47*[74] suchte so mit den vorgelesenen Texten zu konkurrieren und

> *entrollte seine Meinung gewissermaßen als dreidimensionales Panorama in gebundener Rede, das, mit allen Hebungen, Senkungen, Zäsuren, Thesen und Antithesen, völlig druckfertig ein kleines bewundernswürdiges Meisterwerk für sich bildete*[75].

---

* Noch schärfer als im oben stehenden Zitat formuliert Piwitt: *Blieb bis dahin ein burschikoses »Scheiße!« unter Duzbrüdern geheim, so macht es, von den Knilchen auf der ersten Bank claquensicher umschrieben, fortan als forensische Vorzensur und kulturelles Verdikt die Runde durch Presse, Rundfunk und Kommerz.* Hermann Peter Piwitt: Monstrum mit Monopol? Sp. 41/1967.

Hans Mayer – selbst Kritiker – bezeichnete dieses nicht nur vereinzelt auftretende Verhalten* als *Expertentum, das selbst als Ware auf dem Markt erschien*[76]. Rat und Unterstützung erhoffte sich keiner der vortragenden Autoren mehr, es ging nur noch darum zu bestehen. Nicht die Arbeit am Text war gefragt, sondern das Urteil ü b e r den Text. Selbstkritisch vermerkt Reich-Ranicki 1967: *Können die Autoren aus der Kritik der Gruppe 47 lernen? Läßt sich auf diese Werke nennenswerter Einfluß ausüben? Wohl nur in Ausnahmefällen.*[77] Auch Joachim Kaiser gibt zu, daß sich die Kritik *nicht mehr darauf berufen (kann), Hilfestellung zu sein*[78]. Die Konsequenz war Leseauswahl, -absicherung und -autorisierung als Reaktion der Schriftsteller. Man wußte, daß durch die Resonanz der Bewertungen in der Öffentlichkeit die *ad-hoc-Kritik zum potentiellen Mord*[79] zu werden vermochte. Gerade bei noch wenig bekannten Schriftstellern konnte sich ein ›Durchfall‹ als gefährlich für die literarische, ja sogar die soziale Existenz erweisen**.

Die Teilnahme der Autoren an der Kritik nahm unter diesen Bedingungen ständig ab, man flüchtete sich in die private Sphäre und ließ dort seinem Unmut freien Lauf***. Auch der Rückzug prominenter Autoren ist auf die Veränderung der Tagungsstrukturen zurückzuführen. Die Kritiker spürten dieses Unbehagen und suchten sich zu rechtfertigen; Reich-Ranicki verteidigte die führende Rolle, die er und seine Kollegen spielten, als evolutionär entwickelte Position, die sich *aus der Praxis ergeben*[80] habe und legitimiert sich anläßlich der Elmau-Tagung 1959 mit dem Hinweis, *daß die Kritik kein einziges Fehlurteil unterlaufen*[81] sei. Joachim Kaiser trat für den *Mut zum kritischen Mord*[82] ein. Aber all diese Rechtfertigungsversuche und Vorwärtsstrategien gingen am entscheidenden Sachverhalt vorbei: Die ursprüngliche Intention der Kritik wich vor dem Hintergrund einer zunehmenden Einbettung der Gruppe in den Literaturbetrieb mit all seinen publizistischen Multiplikatoren der Etablierung eines professionellen Kritikerstabes, der die Beurteilung eines Textes zur *Marktexpertise*[83] verkommen ließ. Das überwiegend defensive Verhalten der Schriftsteller, ihr Bemühen, dem von der Öffentlichkeit gesetzten Erwartungshorizont Rechnung zu tragen, ließ die 47er zwar eine entscheidende Rolle in der bundesdeutschen Nachkriegsliteratur spielen, dies aber nur unter Preisgabe ihrer einstmals gesetzten Ziele. Das Einblenden der externen Öffentlichkeit führte zur Festschreibung ehemals lockerer, interkollegial gehandhabter Funktionen, die zur Herauskristallisierung hoch spezialisierter arbeitsteiliger Rollen beitrug, die mit vorgeblich sachkompetenten Personen besetzt wurden. Die Entwicklung der Gruppe 47 ist an der Veränderung der Kritikfunktion in nuce ablesbar.

---

* Weitere Belege sind: Hilsbecher hat 1965 das *Gefühl, einem kritischen Brillantfeuerwerk über einem Nichts von Literatur beizuwohnen*. Walter Hilsbecher: Der Rückzug auf die Literatur. M 8/1965, S. 769. Günter Grass beklagt: *Man kritisiert, bevor man sich mit einem Text richtig befreundet hat (...) Die sogenannten Berufskritiker lassen Referate vom Stapel und benutzen den vorgelegten Text als Sprungbrett für ihre Kritik*. Günter Grass, zitiert nach Sigrid Kahle: Die Gruppe 47 in Schweden. CuW v. 25. 9. 1964. Zur Tagung in Princeton: *Nirgendwo sonst haben wir je Kritik als solche Selbstfeier erlebt. Da treten die Professionals auf, kaum daß der letzte Satz verklungen ist, und singen ihre Bravourarien so virtuos, daß sich der Anlaß, der Text, darüber oft vergißt*. Sabine Lietzmann: Darf man nach Auschwitz noch Rosen besingen? FAZ v. 29. 4. 1966.

** vgl. dazu den Begriff des »Lesedurchfalls« und seiner Konsequenzen bei Friedhelm Kröll. Die Gruppe 47, 1977, S. 57ff.

*** Als Belege: Von etwa 120 Princetoner Tagungsteilnehmern schwiegen ... knapp hundert zu jeder öffentlichen Diskussion. Peter O. Chotjewitz: Ein Fall für Soziologen. Co 6/1966, S. 15. *Die Kritik – wer ist das? Es ist ein Saal voller Statisten und ein paar Köpfe, die wunderbarerweise imstande sind, einen einmal gehörten Text ... sofort zu sezieren und zu wiegen.* Dieter E. Zimmer: Die Gruppe 47 in Saulgau. Z 8. 11. 1963

Die soziale Erscheinungsweise

3.314 Die Preisvergabe

Mit der Einführung eines Preises, also der Übernahme von Gepflogenheiten des Literaturbetriebs, integrierte sich die Gruppe bewußt in den traditionellen Rahmen literarischer Kommunikation. Die Institutionalisierung der 47er hängt eng mit der Einführung dieses Preises zusammen. Was vorderhand als finanzielle Unterstützung, als Initialzündung und Publizitätsvorschuß für junge Autoren gedacht war, entwickelte sich als ein Element der Potenzierung von Publizität, nicht nur für den prämiierten Autor, sondern für die Gruppe 47 schlechthin (weitere Informationen zur ›Preisvergabe‹ vgl. Kap. 4).

Der Preis,

> ... der für jeden Preisträger nicht nur ein paar tausend Mark in bar, sondern vor allem erhöhtes Prestige, offene Verlagshäuser und in einigen Fällen den Anfang einer strahlenden Literaturkarriere bedeutet hat[84],

führte bei einem Teil der anwesenden Autoren zu einem konkurrenz- und leistungsbelasteten Verhalten, was durch verschiedene Aussagen bestätigt wird:

> Es hatte sich nämlich bei früheren Tagungen herausgestellt, daß ein Winken mit hartem Gelde ... unter den vorlesenden Autoren eine Art nervösen Wettrennens bewirkte und daß die anwesenden Kritiker mit ihren Analysen und Verdammungen auch nicht ganz unbeeinflußt blieben ... Der Preis war eine p s y c h i s c h e B e l a s t u n g.[85]

Jürgen von Hollander spricht 1958 von einer ... *Verkaufsdarbietung der Autoren*[86].

Die Manifestationen des Konkurrenzverhaltens, nicht aber die öffentlichkeitswirksamen Funktionen der Preisverleihung sollten beseitigt werden, als Hans Werner Richter den Modus ein wenig veränderte: ... *er (Richter, Anm. d. Verf.) wolle in Zukunft immer erst nach der allerletzten Lesung verraten, ob es zu einer Preisverteilung komme, damit nicht schon während der Lesungen begreiflicher Ehrgeiz die Gesichter der Lesenden und die Meinungen der Kritisierenden verzerre*[87].

Unter anderem hatte auch die Preisvergabe à la longue die negative Wirkung, daß der marktwirtschaftlich ausgerichtete Literaturbetrieb in der Gruppe Fuß faßte und das vielbeschworene kollegiale Freundschaftsverhältnis zu Gunsten eines individuellen Konkurrenzverhaltens verwässerte.

3.315 Die inoffizielle Sphäre

Im Vordergrund des publizistischen Interesses an den Tagungen stand stets der offizielle Teil; über die Lesungen, die Kritiken, das Kennenlernen neuer und Wiederhören bekannter Autoren wurde berichtet, diskutiert und gestritten, denn hierin bestand für die kommentierende Öffentlichkeit die zentrale Funktion der 47er. Demgegenüber trat der inoffizielle, private Bereich, der die Pausen, Essenszeiten und Abende füllte, in den Hintergrund. Trotzdem kommt ihm große Bedeutung zu, denn

> vieles, das die Gruppe kennzeichnet, hat kein Forum, findet unter vier Augen in den Gängen, abends im kleinen Kreis an der Bar und anschließend in Hotelzimmern oder Privatwohnungen statt[88].

Teils in Fortführung des offiziellen Programms, teils in bewußter Abgrenzung von ihm, erfüllte das gesellige Beisammensein vielfältige Funktionen.

Die tagsüber geführte Auseinandersetzung mit literarischen Texten behielt auch nach Schluß der Lesungen und Kritiken ihre Anziehungskraft; man debattierte weiter, revidierte oder verfeinerte sein Urteil, ging über das Handwerkliche hinaus auch zu grundsätzlichen Problemen inhaltlicher oder politischer Art über und gab den Kritisierten die Gelegenheit zur Verteidigung, die ihnen im Anschluß an die Lesung versagt geblieben war. Im Zusammenhang mit der Herausbildung einer dominierenden Kritikergruppe kam dieser privaten Diskussion zunehmend größere Bedeutung zu: Sie wurde zum Ventil für die schweigende Mehrheit der Gruppenmitglieder. Man nahm das offiziöse, alles überragende Urteil der Jens, Höllerer und Kaiser vor dem Auditorium zwar hin, aber diesem *schnell überdrüssig stimmenden Zustand steht eine rege Diskussionstätigkeit in den Pausen, auf den Gängen und nach Feierabend gegenüber*[89]. Und so, wie die Autoren privatim die Spontanurteile angriffen*, wurde die *Freizeit von den Kritikern gern benutzt, einen gerade geäußerten Tadel nun, im Angesicht des kritisierten Autors, vorsichtig zurückzunehmen*[90].

Die zunehmende Tagungspublizität, der viele ihren Tribut zu zollen bereit waren, bewirkte so ein Auseinanderklaffen der beiden Sphären; dem offiziellen Teil mit seinen vorgeblich objektiv-rationalen Bewertungsmaßstäben stand der private gegenüber, der auch subjektiv geprägte Aussagen zum Tragen kommen ließ und allen Literaten Gelegenheit gab,

> *Vorgelesenes endlich einmal in Grund und Boden (zu) kritisieren – im Gremium konnte man nicht so aus sich herausgehen – oder anderes, das zu schlecht kritisiert worden war, messerscharf (zu) verteidigen*[91].

Auch die politische Auseinandersetzung – im offiziellen Teil verpönt – wurde in die ›Freizeit‹ verlegt. Man nutzte die Gelegenheit, um mit Freunden die eigene Position abzuklären, diskutierte aktuelle Ereignisse und fand sich zu gemeinsamen Resolutionen zusammen.

Literatur und Politik – diese Gesprächsthemen waren eingebettet in eine Atmosphäre der feucht-fröhlichen Geselligkeit, die die Tagungen zu einem Zentrum der Kontakt- und Kommunikationsmöglichkeiten machte. Es war eine in jener Zeit ohne Vergleich dastehende Möglichkeit für Literaten, miteinander ins Gespräch und ins Geschäft zu kommen. Es gab Spannungen und Feindschaften, Verbrüderungen und Freundschaften, es wurde getrunken, getanzt und gefeiert, geschimpft, gelobt und getröstet. Klaus Wagenbachs Bericht von der Elmau-Tagung 1959 versucht, diese Stimmung einzufangen:

> *Im weiteren Verlauf verfielen angesehene Verleger der Trunkenheit, Grass führte den Pariser Tanzstil ein, die Bachmann wurde von Höllerer, Eich und Enzensberger mit Ratschlägen für ihre Frankfurter Vorlesungen versorgt, Eich mit solchen für seine Darmstädter Büchner-Preis-Rede.*[92]

Die Vergleiche der Gruppe 47 mit dem Romanischen Café der Zwanziger Jahre, der Versuch, die Tagungen als Ersatz für eine literarische Hauptstadt zu betrachten – sie alle beziehen sich nicht zuletzt auf die privaten Stunden, die als willkommener Ausgleich für unzufrieden stimmende Entwicklungen im offiziellen Teil begrüßt und als kollektives Erlebnis verstanden wurden, wie man es aus den Anfängen der Gruppe her kannte: Für *viele(n) der alten 47er nicht der letzte Grund zum Immer-wieder-tagen*[93].

---

* Jürgen von Hollander berichtet darüber, daß die Autoren immer seltener an der Sofort-Kritik teilnahmen, *immer mehr dafür an der Kritik der Kritik, die abends... stattfindet*. Jürgen von Hollander: Das Geheimnis der Gruppe 47. In: Brockmanns gesammelte Siebenundvierziger, S. 110.

3.4 DIE GRUPPENHIERARCHIE

Die Gruppe 47 war kein homogener Corpus gleicher und gleichberechtigter Mitglieder, sondern ein hierarchisierter, funktionendurchzogener Personenverband. Da es aber keine formellen Funktionen gab, mußte sich diese Rangordnung nach Maßgabe des informellen Status herauskristallisieren. Dieser informelle Status war natürlich keine feste Größe, sondern als Resultante gruppensoziologischer Prozesse anzusehen.

Seine einzelnen Faktoren bemaßen sich nach:
- einer direkten Verbindung zu Hans Werner Richter, denn die Ranghöhe bemißt sich hier nach dem Grad der Mitwisserschaft von Gruppeninterna;
- einem gruppenextern abgesicherten Ansehen*. Die Kritiker wurden insofern höher eingestuft, als ihre Urteile sozial-literarische Sanktionen nach sich zogen;
- einer gruppeninternen sachlichen und/oder kommunikativen Kompetenz**;
- psychologischen Qualitäten wie Vertrauensfähigkeit, Integrationsvermögen etc;
- dem literarischen Erfolg vor der Gruppe (äußeres Zeichen: Preis der Gruppe);
- der Beharrlichkeit und Standfestigkeit beim Lesen und Kritisieren***.

Man kann dieser rekonstruierten Hierarchie nur in ihren jeweiligen Manifestationen habhaft werden, die sich mit den folgenden Fragen umschreiben lassen:
- Wer initiierte und unterschrieb Resolutionen?
- Wer kritisierte als Autor auch später noch?
- Wer setzte sich in Konflikten durch****?
- Wer saß auf den Tagungen wo?
- Wer wurde von der kommentierenden Öffentlichkeit wie und wie häufig erwähnt?
- Wer las wann?
- Wer wurde kritisiert? Und wie sahen die unterschiedlichen Konsequenzen eines Lesedurchfalls bei einem ranghohen Mitglied, bzw. bei einem Neuling aus?

So wird eine Hierarchie erkennbar, die sich vorsichtig folgendermaßen gliedern läßt: An der Spitze findet sich eine Untergruppe, die eine historisch-traditionale (»Ruf«-Redakteure, Hans Werner Richter) und eine ak-

---

* *Nun, die hatten in der Öffentlichkeit einen größeren Namen, weil sie mehr Erfolg hatten mit ihrer Schreiberei.* Richter-Interview II, S. 36.

** *Uns hat er* (Günter Grass, Anm. d. V.) *immer gefallen – s p r a c h l i c h und so.* Richter-Interview II, S. 27, Hervorhbg. v. Verf.

*** *Grass war ungeheuer zäh, er las immer.* ebd.

**** *Der Anteil der Aktivität der ... ranghöchsten Mitglieder steigt mit zunehmender Gruppengröße an.* Schneider: Kleingruppenforschung, 1975, S. 76.

tuelle, Prominenz verkörpernde Komponente aufweist. Die Mitglieder dieser Untergruppe waren privilegiert durch eine direkte Verbindung zu Richter und einen hohen Grad an Mitwisserschaft von Gruppeninterna. Der Unterbau dieser ›Elite‹ läßt sich nur schwer einordnen: er rekrutierte sich aus Gruppenmitgliedern verschiedenster Herkunft und Funktionen, auch finden sich hier die Ingroups. Der sich in ständiger Veränderung befindliche Rand dieses Unterbaus bestand aus dem fluktuierenden, aktuellen Gruppenpotential (Debütanten und Gäste).

Man darf sich diese Hierarchisierung aber nicht allzu statisch vorstellen, vermutlich war sie wesentlich differenzierter und heterogener, als es die uns zur Verfügung stehenden Quellen mitteilen. Die folgenden Abschnitte versuchen*, besonders auffällige Erscheinungen und Gruppierungen in der Gruppenhierarchie zu erfassen und zu beschreiben.

3.41 Hans Werner Richter

Schon vom ersten Treffen in Bannwaldsee (1947) heißt es: *Hans Werner Richter hatte sie eingeladen*[94], und etwas weiter im gleichen Artikel liest man: *Hans Werner Richter l e i t e t e geschickt und lebendig die Gespräche*[95].

Es ist also nicht in einem gruppendynamischen Prozeß zur Herausbildung einer Führerpersönlichkeit gekommen, weil die Gruppe 47 wesentlich ein Geschöpf Richters war, sondern Hans Werner Richter leitete von Anfang an – wie ein ›Gastgeber‹ – wie selbstverständlich die Treffen und Tagungen. In dem von Richter selbst herausgegebenen Almanach von 1962 liest man dazu: *Hans Werner Richter, ohne Zuruf auf selbstverständliche und sympathische Weise primus inter pares, leitete die Auseinandersetzungen mit humoriger Überlegenheit*[96].

Die Zuerkennung der Gruppenführung Richters von Seiten der Mitglieder ist auf verschiedene Faktoren zurückzuführen: auf

- Richters Stellung als ehemaliger »Ruf«-Herausgeber, mit guten Verbindungen zum publizistischen Sektor;
- seine gruppenkonstituierende Initiative, die 20 Jahre lang durch seinen Zugriff auf den privaten und unverbindlichen Einladungsmodus aufrechterhalten wurde;
- Richters ›väterliche‹, Gegensätze nivellierende Persönlichkeit, ausgestattet mit Freundlichkeit, Sympathie und einer natürlichen Autorität. Später, als die Gruppe 47 sich dann etabliert hatte, bekam seine Führungsposition noch ein gruppenpsychologisches ›Unterfutter‹:
- Richter wurde zur Inkarnation der Gruppenidentität und des Gruppenbewußtseins in einer fluktuierenden Gemeinschaft.
- Er wurde zum Sachwalter der Normen, Bräuche und Regeln**.

Hans Werner Richter wurde im Laufe der Zeit zum symbolischen und die Gruppe 47 repräsentierenden Mittelpunkt, was er ganz unbefangen bestätigt: *Ich hätte niemals als die Gruppe sprechen können – denn dann hätte ich*

---

* Das Quellenmaterial läßt nur eine vage Absicherung zu, so daß sich ein hypothetischer Zug nicht vermeiden läßt.

** *Seine persönliche Autorität ... ist primär auf der affektuellen und später traditionalen Strukturebene verankert.* Kröll: Die Gruppe 47, 1977, S. 132.

Die Gruppenhierarchie

ihnen ja die Meinung weggenommen. Die Ö f f e n t l i c h k e i t sagte natürlich immer Gruppe*.

Hans Werner Richter war selbst Schriftsteller, der auch auf den Tagungen der 47er las, aber immer a u ß e r K o n k u r r e n z. Er wurde zwar kritisiert, aber er beteiligte sich nicht an der Preisvergabe, d. h. er war − für die anderen sichtbar − nicht beteiligt an dem Wettstreit der verschiedenen Autoren um die Gunst der Kritiker und Verleger. Er schied frühzeitig** aus dem konkurrenzgesteuerten Verhältnis der Schriftsteller aus und wurde somit zum Anlaufpunkt der Mitglieder in emotionaler und zum archimedischen Punkt in gruppenpsychologischer Hinsicht.

Joachim Kaiser formulierte das so: *Richter ist der Vater, der seine Schriftstellerexistenz für die Gruppenexistenz geopfert hat und dem dafür Autorität zugestanden wird, denn er kennt keinen Neid****. Es ist also von einem symbiotischen Verhältnis zwischen den Bedürfnissen der Gruppe und den Fähigkeiten Richters auszugehen. Obwohl ihm freie Hand gelassen wurde zu organisieren, Einladungen auszusprechen, die Reihenfolge der Lesungen zu bestimmen u. ä., war er trotzdem an die allgemeinverbindlichen Verhaltensweisen gebunden****.

Die Gruppenstruktur hat sich dann auf Richter zugeformt. Er wurde zur Sammelstelle von Einladungswünschen, zum Vermittler in Auseinandersetzungen, zum Identifikationsobjekt der Mitglieder und zum Knotenpunkt der Gruppenkommunikation. Er wurde insgesamt zur Informationsstelle, zum Schaltzentrum des informellen Gefüges Gruppe 47. Er wußte immer mehr als das einzelne Mitglied. Dieser Informationsvorsprung hob ihn aus der Menge heraus und ließ ihn nahezu unentbehrlich werden.

Der entscheidende Faktor, auf den sich seine Führungsposition gründete, war seine Integrationskraft, seine Vermittlungsfähigkeit in emotionalen und institutionalen Schwierigkeiten. *Richter nämlich behandelt auf den Tagungen alle Anwesenden ... gleich. Man kann sagen: gleich freundlich oder ... gleich unfreundlich.*[97] Diese Leistung sicherte den Bestand der Gruppe, bis Differenzen auch durch ihn nicht mehr auszugleichen waren. Krölls theoretisches Substrat geht in die gleiche Richtung: *Es ist die Leistung der Vermittlung in einem lose gefügten Sozialgebilde, die den Vermittelnden in den Gruppenzusammenhang fest einflicht und ihn zugleich heraushebt.*[98]

So wurde Hans Werner Richter zum unentbehrlichen Katalysator der Gruppenexistenz, der sein ›Regiment‹ virtuos, mitunter leicht autoritär, aber niemals eigennützig ausübte*****.

---

* Richter-Interview II, S. 48; vgl. dazu auch: *Die Gruppe ist gar keine Gruppe, sondern eine sehr lokkere Gruppierung; eine um ein Grundmuster. Dieses Grundmuster ... heißt Hans Werner Richter.* Peter Wapnewski: Zwischen allen Stühlen? T v. 20. 3. 1968.
** Schon 1953, anläßlich der Tagung in Mainz, heißt es im Tagesspiegel: *Richter las außer K o n - k u r r e n z.* (b. Y.: Lyrik triumphierte. T v. 31. 5. 1953)
*** Joachim Kaiser: Drei Tage und ein Tag. SZ v. 30. 4./1.5. 1966. Etwas drastischer, wenn auch nicht weniger treffend, beschreibt Robert Neumann 1966 den literarischen Verzicht Richters: *Für einen, der zugleich Sekretär war und Konkurrent, hatten sie keine Verwendung − also zwirbelten sie den bedarften, freundlichen Mann zu einer Art Vatergestalt empor, natürlich nicht, ohne ihn zugleich nach guter patagonischer und psychoanalytischer Tradition zu kastrieren; Consensus des Klüngels: ein Vater, doch schreiben kann er nicht.* Robert Neumann: Spezis. K 5/1966.
**** *Die Spielregeln mußte auch ich einhalten.* Richter-Interview I, S. 36.
***** *Richter hat eigentlich nur die Bälle verteilt, die er hat eingeladen zu einer »Hans-Werner-Richter-Party«, die Leute lasen vor, Richter leitete unauffällig. Die Unentschiedenheit Richters war die Stärke der Gruppe 47, daß er eben keine dezidierte Meinung außer einem allgemeinen Neorealismus hatte, sondern: Die Neutralität, man kann sagen Liberalität, man kann sagen Blässe, man kann sagen Großzügigkeit, man kann sagen gedankliche Unschärfe − je nach Standort − war das Verdienst des Hans Werner Richter um die Literatur.* Jens-Interview, S. 30.

3.42 Günter Grass

Neben der Führungsposition Hans Werner Richters gewinnt die Person von Günter Grass – seinen Gruppenstatus betreffend – Konturen. Zunächst einmal fällt die unverhältnismäßig häufige Erwähnung seines Namens in den Tagungskommentierungen seit seinem ersten Erscheinen im Jahre 1955 auf. Grass war seitdem bis 1967 auf jeder Tagung anwesend und las fast immer. In den Kommentierungen wurde sein Name auch dann immer hervorgehoben, wenn seine Leseleistung unter dem Strich lag, wobei die Kritik ihn bezeichnenderweise nie völlig durchfallen ließ*. Er beteiligte sich bis zum Schluß immer recht extensiv und sprachgewaltig an der Kritik. Sein Auftreten im Kreis der Gruppenmitglieder war ungewöhnlich, und seine Wirkungskraft und Vitalität ließen einen Chronisten die Bezeichnung *raubtierhaft* wählen**. Seine literarische Produktion wurde von Anfang an stark beachtet; drei Jahre nach seinem ersten Auftreten bekam er bereits den Preis der Gruppe 47. Der nationale und internationale Erfolg, den er mit der »Blechtrommel« hatte, machte ihn literarisch zum ersten Repräsentanten der Gruppe***. Grass paßte sich schnell in die vorgefundene Gruppenstruktur und in die inoffizielle Sphäre ein****.

Er verfügte außerdem schnell über ein gutes persönliches Verhältnis zu Hans Werner Richter, der mit Grass auch politische Gemeinsamkeiten teilte. Grass avancierte so zu einer Art ›Hilfssheriff‹ für Richter, zum engagierten Sachwalter der Gruppenidentität*****.

Die gewichtige Rolle des Günter Grass wird bestätigt durch seine politische Exponierung, auch im Rahmen der Gruppe 47. Er vertrat offensiv seine politische Überzeugung und hielt, im Gegensatz zu anderen, an ihr fest. Günter Grass wurde so im Laufe der Zeit neben Hans Werner Richter zur auffallendsten Erscheinung der Gruppe 47, oder wie es Joachim Kaiser formulierte: *Günter Grass ist der mächtige Onkel, der mit wohlwollender Genauigkeit seinen technischen Segen gibt.*[99]

Anders als Richter verzichtete Günter Grass nicht literarisch, sondern entfaltete unbeschwert seine politischen und literarischen Ambitionen, was ihn natürlich zusätzlich exponierte. Etwas boshaft und polemisch hat Robert Neumann diesen Sachverhalt bezeichnet:

Daß Günter Grass heute der Chef ist und die um ihre frühere Potenz kastrierte Gruppe zu seinem ihm persönlich tributpflichtigen Fähnlein oder Gang deklassiert hat, steht für jeden nüchternen Beobachter außer Frage.[100]

3.43 Die Kerngruppe

Die Frage, ob es einen harten Kern der 47er gegeben hat, wird beantwortet durch Kontinuität und Wechsel der Teilnahme einzelner Autoren an den Treffen der Gruppe.

---

* *Der fiel öfter durch, aber er fiel nie völlig durch – das war immer ein großer Streit unter den Kritikern. Er wurde also immer einigermaßen positiv beurteilt.* Richter-Interview II, S. 27.

** *Mit erschreckendem Schnurrbart, raubtierhafter Beherrschtheit und kaschubischem air las Grass Gedichte. Sie stürmten über die Gruppe hin, wirkten lähmend und befreiend zugleich.* Joachim Kaiser: Die Gruppe 47 in Berlin. In: Lettau (1967), S. 176.

*** *Die Bedeutung, die Grass innerhalb der jüngsten deutschen Literatur hat oder haben wird, ist kaum zu überschätzen.* Klaus Wagenbach: Gruppen-Analyse. Zit. n. Lettau (1967), S. 153.

**** *Uns hat er immer gefallen,* Richter-Interview II, S. 27.

***** *Plötzlich hat die Gruppe zwei Väter: Richter und Grass.* Erich Kuby: in: Ach ja, da liest ja einer. Sp Nr. 19/1966.

Die Gruppenhierarchie

Ein Überblick über sämtliche Tagungen von 1947 bis 1967 zeigt*, daß sich die Zahl der Schriftsteller, die jemals anwesend waren, auf über zweihundert beläuft. Differenziert man nach dem Kriterium der Häufigkeit, so ergibt sich folgendes Bild:

Gesamtzahl der teilnehmenden Autoren 1947 – 1967: 204. Anzahl der Teilnahmen:

1 mal – 113 Autoren
2 mal – 26   "
3 mal – 13   "
4 mal – 14   "
5 mal – 14   "
6 mal – 6   "
7 mal – 3   "
8 mal – 1   "
9 mal – 4   "
10 mal und mehr – 10 Autoren

Diese Statistik ergibt, daß 152 der Schriftsteller (ca. 75%) nur ein- bis dreimal teilnahmen, auf der anderen Seite dagegen die Zahl der kontinuierlicher anwesenden Autoren auf 52 (= ca. 25%) beschränkt blieb. Wenn auch die hier gesetzte Grenze zwischen drei- und viermaligem Auftritt schematisch ist und keinerlei Aufschluß über die literarische Bedeutung der Lesungen einzelner gibt (Celan, Dorst, Handke, Hagelstange und Rinser lasen nur je einmal), so ist sie doch bei dem Bemühen, die Gruppe statistisch-soziologisch zu erfassen, durchaus legitim.

Diese durch die Teilnahmehäufigkeit bestimmte Grobgliederung in einen konstanten Kern und ein fluktuierendes Umfeld läßt sich für den kleineren, inneren Kreis weiter differenzieren, legt man eine zeitliche Aufteilung zugrunde:

I. Den beständigsten Teil bildete jene Reihe von Schriftstellern, die von den Anfängen an bis weit in die sechziger Jahre hinein mit einer gewissen Regelmäßigkeit anwesend waren:

H. W. Richter	1947–1967	W. Jens	1950–1966
H. Böll	1951–1965	S. Lenz	1952–1967
M. Dor	1951–1967	W. Mannzen	1947–1964
G. Eich	1947–1967	W. Weyrauch	1951–1965
W. Hildesheimer	1951–1967	W. Schnurre	1947–1967

Diese ›Dauermitglieder‹ wurden durch Teilnehmergruppen ergänzt, die später hinzustießen oder nur über einen gewissen Zeitraum kontinuierlich auf den Sitzungen erschienen:

II. In den ersten Jahren ständig, seit Mitte der fünfziger Jahre jedoch nicht mehr dabei waren:

I. Schneider-Lengyel	1947–1950	W. Hilsbecher	1947–1954
W. Schroers	1951–1955	J. v. Hollander	1948–1955
N. Sombart	1947–1951	A. Bauer	1949–1955
H. Ulrich	1947–1949	H. G. Brenner	1949–1951

* Als statistische Grundlage wurden sämtliche erreichbaren Berichte über die Gruppentagungen ausgewertet. Da diese Berichte nicht immer alle Lesungen erwähnen und die Anzahl der Teilnehmer manchmal nur geschätzt wurde, sind die hier ermittelten Zahlen nicht absolut zuverlässig. Allerdings wird der Aussagewert dadurch nur ganz bedingt eingeschränkt: Das gesamte Material bietet durchaus verwertbare Durchschnittszahlen und läßt Tendenzen und Entwicklungen erkennen.

III. Von den Anfängen an dabei, sich jedoch seit Beginn der sechziger Jahre zurückziehend:

I. Aichinger	1951–1962	P. Schallück	1952–1964
W. Bächler	1947–1962	W. Kolbenhoff	1947–1960
F.-J. Schneider	1949–1962	A. Morriën	1950–1960
I. Bachmann	1952–1962	J. Federmann	1952–1961
A. Andersch	1947–1962		

IV. Seit der zweiten Hälfte der fünfziger Jahre neu hinzugekommen und in in der Gruppe teilweise dominierend:

C. Amery	1955–1967	I. Bachér	1958–1965
H. M. Enzensberger	1955–1966	G. Grass	1955–1967
Chr. Ferber	1955–1966	H. Heissenbüttel	1955–1967
R. Hey	1955–1966	W. Höllerer	1954–1967
U. Johnson	1959–1966	R. Rehmann	1958–1963
K. Röhler	1955–1966	M. Walser	1953–1967

V. Zu Beginn der sechziger Jahre die neue Generation, die bis zum Ende das Bild der Gruppe mitprägte:

K. Bayer	1963–1964	G. Wohmann	1960–1967
P. Bichsel	1962–1967	J. Becker	1960–1967
H. v. Cramer	1961–1966	F. C. Delius	1964–1967
G. Herburger	1964–1967	R. Haufs	1962–1966
B. König	1960–1967	A. Kluge	1962–1967
H. Fichte	1962–1965	G. Elsner	1962–1964
P. Weiss	1962–1967	E. Fried	1962–1967
P. Rühmkorf	1960–1967	D. Wellershoff	1960–1965

So ergibt sich soziologisch das Bild einer Gruppe, die einen festen Kern ständiger Mitglieder hat (Gruppe I), erweitert durch einen zweiten Kreis (Gruppen II–V), der – bedingt durch Generationenwechsel und literarische Tendenzen – sich zwar langfristig wandelt, aber ebenfalls von Kontinuität geprägt ist. Es war *ein massiver Stamm mit vielen Jahresringen*[101], der, verteilt auf die jeweiligen Zeitphasen, zwischen 25 und 35 Autoren je Sitzung stellte. Das in der zweiten Hälfte der 50er Jahre feststellbare Anschwellen der Teilnehmerzahlen verdeckte oft dieses Fundament der Tagungen, und Wolfdietrich Schnurre – selbst Mitglied der Kerngruppe – drückte wohl nicht nur sein Unbehagen aus, als er den Beschluß Richters, auf der Göhrder Tagung 1961 keine neuen Autoren zuzulassen, mit den Worten kommentierte: *Es schien hierbei das verständliche Bedürfnis ausschlaggebend gewesen zu sein, unter den ständig zunehmenden Überlagerungen wieder einmal die Grundstruktur des Kerns der Gruppe sichtbar werden zu lassen.*[102]

Wenn auch in den folgenden Jahren wieder Mammuttagungen das Bild der 47er bestimmten, kann doch die Bedeutung des inneren Kreises nicht übersehen werden. Er gab der Gruppe ein Rückgrat, das die Stabilität und den Zusammenhalt nicht nur auf den Tagungen, sondern auch in der Zwischenzeit gewährleistete. Richter konnte – trotz des Rückzugs einzelner Stammautoren – immer auf eine feste Gruppe zählen, deren Teilnahme weitgehend gesichert war und die bereit war, aktiv auf den Tagungen mitzuarbeiten.

Wenn auch dieser Kern bislang nur statistisch ermittelt worden ist – seine Machtstellung im Gefüge der Gruppenhierarchie blieb explizit unbeobachtet –, korrespondieren doch die empirischen Untersuchungsergebnisse durchaus mit der Analyse der binnenstrukturellen Dynamik bei den 47ern.

3.44 Ingroups

Das Anschwellen der Gruppe 47 zu einem für den einzelnen kaum noch überschaubaren Konglomerat von Autoren, Kritikern, Journalisten, Verlegern und weiteren Gästen, wie es seit Ende der 50er Jahre zu beobachten ist, brachte es mit sich, daß um Einfluß bemühte Mitglieder sich zusammenschlossen und andere – wie die Kritiker – in einer Gemeinschaft von Individuen ein stärkeres Gewicht erlangten. Dieses interessengesteuerte Verhalten wurde in den 60er Jahren allgemein konstatiert*, und Joachim Kaiser sah in ihm sogar das nahende Ende der Gruppe begründet**.

Die am sichtbarsten hervorgetretene Ingroup bildeten die Berufskritiker. Sie hatten eine Funktionsaufteilung in den Tagungen bewußt vorangetrieben und verstanden sich als relativ geschlossener Zirkel innerhalb der 47er, der einen der zentralen Programmpunkte, die Diskussion, fast ausschließlich für sich beanspruchte. Ihre prädestinierte Position in der vordersten Reihe, das allgemein akzeptierte Vorrecht, sich als erste zur Lesung äußern zu dürfen, die an sie ergangenen Einladungen *als Kritiker*[103], ihre bevorzugte Erwähnung in der Presseberichterstattung – all das trug dazu bei, daß sich Jens, Mayer, Höllerer, Reich-Ranicki und Kaiser (zeitweise ergänzt durch Wapnewski, Karasek und Raddatz) als ›Gruppe in der Gruppe‹ fühlten und auch so behandelt wurden.

Titulierungen wie *Kritikmaschine*[104], *quasi-offizielle Kritikergarde*[105] oder *Super-Jury*[106] verweisen auf ihre exponierte Stellung. Die Fachleute für Textexegese konnten ihres *Amtes* walten[107], zeigten sich glänzend eingespielt und pflegten ein *mitunter gruppengefährdend akademisches Air*[108]. Dieses typische Ingroup-Verhalten, das auf Zusammenhalt innerhalb des Zirkels und Abgrenzung gegenüber den übrigen Teilnehmern hinauslief, korrelierte mit der herausragenden Bedeutung, die den Kritikern durch die Autoren zugestanden wurde.

Die auch bei den Schriftstellern auszumachende Entwicklung zu Sondergruppierungen beruhte weniger auf der Funktionsteilung als vielmehr auf dem Bemühen, durch informelle Zusammenschlüsse einen Vorsprung gegenüber anderen Autoren herauszuholen und die Tagung im eigenen Interesse zu beeinflußen.

Fraktionsbildungen oder literarische Schulen gab es immer bei den 47ern, am bekanntesten ist hier die Aufspaltung in ›Realisten‹ und ›Formalisten«***. Allerdings blieb es bei Strömungen und unterschiedlichen ästhetischen Positionen, die miteinander wetteiferten. Die Entwicklung zu ingroups war erst dann gegeben, als versucht wurde, über die geistig-intellektuelle Auseinandersetzung hinaus Einfluß auf Einladungspraxis, Leseerfolg

---

* *Haben sich nicht längst Gruppen innerhalb der Gruppe gebildet, die gegenseitig Schonung und Förderung betreiben?* Lietzmann, Sabina: Darf man nach Auschwitz noch Rosen besingen? FAZ v. 29. 4. 1966.

** *Weil die Gruppe in Untergruppen auseinanderzufallen beginnt, ... gehört die Gruppe 47 zu den Institutionen, auf deren Ende man sich vorbereiten soll.* Kaiser, Joachim: Drei Tage und ein Tag. SZ v. 30. 4./1. 5. 1966.

*** Böll spricht in diesem Zusammenhang von den Schulen Heissenbüttel – Wellershoff – Höllerer. Heinrich Böll: Angst vor der Gruppe 47? M 8/1965$_c$ zit. n. Lettau (1967) S. 389.

und Preisvergabe zu erzielen, als also Schonung und Förderung für den ›eigenen‹ Autor, Angriff und Abwertung gegenüber einem nicht zur Untergruppe gehörenden Schriftsteller betrieben wurden und sogar verlegerische Interessen mit ins Spiel kamen. Das galt in besonderem Maße für die in den letzten Jahren der Gruppe massiv auftretende ›Suhrkamp-Crew‹, die mit Siegfried Unseld – als befreundeter Verleger ständiger Gast – einen Mann an der Spitze hatte, *der um seine Macht weiß und sie nutzte*[109]. Die Kritik an dieser ingroup ging nicht selten von anderen Verlegern und deren Autoren aus* und bemängelte das Bemühen, bestimmte Schriftsteller durch systematische Vorbereitung so zu fördern, daß Aussicht bestand, sie auf der Tagung *durchzukriegen*[110]. Sowohl Grass als auch Chotjewitz verweisen in dieser Hinsicht auf

> *Tagungen in kleinen Kreisen vor der eigentlichen Tagung, bei denen die vorzulesenden Texte einer Vorwahl unterzogen und die zur schnellen Diskussion erforderlichen Argumente präpariert*[111]

wurden.

Auf ähnliche Weise operierten auch die Schriftsteller, die in Berlin wohnten und um Hans Werner Richter und Günter Grass *(Haupt der Berliner Mafia*[112] tituliert) geschart, zeitweilig den *geistigen Mittelpunkt der Gruppenarbeit*[113] ausmachten. Zu ihnen zählten unter anderem Höllerer, Schnabel, Enzensberger, Lettau, Röhler, Herburger, Wagenbach, Wiegenstein und Schonauer. Der enge Kontakt zu Richter ermöglichte es ihnen, auf die Einladungspraxis Einfluß zu nehmen und auf den Tagungen ihren Ansichten Nachdruck zu verleihen.

Der tatsächliche Einfluß dieser ingroups unter den Autoren ist für den Betrachter aus der historischen Distanz nur schwer auszumachen; die Aussagen einzelner Schriftsteller sind zu deutlich von Subjektivität geprägt (so wenn z. B. Richter Lettau vorwirft, auf der Tagung in der Pulvermühle 1967 *so etwas wie ›Fraktionsbildung Neue Linke‹ zu machen*[114], Rühmkorf dagegen in den sechziger Jahren *unermüdliche Versuche von Grass und Richter, die Gruppe 47 auf SPD-Kurs einzuschwören*[115], ortet).

Mit Ausnahme der Kritiker hat wohl keine dieser Binnenstrukturen in der Gruppe eindeutige Dominanz erlangt; immer gab es Gegengewichte und oppositionelle Strömungen, die die mögliche Suprematie eines Teils über die anderen zu verhindern wußte – man neutralisierte sich gegenseitig. Dennoch ist das Phänomen der Untergruppenbildung ein deutliches Anzeichen dafür, daß das auf emotionaler Basis beruhende Freundschaftsverhältnis von Individuen durch ein Rivalitätsverhalten beeinträchtigt, wenn nicht zerstört wurde.

---

* *Die Autoren des Suhrkamp-Verlages bildeten um ihren während der Tagungen anwesenden Verleger Unseld auf manchmal störende Art und Weise eine Gruppe, die Wert darauf legte, gut abzuschneiden. Es wurde dann besprochen, welcher Text am besten abschneiden könnte, wer wann zu lesen hat.* Grass-Interview, S. 2.

Anmerkungen

Anmerkungen*

1 Sbandi, Pio: Gruppenpsychologie, München 1973, S. 106 f. **2** Schneider, Hans-Dieter: Kleingruppenforschung, Stuttgart 1975, S. 20. **3** Schneider, a.a.O. S. 140. **4** Sbandi, a.a.O. S. 119. **5** Schneider, a.a.O. S. 17. **6** Schneider, a.a.O. S. 36. **7** »MM«, Münchner Merkur v. November 1949. Wieder abgedruckt in: Lettau, Reinhard (Hg.): Die Gruppe 47, Neuwied 1967, S. 48-51. Hier S. 48. **8** Kröll, Friedhelm: Die Gruppe 47, Stuttgart 1977, S. 143 f. **9** Jens-Interview, S. 2. **10** ebd., S. 3. **11** Schroers, Rolf: Junge deutsche Schriftsteller, FAZ v. 7.11.1952. Wieder abgedruckt in: Lettau (1967), S. 81-84. Hier S. 82. **12** Richter-Interview II, S. 17. **13** Richter, Hans Werner (Hg.): Almanach der Gruppe 47, Reinbek 1962, S. 9. **14** Richter, a.a.O. S. 10. **15** ebd. **16** konkret Nr. 6/8/9 1966. **17** »Kunst und Elend der Schmährede. Zum Streit um die Gruppe 47«. Heft Nr. 20/1966. **18** Walser, Martin: Sozialisieren wir die Gruppe 47, in: Z v. 3.7.64 und Rolf Schroers: Die Gruppe 47 und die deutsche Nachkriegsliteratur, in: M. 5/1965. **19** Richter-Interview I, S. 6. **20** Richter-Interview II, S. 22 f. **21** Kröll, a.a.O. S. 127. **22** Richter-Interview I, S. 25. **23** Enzensberger, Hans Magnus: Die Clique, in: Richter (Hg.): Almanach der Gruppe 47, S. 23 ff. **24** Krüger, Horst: Literaturmafia in Berlin, zit. n. Lettau (1967), S. 443. **25** vgl. dazu: Kröll (1977), Kap. 2.3: *Soziale und ideologische Kohärenz*. S. 126-157. **26** Schroers, Rolf: Dichter unter sich, FAZ 23.10.1953; zit. n. Lettau (1967), S. 90. **27** Richter, Hans Werner: Fünfzehn Jahre, in: ders. (Hg.): Almanach der Gruppe 47, S. 12. **28** Richter-Interview I, S. 13. **29** Richter-Interview II, S. 60. **30** Mayer, Hans: Raum und Zeit, in: Richter (Hg.): Almanach der Gruppe 47, S. 33. **31** Mönnich, Horst: Lobst du meinen Goethe, lob ich deinen Lessing! DAS v. 7.7.53, zit. n. Lettau (1967), S. 85. **32** Eichholz, Armin: Thomas Manns Lob und das Geldverdienen, MM v. 4.5.54, zit. n. Lettau (1967), S. 101. **33** Friedrich, Heinz, a.a.O. (siehe Nr. 26), S. 104. **34** Bauer, Arnold: Hier kann jeder seine Meinung sagen. Der Kurier v. 5./6.10.57, zit. n. Lettau (1967), S. 126. **35** Richter-Interview II, S. 42. **36** Zimmer, Dieter E.: Gruppe 47 in Princeton, Z. v. 6.5.66; wieder abgedruckt in Lettau (1967), S. 225-236. Hier S. 227. **37** Kröll, a.a.O., S. 91. **38** Richter-Interview I, S. 13. **39** Böll, Heinrich: Angst vor der Gruppe 47?, M 8/1965, S. 781 f. Wieder abgedruckt in: Lettau (1967), S. 389-401. Hier S. 398. **40** Richter-Interview II, S. 21. **41** Kröll, a.a.O., S. 86. **42** Richter-Interview II, S. 22. **43** Kröll, a.a.O., S. 97. **44** Richter-Interview I, S. 15. **45** Kröll, a.a.O., S. 94. **46** Richter: Fünfzehn Jahre, a.a.O. (siehe Nr. 27), S. 12. **47** Heinrich Böll: Angst vor der Gruppe 47? Zit. n. Lettau (1967) S. 392. **48** Richter-Interview II, S. 65. **49** Mayer, Hans: Woran starb die Gruppe 47? SZ v. 21./22.8.71. **50** J.D.A.: Vor historischer Kulisse. Die Neue Zeitung, Nov. 1952; zit. n. Lettau (1967), S. 80. **51** Best, Otto F.: Kritik à la Gruppe 47. W v. 18.6.66. **52** Kaiser, Joachim: Drei Tage und ein Tag. SZ v. 30.4.66; zit. n. Lettau (1967), S. 220. **53** ›Marcel‹: Das Barometer von Sigtuna. Z v. 25.9.64. **54** Mayer, Hans: Woran starb die Gruppe 47? a.a.O. **55** Walser, Martin: Brief an einen ganz jungen Autor. In: Richter (Hg.): Almanach der Gruppe 47, S. 418-423. **56** Kirchheim, Alexander: Die Gruppe 47 in Klausur. T v. 2.11.61. **57** Schwab-Felisch, Hans: Lesungen am Mälarsee. FAZ v. 17.9.64. Wieder abgedruckt in: Lettau (1967), S. 197-202, Hervorhebung v. Verf. **58** Schwerbrock, Wolfgang: Das Treffen der Satiriker. FAZ v. 20.10.54. **59** ›Mö‹: Tausend Mark suchen einen Dichter. FAZ v. 22.5.50. **60** Schwab-Felisch, Hans: Dichter auf dem elektrischen Stuhl. FAZ v. 1.11.56. Wieder abgedruckt in: Lettau (1967), S. 116-120. **61** Groll, Gunter: Die Gruppe, die keine Gruppe ist. SZ v. 10.4.48; zit. n. Lettau (1967) S. 320. **62** ›a.g.‹: An Stelle eines Romanischen Cafés. In: Lettau (1967), S. 284. **63** ›MM‹: Herbsttagung der Gruppe 47 am Ammersee. In: Lettau (1967), S. 49. **64** Ferber, Christian (Tagungsbericht Berlin 1956) W v. 16.5.56. **65** Minssen, Friedrich: Notizen von einem Treffen junger Schriftsteller. FH 2/1948, S. 111. **66** ›S.K.‹: Lyrik triumphierte. T v. 31.5.53. **67** Schroers, Rolf: Der Generationenwechsel in der Bundesrepublik, S. 113. **68** Ferber, Christian: Man war sich selten einig. W v. 17.10.55. Wieder abgedruckt in: Lettau (1967), S. 114 f. **69** »Sp«: Die 47er unter sich. SZ v. 28.10.63. **70** Eich, Günter, zit. n. Kröll, a.a.O., S. 78. **71** Schroers, Rolf: Der Generationenwechsel, a.a.O., S. 113. **72** Richters Richtfest, Spg v. 24.10.62. **73** Schroers, Rolf: Der Generationenwechsel, a.a.O., S. 113. **74** Mampell, Klaus: Kurswechsel der Gruppe 47. StZ v. 9.11.60. **75** Hasenclever, Walter: Dichter und Richter. Der Monat, Dez. 1959; zit. n. Lettau (1967), S. 149. **76** Mayer, Hans: Woran starb die Gruppe 47? a.a.O. **77** Reich-Ranicki, Marcel: Dichter in den Pausen. Z v. 20.10.67. **78** Kaiser, Joachim: Zehn Jahre Gruppe 47. FAZ v. 2.10.57; zit. n. Lettau (1967), S. 124. **79** Böll, Heinrich: Angst vor der Gruppe 47? a.a.O., S. 393. **80** Reich-Ranicki, Marcel: Kritik auf den Tagungen der Gruppe 47, S. 124. **81** Reich-Ranicki, Marcel: Autoren auf dem Präsentierteller. W v. 27.10.59. **82** Kaiser, Joachim: Die Gruppe lebt auf. SZ v. 5.11.58. Wieder abgedruckt in: Lettau (1967), S. 137-139. **83** Mayer, Hans: Woran starb die Gruppe 47? a.a.O. **84** Leonhardt, Rudolf Walter: Die Gruppe 47 und ihre Kritiker. Z v. 30.10.59. **85** Schwab-Felisch, Hans: Talente und Stilfragen bei der Gruppe 47, Hervorhbg. v. Verf., FAZ v. 7.11.58. **86** von Hollander, Jürgen: Ganz ohne Feierlichkeit. W v. 14.11.58. **87** Kaiser, Joachim: Die Gruppe 47 lebt auf, a.a.O., S. 137. **88** Chotjewitz, Peter O.: Ein Fall für Soziologen. Co 6/1966, S. 14. **89** Chotjewitz, Peter O.: Ein Fall für Soziologen, a.a.O., S. 15. **90** Zimmer, Dieter E.: Gruppe 47 in Princeton. Z v. 6.5.66. Wiederabgedruckt in: Lettau (1967), S. 225-236. Hier S. 226. **91** von Hollander, Jürgen: Ganz ohne Feierlichkeit, a.a.O. **92** Wagenbach, Klaus: Gruppen-Analyse. FH 12/1959, S. 909. Wiederabgedruckt in Lettau (1967), S. 150-155. Hier S. 155. **93** von Hollander, Jürgen: Ganz ohne Feier-

---

* Zur Entschlüsselung der verwendeten Siglen vergleiche das Verzeichnis auf S. 286.

lichkeit, a.a.O. **94** Eibach, Maria: Ein bedeutungsvolles Treffen. Die Epoche v. 28.9.47; zit. n. Lettau (1967), S. 21. **95** ebd., S. 22, Hervorhebg. v. Verf. **96** Friedrich, Heinz: »Das Jahr 47«. In: Richter (Hg.): Almanach der Gruppe 47, S. 20. **97** Kaiser, Joachim: Physiognomie einer Gruppe. In: Richter (Hg.): Almanach der Gruppe 47, S. 47. **98** Kröll, a.a.O., S. 132. **99** Kaiser, Joachim: Drei Tage und ein Tag. SZ v. 30.4.66; zit. n. Lettau (1967), S. 222. **100** Neumann, Robert: Spezis Gruppe 47 in Berlin. In; k Nr. 5/1966. **101** Böll, Heinrich: Angst vor der Gruppe 47? a.a.O., S. 395. **102** Schnurre, Wolfdietrich: Seismographen waren sie nicht. W v. 3.11.61. Wiederabgedruckt in: Lettau (1967), S. 159–163. Hier S. 159. **103** Richter-Interview II, S. 15. **104** Heissenbüttel, Helmut: Nachruf auf die Gruppe 47. In: Literaturbetrieb, S. 33. **105** Zimmer, Dieter E.: Gruppe 47 in Princeton, a.a.O. **106** Schroers, Rolf: Generationenwechsel, a.a.O., S. 113. **107** Raddatz, Fritz J.: Eine Woche der Brüderlichkeit. In: Lettau (1967), S. 164. **108** Kaiser, Joachim: Physiognomie einer Gruppe, a.a.O., S. 49. **109** Kurz, Paul Konrad: Die Gruppe 47. In: ders.: Über moderne Literatur 2, S. 291. **110** Richter-Interview II, S. 32. **111** Chotjewitz, Peter O.: Ein Fall für Soziologen, a.a.O., S. 15. **112** Raddatz, Fritz J.: Die Bilanz von Princeton. FH 7/1966, S. 497. Wiederabgedruckt in: Lettau (1967), S. 241–247. **113** Kurz, Paul Konrad: Die Gruppe 47, a.a.O., S. 291. **114** Richter-Interview II, S. 37. **115** Rühmkorf, Peter: Die Jahre, die ihr kennt, S. 140.

4. DIE GRUPPE 47 UND DER LITERATURBETRIEB

4.0 EINFÜHRUNG

Der Aufbau einer neuen deutschen Literatur, wie er von Hans Werner Richter mit der Gruppe 47 verfolgt wurde, ist nur unzureichend charakterisiert, wenn man ihn als isolierten kulturellen Prozeß begreift. Maßgeblich für diesen Aufbau und damit auch für die Geschichte der Gruppe 47 war der sozio-ökonomische Bedingungsrahmen, wie er sich mit der gesellschaftlichen und wirtschaftlichen Restauration im Nachkriegsdeutschland entwickelte. Er stellte die Autoren, wie Richter erkannte, vor die Konsequenz: *Wenn Sie linke Literatur machen wollen, wollen Sie doch Einfluß ausüben – und Einfluß ausüben können Sie nur über den Markt (...).*[1] Unter diesem Vorzeichen sind die binnenstrukturelle Entwicklung der Gruppe, ihr Funktionswandel von einer literarischen Werkstatt zur Publikationsagentur und, damit verbunden, der Umschlag ihres öffentlichen Erscheinungsbildes als Phänomene einer aktiven Einpassung in die wieder vorgegebenen Strukturen des Literaturmarkts zu verstehen: aktive Einpassung deshalb, weil die Gruppe sich nicht ausschließlich zum Objekt der Medien machen ließ und sich deren Interessen unterwarf. Ebenso profilierte sie selbst sich als produktive Instanz für die ökonomische Verwertung der bundesdeutschen Nachkriegsliteratur, wie sie von ihr vertreten wurde. Aber mit der Funktionalisierung der Gruppe für den Markt wuchs unter ihren Mitgliedern, die mit einer idealistischen Konzeption angetreten waren[2], die intellektuelle Verunsicherung.

Die Geschichte der Gruppe 47 als Bestandteil des Literaturbetriebs ist somit in erster Linie eine Geschichte von Widersprüchen, von Legitimationsproblemen und deren immer weniger gelungener Bewältigung, eine Geschichte eindeutiger Faktizität und immer neuer Ideologisierungen. Im Laufe ihres zwanzigjährigen Bestehens wurde die Gruppe zum sinnkräftigen Ausdruck jener systembedingten Gesetzmäßigkeiten, gegen die anzugehen sie sich nicht zuletzt gegründet hatte.

4.1 RAHMENBEDINGUNGEN DES LITERATURBETRIEBS
4.11 Ausgangslage in den Westzonen nach 1945

Für die unmittelbare Nachkriegszeit läßt sich eine pragmatische Interessenkongruenz von Schriftstellern, Verlagen und Lesepublikum feststellen: Sollte Literatur bald wieder eine Rolle spielen, so mußten möglichst schnell Produktion und Vertrieb wiederaufgenommen, mußte die Infrastruktur des literarischen Marktes wiederhergestellt werden. Dazu war auch eine funktionierende Literaturkritik notwendig.

Zunächst unterlag dieser Wiederaufbau dem Diktat der Besatzungsmächte. Unter ihrer Kontrolle standen neben den Massenmedien Funk und Film bis zur Aufhebung der Lizenzpflicht am 21. September 1949 auch die Verlage und die Presse. Lizenzen wurden bevorzugt an nationalsozialistisch unbelastete Privatunternehmer vergeben[3], Programme und Inhalte blieben durch eine Fülle von Rahmenbestimmungen eingegrenzt. Die Bildung großer Monopole und eine erneute Gleichschaltung der Massenmedien glaubten alle drei Westalliierten, obwohl sie die Lizenzvergabe durchaus unterschiedlich handhabten, am ehesten durch Dezentralisierung und das Prinzip der Meinungs- und Informationskonkurrenz verhindern zu können. Der Aufbau der Zeitungs- und Buchverlage wurde wieder privatwirtschaftlicher Initiative überlassen; die Rundfunkanstalten wurden mit der Übergabe in deutsche Verantwortung ab 1949 als Körperschaften öffentlichen Rechts organisiert, um sie von Regierungseinflüssen und Einzelinteressen freizuhalten.

Im Rahmen der ›Re-education‹-Programme der Alliierten wurde der kulturelle dem politischen Bereich gegenüber aufgewertet. Nicht nur die von den Besatzungsmächten herausgegebenen überregionalen Tageszeitungen »Neue Zeitung«, »Welt« und »Nouvelles de France«, sondern auch viele der zeitweise über 160 lizenzierten Regionalzeitungen enthielten von nun an umfangreiche Leseteile; im Hörfunk wurden, zunächst noch unter Anleitung eigens dafür abgeordneter Besatzungsoffiziere, anspruchsvolle Kulturprogramme entwickelt. Sämtliche Erscheinungen des wieder entstehenden Kulturlebens stießen in der Bevölkerung auf reges Interesse. Bis zur Währungsreform am 20. Juni 1948 fand alles, was gedruckt in den Handel kam, reißenden Absatz. Politisch-kulturelle Zeitschriften erzielten, oft noch durch unzureichende Papierzuteilungen begrenzt, Auflagen von 20.000 Exemplaren und mehr. Die von Rowohlt 1946 auf den Markt gebrachten »Rowohlts-Rotations-Romane (ro-ro-ro)« erschienen als großformatige Lesehefte mit Titeln wie Hemingways »In einem anderen Land« oder Tucholskys »Schloß Gripsholm« in Auflagen von durchschnittlich 100.000 Exemplaren, die innerhalb kürzester Frist vergriffen waren. Verlage, Zeitschriften und Zeitungsfeuilletons waren bemüht, *die bislang verfemte Literatur wieder heimisch zu machen.*[4]

Bei dem nur langsam zu deckenden Nachholbedarf an ausländischer und seltener Exilliteratur und dem weitverbreiteten Bedürfnis nach ablenkender ›Trostliteratur‹[5], beispielsweise von Autoren der sogenannten ›Inneren Emigration‹, fanden junge Schriftsteller, die sich konkreten Gegenwartsproblemen zuwandten, mit ihrer realistischen ›Trümmerliteratur‹ kaum Gehör. Bis Anfang der fünfziger Jahre gelang es unbekannten Neulingen nur in Ausnahmefällen, für ihre Bücher einen Verleger zu finden. Zumal wenn das Demokratieverständnis der Sieger literarisch infragegestellt wurde, übten die Buchproduzenten selber eine strikte Programmzensur, da bis zur Lockerung der alliierten Kontrollbestimmungen ein Lizenzentzug jederzeit möglich war[6]. Die Verlage stützten sich auf das sichere Geschäft mit ihren zuvor verbotenen oder nur geduldeten Erfolgsautoren, wodurch sich einige früh kapitalkräftige Häuser wie Rowohlt, Desch und der von Peter Suhrkamp geführte Fischer-Verlag bis zur Währungsreform große Marktanteile sicherten. Auch die Positionen als Feuilletonredakteur oder Verlagslektor blieben älteren, schon erprobten Autoren vorbehalten. Die meisten Nachwuchsschriftsteller mußten sich mit Kurzgeschichten, Übersetzungsarbeiten und anderen Formen der Gelegenheitsliteratur über Wasser halten; nur die wenigsten hatten die Möglichkeit, in einer unabhängigen Zeitschrift, wie zum Beispiel dem »Ruf«, zu publizieren. Wenn es auch zunächst eine Vielzahl von Kulturzeitschriften gab, so lebten diese doch vom Idealismus ihrer Mitarbeiter. Auch die ersten beiden Schriftstellerkongresse 1947 in Berlin und 1948 in Frankfurt änderten nichts an der ökonomischen Situation der Autoren; eine effektive Verbandsarbeit gab es noch nicht.

Das erste schon früh intakte Medium der Massenkommunikation war der Hörfunk. Bis zur Einführung von UKW-Frequenzen 1949 auf nur ein Programm angewiesen, verzeichnete er für seine umfangreichen Wortsendungen hohe Einschaltquoten und eine starke Hörerbindung. Beim Funk fanden vor allem politisch unverdächtige Nachwuchsschriftsteller, die zum Teil auch aus dem Widerstand oder aus den Umerziehungslagern der Besatzungsmächte kamen, ein weites Arbeitsfeld. Mit ihrer Hilfe wurde der Aufbau des noch jungen Mediums rasch vorangetrieben. Sie schrieben und produzierten dabei keineswegs nur literarische Sendungen, sondern arbeiteten auch im aktuellen Bereich als Redakteure, Reporter, Autoren, Moderatoren und Sprecher. Dabei entstand eine Vielzahl neuartiger Sendeformen wie Funkerzählung oder Funkessay, mit denen Schriftsteller zeitgebundene Themen wie Entnazifizierung und Wiederaufbau, Kollektivschuld und Besatzungspolitik aufgriffen. Besonders die Briten ließen den frühen Mitarbeitern des Hamburger Senders und späteren Nordwestdeutschen Rundfunks (NWDR) um Axel Eggebrecht und Ernst Schnabel weitgehend freie Hand. Der Hamburger Sender entdeckte auch das von der Londoner BBC propagierte Feature für den deutschen Hörfunk, das für viele junge Nachkriegsautoren, besonders zwischen 1947 und 1955, zum wichtigsten literarischen Genre werden sollte.

4.12 Entwicklung der Medien in der Bundesrepublik

Mit der Währungsreform 1948 und der wachsenden Konkurrenz bald nach Aufhebung der von den Alliierten verfügten Beschränkungen ab 1949 ergab sich für die lizenzierten Zeitungsunternehmen und Buchverlage ein verändertes Bild. Auf dem Pressesektor versuchten die ›Altverleger‹, die während der Lizenzphase vom Markt ausgeschlossen waren, ihre alten Verbreitungsgebiete zurückzugewinnen. Schon Ende 1949 standen den 165 ehemaligen Lizenzzeitungen 588 Neugründungen, zum größten Teil Heimatzeitungen, gegenüber. Im scharfen Wettbewerb um Anzeigenaufträge und Auflagenhöhen verloren Feuilletons und Kulturbeilagen wieder ihren Stellenwert als kulturkritische Foren. Schriftsteller klagten über die *Diktatur der Feuilletonredakteure*[7]:

Die Zeitungen zielen auf große Auflagen. Die Redakteure glauben, dies nur zu erreichen, indem sie das Publikum mit Seich füttern, leicht Lesbarem, Gefälligem. Mit Sensation, Nervenkitzel, Schlagern. Deshalb zwingen sie uns zur Niveauminderung.[8]

Erst als sich gegen Ende der fünfziger Jahre Zeitungen wie die »Welt«, die »Süddeutsche«, die »Frankfurter Allgemeine« und die »Zeit« überregional auszubreiten begannen und sich dabei auch auf intellektuelle Zielgruppen ausrichteten, die ein geistig-kulturelles Leseangebot erwarteten, waren die Feuilletons wieder mehr auf die Mitarbeit von Schriftstellern angewiesen und boten ihnen bessere Bezahlung.

Die Kulturzeitschriften, in der besonderen Situation der Nachkriegsjahre außergewöhnlich begehrt, mußten nach der Währungsreform hohe Auflagenverluste hinnehmen und wurden größtenteils bald darauf von ihren Verlagen eingestellt, da das Interesse der Leserschaft sich mit zunehmender Konsolidierung der wirtschaftlichen und gesellschaftlichen Verhältnisse in der Bundesrepublik gewandelt hatte. Dagegen wurden zahlreiche publikumswirksame Unterhaltungsblätter auf den Markt gebracht, neben deren millionenfacher Auflage Kulturzeitschriften wie etwa die »Frankfurter Hefte«, die sich weiterhin mit politischen und literarischen Gegenwartsfragen auseinandersetzten, immer schwerer Leser fanden und bald nur noch in wenigen tausend Exemplaren verbreitet wurden. Literaturvermittelnde Zeitschriften erwiesen sich mit steigenden Herstellungskosten bei kleiner werdendem Literaturpublikum als unrentabel und dienten in immer geringerer Zahl als Startplatz für junge Talente.

In den Verlagen, die inzwischen ihre wachsenden Produktionskapazitäten voll nutzten, um den Titelstau nach zwölf Jahren nationalsozialistischer Literaturpolitik abzubauen, ließ die Währungsreform den Absatz stocken und zwang zu neuen Initiativen. 1950 führte der Rowohlt-Verlag nach amerikanischem Vorbild das Taschenbuch ein. Zum Preis von 1,50 DM erschienen, ebenso wie später in Taschenbuchreihen anderer Verlage, viele schon als ›Hardcover‹ erfolgreich verkaufte Romane noch einmal in Auflagen von durchschnittlich 50.000 Exemplaren. Bei dem enormen Nachholbedarf des Lesepublikums, der schon wenige Jahre nach der Währungsreform wieder sicheren Absatz versprach, konnten sich auch fachwissenschaftliche Verlage, wie zum Beispiel Hanser und Luchterhand, eine schöngeistige Abteilung zulegen. Um 1954 war die Angebotslücke geschlossen; die Titelzahl in der Sparte ›Schöne Literatur‹ ging sogar vorübergehend leicht zurück. Die Verlage mußten sich wieder nach neuen Objekten umsehen und machten sich *auf gründlichere Suche nach der vermißten deutschen Literatur.*[9] Erst jetzt, unter dem erhöhten Zwang zur Produktionssteigerung, entdeckten sie die aktuelle deutsche Gegenwartsliteratur für den Markt. Während dieser Phase einer literarischen Hochkonjunktur, die bis in die sechziger Jahre andauerte, hatten die Autoren kaum Schwierigkeiten, bei Verlagen unterzukommen. Die 1963 gegründete »edition suhrkamp« brachte 1964 mit Jürgen Beckers Prosa-Band »Felder« erstmalig einen literarischen Titel als Originalausgabe im Taschenbuch heraus. Diese Entwicklung öffnete mit preiswerten Taschenbüchern, selbst in geringer Auflage, den Markt für unbekannte Nachwuchsautoren und sonst schwerverkäufliche Literatur.

Die besten Arbeitsbedingungen bestanden in den fünfziger Jahren für einen jungen Autor beim Rundfunk. Durch die Abspaltung des WDR und SFB vom NWDR (von da an NDR) 1954, die Neugründung des Saarländischen Rundfunks 1956, des RIAS der amerikanischen Besatzungsmacht in Berlin, der Deutschen Welle und des Deutschlandfunks 1960 und durch die Einrichtung neuer Programme nach dem Ausbau des UKW-Netzes vervielfachte sich die Sendezeit und damit auch der Bedarf an Wortbeiträgen: Allein für die junge funkspezifische Literaturform Hörspiel gab es in den fünfziger Jahren in den bundesdeutschen Rundfunkprogrammen jährlich rund 1 000 Sendetermine, die letztlich, wenn man Gemeinschaftssendungen und Wiederholungen abrechnet, einem Bedarf von annähernd 300 Neuproduktionen entsprachen. Der großen Nachfrage bei den Hörfunkredaktionen stand zunächst nur die Angebote von wenigen qualifizierten Autoren gegenüber.

Jede Hörspielabteilung für sich und einige gemeinsam versuchen, die Zahl dieser Funkautoren zu vergrößern, mit einer Honorarinflation anerkannte Schriftsteller für den Funk zu interessieren und junge Schriftsteller auf die Möglichkeiten des Hörspiels aufmerksam zu machen.[10]

Allgemein wurden in der Nachkriegszeit die Beiträge der Schriftsteller für die Feature-, Hörspiel- und Nachtstudio-Redaktionen, gemessen an der Kaufkraft, sehr viel besser honoriert als heute. Außerdem bot der öffentlich-rechtlich organisierte Rundfunk gegenüber der privatwirtschaftlichen, auf Gewinnmaximierung gerichteten Verlagsbranche den Vorteil eines unabhängigen Mediums, das nicht mit Auflagenziffern und Vermarktungsinteressen operieren mußte, sondern den Schriftstellern viel Raum gab, literarische Vorstellungen zu entwickeln und zu realisieren. Solange die Arbeitsmöglichkeiten in Presse und Verlagen begrenzt waren, folgten die Autoren den technischen Erfordernissen des Hörfunks und lieferten *sendegerechte Maßarbeit*[11]. Allerdings wurden die Kultursendungen immer stärker in ungünstigere Programme und Sendezeiten verdrängt, während mit dem zunehmenden Einfluß der Parteien auf die Kontrollgremien seit Anfang der fünfziger Jahre die Hauptsendezeiten mehr und mehr mit Unterhaltungsprogrammen gefüllt wurden. Als der Hörfunk Anfang der sechziger Jahre seine führende Position als breitenwirksamstes Massenmedium an das Fernsehen abgeben mußte, verlor er viel von seiner frühen Attraktivität für die Schriftsteller, die mit seiner Hilfe lange Zeit ein Millionenpublikum erreichen konnten.

4.13 Literatur und Öffentlichkeit

Mit der Wiederherstellung der privatkapitalistischen Wirtschaftsstrukturen nach dem Zusammenbruch hat sich in Westdeutschland im Laufe der ersten Nachkriegsjahre auch wieder ein literarischer Markt herausgebildet. Dieser Literaturmarkt umfaßt

> *nicht nur das Ensemble der Veröffentlichungs- und Rezeptionsbedingungen (Struktur des Publikums, Bildungsanstalten, Buchhandel, Lesegesellschaften, Zeitschriften und Kritik), sondern gleichermaßen die Produktionsbedingungen von Literatur: Produktionsbeziehungen zwischen Autor, Drucker und Verleger als Teil der allgemeinen Produktionsbedingungen (...).*[12]

Insofern der einzelne Autor durch seine geistige Arbeit seine Existenz sichern muß, ist er zur Veröffentlichung seiner Literatur auf diesen Markt angewiesen und arbeitet wie jeder andere Privatproduzent *unter der Voraussetzung, daß der gesellschaftliche Bezug seiner Tätigkeit sich im Verkauf realisiert*[13]. D.h. als Mitglied einer arbeitsteiligen Gesellschaft kann auch der Schriftsteller die Produkte anderer nur im Austausch gegen sein eigenes erhalten. Wo dieser Austausch den Bedingungen eines kapitalistisch organisierten Marktes unterliegt, erhält auch die Literatur den Charakter einer Ware. Literaturproduktion ist also Produktion für den Markt und damit den Verwertungsinteressen von Buch-, Zeitungs- und Zeitschriftenverlagen unterworfen. Wenn Rudolf Walter Leonhardt anläßlich einer Tagung der Gruppe 47 darauf verwies, *daß alles, was hochtrabend als ›Kultur‹ und ›geistiges Anliegen‹ gefeiert wird, seinen Markt hat und seine Geschäfte, seine Kongresse und seine Tagungen*[14], so unterstrich er damit, daß die Kultursphäre kein autonomer Bereich, sondern in die ökonomischen Verhältnisse der sie tragenden Gesellschaft integriert ist.

Gleichzeitig ist diese Kultursphäre, wie Leonhardt andeutet, auf einen ständigen Informations- und Meinungsaustausch, auf Kommunikation über ihre Produkte angewiesen. Immer wieder wurde in den ersten Nachkriegsjahren das Fehlen einer dafür notwendigen ›literarischen Öffentlichkeit‹ beklagt; mit ihr wurde nicht nur die Möglichkeit vermißt, daß Interessierte sich im kritischen Gespräch über Literatur verständigen und damit jene *literarische Öffentlichkeit*[15] nachformen konnten, die sich im 18. und 19. Jahrhundert mit dem Machtzuwachs des gebildeten Bürgertums in literarischen Cafés und Salons entwickelt hatte und für die das ›kritische Räsonnement‹ über Literatur konstitutiv gewesen war; vermißt wurde auch eine ›geistige

Metropole‹, ein kulturelles Zentrum wie das Berlin der Zwanziger Jahre, das mehr gewesen war als nur geographischer Treffpunkt zum Zweck des interkollegialen Gedankenaustauschs: nämlich eine Vermittlungsinstanz im ökonomischen Sinne, weil durch die persönliche Begegnung mit Funktionsträgern des Literaturbetriebs auch Verträge und Anstellungen zustandekommen konnten. Wenn die Gruppe 47, die sich vor diesem Erfahrungshintergrund herausbildete, besonders in den Anfangsjahren ihres Bestehens immer wieder als Ersatz für die noch fehlende literarische Öffentlichkeit angesehen und ihren Tagungen *jene Atmosphäre freier Geistigkeit, die in Deutschland verlorenging*[16], nachgesagt wurde, so war damit jene ideelle Sphäre des kritischen Räsonnements über Literatur gemeint, die es in dieser gleichsam außergesellschaftlichen Reinheit nie gegeben hatte.

Ökonomische Vermittlungsinstanzen hatten sich schon mit dem Übergang zur massenhaften Produktion und Rezeption der Kulturwaren notwendig zwischen Autor und Publikum geschoben, welche seither als Produzenten und Konsumenten nur noch über den Markt miteinander vermittelt sind. Diese Beziehung wurde in gleichem Maße anonymer, wie mit der Industrialisierung der Buchproduktion die zwischengeschalteten Instanzen an Bedeutung gewannen.

Nach dem Kriege nahmen die Buchverlage und Massenmedien diese Vermittlungsfunktion erst allmählich wieder wahr. Sie bildeten schließlich die literarische Öffentlichkeit, die die Auswahl der Produkte für den Markt, ihre Bewertung und auch Kommentierung vornahm. Wegen ihrer selektiven und distributiven Funktionen wurden Lektoren und Redakteure mehr und mehr zum eigentlichen Gegenüber der Schriftsteller. Die früher noch von einem wenn auch limitierten Publikum interessierter Individuen mitgetragene Sphäre der literarischen Öffentlichkeit wurde zunehmend okkupiert von Instanzen oberhalb dieses Publikums, das zum Massenpublikum geworden war. Die literarische Öffentlichkeit, verstanden als *in die Strukturmechanismen des literarischen Marktes eingelassene Sphäre*[17], ist damit stärker als zuvor privatwirtschaftlichem Profitinteresse unterworfen.

4.2 FUNKTIONSWANDEL DER GRUPPE 47
4.21 Die Gruppe als literarische Werkstatt

Nachdem für die jungen Schriftsteller, die sich am Bannwaldsee 1947 zum erstenmal getroffen hatten, um in der Nachfolge des verbotenen »Ruf«[18] eine literarische Zeitschrift, den »Skorpion«, zu gründen, feststand, daß sie dafür keine Lizenz der Besatzungsbehörden erhalten würden, formierte sich aus diesem Kreis die Gruppe 47 als Selbsthilfeorgan von Nachwuchsautoren, die in den ersten Nachkriegsjahren von einem erst wieder entstehenden Literaturmarkt abgeschnitten waren und über deren literarische Erzeugnisse noch keine Kommunikation stattfand. Die kritische Auseinandersetzung mit der erfahrenen Realität wie mit den eigenen Arbeiten gewann für diese Autoren nach dem geistigen Vakuum der zwölfjährigen Gleichschaltung unter dem Nationalsozialismus den Status einer intellektuellen Grundhaltung*. Kritik war für sie *das moralische Gewissen, das den Schriftsteller an seine Aufgabe, die eine gesellschaftliche und eine politische Aufgabe ist, erinnert*[19]. Die unter einer Zielsetzung *politisch-publizistischer Natur*[20] angetretenen Autoren wandten sich mit der informellen Gründung der

---

* *Die emphatische Betonung der Kritik als Verhalten resultiert aus Lernprozessen während der Faschismus-, Kriegs- und Kriegsgefangenenzeit.* (Kröll, S. 42)

Gruppe 47 einer im engeren Sinne literarischen Kritik zu, der zunächst die Aufgabe einer radikalen Reinigung der Sprache von allen faschistoiden Elementen zugeschrieben wurde. Auch noch in dieser Variante, als *Gegenmodell zur Tradition auratischer Kultivierung literarischer Werke und ihrer Produzenten*[21], erschien Kritik als *prinzipielle Denkweise*[22]. Praktiziert wurde dieses Prinzip auf dem ersten Gruppentreffen als redaktionelle Sichtung der für die Startnummer des »Skorpion« vorgesehenen Beiträge. Nach der Verweigerung der Lizenz blieb diese *stetige, unvoreingenommene, rückhaltlose Kritik der Schreibenden an sich selbst und aneinander*[23] bestimmendes Moment auch der weiteren Tagungspraxis:

> Das noch im Rahmen der lockeren Redaktionssitzung eingespielte Verfahren der Kritik löst sich vom Bezugsrahmen des gescheiterten Zeitschriftenprojekts ab, konsolidiert die nachfolgenden Treffen auch ohne diesen funktionalen Bezug.[24]

Die Besprechung eigener Manuskripte, der kritische Meinungsaustausch wurden praktischer Tagungszweck.

Freilich konnte die Regenerierung der Literatur nicht allein mit kollegialer Kritik erreicht werden. Hinzukommen mußten Veröffentlichungsmöglichkeiten, sollte die junge Nachkriegsliteratur breiter rezipiert und diskutiert werden als der begrenzte Kreis junger Schriftsteller es ermöglichte. Umgekehrt wuchs im allmählich sich restaurierenden Literaturbetrieb der Bedarf an Mitarbeitern und Manuskripten. Daher wurden die Tagungen schon bald von *Verlagslektoren, Rundfunkmännern, Publizisten*[25] besucht, auch Verleger selbst nahmen teil, ebenso Redakteure von Zeitungen und Zeitschriften. Daß auf den Tagungen in wachsendem Maße *Aufkäufer neuester Literatur als Dauergäste verharrten oder allmählich infiltrierten*[26] und damit *der Anteil derjenigen wächst, die unmittelbar am Zirkulationsprozeß von Literatur beteiligt sind*[27], spiegelt das Bemühen der Gruppe 47, nicht allein durch eine funktionsfähige Kritik, sondern auch mit der Eröffnung neuer Kommunikationswege zum Aufbau einer literarischen Öffentlichkeit beizutragen. Nur unter dieser strukturellen Voraussetzung war die Chance einer literarischen Fortentwicklung realisierbar, ergaben sich für die Schriftsteller Aussichten, die eigene Existenz absichern zu können und funktionierte die Gruppe *als eine Art Selbsthilfeunternehmen, ideell, doch auch materiell*[28].

Die meisten Autoren waren, solange die Infrastruktur des Literaturbetriebs sich erst noch im Aufbau befand, auf außerliterarische ›Brotarbeit‹ angewiesen[29]. *Richters Engagierte mußten zu tieferen Erwerbsquellen hinabsteigen, um sich und ihre Familien zu nähren. Sie fertigten Illustrierten-Ware, dichteten Schlagertexte und Heimatfilm-Dialoge.*[30] Auch ein schon früh prominenter Autor wie Günter Eich, der beispielsweise an seinem Gedichtband »Abgelegene Gehöfte« im letzten Quartal 1949 ganze 13,54 DM verdiente[31], mußte *durch billige Schlagertexte für Filme und gängige Drehbücher seine Schulden seit der Währungsreform abfrönen*[32]. Andere Autoren, denen es nicht gelang, als Redakteur, Lektor oder Übersetzer noch vergleichsweise berufsnah zu arbeiten, wichen gezwungenermaßen auf *Geschichten und Reportagen für Kitschmagazine*[33] aus. Leicht konnten derartige *Zugeständnisse*[34] auf literarische Vorhaben abfärben*. Umso mehr mußte den jungen

---

* Thomas Münster, früher Bauingenieur, kann, wenn es darauf ankommt, täglich fünf Kurzgeschichten schreiben, die er alle an den Mann bringt; aber er hat seine liebe Not, diesen Gebrauchsstil (...) nicht auf die Arbeiten zu übertragen, die ihm am Herzen liegen: die große Erzählung, den großen Roman. (Eichholz: Thomas Manns Lob..., MM 4.5.1954, zit. n. Lettau 1967, S. 99)

Schriftstellern an Möglichkeiten gelegen sein, ihre ›eigentlichen‹ Arbeiten zu publizieren.

Der Zuzug von Medienvertretern zur Gruppe 47 schuf dafür die erwünschten Kontaktmöglichkeiten und ließ die Tagungen schon nach wenigen Jahren den *Charakter einer literarischen Börse*[35] gewinnen. *Es wurden mit den anwesenden Verlegern viele Verträge abgeschlossen.*[36] *Es kam vor, daß eine gute Erzählung bereits wenige Stunden, nachdem sie gelesen worden war, an drei Sendestationen verkauft war.*[37] Bereits 1952 wird bilanziert: *Die Tagungen der Gruppe 47 haben schon manchem Schriftsteller den Weg in die literarische Öffentlichkeit geebnet.*[38] Die durch *kritische Rücksichtslosigkeit*[39] sich auszeichnende strenge Bewertung der vorgestellten Texte leistete dafür eine erste *Grobsortierung*[40], ohne den Kritisierten gleichzeitig den Weg an die Öffentlichkeit zu versperren. *Es ist gleichgültig, ob diese Autoren schon literarischen Rang haben oder nicht, die Hauptsache ist, daß sie in die literarische Diskussion kommen*[41]. Zuspruch oder Ablehnung galten also gleichermaßen als Hilfestellung.*

Darin manifestierte sich das Verfahrensprinzip der frühen Gruppenpraxis. Über den Tagungen *lag die Atmosphäre einer literarischen Werkstatt*[42], in der unveröffentlichte, oft unfertige Manuskripte nach vorwiegend handwerklichen Gesichtspunkten** diskutiert wurden. Das Urteil, das *in Lesungen und kritischen Gesprächen erarbeitet*[43] wurde, bedeutete praktische Schreibhilfe. Autoren erklärten, sich *neu daranmachen*[44] zu wollen, sie *änderten und verwarfen, wagten neue Fassungen*[45], die sie dem Zirkel aufgeschlossener Kollegen erneut vorlegten. Auch Richter machte darin keine Ausnahme: *Ich habe meine »Geschlagenen« vollkommen umgeschrieben.*[46] Solange die *helfende Kritik, das Werkgespräch*[47] im Mittelpunkt der Tagungen stand und das *Bedürfnis nach kritischer und zugleich bestätigender Rückmeldung*[48] die Teilnehmer motivierte, konnte die Gruppe zu Recht als *Arbeitsvereinigung*[49] apostrophiert werden, die den isoliert schreibenden Autoren eine erste Orientierung im kollegialen Umfeld ermöglichte. Für sie war die fördernde Werkstattfunktion der Tagungen subjektiv nicht minder wichtig als die mit den Lesungen verbundenen Veröffentlichungschancen.

4.22 Institutionalisierung der Kritik

4.221 Selektion für den Markt

Mit der Zeit freilich veränderte der kontinuierlich anwachsende Zustrom von Medienvertretern den Charakter der Tagungen. Die Kritik setzte bald nicht mehr allein Maßstäbe für die literarische Praxis der Teilnehmer, sondern institutionalisierte sich allmählich zur Entscheidungshilfe für kaufwillige Redakteure: *(...) was die Probe bestand, durfte damit rechnen, zu einer Sendung aufgefordert zu werden, wer durchfiel, mußte auch mit Zurückhaltung der Sender rechnen*[50], und ebenso verhielt es sich mit anderen Publikationsmedien.

---

* *Die Kritik ist fördernd, nicht zersetzend. Selbst an mißglückten Arbeiten wird sie so geübt, daß der Autor wieder auf den Weg findet, daß er den Anschluß behält und nicht in Ressentiments verfällt.* (Friedrich: Vereinigung..., HeN 22.9.1948, zit. n. Lettau 1967, S. 264)

** Richter sieht freilich die Sprach- und Stilkritik nur als sekundäres Moment der von der Gruppe angestrebten Fortentwicklung einer potentiell bewußtseinsverändernden Literatur: *Was wir wollten, war, das Bewußtsein der Deutschen ganz allmählich zu beeinflussen und zu verändern.* (Richter-Interview II, S. 60f) *Aber natürlich hat man dann doch immer wieder Werkstatt gespielt. (...) Das läuft alles ineinander über, das kann man nicht so trennen.* (a.a.O., S. 61)

Mit dem gewünschten Einzug von medialen Vermittlern, Lektoren und Verlegern (...) wandelt sich sukzessive die Rolle des Kritik-Verfahrens. In den Vordergrund tritt der Bezug zur Zirkulationsseite (...).[51]

Demgegenüber verkümmerte die Kritik als *interkollegiales, produktionseingreifendes Verfahren**, ihr fördernder Zweck verblaßte zusehends hinter der gestiegenen Marktrelevanz. Dieser von den Interessen des Literaturbetriebs diktierte Funktionswandel sollte zum Auslöser tiefgreifender Veränderungen für die Gruppe 47 werden. Vorzeichen dieser Veränderungen war das geschäftige Pausengeschehen zwischen den Lesungen: *Die Manager kaufen den Autoren ihre Verse, Erzählungen oder Hörspiele ab.*[52] Die beginnende Ökonomisierung der Tagungen läßt einen Berichterstatter schon das Niendorfer Treffen als *Deutsche Literaturmesse 1952*[53] qualifizieren. Für ihn ist die Gruppe 47 bereits zu diesem Zeitpunkt in die *Funktionen einer reinen Verkaufsgesellschaft*[54] abgeglitten. Ursache dafür ist die Eigengesetzlichkeit des entstehenden literarischen Marktes; mit der Öffnung dieses Marktes auch für die 47er *wirken dessen objektive Zwänge zurück auf die innere Strukturverfassung der Gruppe*[55]. Erste Konsequenz ist eine sozial festgeschriebene Rollenverteilung zwischen Lesenden und Kritisierenden.

An der ursprünglichen Werkstattkritik im Sinne handwerklicher Korrekturvorschläge und kollektiver Schreibhilfe *vor der Schwelle zur Öffentlichkeit*[56] hatten sich noch alle Gruppenmitglieder ohne gesonderte Rollendifferenzierung beteiligt. Ihre Kritik war nicht literaturwissenschaftlich untermauert, sondern *spontan-unmittelbarer Ausdruck von Eindrücken des gehörten Manuskriptes*[57]. Erst als die Kritik mit dem Einzug des Marktes ihre private Unverbindlichkeit verlor und stattdessen eine selektive Funktion gewann, mußte sie sich gegenüber Betroffenen und Adressaten legitimieren, was eine Spezialisierung der Kritiker voraussetzte.

Literar-historisches Wissen, Verfügung über abdifferenzierte Instrumente und insbesondere Fähigkeit zur flüssigen Rede (›Eloquenz‹) nach äußerst kurz bemessener Reflexionszeit sind gefordert.[58]

Damit beinhaltete die Rollenzuschreibung zugleich eine Professionalisierung der Kritik. Dieser Anforderung entsprachen eine ganze Reihe gruppenangehöriger Literaten wie Walter Maria Guggenheimer, Friedrich Minssen oder Walter Mannzen, die damit zu ›Hauskritikern‹ der Gruppe 47 avancierten. Nicht zuletzt die sich versteifende Ritualisierung der Tagungspraxis, die *Zeremonialisierung*[59] von Lesung und Kritik, stabilisierte die Rollenverteilung dergestalt, daß von der einst gemeinsamen Textdiskussion bald nur noch *Reste interkollegialer Intervention*[60] übrigblieben. Die ökonomischen Implikationen des Gruppenurteils führten für die beteiligten Schriftsteller dazu, *daß man angesichts von soviel öffentlicher kritischer Instanz des Forums (Verleger, Publizisten, Rundfunkleute!) nur mit heftigem Bedenken frei vom Leder ziehen konnte.*[61] Dieser Rückzug beschleunigte sich, als einige Tagungsteilnehmer schließlich primär in ihrer Funktion als Kritiker eingeladen wurden und 1953 sogar erstmals von *Berufskritikern*[62] die Rede war. In Mainz trat Joachim Kaiser auf der Gruppentagung in Erscheinung, während der Tübinger Altphilologe Walter Jens schon seit 1950 seine Autorenrolle zugunsten der Kritikerfunktion zurückgestellt hatte. Der Berliner Germanist und »Akzente«-Herausgeber Walter Höllerer besuchte die Tagungen

---
* (Kröll, S. 45) Als Mittel der *produktionsfördernden Selbstverständigung* (a.a.O., S. 57) fungierte die Kritik bestenfalls noch auf den Herbsttagungen, die im Gegensatz zu den bis 1955 veranstalteten vielbesuchten Frühjahrstreffen als interne Begegnung stattfanden.

der Gruppe ab 1954, auch er als Kritiker. Hinzukamen 1958 der Publizist Marcel Reich-Ranicki und 1959 der aus Leipzig in die Bundesrepublik übersiedelte Literaturhistoriker Hans Mayer. Mit dem Erscheinen dieser zumeist wissenschaftlich ausgewiesenen Experten folgte der Spezialisierung und Professionalisierung der Kritik ihre Akademisierung als weiterer Schritt zur institutionalen Verselbständigung. *Es wurde akademisch, noch akademischer, viel zu akademisch*[63]. Für Reich-Ranicki jedoch waren gerade die professionellen Literaturkritiker am ehesten dazu fähig, *die Eigenarten eines nur gehörten Textes zu erkennen, ihn sofort zu bewerten und zugleich die Bewertung zu begründen*[64]. Die Kritik verfügte fortan über ein *wohlassortiertes Vokabular*[65], äußerte sich *auf hohem Niveau*[66] und *in druckreifen Sätzen*[67]. Die Protagonisten der Kritik verkörperten jeder für sich sozial anerkannte Kompetenz:

> *In der ersten Reihe sitzen fünf gefürchtete Kritiker und Professoren: Walter Jens, passioniert intellektuell; Hans Mayer, marxistisch geschult und begriffssicher; Marcel Reich-Ranicki, formvollendet und menschlich engagiert; Joachim Kaiser, selbstironisch, konkret und blitzschnell; Walter Höllerer, subtil und abstrahierend; sie ergänzen sich!*[68]

An anderer Stelle ist von *Joachim Kaisers bewährter Intelligenz und Sensibilität, (...) Hans Mayers imponierender Bildung und Beredsamkeit, (...) Walter Höllerers wohlwollender Präzision und Gründlichkeit*[69] die Rede: nahezu austauschbare Charakterisierungen, wie sie wiederholt zur Legitimierung der institutionalisierten Kritikergruppe in den Tagungsberichten auftauchten[70]. Im *Zusammenwirken der fünf Großen*[71] sahen die Berichterstatter *alle Nuancen der kritischen Methode vertreten*[72]. Die Addition jeweils individuell ausgewiesener Einzelkompetenz ließ diese Konzentrierung *einige[r] der besten Kritiker Deutschlands*[73] als *in corpore (...) beste literarische Instanz* erscheinen, *die in diesem Land heute besteht*[74]. Nur folgerichtig, daß die *quasi-offizielle Kritikergarde*[75] die Legitimation beanspruchen durfte, die *Bewerber um ein Talentzertifikat*[76] fachgerecht zu bescheiden.

Daß durch die *im Vorhof der Zirkulation*[77] wirkenden literarkritischen *Platzanweiser*[78] unter den Lesenden *eine Rangordnung fixiert*[79] wurde, die sich gleichzeitig in der Zumessung von Publikationsaussichten niederschlug, machte aus der Gruppe 47 *eine für das literarische Fortkommen eines Autors nicht unwichtige Erscheinung**. Die Gruppenzugehörigkeit konnte sich für Nachwuchsschriftsteller *auf mancherlei Weise bezahlt machen*[80], sofern ihre Lesung bei der Kritik positive Aufnahme fand; umgekehrt gab es Anfänger, die nach eindeutig negativem Echo von Richter nicht wieder eingeladen wurden oder sogar ihre literarischen Versuche endgültig aufgaben[81]:

> *Eine vernichtende Kritik kann eine kaum begonnene Autorenkarriere beenden. Erfolgreichere Debütanten hingegen sehen sich nach ihrer Darbietung von verheißungsvollen Lektoren umworben – sie werden zu einer Art Versteigerungsobjekt, das dem Meistbietenden zufällt.*[82]

Als Grass 1958 nach seiner Lesung aus dem »Blechtrommel«-Manuskript den Preis der Gruppe zugesprochen bekam, *ging ein ziemliches Feilschen*

---

* (Kröll, S. 65) Für Rötzer konnte *ein Autor, der nicht seinen Weg über die Gruppe genommen hat oder sich weigert, ihr zugezählt zu werden, einen bestimmten Leserkreis, der sich eben auf das Urteil der Gruppenkritiker Joachim Kaiser, Höllerer, Reich-Ranicki, Jens und Hans Mayer stützt, nicht mehr erreichen (...).* (Rötzer: Ein Monopol..., RM 13.10.1967)

(...) los. Grass hat immer mehr verlangt, immer mehr Prozente.[83] Die erfolgreiche *Schleuseneigenschaft*[84] der Gruppe 47, wie sie dieser spektakuläre Durchbruch dokumentierte, ließ den im Verlauf der fünfziger Jahre ständig gewachsenen Zustrom interessierter Autoren und Kulturfunktionäre abermals anschwellen. Angesichts des inzwischen nahezu unbegrenzt aufnahmefähigen Literaturmarktes mobilisierte die *autonome Autorität*[85], die die Gruppe mit der Institutionalisierung der Kritik gewonnen hatte, immer mehr Einkäufer, *die unentwegt mit dem Ohr am Boden liegen, um ja das Wachsen keines Hälmleins zu überhören*[86]. Die »Illusionen« der Ruth Rehmann wurden von Suhrkamp *auf dem Halm eingekauft*[87]; als im darauffolgenden Jahr Milo Dor mit einer Erzählung reüssiert hatte, *stürzten sich drei Redakteure auf ihn, um seinen Text zu erwerben*[88]; 1963 verpflichtete Rowohlt den an einem Roman arbeitenden, noch völlig unbekannten Konrad Bayer: *Der Verleger (...) entführte ihn sogleich nach Hamburg*[89]. In dieser produktiven Hochphase der Gruppenpraxis hatte sich der Weg zwischen interner Sanktionierung und externem Erfolg weiter verkürzt, wenn auch erfolgreiche Texte mitnichten *automatisch** publiziert wurden. Die im gleichen Maße, wie die Gruppe sich in den Literaturbetrieb integrierte, gewachsene Interdependenz zwischen Tagungs- und Markterfolg beinhaltete einen Chancenvorteil, aber keine eindeutigen Garantien[90]. Gleichwohl war die Gruppe imstande, das literarische Urteil medialer Funktionsträger nicht nur tendenziell zu lenken, sondern auch nachträglich zu korrigieren: Ein vom Rundfunk zuvor abgelehntes Hörspiel wurde, nachdem es die Tagungskritik reibungslos passiert hatte, von zwei Radiostationen doch noch gesendet[91]. Zum *verbindlicheren literarischen Test*[92] war damit geworden, was als folgenfreies Kollegengespräch begonnen hatte. An der Legitimität dieses Testverfahrens wurden, auch weil die Autoren das Ergebnis nicht kommentieren durften und Kritik an der Kritik in der offiziellen Tagungssphäre ohnehin tabuisiert war, auf den Tagungen selbst kaum prinzipielle Zweifel laut, obwohl eine lange Reihe struktureller, situativer und psychologischer Faktoren die Verläßlichkeit der institutionellen Kritik von Anbeginn infragestellten[93].

4.222 Defizite des Verfahrens

Zum einen betreffen diese Faktoren den festgeschriebenen Modus der mündlichen Lesung durch den Autor. Dadurch war bereits eine *gattungsspezifische Vorstrukturierung*[94] gegeben, die solchen Schriftstellern einen *unverdienten Vorsprung*[95] verschaffte, die mit *Literatur fürs Zuhören*[96] aufwarten konnten. Diese Bedingung erfüllte beispielsweise die von den Gruppenmitgliedern vielpraktizierte Gattung des Hörspiels; dennoch entzogen sich die vorgestellten Manuskripte einer schlüssigen Beurteilung. *Die Sendung erst müsse zeigen, so hieß es, ob in solchen Fällen ›Literatur‹ tatsächlich durch das Medium des Funks dargestellt werden könne.*[97] Noch problematischer verhielt es sich bei Theaterstücken, denn *der Dramatiker hat es am schwersten bei derartigen Laborlesungen, da seine Form der Verwirklichung, die Bühne also, mühsam nur mitgedacht werden kann.*** Dieser Umstand machte jede Präsentation eines Dramenauszugs zu einem Wagnis[98], zumal die begrenzte Zeit nur zuließ, einzelne Szenen zu lesen. Das – nicht strikt durchgesetzte –

---

* *Der günstigen Aufnahme eines Textes im intern-öffentlichen Gruppendisput folgte automatisch die Publikation.* (Rötzer: Ein Monopol..., RM 13.10.1967)

** (Wapnewski: Einst hießen sie..., Z 5.5.1972) Peter Weiss versuchte 1963, diese Distanz dadurch zu verringern, daß er zu Moritaten und Monologen aus dem »Marat« sich selbst effektvoll auf der Trommel begleitete.

Zeitlimit traf allerdings auch die Nicht-Dramatiker: *Eine Viertelstunde etwa ist dem Autor bewilligt, gerade die rechte Zeit für eine kürzere Erzählung, ein paar Gedichte, das diagnostizierbare Fragment eines Romans (...).*[99] Berücksichtigt man, daß Lyrik ihrer sprachlichen Intensität halber oft wenig vortragsgeeignet ist und andererseits Romanciers nach dem Zeugnis eines Tagungsbeobachters häufig *die merkwürdige Eigenschaft haben, gerade die unglücklichsten Stellen zum Vorlesen auszuwählen*[100], so erscheinen unterm Strich die Autoren von Kurzprosa durch den Lesungsmodus am stärksten bevorteilt. *Generell paßt sich das kurze, abgeschlossene Prosa-Stück der Lesung-Kritik-Situation funktional am ehesten ein.** Auch diese Gattung allerdings war unter der Prämisse akustischer Verständlichkeit von stilistischen Restriktionen betroffen. Eine Erzählung beispielsweise, *in der die Darstellung des Erzählers mit Dialogen und inneren Monologen der auftretenden Gestalten kombiniert ist und in der sich der Autor womöglich noch einige Rückblenden leistet,* war für den Zuhörer *in der Regel nahezu unbegreiflich*[101]. Schon dieses Bündel gattungsspezifischer Einschränkungen mußte die qualitative Beweiskraft der vorgestellten Texte herabmindern, die der Kritik dennoch als *Proben*[102], als Paradigmata aus dem Gesamtschaffen des Autors galten und leicht zu generalisierenden Einschätzungen hinleiteten. Die Kritik hegte natürlich auch inhaltlich-formale Erwartungen. Zwar gab es keinen festumrissenen Kanon zulässiger Stoffe und Stilmittel, jedoch unausgewiesene Vorstellungen von *literarischer Gängigkeit*[103], einen gewissen *Ton der Gruppe*[104], den Chotjewitz folgendermaßen beschrieb:

> *Das ist eine unterhaltsame Prosa, in der bekannte oder doch leicht durchschaubare Sachverhalte eine Spur verdreht, maßvoll sprachartistisch abgefaßt und mit einigen nicht zu faulen Witzen angereichert sind, die der Verfasser in leicht komisch verfremdetem Rede-Duktus vorträgt.*[105]

Wenn diese Klassifizierung gruppengenehmer Texte auch keiner eindeutigen Festlegung der Kritik entsprach, so doch sicher einer gewissen, durch Tagungsgeschehen oder Konzentrationsanforderungen auch situativ bedingten, Präferenz.** Hinzu kam weiterhin, daß die Modalität des Laut-Lesens den Schriftstellern bestimmte Artikulationsfähigkeiten abverlangte, über die sie nicht gleichermaßen verfügten. So gab es *neben Autoren mit rezitatorischer Begabung auch solche (...), deren Unfähigkeit auf diesem Gebiet erstaunlich groß ist*[106]. In jedem Fall bewirkte der mündliche Vortrag, daß die Rezeption des Textes *mit außerliterarischen Mitteln*[107] gelenkt wurde, zu denen auch das persönliche Auftreten des Autors vor dem vielköpfigen Forum gehörte.

> *Insofern war das sicher auch eine soziale Selektion. So ein ganz introvertierter und öffentlichkeitsscheuer Schriftsteller hätte die Situation wahrscheinlich gar nicht ertragen können.*[108]

Solche situativ bedingten Verzerrungen des Urteils mochten umso heftiger ausfallen, je massiveren Eindruck der Vorgänger mit seiner Lesung, die allgemeine Erwartung an den Nachfolger präformierend, hinterlassen hatte. Mitentscheidend wird also für den Leseerfolg eines Autors auch seine – von Richter nicht zuletzt nach Gesichtspunkten der Öffentlichkeitswirkung

---

* (Kröll, S. 68) Hinzu kam, daß gut lesbare Erzählungen damit auch gut sendbar waren und häufig von den anwesenden Literaturredakteuren des Hörfunks aufgekauft wurden.

** Diese Präferenz mag bei der Verleihung des Preises 1954 an den durch humorvolle Feuilletons hervorgetretenen Holländer Adriaan Morriën mitgespielt haben, ein Sonderfall in der Reihe der von der Gruppe 47 verliehenen Preise.

festgelegte* – Plazierung im Tagungsprogramm[109]. Schließlich wurde für die Chancenlage der Schriftsteller auch relevant, ob der aktuelle Text eine früher getroffene Kategorisierung bestätigte oder die Kritiker nötigte, ihr altes Urteil zu revidieren. Schon 1950 wird von Rudolf Krämer-Badoni, dem Autor eines *ungewöhnlichen Erstlings-Romans* berichtet, er habe aus seinem kommenden Roman einige Passagen gelesen, *die aus mehr als einem Grund die Kritiker herausforderten. Nichts ist so gefährlich für einen jungen erfolgreichen Autor als seinen Lesern etwas anderes zu bieten als das, was sie nun von ihm glauben verlangen zu dürfen.*[110] 1961 wurden die Zuhörer sogar unwirsch, als Adriaan Morriën, früherer Preisträger der Gruppe, diesmal *nur drei armselige Feuilletons zum besten gab*[111]. Umgekehrt wurde 1964 positiv vermerkt, die Lesungen *bestätigten den Ruf ihrer Autoren. Wellershoff gab Proben seiner träumerisch-schwebenden Prosa. Ingrid Bachér bewies ihre psychologische Subtilität*[112]. Optimale Resonanz erfahren durch die Gruppenkritik solche Autoren, die *ihrer schriftstellerischen Eigenart treubleiben wollen, ohne sich zu wiederholen*[113]. Kröll wertet dieses Kriterium als *Gratwanderung zwischen identifizierbarem, innovativem Signal und Seriosität ausweisender Kontinuität*[114], ein Verlangen, das nicht zuletzt den Absatzerfordernissen des literarischen Marktes entsprechen dürfte. Damit sind eine Reihe von Faktoren aufgelistet, die der Textauswahl und dem Lesevorgang inhärent waren und damit die Urteilsfindung der Kritik beeinflußten, die ihrerseits einer Vielzahl weiterer Restriktionen unterlag.

Der gravierendste Einflußfaktor auf Seiten der Kritiker war der Modus unverzüglicher Sofortkritik. Sie waren gehalten, einen Text unpräpariert abschließend zu beurteilen, sobald er verlesen war. Weder ergänzende Nachfragen noch längere Reflexionszeit standen ihnen zu. *Nach einmaligem Anhören des Textes, ohne Kenntnis seines Kontextes, seines Verfassers und dessen An- und Absichten (...) verlangt die Gruppenliturgie von den Kritikern ein Ringen mit dem freien Wort.*[115] Sie mußten sich dabei auf ihren ersten Eindruck verlassen und konnten auch diesen schwerlich mit authentischen Zitaten belegen. *Beim besten Willen kann man also dieser Kritik weder Sorgfalt noch Gründlichkeit nachsagen*[116], resümiert 1965 der Kritiker Reich-Ranicki, für den sich das eingespielte Verfahren *der intellektuellen Hochstapelei* bedenklich nähert[117]. Für die von den *Stegreif-Rezensenten*[118] besorgte Kritik lag eine weitere Gefahr *in der Möglichkeit einer Kettenreaktion und der Suggestibilität*[119], besonders dann, wenn nach einem schwierigen Text die erste distinktive Bewertung *als Eisbrecher entscheidend*[120] wurde und sich dieser Einschätzung alle weiteren anschlossen. So legte 1964, als Christa Reinigs Lyrik zunächst *mit nebliger Vorsicht gewürdigt* wurde, Enzensberger *freimütig seine Bedenken dar – sogleich zogen mehrere Kritiker nach*[121]. Umgekehrt konnte es geschehen, *daß infolge Eloquenz aus dem Schwarz ein Weiß wurde**. Am Prozeß der Urteilsfindung waren gleichermaßen beredsame *Wortführer*, die die Vorzeichen setzten, und *Mitläufer*[122], die sie akkla-

---

· * *Der Samstagnachmittag (die Rücksicht auf »volles Haus« war unverkennbar) blieb dem Star-Trio der Lyriker vorbehalten (...).* (Wagenbach: Gruppen-Analyse, FH 12/1955, auch in: Lettau 1967, S. 153)

** (Nolte: Selten..., W 31.10.1963, auch in: Lettau 1967, S. 182) So im Fall einer bereits von Mißfallensbekundungen begleiteten Lesung 1963 in Saulgau: *Günter Grass meldete sich zu Wort und erklärte, was man soeben für Schwachsinn gehalten hatte, sei eine Burleske, ein Einakter in Prosa, ein äußerst komisches Opus, und mit diesem Satz brachte er die Diskussion auf Abwege. Man widersprach nicht etwa, man eilte weiter auf diesem Wege, man pflückte hurtig ganze Bündel von Argumenten und staffierte das Gelesene im Nachtrag dermaßen aus, daß am Ende X und U identisch waren.* (ebd., auch in: a.a.O., S. 182f)

mativ bestätigten, beteiligt. Unter den wortführenden Großkritikern wiederum war der Befund nicht immer einhellig, weil sie *bestrebt waren, einander auch zu konterkarieren*[123], *einander Widersprüche und Fehlurteile, professorale Eitelkeit und akademische Weltfremdheit nachzuweisen*[124], um als Mitträger der institutionalisierten Kritik nicht ihre eigene sozial-intellektuelle Kenntlichkeit einzubüßen*. Dieses Profilierungsgebot drückte sich nicht allein *im konkurrierenden Miteinander*[125] aus, sondern resultierte in einem *rhetorischen Wettbewerb*[126], der als *Kritiker-Schaukampf*[127] zwar das Medieninteresse an der Gruppe belebte, aber eben auch dazu beitrug,

> *daß das System der ad-hoc-Kritik keineswegs ganz zuverlässig funktioniert: oft wird ein banaler Text aus der Freude an rasch aufgefundenen Formulierungen überinterpretiert, oft wird ein gelungener Text von den Kritikern aus Lust am Widerspruch oder am bloßen Klingenkreuzen heruntergespielt.*[128]

Das Element rhetorischer Selbstpräsentation verringerte zumindest graduell die Erfolgsaussichten der Lesenden: *Es liegt in der Natur der Sache, daß sich die Verneinung oft besser und nachdrücklicher formuliert als Retuschen am Positiven.*[129] Mit unterschwelligem Stolz registrierte ein Tagungsbeobachter, ein fehlgeleiteter Romanautor sei von Walter Jens *mit druckreifer Eleganz abgefertigt*[130] worden. Ein anderer Berichterstatter lobte ein Kritiker-Statement als *kleines bewunderungswürdiges Meisterwerk für sich*[131]. Darin scheint die allmähliche Verselbständigung der Kritik auf, ihre Ablösung von der Kleinarbeit am Objekt. War die Kritik 1963 schon *interessanter (...) als die vorgelesenen Texte*[132], so wurde sie im Verlauf der letzten Tagungen zunehmend als *Brillantfeuerwerk über einem Nichts von Literatur*[133] empfunden. Als *besonders brillant*[134] galt die Kritik 1964 in Sigtuna, wo sie ihre Sternstunde erlebte: *Denen hätte man auch ein Stück Papier hinhalten können – sie hätten immer noch etwas dazu gesagt!*[135] In Princeton 1966 erreichte die Eigendarstellung der *Star-Kritiker*[136] mit einem wahren *Konzert*[137] ihren Kulminationspunkt:

> *Nirgendwo sonst haben wir je Kritik als solche Selbstfeier erlebt. Da treten die Professionals auf, kaum daß der letzte Satz verklungen ist, und singen ihre Bravourarien so virtuos, daß sich der Anlaß, der Text, darüber oft vergißt.*[138]

Aber schon bevor in den sechziger Jahren derart massive Legitimationszweifel laut wurden, erzwangen die zahlreichen Imponderabilien der Urteilsfindung wiederholt, daß die Kritiker sich nicht mehr allein auf ihre formale, über akademische Graduierung oder professionelle Praxis erworbene Qualifikation berufen konnten, um ihre markteinweisende Machtstellung zu rechtfertigen. Um trotz aller eingebauten Restriktionen, trotz des eklatanten Ungleichgewichts der Chancenvergabe an der Rollenverteilung zwischen Autoren und Kritikern, die sich für die Vermarktung der Literatur als funktional herausgestellt hatte**, festhalten zu können, mußten die Kritiker über ihren Expertenstatus hinaus auch ihre Objektivität und Integrität nachweisen.

---

* Besonders illustrativ sind in diesem Zusammenhang zwei satirische Schilderungen des Zusammenspiels der Kritik: Walser: Brief..., in: Richter 1962, S. 418 – 423; Heißenbüttel: Gruppenkritik, M 8/1965, auch in: Lettau 1967, S. 202f

** *Die unaufhaltsame Entwicklung zur repräsentativen Block-Kritik* hatte damit nach Kröll auch *bestimmte materielle Interessendispositionen der Tagungsteilnehmer zur Bedingung.* (Kröll, S. 49)

4.223 Legitimation der Kritik

Ein entscheidendes Defizit des Kritikverfahrens war, je mehr die ursprünglich verfolgte Realismus-Konzeption verschwamm, die Undurchsichtigkeit der Maßstäbe. Zwar wurde den Kritikern abverlangt, ihr Urteil nicht nur impressiv darzulegen, sondern es auch argumentativ zu begründen. Doch mußten damit die Kriterien noch keineswegs notwendig transparent werden. Richter: *Ich glaube, es gibt in der Literatur ein Qualitätsgefühl (...). Und dieses Qualitätsgefühl muß man haben, und da stecken die Maßstäbe drin.* [139] Die Kritiker konnten sich also auf die Souveränität ihrer subjektiven Eindrücke berufen, wodurch sich das Urteil jeder objektiven Überprüfung entzog. Da die Kritik jedes einzelnen Kritikers somit *durch Vorurteile, persönliche Abneigungen und die eigene literarische Subjektivität*[140] mit beeinflußt wurde, entstand eine legitimatorische Leerstelle, die durch die auf den Tagungen praktizierte *Kollektivkritik*[141] ausgeglichen wurde:

> *Es stimmte (...) keineswegs immer, was ein einzelner Kritiker sagte – sondern eben das, was sich bei der Anwendung von zehn Kriterien als der Mittelwert herausstellte. Das war meistens auch die richtige Beurteilung des Manuskripts.*[142]

Das Zusammenspiel unterschiedlich verfahrender Kritiker kam, so Hans Mayer, der Textanalyse zugute: *Die Gegenüberstellung von sehr divergierenden Kritikersubjekten und höchst disparaten Betrachtungsweisen erlaubte, nach Anhören des Textes, eine Vielfalt der Aspekte*[143]. Auch Reich-Ranicki verweist auf die *Mannigfaltigkeit der literaturkritischen Konzeptionen und Methoden*[144]. Die Pluralität der Ansätze bewirkte, daß die Diskussionsteilnehmer sich gegenseitig korrigierten und die Kritik sich *insgesamt einpendelte zu gerechtem Urteil*[145]. Daß ein dermaßen differenziertes, positive wie negative Gesichtspunkte einschließendes *Gesamturteil*[146] im Verständnis der Gruppe einen *gewissen vernünftigen Mittelwert*[147] markierte, verlieh zugleich den Auseinandersetzungen der Kritiker untereinander, die, wie gezeigt, auch durch Originalitätszwänge und andere Unwägbarkeiten gelenkt wurden, unverdächtige Rationalität; sie wurden als *geistreiche Fehde*[148] ausgegeben.

> *Es handelt sich also gleichsam um eine Spätform jener tradierten Idee bürgerlich-kritischen Räsonments, daß nämlich im Gegen- und Zueinander der Meinungen vernünftige, d. h. sachangemessene Urteile im Durchschnitt erzeugt werden.*[149]

Daß die Diskussionen der Kritiker als *Gefechte einer erbarmungslosen Aufrichtigkeit*[150] gewertet wurden, illustriert, daß ihnen über die aufsummierte Objektivität des Urteils hinaus auch Integrität zugestanden wurde, eine kritische Befähigung, *die über die konkreten Zwänge des literarischen Marktes sich erhaben dünkt*[151]. Selbst arrivierte Autoren, die es im Literaturbetrieb zu prominenten Positionen gebracht hatten, wurden für Mißlungenes verrissen. 1961 war Enzensberger die *Enttäuschung der Tagung*[152]; das Theaterstück, aus dem er las, *wurde mit Recht in Grund und Boden verurteilt*[153]. 1967 trug Grass Lyrik vor, die *von der Kritik eindeutig mißbilligt wurde. Sie hat sich die Gelegenheit nicht entgehen lassen, ihre Unbefangenheit zu demonstrieren*[154]. Das führte nicht nur zu partiellen Durchfällen*, also der *singuläre[n] Ablehnung eines ganz bestimmten Manuskriptes*[155], sondern reichte

---

* Kröll unterscheidet mit dem *partiellen* (textbezogenen) und *prinzipialisierten* (autorbezogenen) *Durchfall* zwei Grundtypen des Scheiterns (Kröll, S. 58).

bis zur Konstatierung von ›*Begabungsverfall*‹ [156] selbst bei literarisch längst ausgewiesenen Angehörigen der Gruppe. Damit verhinderte die Kritik, daß allzu reguläre Rücksichtnahme ihre Legitimität untergrub. Auch wenn nicht immer nur Texte bemessen wurden, sondern *Größen – der Autor als Summe aus erfolgreichen Romanen, Übersetzungen und Nachtstudios*[157] – blieb der Nimbus prinzipieller Unbestechlichkeit gewahrt. Die exemplarisch belegte Objektivität und Integrität der Kritik neutralisierte alle Zweifel an der Rechtmäßigkeit ihrer Schlüsselstellung. Jeder weitere Erfolg eines von der Kritik akzeptierten Autors wurde zum Beweis ihrer sachangemessenen Funktionsfähigkeit umgemünzt*. Skeptischen Außenseitern wie Klaus Mampell blieb es, abgesehen von wenigen Stimmen innerhalb der Gruppe, vorbehalten auszusprechen, daß die Kritik *manchmal meilenweit danebenhaut*[158]. Im übrigen herrschte *die Selbstgerechtigkeit einiger Wortführer, die ein Fehlurteil des Auditoriums in summa für undenkbar halten*[159]. Allen eingebauten Mängeln des kritischen Verfahrens zum Trotz etablierte sich die Gruppe 47 dank eines weitgeknüpften Legitimationsnetzes als entscheidungsmächtige und einflußreiche Bewertungsinstanz im Literaturbetrieb.

4.23 Die Gruppe als Marktagentur
4.231 Preisverleihungen

Die Gruppe 47 hatte im Laufe der fünfziger Jahre *Funktionen übernommen, denen jedenfalls in der früheren Nachkriegszeit die Verlage noch nicht gewachsen waren*[160]. Solange die Infrastruktur des Literaturbetriebs samt der erforderlichen Kommunikationswege erst im Groben wiederhergestellt war, kam das auf den Tagungen geübte Selektionsverfahren einer Dienstleistung für den Buchmarkt gleich. Die Gruppe erfüllte dabei die Aufgabe, *die Unübersichtlichkeit des Marktes sozusagen etwas aufzufangen und Vorentscheidungen zu treffen*[161]. Im gleichen Maße, wie der Literaturbetrieb sich ausdifferenzierte, Gruppenmitglieder selber zu Lektoren oder Redakteuren wurden und die Tagungskritik sich institutionalisierte, verkürzte sich der Weg zwischen interner Vorentscheidung und externer Erfolgsaussicht. Die Selektionspraxis der Gruppe wurde tendenziell identisch mit der des Marktes, ihr alljährliches Zusammentreffen *immer mehr ein korrespondierendes Gegenstück zur Frankfurter Buchmesse (...). Manuskriptstücke, die hier zum erstenmal vor einer ausgewählten strengen Öffentlichkeit bestehen können, haben keinen weiten Weg mehr bis zu den nächsten Buchmessen***. Hier wie dort waren es dank der personellen Verflechtung zwischen Gruppe und Medien oft dieselben Literaturfunktionäre, die publikationslenkend oder meinungsbildend auftraten. Die Gruppe 47 war damit nicht mehr nur *Literatur-Lobby*[162], also schriftstellerische Interessenvertretung gegen den Markt, sondern selber Instanz und Machtfaktor eben dieses Marktes. Sie fungierte als *eine Art erweitertes Vorlektorat*[163], das mit der anerkannten Verbindlichkeit seiner Arbeit auch deren ökonomische Relevanz steigerte. Bis weit in die sechziger Jahre hinein wirkte die Gruppe solchermaßen als Agentur des

---

* Unterschlagen wurde dabei, daß die Kritik selber an solchen Erfolgen initiativ teilhatte. *Nur selten wird die tendenzielle Identifizierung von sachlicher Gültigkeit und nachfolgender gruppenexterner sozial-kultureller Bestätigung des Urteils ernstlich problematisiert und methodisch relativiert.* (Kröll, S. 170, Anm. 6)

** (Sp.: Die 47er..., 28.10.1963) Noch weitergehender Karasek: *Durch fast zwei Jahrzehnte waren die Tagungen der Gruppe 47 so etwas wie ein vorweg vorgelesener Querschnitt von Auszügen der wichtigsten deutschsprachigen Bücher des folgenden Bücherherbstes.* (Karasek: Deutschland..., S. 62)

Literaturmarktes*, wobei die Verfilzung mit verschiedenen Mediensektoren der Gruppe 47, wie Walser 1964 beklagte, *kartellhafte Züge*[164] verlieh. Der Funktionswandel von der literarischen Werkstatt zur effizient arbeitenden Marktagentur, von der kreativen Förderung im Kollegenkreis zur publizitätsträchtigen Präsentation, prägte in seinen Auswirkungen das gesamte Tagungsgeschehen und ist an der Praxis wie den Konsequenzen der Preisverleihungen paradigmatisch nachzuzeichnen.

Der zunächst regulär, später in wechselnden Intervallen verliehene, zumeist von Verlagen gestiftete und immer höher dotierte Preis der Gruppe 47** hatte laut Richter von Anbeginn *die Funktion, unbekannte Autoren einer größeren Öffentlichkeit bekannt zu machen*[165]. In den ersten Nachkriegsjahren allerdings, als sich die Nachwuchsschriftsteller mit ihren literarischen Arbeiten noch keinen finanziellen Rückhalt schaffen konnten, bedeutete der Preis vor allem materielle Unterstützung: Der gerade arbeitslos gewordene Heinrich Böll trug die Preissumme noch während der Tagung zum Postamt, um sie seiner Familie zu überweisen. Der Platz des Vorlesenden wurde auf den Tagungen zum *2000-Mark-Stuhl*[166], der literarischen Anfängern die Chance eröffnete, ihre wenig einträgliche Arbeit für einen gewissen Zeitraum fortsetzen zu können. Damit wuchs der Gruppe zusätzliche Bedeutung zu: Die Aussetzung des Preises galt zwar primär der Hilfestellung für förderungswürdige Schriftstellerkollegen, sie war aber zugleich *Signal für den Anspruch auf Anerkennung als informelles Legitimationsorgan in Sachen Literatur*[167]. Die Gruppe dokumentierte damit der literarischen Öffentlichkeit, *daß sie erstens in ihren Reihen preiswürdige Literaturproduktion vorzuweisen hat, und zweitens, daß ihre Kritik die Kompetenz erlangt hat, Preiswürdiges treffsicher auszuwählen*[168]. Die Treffsicherheit der von allen Teilnehmern in geheimer Abstimmung vorgenommenen Preisentscheidung sah die Gruppe darin erwiesen, daß das Votum *durch spätere Arbeiten des Preisträgers bestätigt wurde*[169]. *Daß andererseits diese Autoren auch erst dann ihren literarischen Aufstieg begannen, nachdem sie von der Gruppe 47 entdeckt und prämiiert worden waren*[170], löste bei den noch unbekannten Nachwuchsschriftstellern schon bald *eine Art nervösen Wettrennens*[171] aus. Das alljährliche *Winken mit hartem Gelde*[172] führte zu einer *ziemlich harten und kämpferisch betonten Verkaufsdarbietung der Autoren*[173], was den noch als kollegiales Miteinander gepflegten Tagungen unversehens den Anstrich einer literarischen Konkurrenz verlieh. Dieser Effekt der Auszeichnungspraxis deutete bereits auf den latent marktbezogenen Charakter auch der frühen Tagungen, die im Selbstverständnis der Gruppe noch primär dem Werkstattgespräch zu dienen hatten. Um die unerwünschten desintegrativen Begleiter-

---

* Erst als die expandierenden Großverlage längst auf eigene funktionsfähige Apparate zurückgreifen konnten, verlor die Gruppe 47 allmählich ihre selektive Macht und wurde stattdessen zum Schaufenster der Verlage, die die Publizität der Gruppe nutzten, um die Marktchancen ihrer Nachwuchsautoren vorzutesten (vgl. 4.31 sowie Kapitel 5)

**	Jahr	Preisträger(in)	Dotierung	Preisstifter
	1950	Günter Eich	1 000 DM	McCann Company
	1951	Heinrich Böll	1 000 DM	McCann Company
	1952	Ilse Aichinger	2 000 DM	Dt. Verlagsanstalt
	1953	Ingeborg Bachmann	2 000 DM	Rowohlt/Südwestfunk
	1954	Adriaan Morriën	?	?
	1955	Martin Walser	1 000 DM	Luchterhand/Weiss
	1958	Günter Grass	5 000 DM	11 deutsche Verlage
	1962	Johannes Bobrowski	7 000 DM	14 deutsche Verlage
	1965	Peter Bichsel	6 000 DM	12 deutsche Verlage
	1967	Jürgen Becker	6 000 DM	ehem. Preisträger

scheinungen fortan auszuschließen, behielt Richter sich ab 1956 jeweils bis zum Tagungsende die Entscheidung vor, ob ein Preis vergeben werden solle oder nicht. Motiviert wurde der neue Modus auch damit, daß die Gruppe *die Preisinflation nicht mitmachen*[174] wolle und nur eine qualitativ berechtigte Vergabe den literarischen Standard der Auszeichnung bewahren könne: *Ein Preis entwertet sich sehr schnell, wenn man mittelmäßige Kandidaten hat.*[175] Die dreijährige Pause bis 1958 bewirkte sogar eine Aufwertung des Preises, für den Richter jetzt mühelos Stifter fand. An der Finanzierung beteiligten sich, zumeist in Teilbeträgen von 500 DM, u. a. die Verlage Desch, Deutsche Verlagsanstalt, Goverts, Hanser, Insel, Luchterhand, Neske, Piper, Rowohlt, S. Fischer, Suhrkamp, Ullstein, Weiß und Westermann. Die ersten beiden Preise waren noch von der Frankfurter Niederlassung der McCann Company, einer amerikanischen Werbeagentur, gestiftet worden, bei der das Gruppenmitglied Franz Josef Schneider als Berater und Texter angestellt war. Ab 1952 richteten dann zunehmend die Verlage *ihre gewiß nicht schlecht kalkulierte Großmut*[176] auf die Tagungen der Gruppe 47. Als Grass 1958 mit einem »Blechtrommel«-Kapitel den begeisterten Beifall der Teilnehmer fand und dafür ausgezeichnet wurde, *begann ein Wettlauf hilfswilliger Verlagsdirektoren, denen man als Haupteigenschaft im allgemeinen nicht gerade Großzügigkeit unterstellt*[177], so daß schließlich 5000 DM zusammenkamen. Auch noch für Grass verband sich mit dem Preis der Effekt, das Geld produktionsfördernd einsetzen zu können: »Ich kann es brauchen!« sagte er freudestrahlend. »Denn jetzt habe ich die Zeit, mein Buch in Ruhe fertig zu machen!«[178] Aber dabei blieb es nicht mehr. Der publizitätschaffende Zweck des Preises erfüllte sich bei Grass in ungekanntem Ausmaß; er bekam den *nützlichen Vorschußruhm*[179] der Auszeichnung noch auf der Tagung zu spüren: *Ein Kritiker aus Warschau bemühte sich stehenden Fußes um die polnischen Übersetzungsrechte*[180], und mehrere deutsche Verlage winkten mit lukrativen Vertragsangeboten. Aber der *sofort einsetzende Kampf um den Autor war vergeblich: das Geschäft fiel einem Verleger zu, der den jungen Grass gefördert hatte, als man keinerlei Geschäft mit ihm machen konnte*[181]: Grass war bereits bei Luchterhand verpflichtet*. Noch weitreichendere Konsequenzen offenbarte seine Auszeichnung mit der nachfolgenden Medienresonanz.

> *Zwei Tage nach Beendigung des Treffens von Großholzleute stand sein Name groß kommentiert in allen wichtigen Feuilletons und wurde in allen Kulturmagazinen der Rundfunkanstalten zitiert. Grass wurde für Literaturfachleute, die aufgepaßt hatten, mit einem Schlag bekannt. Das Markenzeichen »Preis der Gruppe 47« machte ihn zu einem Begriff (. . .).*[182]

Die »Blechtrommel« wurde ein internationaler Bestseller.
Als der Mammutroman (. . .) auf der Buchmesse 1959 seine Premiere erlebte, waren die Rechte für die ersten sieben Auslandsausgaben aufgrund emsiger Vorauslektüre der Fahnenabzüge schon so gut wie vergeben.[183]

Die Gruppe hatte einem Nachwuchsschriftsteller – Richter: *Wir haben den Grass berühmt gemacht.*[184] – zu einem spektakulären Markterfolg verholfen, während der sieben Jahre zuvor mit dem gleichen Preis ausgezeichnete Böll noch bei mehreren Verlagen hatte vorstellig werden müssen, um eine Vertragsbindung zu erreichen. Der Preis der Gruppe 47 bedeutete inzwischen

---

* Als das Verlegerwerben um Grass noch unentschieden schien, meldeten große skandinavische Verlagshäuser zur Sicherheit *ihr Optionsbegehren gleich bei mehreren deutschen Verlagen an, die in Betracht gezogen wurden* (Lattmann: Die Gruppe 47, S. 83).

für jeden der Preisträger nicht nur ein paar tausend Mark in bar, sondern vor allem erhöhtes Prestige, offene Verlagshäuser und in einigen Fällen den Anfang einer strahlenden Literatur-Karriere[185]. Dank Richters Entscheidung, den Preis nur sporadisch zu vergeben, gehört die Auszeichnung durch die Gruppe 47 zu den ganz wenigen literarischen Ehrungen in deutschen Landen (...), die beachtet und geschätzt werden[186]. Für Karasek war es gar der einzige deutsche Literaturpreis seit 45, der sich eines ungetrübten Ansehens erfreute[187]. Den Verlagen der ausgezeichneten Autoren eröffnete das untadelige, durch die literarische Instanz der Gruppe 47 garantierte Renommée des Preises die Möglichkeit, damit werbewirksam zu operieren. Es wurde für sie wichtig, wenn sie vorne auf einen Umschlag schreiben konnten: »Preis der Gruppe 47«[188]. Damit war im Zuge des Funktionswandels der Gruppe aus dem ursprünglichen Schreibstipendium eine Art Qualitätssiegel geworden, das den Autoren auf dem Literaturmarkt einen publizistischen und merkantilen Vorsprung sicherte. Diese eilige Funktionalisierung der Auszeichnung durch die preisstiftenden Verlage mochte Richter veranlaßt haben, 1967 ehemalige Preisträger* um ihre Finanzhilfe zu bitten. Freilich war dieses Zurückdrängen des Verlegereinflusses, die Heimholung des Preises in die durch das Schriftstellerkollegium repräsentierte alte Autonomie der Gruppe ein Schritt nur symbolischer Qualität. Die Strukturveränderungen im Literaturbetrieb, wie sie sich in der Tagungspraxis niedergeschlagen hatten, vereinnahmten notwendig auch den Preis der Gruppe 47.

4.232 Umkehrung der Lesemotivation

Mit der Abkehr der Gruppe 47 von dem Modell einer literarischen Werkstatt wandelte sich auch die Lesemotivation der beteiligten Autoren. Sie erwarteten nun nicht mehr vorrangig Schreibhilfe, sondern die Attestierung marktgeeigneter Qualität. Nur noch selten galt die Kritik solchen Arbeiten, die erst im Entstehen begriffen waren: So wird etwa 1959 vermerkt, bei den vorgestellten Texten habe es sich *in vielen Fällen um unfertige Werke oder Experimente*[189] gehandelt. Auch 1961 in Göhrde hatten die Autoren einem Tagungsbericht zufolge *keine Scheu, Unfertiges vorzutragen*[190]. Zu dieser Tagung hatte Richter nach dem völlig überlaufenen Vorjahrstreffen in Aschaffenburg bewußt kaum Medienvertreter eingeladen, um *unter den ständig zunehmenden Überlagerungen wieder einmal die Grundstruktur des Kerns der Gruppe sichtbar werden zu lassen*[191]. Damit war die Gruppe vorübergehend *wieder zu ihren Anfängen zurückgekehrt, wenn auch unter veränderten Verhältnissen. Die in ihr beheimateten Schriftsteller suchten Rat und Hilfe. (...) Werkstatt war spürbar*[192]: Beispielsweise las Heinz von Cramer *ein völlig umgearbeitetes Kapitel aus seinem Roman »Die Kunstfigur«, den er, auf die Kritik hörend, (...) gekürzt und gestrafft hat*[193]. Die Gruppe erlebte noch einmal einen späten Funktionsbeweis als Werkstatt: *Am Beispiel des vorgelesenen Teils zeigte sich, wie gut dem Roman die Bearbeitung bekommen ist*[194]. Enzensberger entsprach mit seiner Lesung aus einem dramatischen Versuch, den er in Göhrde *in bewußter Absicht zur Diskussion gestellt hatte, weil er sich selbst über seine Qualitäten nicht klar war*[195], noch ganz der für die Werkstattphase typischen Lesemotivation, die man als *Offenlegung*[196] der eigenen Schreibschwierigkeiten kategorisieren kann. Enzensberger konnte diese Offenlegung freilich nur deshalb praktizieren,

---

* Laut Richter wurden lediglich Grass und Böll von ihm um die Preisstiftung gebeten (vgl. Richter-Interview II, S. 28f), doch haben sich Tagungsberichten zufolge auch noch weitere ehemalige Preisträger daran beteiligt (vgl. Dichter, Dichter, Sp 43/1967).

weil er damit schlimmstenfalls einen partiellen Durchfall riskierte, ohne seinen Status als arrivierter Autor aufs Spiel zu setzen. Unter der gleichen Konstellation konnte sich Grass noch 1964 in Sigtuna die kritische Diskussion seiner »Plebejer« als Produktionsanstoß nutzbar machen:

> Er ist ja noch mitten in der Arbeit an dem Drama, hat nun die Reaktion einer Menge formuliert gehört, die zugleich fachkundig ist und Publikum. Wahrscheinlich werden Stück und Autor davon nicht wenig profitieren.[197]

Solche Effekte hatten die Lesungen nach dem Funktionswandel der Gruppe aber nur noch in Ausnahmefällen; gerade den jungen Autoren, *die sich gutgläubig und leichtfertig dem Forum stellen, hat die Kritik wenig oder gar keine schriftstellerische Hilfe zu geben*[198]. Je weiter der Literaturmarkt die Gruppe ergriff und *je mehr sich die Öffentlichkeit für die Tagungen interessierte, desto mehr büßten sie ihren Werkstattcharakter ein*[199]. Diesen Prozeß konnte auch der Rückzugsversuch von Göhrde, den selbst Richter im nachhinein als *völlige Inzucht*[200] bewertete, nicht aufhalten: *Die objektiven Zwänge, denen die 47-Tagungen im literarischen Marktzusammenhang unterworfen sind, können durch Restauration der Ursprungsstruktur nicht mehr gebannt werden.*[201] Selbst prominente Autoren zogen sich *nach reiflicher Prüfung der kaufmännischen Gegebenheiten*[202] von den Lesungen zurück, weil sie um ihre einmal akkumulierte Ausgewiesenheit fürchteten: *Der anerkannte Autor riskiert immerhin einiges, ohne im günstigen Fall viel gewinnen zu können.*[203] Mit der Zeit lasen auf den Tagungen *fast nur noch Debütanten und ein paar Unentwegte*[204] wie beispielsweise Günter Grass. Wer sich jetzt noch aussetzte, hatte *ein machtvolles Publikum*[205] vor sich, was auch psychologische Auswirkungen hatte: *Die Auftritte vor diesem Forum haben ihre Spannung.*[206] Die Verschränkung der Gruppe mit dem Literaturmarkt machte diesen zum eigentlichen Gegenüber: *Wer sich jetzt blamiert, tut es gleich auf Bundesebene.*[207] Der Neuling fühlte *ganz reale Angst vor das Urteil, das ihn treffen wird*[208]. Nicht zuletzt kam es darauf an, auch im Vergleich mit anderen Lesenden bestehen zu können, was den Zwang, aber auch die Bereitschaft zu literarischen Leistungen erhöhte:

> *Die Konkurrenzstruktur wirkt sich unmittelbar aus auf die Lesesituation, in der Form, daß von einer Dialektik steigenden Erwartungsdrucks und wachsenden Ehrgeizes gesprochen werden kann.*[209]

Obwohl die Tagungen *öffentliche Richtstätten*[210] geworden sind, *Dichtermarkt*[211], auf dem *die gefürchtete Kritik der Gruppe 47*[212] Marktwerte taxierte, hält der Zustrom junger Autoren zur Gruppe an, nicht zuletzt, weil es keine vergleichbaren Alternativen, beispielsweise *in der Bundesrepublik kaum Zeitschriften gibt, in denen Anfänger starten können**. Nur bewirkte der kommerzialisierte Bedingungsrahmen der Lesungen einen Wechsel des Leseverhaltens.

> *Es hat sich niemand mehr gewagt, ein Stück, das ihm viel Sorge und Arbeit gemacht hat und mit dem er nicht recht zu Ende kam, vorzulesen und das mit seinen Freunden zu diskutieren.*[213]

Für die unbekannten Nachwuchsschriftsteller stand jetzt nicht mehr die selbstkritische Offenlegung als Lesemotivation im Vordergrund. *Stattdessen greift die Strategie der Immunisierung Platz, der dann noch das Attribut der*

---

* (Reich-Ranicki: Sollte man jeden..., W 8.11.1960) Dieser Umstand relativiert auch die den Teilnehmern, die auf die Tagungen angewiesen waren, entgegengehaltene *Freiwilligkeit*, zu der sie niemand zwang, es sei denn der eigene Ehrgeiz (Richter: Brief..., S. 7)

*Demonstration beigemischt ist.*²¹⁴ Die Autoren wollten sich also gegen einen möglichen Mißerfolg auf dem Markt vorausschauend abschirmen: einmal durch die erhoffte positive Präjudiz der Tagungskritik, zum zweiten durch die mit einer öffentlichen Lesung verbundene Selbstpräsentation, den Nachweis von Persönlichkeit. Diese Immunisierung konnte nur gelingen, insofern die Kritiker nicht allein für *das sonst nie faßbare Publikum*²¹⁵ stellvertretend fungierten, sondern als Mitarbeiter wichtiger Presseorgane und Funksendungen zugleich Instanzen des Marktes repräsentierten, so daß ihr Urteil auf der Tagung *ungefähr das Urteil ist, das die betreffenden Autoren draußen, außerhalb der Klausur (...) zu gewärtigen haben*²¹⁶. Dafür sorgte nicht zuletzt auch das publizistische Echo der Tagungen, das die nachfolgende Allgemeinrezeption eines Autors wertend vororientierte*. Die Lesungen bekamen damit den Stellenwert eines das Marktverhalten vorwegnehmenden *antizipatorischen Testes*²¹⁷, den die Autoren absolvierten, um sich gegen abweichende Zuordnungen zu wappnen: eine neue Motivationsstruktur, die verschiedene Präventivmaßnahmen nach sich zog, mit denen die Lesenden gegen einen möglichen Durchfall vorsorgten.

4.233 Kalkulierung des Erfolgs

Zunächst einmal wurden auf den Tagungen immer häufiger *nur noch Paradestücke*²¹⁸ vorgestellt. *Jeder der Vorlesenden hat sein bestes Stück herausgesucht und hat daran gefeilt und hat darauf gewartet, daß die Kritiker es gut finden.*²¹⁹ Zunehmend griffen die Autoren dabei auch auf publizierte Arbeiten zurück, obwohl das Gruppenregular eigentlich nur unveröffentlichte Manuskripte zuließ. Dieser Prozeß setzte schon 1952 ein, als Ilse Aichinger für ihre »Spiegelgeschichte« den Preis der Gruppe erhielt, eine Erzählung, die schon im »Merkur« veröffentlicht worden war. Auf der gleichen Tagung las Walter Jens zwei Kapitel aus einem fertigen Roman, der noch im gleichen Jahr bei Rowohlt herauskommen sollte. Im Herbst 1952 stellte Andersch in *Abweichung vom ursprünglichen Arbeitsprinzip*²²⁰ sein neues Buch »Die Kirschen der Freiheit« vor. 1953 las Milo Dor einen Essay über Jugoslawien, den der »Spiegel« zur Veröffentlichung angenommen hatte. 1957, als Wolfgang Weyrauch eine zuvor in einer Literaturzeitschrift publizierte Erzählung las, war der Rückgriff auf Erschienenes schon Usus: *Viele, gerade die berühmtesten, lesen aus ihren Büchern vor oder aus Manuskripten, die längst gesendet oder gedruckt wurden.*²²¹ Für Kaiser stand damit fest: *Die Kritik kann sich nicht mehr darauf berufen, Hilfestellung zu sein.*²²² Auf längst Publiziertes war kein Einfluß mehr möglich. *Was für einen Sinn (...) kann es haben, späte Kritik an Arbeiten zu üben, die längst schon verbindlich rezensiert wurden?*²²³ Gerade der Umstand, daß diese Arbeiten bereits eine erste Bewertungsinstanz durchlaufen hatten und für publikationswürdig erklärt worden waren, verhalf den Autoren zu einem Startvorteil bei der Tagungskritik. Sie mußte mit ihrem Urteil zugleich ein vorausgegangenes bestätigen oder verwerfen, was ihre Entscheidung nicht unbeeinflußt lassen konnte. Mit dem präventiven Lesen aus Gedrucktem, wie es in den sechziger Jahren an der Tagesordnung war, konnte die Gruppe auch potentiell nicht länger als Werkstatt fungie-

---

* Auch die den Autoren abverlangte schweigende Hinnahme der Kritik wurde damit legitimiert, daß sie den realen Marktbedingungen entspreche: »*Wer in der Presse kritisiert wird, kann sich auch nicht verteidigen*«, sagt Richter. »*Ein Kunstwerk lebt sein eigenes Leben, wenn der Künstler es verlassen hat. Man kann nicht über die Reaktionen seines Lesers verfügen.*« (Kahle: Die Gruppe 47 ..., CuW 25. 9. 64)

ren*. Sofern sie noch Unveröffentlichtes vortrugen, gingen die Autoren immer öfter dazu über, das für die Lesung vorgesehene Manuskript *auf die spezielle Verwendung und den speziellen Rahmen zu eichen*[224]. Manche machten gar *Schularbeiten für die Gruppe 47*[225] und schrieben Texte eigens aus Anlaß der bevorstehenden Tagung**. Zusätzlich traten bei den schon verlagsgebundenen Schriftstellern die Verleger und Lektoren als *Trainer*[226] ihrer Autorenmannschaft in Erscheinung und präparierten sie für den bevorstehenden Auftritt:

> *Die Skala antizipatorischen Handelns reicht von freundschaftlichen Ratschlägen über systematische Beratungen bis hin zu Ansätzen tagungsbezogenen, einübenden Probehandelns.*[227]

Derartige Vorauslesungen wurden besonders für die Autoren des Suhrkamp-Verlages veranstaltet: *Es wurde dann besprochen, welcher Text am besten abschneiden könnte, wer wann zu lesen hat.*[228] Selbst der mündliche Vortrag wurde im Rahmen dieser Tagungsvorbereitung eingeübt***, die den Zweck verfolgte, die im Lesung-Kritik-Verfahren mitspielenden Unwägbarkeiten zu reduzieren. *Schließlich gibt es nur noch wenige Autoren, die ohne Netz aufzutreten wagen.*[229] Angesichts der ökonomischen Tragweite der Lesungen wurde das Arsenal flankierender Hilfsmaßnahmen gezielt eingesetzt, um den gewünschten Erfolg vorzukalkulieren, wobei sich die Verleger zunehmend auch in den Tagungsprozeß selbst einschalteten. Während die Stellungnahmen anderer Schriftsteller *seltener und befangener*[230] wurden und sich in die *Subsphäre*[231] der Pausen und Abendstunden verlagerten, kam es vor, daß ein durchgefallener Autor *von seinem Verleger eifrig (und keinesfalls überzeugend) verteidigt*[232] wurde, oder *die Verleger beschimpften ihre Autoren, wenn sie versagt hatten*[233]. Daß Lektoren sich umgekehrt an der Kritik anderweitig verpflichteter Schriftsteller beteiligten, barg zusätzlich die Gefahr von *Konkurrenzaffären*[234]. Insgesamt dominierten in der Spätphase der Gruppe ökonomische Interessen das Tagungsgeschehen. Die Verlage erwarteten sich nur noch *spektakuläre und dazu kostenlose Reklame*[235] für ihre Hausautoren. Auch Peter Handke, der die Gruppe 1966 auf der Princeton-Tagung heftig angriff, wußte *seinen Ärger mit Eigenwerbung effektvoll zu kombinieren*[236]; sein *wohlgeplanter Aufstand*[237] nutzte die Gruppe als *Vehikel für Publizität*[238]. Damit spiegelte sich die Umfunktionierung der Gruppe endgültig auch im Verhalten der Autoren.

> *Wo früher die Verführungen einer publizistischen Plattform heimlich genossen und nicht ohne leise Scham einkalkuliert wurden, stehen sie nun (. . .) beherrschend als Kalkül im Vordergrund.*[239]

Mochte Handkes vielbeachteter Auftritt diesen Umstand auch in extremer Ausprägung dokumentieren, so zeigte er doch einen Prozeß an, dem auch die langjährigen Gruppenmitglieder sich mit ihrem veränderten Tagungsverhalten eingefügt hatten.

---

* Freilich verhinderte dies nicht, daß das Ursprungskonzept der interkollegialen Schreibhilfe noch *als abrufbare Gruppenideologie fortlebt* (Kröll, S. 47): Richter etwa bestreitet rückblickend, daß auf den Tagungen jemals planmäßig aus veröffentlichten Büchern gelesen wurde (vgl. Richter-Interview I., S. 31 f.).

**Dieser Zusammenhang kann natürlich auch positiv gesehen werden: *Der Gedanke, man säße gnadenlosen Kollegen gegenüber auf dem elektrischen Stuhl, schärft die Schreibtisch-Skepsis auf nützlichste Art.* (Jens: Eine Kumpanei . . . , Z 21. 9. 1962)

***Bezeugt ist der Fall eines Autors, der auf Veranlassung seines Lektors die korrekt betonende und dialektfreie Rezitation seines Manuskriptes einüben mußte (vgl. Kröll, S. 167, Anm. 9).

4.234 Subventionierung auf Gegenseitigkeit

Seit die Tagungen der Gruppe 47 eine ökonomische Funktion gewonnen hatten, beschränkte sich diese nicht allein auf die Bescheinigung marktfähiger Literaturqualität oder die Absetzung der jeweils vorgestellten Texte. Besonders das abendliche gesellige Beisammensein, das oft genug *weniger gesellig als geschäftig*[240] war, bot darüberhinaus *eine optimale Möglichkeit (...), tagungsübergreifende, direkt-berufliche Beziehungen anzuknüpfen und zu entwickeln*[241]. Abseits des offiziellen, streng reglementierten Tagungsprogramms konnten *diskrete Verhandlungen*[242] mit Schriftstellern geführt werden, die noch keinen Verlag hatten oder ihn wechseln wollten, konnten Funk- und Zeitungsredakteure sich die Gruppe als Reservoir potentieller Mitarbeiter erschließen, das darin vorfindbare *Rezensentenmaterial*[243] sichten.

Da unablässig produziert werden muß, Buch auf Buch folgt, ein Funkfeature das andere jagt, ganze Seiten von Rezensionen gebraucht werden, können die Literaturfunktionäre froh sein, wenn sie auf Dutzende möglicher Talente zurückgreifen können, die sich bei den Tagungen zu versammeln pflegen.[244]

Schon 1952 wurde berichtet, daß mancher Teilnehmer *mit einem Buchvertrag in der Tasche, mit dem Auftrag, ein Hörspiel zu schreiben oder sogar mit gespickter Portefeuille*[245] wieder heimfuhr. Editionen, gemeinsame Projekte oder Diskussionssendungen wurden verabredet. Andere, wie Heißenbüttel, haben durch den Erwerb eines Arbeitsplatzes *von der Gruppe 47 profitiert: Meine erste Anstellung wurde mir 1955 von Hans Georg Brenner in Bebenhausen angeboten, die zweite beim Süddeutschen Rundfunk kam zustande durch die Bekanntschaft mit Alfred Andersch bei einer Tagung.*[246] Mit der Etablierung der Gruppenmitglieder im Literaturbetrieb lernte auf den Tagungen *jeder Teilnehmer die publizistischen Möglichkeiten aller anderen in Verlag, Presse und Funk kennen und nutzen*[247], so daß sich die Autoren in wechselnden Rollen begegneten:

Wolfgang Weyrauch zum Beispiel (...) las aus neuen Gedichten und aus einem noch unveröffentlichten Drama »Die Kindsmörderin«; ein anwesender Bühnenregisseur konnte ihm gleich sagen, wie das Stück voraussichtlich ankommen würde. Als Lektor des Rowohlt-Verlages meldete Weyrauch wiederum sein Interesse für den Roman von Günter Oliass an, der seinerseits, wie auch Franz Joseph Schneider, Aufträge für gute Werbetexte vergeben kann. Ein anderer vereinbarte mit den Rundfunkleuten und Redakteuren so viele Sendungen und Beiträge, daß er davon einige Zeit leben wird. Es kann sich übrigens mehrmals um das gleiche Thema handeln; im Idealfall erscheint es zunächst auszugsweise in mehreren Zeitungen, die ganze Arbeit kommt in einen Verlag, und eine Bearbeitung bringt der Rundfunk.[248]

Für solche Mehrfachverwertung in verschiedenen Medien boten die Tagungen ideale Kontaktchancen. Einmal hergestellt, überdauerten diese Kontakte auch die zeitlich-räumliche Aufspaltung der Gruppe zwischen den Tagungen: *Man lernte sich dort kennen und förderte sich natürlich übers Jahr hinweg, wenn man in einer Institution saß, gegenseitig (...).*[249] Auch in dieser Hinsicht war die Gruppe 47 ein Kristallisationspunkt des Literaturbetriebs, eine funktionierende Kopie des Marktes im Kleinen. Richter: *Ich würde sagen, es geschah in den drei Tagen eigentlich alles, was sonst in einem Jahr geschieht.*[250]

4.24 Anwachsen der Publizität
4.241 Selbstkommentierung

Wesentlicher Faktor des Funktionswandels der Gruppe 47 war die Publizität, die ihren Tagungen über die verschiedenen Kommunikationsmedien zuteil wurde. Literarische Kommunikation vollzieht sich, wenn Literatur massenhaft fabriziert und verbreitet wird, nicht mehr auf der privaten Ebene des Gesprächs über ihre Inhalte, also in den *vorgeschalteten Foren primärer Veröffentlichung*[251], sondern ist auf Massenmedien angewiesen, die einer wie auch immer limitierten, aber über den Kreis der literarischen Produzenten weit hinausgreifenden *Sekundäröffentlichkeit*[252] Nachrichten und Meinungen zur Literatur vermitteln. Die Medien richten dabei, indem sie Autoren, Werken und Ereignissen Publizität verschaffen, nicht nur indirekte Kaufappelle an die potentiellen Konsumenten von Literatur, sondern treten auch selbst als Abnehmer der Ware Information auf. *Die über Literatur, Produzenten wie Erzeugnisse, sich türmenden Meinungs-Ablagerungen lösen ihrerseits wieder neue, sedimentbildende Artikulationsprozesse aus*[253], wodurch letztendlich der gesamte publizistisch-journalistische Sektor des Literaturbetriebs sich fortwährend reproduziert.

Für die Massenmedien ist der Gebrauchswert ihrer Produkte in den jeweiligen Stoffen und deren zumindest latenter Aktualität begründet. Obwohl die junge Nachkriegsliteratur als Reflex auf die allen möglichen Rezipienten gemeinsame historische Erfahrung ein derart disponiertes Thema war*, gelang es der Gruppe 47 erst allmählich, für ihre Treffen allgemeines Interesse zu wecken: Frühe Meldungen über die 47er sind spärlich. Die erste Notiz, die an die Öffentlichkeit gelangte, wurde am 28.9.1947 in der »Epoche« unter einem Pseudonym abgedruckt[254]. Erstmals unter der Bezeichnung »Gruppe 47« wurde am 7.11.1947 in der »Neuen Zeitung« das Herrlinger Treffen erwähnt[255], das gleichfalls von der Deutschen Nachrichten-Agentur (DENA) gemeldet[256] und im nächsten Februar – schon ausführlicher – auch in den »Frankfurter Heften« gewürdigt wurde[257]. Die ersten Kommentatoren waren Christian Ferber, Heinz Friedrich, Friedrich Minssen, Horst Mönnich, Georg Hensel und Hans Jürgen Soehring: Mitarbeiter des alten »Ruf« oder des geplanten »Skorpion«.

Diese ersten Berichterstatter waren in der Regel Schriftsteller, die zugleich, oft auch bei kleineren Regionalzeitungen, journalistisch arbeiteten: entweder als verantwortliche Redakteure oder als Freie Mitarbeiter. Über die Tagungen, an denen sie ohnehin privat teilnahmen, anschließend auch zu berichten, erschien ihnen als journalistische Selbstverständlichkeit. Hinzukam, daß die freiberuflichen Berichterstatter sich damit *ihre Reiseunkosten zurückschreiben*** konnten. Entscheidend ist, daß die Gruppe das Bild, das durch die kontinuierlichen Tagungsberichte in der Öffentlichkeit von ihr entstand, besonders in den Anfangsjahren nahezu ausschließlich selbst prägte***. Ihr publizistisches Profil resultierte aus der Summe der Eindrücke und Standpunkte, die bei den gruppenangehörigen Berichterstattern vorherrschten. Sie wurden dank ihrer zweifachen Funktion als partizipierende Kollegen und beauftragte Chronisten zu Trägern *ineinander verzahnter pri-*

---

* *Nachrichten von der »jungen Literatur« waren ein Lesestoff, der zum mindesten so attraktiv wirkte wie diese Literatur selbst.* (Ferber: Die Gruppe 47..., in: Richter 1962, S: 40)

** (Kaiser: Eine Entzauberung..., k 8/1966) *Sie mußten ja ihre Spesen selbst bezahlen, und das war in den ersten Jahren sehr schwer. Also besorgten sie sich immer einen Auftrag von einer Zeitung.*

*** Richter: *Ich bekam große Stöße Zeitungsausschnitte, aber die waren alle von der Gruppe 47 selbst geschrieben.* (Richter-Interview I, S. 14); vgl. zum folgenden auch Kröll, S. 101 – 106.

märer und sekundärer Öffentlichkeit[258], so daß sich die Tagungen *in einer eigentümlich zwischen der Intimität des literarischen Cafés und der Öffentlichkeit der Feuilletonseiten schwebenden Sphäre*[259] vollzogen. Demzufolge scheint das Gruppenbewußtsein unmittelbar im publizistisch vervielfältigten *Außenbild der Gruppe auf*[260], solange unabhängige Journalisten nur in Ausnahmefällen als Gäste zugelassen wurden. Durch diese Abschirmung gegen externe Medienvertreter konnten auch die Kritiker ihren Einfluß nach außen verstärken. Ab Mitte der fünfziger Jahre sporadisch, nach dem Höhepunkt 1958 aber regelmäßig berichteten die Großkritiker Kaiser (»Süddeutsche Zeitung«), Reich-Ranicki (»Welt« und »Zeit«), seltener Jens (»Zeit«) und besonders oft Schwab-Felisch (»Frankfurter Allgemeine« und »Tagesspiegel«)* über die 47er. Diese Gruppenmitglieder, die als Repräsentanten einer fest installierten Literaturkritik eine meinungsbildende Rolle in den Feuilletons der wichtigsten bundesdeutschen Zeitungen spielten, okkupierten in den sechziger Jahren zunehmend die Berichterstattung von den Tagungen.

Untersucht man den Tenor der Berichte in den ersten Jahren, so fällt ins Auge, daß die Gruppe um Publizität warb und Legitimität suchte**. Es ging den jungen Schriftstellern zunächst darum, am Aufbau eines funktionierenden Literaturbetriebs mitzuwirken; sie waren bereit, sich dazu der vorgefundenen Marktstrukturen zu bedienen und den von den Medien diktierten Mechanismen zu folgen, die sie damit fraglos auch stabilisieren halfen. Das Rollenverständnis der Berichterstatter deckte sich mit der Funktionserwartung, die von den Medien an sie herangetragen wurde: Ihre Tagungsberichte erfüllten zunächst nur die Aufgabe, die Gruppe 47 als notwendige ›geistige Metropole‹, als nützliche literarische Bewertungsinstanz und damit auch als publizistischen Gegenstand zu charakterisieren. Erst nachdem die offenkundige Entwicklung zur Marktagentur auf vielfache Kritik stieß, kam der Berichterstattung die erweiterte Funktion zu, auch den veränderten Charakter der Treffen nach außen zu rechtfertigen. Deren merkantile Komponente wurde nun als funktionales Zugeständnis an den Literaturbetrieb ausgewiesen und damit legitimiert. Immer trug diese *Selbstkommentierung*[261] der Gruppe dazu bei, ihren Stellenwert, *die soziale Kenntlichkeit der Tagungen*[262] im Literaturbetrieb sicherzustellen.

Zwar gab es keine verabredete Konzeption der Öffentlichkeitsarbeit, keine einheitliche Strategie***, doch kamen immer wieder bestimmte, vielleicht unbewußte *Kontrollmechanismen*[263] zur Wirkung. Die Tagungsteilnehmer, gleichermaßen Subjekt und Objekt ihrer Berichterstattung, konnten in dieser Doppelrolle zwangsläufig *niemals das angemessene publizistische Maß*[264] an Distanziertheit gewinnen. Ihre offenkundige Befangenheit machten sie nur selten explizit. Wenn Jens seinen Lesern ausdrücklich eingestand, sein Zeitungsaufsatz über die Gruppe sei *nicht pro, wohl aber ex domo geschrieben*[265], blieb dies eine Ausnahme****.

---

* Schwab-Felisch, der häufig in leicht nuanciertem Ton für mehrere Presseorgane über die gleiche Tagung berichtete, hat an der publizistischen Selbstdarstellung der Gruppe zweifellos den quantitativ größten Anteil. (Vgl. Kap. 6: Bibliographie).
** *(...) der Gruppe 47 sollte sich keiner verschließen, der es mit der deutschen Gegenwartsdichtung und dem literarischen Leben in Deutschland ernst meint.* (Knaus: Die Meistersinger ... , NZ 16.5. 1950, zit. n. Lettau 1967, S. 56)
*** Die Spannbreite der Berichterstattung reichte von den freundlich-enthusiastischen Artikeln Schwab-Felischs bis zu den früh skeptischen, zunehmend distanzierten Beiträgen Kaisers. Zwischenformen waren häufig.
**** Ähnlich nur noch Heißenbüttel: *Ich habe dazugehört. Wenn ich urteile und argumentiere, urteile und argumentiere ich als jemand, der dazugehört hat.* (Heißenbüttel: Nachruf ... , S. 34)

Zudem kam ein gewisser *Schonungsmechanismus*[266] zum Tragen: Totaldurchfälle wurden zwar geschildert, die Unglücklichen blieben jedoch anonym. Der Anschein humanitärer Rücksichtnahme*, den die Berichterstatter mit ihrem erklärten Schweigen erweckten, verdeckte nach außen hin die Endgültigkeit des zwar internen, doch zugleich vor den Repräsentanten des Literaturbetriebs erlittenen Mißerfolgs und verschleierte dessen harte ökonomische Konsequenzen. Der Verriß führte unter den Eingeweihten oft genug zur prinzipiellen Ablehnung des Autors, auch wenn vor der gruppenexternen Öffentlichkeit über die Namen *der Mantel der Nächstenliebe gebreitet*[267] wurde. Hinzutreten mochten im Fall eines *allbeliebten Lektors* die Statusprivilegien eines potentiellen Abnehmers, wenn seiner Arbeit zwar *tragische Unzulänglichkeit*[268] bescheinigt, seine Identität hingegen nicht preisgegeben wurde. Namentlich allerdings wurde häufiger über Durchfälle von Prominenten berichtet: beispielsweise von Enzensberger, der nach einem vernichtenden Urteil ein Drama in den Papierkorb warf. Ohne daß der bereits arrivierte Autor Schaden davontrug, schien *die soziale Glaubwürdigkeit der Selbstkommentierung*[269] sich in solchen immer wieder zitierten Exempeln zu bestätigen.

Eine andere ungeschriebene Regel der Berichterstattung bestand darin, gruppeninternen Klatsch zumindest insoweit auszusparen, daß er den 47ern nicht denunziatorisch schaden konnte. Wenn überhaupt, wie in Brockmanns Karikaturenband »Gesammelte 47er«, Interna nach draußen getragen wurden, so waren auch dies nur amüsante Anekdoten, die ungeachtet ihres beiläufigen Charakters einen nicht unerheblichen Public-Relations-Effekt erzielt haben dürften und bereits zu Lebzeiten der Gruppe zu ihrer Legendarisierung beitrugen.

Über die Presse- und Hörfunkberichte hinaus haben auch die von einzelnen ihrer Mitglieder herausgegebenen Bücher das Außenbild der Gruppe 47 mitgeprägt. 1962 erschien der von Richter zusammengestellte »Almanach der Gruppe 47«, der einen Querschnitt der gelesenen Texte enthielt und mit einigen Aufsätzen eine Bilanz der ersten fünfzehn Gruppenjahre zog. Gleichzeitig brachte der Karikaturist Henry Meyer-Brockmann unter dem Titel »Dichter und Richter« im Rheinsberg Verlag, dessen stiller Teilhaber Hans Werner Richter war[270], einen Band mit Tagungsberichten und Porträtzeichnungen von Mitgliedern und Gästen heraus. Das von Lettau rechtzeitig zum 20jährigen Bestehen herausgegebene Handbuch »Die Gruppe 47« enthielt Zeitungsberichte, Resolutionen und Manifeste, verschiedene Bestandsaufnahmen und Beiträge zum publizistischen Streit um die Gruppe. Allein daß eine solche großangelegte Dokumentation mit dem Anspruch eines Nachschlagewerks erscheinen konnte, wies die Gruppe 47 als festen Bestandteil des Literaturbetriebs aus. Gleichzeitig mit Lettaus Publikation erschien als Taschenbuch ein zweiter Karikaturenband von Brockmann, der ein noch größeres Leserpublikum aus dem Insider-Blickwinkel mit den 47ern bekanntmachte.

Neben der deutlichen Sympathiewerbung durch solche Publikationen und die übrige Selbstkommentierung der Gruppe bestand deren eigentlicher Effekt darin, daß Autoren- und Kritikernamen immer wieder auftauchten sowie auf Buchtitel, Erscheinungstermine und Verlagspläne hinge-

---

* *Wir wollen die Namen der oft kläglich Untergegangenen hier nicht wiederholen, damit die Erfahrungen, die eine Arbeitstagung den jungen Autoren unter Umständen geben kann, nicht durch Veröffentlichung allzu teuer bezahlt werden.* (Kaiser: Spaß ..., SZ 24. 11. 1965)

wiesen wurde, so daß die Leser nicht nur informiert, sondern auch zum Kauf animiert wurden. Damit verschmolz die publizistische Aktivität der Gruppe widerspruchslos mit ihren ökonomischen Bemühungen: Die Gruppe 47 promovierte sich selber.

4.242 Zugriff der Medien

Daß während der *auch im Geiste hungrigen Nachkriegsjahre*[271] die junge Literatur als Faktor von Neubeginn und Wiederaufbau verstanden wurde, sicherte der Gruppe 47 über die *prinzipielle Aufnahmebereitschaft für Ansätze und Entwicklungen, die regelmäßige Stoffzulieferung garantieren*[272], hinaus bald auch das Interesse jener Zeitungen, Zeitschriften und Sender, zu denen sie durch Autoren aus ihren Reihen keinen direkten Kontakt hatte. Als Forum der Nachkriegsliteratur konnte die Gruppe von den Massenmedien nicht übergangen werden: weder von der privatwirtschaftlichen Presse, die auch mit Hilfe der Kulturberichterstattung sich ihrer Leser und damit ihrer ökonomischen Basis versicherte, noch von den öffentlich-rechtlichen Rundfunkanstalten, die unabhängig vom Konkurrenz- und Profitzwang ihren Informationsauftrag sogar als erzieherische Aufgabe begriffen[273].

Die wachsende Bedeutung, die die Medien der Gruppe beimaßen, kam in der immer häufigeren Entsendung journalistischer Beobachter und deren immer umfangreicherer Berichterstattung zum Ausdruck. *Das Jahr 51 ist sozusagen das Pressejahr.*[274] Zum erstenmal wurde von Hamburg bis München in sämtlichen großen »Blättern der Bundesrepublik («Welt«, »Zeit«, »Süddeutsche Zeitung«, »Münchner Merkur«, »Neue Zeitung«, »Frankfurter Allgemeine«) über die Tagung berichtet. Allerdings dominierte in dieser Phase das Engagement des Rundfunks. Schon 1948 hatte der NWDR in seinem Nachtprogramm eine einstündige Sendung über die Gruppe 47 gebracht. In der Folgezeit waren Zeitungen und Rundfunkanstalten regelmäßig präsent. 1953 wurde in den Tagungsberichten notiert, daß neben Verlegern und ›literarischen Agenten‹ *namhafte Publizisten, (...) Feuilletonchefs, die Leiter von Hörspielstudios*[275], insgesamt *die Vertreter von vier Rundfunkstationen*[276] die Tagung besuchten. Von nun an wurden Lesungen und Diskussionen regelmäßig aufgezeichnet, *und zwar stand dann so ein kleines Mikrophon auf dem Tisch*[277]. In der Regel schnitt ein Rundfunksender die Lesungen mit, die anderen übernahmen die Aufzeichnung für ihr Programm.

Eine klare Trennung zwischen einerseits Autoren und andererseits Abgesandten von Presse und Funk wurde wegen der eher zunehmenden Funktionsüberschneidungen immer weniger möglich; Journalisten traten als Lesende auf, und gruppenangehörige Autoren schrieben Tagungsberichte und rückten schließlich auch in wachsendem Maße in Positionen bei Rundfunk und Zeitungen. Auch die ausländischen Gäste, die als befreundete Autoren eingeladen wurden, vertraten in der Regel gleichzeitig wichtige Zeitungen und Literaturzeitschriften ihrer Heimatländer*. Die Franzosen Louis Clappier und Antoine Wiss-Verdier, die in der »Aussprache«, den »Documents«**, den »Nouvelles Litteraires« und anderen französischen Zeitschriften schrieben, waren Richter noch aus der ersten Besatzungszeit bekannt, als besonders Clappier, seinerzeit französischer Kulturoffizier, die

---

* Zur Rezeption der Gruppe 47 in ausländischen Literaturzeitschriften vgl. Mayer: In Raum..., in: Richter 1962, S. 32 – 36

** Dort berichtete Wiss-Verdier schon 1949 über Le »Groupe 47«, auch in: Lettau 1967, S. 270 – 272; vgl. auch Mayer: In Raum..., Richter 1962, S. 32

Gruppe unterstützt hatte. 1950 zeigten sogar die brasilianischen »Letras es Artes« mit zwei ausführlichen Berichten Interesse für die Gruppe[278]. Der 47er Adriaan Morriën, Chefredakteur des Amsterdamer »Litteraire Passepoort«, machte das Phänomen Gruppe 47 in niederländischen Publikationen bekannt. Der Pole Andrzej Wirth nahm in den fünfziger Jahren nicht nur als befreundeter Literaturkritiker, sondern ebenfalls als Herausgeber der polnischen Literaturzeitschrift »Nowa Kultura« an den Tagungen teil. In der Tschechoslowakei stellte die »Svetova Literatura« fast alle bedeutenden Gruppenmitglieder mit längeren Beiträgen vor[279]. Der georgische Erzähler Alexander Tschejschwili, 1957 auf einer Studienreise durch Deutschland, wurde zu der Tagung in Niederpöcking eingeladen und schrieb darüber anschließend in der Moskauer »Literaturnaja Gazeta«[280], ebenso wie 1963 der Russe Wladimir Solouchin[281].

Wenn auch der »Welt«-Mitarbeiter und Gruppenautor Christian Ferber noch 1962 versicherte, *noch niemals (...) ist zu den Tagungen der Gruppe ein Zeitungsmann in seiner Eigenschaft als Zeitungsmann eingeladen worden*[282], so gesteht Richter doch im nachhinein ein, daß es *halt Ausnahmeregelungen gab, weil man sich gut kannte*[283]. De facto öffnete sich die Gruppe zeitweilig sogar gruppenfremden Journalisten, die nicht die vielbegehrte Postkarte Richters in der Brusttasche hatten. So waren 1955 in Berlin *viele Zuhörer der Presse (...) zwar nicht eingeladen, aber doch zugelassen*[284]. Für sie waren die Tagungen auch Meinungsbörse und Nachrichtenzentrale, die *Informationsvorteile gerade für die literarischen Vermittler*[285] bereithielt. 1955 immerhin war die Gruppe derart zum medienrelevanten Ereignis geworden, daß der Berliner »Tagesspiegel« ihr Treffen nicht nur vorankündigte, sondern mit aktuellen Berichten von Tag zu Tag begleitete[286]. Die Gruppe hatte durch die jeweils neu aktualisierte Regelmäßigkeit ihres Zusammenkommens, worin eine *Dialektik von Routine und Ereignis*[287] offenbar wurde, ihre mediale Präsenz verläßlich etabliert. *Kaum ein Jahrzehnt nach dem Jahre Null läßt sich an der Berichterstattung über Lebensäußerungen der Gruppe ablesen, wie gut geölt, wenn auch mit erwünschtem Klappern, die deutsche Kulturmaschine allenthalben läuft.*[288]

Ein neues Stadium erreichte die Publizität der Gruppe nach einem *für Ereignis-Erzeugung positiven Erwartungsstau*[289] 1958 mit dem spektakulären Durchbruch von Grass, dessen »Blechtrommel« zum Welterfolg wurde, der mit seiner Publicity wiederum auf die Gruppe zurückwirkte. Mit diesem bereits von einem BBC-Reporter registrierten Ereignis war die Gruppe nach elf Jahren ihres Bestehens auf dem Höhepunkt ihrer öffentlichen Wirkung angelangt. Die Resonanz ihrer Tagungen wurde international, selbst Auslandszeitschriften gingen ab jetzt regelmäßig auf die Tagungen ein. Im Inland weckte der »Blechtrommel«-Erfolg nicht zuletzt das Interesse der »Zeit«[290], deren Feuilletonchef Rudolf Walter Leonhardt in den folgenden Jahren regelmäßig an den Tagungen teilnahm, ausführlich darüber berichtete und geeignete Texte für die Erstveröffentlichung in der »Zeit« aufkaufte.

Gerade mit ihren Preisverleihungen war die Gruppe den aktualitätsorientierten Erwartungen der Medien* entgegengekommen: *Hervorstechendstes*

---

* *Die Gruppe 47 muß jedem Pressemann ein Ärgernis sein, weil sie so schwer in zwei klaren Sätzen unterzubringen ist.* (Ferber: Die Gruppe 47..., in: Richter 1962, S. 38) Auch Richter gelang es nicht, als für einen Korrespondenten der Deutschen Presseagentur *mit einem Satz Sinn und Zweck der Gruppe 47* (Eichholz: Welzheimer..., NZ 27./28. 10. 1951, zit. n. Lettau 1967, S. 71) beschreiben sollte, eine befriedigende Formulierung zu finden.

Instrument zur Ereigniserzeugung ist der Preis der Gruppe 47 (...).[291] Leserinteresse auslösende Schlagzeilen wie *Tausend Mark suchen einen Dichter*[292] waren die Folge. Auch die Resolutionen fungierten als Anlaß für ereignisbezogene Meldungen, die im übrigen, da zu Kürze und Knappheit genötigt, stets von d e r Gruppe 47 sprachen und damit unterschwellig eine Homogenität, eine institutionalisierte Geschlossenheit suggerierten, die den Tagungen erst recht Ereignischarakter verlieh*.

Als wichtigster regelmäßiger Termin neben der Frankfurter Buchmesse gingen die Treffen in den *sozial-literarischen Erwartungs- und Ereignisfahrplan*[293] der Bundesrepublik ein, so daß schließlich die Massenmedien die Tagungen ebenso wenig ignorieren konnten wie irgendeinen Parteitag. Die Berichte in Kultursendungen und auf Feuilletonseiten häuften sich dementsprechend. Wenn der »Spiegel« 1962 der Gruppe 47 eine Titelgeschichte widmete[294], so zeigte dies, daß die Gruppe als kulturpolitischer Faktor gewertet wurde.

Richter, der von immer mehr Journalisten bestürmt wurde, hatte es zunehmend schwerer, sein Einladungsverfahren streng beizubehalten.

62 wurde es schon ein bißchen viel, da waren wir in Berlin, 15 Jahre Gruppe 47, da waren 20 Fotografen, die knieten da herum, dann schmiß ich sie raus, daraufhin stiegen die durchs Fenster wieder rein (...). Da wurde die Presse zudringlich.[295]

Mit der Zeit gewann die wachsende Publizität eine gewisse Eigendynamik.

Der Effekt: schwellende Archivmappen, angefüllt mit immergleichen Berichten von Gruppentagungen. So kommt es zu berechenbaren Lawinenerfolgen. Je mehr Feuilletonspalten sich mit 47er-Nachrichten bedecken, desto mehr wollen dabei sein. Desto mehr wird dann geschrieben.[296]

1963 waren bereits Übertragungswagen des Fernsehens dabei. Sebastian Haffner machte im Auftrag des Südwestfunks Aufnahmen für eine Sendung, die im ARD-Programm *in des Fernsehens bester Sendezeit*[297] ausgestrahlt wurde: *43 Minuten Gruppe 47 (...) Größere Publizität kann eine Schriftsteller-Vereinigung sich nicht erträumen.*[298] Insgesamt wurden allein bei den ARD-Anstalten einschließlich eines Rückblicks nach dem zeremoniellen Abschlußtreffen 1977 acht längere Fernsehsendungen zum Thema Gruppe 47 ausgestrahlt, von zahllosen Kurzbeiträgen meist im Rahmen von Kulturmagazinen einmal abgesehen[299]. In der Hochphase der Gruppengeschichte folgte jeder Tagung ein *Strom deutender Primär-, Sekundär- und Tertiär-Berichterstattung***.

In Sigtuna potenzierte sich die Medienresonanz einmal mehr. Nachdem bereits seit Monaten die einheimischen Zeitungen publizistisch für eine *umfangreiche Vorbereitung*[300] ihrer Leser gesorgt und sie auf das Ereignis eingestimmt hatten, verfolgte die *Neugier einer rührigen schwedischen Publikationsmaschinerie*[301] mit zahllosen Kommentaren und Interviews von Presse, Funk und Fernsehen nicht nur die Tagung selbst, sondern vor allem

---

* Auch daß die Gruppe immer wieder ihren nicht-institutionellen Charakter hervorhob, leistete nach Schroers eine *Akzentuierung der Gruppen-Imago, schon weil die Öffentlichkeit solche Differenzierungen nicht mitmacht, die Gruppe aber nicht für die öffentliche Verzerrung zu haften braucht, ja, sogar auf einschlägige Dementis verweisen kann, die das Geheimnis noch vergrößern.* (Schroers: Der Generationenwechsel..., S. 109)

** (Kröll, 1977, S. 177, Anm. 4) Diesen Prozeß im Auge polemisierte Habe, es werde von den Gruppenautoren *allmählich mehr »über« geschrieben als geschrieben.* (Habe: Clique..., Z 26.10.1962)

auch das kulturelle Begleitprogramm der Autorenlesungen und Kritikervorträge, der Empfänge und Besichtigungen. Die schwedischen Autoren Lars Gustafsson, Herausgeber von »Bonniers Litterära Magasin«, und Thomas von Vegesack, die auch auf der Tagung lasen, schilderten in den Zeitungen »Expressen« und »Stockholms Tidningen« ihre Eindrücke[302]. Auch »Aftonbladet«, »Svenska Dagbladet« und »Dagens Nyheter« berichteten ausführlich[303]. Gleichzeitig erschien ein Katalog zur »Woche der Gruppe 47« in Stockholm. Die deutsche Presse verfolgte das Kulturspektakel durch ihre prominenten Mitarbeiter, die zum Großteil in ihrer Eigenschaft als Gruppenkritiker oder auch, wie der »Spiegel«-Reporter Kuby und der »Zeit«-Redakteur Leonhardt, als Journalisten eingeladen waren und unverzüglich Exklusivberichte lieferten*. Die *spektakuläre Reisetätigkeit*[304] der Gruppe wurde zur tagesaktuellen Nachricht schlechthin – auch über die herkömmliche Kulturberichterstattung hinaus. *Seit Sigtuna (...) wissen sogar notorische Bildzeitungleser von der Gruppe 47. Ähnliches hat es bisher in der deutschen Literaturgeschichte noch nicht gegeben.*[305] Die folgende Tagung in Berlin war, was Teilnehmerzahl und Berichterstattung anging, ähnlich wie schon 1961 in Göhrde als Rückzugsversuch zu werten; dennoch war auch hier der Rundfunk dabei. *Drei Stunden lang sendete das Dritte Programm des Norddeutschen Rundfunks und des Senders Freies Berlin Ausschnitte aus den Lesungen und Diskussionen (...).*[306] Die Tagung in Princeton 1966 wurde zu einer noch spektakuläreren Wiederholung des Presserummels von Sigtuna: Der per Schiff angereiste Grass, den Amerikanern von allen 47ern am besten bekannt, hatte, *noch keinen Fuß auf amerikanischem Boden, (...) schon zehn Interviews gegeben*[307]. Peter Weiss wurde von der »New York Times« interviewt und verursachte mit seiner Anti-Vietnam-Erklärung Mißverständnisse, die berichtigt werden mußten und zu neuerlichen Presse-Statements Anlaß gaben. Die »New York Times Book Review« *sandte den besten Germanisten der Columbia-Universität nach Princeton, um darüber zu berichten**. Der Bus, der die Gäste an den Tagungsort brachte, wurde von Kamerateams empfangen, und im Lesungssaal selbst warteten fünf Mikrofone. Für die Bundesrepublik erhielt der SFB die Mitschneiderechte. Das exklusive Einladungsverfahren hielt die Gruppe attraktiv: Ausgeschlossene Pressefotografen und Presseleute umlagerten den Sitzungsort; sie verstanden die Gruppe vor allem als Anhängsel der literarischen »Stars« Grass, Weiss und Enzensberger, die ihrerseits als *Vorreiter und Bahnbrecher*[308] der Gruppe den Weg ebneten. So erschien ein »Special Supplement« der »American German Review«, das der gesamten *Gruppe 47 at Princeton University* gewidmet war. Ferner gab es Würdigungen in der amerikanischen Literaturzeitschrift »German Quarterly«, in der »New York Times« sowie in »The Nation« Hinweise auf Veröffentlichungen der 47er. In der Bundesrepublik unterbrachen sogar die Rundfunkanstalten der ARD um drei Uhr früh ihr gemeinsames Nachtprogramm für eine Sondersendung, als sich zwei Gruppenkritiker per Telefon live aus Princeton meldeten[309].

Trotz der verstärkten Beteiligung gruppenfremder Kommentatoren blieb der Tenor der Tagungsberichte bis in die letzten Jahre hinein relativ homogen. Die Mechanismen, die die gruppeneigene Berichterstattung normier-

---

* *Während dieser Bericht geschrieben wird, ist die Tagung der Gruppe 47 in Sigtuna noch in vollem Gange.* (Kaiser: Die Poeten..., SZ 12. 9. 1964)

** (Raddatz: Polemik..., k 8/1966, auch in: Lettau, 1967, S. 418f) Das Urteil von Prof. Joachim P. Bauke fiel jedoch recht enttäuschend aus, vgl. Bauke: Die Gruppe 47..., in: Lettau, 1967, S. 236–240.

ten, indem sie diese einer *Loyalitätsbindung*[310] unterwarfen, funktionierten auch bei den über Beziehungen oder Empfehlungen endlich zugelassenen Journalisten: ein Prozeß auch der Vereinnahmung ehemals ablehnender Beobachter der Gruppe*. Nicht nur wirkte *auch auf den Neuling der Tagungsstil mit Lesungen, Kritik und zwanglosem Gespräch so stark, daß er, wenn schon kritisch, so doch sehr zurückhaltend*[311] berichtete. *Letztlich ist es das Wissen um den sozialen Wert des Zugangs zu einer Tagung mit ständig steigendem Prestige, welches die Einhaltung der Berichterstattungs-Normen bewirkt.*[312] Auch die Sendungen von Funk und Fernsehen bildeten hierbei keine Ausnahme: Das Fernsehfeature Haffners vermittelte einen derart positiven Eindruck, daß Kaiser kritisierte, Haffner habe der Gruppe einen *Persilschein*[313] ausgestellt. Und die dreistündige SFB-Sendung von Hans-Peter Krüger im Anschluß an die Tagung 1965 war ebenfalls alles andere als kritisch**.

Erst in den letzten Jahren, verstärkt seit Sigtuna, noch massiver seit Princeton, mehrten sich innerhalb und außerhalb der Gruppe die Hinweise[314] auf den entstandenen Widerspruch: zwischen dem ursprünglichen Charakter der Tagung, den Richter immer noch postulierte und, soweit möglich, beizubehalten versuchte, und dem tatsächlichen Auftreten der Gruppe in der von den Massenmedien konstituierten Öffentlichkeit.

4.243 Deformation der Privatheit

Bis zur letzten Tagung der Gruppe 47 in der Pulvermühle behielt Richter trotz des immer stärker werdenden Andrangs von Berichterstattern sein privates Einladungsverfahren bei, das *auf einem Gemisch von Hörensagen, Freundschaft, Empfehlungen und Improvisation zu beruhen*[315] schien. Trotz der sich ändernden Teilnehmerstruktur konnte daher bis zum Schluß mit gewisser Plausibilität an der überkommenen Definition festgehalten werden, es handele sich bei der Gruppe um einen ›Freundeskreis‹, eine ›private Party‹ von Hans Werner Richter. Diese Privatheit war in der ersten Phase der Gruppe, obwohl bereits 1948 erstmals Verleger dazugeladen wurden, auch noch gegeben: die Tagungen fanden im *entre-nous-Geist*[316] statt.

Bald empfand sich die Gruppe als Ersatz für die idealtypisch vorgestellte ›geistige Metropole‹*** mit der Möglichkeit des freien, kritischen Gesprächs über Literatur. Nach außen charakterisierte sie sich selbst als Variante des vielbeschworenen Romanischen Cafés, doch blieb in ihrem Eigenverständnis die ökonomische Komponente, wie sie längst auch der literarischen Öffentlichkeit im Berlin der Zwanziger Jahre innewohnte, ausgeblendet. Somit spiegelte das Gruppenbewußtsein eher die Vorstellung einer literarischen Öffentlichkeit, wie sie als primär ideelle und von Eigentumsinteressen weitgehend unabhängig für das 18. Jahrhundert beschrieben wird****.

---

* Über den ursprünglich sich scharf distanzierenden (vgl. Monat Okt. 1964, auch in: Lettau, 1967, S. 203 - 205) Peter Härtling hieß es nach der ersten Tagungsteilnahme: *Nicht, daß Härtling nun korrumpiert wäre – sein jüngster Tagungsbericht zeigt, daß er durchaus gewisse kritische Einwände beibehalten hat. Nur gehört er jetzt dazu – und da schreibt man dann schon etwas anders.* (Wallmann: Richters..., W 21. 12. 1977)
** *Ausgewählt waren (...) jene Lesungen, die auf mehr Zustimmung als Ablehnung gestoßen waren, es entstand ein friedlicher Eindruck. (...) das Mißglückte, von den Kritikern Zerrupfte war unterschlagen.* (Nettelbeck: Es war..., Z 3. 12. 1965)
*** *Die »Gruppe 47« ersetzt heute zu einem gewissen Grade die literarischen Salons, das Kaffeehaus und auch, wenn man hochgreifen will, Berlin.* (Schwab-Felisch: Lyriker..., FAZ 29.10.1959)
**** Habermas urteilt, daß die Privatleute *sich im Kommunikationsprozeß der literarischen Öffentlichkeit ihrer aus der Intimsphäre hervorgehenden Subjektivität versichern.* (Habermas: Strukturwandel..., S. 72; vgl. auch S. 42 - 75).

Im übrigen war eine wesentliche Vorbedingung dieses Sektors bürgerlicher Öffentlichkeit, nämlich der prinzipiell freie Zugang*, nicht gegeben: Wenn überhaupt, so handelte es sich also bei der Gruppe 47 um eine *private*[317], weil mithilfe eines Einladungsverfahrens *ausgewählte(n)*[318] Öffentlichkeit.

Allerdings besaß dieser abgeschlossene Privatkreis durch die Teilnahme von Berufskritikern und Funktionären publizistischer Organe bereits von Anfang eine wenn auch *intime Publizität*[319], die sich zudem immer mehr ausweitete und ihren ursprünglichen Charakter einbüßte. Die Gruppe geriet im Laufe der Jahre in den Sog der von den Massenmedien und ihr selbst konstituierten Öffentlichkeit: Die professionelle Neugier, mit der in den sechziger Jahren die hinter *streng verschlossenen Türen*[320] stattfindenden Tagungen verfolgt wurden, zeigte sich an Agenturmeldungen wie der folgenden von United Press International (upi): *Die etwa 80 Schriftsteller und Literaten wollen bei ihrer Tagung nicht gestört werden. Soweit festzustellen war (...)*[321]. Bis zum Schluß war Richter bemüht, mithilfe der streng gehandhabten Teilnehmerauslese jene ursprüngliche Privatheit beizubehalten, die doch, da sie so offen nach außen dokumentiert und allgemein rezipiert wurde, längst zu einer öffentlichen, weil veröffentlichten geworden war. *Der Doppelcharakter von Privatheit und [...] Öffentlichkeit durchherrscht den gesamten Institutionalisierungsprozeß*[322] der Gruppe. Der ›entprivatisierte Intimbereich‹ der internen Kollegentagung wurde zusehends publizistisch ausgehöhlt, ihre Privatheit zur ›Scheinwerferprivatheit‹, so daß im Zugriff verwertungsbereiter Medien die kritische Diskussion selbst zum Konsumgut wurde und das nach historischem Muster praktizierte Räsonnement der Privatleute zum Warenangebot der Medien verkam**.

Während die Fernsehkameras zuschauen und mit ihnen Millionen potentieller Zuschauer, die hinter diesem Auge des großen Bruders stehen; während die Tonbänder an der Wand horchen (...) – in dieser Aula wird jedes Experiment zur Exhibition (...). Der ›panem et circenses‹-Charakter einer solchen Schau ist allzu eindeutig (...).[323]

Richter mochte diese Deformation erkannt haben, als er mit Wissen der Teilnehmer Haffners Fernsehkamera versteckt installieren ließ, um wenigstens den Anschein der Privatheit aufrechtzuerhalten: Der wachsende Widerspruch wurde sorgsam getarnt, wo er optisch hätte manifest werden können. Für die Gruppe wurden die Tagungen ein *abgeschirmter Privatraum von höchster öffentlicher Wirksamkeit*[324]. Sie beherrschte in den Augen eines Kritikers *die Technik, unter sich zu sein und doch alle Welt davon wissen zu lassen*[325], jedoch wollte sie weder ihre Publizität noch die ihr dadurch zugewiesene Macht über bestimmte Kommunikationskanäle wahrhaben. *Die Gruppe will Privatsache sein, sie möchte die Öffentlichkeit gerne loswerden und kann es nicht, denn der Prozeß ist nicht reversibel*[326], diagnostizierte Zimmer. Längst war Enzensbergers Diktum, die Gruppe sei *eigentlich nichts anderes als ihre eigene Tagung*[327], durch den allmählichen Erwerb *medialer Dauerpräsenz*[328] hinfällig geworden. Die Gruppe war *über die Transmissionsriemen von Vorankündigung und Echo, die die Institution Tagung über die Tagungsfrist hinaus publizistisch fest vernetzen*[329], dauerhaft in das literari-

---

* *Die Parität, auf deren Basis allein die Autorität des Arguments gegen die der sozialen Hierarchie sich behaupten und am Ende auch durchsetzen kann, meint im Selbstverständnis der Zeit die Parität des »bloß Menschlichen«* (Habermas: Strukturwandel ..., S. 52), hinter der sich freilich eine *Parität der Gebildeten* (S. 72), also zumeist der Besitzenden, verbirgt (vgl. S. 69 – 75).

** Vgl. zur Charakterisierung und historischen Einordnung eines solchen Prozesses Habermas: Strukturwandel ..., S. 193 ff.

sche Kommunikationssystem integriert und versorgte *zunehmend auch zwischen den Tagungen die einschlägigen Mediensparten mit Themenanlässen*[330].

Entsprechend absurd mutete die strenge Klausur der Gruppe in Princeton an, wo Presse-, Fernseh- und Rundfunkleute die Türen belagerten, um von der Intimität der Gruppentagung alles, was nach draußen drang, in die Öffentlichkeit tragen zu können. In der Pulvermühle ergab sich ein Jahr später ein ähnliches Bild restriktiver Selbstdarstellung. Weil auch hier Richter dem Fernsehen den Saal verboten hatte, filmten die Kameraleute *Pausengespräche, Ankünfte, Dichtergattinnen*[331] oder *von verzweifelt-abwechslungsreichen Standorten immer das gleiche Füßevertreten*[332]: marginale Einblicke ohne faktischen Informationswert, die nur noch das Dabeisein der Reporter belegten.

Indem die Gruppe 47 sich mediengerechten Selbstdarstellungsformen verweigerte, weder Interviews noch Pressekonferenzen gab und somit, nachdem der angestrebte und mitinitiierte Einzug in die Öffentlichkeit erst erreicht war, das *Tierchen Publicity durch Nichtstun gegen den Strich*[333] bürstete; indem sie also diese spezifische Art von Public Relations betrieb und damit das Interesse der Ausgeschlossenen wachhielt, verstärkte sich der öffentliche Eindruck vorenthaltener Bedeutsamkeit, zog die Aura des Privaten den Zugriff der Massenmedien erst recht auf sich. Letztendlich also profitierten die 47er von ihrem Kokettieren mit einer längst deformierten Privatheit. Sie stellten ihre eigene Publizitätsscheu zur Schau und fühlten sich subjektiv von den Effekten des Medienrummels belästigt, obgleich ihrer aktiven Einpassung in die Mechanismen des Buchmarkts die Einsicht vorausging, daß eine profitorientierte Kulturproduktion den Schriftsteller nicht mehr als einzelschöpferisches Individuum seine Werke verbreiten läßt, sondern daß eine medienvermittelte flankierende Publizität unabdingbare Voraussetzung dafür ist, die eigene Literatur als Ware absetzen zu können.

4.25 Tabuisierung des Funktionswandels

Im gleichen Maße, wie sich die meisten Autoren dem Funktionswandel der Gruppe affirmativ einfügten, setzte die Ökonomisierung der Tagungen und ihre Öffnung für die Massenmedien verschiedene Legitimationsmechanismen in Gang: Je weiter sich die literarische Werkstatt zur öffentlichkeitswirksamen Publikationsagentur verkehrte, wurde der Wandel in seinen ökonomischen Dimensionen tabuisiert und für vereinbar ausgegeben mit den ursprünglichen publizistisch-literarischen Anliegen der Gruppe. So wurde vielfach herausgestellt, daß die Funktionsträger des Literaturbetriebs nicht in dieser, ihrer merkantilen Funktion, eingeladen würden, sondern vorrangig *als literarisch interessierte Privatpersonen*[334], als kollegiale Partner der Autoren Zugang erhielten*. In den ersten Jahren ist von ›*Managern*‹[335] nur in verschämter Apostrophierung die Rede. Auch die Konkurrenzsituation, die die Gegenwart der Marktvertreter für die Schriftsteller schuf, wurde als *nicht schicklich für literarische Subjektivitäten*[336] verdrängt, die marktgerechte Selektion als *scheinbar naturwüchsige Erscheinung*[337] verinnerlicht, die sich nur nach literarischer Leistung richtet und Talent belohnt. Daß die auf den Tagungen erfolgende *Wertsignifikation*[338] Autoren und Texte warengleich taxierte, wurde als quasi organische Funk-

---

* Dies galt ausdrücklich auch für die Verleger, vgl. Kap. 4.31

tion ausgegeben: *Die Gruppe prüft, nimmt auf und scheidet aus*[339] – eine frühe Umschreibung ihrer Praxis, die gleichwohl für das Selbstverständnis der Gruppe auch in späteren Phasen gelten kann. Externes Marktinteresse wurde verneint und nur dort erkannt und zurückgewiesen, wo es sich allzu unverhüllt zeigte: Als Rudolf Walter Leonhardt nach der Tagung 1962 in der »Zeit« die Namen der aufgetretenen Autoren, je nach Erfolg, tabellenartig in fünf Kategorien eingruppierte*, löste solche offenkundige Quantifizierung des literarischen Urteils Proteste der Gruppe aus; Leonhardts Verstoß gegen das Tabuisierungsgebot, was den Warencharakter von Literatur angeht, wurde nach einem Streit mit Grass individuell geahndet: Der Redakteur wurde nicht wieder eingeladen. Auch die Kritik an der Kritik artikulierte sich, sofern sie nicht ganz unterblieb, gegen einzelne Mitwirkende und personalisierte damit die zugrundeliegenden Marktverhältnisse, die ausgeblendet blieben. Während ein Tagungsbeobachter schon in den fünfziger Jahren forderte, über den ökonomischen Untergrund der Literatur *müßte ohne Scham gesprochen werden*[340], hielt sich in der Gruppe die Idee einer unabhängigen, informellen Autorenvereinigung, die der Literatur als Kunstgattung allein verpflichtet ist – hier die Werkstatt, dort der Markt mit seiner Buchmesse:

> *Debattiert man in Frankfurt über den festen Ladenpreis, über Auslandsrechte und Lizenzen, über Bestseller und Werbung, so auf den Tagungen über Pathos und Understatement, über stilistische Brüche, schiefe Bilder und falsche Konjunktive.*[341]

Literatur wurde von ihrer Veröffentlichung abgetrennt, aus dem Marktzusammenhang herausgelöst, als Eigenwelt eingegrenzt. Der Literatur und ihrer Fortentwicklung und nichts anderem diente im Verständnis der Gruppe das harsche Selektionsverfahren, das allein, so Richter, *Anregungen und Impulse*[342] liefern und die *Verhinderung literarischen Unfugs*[343] bewirken konnte, wie noch 1962 der gleiche Enzensberger schrieb, der die Gruppe Jahre später als *Marketinginstrument*[344] einstufte. Wo die Marktrelevanz der Gruppe schon frühzeitig erkannt wurde, war sie, wie entschuldigend betont wird, *im guten Sinne ein Stück literarischen Betriebs*[345] und damit immer noch dem Primat des vorgeblich autonom Geistigen verpflichtet, dem die Sphäre der kunstfeindlichen Ökonomie gegenübergestellt wurde**. Wenn Walser, die Signalwirkung der Gruppenmitgliedschaft beklagend, schrieb, *es riecht nach Markenartikel*[346], so verwahrte er sich damit gegen das Odium materiellen Interesses, von dem die als einzelschöpferisch tätig sich begreifenden Schriftsteller freibleiben wollten. So nur war garantiert, daß ihr tradiertes Selbstbild nicht vom Makel der Marktabhängigkeit befallen wurde, daß sie selbst sich weiterhin *für die eigentlichen Produzenten*[347] halten konnten, für die der Literaturbetrieb nur multiplikatorisch eintritt. Diese tiefgreifende Tabuisierung der realen Marktstruktur wurde dadurch begünstigt, daß die Autoren im Status des *kleinen Warenproduzenten, der zugleich den Verkauf besorgen muß*[348], zu eben diesen Zweck auf den Tagungen, wo die Abnehmer *direkt vom Erzeuger*[349] kauften, privat eingefärbte Nahkontakte anknüpfen konnten und nicht wie sonst *mühsam herumreisen oder herumschreiben*[350] mußten, um ihre Produkte anzubieten und abzusetzen. Damit

---

* Die Kategorien lauteten: *Einigen Beifall erhielten/Mehr Beifall als Mißfallen fanden/Die Zustimmung überwog deutlich bei/Mit großem Erfolg haben gelesen/Ferner haben gelesen* (Leonhardt: Die Gruppe 47..., Z. 2.11.1962).

** Auf diese – oberflächliche – Opposition gründeten auch viele Gegner der Gruppe ihre Angriffe (vgl. Kap. 4.23).

war, insofern die Kommunikationsstränge des Literaturmarktes auf den Tagungen kurzzeitig knotenpunktartig zusammenliefen, die Anonymität des Betriebs vorübergehend aufgehoben. Daß auf den Tagungen *die Manager und die Gemanagten dicht beieinandersaßen*[351], die Gruppe ihnen persönliche Begegnungen ermöglichte, war geeignet, die Gesetzmäßigkeiten des Marktes als suspendiert erscheinen zu lassen: ein weiterer Ursachenfaktor dafür, daß die Träume vom souveränen Künstlersubjekt den Funktionswandel der Gruppe nahezu unbeschädigt überstanden. Das tradierte Selbstverständnis des Schriftstellers als einzelschöpferischen Individuums trug indirekt dazu bei, daß sich die Gruppe als je spezifische Wertigkeiten zumessende Selektionsinstanz etablieren konnte:

> *Was als dem literarischen Marktprinzip geschuldeter, naturwüchsiger Sachzwang erscheint, enthüllt sich als pragmatisches Einpassen in die sozio-kulturelle Normstruktur des literarischen Marktes, der die Schriftsteller als sozial profilierte Subjektivität, die individuell ihre Chancen wahrnimmt, wünscht (. . .).*[352]

4.3 VERFLECHTUNG IM MARKT

Das von massiver Medienresonanz begleitete temporäre Auftreten der Gruppe 47 auf den Jahrestagungen bedeutete keinesfalls gleichzeitig eine temporäre Eingrenzung auch ihrer Funktion als Publikationsagentur. Vielmehr stabilisierte sich, durch die Treffen in regulären Abständen bestätigt, ihre dauerhafte Einpassung in den Literaturbetrieb. Dabei gelang es der Gruppe, ihren Mitgliedern in den verschiedenen Mediensektoren in quantitativ wie qualitativ je unterschiedlichem Maße Möglichkeiten zur Mitarbeit zu eröffnen und damit, *überall indirekt präsent*[353], auch ihren Einfluß auf die Produktion und Distribution von Literatur im Nachkriegsdeutschland strukturell zu festigen. Sie gewann, über ihre Mitglieder vermittelt, eine Machtposition, die ihr später als Monopolstellung angelastet werden sollte.

4.31 Verlage

Obwohl den Autoren der Gruppe 47 mit dem Hörfunk ein neues Medium offenstand, blieben die traditionellen Buchverlage nach wie vor der wichtigste Adressat ihrer Publikationsbemühungen. Das Buch galt den meisten Schriftstellern als originäre, oft als einzig adäquate Form einer literarischen Veröffentlichung. Notwendigerweise mußte daher die Gruppe 47, um die Erzeugnisse ihrer Mitglieder auf dem vertrauten Weg an das Lesepublikum zu bringen, eine Allianz mit den Verlagen eingehen, zunächst mit solchen minderen Marktgewichts: Während in den ersten Nachkriegsjahren die traditionsreichen, finanzkräftigen Literaturverlage sich auf zugkräftige Titel beschränkten, auf ihre Hausautoren, die Emigranten und die Literatur des Auslands[354], waren es unbekannte Kleinverlage, die vor allem die deutschen Nachkriegsschriftsteller förderten.

Bereits im Juli 1947 hatte der im Vorjahr gegründete Stahlberg-Verlag *von der konservativen Seite aus*[355] ein Treffen junger Autoren veranstaltet, an dem auch Hans Werner Richter und mehrere Angehörige der späteren Gruppe 47 teilnahmen. In den folgenden zwei Jahren erschienen bei Stahlberg Bücher der Gruppenmitglieder Siegfried Heldwein, Heinz Friedrich, Walter Hilsbecher, Wolfgang Lohmeyer und Alfred Andersch, doch kam es darüberhinaus zu keiner Zusammenarbeit mit dem Verlag. Immerhin, das beim Stahlberg-Treffen geübte Verfahren, junge Autoren einander vorlesen zu lassen, um durch gemeinschaftliche Kritik, unterstützt von erfolgreichen Schriftstellerkollegen, das handwerkliche Können zu verbessern, lieferte Richter das Vorbild für die Tagungspraxis der 47er[356]:

> *Ich habe zum erstenmal dort gesehen, daß das eigentlich sehr gut funktionieren könnte und daß die Leute sehr viel lernen könnten in einer Zeit, wo die alte Literatur zusammengebrochen ist.*[357]

Tatkräftige Unterstützung leistete in den Anfangsjahren auch der Berliner Gebrüder Weiss Verlag, der 1948 und 1949 die ersten Bücher der Gründungsmitglieder Heinz Ulrich, Walter Heist und Walter Mannzen herausbrachte. Später fand der Verlag in Verbindung mit der Gruppe nur noch einmal Erwähnung, als er sich zur Tagung 1955 in Berlin mit 500 DM am Gruppenpreis beteiligte. Wie einige andere Kleinverlage, bei denen vereinzelt 47er gedruckt wurden, gehört auch der Gebrüder Weiss Verlag zum Gros jener Buchproduzenten, die ungeachtet literarisch bedeutsamer Einzelpublikationen auf dem entstehenden Markt nur periphere Positionen erreichten. Den jungen Nachkriegsautoren dienten diese Verlage nichtsdestoweniger als notwendige Partner für den literarischen Start.

Noch vom »Ruf« her bestand ein besonderes Verhältnis zwischen der Gruppe und der Nymphenburger Verlagshandlung, deren Mitinhaber Curt Vinz Lizenzträger dieser Zeitschrift war. Obwohl die Gründungsmitglieder der Gruppe nahezu identisch waren mit den ehemaligen Mitarbeitern des »Ruf«[358], entwickelte sich zwischen den 47ern und dem Verlag keine dauerhafte Verbindung*. Lediglich Walter Kolbenhoff konnte hier Ende der vierziger Jahre zwei Bücher herausbringen, und ab Mitte der fünfziger Jahre erschienen mit Carl Améry, Ilse Aichinger, Heinz Friedrich und Walter Hilsbecher vier weitere Gruppenautoren, darunter zwei aus der »Ruf«-Generation, im Verlagsprogramm.

Schon von Anfang an nahmen aber auch größere Verlage von den Gruppentagungen Notiz. Im April 1948 in Jugenheim waren immerhin schon drei marktführende Unternehmen vertreten, die sich für *dieses neue, eigenartige Experiment*[359] interessierten. Dabei verfolgten die Verleger die ersten Tagungen noch weniger mit aktuellem Verwertungsinteresse, sondern beobachteten die Gruppe zunächst mit wohlwollender Zurückhaltung. Sie hatten *Vertrauen zu der Wirksamkeit der Gruppe*[360]. Auf die Naturwüchsigkeit der literarischen Entwicklung bauend, förderten sie den Autorenkreis als Movens literarischer Qualität. Sie schalteten sich als gewissermaßen gleichberechtigte Teilnehmer in den Tagungsprozeß ein und sanktionierten dadurch die Gruppe 47 als Forum des schriftstellerischen Nachwuchses. *Vertreter der Verlage Bürger, Desch, Rowohlt nahmen an der Diskussion teil und bereicherten so die Tagung um ein außerordentlich wichtiges Moment***. In dieser Anfangsphase wurden die Verlagsvertreter von den 47ern als literarisch gebildete Gesprächspartner, als Element der Tagungsatmosphäre akzeptiert, noch bevor sie den von ihnen abhängigen Autoren als reale Machtträger des Literaturmarktes ins Bewußtsein rückten***. Ihre kommunikative

---

* Engere Kontakte verhinderte möglicherweise auch das unfreiwillige Ausscheiden Richters und Anderschs aus der »Ruf«-Redaktion, vgl. Kap. 1.

** (Hensel: Gruppe 47 ..., DE 8.4.1948, zit. n. Lettau, 1967, S. 38) Der Bürger-Verlag tauchte im Zusammenhang mit Veröffentlichungen von Gruppenautoren nie wieder auf.

*** *Ausgesprochen aus Geschäftsinteresse kamen sie (...) eigentlich nicht. Nein, es war literarisches Interesse auch bei den Verlegern.* (Richter-Interview II, S. 25) Für Kröll gehört solches Auftreten der Verleger zu den *Verkehrsattributen des traditionellen literarischen Marktes* (S. 180, Anm. 3).

Rolle auf den Tagungen überlagerte die ökonomische Funktion der Verleger, solange diese darin verharrten, das eigenmächtige ›Heranreifen‹ einer marktfähigen Literatur abzuwarten.

Der erste solchermaßen sozial integrierte Buchproduzent, der die Tagungen besuchte, war der durch günstige Startbedingungen bevorteilte Verlagsgründer Kurt Desch. Dank der Papiervorräte einer NSDAP-Druckerei, die ihm die Alliierten überlassen hatten, konnte er schon in der Lizenzphase 164 Titel, mehr als mancher ehemalige Großverlag, auf den Markt bringen.

Desch ließ Bücher regnen, weniger Bücher von Autoren, die nur einen oder ein paar Titel auf den Markt brachten, sondern beinahe ausnahmslos Bücher von erfolgreichen und erfolgversprechenden Vielschreibern.[361]

Als Verleger auch des Gruppenleiters Hans Werner Richter gehörte Desch bald zum Freundeskreis der 47er und begleitete ihre Treffen bis weit in die sechziger Jahre mit konstantem Interesse. Trotz seiner für die ersten Nachkriegsjahre optimalen Produktionsvoraussetzungen und seiner erklärten Absicht, junge deutsche Autoren zu fördern*, beschränkte sich Desch bis Anfang der fünfziger Jahre darauf, die Tagungen als Zuhörer zu verfolgen**. Das Frühjahrstreffen 1950 nutzte der Verleger, um die Stiftung des René-Schickele-Preises *für den besten Roman eines jungen deutschen Autors*[362] bekanntzugeben. Erster Preisträger: sein Hausautor Hans Werner Richter. Erst ab 1953 erschienen einige Veröffentlichungen hauptsächlich Hildesheimers und anderer Autoren aus der Gründungsgeneration bei Desch, ohne daß er wie andere Verleger die Gruppe gezielt als Reservoir junger Talente funktionalisierte. Insgesamt haben zwölf Gruppenautoren, darunter auch Walter Jens und Milo Dor, bei Desch publiziert.

Ebenso wie Desch beobachtete auch Ernst Rowohlt die Bemühungen der Gruppe mit Sympathie, doch ohne direktes Engagement. Schon 1947 hatte Richter zu Rowohlt, dem kapitalkräftigsten und mit seinen »Ro-Ro-Ro«-Leseheften erfolgreichsten deutschen Verleger, Kontakte geknüpft, als er ihn neben dem Blanvalet-Verlag, vergeblich, für den »Skorpion« zu interessieren suchte. Als ihn Richter *aus alter Freundschaft*[363] zu einer Tagung der Nachwuchsautoren einlud, schrieb der Altverleger *zwar einen Brief, in dem er sagte: »Macht nur so weiter, Ihr munteren jungen Leute ... «, aber er hat kein Buch gedruckt*[364]. 1949 war zwar der 47er Hans Georg Brenner, später bei Claassen, als Übersetzer und Lektor bei Rowohlt, und sein Gruppenkollege Georg Hensel hatte dort seinen Erstlingsroman veröffentlichen können, aber dieses blieben Einzelfälle***. Erst in den fünfziger Jahren richtete sich vor dem Hintergrund freiwerdender Produktionskapazitäten und der fortschreitenden Ausweitung des Literaturmarktes das zuvor beiläufige Verlagsinteresse systematisch auf die Gruppe selbst. In Niendorf 1952 war Ernst Rowohlt einer der sechs Verleger, die persönlich an der Tagung teilnahmen. In der Folgezeit kamen auch Piper, Neske und Unseld zu den Gruppentref-

---

* Sofort nach Kriegsende 1945 formulierte Desch in den Leitlinien seines Verlags die Absicht, *dem Neuen, Jungen, Gegenwärtigen, dem Kommenden das Wort zu geben, wenn es der Wiedereinsetzung des Menschen dienen will.* (Desch: 10 Jahre ..., S. 9) Augenfällig ist Deschs gedankliche Nähe zu »Ruf«-Positionen; vgl. Kap. 1.

** Einzelne Bücher von Hans-Jürgen Soehring und dem schon bekannten Wolfgang Weyrauch 1947 und 1948 stehen nicht im Zusammenhang mit der Gruppe 47, der beide Autoren sich erst später anschlossen.

*** Wolfgang Weyrauch und Walter Jens lektorierten bzw. publizierten bei Rowohlt bereits vor ihrem Eintritt in die Gruppe 47.

fen, andere Verlage wie Goverts, Hanser, Insel, Kiepenheuer & Witsch, Luchterhand, S. Fischer, Steingrüben, Walter und Westermann waren häufig durch Lektoren vertreten. Zunehmend wurden Gruppenautoren selber in dieser Funktion verpflichtet, verfügten sie doch über allerbeste Kontakte im Literaturbetrieb und zum literarischen Nachwuchs.

Der erste Verlag, der im Gegensatz zu den noch abwartenden Desch und Rowohlt auf den Tagungen offensiv in Erscheinung trat, war die Deutsche Verlagsanstalt (DVA), bei der 1962 die Gruppenzeitschrift »Die Literatur« erschien. Auf der Niendorfer Tagung spendete die DVA 2000 DM für den Gruppenpreis und startete noch im selben Jahr eine »Reihe junger Autoren«, in der Bücher von Milo Dor, Wolfgang Hildesheimer, Jürgen von Hollander, Paul Celan, Karl Krolow und Rolf Schroers herauskamen. Die letzten drei hatten in Niendorf zum erstenmal, Krolow und Celan auch das einzige Mal gelesen. Für die beiden Lyriker mündete dieser Auftritt vor dem Forum der Gruppe in eine längerfristige Zusammenarbeit mit der DVA, während der Verlag von anderen 47ern in den folgenden Jahren nichts mehr veröffentlichte. Erst 1960 konnte die DVA mit dem Tagungsneuling Johannes Bobrowski, zugleich Cheflektor des Ostberliner Union-Verlags, wieder ein zudem prominentes Gruppenmitglied für mehrere Jahre an sich binden.

Für sein Zeitschriftenprojekt »Die Literatur« hatte Richter, wiederum vergeblich, auch Rowohlt zu gewinnen versucht, der sich auf der Niendorfer Tagung noch immer nicht entschließen konnte, einen 47er für seinen Verlag zu verpflichten. Doch entrichtete er, nachdem der NWDR den Autoren Anreise und Unterkunft finanziert und die DVA den Gruppenpreis gestiftet hatte, seinen ›mäzenatischen‹ Obulus und bezahlte das traditionelle ›Abschiedsgelage‹: *Papas Rechnung nach liberaler Kumpanei betrug 1200 Mark.*[365] In solchen Gesten dokumentierte sich eine Haltung, die patriarchalische Züge trug und für das Verhältnis zwischen Gruppe und Verlegern in den Anfangsjahren kennzeichnend war. Die Verleger traten mit dem Gewicht ihrer ganzen Persönlichkeit auf und repräsentierten mit ihrem Verlag zugleich ein bestimmtes Programm, das, in Zielsetzung und Ausmaß noch überschaubar, zumeist ihrem eigenen Literaturverständnis entsprach. Umfassende literarische Kennerschaft war in diesem traditionellen Selbstverständnis der Verleger ein notwendiges Komplement zur kaufmännischen Qualifikation. Da die Produktion dieser Verlage längst wirtschaftlich abgesichert und literarisch ausgewiesen war, verpflichteten sie nur sporadisch neue Autoren aus der Gruppe 47, sofern diese sich den vorgegebenen Konzeptionen einfügten, und beobachteten im übrigen das Tagungsgeschehen aus der Reserve, wenngleich auch ihrem nicht-kommerziellen Auftreten ökonomisches Interesse immer latent innewohnte.

Zu den ›Verlegerpersönlichkeiten‹ im assimilierten Freundeskreis der 47er zählte neben Desch und Rowohlt auch Klaus Piper, der sich 1955 sogar anläßlich einer Herbsttagung, zu der im allgemeinen Vertreter des Literaturbetriebs keinen Zugang hatten, *über die Gruppe beugte*[366]. Auch Piper übte als Tagungsteilnehmer jahrelang verlegerische Zurückhaltung, sieht man von unbedeutenden Gelegenheitsarbeiten ab, die einige Schriftsteller der Gruppe in seinem Verlag publizierten. Erst nach dem Grass-Erfolg erschien Piper 1959 mit einem dreiköpfigen Lektorenteam auf der Tagung und verpflichtete seither zahlreiche Neuentdeckungen, darunter Ernst Augustin, Gerd Fuchs, Urs Jaeggi, Louis Jent, Rolf Schneider und Gabriele Wohmann. Auch den schon arrivierteren Gruppenkritikern Walter Jens, Joachim Kaiser, Marcel Reich-Ranicki bot dieser Verlag eine publizistische Platt-

Verflechtung im Markt

form. Jens, dessen mehrfach in der Gruppe vorgestellter Roman »Herr Meister« bei Piper herauskam, und Ingeborg Bachmann, deren Rechte sich der Verlag schon 1956 vorausschauend gesichert hatte, waren hier mit mehreren Publikationen die meistgedruckten 47er. Insgesamt konnten bis zur Auflösung der Gruppe etwa 20 ihrer Angehörigen in diesem Verlag veröffentlichen. Daß Klaus Piper über seine merkantilen Absichten hinaus der Gruppe auch sozial eingegliedert war und ihren ›Konsens‹ teilte, zeigte seine Mitwirkung an der Anti-Springer-Erklärung 1967.

Der Rowohlt Verlag war nach der Niendorfer Tagung, die auf vielfache Resonanz gestoßen war, auf den 47er-Treffen durch seinen Lektor Wolfgang Weyrauch ständig präsent. Eine konkrete Einkaufstätigkeit läßt sich jedoch erst für die sechziger Jahre nachweisen. 1962 verpflichtete der Rowohlt-Nachfolger Heinrich Maria Ledig-Rowohlt die beiden jungen Gruppenautoren Gisela Elsner und Konrad Bayer. Die 47er Peter Rühmkorf, Fritz J. Raddatz und Hermann Peter Piwitt trugen in den sechziger Jahren als Rowohlt-Lektoren dazu bei, daß in dem Verlag bis 1968 mehr als 30 Mitglieder der Gruppe veröffentlichen konnten, von denen über zwei Drittel mehr als einen Titel bei Rowohlt publizierten. Mit Jürgen Becker, Hubert Fichte, Walter Jens, Walter Höllerer, Hans Mayer und Hans Werner Richter hatte der Verlag einige herausragende Protagonisten der Gruppe als Stammautoren in seinem Programm. Für die 47er war der Rowohlt Verlag der quantitativ wichtigste Abnehmer unter den traditionellen Druckmedien des Literaturmarktes.

Mit S. Fischer war auf den Tagungen ein weiterer Literatur-Verlag von erheblichem Marktgewicht vertreten. 1950 hatte Brigitte Bermann-Fischer die Tagung in Inzigkofen besucht, und im gleichen Jahr erschien in ihrem Verlag Hans-Jürgen Soehrings Roman »Casaducale«, aus dem er auch gelesen hatte. Mit Ilse Aichinger und Paul Schallück gehörten zwei weitere Gruppenmitglieder zu den Stammautoren dieses Verlags. Im Laufe des zwanzigjährigen Gruppenbestehens veröffentlichten bei S. Fischer, der ab 1959 durch Klaus Wagenbach als Lektor repräsentiert wurde, fast 30 Autoren aus dem Kreis der 47er, zur Hälfte mehrfach, ohne daß dadurch das Verlagsprofil signifikant geprägt worden wäre. Festzuhalten bleibt für alle Großverlage, so auch für S. Fischer, daß die Gruppentagungen erst nach einer mehrjährigen Observationsphase aktiv als Rekrutierungsfeld für potentielle Verlagsautoren genutzt wurde.

Gegenüber den bis in die sechziger Jahre hinein eher patriarchalisch geführten Verlagshäusern verkörperte Siegfried Unseld von Suhrkamp einen neuen Verlegertypus und eine stärker am gezielten Marketing orientierte Autorenpolitik. Unseld beteiligte sich ab 1953 als Lektor, ab 1959 als Inhaber des Suhrkamp-Verlages regelmäßig an den Tagungen. Zwar war der Verlag schon ab 1949 durch den Gruppenkritiker und Lyriker Friedrich Podszus bei den Treffen vertreten, doch begann erst mit Unselds Eingreifen der systematische Aufkauf von Autorenrechten aus dem Kreis der Gruppe 47. Den Anfang machte Günter Eich, der als erfolgreicher Hörspielautor keinerlei Absatzrisiko mit sich brachte. 1955 folgte der zuvor mit dem Gruppenpreis ausgezeichnete Martin Walser. Mit Enzensberger und Johnson debütierten 1957 und 1959 zwei weitere vielversprechende Nachwuchsautoren aus der Gruppe bei Suhrkamp. Peter Weiss, der bereits als Suhrkamp-Autor zur Gruppe kam, sowie Wolfgang Hildesheimer, Jürgen Becker und der von Unseld nach Princeton geschickte Peter Handke vergrößerten den Stamm öffentlichkeitswirksamer Autoren aus dem Kreis der 47er. Ihm entstammten auch mehrere Lektoren des Verlags. 1955 trat der publizistisch sehr rührige Hans Schwab-Felisch in das Suhrkamp-Lektorat ein, das er zusammen mit Podszus 1956 wieder verließ, um verantwortlicher Feuilletonredakteur der »FAZ« zu werden. Seinen Platz im Lektorat übernahm der Gruppenkritiker und ehemalige Redakteur der »Frankfurter Hefte« Walter Maria Guggenheimer. Zeitweilig wirkte auch Höllerer als Berater für Suhrkamp, und Enzensberger gab hier die Reihe »Poesie – Texte in zwei Sprachen« heraus sowie ab 1965 das »Kursbuch«. Vereinzelt veröffentlichten 47er auch im Insel-Verlag, der 1963 an Unseld überging. Insgesamt hat Suhrkamp wie kein zweiter Verlag sein Programmangebot zeitgenössischer Literatur aus der Gruppe 47 requiriert. Mehr als 30 Autoren, vornehmlich jüngere mit innovativem Anspruch oder gesellschaftsverändernder Zielsetzung, hat Unseld als *mächtigste[r] Gruppenverleger*[367] auf den Tagungen für seinen Verlag verpflichtet. Damit war die Gruppe 47 ein prägender Faktor der zeitgenössischen belletristischen Suhrkamp-Produktion, der auf dem Literaturmarkt eine trendsetzende Geltung zukam. Berücksichtigt man daneben das Gewicht der Gruppenautoren bei Rowohlt und S. Fischer, so läßt sich schlußfolgern, daß es die drei dominierenden Literaturverlage der Nachkriegszeit waren, die der Gruppe 47 den Zugang zum bundesdeutschen Buchmarkt eröffnet haben.

Eine neue Qualität erreichte das Engagement der Verlage nach dem Grass-Erfolg 1958 im darauffolgenden Jahr. Die Anzahl interessierter Buchproduzenten verdoppelte sich auf rund 20, *aus einem Hause waren gar vier Herren erschienen*[368], und der Andrang wäre noch größer gewesen, hätte Richter nicht *einer ganzen Reihe weiterer interessierter Verleger absagen müssen**. Die Gruppe war mit der ›Entdeckung‹ von Grass endgültig für den Literaturmarkt verwertbar geworden, zumal mit der expandierenden Produktion der Verlage auch deren Textbedarf anwuchs. Die Belletristik erreichte 1960 einen Anteil von rund 20 Prozent an der Gesamttitelproduktion. Immer neue Taschenbuchreihen entstanden, die zunehmend auch Originalausgaben umfaßten. Schon kurz nach der Zäsur 1959 brachte eine Lesung auf der Gruppentagung nahezu automatisch einen Verlagsvertrag mit sich. *Es gab eine Zeit, in der die alles druckten (. . .)*.[369] Mit der Institutionalisierung der Gruppe und der Steigerung ihrer publizistischen Resonanz gewann ihr Verhältnis zum Buchmarkt eine neue Qualität: *Bis in die Mitte der Fünfziger Jahre brauchte die Gruppe die Verleger, seither brauchen die Verleger die Gruppe (. . .)*.** Sie beanspruchten zur Absicherung ihres Status nunmehr sogar *ein gewisses Teilnahmerecht*[370]. Auch mittlere Verlage wie Hanser, List, Luchterhand und Ullstein stellten sich nach dem Durchbruch von Grass regelmäßig in die Reihe der kaufwilligen Tagungsbeobachter. Bei List und Ullstein konnten in den folgenden vier Jahren jeweils sechs Gruppenautoren veröffentlichen, Hanser und Luchterhand wurden neben Suhrkamp zu den wichtigsten literarischen Verlagen der sechziger Jahre. Dabei hat die Gruppe dank ihrer generativen Potenz nicht unwesentlich dazu beigetragen, daß diese Verlage eine aktuelle literarisch ausgerichtete Produktion überhaupt erst aufbauen konnten.

Besonders beim Carl Hanser Verlag, der seit 1933 nur auf fachwissenschaftlichem Gebiet gearbeitet hatte und Mitte der fünfziger Jahre sein bel-

---

* (Schwab-Felisch: Lyriker . . . , FAZ 29. 10. 1959) Ohne Zulassungsbeschränkung hätten laut Richter auf den letzten Tagungen *30 bis 40 Verleger hinten gesessen* (Richter-Interview I, S. 14).

** (Lettau: Vorbemerkung, in: Lettau, 1967, S. 14) Wie ein Verleger formulierte, wurde für ihn die Gruppe *ein Gegenüber von Öffentlichkeit, um das ich nicht herumkonnte*. (zit. n. Kröll, 1977, S. 123).

letristisches Programm wiederaufnahm, bestand eine auffällige Dependenz zwischen Gruppenauftritt und Verlagsdebüt. 1955 erschien Richard Hey erstmals in der Gruppe, 1956 bei Hanser. Der von Hanser 1956 entdeckte Gunar Ortlepp las 1958 vor der Gruppe, und Manfred Peter Hein, der 1962 bei Hanser veröffentlicht hatte, stellte sich auf der Tagung 1963 vor. Der Finne Veijo Meri, 1963 auf der Tagung, kam ein Jahr später bei Hanser heraus. Wolfgang Held trat 1965 sowohl bei Hanser als auch auf der Gruppentagung in Erscheinung. Für Erich Fried, Lars Gustafsson und Reinhard Lettau, die im Jahr ihres Gruppentritts oder kurz danach auch bei Hanser herauskamen, ergab sich darüberhinaus eine längerfristige Bindung an den Verlag. Barbara König und Günter Kunert bereicherten, von Hanser schon zuvor aufgenommen, das literarische Spektrum der Gruppe. Zusammengenommen haben rund 20 ihrer Mitglieder bei Hanser publiziert, eingeschlossen Walter Höllerer, der neben seinen eigenen Arbeiten ab 1954 in diesem Verlag zusammen mit Hans Bender auch die »Akzente« herausgab[371].

Ein Newcomer auf dem belletristischen Sektor war der Luchterhand-Verlag, der sich in der Nachkriegszeit von einem juristischen Fachverlag zu einem profilierten Literaturverlag ausweitete und in den sechziger Jahren auch für die Gruppe 47 eine publizistische Funktion bekam. Schon 1955 hatte Alfred Andersch, Mitbegründer der Gruppe, bei Luchterhand seine kurzlebige Zeitschrift »Texte und Zeichen« herausgegeben. Der erste Schriftsteller aus der Gruppe, der zum Luchterhand-Autor avancierte, war zugleich ihr neben Böll später erfolgsträchtigstes Mitglied: Günter Grass, zunächst bei Neske untergekommen*, publizierte ab 1956 regelmäßig bei Luchterhand. Nachdem dann 1962 der Gruppenveteran Franz Schonauer und Wolfgang Promies, der 1966 auch einmal vor der Gruppe las, ihre Arbeit im Luchterhand-Lektorat aufgenommen hatten, mehrten sich die Namen von 47ern im Verlagsprogramm. Elisabeth Borchers und Gabriele Wohmann, die 1960 erstmals vor der Gruppe auftraten, wurden kurz darauf von Luchterhand herausgebracht. Von den Neulingen des Treffens 1962 erwarb Luchterhand Rolf Haufs und Jakov Lind, von denen in den folgenden Jahren mehrere Bücher erschienen. Einschließlich einiger 1967 vom Walter-Verlag übernommener Gruppenautoren** erschienen bei Luchterhand Bücher von fünfzehn 47ern. Otto F. Walter war in diesem Jahr zu Luchterhand gewechselt, um dort die Leitung des Literaturprogramms zu übernehmen. Er hatte im Schweizer Verlag seines Vaters ab 1956 eine eigene Literaturabteilung aufgebaut, an der mehrere 47er maßgeblichen Anteil hatten. Mit Alfred Andersch, Helmut Heißenbüttel und Wolfdietrich Schnurre konnte sich Walter auf langjährige Gruppenmitglieder stützen, die sich durch marktsoliden Rang auszeichneten. Als Nachwuchsautoren konnten Reinhard Baumgart, Konrad Bayer, Peter Bichsel, Alexander Kluge, Klaus Nonnemann und Klaus Röhler*** ein bis zwei Jahre nach ihrem Gruppendebüt bei Walter ihre Arbeiten veröffentlichen. Darin manifestiert sich die auch aus Schweizer Sicht sanktionierte Schleusenfunktion der Gruppe als literarischer Instanz für den gesamten deutschen Sprachraum.

Zu den Verlagen mittleren Zuschnitts, die an der Gruppe 47 partizipierten, zählte auch Kiepenheuer & Witsch. Hier erschienen Bücher von insgesamt fünfzehn Gruppenautoren, mit einer deutlichen Massierung im Jahre

---

* Bei Neske veröffentlichten auch Hildesheimer, Jens und Mayer.
** Baumgart, Bichsel, Heißenbüttel und Schnurre.
*** Röhler gehört seit den sechziger Jahren auch zum Luchterhand-Lektorat.

1962, als acht teils erst später zur Gruppe gelangte Schriftsteller im Verlagsprogramm auftauchten. Zur längerfristigen Zusammenarbeit hatte der Verlag Heinrich Böll, Nicolas Born und Günter Seuren verpflichtet, ebenso Rolf Schroers und Dieter Wellershoff, die Kiepenheuer & Witsch als Lektoren auf den Tagungen vertraten.

Als jüngster Verleger konnte sich schließlich noch 1965 Klaus Wagenbach in der Gruppe etablieren, als er nach mehrjähriger Lektorentätigkeit für S. Fischer seinen eigenen Verlag aufmachte. Wagenbach eröffnete seine Produktion mit Richters »Menschen in freundlicher Umgebung«. Es folgten Bücher von Johannes Bobrowski, dem Wagenbach 1962 zusammen mit Enzensberger den Gruppenpreis nach Ostberlin überbracht hatte, von F.C. Delius, Stephan Hermlin und Erich Fried, der in den Jahren zuvor noch bei Fischer verlegt worden war. Insgesamt erschienen bei Wagenbach Veröffentlichungen von zehn Gruppenautoren.

Bis in die sechziger Jahre hinein, als die Ökonomisierung der Tagungen immer offener zutage trat, galten die *etwa zwölf Verleger, die der Gruppe nahestehen*[372], im Bewußtsein der 47er gleichsam als ›geistiges Gegenüber‹, als Partner im literarischen Meinungsaustausch. Sie durften auch bei der Göhrde-Tagung 1961, die einen Rückzug in die ursprüngliche Privatheit des Schriftstellerkreises intendierte, nicht fehlen. Wie ein Tagungsbeobachter formulierte, *waren dieses Mal überhaupt keine Verleger vertreten – außer Piper, Fischer, Ullstein, Suhrkamp, Luchterhand, Desch und Rowohlt*[373]. Sie waren als familiär eingegliederte Angehörige der Gruppe längst in deren Privatheit einbezogen: Die Verleger selbst oder ihre Abgesandten *kommen schon lange zu den Tagungen der ›Gruppe‹; sie haben die Fremdheit abgelegt und gehören zum Freundeskreis (...).*[374] Sie hielten sich dabei nicht allein *als graue Eminenzen im Hintergrund*[375], sondern demonstrierten etwa durch ihre Mitwirkung an den Resolutionen der Gruppe auch politisches Einverständnis und soziale Zugehörigkeit. Anläßlich des Springer-Boykotts erklärten sich sechs Verlage sogar zur Aussetzung ihrer Anzeigenwerbung bereit[376]. Gleichzeitig materialisierte sich in den Preisstiftungen ein gewisses Patronats-Verhältnis der solventen Verleger gegenüber hilfsbedürftigen Autoren*, solange jedenfalls, wie es sich bei den Preisträgern um Anfänger handelte und das produktionsfördernde Moment der Auszeichnung noch deren absatzrelevante Werbewirksamkeit überlagerte. Als gleichsam väterliche Fürsorge mochte auch das Sozialverhalten der Verleger von den Tagungsteilnehmern aufgefaßt worden sein. Nicht nur saßen sie *beim Mittagessen mit ihrem neuerworbenen Autor*[377] beisammen, auch jenseits formaler Höflichkeit gab es in der ungeregelten Subsphäre des Tagungsgeschehens *Kristallisierungen nach Verlagshäusern*[378]. Ledig-Rowohlt beispielsweise *gab sich dann sehr leutselig und kameradschaftlich und großzügig und lud viele zum Trinken ein und war da auch leichter für Vorschüsse zu haben*[379]. Mochte gerade darin die ökonomische Funktion der Verleger, ihr Eigeninteresse paradigmatisch erfahrbar werden, so blieben sie im Verständnis der Gruppe 47 immer noch partnerschaftlich Verbündete.

Dieses Bild erfährt eine grundlegende Korrektur erst dann, als Verleger, *ihre Autoren zum Stoßtrupp formiert, in das lockere Gefüge einbrechen*[380] und damit ihren latenten Einfluß strukturell abzusichern versuchen. Am augen-

---

* Dies wurde deutlich, als für den mittellosen Exilgriechen Vagelis Tsakiridis auf der Gruppentagung 1967 ein Sonderpreis finanziert wurde (vgl. Schwab-Felisch: Politik..., FAZ 9. 10. 1967).

fälligsten verfolgte diese Taktik Siegfried Unseld, dessen Autoren als *Suhrkamp-Crew*[381] bald *auf manchmal störende Art und Weise*[382] die stärkste Unterclique der Gruppe 47[383] bildeten. Richter zufolge hat der Verleger zwar *für die Schriftsteller sehr viel getan, aber dann entstand bei Unseld ein Anspruch, der nicht gerechtfertigt war*[384]. Als Mann, *der um seine Macht weiß und sie nutzte*[385], versuchte er zunehmend, die Gruppe als Werbeträger für seine Hausautoren zu instrumentalisieren, was nicht nur bei den anderen Schriftstellern, wie bei Grass[386], sondern auch bei Unselds weniger rigiden Verlegerkollegen Mißtrauen weckte, *die das Gefühl hatten, daß Suhrkamp zu sehr dominiere*[387]. Mit Unselds offensivem Auftreten gerieten gerade die ›Verlegerpersönlichkeiten‹ des traditionellen Typus in erhebliche Legitimationsnöte, da der *wie auf einem Derbyplatz*[388] wirkende Verlagsleiter seine ökonomischen Interessen nicht mehr mit patriarchalischer Zuwendung bemäntelte. Dadurch wurden die realen Machtverhältnisse des Literaturmarktes auch auf den Tagungen dergestalt manifest, daß die Aversionen gegen Unseld auch auf das generelle Verhältnis der Gruppe zu den Buchverlegern durchschlagen mußten. Wie empfindlich die Irritationen waren, die Unseld auslöste*, zeigte die Preisverleihung 1962, bei der der favorisierte Suhrkamp-Autor Peter Weiss in der Stichwahl knapp gegen Johannes Bobrowski unterlag, nicht zuletzt, *weil ein Teil der Gruppe den Preis nicht dem Verleger Siegfried Unseld gönnte***, der vor der Wahl *die Stimmen zählte und ausrechnete*[389]. Daß Unseld damit weniger verhüllt als das von der Gruppe lange gepflegte Verlegerbild es gestattete, seine merkantilen Interessen dokumentierte, andererseits aber den Anspruch auf literarische Kennerschaft aufrechterhielt, wies ihn als *Spät- bzw. Restform der sog.* ›*Verlegerpersönlichkeit*‹[390] aus, wie sie *im Zuge der den literarischen Markt weiter anonymisierenden industriellen Konzentrationsbewegungen*[391] an die Stelle des traditionellen, nur implizit Unternehmerhaltung verratenden Verlegertypus' trat. Obwohl Unselds kaufmännische Verkehrsformen mit den an die Verleger gerichteten Rollenerwartungen der Gruppenmitglieder kollidierten, bewahrte ihn sein umfänglicher Autorenstamm vor dem Ausschluß. Während Richter den weniger marktmächtigen Neske, als er uneingeladen zur Tagung erschien, noch kurzerhand aus dem Tagungsraum verweisen konnte, wurde Unseld, obwohl er laut Richter *immer mehr versuchte, seine Autoren durchzukriegen* und damit *immer Ärger*[392] verursachte, widerspruchslos zugelassen. Der Konflikt um Unseld markierte, was für alle Großverleger galt: Ihre Macht in der Gruppe war den betroffenen Autoren nicht nur endlich sichtbar geworden, sondern objektiv noch gewachsen.

Zwar wird noch 1966 anläßlich der Princeton-Tagung darauf verwiesen, *daß einige Verleger den Plan schlechtfanden, die Gruppe mit einer Chartermaschine geschlossen fliegen zu lassen. (. . .) Einige Verlage hätten schließen können*[393], wäre es zu einem Unglück gekommen[394]. Aber tatsächlich hatte sich die Ende der fünfziger Jahre geschaffene Einflußhierarchie inzwischen umgekehrt, war die Gruppe längst ihrerseits von den Verlagen abhängig geworden. Sie bezahlten den nicht von der Ford-Foundation eingeladenen Autoren *in Erwartung künftiger Profite*[395] die Reisekosten, *weil sie sich von*

---

* Vereinzelt wurde auch die Befürchtung laut, die Gruppe könne von den Suhrkamp-Autoren *zu einer literarischen Schule durchgeformt* (Schroers: Der Generationenwechsel . . . , S. 104) werden.

** (Heißenbüttel: Nachruf . . . , S. 36) In den damaligen Tagungsberichten wurde die Wahlentscheidung freilich *als versöhnliche politische Geste* (FAZ, 30. 10. 1962) an den DDR-Autor oder als *reine Frage der literarischen Qualität* (Schwab-Felisch: Die Grenzüberschreitung . . . , T 30. 10. 1962) ausgegeben, für Kröll ein weiterer Beleg, *daß das literarische Bewußtsein die »Niedrigkeiten« ökonomisch-institutioneller Momente nicht wahrhaben darf.* (S. 183, Anm. 12)

einer erfolgreichen Lesung Chancen versprechen, die ihnen kein Waschzettel und keine Anzeige im Börsenblatt bietet.[396] Nur vorübergehend hatten die Verlage nach der erfolgsträchtigen Preisverleihung an Grass die Gruppe als bewertende und zuliefernde Instanz benötigt; sobald sie dazu übergingen, *auch die Autoren (...), die keinen Erfolg hatten*[397], zu verpflichten, verlor die Gruppe ihre vordem zentrale Möglichkeit, Verlagsentscheidungen zu beeinflussen. Die Tagungskritik wurde zunehmend akklamativ, ihre selektive Funktion, wenn davon angesichts der stark erweiterten Aufnahmefähigkeit des Marktes überhaupt noch die Rede sein konnte, verlagerte sich vom Tagungsprozeß auf die Einladungspraxis. Aber auch deren Selektionseffekt wurde unterlaufen, als die Verlage konsequent versuchten, für ihre längst verpflichteten Nachwuchsautoren eine Einladung zu erreichen: *Es gibt Verleger und Lektoren, die ihre Debütanten der Gruppe vorführen, wo dann mit den literarischen gleich auch über die Marktchancen entschieden wird.*[398] Zwar zog Richter bei seiner Einladungspraxis das verlegerische Eigeninteresse kritisch ins Kalkül, doch erfolgte am Ende die Neuzulassung von Autoren *fast nur noch (...) auf Grund der Vorschläge und Empfehlungen der Verlage*[399]. Die Gruppe wurde damit, wie schon das Auftreten Unselds angezeigt hatte, zur Schaubühne des Verlagsmarketings. Als Faktor der Absatzplanung war sie stärker als je zuvor dem Zugriff der Verlage und deren unternehmerischer Taktik ausgesetzt. Nur noch gegenüber den Auslandsverlagen und auch dort nur noch rudimentär wirkte der Schleusenmechanismus der Gruppe fort. Durch die Sigtuna-Tagung fanden *viele der jungen deutschen Autoren (...) einen schwedischen Verleger**. In Princeton interessierte sich der Großverleger William Jovanovich für die Gruppe; der amerikanische Buchmarkt zeigte sich, auch wenn die von den 47ern praktizierte Literatur für US-Verhältnisse wenig marktgerecht schien**, immerhin *hellhörig*[400]. Aber für die Medienmacht der Gruppe blieben diese Restformen potentiellen Einflusses völlig bedeutungslos. Im Gegenteil verschafften die Auslandstagungen nur den deutschen Verlagen und ihrem Buchangebot generalisierte Publizität:

> *Hatten früher die schwedischen Verlage kaum Interesse für deutsche Bücher gezeigt, so wurden diese plötzlich zu einer begehrten Handelsware. (...) die Buchhandlung Sandberg verkaufte mehr deutsche Bücher als je zuvor.*[401]

Gleichzeitig nutzte ein schwedischer Großverlag den Anlaß zur Selbstpräsentation:

> *Empfang im Hause Bonnier auf einer parkähnlichen Insel im Stadtbereich. Schwedisches Verlagsimperium, man spricht von 700 Titeln jährlich, Zeitschriften, aber auch Wälder, Wirtschaftsunternehmen.*[402]

Die Tagungen gerieten zunehmend zum spektakulären Hintergrund für öffentlichkeitswirksame Verlagsaktionen. Galt die Initiative des Rowohlt-Verlags nach der Göhrde-Tagung 1961 noch einem internen, der patriarchalischen Verlegerhaltung verpflichteten *Fest zu Ehren der Gruppe 47*[403], so zielte im darauffolgenden Jahr die Verlagspolitik auf Medienresonanz:

---

* (Vegesack: Erfolg für ... , W 29. 9. 1964) Umgekehrt hatten nach Sigtuna die deutschen Verleger *eine lange Liste schwedischer Bücher in ihrem Gepäck* (ebd.).

** *Für die avancierten Zeitschriften dort sei das meiste nicht verwegen, nicht avantgardistisch genug, für den kommerziellen Literaturbetrieb aber wiederum zu elfenbeinern »literarisch«, zu wenig brillant, zu wenig auflagenversprechend und weltläufig.* (Kaiser: Drei Tage ... , SZ 30. 4./1. 5. 1966, auch in: Lettau, 1967, S. 223)

> Schon am Morgen hatte Heinrich Maria Ledig-Rowohlt seine erschöpften
> Poeten-Freunde in die Bücherstube Schoeller am Kurfürstendamm zur
> Autogrammstunde und zum Katertrunk geladen. Vor den Fernsehkameras
> und den Blitzlichtern der Photographen signierten die Dichter ihre Bü-
> cher (...).[404]

Im Rahmen des Amerika-Aufenthalts der Gruppe 1966 gab Rowohlt sogar einen Verlagsempfang im New Yorker St. Moritz Hotel. An solchen Aktionen erwies sich, daß die Macht der Gruppe auf dem Buchmarkt sich darauf reduziert hatte, den verkaufsstrategischen Maßnahmen der Verleger ereignishafte Legitimität zu verschaffen und ihnen den Nimbus literarischer Ausgewiesenheit zu verleihen. Damit hatte die Gruppe auch äußerlich ihre Autonomie eingebüßt, zumal sie durch das zweiseitige Wirken der zahlreichen gruppenangehörigen Lektoren ohnehin in wachsendem Maße vom Literaturmarkt assimiliert worden war. Die sich notwendig wandelnde Qualität der Verlagsbeziehungen war, insofern das Buch den 47ern als genuines literarisches Medium wichtigstes Produkt blieb, auch eine Konsequenz des recht statischen Selbstverständnisses der Gruppenmitglieder.

4.32 Literaturzeitschriften

Die Gruppe 47 hatte sich, wenngleich eher zufällig als geplant, aus einer politisch-literarischen Zeitschrift entwickelt: *Keimzelle der Gruppe 47 war »Der Ruf«*[405]. Auf dem ersten Treffen, zu dem Richter nach seinem Ausscheiden aus der »Ruf«-Redaktion im September 1947 seine ehemaligen Mitarbeiter eingeladen hatte, wurde die Neugründung einer literarischen Zeitschrift besprochen, des »Skorpion«, der jedoch über die Nullnummer, von Richter schon beim nächsten Treffen in Herrlingen verteilt, nicht hinauskam. In der Folgezeit gab es *immer wieder das Bestreben, die ganze Gruppe wieder in eine Zeitschrift, aus der sie ja entstanden war, zu verwandeln*[406]. Im Oktober 1949 wurde sogar die Gründung einer europäischen Literaturzeitschrift ins Auge gefaßt, allerdings ohne Ergebnis. Richter hing weiterhin dem »Ruf«-Gedanken an:

> Ich habe immer versucht, den »Ruf« neu herauszubringen, auch mit der So-
> zialdemokratischen Partei, ich habe da zwei Jahre lang verhandelt, aber es
> war finanziell nicht möglich, und ein Verleger ging da nicht dran, das Risiko
> war zu groß.[407]

Noch im Jahre 1967/68 verhandelte er vor der geplanten Tagung in Prag mit tschechischen Partnern über eine Neuherausgabe des »Ruf«. Richter sah die Gruppentagungen auch als ›Ersatz‹ * für ein gemeinsames Publikationsforum, was sich in der Presse in Bezeichnungen wie *gesprochene Halbjahres-Zeitschrift*[408] oder *Literaturmagazin ohne Papier*[409] widerspiegelte. Allerdings wurde damit die prinzipiell anders geartete Wirkungsmöglichkeit einer Literaturzeitschrift im Gegensatz zur tatsächlichen Resonanz der 47er-Treffen außerachtgelassen. Literaturzeitschriften erfüllen zwar in der Regel für eine limitierte Leserschicht eine bestimmte Informationsfunktion, doch spielten sie für den allgemeinen Publizitätszuwachs der Gruppe nur eine untergeordnete Rolle.

Die »Literatur«, die Hans Werner Richter ab März 1952 mit Alfred Andersch als Chefredakteur bei der DVA herausgab, blieb der einzige reali-

---

* Sie ersetzte die nunmehr nach dem Verbot fehlende Zeitschrift als Kristallisationspunkt durch das Gespräch, durch Kritik und Diskussion. (Richter: Fünfzehn Jahre, in: ders., 1962, S. 12)

sierte Versuch, ein eigenes Gruppenorgan zu schaffen. Mit dem Untertitel »Blätter für Literatur, Film, Funk und Bühne« zielte die Zeitschrift auf die gesamte literarisch-kulturelle Szene, doch erschienen in ihr hauptsächlich Aufsätze über Neuerscheinungen auf dem Buchmarkt. *Häufig und positiv wird (...) die Gruppe 47 erwähnt (...), um eine neue literarische Öffentlichkeit zu erreichen (...).*[410] Der Gruppe gehörten auch die meisten Autoren der Zeitschrift an: neben Andersch und Richter auch Jens, Weyrauch und Walser. Auch Ilse Aichingers preisgekrönte »Spiegelgeschichte« wurde abgedruckt. Die Resonanz, die das neue Projekt in der Presse fand, war alles andere als positiv*. Der »Rheinische Merkur« warf der »Literatur« neben politischer Einseitigkeit massive Begünstigung von Autoren der Gruppe 47 vor[411], und für Friedrich Sieburg war die Zeitschrift in der »Gegenwart« schlichtweg *Literarischer Unfug*[412]. Schroers bezeichnete die Zeitschrift als *rohes, oft wüstes Blatt, unausgeglichen, marktschreierisch*[413], während Jens ihr aus heutiger Sicht etwas *eher rührend, weltfremd Unkommerzielle[s]*[414] bescheinigt. Die »Literatur« konnte sich nur sieben Monate halten; sie blieb »*Episode*«[415]. Wegen eines kritischen Artikels über Hans Carossa entstanden Meinungsverschiedenheiten mit der DVA, die durch den Angriff auf einen ihrer früheren Autoren ihre Verlagsinteressen tangiert sah. Zudem war die »Literatur« wenig profitabel; die Verlagsanstalt machte *kein Geld mehr daraus – insofern war das ganze Unternehmen doch sinnlos. Eine solche Zeitschrift zu der Zeit war schon sehr teuer, war ein Zuschußgeschäft*[416]. Wenn auch nach diesem aus verlagspolitischen wie konzeptionellen Gründen mißglückten Versuch später keine Zeitschrift mehr unmittelbar von der Gruppe 47 ausgegangen ist, es insofern strenggenommen kein ›Organ der Gruppe‹ mehr gegeben hat, so existierten doch viele persönliche Verbindungen zu verschiedenen literarischen oder allgemein kulturellen Zeitschriften.

Die »Dokumente« (Chefredaktion: Paul Schallück, Mitarbeit: Christian Ferber), die ab August 1945 mit ihrem französischen Pendant »Documents« (Louis Clappier, Antoine Wiss-Verdier) den kulturellen Austausch zwischen Frankreich und Deutschland ingangsetzten, verschafften der Gruppe bereits früh Publizität, wie sich an ersten Tagungsberichten in diesen Zeitschriften zeigte.

In den linkskatholischen »Frankfurter Heften«, die ab April 1946 unter Eugen Kogon erschienen, spielte die Literatur zwar nur eine untergeordnete Rolle, jedoch publizierten hier bereits in den ersten Jahren Guggenheimer als Kritiker, erschienen später Beiträge von Aichinger, Andersch, Heißenbüttel, Rinser und Schroers und kulturkritische Besprechungen von Johnson, Kaiser, Mayer, Walser und Wohmann.

Zum »Monat« bestanden schon früh freundschaftliche Kontakte, die sich im Anschluß an die Tagung 1955 auch in einem Besuch in der Berliner Redaktion dieser Zeitschrift, in einem Empfang bei ihrem Herausgeber Melvin J. Lasky niederschlugen. In den letzten Jahren gehörten Peter Härtling als Mitherausgeber sowie Heißenbüttel und Kaiser, seltener auch Born, Grass, Lind, Piwitt und Wohmann als freie Mitarbeiter zum »Monat«, obwohl 1961 bekanntgeworden war, daß die Zeitschrift aus dem Propagandafonds des US-Geheimdienstes CIA unterstützt wurde.

Die Zeitschrift »Texte und Zeichen«, von Januar 1955 bis November 1957

---

* *Die mächtigen, weisen Pächter der deutschen Publizistik (...) sprachen nur ein allgemeines, großes Nein (...).* (Walser: Gruppenbild..., Radio Bern, Nov. 1952, zit. n. Lettau, 1967, S. 282)

von Alfred Andersch vier- bis sechsmal jährlich herausgegeben, weckte schon bald Vermutungen, es könne sich um ein neues ›Gruppenorgan‹ handeln*. Schon im ersten Heft wurde eine rund 70 Buchveröffentlichungen umfassende Bibliographie der Gruppe 47[417] abgedruckt sowie *eine sorgfältige Analyse*[418] der Gruppe und ihrer Bedeutung angekündigt, die jedoch nie erschien. Andersch dementierte in Heft 4 jede institutionelle Bindung an die 47er und betonte ausdrücklich,

daß unsere Zeitschrift von allen literarischen Verbänden und Gruppen unabhängig ist und im Geiste solcher Unabhängigkeit redigiert wird. (...) Obgleich wir die »Gruppe 47« für die bedeutendste Konzentration jüngerer deutscher Schriftsteller halten, sind wir doch keineswegs ihr Organ (...).[419]

Tatsächlich ließ der Inhalt der bis dahin erschienenen Hefte die Verdächtigungen als übertrieben erscheinen. Zwar schrieben 47er wie Böll, Enzensberger, Heißenbüttel, Jens, Schnabel, Walser und Weyrauch in »Texte und Zeichen«, doch kamen daneben ebenso viele gruppenunabhängige Autoren zu Wort. Andersch äußerte in seiner redaktionellen Notiz sogar vorsichtige Skepsis gegenüber dem literarischen Gewicht der Gruppe**, wenn auch eine formal positive Einschätzung wie die zitierte trotz ihrer inhaltlichen Indifferenz dazu angetan war, Bekanntheit und Anerkennung der Gruppe unter literarisch interessierten Zeitschriftenlesern zu festigen.

Am wichtigsten waren für die Gruppe 47 sicher die Beziehungen zu den »Akzenten«, die seit 1954 zweimonatlich erschienen und für das Kulturpublikum *an der Spitze meinungsbildender literarischer Blätter der fünfziger Jahre standen*[420]. Walter Höllerer, der die Literaturzeitschrift mit Hans Bender*** herausgab und seit 1954 regelmäßig an den Tagungen teilnahm, wollte mit den »Akzenten« vor allem Autoren fördern, die gerade erst zu schreiben begonnen hatten. Im Laufe der Jahre wurden die meisten noch unbekannten, aber vielversprechenden Nachwuchsschriftsteller, die auf den Tagungen gelesen hatten, mit verschiedenen Texten vorgestellt, so zum Beispiel Enzensberger, der dieser Zeitschrift seine erste Veröffentlichung verdankt[421]. Ab 1955 wurden in der Regel auch die preisgekrönten Texte beispielsweise von Walser (1955), Grass (1958) und Bichsel (1965) in der jeweils dem Tagungstermin folgenden Ausgabe veröffentlicht. Von Grass war schon 1955 ein Text abgedruckt worden[422], als er mit seiner ersten Lesung auf der Tagung noch keinen großen Erfolg hatte. 1966 wurde sogar mit ausdrücklichem Hinweis auf die Tagung der 47er in Berlin ein Großteil der dort gelesenen Texte dokumentiert[423]: Auf 73 Seiten erschienen die Arbeiten von Friedemann Berger, Peter Bichsel, Wolfgang Held, Günter Herburger, Bernd Jentzsch, Hubert Fichte, Gerd Fuchs, Jakov Lind, Karl Mickel und Günter Seuren. Gerade in den sechziger Jahren ermöglichte Höllerer, *unentwegter Förderer einer experimentierfreudigen Avantgarde*[424], bevorzugt den von ihm selbst in die Gruppe eingeschleusten Vertretern seines

---
* Karl Korn: *Wir haben es mit einem neuen Anlauf jener literarischen Gruppe zu tun, die aus der plätschernden provinziellen Behaglichkeit unseres ebenso geschäftstüchtigen wie geistig schläfrigen Buchhandelsbetriebs heraus will.* Gleichzeitig sah Korn in der Startnummer *alles klüngelhaft Enge glücklich vermieden.* (Korn: Texte..., FAZ 10. 10. 1955).

** *Einiges von dem, was wir zu diesem Thema zu sagen haben, finden unsere Leser in Robert Musils Aufsatz »Unter lauter Dichtern und Denkern«* (Andersch: Notizen, TuZ 1. Jg. (1955) H. 4, S. 558), der im gleichen Heft (S. 516 - 518) abgedruckt wurde und eine Kritik an sich überschätzenden *geistigen Landsmannschaften* (S. 517) beinhaltet.

*** Bender war nur selten bei den Tagungen zu Gast.

Berliner Literarischen Colloquiums die frühe Veröffentlichung ihrer Texte und förderte damit ihren literarischen Start. *Die ›Höllerer-Fraktion‹ hat eben diese Zeitung gespeist, die Gruppe 47 als solche hatte damit nichts zu tun*[425], urteilte im nachhinein Richter, dem die Zeitschrift deswegen *zu formalistisch, zu ästhetisch*[426] ausgerichtet war und der in ihr gern ein breiteres Spektrum vertreten gesehen hätte. Höllerer trug aber unbestreitbar dazu bei, daß Autoren der Gruppe 47 nicht nur öffentlich genannt, sondern durch Erstabdrucke in den »Akzenten« auch Ausschnitte aus ihrem Werk einem größeren interessierten Publikum bekannt gemacht wurden.

In der gleichfalls von Höllerer mitherausgegebenen »Sprache im technischen Zeitalter« schrieben unter anderem Eich, Enzensberger, Grass, Heißenbüttel, Piwitt, Reich-Ranicki und Rühmkorf. Daß Höllerer mit dieser Zeitschrift ein gewisses publizistisches Gewicht in die Waagschale werfen konnte, als die Gruppe von außen massiv angegriffen wurde, zeigte der Sonderband 20/1966, der unter dem Titel »Kunst und Elend der Schmährede« fünfzehn zum Teil scharf gezielte Repliken auf die Angriffe von Neumann und Nossack in »konkret« enthielt[427]. Paul Konrad Kurz' Beurteilung, *fünfzehn gegen zwei, das war wenig fair. Eine ganze Zeitschriftennummer angesetzt gegen drei Aufsätze (...); das zeigte die Verhältnisse bestehender literarischer Macht*[428], wird allerdings durch die ungleiche Auflagenhöhe relativiert: etwa 30.000 bei dem breit gestreuten »konkret« gegenüber nur rund 3.000 bei der fachorientierten »Sprache im technischen Zeitalter«.

Neben den hier angeführten sowie einigen ausländischen Zeitschriften[429] gab es im Umfeld der Gruppe noch eine größere Zahl kleinerer Periodika literarischer oder gesellschaftspolitischer Ausrichtung, die von 47ern redigiert oder herausgegeben wurden, ohne je Bestandteil des publizistischen Instrumentariums der Gruppe zu werden.

Für die jungen Schriftsteller war maßgebend, daß ihnen die Tagungen Kontakte zu Redakteuren und Herausgebern der prominenten Literaturzeitschriften eröffneten, auch wenn die Gruppenmitgliedschaft nicht automatisch die Möglichkeit einschloß, in ihnen publizieren zu können. Die Gruppe 47 hatte keineswegs, wie ihr häufig nachgesagt wurde, die Macht, gruppenfremde Autoren von Publikationsorganen auszuschließen und damit Arbeits- und Wirkungsmöglichkeiten zu monopolisieren; gleichwohl ist unbestritten, daß ihre Mitglieder von den mehr oder weniger engen Beziehungen zu den marktbeherrschenden Literaturzeitschriften profitierten.

4.33 Presse

Die Feuilletons der bundesdeutschen Zeitungen haben zu einem wesentlichen Teil zur Bekanntheit der Gruppe 47 und ihrer Mitglieder in der Öffentlichkeit beigetragen. Verbindungen zur Presse hatte es seit den ersten Treffen der Gruppe gegeben, da viele Schriftsteller gleichzeitig als Zeitungsredakteure arbeiteten. Persönliche Beziehungen zur Presse eröffneten gerade auch jungen Autoren erste Publikationsmöglichkeiten. Die Qualität dieser Beziehungen verschob sich im Laufe der Jahre entscheidend, so daß schließlich gegen die Gruppe der Vorwurf erhoben werden konnte, sie nutze ihren Einfluß auf bedeutende Zeitungen im eigenen Interesse aus.

Schon von Anfang an hatte die »Neue Zeitung«, *das einzige große Blatt, das in den ersten Nachkriegsjahren ein Feuilleton von Rang und Ruf besaß, (...) besonders gute Beziehungen zum Freundeskreis der Gruppe*[430]. Andersch hatte gute persönliche Kontakte zu ihrem Feuilletonchef Erich Kästner, dessen Redaktionsassistent er zeitweilig gewesen war. Mehrere

47er schrieben in der »Neuen Zeitung«, und 1950 debütierte in Inzigkofen eine junge Redakteurin des Blattes als Schriftstellerin. Ähnlich frühe Beziehungen bestanden zur »Welt« über Christian Ferber, Horst Mönnich schrieb für die »FAZ«, Heinz Friedrich für die »Zeit«, Georg Hensel war Redakteur des »Darmstädter Echo«.

Ende der fünfziger Jahre festigten sich die Verbindungen zu den wichtigsten Feuilleton-Redaktionen durch die Kritiker der Gruppe, die bei den Zeitungen regelmäßig mitarbeiteten. Ihr Einfluß wuchs allein schon dadurch, daß sie aufgrund ihrer Mitgliedschaft in der Gruppe für die überregionale Presse als fachlich qualifizierte Exklusivberichterstatter außerordentlich attraktiv waren. Die hierdurch gewonnene publizistische Macht war zunächst weniger eine der Gruppe als die einzelner ihrer Exponenten. Gerade tagungsunabhängige Rezensionen in den großen Zeitungen hatten, so unterschiedlich sie ausfallen mochten, doch eine Leitfunktion für die kleineren Blätter. Wenn die prominenten Großkritiker dabei auch nur graduell und mit unterschiedlichem Vorzeichen urteilsbildend wirkten*, so konnten sie doch zumindest bestimmen, was der Besprechung überhaupt wert befunden und als Neuerscheinung registriert wurde.

Persönliche Beziehungen gab es auch zum »Spiegel« über dessen Herausgeber Rudolf Augstein, der häufiger an den Tagungen teilnahm. Erich Kuby, der Nachfolger Richters und Anderschs in der »Ruf«-Redaktion, auch 1957 auf Schloß Berlepsch dabei, wurde auf sein Drängen hin als »Spiegel«-Reporter nach Sigtuna und Princeton mitgenommen. Allerdings wäre es verfehlt, die »Spiegel«-Artikel einschließlich der kioskwirksamen Titelgeschichte als ›Hofberichterstattung‹ zu werten. In den Berichten über einzelne 47er wurde deren Gruppenmitgliedschaft auch auf dem Höhepunkt der Publizität nur in sechs Prozent aller Fälle erwähnt[431]. Das Interesse für die Gruppe setzte erst relativ spät ein und war eher dadurch motiviert, daß sie mittlerweile durch ihren Funktionswandel zum Gegenstand öffentlicher Auseinandersetzungen geworden war und damit jenes Konfliktpotential barg, das als Thema aufzugreifen den Prinzipien des »Spiegel«-Journalismus entspricht**:

Die Ursache (...) des gesamten publizistischen Erfolgs der Gruppe 47 muß man (...) u.a. in den außerliterarischen Einstellungen und Verhaltensweisen der Autoren und dem spezifischen Selektionsverhalten und der charakteristischen Darstellungsweise der Redakteure des Spiegel suchen.[432]

Mehr als ein Drittel der 1265 Berichte, die von 1960 bis 1971 über insgesamt 70 Schriftsteller der Gruppe im »Spiegel« erschienen, betraf die auch außerliterarisch aktiven Autoren Grass, Böll und Enzensberger. Von 297 gekennzeichneten Autorenbeiträgen sind 77 von Gruppenmitgliedern selbst verfaßt worden[433]. Diese 47er, die besonders in den sechziger Jahren sporadisch im »Spiegel« schrieben, allen voran Reinhard Baumgart, Peter Rühmkorf und, abermals, Enzensberger, erhielten die Möglichkeit dazu kaum aufgrund ihrer Gruppenzugehörigkeit. Ebenso war die »Spiegel«-Resolution[434], die auch eine Sympathie-Erklärung für Augstein enthielt, keineswegs als

---

* Deschner unterstellte den prominenten Kritikern, ihre Einmütigkeit voraussetzend, rezeptionslenkende Macht: Was *die Haute cour der Gruppe, Jens, Kaiser und Reich, in vier, fünf größeren Blättern deklariert, wird eiligst in vierzig, fünfzig kleineren nachgekaut.* (Deschner: Das ist ..., k 11/1964, auch in: ders.: Talente ..., S. 340)

** *Die Redakteure des Spiegel bevorzugen für ihre Berichte über Schriftsteller und ihre Werke Autoren, die häufig Gegenstände von Konflikten sind oder sich aber zumindest leicht zu Gegenständen von Konflikten machen lassen.* (Kepplinger: Realkultur ..., S. 138)

eigennützige Gefälligkeitsübung für einen Auftraggeber und Meinungsträger zu begreifen, sondern vor allem politisch motiviert, wenngleich durch die Gefährdung der Presse- und Meinungsfreiheit auch *die eigenen Interessen, auch die materiellen Interessen, nicht nur die geistigen Interessen der Schreibenden betroffen waren*[435]. In dieser Latenz berührte auch der Springer-Boykott[436] 1967 materielle Interessen der Schriftsteller. Die reale Publikationspraxis hingegen wurde dadurch nicht eingeschränkt, weil die Unterzeichner *sowieso nicht in der »Welt« schrieben*[437]. Richter kennt unter seinen Gruppenangehörigen *nicht einen, der wirklich dort publiziert hat*[438]. Nicht lange nach der Resolution erschienen in der Springer-Presse auch wieder Buchanzeigen der zunächst mitboykottierenden Verlage[439], wurden Veröffentlichungen von Gruppenangehörigen rezensiert[440] und nahmen weniger publikumsbekannte Unterzeichner, die im Erscheinungsbild der Gruppe keine prominente Position hatten, ihre Mitarbeit wieder auf*. Für die mediale Präsenz der Gruppe waren aber in Springers »Welt« allenfalls die Beiträge Christian Ferbers relevant, der das *absonderliche und gewiß deutscheste aller deutschen Manifeste*[441] zwar mißbilligte, die Gruppe aber gleichzeitig in seiner Zeitung gegen Angriffe Krämer-Badonis verteidigte.

Ungleich größeres Gewicht hatten für die Gruppe 47 die Verbindungen zur »Zeit« über deren Feuilletonchef Rudolf Walter Leonhardt, der von 1959 bis 1964 an den Tagungen teilnahm**, sie ausführlich kommentierte und gelegentlich sogar Erstabdrucksrechte für gelesene Texte erwarb***. Jens und Reich-Ranicki waren ständige Mitarbeiter der »Zeit«, und besonders im zweiten Jahrzehnt der Gruppengeschichte kamen viele 47er im linksliberalen Kulturteil der Wochenzeitung zu Wort. Leonhardt war 1959, ein Jahr nach dem spektakulären Medienerfolg von Grass, auf seinen dringenden Wunsch hin eingeladen worden:

Der hat das dann aufgegriffen, hat ununterbrochen über die Gruppe geschrieben; das Feuilleton der »Zeit« wurde dann sehr gut, die Auflage stieg, und das bedeutet ja für den Verleger sehr viel; schließlich druckten sie alles, was die Gruppe 47 anging. Das hat angehalten bis Schweden 64.[442]

Im Anschluß an die Göhrde-Tagung 1961 wurden die Gruppenangehörigen sogar zu einem Empfang bei »Zeit«-Verleger Bucerius nach Hamburg eingeladen. Wie Krämer-Badoni 1963 ironisierend feststellte,

füllen die Logbücher, Kajütengespräche, Meldungen vom Ausguck, Scherzworte von Back- zu Steuerbord, die kameradschaftlichen Anrempeleien aufs unterhaltendste und belehrendste ganze Feuilletonseiten der Hamburger »Zeit«.[443]

Leonhardt bekannte sich zu der solchermaßen kritisierten Intensität der Kontakte: *Wir haben uns nicht gescheut, die Bezeichnung ›Hausorgan der Gruppe 47‹ mit Fassung und beinahe wie einen Ehrentitel zu tragen (...).*[444] Tatsächlich haben die Gruppe 47 und die »Zeit« in Symbiose voneinander profitiert. Die Ausrichtung des Feuilletons auf ein liberales Kulturpublikum

---

* *Es waren Ausnahmen, die Springer die Mitarbeit wieder anboten, Heißenbüttel zum Beispiel; Leute wie Böll, Grass und Enzensberger konnten sich das nicht leisten, das wäre schon negativ aufgefallen.* (Richter-Interview II, S. 10)

** Leonhardt wurde nach einem Streit mit Grass in Sigtuna auf dessen Verlangen nicht wieder eingeladen und fortan von Dieter E. Zimmer und Reich-Ranicki vertreten.

*** Häufig wurden lyrische Leseproben zusammen mit den Tagungsberichten veröffentlicht, aber auch Prosa, wie Milo Dors Erzählung »Salto Mortale«, die 1959 in mehreren Fortsetzungen erschien.

ließ das journalistische Interesse auch an der Gruppe wachsen. Die Redakteure *nutzten die Welle aus, die nach oben schlug*⁴⁴⁵. Zugleich zog die Gruppe ihren Nutzen aus der kontinuierlichen Berichterstattung: Allein dadurch, daß die Gruppe und ihre Autoren, und sei es in kritischer oder gar eindeutig ablehnender Form durch ihre erklärten Gegner, häufig erwähnt, daß Gegenstimmen aus der Gruppe abgedruckt und Namen zum Begriff wurden, blieb die Gruppe 47 bei einem wichtigen Adressatenkreis im Gespräch. Unabhängig von der jeweiligen Bewertung im Einzelnen* verlieh ihr die »Zeit« größere Publizität und ihren Mitarbeitern mehr Veröffentlichungsmöglichkeiten als jedes andere Presseorgan.

Hatte die Gruppe mit Hilfe der Zeitschriften vor allem traditionell aufgeschlossene Leserschichten erreichen können, so verschaffte ihr die Zeitungspresse auch den Zugang zu einem nur beiläufig interessierten, aber nicht
nicht minder wichtigen, weil umfassenden und schon daher wirkungs- und marktrelevanten Publikum.

4.34 Hörfunk
Daß der Hörfunk zum wichtigsten Medium für viele Schriftsteller der Gruppe 47 wurde, lag schon in seiner Sonderstellung in den Nachkriegsjahren begründet, als den zunächst unter alliierter Aufsicht betriebenen Sendern noch *kein anderes Kulturinstrument oder Publikationsmittel konkurrierend gegenüberstand*⁴⁴⁶. Die Besatzungsmächte fanden nicht zuletzt unter den späteren 47ern jene unbelasteten Autoren, die sie für ihre politisch-kulturellen ›Re-education‹-Programme als Mitarbeiter benötigten. Schriftsteller hatten schon bald *überall im Hörfunk die Schaltstellen besetzt und haben sehr viel getan, alles für diese Bewußtseinsänderung*⁴⁴⁷. Mit dem Feature entstand eine zeitgemäße Ausdrucksform. Seine *Mischung aus Faktenmaterial, das als solches klar dargestellt wurde, und szenischer Aufbereitung*⁴⁴⁸ vereinigte journalistische und literarische Elemente, es forderte formale Phantasie und zugleich einen exakten Wirklichkeitsbezug: Insgesamt mußte das Feature also gerade den Schriftstellern der Gruppe 47, die sich einem literarischen Realismus verpflichtet fühlten, als adäquate Form erscheinen**, zumal der Hörfunk schon in den Trümmerjahren größtmögliche Wirkung verhieß. Eine Vielzahl zunächst millionenfach gehörter Sendereihen, aus denen später allerdings zunehmend Minderheiten-Programme wurden, machten den Hörfunk für die Nachkriegsautoren zum zahlungskräftigsten Auftraggeber. *Fast alle (...) haben vom Hörfunk gelebt*⁴⁴⁹, sagt Richter über die Angehörigen seiner Gruppe 47. *Das kam aber dadurch, daß auch die Redakteure zum Teil zur Gruppe 47 gehörten oder umgekehrt: Die Schriftsteller der Gruppe wurden als Redakteure berufen oder eingestellt.*⁴⁵⁰ Die personellen Verbindungen waren vielfältig. Alfred Andersch zum Beispiel betreute nacheinander drei Literatur-Redaktionen: Unmittelbar nach dem Ende des »Ruf« wurde er *Nachtstudiomanager von Radio Frankfurt*⁴⁵¹, verpflichtete öfter Gruppenmitglieder zu Diskussionen und Lesungen und veröffentlichte ihre Beiträge in einer eigenen Schriftenreihe, die unter dem Titel »studio frankfurt« bei der Frankfurter Verlagsanstalt erschien. 1952 holte ihn dann

---
* Mancher Tagungsteilnehmer fühlte sich von der »Zeit« *furchtbar verkannt und bitter mißhandelt* (Wapnewski: Zwischen ... , T 20. 3. 1968).
** Freilich galt diese Form gegenüber herkömmlichen Literaturgattungen als zweitrangig; beispielsweise wurde Andersch bescheinigt, er habe mit einem *in dichterische Bezirke vorstoßenden Rundfunk-Feature* (Friedrich: Gruppe 47 ... , HeN 26. 10. 1953, zit. n. Lettau, 1967, S. 94) beeindruckt.

der zum 47er-Stamm gehörende NWDR-Intendant Ernst Schnabel nach Hamburg, wo Andersch nicht nur selber erfolgreiche Features verfaßte; er führte als Redakteur dieser neuen Hörfunkgattung auch

> *mehr als zwei Jahre lang die besten deutschen Autoren zu: Heinrich Böll, Hans Georg Brenner, Wolfgang Hildesheimer, Heinz Huber, Joachim Kaiser, Wolfgang Koeppen, Siegfried Lenz, Horst Mönnich, Hans Werner Richter, Wolfgang Weyrauch und viele andere versuchten sich damals mit verschiedenem Glück in diesem Metier und brachten Anregungen.*[452]

Mit Ausnahme Koeppens sind sie alle zur Gruppe 47 zu rechnen. Huber besuchte die Tagungen wie auch Martin Walser zuerst als Vertreter des Stuttgarter Senders, für den später auch Andersch, Enzensberger und Heißenbüttel in leitenden Positionen arbeiteten. Ingeborg Bachmann kam in die Gruppe, nachdem Richter sie als Lektorin beim Wiener Sender Rot-Weiß-Rot kennengelernt hatte. Richter selbst produzierte ab 1964 mit Unterstützung des nach Berlin gewechselten Schnabel literarische und zeitkritische Hörfunk- und Fernsehsendungen für den Sender Freies Berlin. Weitere 47er verfügten als ständige Freie Mitarbeiter über gute Beziehungen zu den verschiedenen Redaktionen oder fanden zumindest vorübergehend Anstellung in einem der Funkhäuser.

Die Folge war eine enge Symbiose zwischen der Gruppe und dem Hörfunk, und eben *dadurch ist eigentlich die ganze Literatur der Gruppe 47 durch den Hörfunk gegangen. (...) Und das hat dann die materielle Absicherung der Schriftsteller mit sich gebracht.*[453] Die Einkünfte aus Hörspielen und anderen funkspezifischen Arbeiten ermöglichten vielen, sich frei von drängenden Existenzsorgen und dem Zwang zu literarischen Zugeständnissen mit ihren ›eigentlichen‹ Vorhaben zu befassen. So war es auch im Falle Günter Eichs *nur eine Frage der Finanzen, wann sich der Lyriker Eich gegen den Hörspielautor wieder durchsetzt**. Eich wurde von allen Funkanstalten gesendet und umworben. 1951 zahlte der Süddeutsche Rundfunk ihm und einigen anderen Autoren ein – bei Eich noch nachträglich aufgestocktes – monatliches Fixum von 500 DM, wofür im Laufe des Jahres vier Hörspiele geliefert werden mußten.

Von den vergleichsweise reichlichen, zudem rasch steigenden Rundfunkhonoraren profitierten dank ihrer engen Verflechtung mit den Anstalten auch andere Angehörige der Gruppe 47: *(...) der Funk füllt seine einschlägigen Sendezeiten mit ihren Produktionen. Sie haben Bedeutung gewonnen.*[454] Auf den Gruppentagungen wurden, obwohl in vorgelesener Form schwer zu beurteilen, zunehmend Manuskripte für Features und andere Funkarbeiten vorgestellt. 47er wie Eich, Hildesheimer und Bachmann wurden mit dem renommierten »Hörspielpreis der Kriegsblinden« ausgezeichnet. *Das Hörspiel als ernstzunehmende literarische Gattung gehört entstehungsgeschichtlich zur »Gruppe 47«.*[455]

Beim Treffen 1952 auf Schloß Berlepsch trug Hildesheimer sogar *ein skurriles Libretto (...) für eine Funkoper*[456] vor. In den anschließenden Diskussionen

> herrschte weitgehend Einstimmigkeit darüber, daß der Autor merkt, er werde beim Funk gebraucht. Und daraus resultiert seine Einstellung zum

---

* (Ration..., Sp 27/1950) Auch Ingeborg Bachmann schrieb während eines Italien-Aufenthalts neben lyrischen Arbeiten *weiter für Rundfunksender die entlegensten Nachtstudio-Themen auf dem klapprigen Maschinchen nachtruhestörend ins reine, ihre römische Frist von Honorar zu Honorar verlängernd.* (Stenogramm..., Sp 34/1954)

scheinbar so schnell weggesprochenen Wort-Werk, das zur echten, großen Aufgabe wird.[457]

Auf der Herbsttagung 1953 in Bebenhausen, bei der fast ausschließlich aus Hörspielen gelesen wurde, hatten sich schon verschiedene ›Schulen‹ herausgebildet: Die Kritik an Günter Eich galt – Jahre, bevor *funkgerechte Anlage* zum selbstverständlichen Kriterium werden sollte* – bereits *seinem besonderen Hörspielstil*[458]. 1954 in Cap Circeo waren die *Abwanderung eines Teils der Literatur vom Papier aufs Tonband, der den Inhalt mitbestimmende Zwang zur reproduzierbaren äußeren Form (...) die aktuellen Symptome in der Literatur, die sich auf dieser Tagung bemerkbar machten.*[459] Anläßlich der Berliner Frühjahrstagung 1955 wurden beim SFB ein Kriminalhörspiel von Horst Mönnich sowie Ingeborg Bachmanns mehrfach gesendete »Zikaden« abgehört. Im darauffolgenden Herbst, abermals in Bebenhausen, trugen Heinz Huber und Wolfgang Weyrauch sogar beide *den gleichen Stoff in Hörspielverarbeitungen*[460] vor, und auch sonst dominierte der Funk: *Die Mehrzahl der vorgelesenen Manuskripte war für ihn geschrieben.*[461] Die Autoren der Gruppe 47 erreichten mit der Zeit, *daß das Hörspiel, das mancher auch nur für eine Publikationstechnik literarischer Texte und Theaterstücke gehalten hatte, sich zur eigenen Kunstform entwickelte*[462], so daß von den Schriftstellern, die traditionell nur für Druckmedien schrieben, sich manche sogar als Funkautoren spezialisierten, hatte doch der Hörfunk *nur eine Dimension, nämlich die Sprache, und das war ihr Element, mit dem sie arbeiteten*[463]. Im Zeitraum 1946 bis 1959 bewegte sich der Anteil gruppenzugehöriger Autoren an der Gesamthörspielproduktion zwischen 3,4 und 32,0 Prozent. Im Schnitt stammte jedes sechste Hörspiel von einem 47er[464].

Während die medienspezifischen Eigenschaften des zudem keinerlei Profitzwang unterworfenen Funks einen Teil der 47er faszinierten und sie zu seinen ständigen Mitarbeitern werden ließen, weckten sie bei anderen, die sich *mit goldenen Ketten an den Rundfunk gefesselt*[465] sahen, schon zeitig Skepsis. Nicht wenige fürchteten um den künstlerisch-kulturellen Stellenwert einer Literatur, die sich den dramaturgischen Erfordernissen des Hörfunks allzu bereitwillig anpaßte. Schon auf der zweiten Bebenhauser Tagung häuften sich die Bedenken: *Es regnete Warnungen davor, sich dem Äther-Einfluß allzu stark zu beugen*[466], und viele Autoren teilten angesichts der zunehmenden Funkarbeit die Sorge, *daß darüber die Kunst des Erzählens verkümmern könnte*[467]. Das ›mäzenatische‹ Medium wurde als *Verderber der literarischen Qualität*[468] suspekt, und *das maliziöse Witzwort vom radioaktiven Literaturzerfall*[469] machte die Runde. Das Unbehagen wuchs, je stärker die auf das Buch fixierten Autoren mit der immer mediengerechteren, zunehmend von technischen Finessen abhängigen Aufbereitung von Hörfunktexten die vermeintliche Autonomie des literarischen Kunstwerks bedroht sahen: Sein Entstehen verlagerte sich immer häufiger vom Schreibtisch ins Studio, also aus der Sphäre individueller Schöpfung in den arbeitsteiligen Prozeß der Produktion für die Massenmedien, der den Autoren am Beispiel des Hörfunks konkreter erfahrbar wurde als im Bereich der vergleichbar produzierenden Buchverlage.

Am deutlichsten artikulierte sich der Zweifel am Hörfunk 1960 auf der Ulmer Hörspieltagung der Gruppe 47, die mit Unterstützung des Norddeutschen und des Bayerischen Rundfunks sowie des Südwestfunks an der Hochschule für Gestaltung abgehalten wurde:

---

* *Dieter Wellershoffs Hörspielfragment befriedigte mehr durch die sensitive Sprache als durch die funkgerechte Anlage* (Jent: Tagung ..., NZZ 13. 11. 1963).

Ein Kritiker sprach von den »hörspielgeschädigten« Autoren, die sich mit ihren Arbeiten für den Funk »kapitalisieren« wollen, um danach ihr »Eigentliches« zu schreiben, wozu sie dann nie kämen[*]. Ein Beispiel geradezu vollkommener Schludrigkeit und Fahrlässigkeit erhärtete diese These, das hingehauene Hörspiel eines prominenten Autors, über dessen Namen der Mantel der Nächstenliebe gebreitet sei.[470]

Der Reiz des schnellen Geldverdienens, selbst als die meisten Autoren längst materiell abgesichert waren, ließ bisweilen *die Lässigkeit des Rundfunkstils*[471] einreißen. In Ulm wurde beklagt, daß es *weder eine Ästhetik noch eine Dramaturgie des Hörspiels*[472] gebe; und Günter Grass, der im Gegensatz zu anderen Erfolgsautoren wie Heinrich Böll, Siegfried Lenz, Wolfgang Hildesheimer oder Ingeborg Bachmann kaum für den Funk arbeitete, lehnte das Hörspiel als Kunstform sogar bedingungslos ab: *Es sei von der technischen Apparatur her konzipiert; der Impuls, Hörspiele zu schreiben, gehe nicht vom Autor, sondern von der Institution aus*[473]. Ungeachtet solcher Legitimationsprobleme, die der Versuch aufwerfen mußte, sich ändernde Formen der Massenkommunikation mit einem tradierten künstlerischen Selbstverständnis in Einklang zu bringen, blieb die Funkarbeit lange Zeit Existenzgrundlage vieler Schriftsteller. Ihre Mitarbeit erstreckte sich dabei nicht allein auf Literaturprogramme, sondern häufig auch auf den Frauen-, Kirchen- oder Kinderfunk.

Für literarische Beiträge boten die Sender bald nicht mehr die publikumswirksamen Arbeitsmöglichkeiten wie in den Pionierjahren nach Kriegsende, womit auch die Wirkungschancen der Autoren schrumpften. Schon zum Zeitpunkt der Ulmer Tagung hatten die Funkhäuser ihre kulturellen Programme eingeschränkt, da sie in immer stärkerem Maße ihre einstigen Hörer an das Fernsehen verloren hatten. Die Literaten wurden in den sechziger Jahren vollends zu *Sängern des »Dritten Programms« (. . .), qualifizierte Unterhalter mit sozialkritischen Kitzel-Zwischeneinlagen, weil die Satten so etwas ja nicht ungern haben*[474]. Als Alternative innerhalb der sonst von privatwirtschaftlichen Medien beherrschten Öffentlichkeit wurde der Hörfunk kaum begriffen, obwohl sich die Redaktionen ihrerseits seit dem Bestehen der Gruppe 47 darum bemüht hatten, ihre Mitglieder zu fördern und sie für den Funk zu gewinnen.

Dieses Engagement erschöpfte sich nicht allein in der Präsenz bei allen Treffen, in Empfängen und Funkhausführungen oder in einer Sektspende des Bayerischen Rundfunks anläßlich der Jubiläums-Tagung 1957 am Starnberger See; die Sender unterstützten aus ihren Honorarkassen mancherlei Aktivitäten der 47er. So erhielt Richter für den Mitschnitt der Tagungen von den Rundfunkanstalten seit 1952 jeweils 3000 DM, mit denen er finanzschwachen jungen Autoren die Anreise ermöglichte. 1952 stellte NWDR-Intendant Schnabel sogar einen Bus zur Verfügung, der die vorwiegend in Süddeutschland lebenden Gruppenautoren abholte und zur Frühjahrstagung, die *unter dem Protektorat des NWDR*[475] in dessen Niendorfer Gästehaus stattfand, an die Ostsee beförderte. Auf Richters Bitte lud Schnabel auch den in Paris lebenden Paul Celan ein, im NWDR zu lesen. Da die Anstalt die Reisekosten übernahm, war damit auch Celans Teilnahme an der Niendorfer Ta-

---

[*] 1954 hieß es von Paul Schallück, er lebe *von Buchbesprechungen, kurzen Kritiken im Rundfunk und gelegentlichen Hörspielen. Das Romanschreiben, sein Hauptthema, ist also nicht mehr sein Beruf, sondern fast schon sein Hobby.* (Eichholz: Thomas Manns Lob . . ., MM 4. 5. 1954, zit. n. Lettau, 1967, S. 99)

gung finanziell gesichert, in deren Folge er zum erstenmal in der Bundesrepublik publizieren konnte. *All das hing immer sehr mit Freundschaften und Beziehungen zusammen*[476], erklärte Richter später solche Gefälligkeiten der Funkhäuser.

Wegen dieser engen Verbindungen zwischen den 47ern und dem Rundfunk richtete 1963 der CDU-Politiker und stellvertretende WDR-Rundfunkratsvorsitzende Josef Hermann Dufhues heftige Angriffe gegen die Gruppe, *deren Einflußvermögen in den Funkhäusern einmal nachgegangen werden sollte*[477]. Diese politisch motivierte Attacke* ging so weit, daß von Bonn aus bei deutschen Publizisten telefonisch angefragt wurde, *wer denn alles in der »Gruppe 47« sei und eine kleine oder mittlere Position am Rundfunk innehabe*[478]. Kurz danach wurde Wolfdietrich Schnurre wegen eines kritischen Kommentars in der Reihe »Auf ein Wort« auf Betreiben der CDU vom Westdeutschen Rundfunk die freie Mitarbeit aufgekündigt[479].

Schnurre und seine Gruppenkollegen hatten bei den Sendern bei weitem nicht den politischen Einfluß, der ihnen von CDU-Politikern nachgesagt wurde. Zu Anfang der sechziger Jahre hatte mit der gesunkenen Nachfrage längst der Rückzug vieler 47er aus dem Hörfunk eingesetzt. Sie wandten sich mit wenigen Ausnahmen wieder mehr den Druckmedien zu, sobald ein florierender Markt von Zeitungen, Zeitschriften und Buchverlagen entstanden war und der sich beschleunigende Umschlag von Literatur ihnen bessere Absatzchancen eröffnete. Sie hatten den Rundfunk nur vorübergehend als Medium ihrer publizistischen Anliegen genutzt, ihn dafür umso mehr als Bestandteil des Literaturbetriebs funktionalisiert: mit Lesungen, Berichten, Besprechungen, Diskussionsrunden. Ohne Zweifel war das Radio eine, wenn nicht gar die wichtigste Konstituente bei der Entwicklung der Gruppe zum literarischen Umschlagplatz: *Der entscheidende Faktor für die Publizität der neuen Literatur war der Hörfunk. Der hat alles bekannt gemacht.*[480]

4.35 Fernsehen

Hatten sich viele Mitglieder der Gruppe 47 beim Hörfunk als anpassungsfähige Medienproduzenten erwiesen, so blieb ihnen das Fernsehen wegen seiner primär optischen Qualität und seiner stark technisierten Produktionsformen ein weitgehend fremdes Kommunikationsmittel. Allerdings versuchte auch das Fernsehen, sich einen Autorenstamm zu schaffen**. 1955 empfing der SFB-Intendant Alfred Braun die Gruppe 47 nach ihrer Frühjahrstagung und forderte, unterstützt vom damaligen Fernsehdirektor Gerhard Löwenthal, die Gäste zur *Mitarbeit am Fernsehsender*[481] auf. Nach der Bebenhauser Tagung im gleichen Jahr fuhren die Schriftsteller *im motorisierten Konvoi nach Stuttgart, wo der Stuttgarter Rundfunk ihrer harrte, um diese kompakte Versammlung von Schriftstellern vieler Grade für das Fernsehen zu gewinnen*[482]. Es versteht sich, daß über diesen Literatenbesuch auch im Fernsehprogramm berichtet wurde. Aber trotz solcher Rekrutierungsversuche konnten sich kaum Gruppenautoren zur Mitarbeit entschließen. Nur einige begriffen auch den Bildschirm als Forum für Literatur, so daß Richter rückblickend einschränken mußte: *Im Fernsehen saßen natürlich auch Leute der Gruppe 47, wenn auch wenige (...).*[483] Auf Vorschlag dieser wenigen veranstaltete 1961 die Gruppe 47 eine eigene Fernsehspieltagung, die tech-

---

* Die Affäre ist dokumentiert in Lettau, 1967, S. 503–514.
** Schon 1954 veranstaltete der Bayerische Rundfunk zu diesem Zweck eine erste, doch erfolglose Autorentagung am Starnberger See.

nisch und finanziell vom Südwestfunk Baden-Baden getragen wurde. Teilnehmer waren Redakteure, Regisseure, Dramaturgen, Kritiker und selbstverständlich Autoren – auch wenn bei ihnen Richters Einladung *ein verhältnismäßig mattes Echo gefunden hatte*[484]. Manche waren gar *aus Protest gegen das Thema zu Hause geblieben*[485]. Doch diskutierten immerhin etwa 100 Schriftsteller und Vertreter fast aller Sender in Sasbachwalden dramaturgische Fragen des Fernsehspiels, auch anhand von Produktionen der 47er Wolfgang Hildesheimer, Erich Kuby und Dieter Meichsner. Meichsner war später der einzige aus der Gruppe, der als Regisseur endgültig zum Fernsehen ging. Trotz der attraktiven Honoraraussichten von 12.000 bis 15.000 DM pro Drehbuch übten die Autoren auf der Tagung kritische Zurückhaltung; für sie schien das Fernsehen mit seinem Massenpublikum noch mit dem *Beigeschmack mangelnder Seriosität*[486] behaftet. Selbst wenn Schwab-Felisch resümierte: *Millionen sehen täglich zu. Auch das Fernsehen ist eine Aufgabe*[487], so erkannten doch die wenigsten seiner Gruppenkollegen das junge Massenmedium als Chance.

Es wurden zwar von der ARD und den Dritten Programmen zwischen 1953 und 1971 von 36 Autoren der Gruppe zusammen 125 Fernsehspiele und Fernsehfilme gesendet, Wiederholungen nicht eingerechnet*, doch waren dies meist keine Originalbeiträge, sondern Sendungen, die auf die Zweitauswertung literarischer Vorlagen zurückgingen. Aufzeichnungen von Theateraufführungen sind darin ebenso eingeschlossen wie Fernsehbearbeitungen von Romanen oder Hörspielen. Die Mehrzahl der Sendungen stammte von den arrivierten 47ern Lenz, Weiss, Jens, Böll, Hildesheimer und Walser. Für sie war das Fernsehen weniger ein produktionstechnisches Novum mit auch neuen kreativen Möglichkeiten als vielmehr ein zusätzliches Absatzfeld, das dem herkömmlichen Literaturschaffen nutzbar gemacht werden konnte. So erklärt sich, daß bei ihrer sporadischen Mitarbeit *die Autoren solche Sendungen bevorzugen, in denen sie am wenigsten auf die spezifischen Anforderungen des Fernsehens eingehen müssen*[488]. Im angeführten Zeitraum wurden beispielsweise 112 Dichterlesungen und 143 literarische Diskussionssendungen mit Mitgliedern der Gruppe 47 ausgestrahlt[489]; beides vertraute Vermittlungsformen für einen Schriftsteller. Die meisten Lesungen vor der Kamera entfallen sogar auf den einzelgängerischen Günter Eich, während bei den Diskussionssendungen die prominenten und damit dem Fernsehen als repräsentative Figuren willkommenen Böll und Grass dominierten sowie die im Literaturbetrieb stets aktiven Höllerer, Schnabel und Richter. Deren häufige Bildschirmauftritte gehen auch auf eigene Mitwirkungsverträge zurück, die sie zeitweilig mit dem SFB verbanden. Bei Fernsehsendungen zu allgemein gesellschaftlichen oder politischen Fragestellungen war es erneut Günter Grass, der unter den insgesamt 42 registrierten Einzelbeiträgen von Autoren aus der Gruppe 47 mit allein 20 Sendungen am stärksten vertreten war.[490]

Zieht man Bilanz, so haben die ARD-Anstalten zwischen 1953 und 1971 insgesamt 585 Beiträge von oder mit Angehörigen der Gruppe 47 ausgestrahlt: eine Zahl, die angesichts des gesamten Programmangebots nicht sonderlich hoch erscheint, auch wenn bei diesen Sendungen insgesamt 67 Gruppenautoren mitwirkten. Die meiste Sendezeit wurde dabei von SFB und WDR bestritten[491]. Ein sprunghafter Anstieg der Fernsehbeiträge ist für das

---

* Das hier referierte Zahlenmaterial beruht auf Unterlagen des Deutschen Rundfunkarchivs Frankfurt und ist aufbereitet in der detaillierten Untersuchung von Erdmann u. a. – Als Mitglieder der Gruppe 47 gelten darin die bei Lettau, 1967, S. 532 – 547, aufgelisteten Autoren.

Jahr 1965 zu verzeichnen, und wenig später führte der Sendebeginn der Dritten Programme abermals zu einer Ausweitung der Mitarbeit von Autoren aus der Gruppe 47[492]. Für die beteiligten Schriftsteller dürfte darin auch ein erheblicher Werbeeffekt gelegen haben. Beispielsweise konnte Peter Weiss im Fernsehen regelmäßig seine neuesten Bühnenarbeiten kommentieren[493]. In Spätsendungen und Minderheitenprogrammen dürften die Literaten mit solchen einträglichen Auftritten nicht nur ihren Bekanntheitsgrad bei einer wichtigen Zielgruppe gesteigert und Sympathie mobilisiert, sondern auch ohne merkliche Streuverluste ihren potentiellen Konsumentenkreis erreicht haben. Ein großer Teil der Sendungen enthielt *Interviews und Gespräche zum Thema Literatur, in denen häufig auf Publikationen der betreffenden Autoren aufmerksam gemacht wird*[494]. Offensichtlich war der frühere politisch-publizistische Anspruch der Gruppe, als ihr das Fernsehen mit seinen ungekannten Wirkungsmöglichkeiten offenstand, längst einer pragmatischen Betriebsamkeit gewichen, die sich angesichts eines wieder funktionierenden Literaturmarktes auch nicht mehr notwendig auf jede sich bietende Publikationsmöglichkeit richten mußte.

Nicht zuletzt dieser Umstand erklärt die Einmütigkeit und Geschlossenheit, mit der 1960 das von Adenauer geplante Regierungsfernsehen, für das zahlreiche Schriftsteller lukrative Mitarbeitsangebote erhalten hatten, von der Gruppe boykottiert und in einer Resolution[495] abgelehnt wurde. Die formal privatwirtschaftlich organisierte, de facto aber regierungseigene Deutschland Fernsehen GmbH, die später vom Bundesverfassungsgericht für verfassungswidrig erklärt wurde*, erschien der Gruppe als Bedrohung für die demokratische Meinungsbildung. *Da verzichteten also Gruppenmitglieder (. . .) auf möglicherweise kommende Einkünfte und verweigerten sich.*[496] Ein wirklicher Gewissenskonflikt zwischen politischer Überzeugung und materieller Abhängigkeit blieb den Unterzeichnern der Resolution jedoch erspart. Der von Günter Eich initiierte, fraglos politische Protest** barg nur ein geringes Risiko, da das zu diesem Zeitpunkt noch gar nicht als Kommunikationsmittel wahrgenommene Fernsehen, wie immer es strukturiert sein mochte, schon als solches für die Gruppe ein nur sekundäres Medium war, das lediglich am Rande des Literaturbetriebes zusätzlich genutzt, nicht aber als eigenständiges Betätigungsfeld begriffen wurde***.

4.36 Film

Zwar diskutierte die Gruppe 47 schon auf ihrer Herbsttagung 1949 eine Qualitätsverbesserung des Films, beispielsweise durch die Gründung einer Europäischen Filmgesellschaft; konkret jedoch haben sich ihre Mitglieder mit Ausnahme Alexander Kluges nur vereinzelt und auch dann nur punktuell mit diesem Medium auseinandergesetzt. Größeres Engagement ließ der deutsche Nachkriegsfilm zunächst auch kaum zu: Er lebte in der Restaurationsphase fast ausschließlich von Heimat-, Schicksals- und Kriegsstoffen,

---

* Diese Entscheidung vom 28. 2. 1961 wurde als sogenanntes »Fernsehurteil« medienpolitisch bedeutsam.

** Freilich schloß der politische Charakter des Protests materielle Interessen nicht kategorial aus: *Hinter der abstrakt-universalistischen Option fürs Allgemeininteresse (. . .) steckt allemal auch das Partialinteresse derer, deren soziale Reproduktion als literarisch-intellektuelle Subjektivitäten den repressionsfreien, zumindest restriktionsverdünnten geistigen Warenverkehr zur Bedingung hat.* (Kröll, 1977, S. 147)

*** Uwe Johnson sah rückblickend die Unterzeichner des Protests *sanft von Lächerlichkeit beschienen, wenn nämlich sie selbst Arbeiten für ein Fernsehen von sich gar nicht erwarteten.* (Johnson: Gast . . . , Z 15. 7. 1977)

die mit geringen Variationen in großer Zahl auf den Markt geworfen wurden. Die noch verbleibenden Kino-Kapazitäten wurden durch die Verwertungsinteressen des amerikanischen Filmkapitals blockiert, das mit seiner zur Zweitauswertung importierten Dutzendware jahrelang die Leinwand beherrschte. Der Film war das wirkungsvollste Unterhaltungsmedium. Eine Fortsetzung der durch die nationalsozialistische Gleichschaltung abrupt unterbrochenen deutschen Filmtradition gab es nicht, während politisch ›unverdächtige‹ NS-Unterhaltungsfilme bald wieder zu sehen waren.

Den Literaten blieb unter diesen Bedingungen nur die Möglichkeit, durch gelegentliche Mitarbeit von der raschen Expansion der Filmbranche zu profitieren. So reimte Eich schon vor seiner erfolgreichen Hörspielzeit Schlagertexte für Musikfilme, andere Gruppenautoren schrieben Heimatfilm-Dialoge, und noch 1961, als die Gruppe in Göhrde tagte, saß Andersch am Drehbuch für einen Film mit dem Nachkriegsidol Ruth Leuwerik. Zum reinen Filmautor wurde aber niemand aus dem Kreis der Gruppe 47, obwohl es gelegentliche Versuche, auch von Hans Werner Richter, gab, die dann aber größtenteils ernüchternd verliefen. Für die Filmindustrie war der Autor *meist nicht mehr als ein Stofflieferant, dessen Einfall zudem verbogen und denaturiert zu werden pflegt*[497].

Solche Erfahrungen prägten selbst jene noch filminteressierten 47er, die im Anschluß an die Berliner Tagung 1962 – nachdem die meisten anderen schon wieder skeptisch abgereist waren – mit einem Kreis von Filmemachern um Alexander Kluge zusammentrafen[498], der auf der vorausgegangenen Lesung erstmals literarisch in Erscheinung getreten war. Die jungen Regisseure, die sich kurz zuvor mit ihrem »Oberhausener Manifest« gegen die voranschreitende Kommerzialisierung des Films gewandt hatten, propagierten ein ›Kino der Autoren‹, bei dem nach dem Vorbild französischer Filmer Drehbuch und Regie in einer Hand liegen oder zumindest eine enge Zusammenarbeit praktiziert werden sollte. Die Schriftsteller der Gruppe 47 verfolgten die Referate und Vorführungen sehr reserviert. Als schreibende Autoren sahen sie das Kino wie schon das Fernsehen als ihnen nicht gemäßes Medium an. Dennoch ergaben sich bei diesem Treffen einzelne Kontakte, die allerdings nur auf die Weiterverwertung bestehender literarischer Vorlagen abzielten: Neben Andersch, der mit Strobel/Tichawsky den Film »Russisches Roulette« plante, verabredeten Grass (»Katz und Maus«) und Ingeborg Bachmann (»Der gute Gott von Manhattan«) die Verfilmung eigener Arbeiten.

Den jungen deutschen Film mit seinem Versuch, einer breiten Zuschauerschicht abseits des traditionellen Kulturpublikums inmitten der vorfabrizierten Kinoware kritische Inhalte zu vermitteln, verstanden die Autoren der Gruppe 47 nicht als alternative Produktions- und Wirkungsmöglichkeit. Allerdings hätte ihnen ein Engagement für das frei finanzierte Kino – anders als auf dem allmählich fest installierten Verlagsmarkt – auch mehr materielle Risiken eingebracht als Verdienste ermöglicht. Das Interesse der 47er für das Kino blieb also peripher, zumal dessen mangelnde Eignung für explizit literarische Ziele nicht dazu angetan war, das Engagement von Schriftstellern dauerhaft auf sich zu ziehen.

4.37 Theater

Bei den weitgespannten Aktivitäten, die die Gruppe 47 entfaltete, ist zunächst erstaunlich, wie wenig davon das Theater berührt wurde. Die Bühne als Medium dramatischer Literatur fand kaum größeres Interesse als Bildschirm und Leinwand, beides vergleichsweise ungewohnte Arbeitsfelder. Nicht allein der Umstand, daß auf den Tagungen nur selten dramatische Texte gelesen wurden, sondern auch, daß nur die wenigsten Gruppenautoren überhaupt für das Theater schrieben, läßt auf eine allgemeine Skepsis gegenüber dessen Formen und Möglichkeiten schließen. Dementsprechend wurden zu den Tagungen, auf denen Lyrik und Kurzprosa durch ihre bessere Rezitierbarkeit als Gattungen ohnehin im Vorteil waren, kaum solche Schriftsteller eingeladen, die durch Bühnenarbeiten auf sich aufmerksam gemacht hatten*.

Seit der Währungsreform stets kurz vor dem finanziellen Ruin, hatten die Theater bis weit in die fünfziger Jahre hinein kaum Mittel, um Auftragsarbeiten an Autoren zu vergeben. Im Gegenteil gerieten sie immer mehr in Abhängigkeit von subventionsspendenden Kulturpolitikern und den Ansprüchen des zahlenden bürgerlichen Publikums, das in den gängigen Klassiker-Inszenierungen sein Weltbild bestätigt fand. Experimente junger deutscher Nachkriegsautoren waren unter diesen Vorzeichen nahezu ausgeschlossen: Die Bühne wurde zum Schauplatz einer wirklichkeitsüberhöhenden Rückbesinnung auf ›zeitlose‹ Wertvorstellungen. Zwar klagten die Theater, daß zu wenig zeitgenössische Stücke angeboten würden[499]; sie schufen aber auch keinerlei Anreize für einen Neubeginn der deutschen Gegenwartsdramatik. Auf den Tagungen der Gruppe stellte sich angesichts zahlreicher Rundfunkleute, aber fehlender Intendanten, Regisseure und Dramaturgen die Frage: *Der Funk sucht Mitarbeiter, und das Theater?*[500]

Nur ein einziger Kontaktversuch findet Erwähnung: Günther Weisenborn arrangierte im Anschluß an die Frühjahrstagung 1952 in Niendorf ein Treffen interessierter 47er mit seinen Kollegen von der Hamburger Lektürenbühne: auf den ersten Blick ein erfolgversprechender Ansatz. Denn wie die Gruppe sich den Aufbau einer jungen Literatur zum Ziel gesetzt hatte, so waren als Gegengründungen des Nachwuchses zu den etablierten Stadttheatern – gleich der Lektürenbühne – zahlreiche Keller- und Zimmertheater entstanden, die mit geringen Mitteln versuchten, ein zeit- und gesellschaftskritisches, sogar experimentelles Programm anzubieten und damit womöglich ein anderes Publikum zu erreichen als das bürgerliche. Nicht ohne Berechtigung also mochte sich Weisenborn von der Gruppe 47 ein Eintreten für *das im Keller kämpfende Leben des deutschen Dramas, von dem die da oben nicht viel wissen wollen*[501], erwartet haben, fehlte es doch an Autoren, die entsprechende Stücke liefern konnten. Allerdings blieb es beim unverbindlichen Meinungsaustausch zwischen Schriftstellern und Theatermachern. *Die Verbindung zwischen Bühne und Autor ist abgebrochen*[502], lautete das resignierte Resümee. Viele von Anfängern geschaffene Vorlagen seien gar nicht aufführbar, *weil das Handwerk nicht mehr beherrscht wird*[503]. In jedem Fall scheuten viele Autoren das Risiko, ohne vertragliche Absicherung, also möglicherweise für die Schublade, zu schreiben.

Zudem hatten sich viele Dramatiker von den Kleinbühnen, die ihre Autoren nur mit einem Taschengeld honorieren konnten, dem finanzkräftigeren Rundfunk zugewandt.

Die Arbeit für das Brot, für Zeitung, für Rundfunk duldet nicht mehr das Mühen über ein Drama. Nein, das Drama gibt mir keine Resonanz. Mit dem Funk habe ich die Möglichkeit, Millionen sofort zu erreichen (...).[504]

---
* 1955 debütierte der Dramatiker Richard Hey in der Gruppe 47, nachdem sein Theater-Erstling »Thymian und Drachentod« in Stuttgart uraufgeführt worden war. 1966 las er nochmals aus seinem Stück »Rebellion«.

Solche Vorzüge konnten die Abkehr vom traditionellen Bühnenmedium nur beschleunigen. Die Autoren der Gruppe 47, bemüht um eine neue Sprache, verfaßten dramatische Werke, bei denen *das Wort entscheidend ist, nicht das Visuelle*[505], nämlich Hörspiele. *(...) Hebbel, lebte er heute, würde für den Funk schreiben, nicht fürs Theater*[506], befand Reich-Ranicki anläßlich der Hörspieltagung 1960. Manches Bühnenstück wurde aufgeführt, das ursprünglich als Hörspiel geschrieben und gesendet worden war*.

Zu den wenigen Autoren der Gruppe 47, die sich schon früh dem Theater zuwandten, gehörten zum Beispiel Walter Bauer, dessen Dramolett »Die Grenze« von den Mainzer Zimmerspielen uraufgeführt wurde, und Rudolf Augstein, der 1947 in Hannover mit dem szenischen Gleichnis »Die Zeit ist nahe« debütierte. In den fünfziger Jahren spielten die Studentenbühnen und Zimmertheater auch die frühen Stücke von Grass, denen allerdings auf den Tagungen gelegentlich die *theatralische Verifizierbarkeit*[507] abgesprochen wurde. Erst dem anerkannten Prosaschreiber öffneten sich dann die großen Stadttheater: Sein Brecht-Angriff »Die Plebejer proben den Aufstand« wurde 1966 am Berliner Schiller-Theater uraufgeführt. Bei seiner Vorstellung zwei Jahre zuvor in Sigtuna hatte Grass mit seinem Drama noch eine zwiespältige Aufnahme gefunden; überhaupt wurden Bühnenwerke, aus denen auf den Tagungen gelesen wurde, heftiger kritisiert als andere Arbeiten und fielen häufig ganz durch.

Wesentlich an Attraktivität gewonnen hatte das Theater für die Autoren der Gruppe 47 durch die wachsende Bereitschaft auch etablierter Bühnen, das herkömmliche, vom Abonnentenpublikum sanktionierte Repertoire mit avantgardistischen Stücken zu kontrastieren. Zu den ersten Schriftstellern, die bereits in den fünfziger Jahren diesen Freiraum erfolgreich nutzten, zählte Wolfgang Hildesheimer, dessen absurde Stücke es zum Teil auf ein Dutzend Inszenierungen brachten. Auch andere Autoren fanden nach Hildesheimer Zugang zu den städtischen Bühnen, wie Peter Weiss 1963 mit seinem »Marat« und Walter Jens 1966 mit »Die Rote Rosa«. Beide Stücke waren, als sie in der Gruppe diskutiert wurden, schon zur Uraufführung in Berlin bzw. Hamburg vorgesehen. Mit anderen Worten: In der Gruppe 47 wurde das Theater erst dann als positive Wirkungsmöglichkeit erkannt, als die kleinen Alternativbühnen geringer Solvenz von zahlungskräftigen und inzwischen experimentierfreudigeren Großstadttheatern abgelöst worden waren. Da diese Entwicklung erst relativ spät einsetzte und die Gruppe über ihre Teilnehmer nur marginale persönliche Verbindungen zu den Bühnen besaß, blieb ihr das Theater ein wenig erschlossener Sektor des Literaturbetriebs.

4.4 MONOPOLISIERUNG DER LITERATUR?
4.41 Repräsentanz

Die wachsende Publizität ihrer Tagungen und ihre immer engeren Beziehungen zu den für sie wichtigen Medienbereichen ließen die Gruppe 47 im Laufe der Jahre zu einem Forum literarischer Entwicklungen schlechthin und damit unübersehbar zu einem Faktor des Kulturbetriebs werden. Schon kurz nach der Tagung von Bannwaldsee stellte sich den Berichterstattern, wie seitdem immer wieder, die Frage, ob die Gruppe als repräsentativ für die

---
* Dies gilt auch für Wolfgang Borcherts »Draußen vor der Tür«.

bundesdeutsche Nachkriegsliteratur angesehen werden könne. Zwar wurde häufig angemerkt, daß einige große Namen in ihren Reihen fehlten, doch stellte die »Süddeutsche Zeitung« bereits nach der dritten Tagung fest, die Gruppe 47 werde *in Zukunft aus den öffentlichen und privaten Diskussionen um die junge Gegenwartsliteratur nicht mehr wegzudenken sein*[508]. 1960 befand die »Zeit«, eine *Geschichte der Gruppe 47 wäre zugleich die halbe Geschichte der deutschen Nachkriegsliteratur*[509].In den fünfziger Jahren hatte die Gruppe 47 eine dominierende Rolle gewonnen.

Es gab Phasen, in denen nahezu alle als wichtig empfundenen Novitäten auf der Bühne und dem Buchmarkt von Autoren stammten, die entweder zum festen Kreis der Gruppe gehörten oder zumindest durch eine Einladung und Lesung mit ihr in Berührung gekommen waren.[510]

Kein tonangebendes programmatisches Konzept im Sinne einer anerkannten literarischen Schule verlieh der Gruppe diese Dominanz, sondern die in ihr verkörperte Konzentrierung durchaus heterogener, aber gleichermaßen erfolgreicher Einzelautoren. Das Image der Gruppe resultierte mit aus dem Markterfolg einzelner ihrer Mitglieder. Dollinger erklärte sich die Etikettierung der 47er als repräsentative Autorengruppe damit,

daß einige wichtige Autoren der Gegenwart – wie etwa Heinrich Böll, Günter Grass oder Peter Weiss – in dieser Gruppe 47 herangewachsen sind und eine internationale Bedeutung erreicht haben, die oberflächliche Beobachter mit der Gruppe selbst identifiziert haben.*

Allerdings funktionierte dieser Prozeß nicht nur in einer Richtung, vielmehr bestand eine Wechselwirkung: Wie sich die Gruppe durch ihre Autoren profilierte, so zogen diese aus der Mitgliedschaft Vorteile.** Zum Beispiel empfahl Reich-Ranicki Friedrich Sieburg, der die literarische Repräsentanz der Gruppe in Abrede stellte, *sich in dieser Angelegenheit von den großen Verlagshäusern in Paris, London, New York und Mailand beraten zu lassen*[511], unter denen einige die Aufnahme eines deutschen Autors angeblich von dessen Gruppenmitgliedschaft abhängig machten[512]. Wie also die Gruppe 47 durch die meßbaren Produktionserfolge ihrer in den Medien als *Stars*[513] gefeierten Autoren zum Markenzeichen wurde und dieses Prädikat sich mit jedem neuen Literaturerfolg stabilisierte, so profitierten ihre Mitglieder allgemein von der als *Gütesiegel*[514] wirkenden Zugehörigkeit und insbesondere von ihren Leseerfolgen bei der solchermaßen anerkannten Bewertungsinstanz, was ihnen bei den Lektoraten von vornherein einen Bonus verschaffte und ihre Publikationschancen steigerte. Daß die Repräsentanz der Gruppe stetig zunahm, erscheint somit als von ihr selbst veranlaßter wechselseitiger Prozeß, bei dem die Gruppe eben jenen Rang erwarb, den einzelne ihrer Konstituenten – wie die Kritiker den Lesenden, die Berichterstatter den Kritikern – sich zuvor zugewiesen hatten.***

---

* (Dollinger: Einleitung, S. 9). Ähnlich auch Schroers: *Die unberühmte Gruppe machte nicht berühmt, sie wurde berühmt durch ihre berühmt gewordenen Mitglieder.* (Schroers: Der Generationenwechsel..., S. 106)

** Wenn die »Zeit« resümierte, *eine simple Addition der deutschen Nachkriegsschriftsteller von Rang gibt dieser Gruppe nun einmal ihr Übergewicht* (Leonhardt: Was gilt..., Z 26.10.1962), wurde damit die wechselseitige Bedingtheit der gewachsenen Bedeutung unterschlagen.

*** Für einen Teilnehmer war die Gruppe *sozusagen ein kleiner Expertenmarkt, wo also Lektoren, Verleger, die Fernseh- und Rundfunkstationen und die Literaturredakteure sich alle trafen und die Kollegen untereinander, die Schriftsteller auch, sozusagen vor den Augen dieser Öffentlichkeit sich gegenseitig ihre Wertigkeiten festlegten.* (zit. n. Kröll, 1977, S. 214).

Mit diesem Mechanismus, einmal inganggesetzt und durch die Medien zum öffentlich sanktionierten Charakteristikum der Gruppe 47 geworden, war ihre Institutionalisierung vorgezeichnet, auch gegenüber dem Ausland. Zwar beteuerte Hans Erich Nossack, ihm sei auf seinen vielen Reisen

> *nicht ein einziger Fall bekannt geworden, daß ausländische Schriftsteller, Kritiker und Literaturwissenschaftler die Gruppe 47 als repräsentativ für unsere literarische Nachkriegsgeneration angesehen hätten, sondern immer nur einzelne Figuren wie Enzensberger, Grass und Weiss, die der Gruppe angehört haben*[51],

doch spricht aus anderen Anzeichen weniger Differenzierung. So verweist Kaiser darauf, *daß man aus ausländischen Zeitschriften und Publikationen leicht viel Hochschätzung der Gruppe 47 herauszitieren kann*[516]. Beispielsweise sahen die französischen »Nouvelles Littéraires« 1951 *ungefähr alles, was in Deutschland an junger Literatur vorhanden ist*[517], in der Gruppe 47 vereinigt. In einer späteren Sondernummer zählten von den 35 vorgestellten deutschen Autoren 21 zur Gruppe 47. Als repräsentativ galt sie auch in Osteuropa. Auf dem Internationalen Schriftstellerkongreß 1963 in Leningrad, an dem als deutsche Vertreter Richter und Enzensberger teilnahmen, betonte Ilja Ehrenburg, *er habe aus den Büchern der Schriftsteller der »Gruppe 47« viel gelernt*[518]. Mit der Öffnung der ČSSR für westdeutsche Literatur *wandte sich das Hauptinteresse der tschechischen und slowakischen Autoren, Kritiker und Lektoren der Gruppe 47 zu*[519]. Und auch die ungarische Zeitschrift für Weltliteratur, »Nagyvilág«, schien, was die dort vorgestellten Autoren anbelangte, *die einzig diskutable westdeutsche Literatur mit der GRUPPE 47 gleichzusetzen*[520]. 1962 machten mehrere prominente Mitglieder des DDR-Schriftstellerverbandes die Gruppe als Organisation, nicht als Kollegenkreis, zum Adressaten eines Offenen Briefes[521], und vier Jahre später wandte sich im »Neuen Deutschland« der stellvertretende DDR-Ministerratsvorsitzende Alexander Abusch gegen einen Alleinvertretungsanspruch der Gruppe 47 für die deutsche Literatur und beschuldigte sie, *eine literarische Hallstein-Doktrin aufzurichten*[522].

Unter welchem Vorzeichen auch immer – die wachsende Präponderanz der Gruppe war nicht zu leugnen. 1957 fand sie unter Richters Namen sogar Eingang in den »Brockhaus«. Bald waren *Germanisten in aller Welt (...) neugierig geworden auf diesen Zusammenschluß*[523], sein langjähriges Bestehen wurde *mit Diplom- und Doktorarbeiten quittiert**. Auf den Tagungen verkörperte mit Höllerer, Jens und Mayer schon früh eine eigene *Professorengruppe*[524] auch akademisches Interesse. Einladungen ausländischer Hochschulen führten zu den Tagungen in Schweden und den USA. Das Treffen von Princeton, an dem viele vor dem Nationalsozialismus geflohene Literaten teilnahmen, galt als *Begegnung der neuen deutschen Dichtung mit den Emigranten*[525]. Schon zuvor waren Bachmann, Böll, Heißenbüttel und Enzensberger für ein Poetiklektorat an die Universität Frankfurt verpflichtet worden. Bis zu 2000 Studenten verfolgten die Gastvorlesungen der 47er. Schon zur Halbzeit ihrer Geschichte war die Gruppe *eine mächtige Literaturgemeinschaft*[526], die fast exklusiv das ›literarische Leben‹ in der Bundesrepublik bestritt: *(...) wir haben die Gruppe 47 und Ansätze*[527], urteilte Leonhardt in der »Zeit«. 1963 erreichte die Gruppe mit ihrer massierten Kulturprominenz eine kollektive Einladung zum Bundespresseball[528]. Während die klei-

---

* (Zimmer: Die Gruppe 47..., Z 8. 11. 1963). Raddatz erwähnt Dissertationen an den Universitäten von Stockholm und Moskau (vgl. Raddatz: Polemik..., k 8/1966, auch in: Lettau, 1967, S. 418).

nen, nur regionalen Schriftstellerverbände nicht aus der Bedeutungslosigkeit herauswuchsen, profilierte sich *der Welt zur Zeit berühmteste(r) Literaturzirkel*[529] immer stärker. Ihm hatten *andere Gruppen oder gruppenähnliche Gebilde nichts Entsprechendes entgegenzusetzen*[530].

Gegengründungen wie die von Peter Hornung in München installierte »Gruppe 53«, laut Richter *der Versuch, von der konservativen Seite aus etwas gegen uns aufzuziehen*[531], blieben erfolglos und kurzlebig oder wurden früher oder später, sofern sie nicht divergenten Auffassungen folgten, von der Gruppe 47 absorbiert. Einzig die von Richter als *Plagiat*[532] bezeichnete »Gruppe 61« – auch sie schon in Benennung und Organisationsform ein Reflex auf die 47er – konnte sich dank der inhaltlichen Festlegung auf Literatur der Arbeitswelt über Jahre hinweg ihre Eigenständigkeit bewahren, zumal die beiden beteiligten Autorenkreise sich kaum überschnitten. Da jedoch die 61er mit einer programmatischen Zielsetzung auftraten und damit nur einen Teilbereich der Literatur für sich reklamierten, konnten sie die allumfassende Repräsentanz der 47er nicht infragestellen. Deren Tagungen fanden sogar im Ausland Nachahmer. In Italien konstituierte sich, beraten vom 47er Klaus Wagenbach, eine bald wieder zerbrochene Vereinigung »Gruppo 63«, und nach Sigtuna, ein Jahr später, trugen sich schwedische Autoren mit dem Gedanken, *nach Vorbild der Gruppe 47 eine skandinavische Dichter- und Kritikerschule zu errichten*[533].

Als Hans Dollinger mit seiner Anthologie »außerdem«, die von der Kritik weitgehend verrissen wurde, die Frage stellte: *Deutsche Literatur minus Gruppe 47 = wieviel?* – so der Untertitel – wurde die Gruppe einmal mehr als Konstituente der Gegenwartsliteratur manifest. Während Dollinger ihre Repräsentanz relativieren wollte und sich anschickte, *mit dem Maßstab der Qualität ein im In- und Ausland verbreitetes Vorurteil zu beseitigen*[534], konnte Richter in seinem Vorwort an den Herausgeber feststellen, daß von den 70 aufgenommenen Autoren *in dieser Ihrer Anthologie sechsundzwanzig Autoren mit Beiträgen enthalten sind, die in der Gruppe 47 gelesen haben, einige nur einmal, andere mehrmals*[535]: Schon war auch Dollingers Unternehmen, an dem einige Autoren nicht teilnehmen mochten, um nicht in unliebsame Opposition zur Gruppe zu geraten[536], ungewollt zum *Musterbeweis für die Dominanz der Gruppe 47 auf dem gegenwärtigen literarischen Markt*[537] geraten.

Ihr entsprach eine zunehmende Repräsentativität der Auftritte im Kulturbetrieb. Die Tagungen der Gruppe 47 bekamen einen immer offiziöseren Rahmen, ihre Auslandsreisen wurden zum kulturpolitischen Ereignis[538]. Daß die Gruppe mit ihren ›Auslandsmissionen‹ im Literaturbetrieb der Gastländer intellektuell Anerkennung fand und sich dort auch ökonomisch etablierte*, konnte ihre heimische Vorrangstellung nurmehr zementieren.

Freilich haben ihre Mitglieder diesen Mechanismus wie überhaupt die literarische Repräsentanz der Gruppe immer wieder geleugnet. Jens und Kaiser dementierten diesen Vertretungsanspruch vor schwedischen Fernsehkameras, Richter wies ihn im Grußwort zur Dollinger-Anthologie weit von sich, Walser warnte eindringlich davor, und Schwab-Felisch reinigte alle Gruppenmitglieder vom Verdacht, sie begriffen sich als literarische Elite:

---

* Kaiser berichtete anläßlich Sigtuna: *Mir wurden in Sandbergs Buchhandlung die plötzlich bestellten, zusammen tausende von Kronen kostenden Bücher deutscher Autoren gezeigt. Es waren Berge fertig zum Versand. (...) So viele Bestellungen, sagte der Buchhändler, habe es noch nie gegeben.* (Kaiser: Von der ..., SZ 26./27.9.1964)

(. . .) niemand aus ihren Kreisen wird das je behaupten[539]. Diese verbale Bescheidenheit, der ständige, fast schon zur Liturgie gewordene Verweis auf das zeitlich-räumlich begrenzte Auftreten ihres Zusammenschlusses stehen in deutlichem Gegensatz zu der Selbstgefälligkeit und durchaus eingestandenen Genugtuung, mit der die 47er, wo immer sie als Institution auftraten, ihre allumfassende Betriebsamkeit entfalteten und sich als qualitative Substanz der deutschen Literatur aufführten. Im gleichen Maße, wie die Gruppe dieses Image mit zahllosen Statements in Abrede stellte, hat sie durch ihr tatsächliches Verhalten* *dem Anschein solcher Repräsentanz Vorschub geleistet*[540]. Piwitt sprach von der Gruppe als *literarische[r] Öffentlichkeit, für die man sich, trotz aller Gegenbeteuerungen, hält*[541]. Nur zu genau entsprach der wachsende Medienrummel um die Tagungen jener Publizität, die die Gruppe mit ihrem impliziten Bedeutungsanspruch provoziert hatte. Der Begriff »Gruppe 47« wirkt schließlich *wie ein Plakat; er ruft massive Assoziationen hervor*[542], signalisiert, in welchem Zusammenhang auch immer, Geltung, Bedeutsamkeit, Nachrichtenwert**. Diesem Faktum traten ihre Mitglieder nur zaghaft entgegen, augenscheinlich, weil die Medien das insgeheim gehütete, vielleicht auch vorbewußte Selbstverständnis der Gruppe, ihre eigene Wirkungserwartung, besser antizipiert und journalistisch umgemünzt hatten als die Schriftsteller der Gruppe, zugleich Subjekt und Objekt dieses Wandels, jemals zuzugeben bereit gewesen wären.

Die Schriftsteller zogen sich in ihre ›öffentliche Privatheit‹ zurück, wähnten sich von einer ›zudringlichen‹ Presse verfolgt: ein allmählich zur Gruppenideologie sich auswachsendes Alibi, das es ermöglichte, die massiv betriebenen kulturellen Public Relations, die Sympathiewerbung für literarische Produkte und ihre Produzenten, mit dem dennoch gepflegten Archetyp des schreibenden Einzelgängers in Einklang zu bringen. Die Widersprüchlichkeit solcher Legitimationsversuche konnte, bei allem publizistischen Übergewicht der Gruppe im Literaturbetrieb, nicht dauerhaft verborgen bleiben. Die faktische Macht der Gruppe und deren Verbrämung mußten zum Gegenstand eines konfliktreichen ›Federkrieges‹ werden, der mit ihrem ideologischen Gerüst auch die Gruppe selbst erschütterte.

4.42 Der publizistische Streit
4.421 Ansatzpunkte der Gegner

Der wachsende Einfluß der Gruppe 47 im nachkriegsdeutschen Literaturbetrieb und die damit einhergehende Ökonomisierung ihrer Jahrestreffen stießen schon im Anfangsstadium auch auf Kritik, die sich zunächst gegen Einzelphänomene der Tagungspraxis richtete, später aber in eine umfassende Debatte darüber einmündete, ob die Gruppe den literarischen Markt allmählich monopolisiere. Die ersten Anzeichen einer solchen Tendenz entdeckten frühe Gruppengegner aus dem konservativen Lager wie Rudolf

---

* Wer der Gruppe, wie Karasek, zugesteht, sie repräsentiere die deutsche Literatur *womöglich widerwillig* (Gruppentest . . , StZ 14.10.1967), oder, wie Rötzer, einräumt, sie sei *von außen her in ihre gegenwärtige dominierende Stellung gedrängt worden* (Ein Monopol . . . , RM 13.10.1967), oder, wie Kuby, schlicht konstatiert: *Sie wächst in die Rolle einer deutschen Repräsentanz hinein* (Ach ja . . . , Sp 19/1966), macht die Gruppe 47 zum Objekt einer verselbständigten Entwicklung und unterschlägt ihren initiativen Anteil daran.

** Dollinger mußte sich vorwerfen lassen: *Es drängt sich der Verdacht auf, daß hier ein Herausgeber mit der Spekulation auf den werbewirksamen Namen der »Gruppe 47« versucht hat, Leser und Käufer für eine der üblichen 08/15-Anthologien zu mobilisieren.* (Wallmann: Richters gesammelte . . . , W 21.12.1967)

Krämer-Badoni, Günter Blöcker, Hans Habe oder Friedrich Sieburg im autokratischen Einladungsmodus, in der zunehmenden Relevanz der Lesungen auch für den ökonomischen Erfolg und im unausgesprochenen, freilich an vielen gruppenfreundlichen Tagungsberichten abzulesenden Anspruch der 47er, den Aufbau einer neuen deutschen Literatur zu leisten. Sieburg, der die Aktivitäten der Gruppe in der »FAZ« mehrfach ablehnend kommentierte, ihr politische Glaubwürdigkeit und literarischen Rang absprach, hatte sich schon 1952 in der von ihm mitherausgegebenen »Gegenwart« gegen das junge Gruppenorgan »Die Literatur« gewandt. Diese kurzlebige, von Richter herausgegebene Zeitschrift der Gruppe erregte auch den Unwillen des »Rheinischen Merkur«, der das Geschäft mit der Literatur durch Gefälligkeitsartikel wie etwa die Rubrik »Kritik des Feuilletons« gelenkt sah:

> Nur das Feuilleton einer einzigen großen Zeitung kommt glimpflich davon, wird sogar gelobt, sogar sehr gelobt, und gerade diese Zeitung ist bekannt dafür, daß sie laufend Beiträge der 47er veröffentlicht.*

Auch Sieburg monierte die engen Medienverbindungen der Gruppenautoren:

> Sie brauchen nur zu einem ›Dichtertreffen‹ zusammenzukommen, so sind schon die Lektoren, Reporter und Funkwagen zur Stelle, um das erste Piepsen des ausschlüpfenden Kükens für die Nachwelt festzuhalten und für den Betrieb zu erwerben.[543]

Die an solchen Symptomen überdeutlich sich abzeichnende ökonomische Ausrichtung der Tagungen blieb auch bei den Insidern der Gruppe nicht unbemerkt[544]. Allerdings wurden die Auswirkungen des sich wandelnden Tagungscharakters primär als Mängel oder Auswüchse, als ungewollte und vermeidbare Fehler gebrandmarkt und nicht als notwendige Folge der allmählichen Einbindung der Gruppe in den literarischen Vermarktungsprozeß erkannt. Daß die Kritik von außen wie innen sich hauptsächlich oberflächlichen Phänomenen zuwandte, erlaubte es Ferber noch 1962, die längst vollzogene Deformierung der einstigen literarischen Werkstatt im »Almanach« fast völlig zu ignorieren und sogar zu versichern, daß *in anderthalb Jahrzehnten nicht eine Attacke gegen die GRUPPE 47 gedruckt wurde, die einer gründlichen Auseinandersetzung wert gewesen wäre*[545]. Im gleichen Jahr behauptete Sieburg einmal mehr, daß die 47er ihre literarischen Erfolge ausschließlich der *Dreistigkeit der Manager*[546] verdankten, und der publizistische Streit um die Gruppe erreichte mit weiteren Angriffen von Blöcker und Habe seinen ersten Höhepunkt.

Rechtzeitig vor der Berliner Tagung formulierten sie, von der »Zeit« dazu eingeladen, ihre Gegenpositionen. Blöcker, dessen Anschuldigungen noch in derselben Ausgabe von Reich-Ranicki zurückgewiesen wurden, beklagte, daß die Gruppe spätestens mit Grass' »Blechtrommel«-Durchbruch genug Gewicht gewonnen habe, *um der Öffentlichkeit einen Autor aufnötigen zu können*[547], also literarische Erfolge vorzufabrizieren. Die dazugehörenden Schriftsteller träten primär als Gruppenmitglieder in Erscheinung, *ausgestattet mit einer propagandistischen Vorgabe, die geeignet und geschaffen ist, eine unsichere Öffentlichkeit zu präokkupieren*[548], die wiederum davon bedroht sei, *abgeschafft zu werden, um der einen literarischen Öffentlichkeit*

---

* (Beckmann: Literarisches ..., RM 13.6.1952) Gemeint war die in der amerikanischen Besatzungszone gegründete »Neue Zeitung«.

Platz zu machen, die allein von der Gruppe 47 hergestellt, repräsentiert und kontrolliert[549] *werde.* Die Gruppe fungiere überdies als literarisches Kartell, das unliebsame Konkurrenten verdränge: *Das Wesen der Gruppe besteht darin, daß sie nur für sich Propaganda macht.*[550] Die Vorwürfe Blöckers und Habes gipfelten schließlich in Prädikaten wie *Meinungsterror* und *Korruption.* Ein Jahr später, nach den politisch geprägten Anwürfen von Dufhues, behauptete Krämer-Badoni, der die 47er schon früher als *Narren der Nation*[551] disqualifiziert hatte, im »Rheinischen Merkur«, unter der *Vorspiegelung (...), hier sei ›die deutsche Literatur‹* vereinigt, werde von der Gruppe *hinterrücks der schönen linken, pazifistisch-utopischen, agnostischen Weltanschauung das Monopol zugeschanzt*[552]. Auch andere Angreifer von rechtsaußen, deren Stimmen im Streit um die Gruppe allerdings marginal blieben, bemäntelten ihre grundsätzlich ideologischen Unterstellungen mit Kritik an der Marktmacht der Gruppe; Krämer-Badoni wertete die 47er als *Freundeskreis von Kaufleuten und Exportkaufleuten*[553].

1964 erreichte der publizistische Konflikt mit dem auszugsweisen Vorabdruck aus Karl-Heinz Deschners »Talente, Dichter, Dilettanten« in »konkret«* einen zweiten Höhepunkt. Für Deschner war die Gruppe 47 nichts als *eine riesengroße Propagandamaschine*[554], sie gestatte es *der Kritik kaum und dem Publikum überhaupt nicht, sich ein eigenes Urteil zu bilden*[555]. Die Entwicklung einer deutschen Nachkriegsliteratur gehe unter der Ägide der Gruppe *nach den Gesetzen des Wirtschaftswunders vor sich: zuerst Festigung des Wiederaufbaus, dann Eroberung der Auslandsmärkte*[556]. Der bei Deschner referierte Hans-Jürgen Usko sah durch die zum *Trade-market* gewordene Gruppe *die deutsche Gegenwartsliteratur manipuliert, gemanagt*[557]. Hans Habe, ebenfalls von Deschner ausführlich zitiert, stilisierte sich zwei Jahre später gar zum publizistischen Einzelkämpfer**, wenn er bekannte:

> *Seit Jahren führe ich einen einsamen Kampf gegen die Gruppe 47. Seit Jahren behaupte ich: Die Gruppe 47 ist ein Geschäftsunternehmen, eine Public-Relations-Organisation, eine Literaturfabrik, mit der verglichen IBM wie eine Akademie reiner Dichtkunst anmutet.*[558]

Fast ausgeschlossen, daß derartige öffentlich vorgetragene Angriffe unpariert blieben und nicht mit großem Spaltenaufwand neutralisiert wurden. Immer fanden sich 47er, die quasi im Namen der Gruppe auf verallgemeinernde Anschuldigungen reagierten. Daß der Standardvorwurf der intellektuellen Korruptheit und offensiven Monopolisierung des Literaturbetriebs von den Gruppengegnern durchweg pauschalierend erhoben wurde, machte ihn zudem leicht widerlegbar. Immer wieder wurde aus der Defensive darauf hingewiesen, daß Autoren trotz Gruppenerfolgs unbekannt blieben***; daß sie umgekehrt durchfielen und sich dennoch einen Namen

---

* Der Artikel vereint eine Passage aus der Einleitung des Buches (S. 9f) sowie einen längeren Abschnitt (S. 335–343) aus einem Exkurs zur Gruppe 47 (S. 335–346) innerhalb des Kapitels *Hans Magnus Enzensberger. Lyrik und Kritik.* Dort untersucht Deschner auch Enzensbergers »Almanach«-Aufsatz »Die Clique«.

** Mit ähnlicher Attitüde 1963 auch Krämer-Badoni: *Ich aber packe aus, nach wie vor, darauf könnt ihr euch verlassen.* (Krämer-Badoni: Das Doppelgesicht ..., RM 8.2.1963)

*** Wallmann: *Wer sich heute Gedanken darüber macht, ob die »Gruppe 47« nicht zuviel Einfluß habe und ihre Mitglieder unzulässig manage, der lese einmal, welche Namen in den Tagungsberichten auftauchen – einen erheblichen Teil von ihnen kennt heute kein Mensch mehr.* (Wallmann: Richters gesammelte ..., W. 21.12.1967).

machten*; daß durchaus der eine 47er vom anderen verrissen werde[559], selbst Richter durch Kaiser; daß schließlich die Vorstellung, die Schriftsteller der Gruppe *bombardierten ihnen wichtig erscheinende Zeitungsredaktionen mit Artikeln, um sich gegenseitig, Paukenschlag, ins rechte Licht zu rükken, etwas in ihrer Abwegigkeit rührend Naives*[560] habe. Stets waren den publizistischen Verteidigern Fakten zur Hand, um den wenig differenzierten Anschuldigungen den Boden zu entziehen, die darin suggerierte Regularität und Methodik logisch zu widerlegen und damit auch die Kritik als solche zu diskreditieren.

Für Reich-Ranicki erwies sich die *diffamierende Legende*, die Blöcker verbreite, *bei näherer Betrachtung nicht nur als ungeheuerliche Entstellung, sondern auch als geheime Aufwertung, Überschätzung und Glorifizierung*[561]. Für ihn belegte Blöckers Kritik, daß sich hier Animositäten und Vorurteile zur beklemmenden Legende von einer diabolisch-grausamen Organisation verdichten[562]. Mochte diese Interpretation auch übertrieben sein, so markierte sie doch deutlich die mystifizierenden Züge vieler gegen die Gruppe gerichteter Pamphlete. Auch der »Spiegel« urteilte, daß Blöcker und Krämer-Badoni *die Gruppe 47 beharrlich zu einer monopolistischen Verschwörung dämonisieren*[563]. Diese Kritiker begriffen die Gruppe mithin nicht als Ausdruck der bestehenden Kulturwarenproduktion, sondern stellten sie als konspirativen Klüngel hin, der untergründig seine Macht entfalte**. Die Gruppe selbst, deren Mitglieder solche Mystifizierungsversuche schon mit wenigen Zeitungszeilen der Lächerlichkeit preisgeben konnten, vermochte sich, bei aller latent vorhandenen Bereitschaft zur nüchternen Selbstkritik, in dieser Darstellung ihrer Angreifer nicht mehr wiederzuerkennen. *Nicht sie spielte sich hoch, das besorgten ihre Feinde.*[564] Damit blieb den 47ern erspart, sich radikal, wie es eine analytische Kritik von außen möglicherweise erfordert hätte, mit ihrem Selbstverständnis auseinanderzusetzen.

4.422 Robert Neumanns polemischer Angriff

Die geschilderten Konstellationen von Angriff und Verteidigung wiederholten sich, wenn auch in ihren Auswirkungen sehr viel massiver, in der letzten Phase des Streits um die Gruppe, die 1966 mit einer umfassenden Polemik Robert Neumanns, dem auch der Versuch einer Gegengründung nachgesagt wurde[565], in »konkret« ihren Anfang nahm. Zwar distanzierte sich Neumann, der zuvor schon in der »Zeit« und der »Weltwoche« gegen die Gruppe geschrieben hatte, von den etablierten Gruppenfeinden Krämer-Badoni, Habe und Schlamm; er wollte seinen nicht minder lautstarken Angriff von *diesen Geräuschen von rechts*[566] unterschieden wissen – doch stellte er in seiner wortreichen Abrechnung mit den *Literaturbörsianer[n]*[567] der Gruppe ähnliche Phänomene heraus wie schon seine Vorgänger jedweder Couleur. Von der Rechtspresse schadenfroh begrüßt, also unter unwillkommenem Beifall, protestierte Neumann gegen den *harten Kern, die paar Drahtzieher, die Manipulanten, die es nun schon seit bald zwanzig Jahren so treiben*[568]. In der nachfolgenden »konkret«-Nummer wurde Neumann, der die stabile Integration der 47er in den Literaturmarkt hervorgehoben hatte, von Hans Erich Nossack unterstützt, der der Gruppe alle intellektuelle Lau-

---

* Kaiser: *Natürlich: man kann sich weiß Gott auch ohne die Gruppe 47 durchsetzen, gegen sie (...).* (Kaiser: Die Gruppe 47 ..., Das Schönste, Dez. 1962, zit. n. Lettau, 1967, S. 175)

** Auch Deschner mußte sich in einer Rezension seines Buches vorhalten lassen, er dramatisiere die Situation: *Das Ganze geht harmlos vor sich, ohne Verschwörung, ohne Geheimbündelei, ohne große Worte.* (Kabel: Ein Literaturkritiker ..., V 3.2.1965)

terkeit absprach: *Literatur, die sich nach den Gesichtspunkten einer risikolosen Verwendbarkeit anbietet, ist Prostitution*[569]. Auch Neumann glaubte die Protagonisten des Literaturbetriebs unter kommerziellem Vorzeichen gleichgeschaltet: aus der Angst, sich die Protektion der Gruppe zu verscherzen. Was ihm zufolge

> *Literatur-Anfänger, aber auch Halb- und sogar manche Ganzarrivierte kuschen und konformieren macht, hochloben oder totschweigen in Reih und Glied (. . .), ist die Angst vor dem zentralen Berliner literarischen Gang.*[570]

Damit deutete Neumann auf das Beziehungsgeflecht, das, um Richter und Höllerer als Zentralgestalten, zwischen der Gruppe 47, dem Literarischen Colloquium, der Akademie der Künste, dem Sender Freies Berlin und dem Berliner Kultursenat entstanden war, nachdem das als unmittelbare Folge des Mauerbaus und der drohenden politischen Isolierung mit einer Flut öffentlicher und privater Mittel mobilisierte Kulturleben der Stadt viele Schriftsteller, darunter eben auch Mitglieder der Gruppe, nach Berlin gezogen hatte[571]. Immerhin löste Neumann mit seiner Kritik an der Ämterhäufung von Literaturfunktionären, an fragwürdigen Preisverleihungen und an staatlich subventionierten Dichter-Schulungen eine Debatte aus, die Dieter E. Zimmer in der »Zeit« veranlaßte, einige der Globalanschuldigungen nachzurecherchieren. Das Ergebnis war differenzierter als Neumanns Angriff, auch im augenfälligsten Streitpunkt, der von Richter in Berlin bewohnten *ziemlich herrschaftliche[n] Grunewaldvilla*[572]. Dieses Haus, einst Domizil des Verlegers Samuel Fischer, war von dessen Familie an Höllerers Literarisches Colloquium, von diesem wiederum an den Sender Freies Berlin vermietet worden, der dort auf Vorschlag des ehemaligen NWDR-Intendanten und einflußreichen SFB-Mitarbeiters Ernst Schnabel Privat- und Gesellschaftsräume für Richter einrichtete, um damit *einen weiteren Treff- und Anziehungspunkt in Berlin zu etablieren, eine Art Salon*[573]. Die Villa war vom SFB mit Aufnahme- und Sendeeinrichtungen für den Rundfunk ausgerüstet worden, nicht, wie Neumann polemisierend meinte, *damit das Wort der dort Eingeladenen nicht etwa, Gott behüte, ungehört und unferngesehen verhalle*[574], sondern weil Richter verpflichtet war,

> *während der Sendemonate des Dritten Programms, also von Ende Oktober bis Mai, an Ort und Stelle mindestens eine einstündige Hörfunk- oder Fernsehsendung im Monat zu produzieren, Unterhaltungen zwischen Schriftstellern und Politikern in der Regel*[575]:

ein Arrangement, das allerdings auf persönliche Verbindungen aus den frühen Jahren der Gruppe 47 zurückging. Jahre später wurde das Grunewald-Haus Gegenstand einer vierteiligen Fernsehfolge Richters über das Literaturgeschehen in der Weimarer Republik.

Kritisiert hatte Neumann auch den potenzierten Einfluß Höllerers, der

> *nicht nur Literaturprofessor an der Berliner Technischen Hochschule ist, Direktor des Berliner Institutes für Sprache im technischen Zeitalter, Geschäftsführer des Berliner ›Literarischen Colloquiums‹ und Leiter der Abteilung Literatur in der Berliner Akademie der Künste, sondern konvenablerweise dazu auch noch der Herausgeber des Dritten Programms des Norddeutschen Rundfunks und des Senders Freies Berlin.*[576]

Dabei hat Neumann Höllerers Herausgeberfunktionen bei den »Akzenten« und bei der »Sprache im technischen Zeitalter«, die an seinem Institut erschien, sogar noch übersehen. Höllerer, so Neumann, sei im übrigen *feinnervig beim Aufspüren von Subventionen wie ein Rutengänger*[577]. In der Tat hatte Höllerer für das Seminar- und Veranstaltungsprogramm seines Colloquiums drei Jahre lang Gelder aus der Berlin-Stiftung der amerikanischen Ford-Foundation bezogen; danach wurde die Einrichtung mit Senatsmitteln bezuschußt, wobei prominente und folglich kostspielige Referenten nur dadurch verpflichtet werden konnten, daß NDR und SFB deren Vorträge für ihr Drittes Programm übernahmen und aus ihren Etats honorierten. Besonders angegriffen wurde von Neumann und anderen das Colloquium-Schulungsprogramm »Prosaschreiben«, bei dem junge Nachwuchsautoren unter Höllerers Anleitung 1963 ein halbes Jahr lang bei einem reichlich bemessenen Monatsstipendium literarische Texte schrieben und gemeinsam diskutierten. Als Dozenten dieser Nachhilfe in Sachen Literatur wirkten die 47er Richter, Grass, Rühmkorf und Weiss. Die *Klippschüler* (Neumann) wie Fichte, Bichsel, Born, Piwitt oder Buch fanden als ›*Höllerer-Fraktion*‹ [578] (Richter) Eingang in die Gruppe, wo sie *fast zu herb kritisiert*[579] wurden, aber dennoch als Autoren und Lektoren oder beides bald bei verschiedenen Verlagen unterkamen. Röhl monierte, daß sie von der Gruppe 47 im Gegensatz zu explizit linken Autoren *trotz Abwesenheit jeglichen Talents und mehrfacher Durchfälle stets mitgenommen*[580] worden seien. Höllerers Fürsprache dürfte dabei die entscheidende Rolle gespielt haben.

Daß er und Christoph Meckel 1966 den alljährlich vom Berliner Senator für Wissenschaft und Kunst verliehenen Fontane-Preis erhielten, zu dessen ersten Empfängern auch Hans Werner Richter gezählt hatte, hat Neumann – in »konkret« durch einen umgetexteten Disney-Comic veranschaulicht – ebenfalls kritisiert; zu Recht, wie Zimmers detaillierte Untersuchung bewies. Die von Ernst Schnabel im Auftrag der Akademie der Künste ausgewählten Juroren, Klaus Wagenbach, Hans Mayer und der gruppenbekannte ehemalige Berliner Kultursenator Adolf Arndt, konnten nämlich objektiv

nicht als so unbefangen gelten, wie man es von einer Jury erwarten muß. Hans Mayer war im Jahr davor von Walter Höllerer ein Semester lang als Gastprofessor an die Technische Universität eingeladen worden. Im Verlag des Literarischen Colloquiums hatte Walter Höllerer eine Sammlung der Reden Adolf Arndts (»Geist der Politik«) veröffentlicht – das Nachwort dazu hatte wiederum Hans Mayer geschrieben, es war auch in Höllerers Zeitschrift Akzente zu lesen. Und Klaus Wagenbach ist nicht nur der Kritiker, als der er in die Jury berufen wurde, sondern auch Verleger, und zu den von ihm verlegten Autoren gehört der Preisträger Christoph Meckel.[581]

Dieser Musterfall eines Zusammenspiels konvergierender Interessen verdeutlicht, wie stabil und wie vielfältig die Berliner Szene an der Peripherie der Gruppe 47 in sich verflochten war, wie weit sie zum Selbstzweck degenerierte, indem sie den Kulturbetrieb vorzugsweise auf eigene Rechnung bewirtschaftete. Zwischen Senatsverwaltung, Colloquium, Akademie, SFB und einigen tonangebenden Mitgliedern der Gruppe bestanden unbestreitbar organisatorische, finanzielle, persönliche Abhängigkeiten, ein komplexes System von Beziehungen, so daß sich in den Händen weniger Hauptakteure aufgrund *ihrer Aktivität und Autorität und Ämter etliches an Einfluß gesammelt hat, genug, um von einer zentralen Gruppe zu sprechen*[582]. Ihnen daraus einen Vorwurf zu machen, schien Zimmer jedoch *erst dann berechtigt, wenn dieser Einfluß zu irgendjemandes Schaden mißbraucht würde – und der Nachweis, daß eben dies in Berlin geschehe, müßte erst noch erbracht werden*[583].

Auch Neumanns Polemik blieb diesen Nachweis schuldig. Daß er über die tatsächlichen Zusammenhänge in Berlin nur unzureichend Bescheid wußte und demzufolge auch Fehlinformationen weitertrug, daß er mehr mutmaßte und suggerierte als wirklich belegte, brachte ihm den berechtigten Vorwurf seiner Widerstreiter ein, er habe *eine fiktive, von Voreingenommenheit aufrecht erhaltene ›Wahrheit‹ über die Faktizität gesetzt*[584]. Sie entdeckten in Neumanns Artikel *keine Tatsachen, nirgends. Beschuldigungen, Angriffe, ästhetische Urteile, Emotionelles, Verspieltes, nicht ein einziger Beweis.*[585] Somit konnten Raddatz und Kaiser in ihren Erwiderungen in »konkret« leicht Ungenauigkeiten und Fehleinschätzungen bei Neumann und Nossack zurechtrücken, der Gruppe Nachgesagtes mühelos dementieren, die Gegensätzlichkeiten in ihren Reihen demonstrativ herausstreichen, eine Vielzahl plausibler Gegenfakten anführen, die das Pauschalurteil der Angreifer als haltlos herausstellten und damit die 47er wieder ins rechte Licht setzen. In der »Süddeutschen Zeitung« bilanzierte Bohrer, die Gruppe sei nach dem publizistischen Schauprozeß in *allen Punkten wegen Mangels von Beweisen freizusprechen*[586]. Sie schien damit einmal mehr um eine kritische Selbstreflexion herumgekommen. Deutlich bemängelte Zimmer am Schluß seiner Analyse, daß *einen die mangelhafter Sachkenntnis entspringende Polemik ins Ungefähre hinein der Möglichkeit beraubt, von Fall zu Fall jene Einzelheiten glaubhaft zu kritisieren, die eine Kritik verdienen und erfordern.*[587]

Eine solche, an konkreten Sachverhalten zu verifizierende Kritik wurde nicht zuletzt durch die auch bei Neumann abzulesende Mystifizierung der Gruppe vereitelt. Mit kollektiven Etikettierungen wie *Gang* oder *Literaturschieber* weckte er Konnotationen, die mit den ungleich diffizileren Fakten nichts mehr gemein hatten. Für ihn waren Richter, Höllerer, Grass und einige andere einflußreiche 47er *Al Capones*, denen ihre disziplinierten Schützlinge im Literaturbetrieb durch *Kuschen und Konformieren* regelmäßig *Protection Money*[588] bezahlten. Daß Neumann, dessen Gegnerschaft wie auch die Habes für Hildesheimer *eher traumatisch bedingt als sachlich*[589] war, die Gruppe 47 mit einer Chicagoer Unterweltbande verglich, die sich ihre Gunst vergelten läßt und an allen lukrativen Geschäften prozentual beteiligt ist, hat denn auch eine Reihe satirischer Reaktionen hervorgerufen[590]. Allerdings verließen diese amüsierten Glossen ebensowenig wie die faktenreichen Detailwiderlegungen das analytische Niveau von Neumanns Attacke. Die dahinter sich verbergende Legitimationskrise, die mit den Widersprüchlichkeiten der Gruppenpraxis wachsende Verunsicherung über die Rolle des Schriftstellers in der kapitalistischen Gesellschaft blieben ausgeblendet. Stattdessen wurde der Streit banalisiert bis hin zu der Kolportage, Enzensberger habe bei einer Festveranstaltung ärmere Kollegen im Krebsessen unterwiesen.

Die zunehmenden Angriffe gegen die Gruppe glaubten einige 47er mit individualpsychologischen Zusammenhängen hinreichend erklärt: Schuld sei der Neid. Krämer-Badoni etwa, der sogar einen Roman geschrieben habe, *um die Gruppe moralisch und politisch zu verleumden*[591], wurde unterstellt, seine Feindschaft resultiere nur daraus, daß er 1950 in Inzigkofen mit einer Lesung aus »Der arme Reinhold« durchgefallen *und fortan der Gruppe nicht wohlgesonnen war**. Im Einzelfall mochte das Nicht-eingeladen-werden tat-

---

* (Leonhardt: Freunde ..., Z 8.7.1977) Ähnlich urteilte Ferber (Bitte Namen ..., W 31.1.1968) über Krämer-Badoni. Das gleiche Erklärungsmuster wurde von Kuby (Ach ja..., Sp 19/1966) und Leonhardt (Statt eines Vorworts..., S. 11) auf den zweifach durchgefallenen Klaus Mampell angewandt, der mit seinen gruppenkritischen Kommentaren *kein ganz unvoreingenommener Zeuge* (Leonhardt) sei. Für Böll waren 1965 *die Nachwirkungen solcher Gekränktheiten (...) bis in die gegen-*

sächlich zu einer Verärgerung der Gruppengegner beigetragen haben*, daß aber die Gruppe gleich die gesamte Angriffsfront gegen sich durch Kollegenneid motiviert sah**, war für Blöcker denn doch eine *umwerfende Psychologie: Du wirst nicht eingeladen, deshalb bist du mit uns böse – soll dies das Niveau sein, auf dem sich in Deutschland literarisches Leben abspielt?*[592] Daß Gruppengegner wie Blöcker und Sieburg und die meisten anderen nie an einer Gruppentagung teilgenommen hatten, bedingte die oft *mangelhafte Information*[593] der *hohen Kommentatoren*[594] und wurde, beispielsweise durch Lettau, als bedenklicher Qualifikationsmangel*** gegen die Angreifer gewendet: *Dieser Umstand mag das niedrige Niveau dieser Kritik erklären helfen.*[595] Treffend konterte Wallmann:

> Lettau stellt sich gar nicht der eigentlichen Problematik: daß nämlich die Berichterstattung über die Gruppentagungen nur von Eingeladenen kommen kann (alle anderen Kritiker sind somit automatisch als mediokre Mekkerer disqualifiziert), daß also in der Presse nur Hofberichte der bei Harun-al-Richter akkreditierten Korrespondenten erscheinen können.[596]

In der Tat wurden erklärte Gruppengegner gar nicht erst eingeladen, d.h. die Gruppe hat ihnen jene Kompetenz, die sie ihnen absprach, gleichzeitig auch vorenthalten.

Zwar haben die Angriffe von außen die Position der Gruppe indirekt gestärkt: *Die ganzen Kritiker, von Sieburg angefangen, haben die Gruppe eigentlich immer hochgejubelt, indem sie Leitartikel schrieben.*[597] Für den *Ruhm der Gruppe wirkte es ungeheuer*[598], daß sie zum Gegenstand heftigster Polemiken avanciert war. Zugleich mobilisierten aber die Attacken in »konkret« eine Vielzahl von Gruppenmitgliedern zu publizistischen Gegenangriffen. Raddatz und Kaiser antworteten Neumann zwei Ausgaben später in »konkret« selbst, Zimmer und Piwitt reagierten in der »Zeit«, das Dritte Fernsehprogramm von NDR/SFB brachte das Thema mit einer einstündigen Sendung, in der Richter****, Grass, Schnabel und Wagenbach auftraten, auf den Bildschirm, und Höllerer ließ gar unter dem Titel »Kunst und Elend der Schmährede« ein Sonderheft seiner »Sprache im technischen Zeitalter« erscheinen, das vierzehn Beiträge umfaßte, darunter acht von Gruppenmitgliedern. In der Zeitschrift wurde Neumann, der die 47er unter anderem als *Würstchen* tituliert und erklärt hatte, von Richter bliebe ohne die Gruppe *leider nicht viel mehr als ein feuchter Fleck*[599], vor allem sein Sprachstil vorgeworfen. Friedrich Handt diagnostizierte eine *Tonart der Intoleranz*[600], Lettau verurteilte Neumanns verbale *Vernichtungsspiele*[601], und Grass entdeckte in der Polemik gar *des Nürnberger Streichers Stürmerdeutsch*[602], faschistischen Sprachgebrauch also. Das von Schriftstellern und Literaturwissenschaftlern geschriebene Heft entfachte den Streit aufs neue:

wärtige Journalistik und Publizistik hinein abzulesen. (Angst . . . , M 8/1965, S. 777, auch in: Lettau, 1967, S. 392) Mayer fragte sich, *ob ihr Urteil über das literarische Gremium bei anderem Ausgang der eigenen Darbietung vielleicht anders ausgefallen wäre.* (Woran starb . . . , SZ 21./22.8.1971)

* *Karlheinz Deschner ist sauer. Weil er nie zu den Tagungen der Gruppe 47 geladen wird und aus anderen Gründen.* (Redakt. Vorspann, k 11/1964)

** Richter beharrt noch rückblickend auf dem oppositionsbildenden Effekt vorenthaltener Gruppenzugehörigkeit: *Wirklich, es ist so primitiv, wie ich es sage: Neumann, Habe, Sieburg – die haben mir das sehr übelgenommen.* (Richter-Interview II, S. 62)

*** Mayer: *Es ist bequem, auf eine Party zu schimpfen, zu der man nicht eingeladen wurde.* (Woran starb . . . , SZ 21./22.8.1971)

**** Richter hat es im übrigen seinen Gruppenkollegen überlassen, auf Neumann zu reagieren: *Ich selbst habe mich nie dazu geäußert, ich hätte sonst meiner eigenen Sache geschadet. Wir hatten ja genug Schriftsteller, wieso sollte ich denn da noch etwas äußern?* (Richter-Interview I, S. 38)

Die Gruppe 47 und der Literaturbetrieb

Das sieht so aus, auf den ersten Blick, wie eine wissenschaftliche Analyse, erweist sich jedoch schnell als Sammlung vielfältig nuancierter Gegenangriffe. Deren Sinn: die Gruppe reinzuwaschen, den alten Schmutz und neuen dazu auf die Neumann und Nossack, Handke und Deschner vielfach potenziert zu katapultieren. Man ist verletzt und prügelt zurück mit allem, was habhaft war. [603]

Zwar offenbarte die wenn auch massive Gegenwehr der Gruppe eher das Fehlen einer systematischen Befehlshierarchie und mitnichten den gigantischen publizistischen Apparat, den Feinde und Gegner ihr mystifizierend zumaßen und den sie dank ihrer *strategischen, nahezu konkurrenzlosen Stellung* [604] bestenfalls theoretisch hätte mobilisieren können, aber das *Gericht über Neumanns grobianische Blödeleien hat arg viel Pharisäertum, Beflissenheit und literarische Linientreue an den Tag gebracht, drapiert mit dem Gewande der Unbestechlichkeit.* [605]

4.423 Vermarktung des Konflikts

Trotz einer Fülle von Polemiken, Verteidigungsschriften und publizistischen Klärungsversuchen kreiste die Diskussion um die Gruppe 47 mit erstaunlicher Penetranz um die immer wieder gleichen oberflächlichen Phänomene. Kaum je wurde in den Analysen und Kommentaren problematisiert, in welchem Maße sich die Gruppe den vorgefundenen Strukturen des weitgehend privatwirtschaftlich organisierten Kulturbetriebs nur eingepaßt und sich ihrer bedient hatte oder aber als wichtige Zwischeninstanz zunächst der Produktionssphäre (Ersatzlektorat), dann der Distributionssphäre (Markenzeichen) selber zum konstitutiven Bestandteil des Literaturmarkts in der Bundesrepublik geworden war. Weder die Verschwörerthese, wonach die Gruppe als konspiratives Kartell Herstellung und Absatz von Literatur normiere und kontrolliere, noch etwa Habes Mutmaßung, sie funktioniere *instinktiv* [606] und eben daher so erfolgreich, wurden der formalen Konvergenz zwischen den Publikationsinteressen von Schriftstellern und den Gesetzmäßigkeiten eines kapitalistischen Marktes gerecht. Schon Ziesel hatte in seiner Schrift »Die Literaturfabrik«, wie ein Rezensent kritisierte, einen Zustand beklagt,

der mit der Literatur an sich wenig zu tun hat, sondern sie nur – leider – einbezieht. Was Ziesel gegen den Literaturbetrieb vorbringt, wäre auch auf andere Teile des Geschäftslebens anwendbar. Er könnte sich ebenso gut für den Einzelhandel einsetzen und die Warenhäuser angreifen oder die Versandhäuser oder Supermärkte. [607]

Mit anderen Worten: Die Buchproduktion ist samt ihrer Begleiterscheinungen im Literaturbetrieb ein Wirtschaftszweig wie jeder andere auch; sie unterliegt damit auch wesentlichen privatkapitalistischen Mechanismen wie Gewinnmaximierung und Konzentration.

Maximalisierung der Kapitalverwertung läßt sich nur durch rationell geplante und scharf kalkulierte Massenproduktion erzielen. Dies bedeutet, daß sich Verlagsprogramm, Herstellungsverfahren und Absatzmethoden von traditionellen Vorstellungen über die Sonderstellung des Buchs als einer exzeptionellen Ware entfernen mußten. [608]

Eben diese Vorstellungen waren jedoch noch als unausgesprochene Prämisse vieler Argumente gegen die Gruppe 47 lebendig. Ihre ökonomische Funktionstüchtigkeit wurde in der Regel als intellektuelle Korrumpierung hingestellt, wenn etwa »Civis« hervorhob, die 47er hätten die *Annehmlichkeiten des Wirtschaftswunders*[609] genossen oder Habe urteilte, *Weltschmerz und Tantiemen gehen schlecht zusammen*[610]. Damit wurde eine Dichotomie von Geist und Gewerbe behauptet, wie sie für eine ideelle Sphäre ökonomisch nicht beeinflußter literarischer Kommunikation typisch wäre, im Rahmen der Kulturwarenproduktion aber nicht denkbar ist. Dies zu verkennen, heißt die systemimmanenten Bedingungen des Schreibens gegen die von ihnen betroffenen isolierten Produzenten zu kehren, heißt den Warencharakter von Kulturerzeugnissen als Ergebnis der ›literarischen Prostitution‹ des Einzelnen zu verurteilen. Wenn Deschner beklagte, *anstelle der ideellen Ausgangspunkte trat das Geschäft*[611], und Usko konstatierte, die Gruppe sei *so idealistisch kaschiert wie kommerziell durchschaubar*[612], so unterlagen beide mit ihrer kategorialen Zweiteilung geistiger Arbeit dem Irrtum, kreative Schöpfung und materielle Reproduktion seien trennbar, jeweils für sich zu realisieren.

Die Angegriffenen selbst folgten diesem Fehlschluß nicht weniger als die Angreifer: Die Gruppe 47 glaubte die politisch gesellschaftliche Restauration aus kritischer Distanz zu verfolgen und war dennoch nicht allein Faktor, sondern auch Produkt der Nachkriegsgesellschaft, weil sie den Strukturbedingungen, gegen deren Auswirkungen sie deklamatorisch immer wieder anging, zugleich unterlag. Nicht völlig zu Unrecht warf allerdings Nossack der Gruppe vor, sie habe, indem sie die Masse potentieller Leser mit den *Methoden moderner Werbetechnik und Bedarfsweckung überspielt und ihr literarische Gebilde als notwendige Konsumartikel aufgeschwatzt*[613] habe, aus der Not kapitalistischer Literaturfabrikation eine publizistische Tugend gemacht. Fraglos verband sich für die Schriftsteller mit der besten Verwertung ihrer Arbeiten die Hoffnung auf die größte Wirkung; aber sofern sich die Gruppe nicht nur affirmativ, sondern auch initiativ den herrschenden Produktionsbedingungen einfügte, begab sie sich in Abhängigkeiten, die über systembedingte Zwänge noch hinausgingen. Nossack machte, wenn auch aus kulturpessimistisch verengtem Blickwinkel, der Gruppe den Vorwurf:

> *Statt den Apparat mit souveräner Ironie gegen das Apparaturdenken von Presse, Rundfunk, Verlegern und Publikum zu verwenden, war sie gezwungen, sich nach den Gesetzen des Apparates zu richten und wurde dessen Sklave.*[614]

Wenig plausibel erscheint demgegenüber die Auffassung, die Gruppe habe den Markt nur als Forum genutzt, *dem Literaturbetrieb eine konkrete Grundlage gegeben, indem sie ihn sachlich, nämlich auf die Diskussion zu, orientiert hat*[615], oder gar Heißenbüttels noch weitergehende Behauptung, die Gruppe habe auch die Strukturen des Kulturbetriebs problematisiert, indem sie etwa den Prozeß zwischen Niederschrift und Publikationsvorgang und damit die Produktionsverhältnisse der Literatur diskutiert habe: *Wenn überhaupt eine Gruppierung im bundesdeutschen Kulturbereich nach 1945, so war es die Gruppe 47, die solchen Fragen am nächsten kam. Sie war ein Forum der Diskussion für solche Fragen*[616]. Belegbar thematisiert oder gar problematisiert wurden sie allerdings nicht. Selbst der in allen Medien geschäftig ausgetragene Streit vermochte den Kontrahenten das Gefangensein ihres subjektiv an der Sache orientierten und individuell realisierten Engagements in den Grenzen des Verkäuflichen, des Druck- oder Sendefähigen nicht vor Augen zu führen. Die von den Massenmedien diktierten Normen verbargen sich hinter der Scheinpluralität der Auseinandersetzung. Auch insofern hat die Polemik um die Gruppe die *Gründe und Symptome einer Krise eher vernebelt als klargelegt*[617].

Die Gruppe 47 und der Literaturbetrieb

Bezeichnend ist, in welchem Maße die Diskussion um die tendenziell monopolistische Rolle der Gruppe im Literaturbetrieb eben diesen belebte und letztlich als funktionsfähig auswies. Obwohl in einem redaktionellen Vorspann zu Neumanns Polemik gegen die *Spezis* der Gruppe 47 eigens darauf hingewiesen wurde, daß alle Kritiker der Gruppe vom *Bannstrahl Richters, Höllerers und seiner in allen Funk-, Fernseh- und Zeitungsredaktionen sitzenden Freunde*[618] *bedroht seien und von den großen Blättern nur »konkret« es sich leisten konnte, diesen Beitrag zu veröffentlichen*[619], wurde schon im gleichen Heft mitgeteilt, daß eine gekürzte Fassung gleichzeitig im »Spiegel« erscheine. Im übernächsten »konkret« wurde eine noch breitere Medienresonanz verzeichnet: *Vier Rundfunkanstalten sendeten den Text oder werden ihn noch in diesem Monat senden. Das 1. deutsche Fernsehprogramm brachte ein Interview mit Robert Neumann über seinen Vorstoß in »konkret«.*[620] Neumann selbst zählte in seiner abschließenden Entgegnung auf die Entgegnungen *83 Reaktionen auf »Spezis« – das sind Briefe, Leserzuschriften, Zeitungsartikel, Glossen, Rundfunk, Fernsehen, alles zusammen*[621]. Der Betrieb hatte sein Thema. Zweitrangig, ob die Streitobjekte solcher Federkriege eine Diskussion überhaupt produktiv erscheinen lassen – ohne publizistische Attacken kommt der Literaturbetrieb zur Aktivierung seiner Kanäle nicht aus, und sei es, daß sich darin der Widerstand gegen die sonst zwischen Buchdeckeln erstarrte Kommunikationsform artikulierte. Der Konflikt als solcher schaffte neue Konsistenz: *(...) wenn es innerhalb der Literaturgesellschaft nicht Kritik und Gegenkritik und Pamphlete und all diese Dinge gäbe, dann wäre es ja völlig uninteressant; das gehört einfach dazu!*[622] Auch die abseits unmittelbarer literarischer Verwertungsinteressen stattfindende inhaltlich gebundene Diskussion eines übergreifenden Themas multiplizierte das aktuelle Stoffreservoir, vermehrte die Schreibanlässe und demzufolge auch das Medieninteresse und damit wiederum die Publikationschancen der Debattanten, selbst wenn sie tendenziell harmonierten. Gelegentliche Frontkorrekturen vervielfachten das Maß möglicher Veröffentlichungen. Der 47er Schwab-Felisch etwa kommentierte in den »Frankfurter Heften«[623] eine Gruppen-Kritik des 47ers Raddatz[624], der wiederum als Verteidiger der Gruppe gegen Neumann aufgetreten war. Krämer-Badoni wählte eine publizistische Form, die als aktuelle ›einzelschöpferische‹ Meinungsäußerung und zugleich leicht absetzbare Medienware die Produktionsbedingungen eines literarischen Streits, seine ›öffentliche Privatheit‹, geradezu paradigmatisch reflektiert: Er veröffentlichte in der »Welt« einen Offenen Brief an Richter[625], den dieser schon wegen des Springer-Boykotts der Gruppe 47 nicht beantworten konnte, was dann dem Gruppenmitglied und langjährigen »Welt«-Mitarbeiter Christian Ferber zufiel.

Die Auseinandersetzungen nahmen mit fortschreitendem Stadium immer mehr die Formen eines Rituals an, das nur noch Spalten und Konten füllte und konsequenterweise auch seine Protagonisten selbst vermarktete; der Auftritt bestimmter, letztlich aber austauschbarer Autoren wurde selber zum literarischen Ereignis:

Der schärfste Angriff kommt (...) auch diesmal wieder von jenem Einzelnen, der als entschlossener Gegner der Gruppe 47 seit Jahren einen erbitterten Kampf mit ihr führt: von Hans Habe. (...) Und es würde wohl im Gesamtbild des deutschen Literaturgesprächs etwas fehlen, wenn diesmal sein Verdammungsurteil ausgeblieben wäre.[626]

Der Streit, seiner anfänglich vorhandenen Inhalte entledigt, wurde zum reinen Legitimationsmechanismus, den die Mitglieder des Literaturbetriebs zu dessen sporadischer Rechtfertigung ingangsetzten. Der Mechanismus funktionierte, bis keine neuen, für den Konsumenten solcher öffentlichen Schaukämpfe auch plausiblen Aspekte mehr aufgetan werden konnten: Nachdem Grass' »Bitte um bessere Feinde« aus Höllerers »Sprache im technischen Zeitalter« von Karasek im Feuilleton der »Stuttgarter Zeitung« vorabgedruckt worden war[627] und Zwerenz mit einem Offenen Brief dagegen Position bezogen hatte, konnte Grass abschließend rechten:

> *Für mich ist diese Polemik abgeschlossen, zumal ich nicht vorhabe, Praktiken der zwanziger Jahre aufzuwärmen, mich also an den Eifersüchteleien meiner Kollegen vollbeschäftigt zu reiben und währenddessen den Aufmarsch wirklicher Gegner aus dem Auge zu verlieren.*[628]

Der Streit produzierte indessen immer neue Stellungnahmen, Gegenstellungnahmen, erst vorläufige, dann übergreifende Bilanzen, und mit den wichtigsten Aufsätzen wurde der Streit um die Gruppe 47 gar in Buchform als Episode der Literaturgeschichte manifest[629]. Die um die Monopolstellung der Gruppe entbrannte Diskussion, die die Widersprüche des Schreibens als Warenproduktion hätte aufzeigen können, führte den Medien neue Gebrauchswerte zu, also Informationen, Lesestoff, Unterhaltung. Erst als die Gruppe den Höhepunkt ihrer Publizität überschritten hatte, als ihr Nimbus nicht mehr kapitalmäßig zu realisieren war und mit dem Konsens der Gruppe auch ihre als Institution gewonnene Fungibilität und Verwertbarkeit erlosch, verschwand sie, in mancher Beziehung anachronistisch geworden, erstaunlich abrupt aus dem Literaturbetrieb. Der von ihr mitinitiierte Funktionswandel der literarischen Öffentlichkeit hatte die Gruppe 47 überholt.

Anmerkungen*

1 Richter-Interview II, S. 60. **2** Vgl. Kap. 1. **3** Vgl. ebd. **4** Schroers: Der Generationenwechsel..., S. 103. **5** Vgl. Kap. 1. **6** Vgl. Umlauff: Beiträge..., Börsenblatt, 2. Folge, S. 1761 f. **7** Mönnich: Schreiben..., DAS 30.10.1949, zit. n. Lettau, 1967, S. 273. **8** ebd. **9** Richters Richtfest, Sp 43/1962, auch in: Lettau, 1967, S. 307. **10** Lauterbach: Hörspiel-Arbeit, FH 4/1956, S. 260. **11** Eichholz: Thomas Manns Lob..., MM 4.5.1954, zit. n. Lettau, 1967, S. 98 f. **12** Winckler: Entstehung und Funktion..., S. 12. **13** a.a.O. S. 59. **14** Leonhardt: Die Gruppe 47..., Z 30.10.1959. **15** Vgl. Habermas: Strukturwandel, insb. S. 42-75. **16** Bauer: Literarische Öffentlichkeit, NZ 11.5.1949, zit. n. Lettau, 1967, S. 266 f. **17** Kröll, 1977, S. 25. **18** Vgl. Kap. 1. **19** Minssen: Notizen..., FH 2/1978, S. 111. **20** Richter: Fünfzehn Jahre, in: ders., 1962, S. 8. **21** Kröll, 1977, S. 40. **22** a.a.O., S. 42. **23** Minssen: Notizen..., FH 2/1978, S. 111. **24** Kröll, 1977, S. 41. **25** Rohnert: Symposion..., D.Lit. Deutschl. 20.5.1951, zit. n. Lettau, 1967, S. 59. **26** Giefer/Gundwin: Die Siebenundvierziger..., FH 12/1955, S. 892. **27** Kröll, 1977, S. 72. **28** anonym: Die Clique, C 10/1967. **29** Vgl. allg. Mönnich: Schreiben..., DAS 30.10.1949, auch in: Lettau, 1967, S. 272-274. **30** Richters Richtfest, Sp 43/1962, auch in: Lettau, 1967, S. 302. **31** Vgl. Ration..., Sp 27/1950. **32** Tagung in Utting..., Frankf. Freie Presse, zit. n. Meyer-Brockmann, 1962, S. 48. **33** ebd. **34** ebd. **35** Rohnert: Symposion..., D.Lit.Deutschl. 20.5.1951, zit. n. Lettau, 1967, S. 59. **36** Th.G.: Deutsche Literaturmesse 1952, T 8.6.1952. **37** Rohnert: Symposion..., D.Lit.Deutschl. 20.5.1951, zit. n. Lettau, 1967, S. 59. **38** Friedrich: Die Gruppe 47, Deutsche Kommentare 14.6.1952, zit. n. Lettau, 1967, S. 77. **39** Hollander: Das Geheimnis..., in: Meyer-Brockmann, 1967, S. 109. **40** Hensel: Gruppe 47..., DE 8.4.1948, zit. n. Lettau, 1967, S. 37. **41** Friedrich: Die Gruppe 47, Deutsche Kommentare 14.6.1952, zit. n. Lettau, 1967, S. 77. **42** Hupka: Die Gruppe 47, Münchener Rundfunk 22.10.1949, zit. n. Lettau, 1967, S. 47. **43** Th.G.: Deutsche Literaturmesse 1952, T 8.6.1952. **44** Giefer/Gundwin: Die Siebenundvierziger..., FH 12/1955, S. 896. **45** Brenner: Ilse Aichinger..., Die Literatur 1.6.1952, zit. n. Lettau, 1967, S. 74. **46** Richter-Interview II, S. 39. **47** Friedrich: Gruppe 47..., HeN 21.10.1954, zit. n. Lettau, 1967, S. 104. **48** Kröll, 1977, S. 63.

* *Zur Entschlüsselung der verwendeten Siglen vergleiche das Verzeichnis auf S. 286.*

49 Ferber: Die Frühjahrstagung . . ., Süddt. Rundfunk Juli 1953, zit. n. Lettau, 1967, S. 87.
50 Schroers: Dichter unter sich, FAZ 23.10.1953, auch in: Lettau, 1967, S. 90. **51** Kröll, 1977,
S. 45. **52** Weyrauch: Sie erhielt . . ., W 30.5.1953. **53** Th. G.: Deutsche Literaturmesse 1952,
T 8.6.1952. **54** ebd. **55** Kröll, 1977, S. 62. **56** Brenner: Ilse Aichinger . . ., Die Literatur
1.6.1952, zit. n. Lettau, 1967, S. 74. **57** Kröll, 1977, S. 44. **58** a.a.O., S. 46. **59** a.a.O., S. 48.
60 a.a.O., S. 49. **61** Mönnich: Lobst du meinen . . ., DAS 7.7.1953, auch in: Lettau 1967,
S. 86. **62** Korn: Literarische . . ., FAZ 26.5.1953. **63** Hollander: Das Geheimnis . . ., Meyer-
Brockmann, 1967, S. 110 f. **64** Reich-Ranicki: Von der Fragwürdigkeit . . ., in: Richter, 1962,
S. 438. **65** Schwab-Felisch: Talente . . ., FAZ 7.11.1958. **66** ders.: Lyriker . . ., FAZ 29.10.1959.
67 Kirchheim: Die ›Gruppe 47‹ . . ., T 2.11.1961. **68** Kahle: Die Gruppe 47 . . ., CuW 25.9.1964.
69 Reich-Ranicki: Nichts als . . ., Z 3.12.1965. **70** Vgl. auch Reich-Ranicki: Afaha . . ., Z 10.11.1960
und Gustafsson: Mörderische Kritik, Expressen 17.9.1964, in: Lettau, 1967, S. 193. **71** Vegesack: Synthese . . ., Stockholms Tidningen 16.9.1964, in: Lettau, 1967, S. 193. **72** Gustafsson:
Mörderische Kritik, Expressen 17.9.1964, in: Lettau, 1967, S. 196. **73** Reich-Ranicki: Sollte
man . . ., W 8.11.1960. **74** Sp.: Die 47er . . ., SZ 28.10.1963. **75** Zimmer: Gruppe 47 . . .,
Z 6.5.1966, auch in: Lettau, 1967, S. 227. **76** Wagenbach: Gruppen-Analyse, FH 12/1955, auch in:
Lettau, 1967, S. 151. **77** Kröll, 1977, S. 59. **78** Walser: Brief . . ., in: Richter, 1962, S. 419. **79**
Kaiser: Die Gruppe 47 . . ., Das Schönste Dez. 1962, zit. n. Lettau, 1967, S. 175. **80** Mampell: Die
Gruppe 47 . . ., T 13.11.1958. **81** Vgl. exempl. Schwab-Felisch: Dichter auf dem . . ., FAZ
1.11.1956, auch in: Lettau, 1967, S. 116–120. **82** Richters Richtfest, Sp 43/1962, auch in: Lettau,
1967, S. 297. **83** Richter-Interview II, S. 30. **84** Tagung in Aschaffenburg, Südwestfunk, zit.
n. Meyer-Brockmann, 1962, S. 136. **85** Schwab-Felisch: Lyriker . . ., FAZ 29.10.1959. **86**
Blöcker: Die Gruppe 47 . . ., Z 26.10.1962, auch in: Lettau, 1967, S. 358. **87** Reich-Ranicki: Autoren . . ., W 27.10.1959. **88** ebd. **89** Krüger: Wer dazugehört . . ., T 1.11.1963, auch in: Lettau,
1967, S. 187. **90** vgl. Kröll, 1977, S. 60. **91** vgl. a.a.O., S. 164 Anm. 8. **92** Kaiser: Allerlei
Neues . . ., SZ 10.10.1967. **93** vgl. allgem. Reich-Ranicki: Von der Fragwürdigkeit . . ., in: Richter, 1962, S. 434–439 sowie Best: Kritik . . ., W 18.6.1966. **94** Kröll, 1977, S. 68. **95** Best: Kritik . . ., W 18.6.1966. **96** Walser: Brief . . ., in: Richter, 1962, S. 423. **97** Giefer/Gundwin: Die
Siebenundvierziger . . ., FH 12/1955, S. 894. **98** Jent: Tagung . . ., NZZ 13.11.1963. **99** Leon-
hardt: Afaha . . ., Z 10.11.1960. **100** Schwab-Felisch: Talente . . ., FAZ 7.11.1958. **101** Reich-
Ranicki: Von der Fragwürdigkeit . . ., in: Richter, 1962, S. 435. **102** Raddatz: Wiedersehen . . .,
NDL Juli 1955, zit. n. Lettau, 1967, S. 111. **103** Schroers: Der Generationenwechsel . . ., S. 113.
104 Mampell: So rechts . . ., V 7.8.1963. **105** Chotjewitz: Ein Fall . . ., Co 6/1966. **106** Reich-
Ranicki: Von der Fragwürdigkeit . . ., in: Richter, 1962, S. 435. **107** ebd. **108** Anonymer Ta-
gungsteilnehmer, zit. n. Kröll, 1977, S. 215. **109** Vgl. a.a.O., S. 74. **110** Knaus: Die Meister-
singer . . ., NZ 16.5.1950, zit. n. Lettau, 1967, S. 54. **111** Wiegenstein: In dieser Zeit . . ., FH 1/1961,
S. 70. **112** Schwab-Felisch: Lesungen . . ., FAZ 17.9.1964, auch in: Lettau, 1967, S. 201. **113**
Reich-Ranicki: Das Barometer . . ., Z 25.9.1964. **114** Kröll, 1977, S. 68. **115** Chotjewitz: Ein
Fall . . ., Co 6/1966. **116** Reich-Ranicki: Von der Fragwürdigkeit . . ., in: Richter, 1962, S. 436.
117 ebd. **118** Blöcker: Die Gruppe 47 . . ., Z 26.10.1962, auch in: Lettau, 1967, S. 355. **119**
Kahle: Die Gruppe 47 . . ., CuW 25.9.1964. **120** Anon. Teiln., zit. n. Kröll, 1977, S. 212. **121**
Kaiser: Die Poeten . . ., SZ 12.9.1964. **122** Piwitt: Siebenundvierzig . . ., Z 21.10.1966. **123**
Jens-Interview S. 31. **124** Richters Richtfest, Sp 43/1962, auch in: Lettau, 1967, S. 296. **125**
Kröll, 1977, S. 51. **126** Richters Richtfest, Sp 43/1962, auch in: Lettau, 1967, S. 296. **127** ebd.
128 Raddatz: Zur Bilanz . . ., FH 7/1966, S. 496, auch in: Lettau, 1967, S. 243. **129** Tagung in
Aschaffenburg, Südwestfunk, zit. n. Meyer-Brockmann, 1962, S. 144. **130** Schwab-Felisch: Lyriker . . ., FAZ 29.10.1959. **131** Hasenclever: Dichter . . ., Monat 12/1959, zit. n. Lettau, 1967, S. 149.
132 Jent: Tagung . . ., NZZ 13.11.1963. **133** Hilsbecher: Der Rückzug . . ., M 8/1965, S. 769.
134 Schwab-Felisch: Die ›Gruppe 47‹ . . ., FAZ 14.9.1964. **135** Richter-Interview II, S. 19. **136**
Lehnert: Die Gruppe 47 . . ., S. 43. **137** Richter-Interview II, S. 19. **138** Lietzmann: Darf
man . . ., FAZ 29.4.1966. **139** Richter-Interview II, S. 16. **140** Chotjewitz: Ein Fall . . ., Co
6/1966. **141** Reich-Ranicki: Von der Fragwürdigkeit . . ., in: Richter, 1962, S. 437. **142** Rich-
ter-Interview II, S. 16. **143** Mayer: Woran starb . . ., SZ 21./22.8.1971. **144** Reich-Ranicki:
Von der Fragwürdigkeit . . ., in: Richter, 1962, S. 438. **145** Schallück: Begegnung . . ., D 3/1966,
S. 171. **146** Reich-Ranicki: Von der Fragwürdigkeit . . ., in: Richter, 1962, S. 437. **147** Anon.
Teiln., zit. n. Kröll, 1977, S. 170 Anm. 7. **148** Hasenclever: Dichter . . ., Monat 12/1959, zit. n.
Lettau, 1967, S. 149. **149** Kröll, 1977, S. 171 Anm. 7. **150** Tagung in Aschaffenburg, Südwest-
funk, zit. n. Meyer-Brockmann, 1962, S. 144. **151** Kröll, 1977, S. 170 Anm. 5. **152** Schnurre:
Seismographen . . ., W 3.11.1961, auch in: Lettau, 1967, S. 160. **153** Kirchheim: Die ›Gruppe 47‹
. . ., T 2.11.1961. **154** Reich-Ranicki: Gelungen . . ., Z 13.10.1967. **155** Kröll, 1977, S. 58.
156 ebd. **157** Kaiser: Physiognomie . . ., in: Richter, 1962, S. 47. **158** Mampell: Die Grup-
pe 47 . . ., T 13.11.1968. **159** Piwitt: Siebenundvierzig . . ., Z 21.10.1966. **160** anonym: Die
Clique, C 10/1967. **161** Anon. Teiln., zit. n. Kröll, 1977, S. 214. **162** Meinhof: Gruppe 47,
k 10/1967. **163** Böll: Angst . . ., M 8/1965, S. 776, auch in: Lettau, 1967, S. 391. **164** Walser:
Sozialisieren wir . . ., Z 3.7.1964, auch in: Lettau, 1967, S. 369. **165** Richter, zit. n. Richters
Richtfest, Sp 43/1962, auch in: Lettau, 1967, S. 3. **166** Mönnich: Lobst du meinen . . ., DAS
7.7.1953, auch in: Lettau, 1967, S. 86. **167** Kröll, 1977, S. 44 f. **168** a.a.O., S. 56. **169**
Ferber: Weil es keine . . ., W 5.1.1955. **170** Richters Richtfest, Sp 43/1962. **171** Schwab-

Anmerkungen

Felisch: Talente..., FAZ 7.11.1958. **172** ebd. **173** Hollander: Ganz ohne..., V 14.11.1958. **174** Schwab-Felisch: Lyriker..., FAZ 29.10.1959. **175** Richter-Interview I, S. 20. **176** Kaiser: Die Gruppe 47..., SZ 5.11.1958, auch in: Lettau, 1967, S. 137. **177** ebd. **178** Hollander: Ganz ohne..., V 14.11.1958. **179** Nöhbauer: Literarische Gruppen, S. 526. **180** Hollander: Ganz ohne..., V 14.11.1958. **181** Reich-Ranicki: Autoren..., W 27.10.1959. **182** Lattmann: Die Gruppe 47, S. 82. **183** a.a.O., S. 83. **184** Richter, zit. n. Richters Richtfest, Sp 43/1962, auch in: Lettau, 1967, S. 291. **185** Leonhardt: Die Gruppe 47..., Z 30.10.1959. **186** Reich-Ranicki: Die Gruppe 47..., Z 26.10.1962, auch in: Lettau, 1967, S. 364. **187** Karasek: Deutschland Deine..., S. 62. **188** Richter-Interview II, S. 29. **189** Hasenclever: Dichter..., Monat 12/1959, zit. n. Lettau, 1967, S. 147. **190** Kirchheim: Die ›Gruppe 47‹..., T 2.11.1961. **191** Schnurre: Seismographen..., W 3.11.1961, auch in: Lettau, 1967, S. 159. **192** Kirchheim: Die ›Gruppe 47‹..., T 2.11.1961. **193** ebd. **194** ebd. **195** ebd. **196** Kröll, 1977, S. 69. **197** Kaiser: Die Poeten..., SZ 12.9.1964. **198** Chotjewitz: Ein Fall..., Co 6/1966. **199** Reich-Ranicki: Das Barometer..., Z 25.9.1964. **200** Richter, zit. n. Richters Richtfest, Sp 43/1962. **201** Kröll, 1977, S. 76. **202** Mayer: Woran starb..., SZ 21./22.8.1971. **203** Reich-Ranicki: Politik..., Z 20.10.1967. **204** Schroers: Der Generationenwechsel..., S. 114. **205** Reich-Ranicki: Autoren..., W 27.10.1959. **206** Korn: Literarische..., FAZ 26.5.1953. **207** Kaiser: Kann eine Gruppe..., SZ 25.10.1962. **208** Schroers: Dichter..., FAZ 23.10.1953, auch in: Lettau, 1967, S. 91. **209** Kröll, 1977, S. 73 f. **210** Schroers: Der Generationenwechsel..., S. 114. **211** Schwab-Felisch: Lyriker..., FAZ 29.10.1959. **212** Leonhardt: Afaha..., Z 10.11.1960. **213** Anon. Teiln., zit. n. Kröll, 1977, S. 213. **214** Kröll, 1977, S. 69. **215** Zimmer: Die Gruppe 47..., Z 8.11.1963. **216** ebd. **217** Kröll, 1977, S. 66. **218** Anon. Teiln., zit. n. Kröll, 1977, S. 70. **219** Anon. Teiln., zit. n. Kröll, 1977, S. 213. **220** J.D.A.: Vor historischer..., NZ Nov. 1952, auch in: Lettau, 1967, S. 80. **221** M.R.: Gruppe 47..., SZ 1.10.1957. **222** Kaiser: Zehn Jahre..., FAZ 2.10.1957, auch in: Lettau, 1967, S. 124. **223** M.R.: Gruppe 47..., SZ 1.10.1957. **224** Best: Kritik..., W 18.6.1966. **225** Richter-Interview II, S. 31. **226** Zimmer: Gruppe 47..., Z 6.5.1966, auch in: Lettau, 1967, S. 227. **227** Kröll, 1977, S. 70. **228** Grass-Interview, S. 1. **229** Chotjewitz: Ein Fall..., Co 6/1966. **230** Zimmer: Gruppe 47..., Z 6.5.1966, auch in: Lettau, 1967, S. 227. **231** Kröll, 1977, S. 52. **232** Reich-Ranicki: Autoren..., W 27.10.1959. **233** Jens-Interview, S. 13. **234** Rotzoll: Rätsel..., SZ 23.1.1963. **235** Rötzer: Hat die Gruppe..., RM 9.9.1966. **236** Nöhbauer: Literarische Gruppen, S. 527. **237** anonym: Die Clique, C 10/1967. **238** Schwab-Felisch: Die ›Gruppe 47‹..., M 6/1966, S. 598. **239** ebd. **240** Wilk: Die Geschäftigen..., T 29.4.1966. **241** Kröll, 1977, S. 114. **242** Reich-Ranicki: Autoren..., W 27.10.1959. **243** Jens-Interview, S. 17. **244** Kabel: Ein Literaturkritiker..., V 3.2.1965. **245** Mö[nnich]: Der fruchtbare..., DAS 8.6.1952. **246** Heißenbüttel: Nachruf..., S. 34. **247** Schroers: Junge deutsche..., FAZ 7.11.1952, auch in: Lettau, 1967, S. 84. **248** Eichholz: Thomas Manns Lob..., MM 4.5.1954, zit. n. Lettau, 1967, S. 100. **249** Anon. Teiln., zit. n. Kröll, 1977, S. 114. **250** Richter-Interview II, S. 41. **251** Kröll, 1977, S. 64. **252** a.a.O., S. 65. **253** a.a.O., S. 101. **254** Vgl. Lettau, 1967, S. 21 – 23. **255** Vgl. Lettau, 1967, S. 24 f sowie (Faksimile) Lattmann: Die Gruppe 47, S. 89. **256** Vgl. Meyer-Brockmann, 1962, S. 17. **257** Vgl. Lettau, 1967, S. 27 – 30. **258** Kröll, 1977, S. 86. **259** a.g.: An Stelle..., Die Gegenwart 5.10.1957, zit. n. Lettau, 1967, S. 284. **260** Kröll, 1977, S. 102. **261** ebd. **262** a.a.O., S. 103. **263** a.a.O., S. 102. **264** Ferber: Die Gruppe 47..., in: Richter, 1962, S. 39. **265** Jens: Eine Kumpanei..., Z 21.9.1962. **266** Kröll, 1977, S. 104. **267** Schwab-Felisch: Der Dukatenesel..., FAZ 3.6.1960. **268** Kaiser: Die Gruppe 47..., SZ 5.11.1958, auch in: Lettau, 1967, S. 139. **269** Kröll, 1977, S. 104. **270** Vgl. Richters Richtfest, Sp 43/1962. **271** Ferber: Die Gruppe 47..., in: Richter, 1962, S. 40. **272** Kröll, 1977, S. 102. **273** Vgl. Kap. 4.11. **274** Ferber: Die Gruppe 47..., in: Richter, 1962, S. 40. **275** Mönnich: Lobst du meinen..., DAS 7.6.1953, auch in: Lettau, 1967, S. 85. **276** Schroers: Dichter..., FAZ 23.10.1953, auch in: Lettau, 1967, S. 90. **277** Richter-Interview II, S. 9. **278** Vgl. Mayer: In Raum..., in: Richter, 1962, S. 33. **279** Vgl. Künzel: Literatur..., Z 2.9.1966. **280** Vgl. Lettau, 1967, S. 129 – 136. **281** Vgl. SZ 23.12.1963 sowie auszugsw. Lettau, 1967, S. 310 – 315. **282** Ferber: Die Gruppe 47..., in: Richter, 1962, S. 38. **283** Richter-Interview II, S. 7. **284** Ferber: Die Gruppe 47..., in: Richter, 1962, S. 41. **285** Kröll, 1977, S. 123. **286** Vgl. T 12., 14. und 17.5.1955. **287** Kröll, 1977, S. 90, vgl. auch a.a.O., S. 88 ff. **288** Ferber: Die Gruppe 47..., in: Richter, 1962, S. 41. **289** Kröll, 1977, S. 90. **290** Vgl. 4.33 **291** Kröll, 1977, S. 89. **292** Mö[nnich]: Tausend Mark..., FAZ 22.5.1950. **293** Kröll, 1977, S. 99. **294** Richters Richtfest, Sp 43/1962, auch in: Lettau, 1967, S. 290 – 309. **295** Richter-Interview I, S. 22. **296** Kaiser: Kann eine..., SZ 25.10.1962. **297** J.K.: 43 Minuten..., SZ 16.1.1964. **298** ebd. **299** Vgl. Erdmann u.a., S. 43 sowie S. 66 ff. **300** Schwab-Felisch: Die Provinzialismen..., FAZ 23.9.1964. **301** Kaiser: Von der Gruppe..., SZ 26./27.9.1964. **302** Vgl. Lettau, 1967, S. 189 – 197. **303** Vgl. Vegesack: Erfolg..., W 29.9.1964. **304** Kaiser: Von der Gruppe..., SZ 26./27.9.1964. **305** anonym: Die Clique, C 10/1967. **306** Nettelbeck: Es war..., Z 3.12.1965. **307** Kuby: Ach ja..., Sp 19/1966. **308** ebd. **309** Vgl. Streiflicht, SZ 25.4.1966, auch in: Lettau, 1967, S. 218 f. **310** Kröll, 1977, S. 105. **311** Ferber: Die Gruppe 47..., in: Richter, 1962, S. 41. **312** Kröll, 1977, S. 105. **313** Lettau, 1967, S. 95. **314** Vgl. Kapitel 5. **315** Lattmann: Die Gruppe 47, S. 95. **316** Böll: Angst..., M 8/1965, S. 777, auch in: Lettau, 1967, S. 391. **317** J.K.: Dichter-Wochenende..., FAZ 20.5.1955. **318** Sp.: Die 47er..., SZ 28.10.1963. **319** Korn: Literarische..., FAZ 26.5.1953. **320** FAZ

Die Gruppe 47 und der Literaturbetrieb

29.10.1962. 321 ebd. **322** Kröll, 1977, S. 86. **323** Böll: Angst..., M 8/1965, S. 778, auch in: Lettau, 1967, S. 393 f. **324** Schroers: Der Generationenwechsel..., S. 115. **325** Becker: 47 auch noch 74, Sp 20/1966. **326** Zimmer: Die Literatur-Mafia..., Z 25.11.1966. **327** Enzensberger: Die Clique, in: Richter, 1962, S. 23. **328** Kröll, 1977, S. 117. **329** a.a.O., S. 102. **330** a.a.O., S. 177 Anm. 4. **331** Kaiser: Die aufgescheuchten..., SZ 9.10.1967. **332** Karasek: Gruppentest..., StZ 14.10.1967. **333** Ferber: Die Gruppe 47..., in: Richter, 1962, S. 38. **334** Kröll, 1977, S. 95. **335** Rohnert: Symposion..., Das Literarische Deutschl. 20.5.1951, zit. n. Meyer-Brockmann, 1962, S. 62, vgl. auch (ohne Apostrophierung) Lettau, 1967, S. 59. **336** Kröll, 1977, S. 75. **337** a.a.O., S. 76. **338** a.a.O., S. 72. **339** Hensel: Gruppe 47..., DE 8.4.1948, zit. n. Lettau, 1967, S. 38. **340** Eichholz: Thomas Manns Lob..., MM 4.5.1954, zit. n. Lettau, 1967, S. 101. **341** Reich-Ranicki: Das Barometer..., Z 25.9.1964. **342** Richter: Brief..., S. 7. **343** Enzensberger: Die Clique, in: Richter, 1962, S. 25. **344** Leonhardt: Eine Generation..., Z 22.7.1977. **345** Korn: Literarische..., FAZ 26.5.1953. **346** Walser: Sozialisieren wir..., Z 3.7.1964, auch in: Lettau, 1967, S. 368. **347** Anon. Teiln., zit. n. Kröll, 1977, S. 222. **348** a.a.O., S. 115. **349** Hollander: Wer und was..., NZ 16.5.1950, zit. in Lettau, 1967, S. 278. **350** Anon. Teiln., zit. n. Kröll, 1977, S. 181, Anm. 8. **351** Eichholz: Thomas Manns Lob..., MM 4.5.1954, zit. n. Lettau, 1967, S. 100. **352** Kröll, 1977, S. 67. **353** Lattmann: Die Gruppe 47, S. 84. **354** Vgl. 4.11 **355** Richter-Interview II, S. 4. **356** Vgl. Friedrich: Das Jahr 47, in: Richter, 1962, S. 18 f. **357** Richter-Interview II, S. 4. **358** Vgl. Kap. 1. **359** Hensel: Gruppe 47 ..., DE 8.4.1948, zit. n. Lettau, 1967, S. 38. **360** a.a.O., S. 39. **361** Flemmer: Verlage..., S. 221. **362** Mö[nnich]: Tausend Mark..., FAZ 22.5.1950. **363** Richter-Interview II, S. 24. **364** Richter-Interview I, S. 36. **365** Richters Richtfest, Sp 43/1962. **366** Giefer/Gundwin: Die Siebenundvierziger..., FH 12/1955, S. 895. **367** Kurz: Die Gruppe 47..., S. 291. **368** Schwab-Felisch: Lyriker..., FAZ 29.10.1959. **369** Richter-Interview I, S. 36. **370** Wagenbach: Gruppen-Analyse, FH 12/1959, auch in: Lettau, 1967, S. 151. **371** Vgl. Kap. 4.32 **372** Chotjewitz: Ein Fall..., Co 6/1966. **373** Raddatz: Eine Woche..., Die Kultur, Nov. 1961, zit. n. Lettau, 1967, S. 163. **374** Kirchheim: Die ›Gruppe 47‹..., T 2.11.1961. **375** Anon. Teiln., zit. n. Kröll, 1977, S. 221. **376** Vgl. T 10.10.1967 u. 11.10.1967 sowie FAZ 11.10.1967. **377** Meyer-Brockmann, 1967, S. 6. **378** Kröll, 1977, S. 174, Anm. 16. **379** Anon. Teiln., zit. n. Kröll, 1977, S. 134. **380** Rehmann: Was ist das..., in: Richter, 1962, S. 431. **381** Schroers: Der Generationenwechsel..., S. 104. **382** Grass-Interview, S. 1. **383** Kesten: Der Richter..., DZ 13./14.7.1963, zit. n. Lettau, 1967, S. 325. **384** Richter-Interview II, S. 24 f. **385** Kurz: Die Gruppe 47..., S. 291. **386** Vgl. Grass-Interview, S. 1 sowie Richter-Interview II, S. 32. **387** Richter-Interview II, S. 32. **388** Heißenbüttel: Nachruf..., S. 37. **389** Heißenbüttel-Interview, S. 8. **390** Kröll, 1977, S. 171, Anm. 9. **391** ebd. **392** Richter-Interview II, S. 32. **393** Kuby: Ach ja..., Sp 19/1966. **394** Vgl. ähnl. anl. der Schweden-Tagung Kaiser: Die Poeten... SZ 12.9.1964. **395** Wilk: Die Geschäftigen..., T 29.4.1966. **396** Zimmer: Gruppe 47..., Z 6.5.1966, auch in: Lettau, 1967, S. 227. **397** Richter-Interview I, S. 13. **398** Schroers: Der Generationenwechsel..., S. 116. **399** Reich-Ranicki: Politik..., Z 20.10.1967. **400** Wilk: Die Geschäftigen..., T 29.4.1966. **401** Vegesack: Erfolg..., W 29.9.1964. **402** Schwab-Felisch: Die Provinzialismen..., FAZ 23.9.1964. **403** Raddatz: Eine Woche..., Die Kultur Nov. 1961, zit. n. Lettau, 1967, S. 165. **404** Wieder geklingelt, Sp 45/1962. **405** Kurz: Die Gruppe 47..., S. 278. **406** Richter-Interview I, S. 32. **407** Richter-Interview II, S. 2 f. **408** Brenner: Ilse Aichinger..., Die Literatur, 1.6.1952, zit. n. Lettau, 1967, S. 74. **409** Hollander: Das Geheimnis..., in: Meyer-Brockmann, 1967, S. 112. **410** King: Literarische Zeitschriften, S. 50. **411** Beckmann: Literarisches..., RM 13.6.1952. **412** So der Titel eines Aufsatzes, Die Gegenwart 7/1952, S. 594-596. **413** Schroers: Junge deutsche..., FAZ 7.11.1952, auch in: Lettau, 1967, S. 83. **414** Jens-Interview, S. 35. **415** Richter-Interview I, S. 33. **416** Richter-Interview II, S. 3. **417** Bibliographie der ›Gruppe 47‹, TuZ 1/1955, S. 140-143. **418** a.a.O., S. 140. **419** Notizen, TuZ 4/1955, S. 558. **420** King: Literarische Zeitschriften, S. 45. **421** Enzensberger: Gedichte, Akzente 5/1955, S. 397 f. **422** Grass: Lilien aus Schlaf, Akzente 3/1955, S. 259 f. **423** Akzente 1/2/1966, S. 85-161. **424** Leonhardt: Afaha..., Z 10.11.1960. **425** Richter-Interview I, S. 33. **426** ebd. **427** Vgl. 4.422 **428** Kurz: Die Gruppe 47..., S. 296. **429** Vgl. 4.242 **430** Ferber: Die Gruppe 47..., in: Richter, 1962, S. 40. **431** Vgl. Kepplinger: Realkultur..., S. 90. **432** a.a.O., S. 138. **433** Vgl. detaillierter a.a.O., S. 84 ff. **434** Vgl. Lettau, 1967, S. 458 f. **435** Anon. Teiln., zit. n. Kröll, 1977, S. 187 Anm. 22. **436** Vgl. FAZ 9.10.1967. **437** Richter-Interview II, S. 10. **438** ebd. **439** Vgl. ebd. **440** Vgl. Seyppel: Zwischen allen..., T 10.3.1968. **441** Ferber: Bitte Namen..., W 31.1.1966. **442** Richter-Interview II, S. 7. **443** Krämer-Badoni: Das Doppelgesicht..., RM 8.2.1963. **444** Leonhardt: Was gilt..., Z 26.10.1962. **445** Richter-Interview II, S. 8. **446** Schwitzke: Das Hörspiel, S. 261. **447** Richter-Interview I, S. 4. **448** Eggebrecht-Interview, S. 4. **449** Richter-Interview II, S. 27. **450** Richter-Interview I, S. 36. **451** Ration..., Sp 27/1950. **452** Schwitzke: Das Hörspiel, S. 276. **453** Richter-Interview II, S. 44. **454** Schroers: Dichter..., FAZ 23.10.1953, auch in: Lettau, 1967, S. 90. **455** ders.: Der Generationenwechsel..., S. 105. **456** ders.: Junge deutsche..., FAZ 7.11.1952, auch in: Lettau, 1967, S. 82. **457** J.D.A.: Vor historischer..., NZ Nov. 1952, auch in: Lettau, 1967, S. 81. **458** Schroers: Dichter..., FAZ 23.10.1953, auch in: Lettau, 1967, S. 91. **459** Eichholz: Thomas Manns Lob..., MM 4.5.1954, zit. n. Lettau, 1967, S. 101. **460** Ferber: Man war..., W 17.10.1955, auch in: Lettau, 1967, S. 115. **461** Schwab-Felisch: Literarische Gesprä-

Anmerkungen

che..., T 22.10.1955. **462** Berghahn: Argwöhnische Betrachtung..., FAZ 25.4.1961. **463** Richter-Interview II, S. 45. **464** Vgl. Esser u. a., zit. n. Erdmann u. a., S. 28. **465** a.g.: An Stelle..., Die Gegenwart 5.10.1957, zit. n. Lettau, 1967, S. 283. **466** Ferber: Man war..., W 17.10.1955, auch in: Lettau, 1967, S. 115. **467** Giefer/Gundwin: Die Siebenundvierziger..., FH 12/1955, S. 896. **468** Schwab-Felisch: Literarische Gespräche..., T 22.10.1955. **469** J.K.: Dichter-Wochenende..., FAZ 20.5.1955. **470** Schwab-Felisch: Der Dukatenesel..., FAZ 3.6.1960. **471** M.R.: Gruppe 47 Anno 57..., SZ 1.10.1957. **472** Schwab-Felisch: Der Dukatenesel..., FAZ 3.6.1960. **473** ebd. **474** Giefer/Gundwin: Die Siebenundvierziger..., FH 12/1955, S. 897. **475** Richters Richtfest, Sp 43/1966, auch in: Lettau, 1967, S. 303. **476** Richter-Interview II, S. 48. **477** FAZ 21.1.1963. **478** Kaiser: Dufhues..., SZ 6.2.1963. **479** Vgl. Zimmer: Hinter den Kulissen..., Z 8.2.1963. **480** Richter-Interview II, S. 47. **481** Stephan: Junge Autoren..., T 17.5.1955. **482** Schwab-Felisch: Literarische Gespräche..., T 22.10.1955. **483** Richter-Interview II, S. 1. **484** Schwab-Felisch: Die Schriftsteller..., T 23.4.1961. **485** Drommert: Elfenbeinturm..., Z 21.4.1961, zit. n. Lettau, 1967, S. 252. **486** Schwab-Felisch: Die Schriftsteller..., T 23.4.1961. **487** ebd. **488** Erdmann u. a., S. 36. **489** Vgl. a.a.O., S. 29-31. **490** Vgl. a.a.O., S. 32. **491** Vgl. a.a.O., S. 20-22. **492** Vgl. a.a.O., Tab. 2-4, S. 16. **493** Vgl. a.a.O., S. 31 f. **494** a.a.O., S. 33. **495** Vgl. Lettau, 1967, S. 454 f. **496** Jens-Interview, S. 10. **497** Schwab-Felisch: Die Schriftsteller..., T. 23.4.1961. **498** Vgl allg.: Wieder geklingelt, Sp 45/1962 sowie Lentz: Klein-Opas Kino..., V 14.11.1962. **499** Vgl. Daiber: Deutsches Theater..., S. 116. **500** J.D.A.: Vor historischer..., NZ Nov. 1952, zit. n. Lettau, 1967, S. 81. **501** Ramseger: Sie kämpfen..., W 30.5.1952. **502** ebd. **503** ebd. **504** ebd. **505** Schwab-Felisch: Der Dukatenesel..., FAZ 3.6.1960. **506** zit. ebd. **507** Kaiser: Zehn Jahre..., FAZ 2.10.1957, auch in: Lettau, 1967, S. 124. **508** Groll: Die Gruppe..., SZ 10.4.1948, zit. n. Lettau, 1967, S. 35. **509** Leonhardt: Afaha..., Z 10.11.1960. **510** Lattmann: Die Gruppe 47, S. 94. **511** Reich-Ranicki: 4711, Z 11.10.1961. **512** Vgl. Härtling: Repräsentanten, Monat Okt. 1964, auch in: Lettau, 1967, S. 204, sowie Rötzer: Ein Monopol..., RM 13.10.1967. **513** Seeliger: ›Gruppe 47‹..., HP 14.11.1970. **514** Anon. Teilu., zit. n. Kröll, 1977, S. 180, Anm. 10. **515** Nossack: Literarische Prostitution..., k 6/1966. **516** Kaiser: Eine Entzauberung..., k 8/1966. **517** zit. n. Rohnert: Symposion..., Das Lit. Deutschl. 20.5.1951, zit. n. Lettau, 1967, S. 59. **518** zit. n. Richter: Literarisches Rendezvous..., SZ 28.8.1963. **519** Künzel: Literatur..., SZ 2.9.1966. **520** Mayer: In Raum..., in: Richter, 1962, S. 35. **521** Vgl. ND 4.11.1962. **522** zit. n. »Literarische Hallstein-Doktrin«, T 25.3.1966. **523** Hollander: Das Geheimnis..., in: Meyer-Brockmann, 1967, S. 105. **524** Wagenbach: Gruppen-Analyse, FH 12/1959, S. 908, auch in: Lettau, 1967, S. 152. **525** Lietzmann: Darf man..., FAZ 29.4.1966. **526** Jens: Eine Kumpanei..., Z 21.9.1962. **527** Leonhardt: Die sechs Gruppen..., Z 2.11.1962. **528** Vgl. Nolte: Selten waren..., W 31.10.1963, auch in: Lettau, 1967, S. 180. **529** anonym: Die Clique, C 10/1967. **530** Gsteiger: Innerhalb und außerhalb..., NZZ 6.11.1968. **531** Richter-Interview II, S. 14. **532** a.a.O., S. 19. **533** Kahle: Die Gruppe 47..., CuW 25.9.1964. **534** Dollinger: Einleitung, S. 9. **535** Richter: Brief..., S. 5. **536** Vgl. Dollinger: Einleitung, S. 9 f. **537** Rötzer: Ein Monopol..., RM 13.10.1967. **538** Vgl. Kap. 5. **539** Schwab-Felisch: Lyriker..., FAZ 29.10.1959. **540** anonym: Überdruß..., C 6/1966. **541** Piwitt: Monstrum..., Sp 41/1967. **542** Schroers: Der Generationswechsel..., S. 99. **543** Sieburg, zit. n. Lettau, 1967, S. 338 Anm. 6. **544** Vgl. Kap. 5. **545** Ferber: Die Gruppe 47..., in: Richter, 1962, S. 43. **546** Sieburg: Freiheit..., FAZ 1.12.1962, zit. n. Lettau, 1967, S. 351, Anm. 6. **547** Blöcker: Die Gruppe 47..., Z 26.10.1962, auch in: Lettau, 1967, S. 355. **548** ebd., auch in: Lettau, 1967, S. 356. **549** ebd., auch in: Lettau, 1967, S. 359. **550** Habe: Clique..., Z 26.10.1962. **551** Krämer-Badoni: Narren der Nation, W 31.10.1962. **552** ders.: Das Doppelgesicht..., RM 8.2.1963. **553** ebd. **554** Deschner: Das ist die..., k 11/1964. **555** ebd. **556** ebd. **557** Usko, zit. ebd. **558** Habe: Genies..., Ww 6.5.1966. **559** Vgl. beispw. Reich-Ranicki: Die Gruppe 47..., Z 26.10.1962, auch in: Lettau, 1967, S. 364 f, sowie Raddatz: Polemik..., k 8/1966, auch in: Lettau, 1967, S. 414 ff. **560** Leonhardt: Was gilt..., Z 26.10.1962. **561** Reich-Ranicki: Die Gruppe 47..., Z 26.10.1962, auch in: Lettau, 1967, S. 365. **562** ebd., auch in: Lettau, 1967, S. 361. **563** Richters Richtfest, Sp 43/1962, auch in: Lettau, 1967, S. 293. **564** Zimmer: Die Gruppe 47..., Z 8.11.1963. **565** Vgl. Bichsel, k 6/1966. **566** Neumann: Spezis..., k 5/1966. **567** ebd. **568** ebd. **569** Nossack: Literarische Prostitution..., k 6/1966. **570** Neumann: Spezis..., k 5/1966. **571** Krüger: Literatur-Mafia..., der literat 10.2.1967, auch in: Lettau, 1967, S. 440-445. **572** Zimmer: Die Literatur-Mafia..., Z 25.11.1966. **573** ebd. **574** Neumann: Spezis..., k 5/1966. **575** Zimmer: Die Literatur-Mafia..., Z 25.11.1966. **576** Neumann: Spezis..., k 5/1966. **577** ebd. **578** Richter-Interview I, S. 33. **579** Kaiser: Eine Entzauberung..., k 8/1966. **580** Röhl: Liebe konkret-Leser, k 9/1966. **581** Zimmer: Die Literatur-Mafia..., Z 25.11.1966. **582** ebd. **583** ebd. **584** Höllerer: Fikten, Fakten..., SpitZ 20/1966, S. 289, auch in: Lettau, 1967, S. 437. **585** Hey: Der Partisan..., SpitZ 20/1966, S. 292. **586** Bohrer: Zwei Wörter..., SZ 21.11.1966. **587** Zimmer: Die Literatur-Mafia..., Z 25.11.1966. **588** Neumann: Spezis..., k 5/1966. **589** Hildesheimer: Amerys kokettere Ruf..., Z 15.7.1966. **590** Vgl. Amery: Wir brauchen..., Z 1.7.1966 sowie Karasek: Deutschland..., S. 44-46. **591** Silenius: Quo vadis..., Tr 24/1967. **592** Blöcker: Die Gruppe 47..., Z 26.10.1962, auch in: Lettau, 1967, S. 359. **593** Gsteiger: Innerhalb und außerhalb..., NZZ 6.11.1968. **594** Ferber: Die Gruppe 47..., in: Richter, 1962, S. 39. **595** Lettau: Vorbemerkung, in: Lettau, 1967, S. 12.　　**596** Wallmann: Richters gesammelte..., W 21.12.67.　　**597** Richter-Interview II, S. 49.　　**598** Richter-Interview I, S. 14.　　**599** Neumann: Spezis..., k 5/1966.　　**600** Handt: Vom Elend..., SpitZ 20/1966, S. 311.　　**601** Lettau: Vernichtungsspiele..., SpitZ 20/1966, S. 277.　　**602** Grass: Freundliche Bitte..., SpitZ 20/1966, S. 319.　　**603** Baecker: Eine bessere Polemik..., V 30.11.1966.　　**604** Kröll, 1977, S. 117.　　**605** Bohrer: Zwei Wörter..., SZ 21.11.1966.　　**606** Habe: Clique..., Z 26.10.1962.　　**607** Mampell: So rechts..., V 7.8.1963.　　**608** Hohendahl: Das Ende..., S. 159.　　**609** anonym: Die Clique, C 10/1967.　　**610** Habe, Ww 19.6.1964, zit. n. red. Vorsp. zu Walser: Sozialisieren wir..., Z 3.7.1964.　　**611** Deschner: Das ist die..., k 11/1964.　　**612** zit. ebd.　　**613** Nossack: Literarische Prostitution..., k 6/1966.　　**614** ebd.　　**615** anonym: Die Clique, C 10/1967.　　**616** Heißenbüttel: Nachruf..., S. 39.　　**617** Piwitt: Siebenundvierzig..., Z 21.10.1966.　　**618** Red. Vorsp. zu Neumann: Spezis..., k 5/1966.　　**619** ebd.　　**620** Red. Vorsp. zu Nossack: Literarische Prostitution..., k 6/1966.　　**621** Neumann: Protest, Protest..., k 9/1966.　　**622** Richter-Interview II, S. 63.　　**623** Schwab-Felisch: Die ›Gruppe 47‹..., FH 7/1966, auch in: Lettau, 1967, S. 241 - 247.　　**625** Krämer-Badoni: Mitrollen oder..., W 27.1.1968.　　**626** Red. Vorsp. zu Habe: Genies..., Ww 6.5.1966.　　**627** StZ 20.9.1966.　　**628** [Grass: Antwort an] Zwerenz: Bessere Feinde?..., StZ 22.10.1966.　　**629** Ziermann: ›Gruppe 47‹...

5. DER VERFALL DER GRUPPE 47

> Es war eigentlich ein sehr lang
> währendes Todesritual.
>
> Walter Jens

> ... es hat immer wieder Spaß gemacht.
>
> Hans Werner Richter

5.1 SKIZZE DES ENDES

... und dann fand die Tagung in der Pulvermühle statt, die, bei kräftiger Beteiligung der Autoren, zum Ende der Gruppe 47 geführt hat.[1] Diese 29. Tagung im Jahre 1967 stand im Zeichen der Spannungen, die nach dem Trubel in Princeton 1966 und der Kritik an ihrer Amerikafahrt innerhalb der Gruppe 47 aufgetreten waren. Nach dem öffentlichen Literaturspektakel im Vorjahr wurde die eher private Atmosphäre des Landgasthofs »Pulvermühle« in der fränkischen Schweiz von den Teilnehmern als angenehm empfunden[2], und auch Richters Verbot, im Saal zu fotografieren, war eine Reaktion auf die negativen Erfahrungen mit den Massenmedien. Von den ca. 100 Erschienenen lasen 25; auffällig war, daß die Kritik, auch durch das Fehlen von Mayer und Jens bedingt, wieder mehr von Autoren selbst geübt wurde.

Die idyllische Umgebung der Fränkischen Schweiz schlug sich allerdings nicht in der Stimmung der Teilnehmer nieder: *Politische, literarische und auch persönliche Antagonismen prallten offen aufeinander. Richter hatte große Mühe, das Ganze über die Runden zu bringen.*[3] Der Höhepunkt dieser Spannungen war die Diskussion zwischen Grass einerseits und Lettau, Fried und Karsunke andererseits über Lettaus Verhalten gegenüber SDS-Studenten, die vor dem Tagungsraum demonstrierten: Am Abend des ersten Tagungstages hatte eine Kommission eine Anti-Springer-Resolution ausgearbeitet, in der Schriftsteller und Verleger zum Boykott des Springer-Verlages aufgefordert wurden. Am folgenden Tag wurde die Tagung der Gruppe 47 von Erlanger SDS-Studenten gestört: sie veralberten die Gruppenmitglieder als unpolitische *Dichter* und forderten sie zur Unterstützung ihrer Anti-Springer-Kampagne auf. Lettau las ihnen als Antwort die gruppeneigene Resolution vor, woraufsich die Studenten zurückzogen. Grass mißbilligte diese Handlungsweise Lettaus, da er sein Anti-Springer-Engagement nicht mit den Kampagnen der Studenten – der Außerparlamentarischen Opposition – in Zusammenhang gebracht wissen wollte.

Das Mißtrauen innerhalb der Gruppe 47 wurde genährt durch die Vermutungen und Spekulation, daß die studentische Aktion auf Betreiben von Gruppenmitgliedern zustandegekommen war bzw. mit deren Hilfe durchgeführt wurde. Die Tatsache, daß einzelne Mitglieder den Studenten durchaus Sympathien entgegenbrachten, andere hingegen überlegten, ob sie die Polizei rufen sollten[4], zeigt, wie breit das politische Spektrum innerhalb der Gruppe mittlerweile war.

Diese Spannungen schienen die literarische Debatte nicht zu beeinträchtigen, denn die literarischen Leistungen, besonders der Neulinge, wurden allgemein wohlwollend betrachtet; so glaubte Karasek, daß angesichts der Qualität der gelesenen Texte der *Rückschluß auf einen guten ›Autorenjahrgang‹*[5] erlaubt sei. In Jürgen Becker, einem Angehörigen der jüngeren Generation, schien die Gruppe wieder einen *preiswürdigen Preisträger*[6] gefunden zu haben. Nach dem Spektakel in Princeton und den im dortigen Rahmen eher schwachen literarischen Leistungen erschien die ruhige Tagungsatmosphäre und das Auftreten von begabten Neulingen als eine Art Regeneration[7]. Deshalb gab es für die Autoren keinen Anlaß, vom Ende der Gruppe 47 zu sprechen. Martin Walser sah sogar die Austragung von politischen Spannungen als belebend an: *Es ist interessanter geworden. Es gibt jetzt so etwas wie verschiedene Flügel in der Gruppe. Jetzt komme ich wieder.*[8] Einzig Reich-Ranicki muteten die Tagungen der Gruppe 47 *ein wenig anachronistisch* an[9]. Da die Tagung überwiegend als Erfolg gewertet wurde, stand einer Fortsetzung der Tagungspraxis nichts im Wege. Hans Werner Richter:

Es stand noch eine Tagung aus, die ich den Prager Schriftstellern schon 1965 versprochen hatte, eine Tagung auf Schloß Dobriš bei Prag. Sie sollte am 10. September 1968* stattfinden. Noch einmal schrieb ich meine Postkarten. Doch die Rote Armee kam mir zuvor. Mit ihrem Einmarsch in Prag** enthob sie mich aller Verpflichtungen. In einem langen nächtlichen Telefongespräch mit Prag versprach ich den tschechischen Schriftstellern, die Gruppe 47 erst dann erneut zusammenzurufen, wenn die Tagung in Prag möglich sei.[10]
(...) Das aber hieß die Gruppe 47 auf den Sankt-Nimmerleins-Tag vertagen. Ich habe mich an dieses Versprechen gehalten. Vielleicht war es die Hoffnungslosigkeit, die auf den Kollaps in Prag folgte, die mich dazu veranlaßt hat. So hatte das Ende des Prager Frühlings auch für mich seine Folgen.[11]

Soweit Hans Werner Richters Erklärung und Schilderung des Endes der Gruppe 47. Allerdings sind von ihm auch andere Verlautbarungen aus der Zeit von 1967 bis 1974 übermittelt, die an dieser Erklärung zweifeln lassen. So hatte für Richter 1970 die Gruppe noch nicht aufgehört zu bestehen:

Die ›Gruppe 47‹ wird eines Tages ›ohne große Abschiedsparty‹ aufhören zu existieren. (...) Ich habe ja diese zwei Jahre auch schleifen lassen, um mal zu sehen, wie die Autoren reagieren, wenn es die ›Gruppe 47‹ nicht mehr gibt. Das kann ich jetzt genau feststellen. Die Autoren wollen die ›Gruppe 47‹ wieder haben.[12]

Im November desselben Jahres antwortete Hans Werner Richter auf die Frage, ob die Gruppe 47 tot sei:

Sie ist nicht gestorben, denn sie hat ja niemals als organisierte Gruppe existiert. Aber es ist richtig, daß ich künftig die aufreibende Rolle des Organisators und literarischen Beichtvaters mit der angenehmeren Rolle des Schriftstellers vertauschen will. Allerdings gibt es rund 30 Autoren, die mir auf der

---

* Nach anderen Informationen sollte die Prager Tagung vom 3. – 6. 10. 1968 stattfinden. Vgl.: ČSSR-Tagung der Gruppe 47 verschoben. SZ 13. 9. 1968
** Gemeint ist die Invasion von Truppen des Warschauer Paktes am 21. 8. 1968 in die ČSSR.

Pelle sitzen und mich drängen, ein neues Treffen zu arrangieren, so daß ich vielleicht noch in diesem Jahr einen kleinen Autorenkreis ohne Verleger, Kritiker und Öffentlichkeit einladen werde . . ., auch wenn es wahrscheinlich das letzte Treffen der Gruppe 47 sein wird.[13]

Dieses Treffen fand erst am Wochenende zum 1. Mai 1972 in Richters Berliner Wohnung statt. 40 Schriftsteller waren erschienen, die Lesenden durften, anders als es bei der Gruppe 47 üblich gewesen war, nach ihrer Lesung über ihren Text mitdiskutieren. Das Treffen fand ohne Verleger, ohne Presse, *aber mit Fersehkameras*[14](!) und nur wenigen professionellen Kritikern statt; dieser Kreis *hatte nicht Ehrgeiz noch Absicht, die alte Gruppe zu sein, und niemand zeigte Lust, sie in den Schatten ihrer selbst umzutopfen.*[15]

Richter, der diese Zusammenkunft mittlerweile als Veteranentreffen[16] betrachtet, meinte damals, *die »Gruppe 47« habe eigentlich nie zu bestehen aufgehört; nur sei man den Publicityrummel leid gewesen, der einen echten Gedankenaustausch schließlich verhindert hatte. Man plane auch für die Zukunft etwa einmal jährlich Treffen dieser Art.*[17]

Zu diesen Treffen kam es nicht mehr.

Die teilweise widersprüchlichen Äußerungen Hans Werner Richters zeigen, daß das Ende der Gruppe nicht genau zu datieren und offenbar nicht leicht zu begründen ist. Zu ihrem eigenen Begräbnis, zum *absoluten Abschluß und Abgesang*[18] zehn Jahre nach der letzten Tagung in der Pulvermühle, dreißig Jahre nach der ersten Tagung in Bannwaldsee, versammelte Hans Werner Richter die Gruppe schließlich am 17./18. 9. 1977 in Saulgau. Mit einer Ausnahme (Michael Krüger) waren nur altgediente Gruppenmitglieder zu einer effektvoll arrangierten Jubiläums- und Begräbnisfeier eingeladen: Als erster las der letzte Preisträger der Gruppe 47 Jürgen Becker (Pulvermühle 1967), den Abschluß bestritt Wolfdietrich Schnurre mit jenem Text, der 1947 die Geschichte der Lesungen eingeleitet hatte: »Das Begräbnis«. Zehn Jahre, nachdem das Kontinuum der Gruppentagungen abgerissen war, zog Hans Werner Richter offiziell den Schlußstrich: *Es ist das letzte Mal, daß wir zusammentreffen unter dem Signum Gruppe 47.*[19] ... *Es ist zu Ende.*[20]

Für das Ende der Gruppe sind bisher verschiedene Gründe angeführt worden: Hans Mayer nannte 1971 die Wandlung der Gruppe 47 von der literarischen Werkstatt zu einer Institution des Literaturmarktes, der die Produktion von Texten, die Lesungen und die Kritik seinen Notwendigkeiten unterworfen habe, bis die Gruppe schließlich für den Markt überflüssig geworden sei. Außerdem habe die literarische Gemeinsamkeit der Gruppe, das Verständnis von Literatur nur als Belletristik sich unter den veränderten gesellschaftlichen Bedingungen zu Ende der sechziger Jahre als *soziale Indifferenz*[21] erwiesen. Für Helmut Heissenbüttel waren die persönlichen und politischen Antinomien, die innerhalb der Gruppe aufgetreten waren und die nach der ›Tagungspause‹ von 1968–1970 nicht mehr überbrückt werden konnten, für das Ende der Gruppe verantwortlich[22].

Walter Jens nannte als Gründe die literarische Stagnation inner- und außerhalb der Gruppe 47 sowie ihr Unvermögen, einen auch politischen Widerpart zu bieten, *was sie in den fünfziger Jahren, während der Adenauer-Ära, tatsächlich geboten hat*[23]. Für Rudolf Walter Leonhardt waren ebenfalls die während und nach der Tagung in der Pulvermühle sich befehdenden

Fraktionen innerhalb der Gruppe *(das war neu)*[24], sowie der Konflikt zwischen den (Schriftsteller-) Generationen Gründe für das Ende der Gruppe: *Die jungen 67er wußten nichts mehr von den Anstrengungen der jungen 47er, eine neue Welt oder doch wenigstens ein neues Deutschland aufzubauen. Sie maßen diese nur am Ergebnis, und das mißfiel ihnen.*[25] Die Fähigkeit der Gruppe 47, unterschiedliche Generationen und Stile zu absorbieren, sei mit dieser Generation erschöpft gewesen.

Die Vielfalt dieser Erklärungen deutet auf die verschiedenen Faktoren hin, die für das Ende der Gruppe maßgeblich waren; es gilt dieses Bündel von Faktoren zu entwirren und aus den Entstehungsbedingungen der Gruppe zu erklären.

5.2 DIE URSÄCHLICHEN KOMPONENTEN DES VERFALLS

Die Schwierigkeiten, das Ende der Gruppe 47 plausibel zu machen, ergeben sich aus der Vielfalt der Gründe: ökonomische Veränderungen, politische Differenzen, persönliche Antinomien, literarische Stagnation, Generationenkonflikt. Erschwerend kommt hinzu, daß dieses Konfliktpotential nicht losgelöst von der Gruppe entstand, sondern von ihr selbst in ihrer Geschichte mitproduziert wurde: im Wachstumsprozeß der Gruppe wuchs der Keim ihres Verfalls mit. Ein historisches Vorgehen ist notwendig, zeigt sich doch schon bei nur oberflächlicher Betrachtung eine auffallende Parallelität zwischen der Geschichte der BRD und der Geschichte der Gruppe 47:

Die Gruppe teilt mit der BRD und ihren Parteiungen die Phasen des Wiederaufbaus, der raschen Expansion, des relativ fruchtbaren Status quo, der Oligarchisierung, der Entfremdung des gewöhnlichen Stimmbürgers von den sich immer mehr verhüllenden Machtverhältnissen, der Versäulung, der Staatsverdrossenheit und, auf das Jahr genau: der großen Krise.[26]

Es gilt also zu bestimmen, wie die Gruppe 47 in die Nachkriegsgeschichte eingebunden ist und wie sie sich zu der bundesrepublikanischen Gesellschaft, ihren Strukturen und Veränderungen verhält.

Die allgemeine Form dieser Vermittlung war die Literatur: *die Gruppe 47 (...) hatte von Anfang an nur eine literarische Aufgabe*[27]; diese einfache Aussage Hans Werner Richters enthüllt bei genauer Bestimmung der ›literarischen Aufgabe‹ die unterschiedlichen Ebenen, in denen sich die Gruppe als informelle Organisation literarischer Intelligenz bewegte:

1. Die Gruppe 47 war eine literarische Werkstatt, in der sich befreundete Handwerker der ›Innung Literatur‹ in einer Atmosphäre von *Kommunikation, Stallmief, Nestwärme*[28] trafen, um ihre Werkstücke einer solidarischen und fachmännischen Kritik zu unterwerfen. Neben der Entwicklung handwerklicher Voraussetzungen war die Gruppe 47 wesentlich mitbeteiligt an der Schaffung einer literarischen Öffentlichkeit und eines Literaturmarktes, um die materielle Absicherung der Literaturproduzenten sowie die Umsetzung ihrer politischen Wirkungsabsichten zu ermöglichen. Die Entwicklung des *Humanisierungspotential(s) der Literatur*[29] zwischen Freundeskreis und Institution des Literaturmarktes ist in ihrer Widersprüchlichkeit zu verfolgen.

2. Die Rede vom ›Humanisierungspotential der Literatur‹ verweist auf die politische Verpflichtung der Literatur, die bewußt zu verfolgen bzw. herzustellen die Gruppe 47 für sich in Anspruch nahm. Der politische An-

spruch der Gruppe bedeutete eine bewußte Auseinandersetzung mit der
›unbewältigten Vergangenheit‹ und der Gegenwart, mit der restaurativen Entwicklung der westdeutschen Gesellschaft vom Wiederaufbau
über die Prosperität bis zur ersten großen Krise. Die Gemeinsamkeit der
politischen Vorstellungen, der *politischen Idiosynkrasien*[30], ihre Entwicklung, Differenzierung und Auflösung in politische Antagonismen ist in
der Geschichte der Gruppe 47 und ihrer Relation zur Geschichte der BRD
zu verfolgen.

3. In ihrem Selbstverständnis ging es den Gruppenmitgliedern zuerst und
vor allem ›um die Sache‹ Literatur, d. h. *Literatur sehen als das, was das Individuelle und das Gesellschaftliche, das Personale und das Politische auf
einen Nenner zu bringen vermag*[31]. In der Gruppe 47 ging es stets um das
›Wie‹ und weniger um das ›Was‹ der Literatur, ging es nach Überwindung der Realismuskonzeption des ›Kahlschlags‹ mehr um die Ausbildung handwerklicher Fertigkeiten, die den Zugriff auf eine sich verdichtende und immer komplexer erscheinende Realität ermöglichen sollten.
Es ist zu untersuchen, wie sich auf der Basis und in Weiterentwicklung
der mit der literarischen Hochphase gewonnenen Formgewandtheit unterschiedliche literarische Schulen und Fraktionen aus dem von gegenseitiger Toleranz getragenen ästhetischen Pluralismus der 50er Jahre
herausbildeten, die die Synthese von politischem Anspruch und literarischer Umsetzung jeweils unterschiedlich zu vollziehen versuchten. Die
Fundierung der Ästhetik auf Politik[32], von allen Teilen der Gruppe 47 immer gewollt, aber schließlich in unterschiedlicher Weise realisiert, offenbart unterschiedliche Vorstellungen von den Möglichkeiten und Aufgaben der Literatur und der gesellschaftlichen Position der Literaten: auch
diese Entwicklung des ›Selbstverständnisses Literatur‹ ist zu verfolgen.

Die drei aufgeführten Aspekte waren in der Gruppe 47 nie voneinander getrennt existent, sondern sie machten in ihrer gegenseitigen Verquickung
und Ergänzung die wesentlichen Merkmale und bewegenden Momente des
Gesamtphänomens ›Gruppe 47‹ aus; ihre Trennung zum Zwecke dieser Untersuchung ist jedoch notwendig, um den Verfall der Gruppe 47 aus ihrer eigenen Bewegung in der Geschichte der BRD zu erklären. In allen drei
Aspekten zeigt sich, daß die Gruppe 47 in ihrer literarischen Hochphase,
mit dem Schritt in die Öffentlichkeit und dem Erfolg auf dem Literaturmarkt
vom fortschreitenden Abbau der Gemeinsamkeiten, die sie als Gruppe zusammenhielten, gekennzeichnet war und in eine Krise des intellektuellen
Selbstverständnisses geriet, die schließlich zum Zerfall dieser sozialen Organisationsform literarischer Intelligenz führte.

5.3 LITERARISCHE WERKSTATT UND LITERATURMARKT

Ein Aspekt der Krise dieses intellektuellen Selbstverständnisses war der
Bewußtwerdungsprozeß, daß auch eine ›literarische Vereinigung‹ den Gesetzen des kapitalistischen Marktes nicht entgehen konnte. Die Zerfallstendenzen des Gruppenkonsenses, die aus der Entwicklung der Gruppe 47 zu
einer Institution des Literaturmarktes entstanden, sind nur unter Berücksichtigung der Ausgangssituation von 1947 zu verstehen.

Die Gruppe 47 hatte sich als eine literarische Werkstatt konstituiert. Die
Tagungen der ersten Jahre wurden bestimmt durch jenes so oft und gern beschriebene ›freundschaftlich-intime‹ Einander-Vorlesen und das Debattie-

ren über *die rein handwerklichen Dinge,* wie es Hans Werner Richter nannte[33] und wie es allgemein in der Presse, die Berichterstattung über die Tagungen einleitend, zu lesen ist. Über e i n e Funktion der Tagungen herrschte in der Gründungsphase der Gruppe allgemeiner Konsens: es galt, gemeinsam das Handwerk des Schreibens, eines Schreibens *hart an der Wirklichkeit* zu erlernen[34]. Eine zweite Funktion der Tagungen, bis 1955 den Frühjahrstagungen zugedacht*, ergab sich aus dem natürlichen Bedürfnis der Autoren nach materieller Absicherung und aus ihrer politischen Wirkungsabsicht zugleich: ihrer langsam mit der fortschreitenden Beherrschung des Handwerklichen entstehenden Literatur mußte eine Öffentlichkeit verschafft werden. Nicolaus Sombart bemerkte bereits 1947 im »Skorpion«, daß *Erziehung zur Demokratie in einem Lande, das auf der Höhe der modernen Zivilisation gestanden hat, auf alle Fälle und zunächst einmal die Schaffung seiner gewohnten Öffentlichkeit bedeuten muß*[35]. Nur so konnte, nach dem Verständnis dieser ersten Schriftstellergeneration nach 1945, das Ziel erreicht werden, *schreibend die Gesellschaft mit (zu) verändern*[36]. Literatur hieß: *Einflußnahme, Veränderung der Mentalität, langfristig natürlich, nicht kurzfristig.*[37]

Öffentlichkeit bedeutete für die Autoren nicht nur deutsche Öffentlichkeit, sondern Öffentlichkeit im übernationalen Rahmen, im Zusammenhang der Weltliteratur: So hatte die Gruppe 47, wie Richter es im Nachhinein sieht, in ihren Anfängen hauptsächlich e i n Ziel im Auge: *der von ihr beeinflußten linken Literatur eine Öffentlichkeit und eventuell jene Weltgeltung zu verschaffen, die die deutsche Literatur früher gehabt hatte*[38].

Dieses selbstgesteckte Ziel erreichte die Gruppe spätestens 1958/59. Mit Grass' »Blechtrommel« wurde die oft beklagte *provinzielle Enge durchbrochen*[39] und somit der Weg frei auf den Weltmarkt der Literatur. Mißt man die Gruppe an ihren früheren Ansprüchen, waren mit der literarischen Hochphase (1958–1964) wesentliche Funktionen der Tagungen erfüllt: Die westdeutsche Literatur erfuhr steigende Wertschätzung über die nationalen Grenzen hinaus, vermutlich wurde sie im Ausland sogar höher geschätzt als im eigenen Land. Trotz des internationalen Renommées kamen Zweifel auf, ob dies denn die Literatur sei, die zu schaffen man einst beabsichtigt hatte. Diese Zweifel betrafen vor allem die politische Qualität, denn in der Zwischenzeit hatte sich gezeigt, daß der Anspruch, eine ›linke‹ Literatur zu schaffen, in der schriftstellerischen Praxis nicht zuletzt deshalb schwer einzulösen war, weil sich allein durch den Begriff der ›linken‹ Literatur Unsicherheiten ergaben. Noch 1957 warf Hans Werner Richter den Autoren in einer Rundfunksendung vor, *die Kluft zwischen Literatur und Gesellschaft immer noch nicht überbrückt zu haben, denn ihnen sei das Politische peinlich*[40], und Heinz Friedrich kritisierte im selben Jahr: *Der biederen Selbstgefälligkeit unserer Gegenwart aber wagt sich kaum einer zu stellen . . . .*[41] Ihre Fingerübungen während der Nachkriegsjahre hatten die Literatur nach 1950 zwar an *poetischen Valeurs*[42] gewinnen lassen, die Frage nach dem politischen Engagement dieser Literatur, das 1947 gleichermaßen optimistisch wie vereinfachend gefordert worden war, konnte jedoch angesichts der für die Autoren ständig undurchschaubarer gewordenen Realität nicht mehr in eindeutiger Weise beantwortet werden. Auch die sich Ende

---

* vgl. Weyrauch, Wolfgang: Sie erhielt den Preis. In: W v. 30. 5. 1953: *Jedes Jahr finden zwei Zusammenkünfte statt, im Frühjahr ein öffentliches Treffen, zusammen mit Vertretern der Buchverlage, der Presse und des Rundfunks, im Herbst eine interne Begegnung.* Vgl. auch Wolfgang Schwerbrock: Das Treffen der Satiriker. In: FAZ v. 20. 10. 1954

der fünfziger Jahre mit der Generation Enzensberger, Walser, Grass, Johnson abzeichnende Annäherung der Literatur an gesellschaftliche Probleme der Gegenwart, die sich Anfang der 60er Jahre durchsetzende neue, schärfere Form der Gesellschaftskritik[43] einleitend, hatte nur noch wenig gemeinsam mit der *pädagogische(n) Leidenschaft der Nachkriegsjahre*[44].

Der Weg der Gruppe 47 bis zum Anschluß an die Weltliteratur war – die Forderung nach Herstellung von Öffentlichkeit hatte es bedingt – gleichzeitig der Weg von der literarischen Werkstatt zur ›Literaturbörse‹, auf der Autoren von Verlegern eingekauft und *die Kurswerte literarischer Strömungen notiert wurden*[45].

Selbst die Kritik, einst von den Autoren im Sinne gegenseitiger Korrektur den Kollegen abverlangt, hatte sich im Laufe der Zeit verselbständigt und ihre Funktion als Orientierungshilfe verloren. Professionalisiert betätigte sie sich häufig aus reinem Selbstzweck: Sie wurde Selbstdarstellung:

Jäh travestierte sich auch die Kritik, die ursprünglich kameradschaftlich und zunftgerecht gewesen war, in prominentes Expertentum, wobei sie selbst als Ware auf dem Markt erschien. Kritik degenerierte zur Marktexpertise, empfand sich selbst als solche und verhielt sich von nun an marktgerecht.[46]

Der Preis der Gruppe 47, der den prämierten Autor finanziell unterstützen und ihm mit den Marktchancen öffentliche Einflußnahme ermöglichen sollte, wurde auf dem Markt zu bloßen Reklamezwecken benutzt. Die Tagungen der Gruppe 47 erhielten immer mehr reine Marktfunktion; aus dem *Zunftgespräch der vorbürgerlichen Art* wurde ein literarischer Markt *mit Käufern und Verkäufern der Ware Literatur*[47].

Hans Mayer hat diese Entwicklung auf den Begriff gebracht: *Als Protest gegen die Ökonomie hatte es begonnen und pervertierte zum Service für sie. Der Markt bemächtigte sich der scheinbaren Marktlosigkeit.*[48]

So ist es zwar richtig, wenn Hans Werner Richter sagt: *Eine Aufgabe (...) hat die Gruppe mit ihrer literarischen Schubkraft wirklich erfüllt, nämlich den nach dem Krieg stehengebliebenen Waggon der deutschen Literatur wieder an den Zug der Weltliteratur zu koppeln*[49], jedoch wurde mit dieser Aufgabenerfüllung nicht auch jener erhoffte und angestrebte politische Einfluß erreicht, der 1947 gemeint war. Karl Markus Michel behauptet sogar, daß den Autoren die Diskrepanz zwischen literarischem Erfolg und politischer Folgenlosigkeit nicht bewußt gewesen sei:

(...) man sprach die ›Weltsprache der modernen Dichtung‹ bald flüssiger als die übrige (westliche) Welt und verwechselte das bescheidene Maß an Reputation und Marktgängigkeit, das man genoß, mit öffentlichem Einfluß im eigenen Land.[50]

Hingegen stellt Walter Jens schon 1961 fest, daß *der Poet seine Ohnmacht mit aller Deutlichkeit erkennt*[51]. In jedem Falle: die Tagungen der Gruppe wurden schon bald nicht mehr vom politisch motivierten Elan der Teilnehmer geprägt, sondern ökonomische Verwertungsinteressen traten zunehmend in den Vordergrund; damit wurde auch der schriftstellerische Protest selbst zur *gesellschaftlich integrierten* ›Ware‹[52]. Die Gruppe 47 wurde in den 60er Jahren zu einem Zulieferbetrieb für den literarischen Markt: *War die Gruppe 47 einmal eine Art Werkstatt gewesen, so war sie jetzt ein überdimensionales Lektorat.*[53]

Die breite Öffentlichkeit der Tagungen brachte ein weiteres Problem mit sich: fielen Autoren bei einer Lesung durch, gefährdeten sie damit nicht nur ihre literarische, sondern auch ihre wirtschaftliche Existenz[54]. Diesen Aspekt der Öffentlichkeit betonte Joachim Kaiser schon 1962, als er schrieb: *›Öffentlichkeit‹ wirkt zugleich angenehm und gefährlich*.[55] Als Folge dieser Entwicklung verzichteten oft namhafte Autoren ganz auf Lesungen. Zugleich wurden die Tagungen auch von jungen Autoren als ›Sprungbrett‹ benutzt: So klagt Hans Werner Richter: *da kamen die jungen Leute, die benutzten das dann nur noch als Sprungbrett. Da hatte ich dann schon oft gedacht, Schluß zu machen*....[56] Zwar hatten auch die frühen Tagungen die Funktion gehabt, begabte Autoren und ihre literarischen Arbeiten bekannt zu machen; damals war dies jedoch eine Notwendigkeit zur Herstellung literarischer Öffentlichkeit gewesen. Unter den veränderten Bedingungen der sechziger Jahre allerdings hatte diese Selektionsfunktion zur Folge, jungen Autoren zum Einstieg in eine erfolgversprechende Literaturkarriere zu verhelfen bzw. schon vorhandene Ansätze persönlichen Erfolges zu vermarkten. So wurden Manuskripte schon unter dieser Perspektive angefertigt: *Das Marktprinzip pervertierte jetzt bereits die literarische Produktion*[57], ein Zustand, der von Hans Werner Richter retrospektiv als *ziemlich unerträglich* beschrieben wird[58].

Schon 1959 fragte Reich-Ranicki angesichts der zunehmenden Verleger- und Presseaktivität auf den Tagungen:

Ist in einer solchen Atmosphäre eine literarische Arbeitstagung überhaupt möglich? Wäre es nicht vernünftiger, sinnvoller, sich ohne Verleger, Rundfunk- und Presse-Einkäufer zu treffen? Ein solcher Plan ist tatsächlich erwogen und sehr schnell verworfen worden. Es besteht nämlich die, weiß Gott, berechtigte Befürchtung, daß an einer wirklichen Arbeitstagung die meisten Autoren nicht interessiert wären.[59]

Allerdings sah Walter Jens noch 1962 in den Tagungen der Gruppe 47 eine Gelegenheit, *in freundschaftlich-nüchternem Gespräch die eigenen Möglichkeiten und die Praktiken der Kollegen zu sehen: So also schreibt Böll, das hätte er früher nicht gewagt; dies, Enzensberger, ist ein gefährlicher Weg; ich habe den gleichen Irrtum begangen wie Grass, doch der fremde Fehler zeigt mir den eigenen an*....[60] Jens schrieb den Tagungen zu dieser Zeit noch das Moment der *freundschaftliche(n) Unterweisung* zu[61]; er sah *die Chance des Austauschs, der Vergewisserung und des Korrigierens*[62] noch gegeben. Im Nachhinein ist auch für Jens dieser Aspekt der Tagungen zweifelhaft: Daraufhin angesprochen, ob die Tagungen nach 1964 noch ein Ersatz für fehlende Kommunikation zwischen den Schriftstellern gewesen seien, betont Jens: *Nein, das gab's schon lange nicht mehr, da waren die Kommunikationswege schon sehr eng*.[63]

Eine positive Wirkung der Tagungen auf die schriftstellerische Arbeit des einzelnen Autors wurde fragwürdig, als die helfende Werkstattkritik vom Charakter der Tagungen als quasi-öffentliche Institution des Literaturmarkts in den Hintergrund gedrängt wurde; die Anwesenheit von Verlegern, Rundfunk, Presse erzeugte vor allem bei arrivierten Autoren Angst vor öffentlichem Mißerfolg, die sich nicht nur im Verzicht auf Lesungen, sondern auch *im Gespräch, im Atmosphärischen, im Sich-Zieren und Posieren der arrivierten Schriftsteller* äußerte[64].

Die von Jens noch 1962 festgestellte Möglichkeit eines ›freundschaftlich-nüchternen Gesprächs‹ mag eher zutreffen für die im internen ›Freundeskreis‹ stattfindenden Diskussionen in Pausen oder am Abend – angesichts der hohen Teilnehmerzahlen ab 1958 ist die Charakterisierung des Tagungsplenums als *Freundesgruppe*[65] fragwürdig.

Selbstverständlich gab es auch auf den zur ›Literaturbörse‹ gewordenen Tagungen die *Möglichkeit, unter den bekanntesten deutschen Schriftstellern Kontakte anzuknüpfen, zu erneuern, zu pflegen*[66]. Insofern waren die Tagungen immer *Ausnahmesituation*, geprägt vom Gefühl einer *Solidarität unter Literaten*[67], die, als menschliches Moment, eine Klammer der Tagungen darstellte.

Dieses Solidaritätsgefühl wirkte als integrativer Faktor, der jedoch gleichzeitig das Funktionieren der Gruppe im Gefüge des kapitalistisch bestimmten Literaturmarktes überdeckte. Insbesondere die sich zum Kern der Gruppe rechnenden Schriftsteller sahen die Tagungen immer auch als traditionelles *Freundestreffen von meist einsam vor sich hin produzierenden Schriftstellern*[68]. Erst das in den letzten Jahren des Bestehens der Gruppe von Richter als ›unerträglich‹ empfundene marktgerechte Verhalten der jungen Generation nahm den Tagungen in wachsendem Maße auch den letzten Schleier von Intimität. Die literarische Werkstatt mit ihren Funktionen, handwerkliches Können zu vermitteln und dem Gespräch Gleichgesinnter zu dienen, wurde zur Legende.

In den letzten Jahren blieb den Tagungen allein ihr ›Ereignischarakter‹: die Frankfurter Buchmesse und die Treffen der Gruppe 47 waren *die beiden großen Ereignisse im alljährlichen Literaturbetrieb der Bundesrepublik*[69].

Der literarischen Repräsentanz der Gruppe entsprach eine zunehmende Repräsentativität ihrer Auftritte im Literaturbetrieb. Für die Tagungsorte war ihr Erscheinen schon früh zum offiziell begrüßten Kulturereignis geworden; die lokalen Honoratioren gefielen sich in literaturfreundlichen Gesten; als die Gruppe 1953 im Mainzer Kurfürstlichen Schloß tagte, *das der Gruppen-Bruder und Pressechef der Stadt Mainz, Walter Heist, requiriert hatte*[70], stiftete der Oberbürgermeister den Wein für den traditionellen Abschlußabend, und im Verlauf der Aschaffenburger Tagung 1960 erschien gar das dortige Stadtoberhaupt zu kurzen Zuhör-Visiten, auch wenn die gelesenen Texte *ihm bemühtes Kopfschütteln abnötigten.*[71] Begrüßungen, Empfänge, Besuche verdichteten sich allmählich zum offiziösen Rahmen der Tagungen, die Gruppe wurde zunehmend als repräsentatives Gremium mit kollektiver Prominenz behandelt.

Diese Tendenz zur Institutionalisierung wird natürlich besonders durch die Verlegung der Tagungen ins Ausland gefördert. Denn ob es der Gruppe recht ist oder nicht, sie wird begrüßt, als handelte es sich um den repräsentativen Verband der deutschen Schriftsteller.[72]

Wie die aufwendigen Tagungen in Schweden und den USA bewiesen, drohte den 47ern damit die

Gefahr, von Land zu Land, von Empfang zu Empfang, herumgereicht zu werden. (...) Man kann die Gruppe zu Wasser, zu Lande und in der Luft als geschlossene Sendung überall hin transportieren. Sie werden überall wie üblich tagen.[73]

Die Gruppe wurde zum *Exportartikel*[74]. Bei der »Stockholmer Woche der Gruppe 47«, unmittelbar im Anschluß an die Sigtuna-Tagung 1964, wurden Richters Schriftsteller

gefeiert mit dem Aufgebot der offiziellen Gastfreundschaft: Regierungsempfang in den prachtvoll ›gustavianischen‹ Räumen des schwedischen

> *Auswärtigen Amtes; großes Bankett der Stadt Stockholm im Goldenen Saal des Stadthauses, Festvorstellung im Barocktheater zu Drottningholm, Bücherausstellung in der königlichen Bibliothek, Empfang bei der großen Verlegerfamilie Bonniers, Dichterlesungen in dem von akademischer Festivitas geprägten ›Börsensaal‹.*[75]

Hinzu kam die Stiftung eines Preises zur Förderung der schwedisch-deutschen Beziehungen: erster Preisträger wurde Walter Jens.

Zwar weniger umfangreich, dafür aber kostspieliger war 1966 das offizielle Begleitprogramm der US-Tagung, die mit 65 000 Dollar* von der Ford-Foundation und der Princeton-University finanziert wurde. Die erste Auslandsreise der Gruppe ins italienische Cap Circeo war 1954 auch mit Mitteln des Bonner Auswärtigen Amtes unterstützt worden, allerdings verhielten sich die Auslandsvertreter der Adenauer-Administration gegenüber den Tagungen sehr reserviert. Die jeweiligen Botschaften verliehen den Lesungen nur äußerst zurückhaltend und mit der Entsendung nachgeordneter Diplomaten kulturpolitischen Rang, während die Gastgeber nicht zögerten, die Gruppe als *einen der großen Aktivposten der Bundesrepublik im Auslande*[76] zu werten. Jens konnte als 47er urteilen, für

> *den deutschen Namen im Ausland hätten viele Schriftsteller der Gruppe 47 den besten Botschafter abgegeben. Sie stünden mit ihren Büchern ein für ein besseres Deutschland.*[77]

Auch aus dem Blickwinkel tschechoslowakischer Intellektueller erhöhten die Autoren der Gruppe 47, deren *literarische und politische Integrität*[78] von Anfang an hervorgehoben wurde, den *Prozentsatz Vertrauen für einen Staat, dem sie als Zeitkritiker immer wieder zusetzen*[79].

Für Günter Gaus war es ein *Good-Will-Verdienst beispielsweise der Gruppe 47*, wenn sich durch intellektuelles Engagement die *ausländische Skepsis gegenüber der deutschen Wandlung*[80] verminderte. Insgesamt kam ihr mit den Auslandstagungen eine über die Literatur weit hinausgreifende Funktion zu, eine Wirkungsqualität, die freilich in der implizit anerkannten literarischen Repräsentanz der Gruppe wurzelte; obwohl etwa die schwedische Tagung

> *ein kulturpolitischer Vorgang war, dessen Massivität mit kaum einem anderen der Nachkriegszeit verglichen werden kann, blieb er doch so ins Literarische eingebettet, daß selbst die politischen und protokollarischen Akzente, die ihm die Schweden sehr sichtbar zu geben wußten, wie selbstverständliche Beigaben wirkten.*[81]

Die Gruppe erschien schließlich als Repräsentant jener Bundesrepublik, gegen die sie im Laufe ihres Bestehens immer opponiert hatte.

War die Herstellung von Öffentlichkeit einst notwendige Bedingung für die Möglichkeit schriftstellerischer Existenz und der Wirkung von Literatur auf die Gesellschaft gewesen, so bewirkte diese Öffentlichkeit, daß der Anspruch der Gruppe, kritischer Gegenpol zur Gesellschaft, ›Gewissen der Nation‹ zu sein, sich in sein Gegenteil verkehrte: die Gruppe 47 war nicht nur von der Gesellschaft vereinnahmt worden, sondern sie stand im Verdacht, diese Gesellschaft zu repräsentieren. Auf Grund ihres nonkonformistischen Erscheinungsbildes konnte die Gruppe im Ausland mißverstanden werden als Repräsentantin einer demokratischen, auf politischem Mei-

---
* Insgesamt 100 000 Dollar einschließlich privater Spenden für das anschließende Reiseprogramm.

nungspluralismus begründeten Gesellschaft. Damit wurde ihrem nonkonformistischen Engagement die gesellschaftskritische Spitze genommen. Die etwas wehleidig anmutende, naiv-unschuldige Äußerung Richters: *Wir wollten sie aber doch gar nicht vertreten*[82], bringt sowohl die Tatsache dieser Entwicklung als auch das Unbehagen an ihr deutlich zum Ausdruck.

Insbesondere nach der Tagung in Princeton breitete sich ein allgemeines Unbehagen an der Entwicklung der Gruppe aus. Neben altbekannten Gruppenkritikern wie Habe und Krämer-Badoni prophezeiten nach der US-Tagung auch Gefolgsleute der Gruppe deren baldigen Verfall; zu diesem Zeitpunkt war das Presseurteil in dieser Frage einhellig wie nie zuvor. Auch Mitglieder des Gruppenkerns zeigten sich nach Princeton skeptisch. So argumentierte Wolfgang Hildesheimer als Gruppenmitglied, *das der Gruppe 47 nur allzu gern bis zum Äußersten Loyalität wahren würde, das aber mit Bestürzung einen Wandel in ihrer Haltung feststellt...*[83], und bemerkte: *(...) mit meinen Bedenken bin ich nicht der einzige*[84].

1952 hatte es über die Gruppe 47 geheißen: *Richter liebt nicht das Feierlich-Offizielle. Das wird schon in der ganzen Struktur der GRUPPE 47 deutlich: sie hat weder wirtschaftliche, noch repräsentative Züge.*[85] Vergleicht man diese Charakteristik mit dem Bild der Gruppe, wie es sich in den sechziger Jahren darbot, so wird die im Laufe der Jahre eingetretene Pervertierung der Ausgangskonstellation deutlich: wirtschaftliche und repräsentative Züge waren jetzt Wesensmerkmale der Gruppe geworden.

Die Entwicklung der Gruppentagungen zum Literaturmarkt und zum repräsentativen Kulturereignis führte zu einem *Überdruß von innen*, zu einer *Angst um das verschwimmende Image*[86]. Schon 1964 hatte Martin Walser geklagt, die Gruppe sei *eine literarische Monopolgesellschaft, etwas Herrschsüchtiges, eine Dauerverschwörung, ein Markenartikel mit Preisbindung bis in die letzte Hand* geworden[87], 1967 merkte Piwitt ironisch an: *Aus dem ›Experiment unter Freunden‹ ist endlich die ›rollende Hauptstadt‹ geworden, die mit einem Troß von Marketingern, Schlachtenbummlern und Journalisten alljährlich auf die Dörfer geht...*[88]; die Gruppe 47 erstarrte zur Pose, wurde zur Karikatur ihrer selbst. Günter Grass stellte im Nachhinein, auf die Repräsentationsfunktion der Gruppe 47 angesprochen, lakonisch fest: *Die Autoren haben sich dann verunsichern lassen.*[89] Unsicherheit bestand darüber, was oder wen und zu welchem Zweck sie eigentlich repräsentieren.

Grundlage ihrer Reputation, ihres öffentlichen Images war der über den Markt vermittelte literarische Erfolg. Die der Gruppe wesentliche Zulieferfunktion für den Literaturmarkt sollte eine Bedingung für die Möglichkeit öffentlichen Einflusses schaffen und zur materiellen Absicherung der Schriftsteller beitragen. Hatte schon die Entwicklung zu einer Institution des Literaturmarkts die Tagungen negativ beeinflußt, so setzte sich 1967 eine neue Tendenz durch: *Bis in die Mitte der fünfziger Jahre brauchte die Gruppe die Verleger, seither brauchen die Verleger die Gruppe, womöglich braucht heute keiner den andern*, schrieb Reinhard Lettau 1967[90]. Marcel Reich-Ranicki bestätigte diese These Lettaus nach der Tagung in der Pulvermühle im Oktober 1967:

Früher kamen die Verleger zu den Tagungen der Gruppe 47, weil sie dort neue Autoren suchten, heute muß Hans Werner Richter, der Chef der Gruppe, die Verleger um Empfehlungen für seine alljährliche Modenschau bitten; denn er hat kaum eine andere Möglichkeit, unbekannte junge Autoren ausfindig zu machen.[91]

Als Institution des Literaturmarkts war der Literaturmarkt Gruppe 47 somit überflüssig geworden. Die Funktion eines Zulieferbetriebes hatte sich aus zwei Gründen erübrigt: auf der einen Seite waren die jungen Autoren, bevor sie auf den Tagungen lasen, bei den Verlagen *schon, mehr oder weniger, in festen Händen*[92]. Auf der anderen Seite war die Hochkonjunktur der Ware Literatur beendet:

> *Marktkundige Verleger ziehen sich aus dem schlechten literarischen Geschäft zurück, halten plötzlich nicht mehr arg viel vom einst so guten literarischen Ruf und machen das Geschäft lieber mit der Wissenschaft als mit der Literatur.*[93]

Das Fazit aus dieser Entwicklung zog Hans Schwab-Felisch, als er nach der Tagung in der Pulvermühle urteilte:

> *Es gibt (...) kein Geraufe der anwesenden Verleger mehr; die »Gruppe 47« hat aufgehört, das zu sein, was ihr oft vorgeworfen worden ist, ein literarischer Markt. Das mag ihren Tagungen einiges von der Pokerspannung nehmen, es kann aber sein, daß gerade dies für ihren Fortbestand eine günstige Wendung ist.*[94]

Die Funktion der Gruppe 47 als Literaturmarkt war zwar zu einer deutlichen Gefahr für den Bestand der Gruppe entsprechend ihren alten Zielsetzungen: Werkstatt und literarischer Freundeskreis zu sein, geworden, sie war aber gleichzeitig jener Aspekt der Tagungen, in dem sich die ökonomischen Interessen von Verlegern, Autoren und Kritikern trafen. Indem die Gruppe nun als Vermittlungsinstanz für den Literaturmarkt überflüssig wurde, schwand ein wichtiges, Konsistenz garantierendes Moment der Tagungen: das durch Publizität gewahrte und vermehrte ökonomische Interesse. Hans Schwab-Felischs Vermutung, die Gruppe 47 könne nun – vom Druck ökonomischer Rücksichtnahme befreit – fortbestehen, setzt jedoch andere bindende Gemeinsamkeiten voraus, die nur literarischer oder politischer Natur hätten sein können.

5.4 DIE GRUPPE 47 UND DIE POLITIK

Für die Gründung der Gruppe 47 waren gemeinsame politische Vorstellungen maßgebend: Die Gruppe 47 konstituierte sich als Gemeinschaft von Literaten, die über das Medium Literatur langfristig politische Wirkung erzielen wollte. Zur Erfüllung dieses Anspruchs war neben der Diskussion der formellen Bedingungen dieser Literatur die Auseinandersetzung mit der gesellschaftlichen und politischen Realität unabdingbare Voraussetzung. Wenngleich die Erörterung politischer Themen immer dem ›privaten‹ Teil der Tagungen vorbehalten blieb und vom offiziellen Teil (Lesungen und ad-hoc-Kritik) strikt getrennt war, so blieben die politischen Debatten doch immer integraler und wichtiger Bestandteil der Gruppentreffen.

Ausgehend von den gemeinsamen politischen Vorstellungen der Anfangsphase gelangten die Schriftsteller der Gruppe 47 zu einer Anti-Haltung gegenüber der restaurativen Entwicklung der BRD. Die Auflösung dieser gemeinsamen politischen Gegnerschaft in den sechziger Jahren gefährdeten den Bestand der Gruppe 47.

Um die Bedeutung dieses Aspektes für den Verfall der Gruppe zu klären, bedarf es einer Untersuchung des politischen Verhältnisses der Gruppe 47 zur bundesrepublikanischen Gesellschaft und seiner Veränderung und bedarf es einer Klärung der Frage, ob mit der krisenhaften Veränderung dieser Gesellschaft sich auch Modifikationen und Differenzen innerhalb der politischen Einstellungen in der Gruppe ergaben, die die grundlegende Gemeinsamkeit der Gruppe zumindest tendenziell in Frage stellten.

Die politische Klammer der Gruppe 47 war bestimmt durch die Vorstellungen ihrer Gründungsmitglieder hinsichtlich der gesellschaftlichen Verhältnisse in Westdeutschland*. Da sie von der Möglichkeit eines geistigen Neuanfangs im besiegten Deutschland ausgingen, waren sie schnell in Konfrontation zur amerikanischen Besatzungspolitik und zum restaurativen Wiederaufbau der westdeutschen Gesellschaft geraten. Augenfälliges Moment ihrer politischen Grundhaltung war ein moralischer Antifaschismus: *Eine menschliche (vag) politische, eine antifaschistische Basis zumindest*.[95]

Wesentliches Merkmal dieses Antifaschismus war eine gegen jedes obrigkeitsstaatliche Denken und Handeln gerichtete Haltung, die sich unter dem Eindruck der autoritären Kanzlerdemokratie Adenauers gegen den ›CDU-Staat‹ richtete, in dem überdies ehemalige Nationalsozialisten bald führende Positionen in Verwaltung und Militär einnahmen. Die Erfahrungen mit dem Faschismus, die Gleichschaltung der Kultur, die Ästhetisierung der Politik und die Indienstnahme der vermeintlich unpolitischen ›Kalligraphie‹ begründeten bei den Gruppenmitgliedern einen ›totalen Ideologieverdacht‹. Die Erfahrung der Gleichschaltung des Individuums in faschistischen Massenorganisationen erweckte bei ihnen eine Abneigung gegen Organisationen jeder Art, insbesondere gegen Parteien.

Sie rechneten sich einer ›heimatlosen Linken‹ zu, die sozialistisch, aber antistalinistisch gesinnt war. Sie fühlten sich als Angehörige einer neuen, der ›jungen Generation‹, wollten mit der alten Gesellschaft brechen und zum Aufbau einer besseren beitragen. Im Mittelpunkt ihres Denkens und Handelns stand eine Verbindung von Sozialismus und Humanismus, die gesellschaftlichen Fortschritt und individuelle Freiheit harmonisch in sich vereinigen sollte. Der pädagogische Eifer der Schriftsteller richtete sich auf die Erziehung des Individuums, das als prägesellschaftliche Konstante[96] begriffen wurde. Sie meinten, politische Wirkungen könnten nur über die Veränderung des Einzelnen erzielt werden, durch den Einfluß geistiger Eliten, *Gruppen also, die ein Vorbild sein, Beispiele setzen konnten*[97]. Hans Werner Richter faßte die ideellen Ausgangspunkte der Gruppe 47 folgendermaßen zusammen:

a) *demokratische Elitenbildung auf dem Gebiet der Literatur und der Publizistik;*
b) *die praktisch angewandte Methode der Demokratie in einem Kreis von Individualisten immer wieder zu demonstrieren mit der Hoffnung der Fernwirkung und der vielleicht sehr viel späteren Breiten- und Massenwirkung;*
c) *beide Ziele zu erreichen ohne Programm, ohne Verein, ohne Organisation und ohne irgendeinem kollektiven Denken Vorschub zu leisten.*[98]

Ausgehend von einem gemeinsamen Erfahrungskern kritisierten die Gruppenmitglieder negative Erscheinungsformen der in den ersten Nach-

---

* Die politischen Vorstellungen der frühen Gruppe 47 werden in Kapitel 1 dieses Buches ausführlich untersucht; wir können uns daher an dieser Stelle mit einer essentiell strukturierten Zusammenfassung begnügen.

kriegsjahren nicht für möglich gehaltenen restaurativen Entwicklung in der BRD, der die ehemalige Avantgarde eines humanistischen Sozialismus mit ohnmächtigem Zorn gegenüberstand.

Von der Grundeinstellung her kam eine Gegnerschaft zu den restaurativen Kräften der Bundesrepublik, eine Gegnerschaft gegen die erhalten gebliebenen oder sich wieder aufbauenden Kräfte der Autorität und eine Gegnerschaft gegen die ›Dogmatiker‹. (...) Der Kampf gegen neue Formen eines politischen und gesellschaftlichen Establishments kam in den fünfziger Jahren hinzu. Eine von Anfang an gegebene anti-bürgerliche (anti-groß- und anti-klein-bürgerliche) Tendenz hielt sich durch all die Jahre.[99]

Die kritische Grundhaltung gegenüber dem ›autoritären Charakter‹, den Machteliten und dem saturierten Kleinbürgertum, der politischen Friedhofsruhe des CDU-Staates und die ernsthaften Anstrengungen zur Verteidigung bürgerlicher Grundrechte kommen in den Protesten und Resolutionen aus der Gruppe 47 zum Ausdruck. Mit ihrer *demokratischen, sozialistisch gesinnten, ›antifaschistischen und antiautoritären Grundtendenz‹*[100] bezogen Mitglieder der Gruppe 47 Stellung zu Manifestationen militaristischer und nationalistischer Tendenzen in der Bundesrepublik; sie stellten 1956 Strafanzeige gegen den Druffel-Verlag, der nationalistische und militaristische Literatur verlegt, machten eine Eingabe an den Bundestag wegen neofaschistischer Publikationen in der BRD und beantragten ebenfalls 1956 eine einstweilige Verfügung gegen die ob ihrer nationalistischen Töne berüchtigten »Soldatenzeitung«. 1958 traten Mitglieder der Gruppe 47 dem »Komitee gegen Atomrüstung« bei, das von Hans Werner Richter geleitet wurde und gegen die atomare Bewaffnung der Bundeswehr stritt. 1962 kritisierten Gruppenmitglieder die staatliche Willkür gegen den »Spiegel« und die Verhaftung Rudolf Augsteins wegen angeblichen Verrats militärischer Geheimnisse. Die Unterzeichner der Erklärung zur »Spiegel«-Affäre solidarisierten sich mit Augstein, indem sie die Veröffentlichung sogenannter militärischer Geheimnisse in einer Zeit, da der Krieg als Mittel der Politik unbrauchbar sei, zu einer sittlichen Pflicht erklärten.

Gegen die Willkür staatlicher Macht und privater Pressemonopole nahmen Schriftsteller aus der Gruppe 47 noch einmal 1967 Stellung, als sie den West-Berliner Polizeipräsidenten und die Hetze der Springer-Presse verantwortlich machten für den Tod des Studenten Benno Ohnesorg, der bei einer Demonstration gegen den Besuch des persischen Schah am 2. Juni 1967 in West-Berlin von einem Polizeibeamten erschossen wurde. Die Schriftsteller forderten disziplinarische Maßnahmen gegen den Regierenden Bürgermeister Albertz und den Berliner Innensenator.

Die Besorgnis von Mitgliedern der Gruppe 47 über die drohende oder faktische Monopolisierung der Medien und den Abbau der Meinungsfreiheit, eine Tendenz, die die Schriftsteller unmittelbar betraf, kam erstmals 1960 zum Ausdruck in der Resolution zum ›Deutschland-Fernsehen‹, einem Projekt der Adenauer-Administration zur Errichtung eines quasi staatlichen Fernsehens. Riefen die Schriftsteller 1960 zum Boykott des ›Adenauer-Fernsehens‹ auf, weil sie die Entstehung eines demokratischer Kontrolle entzogenen, CDU-staatlich beherrschten Mediums befürchteten, so proklamierten sie 1967 den Boykott des Springer-Konzerns, weil dieser mit einem Marktanteil von fast 33 % im Pressebereich die Meinungsfreiheit in der BRD einschränke bzw. gefährde.

Die Verteidigung von Meinungsfreiheit und Freizügigkeit war auch der

Impuls für die politischen Aktivitäten der 47er in der ›deutschen Frage‹. Neben mehreren Briefwechseln von Hans Werner Richter, Wolfdietrich Schnurre und Günter Grass mit prominenten DDR-Schriftstellern über die jeweilige politisch-moralische Aufgabe von Schriftstellern in beiden deutschen Staaten, wurden Schriftsteller aus der Gruppe 47 aktiv nach dem 13. August 1961, dem Beginn des Mauerbaus in Berlin: Noch im August erschien die Anthologie »Die Mauer oder der 13. August«, die überwiegend Beiträge von Schriftstellern der Gruppe 47 enthielt, und im September desselben Jahres veröffentlichten einige 47er einen Offenen Brief an den Präsidenten der UN-Vollversammlung, in dem sie forderten, Berlin zum Sitz der UNO zu machen.

Zu ausländischen Ereignissen nahmen Schriftsteller aus der Gruppe 47 nur selten Stellung. 1956 erklärten sie ihre Solidarität mit der Bewegung des ungarischen Aufstands und verurteilten seine Zerschlagung durch die Sowjetunion. 1960 wandten sich 47er gegen die Praxis der französischen Regierung, Proteste von französischen Intellektuellen gegen den Algerienkrieg durch Repressalien zu unterdrücken. 1965 verfassten Mitglieder der Gruppe 47 eine Resolution zum Vietnam-Krieg, in der die Kriegsführung und die Kriegsziele der USA als inhuman und imperialistisch angeprangert wurden und die westdeutsche Öffentlichkeit aufgefordert wurde, sich mit der amerikanischen Bürgerrechtsbewegung gegen den Vietnam-Krieg zu solidarisieren[101].

Am politischen Engagement von Mitgliedern der Gruppe 47 fällt der hohe Stellenwert des Rechts auf freie Meinungsäußerung auf, dessen vehemente Verteidigung gegen staatliche und wirtschaftliche Macht nicht allein dem natürlichen Interesse von Schriftstellern entsprang; vielmehr verteidigten die Schriftsteller der Gruppe 47 dieses elementare Grundrecht, indem sie es praktizierten und damit gegen den Abbau demokratischer Rechte überhaupt opponierten. So stellte Sigrid Kahle 1964 fest:

Für viele Menschen in Deutschland ist »Gruppe 47« (...) so etwas wie eine Garantie für den Paragraphen der freien Meinungsäußerung im Grundgesetz geworden. Ihre Mitglieder drücken sich nicht immer politisch geschickt aus, aber sie haben Zivilcourage.[102]

Deutliches Unbehagen hegten die Gruppenmitglieder gegenüber den Erscheinungen der *nivellierten Mittelstandsgesellschaft*[103]; die uniforme Konsum- und Massengesellschaft erregte ihr Mißtrauen, da sie die freie Entfaltung des Individuums zu behindern schien und von einer aus Sicht der Gruppenmitglieder rückständigen politischen Moral getragen wurde. *Alle Schriftsteller der Gruppe 47 mißbilligen die moralische Ordnung der Bundesrepublik, aber schlagen keine neue vor.*[104] Gegenüber dieser Gesellschaft und ihrem Staat entwickelten sie eine unbestimmte nonkonformistische Anti-Haltung, eine *Mentalität, die man oberflächlich als links bezeichnen kann*[105].

Die Gruppe 47 war ein Kreis von Schriftstellern geworden, *die nicht unbedingt ihre persönlichen oder literarischen Sympathien, wohl aber ihre politischen Idiosynkrasien miteinander teilen....*[106] In diesem Punkt war das Verhältnis der Gruppe zur bundesrepublikanischen Gesellschaft paradox: das Bewußtsein der gemeinsamen Abneigung gegen die *nivellierte Mittelstandsgesellschaft* war ein den Zusammenhalt der Gruppe garantierendes Moment: dieser Gesellschaft fühlten sich die Schriftsteller nicht zugehörig, vielmehr glaubten sie, außerhalb der Gesellschaft eine demnach soziale

Sonderexistenz führen zu können[107]. Gleichzeitig aber unterlagen sie damit der Ideologie dieser Gesellschaft[108]. Ihre unbestimmte Anti-Haltung konnte von der Gesellschaft der Bundesrepublik zunehmend ohne Schwierigkeiten absorbiert werden: Die moralische Gesellschaftskritik der Schriftsteller verfehlte die tatsächlich relevanten Machtstrukturen und Herrschaftsverhältnisse, sie blieb harmlos; zudem fehlte es der Gruppe an öffentlichem Einfluß: *Die deutschen Schriftsteller sind (...) nicht zuwenig moralisch, sie sind zuwenig bedeutend...*[109]. Politisch weithin folgenlos blieb die Anti-Haltung der 47er außerdem wegen ihres nur unbestimmten negatorischen Charakters: indem die Gruppenmitglieder ihre Kritik äußerten, bestätigten sie unfreiwillig das Pluralismus-Ideologem der von ihnen Angegriffenen.

Die mit dem CDU-Wahlsieg von 1957* beginnende Eskalation und Versteinerung des CDU-Staates weckte bei den linken Schriftstellern die Befürchtung einer neuen Gleichschaltung[110]. Die CDU wurde für den *Verfall der demokratischen Grundlagen der Bundesrepublik* verantwortlich gemacht[111]. Teile der Gruppe 47 nahmen in dieser Zeit an außerparlamentarischen Aktivitäten teil, z. B. an der »Anti-Atomtod-Kampagne«[112], und suchten nach politischen Bündnispartnern. Die langsame Einsicht bei einigen Mitgliedern der Gruppe, daß aus ihrer bisherigen Position eine Einflußnahme auf die gesellschaftspolitische Entwicklung nur schwer zu erreichen war, bedingte eine Neubestimmung ihres Verhältnisses zu den politischen Parteien.

Mit der Wende von den 50er zu den 60er Jahren war die Rekonstruktionsphase der BRD abgeschlossen; sinkende Zuwachsraten des Sozialprodukts und der Arbeitsproduktivität, der Übergang von Erweiterungs- zu Rationalisierungsinvestitionen und das damit verbundene Umsetzen von Arbeitskräften signalisierten das baldige Ende des bis dahin ungehemmten, sich nun verlangsamenden materiellen Aufschwungs, der die Grundlage für die scheinbare Überwindung der Klassengegensätze und die Sozialpartnerschaftsideologie bildete[114]. Gleichzeitig geriet die CDU durch ihre anachronistische Ostpolitik außenpolitisch in Schwierigkeiten und rief innenpolitisch durch ihre Politik der Stärke eine außerparlamentarische Opposition auf den Plan: Gegen die Notstandsgesetze – seit 1958 in der Diskussion, 1960 erstmals in den Bundestag eingebracht – regte sich Widerstand[115], gegen die geplante Aufrüstung der Bundeswehr mit Atomwaffen entstand eine breite politische Bewegung[116], die die autoritären Machtstrukturen des CDU-Staats in Frage zu stellen wagte und zum Vorläufer der ›Neuen Linken‹ wurde[117]. Die traditionelle Führungsrolle der CDU wurde zudem angezweifelt durch eine SPD, die, nach der Wahlniederlage von 1957, sich auf der Grundlage des Godesberger Programms (1959)[118] als ernstzunehmende Alternative anbot. Indem sie den freien Wettbewerb und die freie Unternehmerinitiative als Grundpositionen auch sozialdemokratischer Politik anerkannte und ihre Sozialisierungsforderungen sowie ihre Vorstellungen einer konsequenten Wirtschaftsdemokratie zugunsten der Forderung nach Kontrolle von Investitionen und marktbeherrschenden Unternehmen aufgab, erschien sie als eine Partei, *die sich als moderne und effektivere Verwalterin des kapitalistischen Systems anbot und die darüberhinaus eine größere Loyalität der Arbeiterklasse dieser Gesellschaftsordnung gegenüber garantieren konnte*[119].

---

* Die CDU errang bei der Wahl zum 3. Deutschen Bundestag am 15. 9. 1957 50,2 % der abgegebenen Stimmen und mit 270 von 497 Sitzen die absolute Mehrheit.

Obwohl die Mitglieder der Gruppe 47 Aversionen gegen Ideologien und Organisationen hatten, obwohl es Differenzen zwischen der Programmatik der SPD und den politischen Vorstellungen der Schriftsteller gab, rief man mit *allen Skrupeln, diversen Vorbehalten, Einwänden, Abstrichen, Gewissensbissen, Ängsten, bösen Vorahnungen . . .*[120] zur Wahl des kleineren Übels[121] auf. Ein ausschlaggebender Grund für die Unterstützung der SPD war die intellektuelle und moralische Integrität Willy Brandts[122], der 1961 zum Kanzlerkandidaten und 1964 zum Vorsitzenden der SPD gewählt wurde. Das Verhältnis zur SPD blieb bei Teilen der Gruppe zwiespältig: Hatte Hans Magnus Enzensberger 1961 noch *ohne Begeisterung, doch ohne zu zögern das ordentlich geputzte[n] Mittelmaß (. . .) dem brüllenden Größenwahn*[123] vorgezogen, so enthielt er sich 1965, wie andere Gruppenmitglieder auch, jeder öffentlichen Aufforderung, diese Partei zu wählen. Andere Gruppenmitglieder setzten ihr Engagement für die SPD fort, z. B. Richter, Wagenbach, Fichte, Piwitt, Herburger, Buch, Delius und besonders Grass, der 1965, begleitet von S. Lenz, P. Schallück und M. von der Grün, seine erste Wahlreise für die SPD antrat.

Man kann sagen, daß die Aktion Grass schon durch Jahre hindurch von den der ›Gruppe 47‹ sich zurechnenden Schriftstellern vorbereitet worden sei. Das Novum ist der Sprung, den Grass von der publizistischen Äußerung in die aktive Politik unternommen hat.[124]

Mit dem Engagement für die SPD gaben Mitglieder der Gruppe 47 ihre tagespolitische Enthaltsamkeit und ihre skeptische Antihaltung auf und gestanden damit unausgesprochen die Folgenlosigkeit ihrer moralisch-kritischen, auf langfristige Mentalitätsveränderung angelegten Opposition ein. Eine öffentliche Diskussion über die sich entwickelnden unterschiedlichen Positionen der Schriftsteller zur Politik fand in der Gruppe 47 nicht statt, zumal die Gruppe unter dem von der CDU erzeugten Außendruck* ihren Zusammenhalt zunächst wahren konnte. Jedoch: indem Teile der Gruppe ihre Anti-Haltung gegen die organisierte politische Macht aufgaben und ihre politischen Vorstellungen positiv zu bestimmen begannen, setzte eine Binnendifferenzierung in der Gruppe ein. Die sich Anfang der 60er Jahre in nuce andeutenden politischen Gegensätze wurden 1964 spürbar: Während der Tagung in Sigtuna entspann sich nach der Lesung von Günter Grass (aus seinem Stück »Die Plebejer proben den Aufstand«) eine leidenschaftliche Diskussion: *Vom Thema bedingt, ging es ausnahmsweise auch um politische Gegensätze*[125], *die politischen Divergenzen innerhalb der Gruppe*[126] traten zutage.

Diese Entwicklung in der Gruppe wurde nach dem Bankrott der CDU-Herrschaft durch den Eintritt der SPD in die ›Große Koalition‹ noch verschärft. Die Bildung der ›Großen Koalition‹ war Reflex auf die von innenpolitischer Unruhe, der Studentenrevolte, begleitete erste große ökonomische Krise der BRD, die in der Rezession 1966/67 ihren Höhepunkt erreichte. In der Teilhabe an der Regierungsgewalt bewährte sich die SPD als Verwalterin der kapitalistischen Misere.

Die ›Große Koalition‹ wurde von einigen Mitgliedern der Gruppe als eine Niederlage der linken Opposition in der BRD angesehen:

---

* Z. B. bezeichnete Ludwig Erhard 1962 die Schriftsteller als ›Banausen‹, ›Nichtskönner‹, Hochhuth als ›Pinscher‹. 1963 bezeichnete Josef Hermann Dufhues die Gruppe 47 als ›geheime Reichsschrifttumskammer‹; im selben Jahr wurde Wolfdietrich Schnurre auf Initiative des CDU-Bundestagsabgeordneten Josef Müller (Aachen-Land) als freier Mitarbeiter des WDR entlassen.

> *Die Katastrophe trat (...) ein, (...) als die ökonomisch und politisch herrschende Klasse und ihre Partei plötzlich in eine schwere strukturelle Krise geriet. Das Fiasko der Deutschland- und Ostpolitik, die Rezession, das persönliche Unvermögen des Kanzlers Erhard, der rapide Prestigeverlust der Regierungspartei ließen eine panikartige Stimmung aufkommen. Der Retter in der Not war die Sozialdemokratie. Sie trat als Juniorpartner in die bankrotte Regierung ein. Der ›sell-out‹ war vollständig. Seitdem gibt es in Deutschland keine organisierte Opposition mehr. Die parlamentarische Regierungsform ist vollends zur Fassade für ein Machtkartell geworden...*[127]

Vor dem Hintergrund dieser politischen Situation wurde *das Klima zwischen der SPD und der Gruppe 47 kühler*[128]; wichtige, dominierende Mitglieder engagierten sich gleichwohl öffentlich für die SPD, andere, meist jüngere, waren auf Seiten der neu entstandenen Außerparlamentarischen Opposition (APO) zu finden.

> *Mit der Großen Koalition wurde auch die politische Gemeinsamkeit irritiert. Konnte man bisher sagen, daß die Schriftsteller ›links‹ stünden, so mußte dieser schwammige Begriff, der einfach alles deckte, was nicht für die Adenauer- und Nach-Adenauer-Ära einer zwanzigjährigen CDU-Herrschaft war, jetzt näher bestimmt werden. Und da zeigte es sich, daß der Riß, den die APO dem selbstgenügsamen demokratischen Selbstverständnis beigefügt hatte, auch mitten durch die Gruppe selbst ging. Zwischen Grass, der für die SPD in trotziger ›Dennoch‹-Haltung weiter die Blechtrommel rührte und etwa Walser, den das Schweigen der SPD zur amerikanischen Vietnam-Politik aus einem Wahlhelfer zu einem Wahlgegner machte, ließ sich keine Gemeinsamkeit mehr konstruieren. Und dies sind nur zwei Namen für viele Gegensätze, die auf einmal aufbrachen.*[129]

Sichtbares Zeichen für die Zerstörung der bisherigen politischen Gemeinsamkeit waren 1967 die Auseinandersetzungen in der Pulvermühle. Die politischen Gegensätze waren mit bestimmt durch den Generationenwechsel in der Gruppe. Der Erfahrungshintergrund des Faschismus und der Restauration, vor dem die älteren Mitglieder ihre politischen Vorstellungen entwickelt hatten, fehlte den jüngeren; sie waren geprägt von der Wohlstandsgesellschaft und der Unruhe der Jugend gegen diese Gesellschaft und den im Namen der westlichen Demokratien geführten Vietnamkrieg. Zu den politischen Differenzen innerhalb der Gruppe kam eine verstärkte Kritik von außen, die nicht nur von ›rechts‹, sondern auch von ›links‹ geübt wurde – das war neu[130]. Der Gruppe wurde vorgeworfen, sie reproduziere in ihrer Tagungspraxis die autoritäre Gesellschaftsstruktur, habe *die Salonfähigkeit eines miesen Antikommunismus über die Zeiten gerettet*, gehöre *als Sozialdemokratie in der Literatur* zum Establishment[131].

Den älteren Mitgliedern, die, wie Hans Werner Richter noch 1965 formulierte, den Intellektuellen *frei von jeder politischen Ideologie*[132] wähnten, waren diese Angriffe Anzeichen dafür, daß die Gruppe 47 zerbrechen würde an den *ideologischen Fronten, die außerhalb der Gruppe 47 entstanden sind*, an den Universitäten, in den Republikanischen Clubs, auf der Straße[133] und nun in die Gruppe hineingetragen wurden. War die politische Frontenbildung innerhalb der Gruppe schon Grund genug für eine Verunsicherung der Schriftsteller in ihrem politischen Selbstverständnis als Intellektuelle, so mußte sich diese Verunsicherung zu einer Krise des Selbstverständnisses ausweiten, als die sich als geistige Ersatzopposition wähnenden Schriftsteller von der APO kurzerhand der *Komplizenschaft mit den Herrschenden*[134] geziehen und dem Establishment zugeschlagen wurden:

Nachher haben sich dann viele Schriftsteller einschüchtern lassen: ›*Vielleicht haben die Studenten recht, ich bin eben ein Bürger, hab ein falsches Bewußtsein*‹. *Da haben doch viele darunter gelitten. (...) Viele haben sich eben im Zeichen der Studentenbewegung einschüchtern lassen...*[135]

Diese Argumentation der Studenten traf den Nerv des nonkonformistischen Selbstverständnisses, dem ein antibürgerlicher Affekt innewohnte.

Politische Verunsicherung auf der einen Seite und verhärtete politische Fronten auf der anderen kennzeichneten die letzten Jahre der Gruppenexistenz, die ursprünglichen politischen Gemeinsamkeiten hatten sich aufgelöst. Da die politischen Idiosynkrasien, die gemeinsame Antihaltung der Gruppenmitglieder, ein wichtiger Faktor gewesen war, der den Zusammenhalt der Gruppe 47 garantiert hatte, war mit der Krise und der Verunsicherung des politischen Selbstverständnisses eine existenzielle Bedingung für den Fortbestand der Gruppe 47 verloren gegangen.

5.5 DAS SELBSTVERSTÄNDNIS LITERATUR

Die Gruppe 47 war über 20 Jahre ein zentraler gesellschaftlicher Ort des westdeutschen Literaturbetriebs, ein compositum mixtum aus Freundestreffen, Literaturmarkt und politischem Debattierclub, das sich um den gemeinsamen Gegenstand aller Beteiligten: die Literatur gruppierte. Das gemeinsame Interesse an einer neuen deutschen Literatur war bestimmendes Moment bei der Entstehung der Gruppe und garantierte darüber hinaus ihren Zusammenhalt. Ihre ›*literarische Gemeinsamkeit*‹: *das eben, was sie als Gruppe 47 zusammenhielt*[136], war der Kern des gemeinsamen, nie programmatisch fixierten, aber latent wirksamen Selbstverständnisses. Die Geschichte des Minimalkonsens ist in der Geschichte der Gruppe 47 zu verfolgen, in ihr zeigt sich der Verfall der Gemeinsamkeiten.

Der Ursprung der GRUPPE 47 ist politisch-publizistischer Natur. Nicht Literaten schufen sie, sondern politisch engagierte Publizisten mit literarischen Ambitionen.[137] Hieran zu erinnern ist wichtig: Die Gruppe 47 entstand in einem Moment, in dem sich die Restauration der durch die militärische Niederlage des Faschismus nur scheinbar überkommenen gesellschaftlichen Strukturen spürbar durchzusetzen begann[138] und die Aussichten auf die Entstehung einer sozialistischen Gesellschaft, die gesellschaftliche Planung und Freiheit des Individuums in sich vereinigte, durch die reale Entwicklung überholt waren. Die harte Macht des Faktischen nahm den im »Ruf« propagierten und weiterhin gepflegten Vorstellungen eines humanistischen Sozialismus jede Aussicht auf aktuelle Realisierung. In dieser Situation erschien den 47ern das Medium Literatur als das geeignete Feld, das Wissen um die Möglichkeiten einer besseren Gesellschaft zu entwickeln und zu konservieren – *Literatur bot ein Asyl*[139] – und in der langfristigen Mentalitätsveränderung des deutschen Publikums demokratische Denkstrukturen als Voraussetzung einer besseren Gesellschaft zu schaffen. Die selbst gestellte Aufgabe, per Literatur politisch zu wirken, verband sich mit dem gemeinsamen Erfahrungskern der ›jungen‹ 47er zu ihrem frühen Selbstverständnis: in Reaktion auf die Erscheinungsformen des Faschismus (Ritualisierung und Ästhetisierung der Politik[130], Unterwerfung aller gesellschaftlichen Bereiche, auch der Kunst, unter die Ideologie des Nationalsozialismus, Vergewaltigung des Individuums durch Massenorganisationen, totale Unfreiheit des Einzelnen) forderte die Gruppe 47 eine Literatur, die sich durch ihre Wahrhaftigkeit dem Mißbrauch durch Ideologie und Doktrin verweigerte, die sich vor allem der Erziehung des Einzelnen annehmen sollte – das Individuum als *prägesellschaftliche Konstante*[141], die Schriftsteller als Elite und Statthalter eines freiheitlichen Geistes, nur der Wahrheit als Grundlage einer politischen Moral verpflichtet:

- *Echt, klar und wahr zu sein, das ist die Aufgabe, die dem Schriftsteller unserer Zeit gestellt werden muß.* (Richter)[142]
- *Der Zwang zur Wahrheit, das ist die Situation des Schriftstellers.* (Eich)[143]
- *Literatur als Mittel zur größtmöglichen Annäherung des Menschen an die Wahrheit.* (Andersch)[144]

Die Schwierigkeiten beim Schreiben der Wahrheit ließen sich durch einen allgemein verpflichtenden Stil nicht lösen, auch nicht durch die scheinbar noch sehr selbstsichere Realismuskonzeption des »Kahlschlags«, ein *eher jäh als breit formulierter Neorealismus*[145], dessen Programm darin bestand, die Wirklichkeit abzuschildern und durchschaubar zu machen[146] – ein literarisches Programm der Gruppe 47 konnte es nicht geben.

Der Verzicht auf ein literarisches oder gar kulturpolitisches Programm entsprang in der Gründungsära dem ›totalen Ideologieverdacht‹. Man war entschlossen, die Wirklichkeit ohne weltanschauliche Präformation zu betrachten: weder prästabilierte Harmonie noch Disharmonie. Sehr verständlich bei Schriftstellern, die Fronttheater, Durchhaltepresse, Führerreden erlebt hatten. Aber dieses Programm einer ideologischen Askese war selbst ein ideologisches Programm. Geistiger Reflex auf die geschichtliche Lage des Jahres 1947. Dabei konnte es nicht bleiben.[147]

Die sich mit der Tagung in Niendorf 1952 manifestierende *Evolution über die Ursprungslage hinaus*[148] trug der Einsicht Rechnung, daß politische Wirkung nicht unmittelbar, sondern nur vermittelt über die Form erzielt werden kann, daß handwerkliche Perfektion unabdingbare Voraussetzung und impliziter Bestandteil der neuen Literatur zu sein hatte: *zunächst galt es, das Handwerk zu lernen, die Variation zu studieren*[149]. Dieser Rückzug aus der Zeitgeschichte der 50er Jahre war selbst Produkt der Zeitgeschichte, er reflektierte die Unsicherheit, wie Literatur zu sein habe in einer die Klassengegensätze scheinbar nivellierenden, homogenen Gesellschaft, die materiellen Aufschwung mit Fortschritt verwechselte; die Gruppe 47 etabliert sich als *literarische Probierstube*[150] von ästhetischer Vielfalt, in der jeder neuartige Text, jeder Stil die Verfolgung des politischen Anspruchs für sich reklamieren konnte, stellte er doch eine Möglichkeit des Schreibens dar, vergrößerte er doch die Formgewandtheit, die handwerkliche Basis einer als politisch verstandenen Literatur, die fachliche Selbstsicherheit: nicht das Sujet, sondern *die Sprache war entscheidend, das ›Wie‹ das Kriterium des Sujets*[151]. *So war für Hans Werner Richter fast alles Politik, war die Literatur ein politisches Instrument, und waren die Gedichte von Paul Celan und Ingeborg Bachmann von politischer Bedeutung. (...) Insofern brachte der Übergang von der Kahlschlagliteratur zu einer anderen, die Sprachpoesie wieder entdeckenden Literatur (...) für mich zwar literarische Veränderungen, nicht aber politische*[152].

Hier wird Literatur, unabhängig von ihrer je spezifischen Ausprägung, zum politischen Faktor, weil sie in Distanz zur Zeitgeschichte dem restaurativen CDU-Staat die Zustimmung verweigerte, sich des Herrscherlobs enthielt und in einem moralischen und undifferenzierten Nonkonformismus ihr Selbstverständnis als kritische Elite des Geistes wahrte: *Die Literaten machten Opposition, das war ganz offenkundig*[153]; man wußte, die Schriftsteller waren dagegen – und man konnte auf vielfältige Weise dagegen sein: die *unbestimmte Negation*[154], die große Verweigerung als Gesellschaftskritik.

Jedoch: die nonkonformistische Haltung gerät zur Pose, sobald sie gesellschaftlich honoriert wird: Mit der literarischen ›Hochphase‹ der Gruppe 47 (ab 1958/59) geprägt vor allem durch die Romanciers Grass, Böll, Walser, S. Lenz und Johnson, setzte eine Verunsicherung und Veränderung des gemeinsamen literarischen Selbstverständnisses ein; die Gemeinsamkeiten wurden brüchig und begannen zu zerfallen, ein Prozeß, der durch den Markterfolg und die Wendung zum tagespolitischen Engagement eher beschleunigt als überdeckt wurde.

Die Veränderung ist in dem Moment eingetreten, als sich die deutsche Öffentlichkeit für deutsche Nachkriegsliteratur zu interessieren begann.[155]

Der Erfolg der Gruppe 47 auf dem Literaturmarkt, der ohne die Anstrengungen des Assimilierens und Nachholens in den 50er Jahren nicht möglich gewesen wäre, löste den Anspruch der Gruppe 47, die gesellschaftliche Verpflichtung der Literatur, noch nicht ein. Noch ersetzten unverbunden handwerkliche Kunstfertigkeit und moralische Postulate eine Ästhetik, der das Politische nicht äußerlich, sondern wesentlicher Teil literarischer Qualität wäre – *Erst dann, wenn sich die pädagogische Leidenschaft der Nachkriegszeit mit der in den fünfziger Jahren gewonnenen Formgewandtheit vereint, wird man von einer Synthese sprechen dürfen, die Gutes verheißt*[156], so Walter Jens 1962. Die Suche nach dieser Synthese bestimmte seit Ende der 50er Jahre die Literatur der Gruppe 47 und das Selbstverständnis der Literaten. Der Ausgangspunkt war derselbe für alle literarischen Richtungen, Schulen und Fraktionen, die fortan in der Gruppe auszumachen waren: *Erzählen wollen von einer Wirklichkeit, die man immer weniger zu durchschauen glaubt.*[157]

Die Wirklichkeit der späten 50er Jahre war geprägt vom Bild einer Wohlstandsgesellschaft, die durch steten materiellen Fortschritt die Klassenunterschiede bis zur Unkenntlichkeit verwischte. *Die Welt wird grau in grau*[158], schrieb Walter Jens; scheinbar homogen und uniform sperrte sie sich dem poetischen Zugriff, da unter dem Hobel des Fortschritts alle prägnanten, typischen und individuellen Merkmale und Unterschiede nivelliert erschienen, bis in die Sprache hinein. Der Schriftsteller sah sich, *der realen Verbindung mit einer Klasse beraubt*[159], in skeptischer Distanz zu einer scheinbar homogenen Massengesellschaft. Walter Jens 1961:

Alltägliches ist nur prägnant, wenn es noch über die Valeurs des Individuellen verfügt, wenn jede Klasse ihre eigene Sprache besitzt (...) die Analyse setzt farbenreichen Wettkampf konkurrierender Klassen voraus, von denen jede sich, ganz unverwechselbar, zu präsentieren versteht (...) ein klassifizierender Begriff: ›Heringsdorf‹ ... das reicht aus, um einen ganzen Komplex zu erwecken: Urlaub der Bourgeosie, Kommerzienräte, Leute vom Adel, Strandpromenaden, Soiréen. Glückliche Zeiten für die Autoren, da die Welt gegliedert und in Details von signifikanter Bedeutung aufgeteilt war! Der Schriftsteller braucht nun einmal Farbe und Plastizität – wenn nicht das Kolorit, so doch eine scharfe Antithese zwischen schwarz und weiß und arm und reich. Wie aber soll er das Homogene gestalten, die Uniformität nuancieren? Akademiker und Angestellte: unterscheiden sie sich heute noch in Kleidung, Gewohnheit, Sprache und Manier? Wenn nicht nur die Hautevolee, sondern auch die Poliere (und die Gott sei Dank) Riviera – Freuden genießen, wie kann der Autor dann hoffen, daß ein einziges Wort – Nizza auch heute noch den Kontext markiert? Standesehre, Kodex und unverwechselbare Gewohnheit – welcher Gruppe kommt dergleichen noch zu? Wie kann der Alltag Interesse erregen, wenn ihm mit der charakteristischen Note auch die Typik fehlt?[160]

1976 erkennt Walter Jens die Befangenheit der Autoren in Oberflächenphänomenen an:

In unserer Blindheit waren wir damals der Überzeugung der nivellierten Mittelstandsgesellschaft, jedenfalls die meisten von uns, da kann es keinen Zweifel geben, das war natürlich etwas sehr kurz gedacht.[161] (...) es wäre ja auch völlig abstrakt-idealistisch argumentiert, wenn man sagte,es sei den Schriftstellern möglich gewesen, in dieser Situation als Hellwissende aus Verblendungszusammenhängen leicht herauszukommen.[162]

W i e ließ sich in dieser Situation schreiben, da die reine Verfolgung der großen bürgerlichen Romantradition die chaotische Vielfalt einer scheinbar unsinnigen Wirklichkeit in eine sinnvolle Struktur des literarischen Werkes verkehrt hätte und die Verfolgung der Tradition des Sozialistischen Realismus dem wahren Zustand der westdeutschen Arbeiterbewegung gespottet hätte? – in beiden Fällen wäre Literatur zur Phrase geworden.

Die unterschiedlichen Antworten auf diese Frage, nicht nur in Bezug auf die Romanform, zeigen, daß mit der literarischen Hochphase der Gruppe 47 eine Differenzierung ihres literarischen Selbstverständnisses einsetzte. Auf der Grundlage des auch im publizistischen Erfolg begründeten Selbstbewußtseins entstand aus dem ästhetischen Pluralismus der Gruppe in den 50er Jahren eine Fraktionierung in ästhetische Schulen – unterschiedliche Verständnisse über die Funktion von Literatur und die Stellung der Literaturschaffenden in der Gesellschaft standen sich schließlich verständnis- und sprachlos gegenüber. Die Entwicklung der unterschiedlichen Richtungen, die Auflösung der Gemeinsamkeiten sind zu verfolgen.

Eine erste Position ist die der ›großen Erzähler‹: das wesentliche Merkmal der Romane des ›belletristischen Zeitalters‹, das etwa von 1958–1964 währte, ist die Distanz. Bei Grass, Böll, Walser, Johnson ist, bei unterschiedlichen Ausprägungen, die Sicherheit des Erzählers aufgegeben, die Unmittelbarkeit des Erzählten aufgehoben. An die Stelle des sich in der Gesellschaft bewegenden Helden tritt der gesellschaftslose Anti-Held, Geschichte wird nicht mehr erzählend miterlebt, sondern erinnert, im Bewußtsein gebrochen, fragwürdig gemacht oder nur durch Mutmaßungen annäherungsweise faßbar, Gesellschaft wird aus der Perspektive des Narren, des Clowns, des Krüppels geschildert – Oskar Matzerath sieht die Dinge von der Unterseite, in grotesker Perspektive. *Die Formen der Groteske und der Satire, der Ironie und des Humors verlangen Distanz, lassen niemals zu, daß der Erzähler ganz sich an das Erzählte verliere*[163] – die Distanz eröffnet die Möglichkeiten der moralisierenden Kritik: Faschismus und Militarismus, die unbewältigte Vergangenheit, die Entfremdung und Verdinglichung der Wohlstandsgesellschaft, die Teilung Deutschlands, die Kritik an der satten, kleinbürgerlichen Masse – das waren die Themen der Belletristik. Jedoch: die Kritik blieb abstrakt-distanziert, unhistorisch verpackt in Metaphern, Symbolen und Allegorien. Sie verfehlte in ihrer Moralität die Möglichkeiten des politisch wirksamen Eingriffs in gesellschaftliche Strukturen und Machtverhältnisse[164]. Bei der Gestaltung einer ›wahren‹ Wirklichkeit versagte die

Sprache, das dritte Buch über Achim (Johnson) ließ sich nicht schreiben, für die Darstellung der Liebe (Walser) fehlte es an Wörtern[165].

Es sagt etwas über die Zustände aus, wenn die Autoren das eigene Verhältnis zur Umwelt nur noch durch Archetypen der Unmenschlichkeit oder Berichte über erfolglose Berichtsversuche wiederzugeben vermeinen. Dann sind Narr und Unmensch in der Tat die zweckmäßigsten Repräsentanten einer Literatur der verlorenen Sprache und der abgerissenen Kontakte[166] – sie repräsentieren zugleich eine Moral, die außerhalb der Realität zu Hause ist. Mit den Mitteln der distanzierten, moralisierenden Kritik wurde Vergangenheitsbewältigung und Aufklärung betrieben, die die real fehlende Humanität aufzeigte und die moralische Individualität propagierte.

Im Stilmittel der Distanz, die Kritik freisetzt, reflektierte sich die Vorstellung der Schriftsteller von ihrer eigenen Stellung: Skeptisch wurde die Entstehung und Entwicklung der bundesdeutschen Gesellschaft betrachtet und als ›falsche‹, weil inhumane Wirklichkeit verworfen; mangels einer real existenten oder sich abzeichnenden Alternative blieb ihnen nur die *Attitüde des entschlossenen Nonkonformismus*[167], ein Selbstbewußtsein der *sokratischen Würde des Nein*[168].

Dennoch läßt sich die Verunsicherung nicht übersehen: Die Distanz täuschte die Selbstsicherheit vor, daß individuelle Probleme sich noch gestalten ließen, daß Sprache noch (oder wieder) verfügbar wäre. Die vermeintliche Gesellschaftslosigkeit des Schriftstellers, die sich im Werk als Distanz niederschlug, löste nur scheinbar das Paradoxon des Erzählens[169]: Erzählen wollen von einer Wirklichkeit, die der freien Individualität entbehrte, die irrational und unstrukturiert erschien, die kaum noch erzählbar war. Zwei wesentliche Probleme wurden überspielt und nicht gelöst:

– Die Gestaltung ›wahrer‹ Individualität nur außerhalb oder am Rande der kapitalistischen Gesellschaft (Grass' Urtypen aus der Kaschubei, sein Oskar, Bölls Clown, kleine und kleinbürgerliche einfache Warenproduzenten) wich der Problematik des vergesellschafteten Individuums aus.

– Die Sprachgewalt selbst eines Günter Grass konnte die Sprachproblematik nicht verbergen *in einem Augenblick, da der gesellschaftliche Assimilierungsprozeß auch die Worte ergriffen hat*[170]. Die Problematik der Sprache – *die Wörter und die Welt*[171] – hatte in der distanzierten Sprache der Satire, Groteske, Ironie und des Sarkasmus nur eine unbefriedigende Darstellung gefunden und blieb als Problem weitgehend ausgespart.

Lediglich in Ausnahmefällen wurde zu Beginn der 60er Jahre die Unsicherheit des Erzählens von den Romanciers thematisiert: Die Sprachspiele Oskar Matzeraths, die sich in der Syntax niederschlagenden Mutmaßungen Johnsons ließen die Unsicherheit des Erzählens ansatzweise deutlich werden, zum Gegenstand des Erzählens wurden die Schwierigkeiten des Erzählens in Johnsons »Das dritte Buch über Achim« und Walsers »Einhorn«[172]. Zum Prinzip der Gestaltung wurden Sprachproblematik und tendenzielle Unmöglichkeit der literarischen Gestaltung für die ›junge‹ Literatur der 60er Jahre.

Die distanzierte Selbstsicherheit wich zu Beginn der 60er Jahre einer zunehmenden Verunsicherung und Ernüchterung; dieser Prozeß wurde vor allem von den Vertretern der »Konkreten Poesie« und der »Experimentellen Literatur« getragen, die in ihrer Mehrzahl nach 1960 zur Gruppe 47 stießen[173]. In ihrem literarischen Selbstverständnis wurden zwei Problemkreise zu den zentralen und wichtigsten Themen der Literatur erhoben: die Verfügbarkeit der Sprache in ihrem Verhältnis zu einer von Technik und Verwaltung determinierten Wirklichkeit und die Vergesellschaftung des Menschen in ihrer Auswirkung auf die Beschaffenheit der Literatur und besonders auf die Stellung der Literaturschaffenden.

Beide Fragen wurden in der Gruppe 47 aktuell zu Beginn der 60er Jahre: Helmut Heissenbüttel las aus seinen »Textbüchern«, und Peter Weiss veröffentlichte 1960 das Prosastück »Der Schatten des Körpers des Kutschers«. Die durch diese beiden Texte und Autoren repräsentierten Richtungen stimmen darin überein, daß sie die materialen Bedingungen des Schreibens zum Thema der Literatur und zum Gegenstand der Reflexion erhoben: die Probleme der vergesellschafteten Sprache und der Subjektivität des vergesellschafteten Individuums; Lösungsmöglichkeiten wurden schreibend ausprobiert mit allen Spuren der Unsicherheit: *die Methode wird Objekt der Erfindung*[174].

Das Verhältnis der Sprache zur Wirklichkeit und des Autors zur Wirklichkeit war zweifelhaft geworden, damit auch das Verhältnis des Autors zu seiner Sprache – er drohte zu verstummen*.

> *Sprache selbst wird problematisch. Sie erscheint nicht länger als Mittel oder als Waffe oder als eine Art Signalanlage; die Möglichkeit oder Unmöglichkeit selbst tritt in den Mittelpunkt. Warum? Weil die verbindlichen Vorprägungen des Sprechens, vom einfachen Satz bis hin zu den literarischen Gattungen, ihre Verbindlichkeit, das heißt die Fähigkeit, stellvertretend zu stehen, verloren haben.*[175]

Die Bewegung der Wirklichkeit, ihre Entwicklungen und Möglichkeiten schienen in der Sprache nicht mehr faßbar, sie schienen unter ihr verschüttet, der Mensch schien zu einem *Bündel Redegewohnheiten* verkommen zu sein. Aufgabe der Literatur in dieser Situation war es, die Möglichkeiten der Sprache auszuprobieren und die verdinglichte Sprache wieder verfügbar zu machen als Moment der Erkenntnis und Kritik, um eine Literatur zu schaffen, die den gesellschaftlichen Entwicklungsstand repräsentierte.

> *Die Repräsentanz der Literatur begründet sich (...) in der Veränderung der von ihr vorgestellten Sprachzusammenhänge. In seiner äußersten Tendenz bedeutet das, daß die Literatur (...) mit dem Bedeutungsmaterial, das sie in sich gesammelt hat, wörtlich und radikal Aspekte einer neuen Wirklichkeitsstruktur entwirft. Literatur in diesem äußersten Sinne ist heute, in einer Weise, in der das seit langem nicht mehr möglich war, utopisch von Grund auf.*[176]

Ähnlich Jürgen Becker:

> *Wenn dann im Vorgang des Schreibens die Sprache selber zum Problem wird, dann keineswegs aus fetischistischen Gründen, sondern weil sie in ihrem Repertoire, in ihrem gegebenen Zustand derart blockiert erscheint, daß sie von sich aus nichts mehr, keinen Gedanken, kein Gefühl, keine Erkenntnis, keine Erinnerung produziert. Dies alles, dennoch, ist in ihr enthalten und transportiert sie weiter und nehme ich wahr als auch mein eigenes Repertoire, und so muß ich versuchen, mit dieser fertig gemachten Sprache zu leben, und das heißt, in ihr so zu schreiben, daß ihr Zustand und all das offenbar wird, was sie meint, erinnert, produziert, deutlich macht, verschleiert,*

---

* Selbst das Verstummen der Schriftsteller wird Gegenstand der Darstellung, siehe die leeren Seiten in Jürgen Beckers: »Ränder«.

an Schrecken und Schönheit bereit hält, vergißt, verdrängt, erklärt, illusioniert, verschweigt.[177]

Becker betont hier neben dem problematischen Verhältnis der Sprache zur Wirklichkeit das Moment der Subjektivität; Gedanken, Gefühl, Erkenntnis, Erinnerung sind subjektive Leistungen des Einzelnen, die in der Sprache, so Becker, kaum noch zu transportieren seien. Indem die subjektive Aneignung der Wirklichkeit als subjektive gekennzeichnet und mit Fragezeichen versehen in die Literatur eingeht, löst sich die Vorstellung von der Fiktion als Wahrheit auf. Das Verhältnis des Individuums zur Wirklichkeit war fragwürdig geworden und wurde in der Literatur neu ausprobiert. Dies ist der zweite wichtige Strang der Literatur der 60er Jahre.... *nur die Zerstörung des Fiktiven setzt frei, was nun wirklich ist, was nun wirklich gewesen ist, oder was sein könnte.*[178]

Beide Probleme, das Verhältnis der Sprache zur Wirklichkeit und des Einzelnen zur Wirklichkeit als Gegenstand und Prinzip des Schreibens wurden in den Lesungen von Peter Weiss und Helmut Heißenbüttel auf der Tagung der Gruppe 47 in Aschaffenburg 1960 für Teile der Gruppe aktuell und besonders von den Vertretern der letzten Gruppengeneration bearbeitet. Ihre Texte stellen Versuche dar, beide Probleme schreibend, im Umgang mit dem Material der Sprache zu lösen.

Es ist nicht unsere Aufgabe und Absicht, vorgefundene Fiktionen zu reproduzieren. Wir demonstrieren aber, wie sie auf uns einwirken; und wir gestehen, daß wir nicht immun sind. Wir glauben die Verstörungen zu kennen, die sie uns hinterlassen haben. Indem wir diese Hinterlassenschaft wörtlich zu kennen geben, geben wir jedermann Gelegeheit, den eigenen Bewußtseinsstand zu messen. Wir sind nicht allein unter Verschüttungen verschwunden. Die Notwendigkeit des Veränderns versteht sich dann von selbst.[179]

Die neuen Autoren der 60er Jahre überdeckten die Zweifel an der Sprache und der Stellung des Einzelnen in der Wirklichkeit nicht mehr durch Stilmittel der Distanz, sondern sie versuchten, sich schreibend zurechtzufinden, indem sie ihre Zweifel produktiv wendeten und *den Selbstzweifel zur dominierenden Kategorie ihrer Ästhetik*[180] machten. Zentral war der Zweifel an der Stellung des Individuums, das nicht mehr als Ideal des autonomen, außerhalb der Gesellschaft stehenden Subjekts, sondern in seiner Eingebundenheit in die Gesellschaft gestaltet werden wollte. Wenn Walter Jens 1964 feststellte: *Der Mensch beginnt nicht mehr als Individuum*[181], so wird damit das für die Gruppe 47 bis dahin bestimmende Ideologem des Individuums als ›prägesellschaftliche Konstante‹ aufgegeben. Als klar wurde, daß *die komplexen Wirkungszusammenhänge der modernen Gesellschaft (...) den einzelnen überwachsen*[182] haben, wurde gleichzeitig klar, daß diese Aussage auch für den einzelnen Schriftsteller galt: das Selbstverständnis von Literatur als vorab garantierter ideologiefreier Gesellschaftskritik war hinfällig geworden.

Angesichts des Bankrotts von Kunst als Erkenntnis und Fiktion als Wahrheit[183] – eine Erkenntnis, die nur auf der Grundlage einer entwickelten Kunst, auf der Grundlage der literarischen ›Hochphase‹ der Gruppe 47 möglich war – wurden die Bedingungen und Materialien der Literatur überprüft, neu ausprobiert und weiterentwickelt. Die Weiterentwicklung wurde vor allem erreicht durch Rückbesinnung, durch Reduktion: *je besser die Autoren ihr Handwerk beherrschten, desto konsequenter suchten sie sich zu beschränken*[184].

Nicht epische Breite, sondern Reduktion auf die kleinen Formen, die häufig kaum noch einer Gattung zuzurechnen waren, nicht inhaltlich geschlossen, sondern offen an den Rändern – *im Kleinsten liegt das Sichere, in den Partikeln, im Flugsand*[185]. Nicht epische, allwissende Weltschau, sondern Reduktion auf das Persönliche, den subjektiven Eindruck oder auf Registration von Wirklichkeitselementen und -fragmenten, um ein konkreteres Verhältnis zur Wirklichkeit zu gewinnen. *Subjektivität bedeutet indessen durchaus keine eingeschränkte Geltung, sondern ist der Widerstand, an dem das Allgemeine konkret wird und zwar zugleich als Zeugnis und Kritik.*[186] Reduktion auf die Sinnlichkeit und Wahrnehmung, Auflösung von Begriffen und Ordnungsschemata, *um neue, bisher verbannte Erfahrungen zu ermöglichen, das Gegenteil also einer Wiederholung und Bestätigung des Bekannten*[187], das durch sein bloßes Bekanntsein noch nicht erkannt ist.

Besonders den letzten Punkt, den Zusammenhang von sinnlicher Wahrnehmung und Erkenntnis, betonte Walter Höllerer in seiner programmatisch »Veränderung« überschriebenen Besprechung einiger Texte von Fried, Lettau, Heißenbüttel, Reinig, Jürgen Becker und Wellershoff, die auf der Tagung der Gruppe 47 in Sigtuna 1964 gelesen wurden und dort Anerkennung, Erstaunen und Ratlosigkeit hervorriefen:

> *Es wird immer wieder die Frage nach der Beschreibbarkeit durchgeprobt. (...) die Einzelheiten in dieser Prosa sind nicht naturalistisches Abschilderungsdetail, sondern sie stehen, von der Wahrnehmung angesteuert und erfaßt, in der Problematik der gegenwärtigen Realitäts-Erfahrung, und sie werden mit dem Anzeichen dieser Problematik in die Figur des Textes gebracht.*[188]

Auf Grund des Zwiespalts zwischen Sinnenwelt und Erkenntnis sei das Medium Sprache wieder neu zu einem Erkenntnisinstrument zu machen.

Begründet war das Bemühen um eine neue Sprache in der veränderten Gesellschaftsauffassung: je mehr die ideologische Oberfläche des CDU-Staates zerbröckelte und ihr wahres Wesen einer bürgerlichen Klassengesellschaft enthüllte, desto mehr wurde auch eine kritische Überprüfung und Neubestimmung der Instrumente literarischer Realitätserfassung notwendig. Helmut Heißenbüttel hob in seinem Aufsatz »Literatur und Wissenschaft« die historische Angemessenheit der neuen Literatur der 60er Jahre hervor: *Mit Mitteln, die einer neuen Situation zu folgen versuchen, benennt sie die Realität des Menschen auf ihre (historisch bedingte) Weise wie eh und je.*[189]

Diese neue Situation, eine von Technik und Verwaltung bedrohte Welt[190] mit einer verselbständigten und leeren Sprache, bildete den Ausgangspunkt der Bemühungen, die verdinglichte Sprache neu verfügbar zu machen, um der Gefahr des Verstummens zu entgehen[191]. Dem vergesellschafteten Menschen hielten die jüngeren Autoren nicht das Ideal des autonomen Individuums entgegen, sondern suchten aus den Möglichkeiten der Vergesellschaftung die Möglichkeiten eines humanen Fortschritts zu entwerfen.

> *Die Vergesellschaftung, wenn man so sagen kann, bezieht sich (...) nicht mehr auf die Fiktion des autonomen Subjekts, des Individuums, sondern auf eine Interpretation vom menschlichen Wesen, die, noch undeutlich formuliert, sich jedenfalls selber auf die gesellschaftliche Fähigkeit des Menschen bezieht (...) Diese Interpretation aber wird, wo auch immer man hinblickt, bereits von der Literatur in Angriff genommen.*[192]

Während die Literatur des ›belletristischen Zeitalters‹ in kritischer Distanz zur Zeitgeschichte noch die Fiktion des allseitig entfalteten, sich in Freiheit selbstbestimmenden autonomen Menschen verfolgte, erkannte die neue Literatur der 60er Jahre den radikal vergesellschafteten Menschen als existent an und versuchte, eine Literatur zu entwickeln, die um ihre eigene Abhängigkeit wußte und ein konkreteres Verhältnis zur Realität suchte. Der Gegensatz ist offensichtlich:

> Abhängigkeit von Gegenwart einmal als unbewußte, in vermeintlicher Überwindung der Geschichte nur um so beschränkendere und relativierendere Verweigerung und Abhängigkeit von Gegenwart als Realität erhellende, Identität, Wirklichkeit und geschichtliches Bewußtsein vermittelnde Erfahrung.[193]

Die Formen einer der neuen Situation adäquaten Literatur wurden von der experimentellen und der konkreten Literatur erprobt[194], die in ihrem Tun den Realismus neu definierte[195] und sich als explizit politisch verstand.

Die Reaktionen auf diese neue Literatur waren unterschiedlich: Während sie einerseits als gelungene Synthese von handwerklichem Können und politischem Anspruch gewertet wurde[196], rief sie andererseits Ratlosigkeit und schroffe Ablehnung hervor. Wolfdietrich Schnurre bezeichnete sie als *artifizielle Fingerübung*[197], Jens sah sie 1960 als *Versatzstücke der Realität*[198], gestand aber 1964 ein: *wir haben in der deutschen Literaturkritik noch keine Kategorien für die neue Lyrik entwickelt*[199]. Um die Kritik der Prosa stand es nicht besser: nachdem 1960 auf der Tagung in Aschaffenburg als erste Jürgen Becker, Dieter Wellershoff und Ludwig Harig gelesen hatten, *stand Reich-Ranicki auf und sagte: Ich weiß nicht, was hier los ist, was passiert ist. Bin ich in der Gruppe 47 oder wo bin ich?*[200] Die Kriterien der Kritik wurden in Frage gestellt[201], die esoterische Ratlosigkeit der Kritiker wurde von Helmut Heißenbüttel treffend beschrieben:

> *(...) Walter Höllerer fragt nach der Bezugsfigur und entdeckt die Relativität der Relationen als Prinzip es geht ihm um Daseinsformen und Bewußtseinsmöglichkeiten Walter Jens hat von Walter Höllerers Rede nichts verstanden Hans Magnus Enzensberger gesteht daß er beim Zuhören etwas geschwankt hat Marcel Reich-Ranicki kann nicht recht verstehen was Hans Magnus Enzensberger gesagt hat und befürchtet durchaus den Schritt vom Asketischen zum Sterilen er hat wenig dagegen nichts dafür zu sagen Hans Mayer hat Walter Höllerer eigentlich durchaus verstanden und beim Hören die merkwürdigsten Evolutionen durchgemacht Joachim Kaiser wendet sich gegen das Wort steckenbleiben von Walter Höllerer (...)*[202]

Besonders den älteren Gruppenmitgliedern erschien die Literatur der jüngeren als eine Literatur der reinen Form[203]:

> Eine eigenartig esoterische und mechanisierte Ersatzwelt ist es, die man im Zeitalter totaler Bedrohung hinter so vielen der dargebotenen Texte erblickt. Man fröstelt in dieser Welt, in der Buchstabenfelder wichtiger als Schicksale sind, in der rasselnde Assoziationsketten gezielte Gedanken ersetzen und in der formale Experimente über dem Versuch stehen, einen Menschen zu schildern. Ich fürchte, hier liegt mehr vor als nur Verfremdung, als Formalismus. Ich glaube, hier handelt es sich (...) um eine Flucht aus der Zeitbezogenheit.[204]

Ähnlich kritisiert Heinrich Böll

> *(...) die Proklamation jener Literatur, die das Nichtssagende in musterhafter*

Schönheit ausdrückt, den Menschen der Humanität, Gebundenheit, Sozialität entkleidet, ihn nichtssagend in nichtssagende Umgebung stellt; die Sprache in ihrem eigenen Leib hält, nichts verlauten, nichts nach außen dringen läßt; keine Mitteilung, kein Wort, das Alarm auslöst; im Zirkel bleiben, im Kränzchen, keine Bewegung nach außen, nur noch den Rhythmus der eigenen Schwingung.[205]

Den jüngeren Schriftstellern wurde vorgeworfen, vor der Realität zu fliehen und unpolitische formale Spielereien zu betreiben. *Diese jungen Leute schreiben eine kalte, klare, durchsichtige Prosa ohne persönliches Engagement*[206], Hans Werner Richter konstatierte eine *Themenlosigkeit in einer Zeit, in der Probleme fast auf der Straße liegen.*[207] Er sah in dieser Entwicklung ein ungewolltes Kind der Gruppe 47: *Der Weg der Sprachreinigung, so wie wir ihn betrieben hatten, (...) mußte über Jahre hinweg zu einer Literatur der reinen Form führen.*[208] Schließlich sei die Gruppe gespalten gewesen in zwei literarische Fraktionen: *Die Artisten, die Ästheten, die Formalisten auf der einen Seite und auf der anderen die Erzähler, die Realisten.*[209]

In diesen literarischen Fraktionen standen sich zugleich zwei Generationen gegenüber, die über unterschiedliche Erfahrungshintergründe verfügten. Die Literatur der Generationen des »Kahlschlags« und der »Kriegskinder«[210] war von den Erfahrungen des Faschismus und der Restauration geprägt, Erfahrungen, die der letzten Generation, den ›Kindern der Wohlstandsgesellschaft‹, fremd waren:

Sie haben eine von den Älteren grundlegend unterschiedene Mentalität. Ihre Erfahrungsbereiche lassen sich mit denen der Gruppenveteranen nicht mehr auf einen Nenner bringen. Sie denken anders, sie leben anders, sie führen eine andere Sprache. (...) Sie haben ihren eigenen, geschichtsfernen, nichtsdestoweniger sich selbst bereits historisierenden Horizont. Ihr Aufstand ist der Aufstand der Söhne gegen die Väter, die sie als Großväter begreifen.[211]

Während für die älteren Autoren der Anstoß für ihr literarisches Schaffen die Erfahrungen des Krieges und Nachkrieges waren, schrieben die jüngeren aus der Erfahrung einer Gesellschaft, die ihre Vergangenheit erfolgreich verdrängt hatte. Die letzte Generation konnte nicht mehr in die Gruppe integriert werden, weil *das Bewußtsein eines gemeinsamen Erlebniskerns*[212], das den Zusammenhalt hätte ermöglichen können, nicht mehr vorhanden war: *Die Nachkriegsliteratur war zu Ende gegangen.*[213]

Die jüngeren Literaten mußten den älteren zugleich als desintegrativ und den Gruppenkonsens störend erscheinen, da jene in ihrem Zweifel an Sprache und Wirklichkeit die Frage nach der politischen Wirksamkeit der Literatur neu stellten und in avantgardistischer Manier die handwerkliche Formgewandtheit der Alten auf politische Tragfähigkeit abklopften. Anzeichen für den Zweifel auch der Älteren, ob die Synthese von handwerklichem Können und politischem Anspruch gelungen sei, war der Einstieg etlicher Autoren in die eigentlich doch so verhaßte Tagespolitik, war das Engagement für die ›Espede‹, das für viele nach der Beteiligung dieser Partei an der Großen Koalition in Ernüchterung endete.

Die Frage nach den politischen Folgen ihres literarischen Engagements und ihres Engagements als Literaten wurde seit Mitte der 60er Jahre für die Gruppe 47 virulent; das Selbstverständnis Literatur war von Unsicherheit gekennzeichnet: vielen Schriftstellern wurde bewußt, daß sie sich auch in ihrem gesellschaftskritischen Engagement ungewollt affirmativ gegenüber der angegriffenen Gesellschaft verhielten, daß ihr Nonkonformismus wegen seiner politischen Folgenlosigkeit der Gesellschaft als Alibi dienen konnte:

> Die Autoren der Gruppe 47 präsentierten sich als Gewissen der Nation: Deklamationen, Resolutionen, Wahlhilfen. Die Gruppe wurde ein Teil der Ersatzopposition, ihr Protest gegen die Gesellschaft wurde Institution, er war Alibi.[214]

Alibifunktion hatte der Gruppenprotest in der Hauptsache für Protagonisten der Ideologeme der verwirklichten Meinungsfreiheit und des Pluralismus, Ideologeme, die ein freiheitlich-demokratisches politisches Leben vortäuschten:

> Die Literatur sollte eintreten für das, was in der Bundesrepublik nicht vorhanden war, ein genuin politisches Leben. So wurde die Restauration bekämpft, als wäre sie ein literarisches Phänomen, nämlich mit literarischen Mitteln. Opposition ließ sich abdrängen auf die Feuilletonseiten; Umwälzungen in der Poetik sollten einstehen für die ausgebliebene Revolutionierung der sozialen Strukturen; künstlerische Avantgarde, die politische Regression kaschieren. Und je mehr die westdeutsche Gesellschaft sich stabilisierte, desto dringender verlangte sie nach Gesellschaftskritik in der Literatur; je folgenloser das Engagement der Schriftsteller blieb, desto lauter wurde nach ihm gerufen. Dieser Mechanismus sicherte der Literatur einen unangefochtenen Platz in der Gesellschaft...[215]

Dieser Platz innerhalb der Gesellschaft, Literatur als Institution des schlechten sozialen Gewissens, wurde den Schriftstellern zunehmend unbequemer; Unsicherheit und Unmut breiteten sich aus. Heinrich Böll notierte 1965:

> Die Gesellschaft erwartet ja inzwischen von der Literatur geradezu Prügel, aber kann es denn wirklich noch Spaß machen, mit dem Knüppel dauernd in einen immensen Brei von Schlamm zu schlagen?[216]

Deutlich drückt sich in diesen Worten Unsicherheit über die eigene Stellung und die Funktion der Literatur aus: Die Schriftsteller mußten feststellen, daß sie in ihrer politischen Ohnmacht als harmlose Narren wider Willen eine nützliche, stabilisierende Funktion erfüllten, daß ihre Gesellschaftskritik zur Affirmation wurde[217], ihre kritischen Ideen zum Hebel der Rechtfertigung des Bestehenden gerieten.

> Die Erfahrung zeigt mir, daß (...) eine soziale Kritik gewürdigt wird, soweit sie die unter Humanismus und Demokratie getarnten Grenzen der Gesellschaftsordnung nicht durchbricht (...) Für den Autor ist das Erkennen der sozialen Grenzen mit großen Schwierigkeiten verbunden, da er die Freiheit, die ihm zugesprochen wird, oft für eine absolute Freiheit hält. Er hat einen langen Weg zurückzulegen, bis er dorthin gelangt, wo seine Freiheit der Gesellschaft nicht mehr ungefährlich ist.[218]

Walter Jens hat am Beispiel der Aufführung des »Viet Nam Diskurs« von Peter Weiss illustriert, daß

> ein sehr starkes Establishment es sich leisten konnte, gegenüber der Literatur die schärfste Waffe einzusetzen, nämlich das Gelächter. (...) Der Höhepunkt war die Vietnam-Aufführung von Peter Weiss in Frankfurt: In der Pause gab's Sekt, anschließend wurde für den Vietcong gesammelt! Aus ganz Deutschland kam die ›Society‹ zusammen, sah sich im Frankfurter Schauspielhaus den Vietnam-Traktat von Peter Weiss an, einige klatschten

›Ho-Ho-Ho Chi Minh‹ – und anschließend gab's, wie gesagt, Sekt! Diese Art von Schickeria, die da triumphiert hat! (...) Das war ein Alibi! Abends konnte man sich progressiv geben und das beklatschen, was man am Tag verachtete.[219]

Peter Härtling resümierte 1967: *Wir haben keine Poetik gefunden, die das Entsetzen unserer Zeitgenossenschaft reflektiert*[220] – eine vernichtende Bilanz. *Die Kasse war leer. Diese linke Intelligenz war literarisch fleißig und fruchtbar, doch politisch im tiefsten Sinne unproduktiv.*[221]

Die Gruppe 47 hatte es nicht vermocht, eine Poetik zu schaffen, der das Politische notwendiger Bestandteil literarischer Qualität wäre, die die soziale und politische Verpflichtung der Literatur einlöste und durch ihren inneren Widerstand einen affirmativen Charakter nicht annehmen könnte. Doch dazu braucht es nicht nur objektive Voraussetzungen, sondern auch subjektive. Diese versuchten unterschiedliche literarische Fraktionen und Bewegungen zu entwickeln, in der Gruppe 47 einige Romanciers und vor allem die Vertreter der konkreten und experimentellen Literatur.

Außerhalb der Gruppe und zum Teil in bewußter Abgrenzung von ihr[222] waren Ansätze einer neuen Arbeiter- und Dokumentarliteratur, Agitprop-Kunst und Straßentheater entstanden, die durch die Wahl der Themen und die Form der Darbietung der politischen Folgenlosigkeit entgehen wollten. Diese Formen von Literatur waren in der Gruppe 47 nie möglich gewesen und immer auf Ablehnung und Zurückhaltung gestoßen. Der Literaturbegriff der Gruppe blieb auf Belletristik beschränkt, die Kritik argumentierte streng literarisch. Hans Mayer führte 1971 an, daß dieses Selbstverständnis zu Ende der 60er Jahre anachronistisch geworden war, als die Frage nach dem politischen Gehalt der Literatur beantwortet werden wollte.

Die Begrenzung auf literarische Interpretation und Bewertung der vernommenen Texte unter Verzicht auf alle Argumentation außerliterarischer Art, war plötzlich unannehmbar geworden. Hinter dem bisherigen Einverständnis verbarg sich soziale Indifferenz.[223]

Einige Autoren suchten der drohenden Unverbindlichkeit und der Gefahr der Affirmation zu entgehen, indem sie sich politischen Gruppen mit dezidiert sozialistischem Anspruch zuwandten und den Wissenschaftlichen Sozialismus als Grundlage ihres literarischen Schaffens anerkannten. Peter Weiss spielte in dieser Entwicklung die Rolle des Vorreiters:

Die Richtlinien des Sozialismus enthalten für mich die gültige Wahrheit. (...) meine Arbeit kann erst fruchtbar werden, wenn sie in direkter Beziehung steht zu den Kräften, die für mich die positiven Kräfte dieser Welt bedeuten.[224]

Eine andere Position bezog Magnus Enzensberger, der 1962 noch geurteilt hatte: *Poesie und Politik (...) sind gleich unmittelbar zur Geschichte*[225] und sich zum Reformismus bekannt hatte[226]. Enzensberger stellte 1964 die Veröffentlichung politischer Lyrik vorläufig ein und erklärte 1968: *Für literarische Kunstwerke läßt sich eine wesentliche gesellschaftliche Funktion in unserer Lage nicht angeben.*[227] Er empfahl, *Faktographien*[228] zu produzieren und, angesichts der *Niederlage der reformistischen Intelligenz in Deutschland*[229], sich mit der Revolution zu beschäftigen, die *nicht nur notwendig (das wäre sie schon 1945 gewesen), sondern auch denkbar wird – wenn auch nicht, in absehbarer Zeit, möglich*[230]. Im »Kursbuch«, ab 1965 von Enzensberger herausgegeben, wurden bald nicht mehr literarische Kunstwerke publiziert, sondern Grundsatzdiskussionen über Literatur, Politik und Zeitgeschichte geführt.

In der Verunsicherung und Differenzierung des literarischen Selbstverständnisses in der Gruppe 47 zeigt sich, *daß der heutige Intellektuelle es bisher überhaupt versäumt hat, sich selbst und seine Position nicht nur im Gegensatz zur Gesellschaft zu interpretieren, sondern als notwendig ihr integriertes Mitglied*[231], wie Hans Schwab-Felisch 1965 feststellte. Die Unsicherheiten und unterschiedlichen Vorstellungen der Schriftsteller über ihre eigene gesellschaftliche Stellung und die gesellschaftliche und politische Funktion von Literatur führten zu einer Situation, in der

> *das alte Prinzip ›Jeder schreibt halt so, wie er schreibt‹ in diesem Augenblick nicht mehr ging. In der Situation hätte jemand da sein müssen, der in irgend-einer Weise kanalisierend gewirkt hätte. Ich stelle mir vor, daß er gesagt hätte: ›So oder so! Dies ist nicht mehr möglich!‹ Keine Vorschriften, aber eine theoretische Grundsatzdiskussion hätte geführt werden müssen: Wozu Literatur und mit welchen Mitteln, wenn sie sich als Humanisierungspotential versteht, und vor allen Dingen, wenn sie noch im Namen derjenigen sprechen möchte, deren Lage den objektiven Möglichkeiten der Gesellschaft am meisten widerspricht.*[232]

Eine solche Grundsatzdebatte war jedoch in der Gruppe 47 nicht möglich, sie hätte den ungeschriebenen Spielregeln widersprochen:

> *In der ›Gruppe 47‹ ist die Frage ›was?‹ nicht erlaubt. Hier darf nur nach dem ›Wie‹ gefragt werden. Hier werden keine Grundsatzdiskussionen geführt. (...)*[233]

Waren Grundsatzdebatten auf den Tagungen immer ausgeschlossen gewesen, weil man befürchtete, sie könnten zum Zerfall der Gruppe führen, so bewahrheiteten sich diese Befürchtungen, als die Gegensätze und Unsicherheiten eine offene Erklärung verlangten. Wohlwissend ließ Hans Werner Richter die Gruppe 47 einschlafen, ehe sie in der Debatte der literarischen und politischen Differenzen ein womöglich unrühmliches Ende gefunden hätte.

Für die Lösung der anstehenden Aufgaben waren andere *Organisationsformen, und zwar politischere notwendig*[234].

> *Die politische Problematik ganz aussparen, war nicht mehr möglich. Auf beiden Seiten wurde nun auch die Behandlung politisch-sozialistischer Themen verlangt und erwartet. Eine neue Plattform war entstanden. Damals erschien mir auch die Gruppe 47 in ihrer alten, vorwiegend literarischen Art nicht mehr notwendig, ja, ich trug mich mit der Absicht, den RUF neu herauszugeben, um ein Organ zu haben, das die Ideen der Prager Sozialisten auch in die Bundesrepublik tragen konnte. Was ich mir davon versprach, war eine Wiederbelebung der Diskussion, die wir 1946 begonnen hatten.*[235]

Hans Werner Richters Absicht reflektiert die historische Situation der späten 60er Jahre, in der die Bedingungen für die Verwirklichung humanistisch-sozialistischer Ideale günstig zu sein schienen. In dieser Situation aber war die Gruppe 47 als soziale Organisationsform literarischer Intelligenz überflüssig geworden.

Der Verfall der Gruppe 47

Anmerkungen*

1 Grass, Günter. In: Heinz Ludwig Arnold: Gespräche mit Schriftstellern. München 1975. S. 90. **2** Vgl. Reich-Ranicki, Marcel: Gelungen und fragwürdig zugleich. Z 13.10.67. **3** ders.: Politik in den Pausen. Z 20.10.67. **4** vgl. Dichter, Dichter. Sp 43/1967. **5** Karasek, Hellmuth: Gruppentest in der Pulvermühle. StZ 14.10.67. **6** Kaiser, Joachim: Allerlei Neues aus der Pulvermühle. SZ 10.10.67. **7** Vgl. ebd; vgl. auch Karasek, Hellmuth: Gruppentest...; StZ 14.10.67; vgl. auch Dichter, Dichter. Sp 43/67. **8** Walser, Martin, zit. nach: Dichter, Dichter. Sp 43/67. **9** Reich-Ranicki, Marcel: Politik... Z 20.10.67. **10** Richter, Hans Werner: Was war die Gruppe 47? Rundfunkmanuskript. NDR III, 1.10.–22.10.74. 4. Teil. S. 35. **11** Richter, Hans Werner: Briefe an einen jungen Sozialisten, Hamburg 1974. S. 161. **12** Richter, Hans Werner, zit. nach: Thiemer, Horst: Wird die Gruppe 47 renoviert? FAZ 14.1.70. **13** Richter, Hans Werner, zit. nach: Seeliger, Rolf: ›Gruppe 47‹ am Ende? Onkel August ist Sieger. HP 14.11.70. **14** Wapnewski, Peter: Einst hießen sie Gruppe 47. Z 5.5.72. **15** ebd. **16** Richter-Interview I, S. 26. **17** Gruppe 47 redivivus? FR 3.5.72. **18** Reich-Ranicki, Marcel, zit. nach: FR (dpa-Meldung): »Gruppe 47« beim eigenen Begräbnis. FR 20.9.77. **19** Richter, Hans Werner, zit. nach: Kaiser, Joachim: Ende nach 30 Jahren. Die letzte Tagung der »Gruppe 47« in Saulgau. SZ 20.9.77. **20** Richter, Hans Werner, zit. nach: Reich-Ranicki, Marcel: Das Ende der Gruppe 47. FAZ 21.9.77. **21** Mayer, Hans: Woran starb die Gruppe 47? SZ 21./22.8.71. **22** Vgl. Heißenbüttel, Helmut: Nachruf auf die Gruppe 47. In: Heinz Ludwig Arnold (Hg.): Literaturbetrieb in Deutschland. München 1971. S. 39. **23** Jens-Interview, S. 17. **24** Leonhardt, Rudolf Walter: Eine Generation zuviel. Z 22.7.77. **25** ebd. **26** Piwitt, Hermann Peter: Monstrum mit Monopol? Sp 41/67. **27** Richter, Hans Werner: Brief an den Herausgeber. In: Dollinger, Hans (Hg.): Außerdem. Deutsche Literatur minus Gruppe 47 = wieviel? München 1967. S. 5. **28** Jens-Interview, S. 11. **29** ebd. S. 22. **30** Hildesheimer, Wolfgang: Amerys koketter Ruf nach einer Mafia. Z 15.7.66. **31** Heißenbüttel, Helmut: Nachruf..., S. 39. **32** Vgl. Benjamin, Walter: Das Kunstwerk im Zeitalter seiner technischen Reproduzierbarkeit. Ffm. 1973[6]. S. 7–63. **33** Richter, Hans Werner: zit. nach: Mö.: Tausend Mark suchen einen Dichter. FAZ 22.5.50. **34** Jens-Interview, S. 4. **35** Sombart, Nicolaus: Publikation und Öffentlichkeit. In: Der Skorpion. Heft 1. Jg. 1. Januar 1948, (unveröffentl.) S. 18. **36** Richter, Hans Werner: Briefe... S. 113. **37** ebd. **38** ebd. Vgl. auch Henry Meyer-Brockmann: Dichter und Richter. Die Gruppe 47 und ihre Gäste. München 1962. S. 35 (NZ–Artikel). **39** Der Bann ist gebrochen. V 12.11.59. **40** Ude, Karl: Sind unsere Schriftsteller verantwortungslos? SZ 12.2.57. **41** Friedrich, Heinz: Zehn Jahre danach. DZ 5.10.57. **42** Jens Walter: Eine Kumpanei zur Verhinderung von Unfug. Z 21.9.62. **43** vgl. Trommler, Frank: Der zögernde Nachwuchs. In: Thomas Koebner (Hg.): Tendenzen der deutschen Literatur seit 1945. Stuttgart 1971. S. 66. **44** Jens, Walter: Eine Kumpanei... Z 21.9.62. **45** Richters Richtfest. Sp 43/62. **46** Mayer, Hans: Woran starb... SZ, 21./22.8.71. **47** ebd. **48** ebd. **49** Richter, Hans Werner: zit. nach: Seeliger, Rolf: Gruppe 47... HP 14.11.70. **50** Michel, Karl Markus: Die sprachlose Intelligenz II. In: Kursbuch 4 (Hg. v. H. M. Enzensberger). Februar 1966. S. 166. **51** Jens, Walter: Deutsche Literatur der Gegenwart. München 1961. S. 79. **52** Trommler, Frank: Der zögernde Nachwuchs..., S. 102. **53** Richter, Hans Werner: Was war die Gruppe 47?... 4. Teil. S. 5. **54** Vgl. Mayer, Hans: Woran starb...; vgl. auch: Böll, Heinrich: Angst vor der Gruppe 47? In: M 8/65, S. 778 f. **55** Kaiser, Joachim: Kann eine Gruppe Hauptstadt sein? SZ 25.10.67. **56** Richter-Interview I, S. 13. **57** Mayer Hans: Woran starb... SZ 21./22.8.1971. **58** Richter-Interview I, S. 13. **59** Reich-Ranicki, Marcel: Autoren auf dem Präsentierteller. W 28.10.1959. **60** Jens, Walter: Eine Kumpanei..., Z 21.9.1962. **61** ebda. **62** ebda. **63** Jens-Interview, S. 16. **64** Kunert-Interview, S. 2. **65** Jens, Walter: Eine Kumpanei..., Z 21.9.1962. **66** Kunert-Interview, S. 1. **67** ebd. **68** ebd. **69** Leonhardt, Rudolf Walter: Die Gruppe 47 und ihre Kritiker. Z 30.10.1959. **70** Sp 43/1962. S. 101. **71** Wiegenstein, Roland H.: In dieser Zeit Literatur zu machen. Tagung der Gruppe 47? FH 1/1961. S. 70. **72** Zimmer, Dieter E.: Gruppe 47 in Princeton. Z 6.5.1966. **73** Hollander, Jürgen von: Das Geheimnis der Gruppe 47. In: Meyer-Brockmann, Henry: Gesammelte 47er. München 1967. S. 111. **74** Jens-Interview, S. 17. **75** Kahle, Sigrid: Die Gruppe 47 in Schweden. CuW 25.9.64. **76** Korlén, Gustav, zit. n. Hans Schwab-Felisch: Rebellen als Botschafter. T 27.9.1964. **77** Schwab-Felisch, Hans: Die sokratische Würde des ‚Nein' T 5.2.1964. **78** Künzel, Peter F.: Literatur als Wirkbild. SZ 2.9.1966. **79** ebd. **80** Gaus, Günter: Die Intellektuellen. Opposition in der Bundesrepublik (III). SZ 4./5.5.1963. **81** Schwab-Felisch, Hans: Rebellen..., T 27.9.1964. **82** Richter-Interview I, S. 20. **83** Hildesheimer, Wolfgang: Amerys koketter Ruf... Z 15.7.1966. **84** ebd. **85** Tagung in Niendorf an der Ostsee. In: Das ganze Deutschland. In: Meyer-Brockmann, Henry: Dichter und Richter..., S. 80 f. **86** Piwitt, Hermann P.: Monstrum mit Monopol? Sp 41/1967. **87** Walser, Martin: Sozialisieren wir die Gruppe 47. Z 3.7.1964. **88** Piwitt, Hermann P.: Monstrum..., Sp 41/1967. **89** Grass, Günter. In: Arnold, Heinz Ludwig: Gespräche..., S. 90. **90** Lettau, Reinhard: Vorbemerkung. In: ders.: Die Gruppe 47. Bericht, Kritik, Polemik. Ein Handbuch, hrsg. v. Reinhard Lettau. Neuwied und Berlin 1967. S. 14. **91** Reich-Ranicki, Marcel: Politik..., Z 20.10.1967. **92** Schwab-Felisch, Hans: Gedächtnistagung ohne Pathos. FAZ 10.10.1967. **93** Mayer, Hans: Woran starb..., SZ 20./21.8.1971; vgl. auch: Buch und Buchhandel in Zahlen.

---

* Zur Entschlüsselung der verwendeten Siglen vergleiche das Verzeichnis auf S. 286.

Anmerkungen

Hrsg. vom Börsenverein des Deutschen Buchhandels. Frankfurt/M. 1969. S. 19; vgl. auch Wiesand, Andreas Johannes/Fohrbeck, Karla: Literatur und Öffentlichkeit in der Bundesrepublik Deutschland. Situation der Autoren/Kulturpolitik/Bildungswesen/Medien. Ein Handbuch. München/Wien 1976. S. 67. **94** Schwab-Felisch, Hans: Gedächtnistagung ..., FAZ 10.10.1967. **95** Jens-Interview, S. 12. **96** Vgl. Kröll, Friedhelm: Die »Gruppe 47«. Soziale Lage und gesellschaftliches Bewußtsein literarischer Intelligenz in der Bundesrepublik. Stuttgart 1977. S. 13 u. 140 ff. **97** Richter, Hans Werner: Briefe ..., S. 121. **98** Richter, Hans Werner: Fünfzehn Jahre. In: Almanach der Gruppe 47. 1947 – 1962. Hrsg. v. Hans Werner Richter in Zusammenarbeit mit Walter Mannzen. Reinbek 1962. S. 11. **99** Kurz, Paul K.: Die Gruppe 47. Kritik und Bericht. In: ders.: Über moderne Literatur 2, Frankfurt/M. 1969. S. 285. **100** ebd. **101** Vgl. Lettau, Reinhard (Hrsg.): Die Gruppe 47 ..., S. 450 – 464. Bis auf die Springer-Resolution von 1967 sind dort alle Resolutionen aus der Gruppe 47 abgedruckt. Zur Springer-Resolution vgl.: Die Resolution der 47er. In: SZ 10.10.1967. Vgl. auch: Gerd Fuchs: Ende des Springer-Boykotts? FR 15.1.1970. Zum politischen Engagement der Gruppe 47 vgl.: Helbig, Gerd-Rüdiger: Die politischen Äußerungen aus der Gruppe 47. Phil. Diss. Erlangen – Nürnberg 1967. **102** Kahle, Sigrid: Die Gruppe 47 ..., CuW 25.9.1964. **103** Schelsky 1953. Vgl. Gottschalch, Wilfried: Veränderungen der Sozialstruktur und Interessenbewußtsein im CDU-Staat. In: Blanke, Bernhard u. a. (Redaktion): Die Linke im Rechtsstaat. Bd. 1: Bedingungen sozialistischer Politik 1945 – 1965. Berlin 1976. S. 73. **104** Reich-Ranicki, Marcel. zit. nach: Kahle, Sigrid: Die Gruppe 47 ..., CuW 25.9.1964. **105** Richter, Hans Werner: Was war die Gruppe 47? ... 3. Teil, S. 15. **106** Hildesheimer, Wolfgang: Amerys koketter Ruf ... Z 15.7.66. **107** Vgl. Kröll, Friedhelm: Gruppe 47 ... S. 5 ff. **108** Vgl. unten die Zitate 158 – 162. **109** Ude, Karl: Sind unsere Schriftsteller verantwortungslos? SZ 12.2.1957. **110** Vgl. Eggebrecht, Axel: Soll die Ära der Heuchelei andauern? In: Walser, Martin (Hg.): Die Alternative – oder brauchen wir eine neue Regierung? Reinbek 1961, S. 25. **111** Szczesny, Gerhard: Humanistische Union. In: Walser, Martin (Hg.): Die Alternative ..., S. 36. **112** Vgl. Rupp, Hans Karl: Außerparlamentarische Opposition in der Ära Adenauer. Köln 1970. **113** entfällt. **114** Vgl. Schmiede, Rudi: Das deutsche ›Wirtschaftswunder‹ 1945 – 1965. In: Blanke Bernhard u. a. (Redaktion): Die Linke ..., S. 107 – 138; vgl. auch: Projekt Klassenanalyse: Materialien zur Klassenstruktur der BRD. 2. Teil, Berlin 1974. S. 47 – 66; vgl. auch: Projekt Klassenanalyse: Gesamtreproduktionsprozeß der BRD 1950 – 1975. Berlin 1976. S. 207 – 320. **115** Vgl. Abendroth, Wolfgang: Der Notstand der Demokratie. Die Entwürfe zur Notstandsgesetzgebung. In: Ders.: Arbeiterklasse, Staat und Verfassung. Materialien zur Verfassungsgeschichte und Verfassungstheorie der Bundesrepublik. Hg. u. eingel. v. Joachim Perels. Ffm. 1975. S. 202 – 221. **116** Vgl. Rupp, Hans Karl: Außerparlamentarische Opposition. **117** Seifert, Jürgen: Die Neue Linke. In: Frankfurter Hefte, 1963. H 1. S. 30 – 40. **118** Vgl. Abendroth, Wolfgang: Ein Leben in der Arbeiterbewegung. Gespräche, aufgezeichnet und hrsg. v. B. Dietrich und J. Perels. Ffm. 1976, S. 243 ff.; vgl. auch Herbert Wehners Zusicherung in der Rede vor dem Deutschen Bundestag am 20. Juni 1960, *das umfangreiche und durchaus mit Problemen durchsetzte Erbe Adenauers zu übernehmen und es weiterzugestalten.* Vogelsang, Thilo: Das geteilte Deutschland. dtv-Weltgeschichte des 20. Jahrhunderts. Hg. v. M. Broszat u. H. Heiber. Bd. 11, München 1973. S. 191. **119** Hofschen, Heinz-Gerd/Ott, Erich: Die SPD nach 1959. Wandlung und innere Differenzierung sozialdemokratischer Politik. In: Freyberg, Jutta von u. a. (Hg.): Geschichte der deutschen Sozialdemokratie 1863 – 1975. Köln 1975. S. 373. **120** Rühmkorf, Peter: Passionseinheit. In: Walser, Martin (Hg.): Die Alternative ... S. 49. **121** Vgl. Schnurre, Wolfdietrich: Das falsche Gleis. In: Walser, Martin (Hg.): Die Alternative ... S. 72. **122** Vgl. Richter-Interview I, S. 27. **123** Enzensberger, Hans Magnus: Ich wünsche nicht gefährlich zu leben. In: Walser, Martin (Hg.): Die Alternative, ... S. 66. **124** Richter, Hans Werner. Zit. nach: Baecker, Sigurd: Intellektuelle sind von Natur aus offen und selbstkritisch. V 22.12.1965. Zum politischen Engagement Grass' vgl.: Jäger, Manfred: Der politische Günter Grass. In: Arnold, Heinz Ludwig (Hg.): Günter Grass. Text + Kritik. Nr. 1/1a. 4. Aufl.. München 1971. S. 74 – 84. **125** Kahle, Sigrid: Die Gruppe 47 ... CuW 25.9.1964. **126** Schwab-Felisch, Hans: Lesungen am Mälarsee. FAZ 17.9.64. **127** Enzensberger, Hans Magnus: Klare Entscheidungen und trübe Aussichten. In: Schickel, Joachim (Hg.): Über Hans Magnus Enzensberger. Ffm. 1970. S. 229. **128** Jens-Interview, S. 25. **129** Karasek, Hellmuth: Deutschland Deine Dichter. Die Federhalter der Nation. Hamburg 1970. S. 60. **130** Vgl. Meinhof, Ulrike M.: Gruppe 47. In: k 10/67; vgl. auch: Fried, Erich: Grass oder Gruppe? In: k 11/67. **131** Meinhof, Ulrike M.: Gruppe 47. In: k 10/67. **132** Richter,Hans Werner.Zit.nach: Baecker, Sigurd: Intellektuelle ... V 22.12.1965. **133** Richter,Hans Werner: Was war die Gruppe 47? ... 4.Teil. S. 34. **134** Meinhof, Ulrike M.: Gruppe 47. In: k 10/67. **135** Jens-Interview, S. 35. **136** Mayer, Hans: Woran starb ... SZ 21./22.8. 1971. **137** Richter, Hans Werner: Fünfzehn Jahre ... In: Almanach der Gruppe 47 ..., S. 8. **138** Vgl. Dirks, Walter: Der restaurative Charakter der Epoche. In: FH, Jg. 5, 1950, H 9, S. 942 ff. **139** Vormweg, Heinrich: Literatur war ein Asyl. In: Born, Nicolas/Manthey, Jürgen (Hg.): Literaturmagazin 7. Nachkriegsliteratur. Reinbek 1977. S. 204. **140** Vgl. Benjamin, Walter: Das Kunstwerk im Zeitalter seiner technischen Reproduzierbarkeit. Ffm. 1975.[8]. S. 51. **141** Vgl. Kröll, Friedhelm: Gruppe 47 ... S. 199 ff. **142** Richter, Hans Werner. Zit. nach: Andersch, Alfred: ›Gruppe 47‹. Fazit eines Experiments neuer Schriftsteller. Rundfunkmanuskript. Radio Frankfurt. 26.7.1949. S. 7. **143** Eich, Günter. In: Der Skorpion. Jg. 1. H 1. 1948. S. 4. Auch in: Günter Eich. Gesammelte Werke. Hg. vom Suhrkamp-Verlag in Verbindung mit Ilse Aichinger und unter Mitwirkung von Susanne Müller-Hanpft, Horst

Der Verfall der Gruppe 47

Ohde, Heinz F. Schafroth, Heinz Schwitzke. Bd. 4. Hg. v. Heinz F. Schafroth. Ffm. 1973. S. 392–394. (Dort unter dem Titel ›Der Schriftsteller 1947‹.)   **144** Andersch, Alfred: ›Gruppe 47‹. Fazit... S. 15.   **145** Jens-Interview, S. 5.   **146** Vgl. den Briefwechsel zwischen Walter Kolbenhoff und Wolfdietrich Schnurre in: Der Skorpion... S. 42 ff.   **147** Mayer, Hans: In Raum und Zeit. In: Almanach der Gruppe 47... S. 31.   **148** ebd.   **149** Jens, Walter: Deutsche Literatur... S. 30.   **150** Richter, Hans Werner: Brief an den Herausgeber. In: Dollinger, Hans (Hg.): Außerdem... S. 5.   **151** Richter, Hans Werner: Was war die Gruppe 47?... 4. Teil, S. 23.   **152** ebd, 3. Teil, S. 4.   **153** Jens-Interview, S. 17.   **154** Enzensberger, Hans Magnus: Berliner Gemeinplätze. In: Kursbuch 11 (Hg. v. H.M. Enzensberger). Januar 1968. S. 157.   **155** Böll, Heinrich: Angst... In: M 8/65. S. 778.   **156** Jens, Walter: Eine Kumpanei... Z 21.9.1962.   **157** Mayer, Hans: Das Geschehen und das Schweigen. Aspekte der Literatur. Ffm. 1969. S. 67.   **158** Jens, Walter: Deutsche Literatur... S. 40.   **159** ebd. S. 35.   **160** ebd. S. 38 f.   **161** Jens-Interview, S. 24.   **162** ebd. S. 8.   **163** Mayer, Hans: Das Geschehen... S. 46.   **164** Vgl. Ter-Nedden, Gisbert: Allegorie und Geschichte. Zeit- und Sozialkritik als Formproblem des deutschen Romans der Gegenwart. In: Kuttenkeuler, Wolfgang (Hg.): Poesie und Politik. Zur Situation der Literatur in Deutschland. Stuttgart 1973. S. 18 ff.; vgl. auch: Richter, Hans Werner: Zum politischen Engagement deutscher Schriftsteller. In: Neue Rundschau Nr. 78. 1967. S. 293.   **165** Vgl. Johnson, Uwe: Das dritte Buch über Achim. Roman. (1961) und Walser, Martin: Das Einhorn. Roman. (1966).   **166** Mayer, Hans: Das Geschehen... S. 64.   **167** Jens, Walter: Deutsche Literatur... S. 41.   **168** Jens, Walter. Zit. nach: Schwab-Felisch, Hans: Die sokratische Würde... T 5.2.1964.   **169** Vgl. Adorno, Theodor W.: Standort des Erzählers im zeitgenössischen Roman. In: Ders.: Noten zur Literatur I. Ffm. 1958. S. 61 ff.   **170** Jens, Walter: Deutsche Literatur... S. 47.   **171** Vormweg, Heinrich: Die Wörter und die Welt. In: Akzente 1966. H 1/2. S. 72.   **172** Ein frühes Beispiel für diese Problematik ist Walter Jens' »Herr Meister«, ein Roman über einen nicht geschriebenen Roman.   **173** Vgl. Vormweg, Heinrich: Von heute aus gesehen. In: Akzente 1973. H 1/2. S. 65.   **174** Heißenbüttel, Helmut: Literatur und Wissenschaft. In: Akzente. 1965. H 2. S. 184.   **175** Heißenbüttel, Helmut: Über den Einfall. In: Matthaei, Renate (Hg): Grenzverschiebung. Neue Tendenzen in der deutschen Literatur. Theorie und Programm. Köln 1970. S. 3.   **176** Heißenbüttel, Helmut: Literatur und Wissenschaft... S. 188.   **177** Becker, Jürgen: Statement. In: Matthaei, Renate (Hg): Grenzverschiebung... S. 59.   **178** Becker, Jürgen: Felder. Ffm. 1969. S. 130.   **179** ebd.   **180** Enzensberger, Hans Magnus: Gemeinplätze, die Neueste Literatur betreffend. In: Kursbuch 15 (Hg. H.M. Enzensberger). November 1968. S. 188.   **181** Jens, Walter. Zit. nach: Schwab-Felisch, Hans: Lesungen. FAZ 17.9.1964.   **182** Wellershoff, Dieter: Wiederherstellung der Fremdheit. In: Matthaei, Renate: Grenzverschiebung... Theorie und Programm. S. 14 f.   **183** Baumgart, Reinhard: Die Enkel von Thomas Proust und Marcel Mann. Zehn Anmerkungen zu Thesen von Leslie Fiedler. In: Matthaei, Renate (Hg): Grenzverschiebung... Theorie und Programm. S. 24.   **184** Jens, Walter: Deutsche Literatur... S. 92.   **185** Höllerer, Walter: Veränderung. In: Akzente 1964. H 5/6. S. 394.   **186** Wellershoff, Dieter: Wiederherstellung... S. 14.   **187** ebd. S. 11.   **188** Höllerer, Walter: Veränderung... S. 386ff.   **189** Heißenbüttel, Helmut: Literatur und Wissenschaft... S. 191.   **190** Vgl. Vormweg, Heinrich: Die Wörter... S. 84; vgl. auch: Heißenbüttel, Helmut: Literatur und Wissenschaft... S. 173. Vormweg und Heißenbüttel führten als Gründe für die Krise des Individuums seine Determination durch Technokratie und Verwaltung an, ohne diese Determination in ihrer gesellschaftlich bestimmten Form als Ausdruck veränderter Verwertungsbedingungen des Kapitals zu begreifen.   **191** Vgl. Weiss, Peter: Statement. In: Matthaei, Renate (Hg): Grenzverschiebung... S. 304f.   **192** Heißenbüttel, Helmut: Literatur und Wissenschaft... S. 191.   **193** Vormweg, Heinrich: Von heute aus gesehen... S. 62.   **194** Vgl. ebd. S. 65.   **195** Vgl. Wellershoff, Dieter: Wiederherstellung... S. 9ff.   **196** Vgl. Vegesack, Thomas von: Synthese in Sicht. In: Lettau, Reinhard (Hg): Die Gruppe 47... S. 189ff.   **197-** Schnurre, Wolfdietrich: Seismographen waren sie nicht. In: W. 3. 11. 1961.   **198** Jens, Walter. Zit. nach: Schwab-Felisch, Hans: Stimmungswald mit künstlichen Vögeln. In: T 10. 11. 1960.   **199** Jens, Walter. Zit. nach: Kahle, Sigrid: Die Gruppe 47... CuW 25. 9. 1964.   **200** Heißenbüttel-Interview, S. 1.   **201** Vgl. Jent, Louis: Tagung der Gruppe 47. In: NZZ 13. 11. 63. vgl. auch: Schnurre, Wolfdietrich: Verlernen die Erzählen? W 31. 10. 1962.   **202** Heißenbüttel, Helmut: Das Textbuch. Neuwied und Berlin 1970. S. 156f.   **203** Richter, Hans Werner: Was war die Gruppe 47?... 4. Teil, S. 2.   **204** Schnurre, Wolfdietrich: Verlernen die Erzähler... W 31. 10. 1962.   **205** Böll, Heinrich: Frankfurter Vorlesungen. Köln/Berlin 1966. S. 19.   **206** Richter, Hans Werner. Zit. nach: Baecker, Sigurd: Intellektuelle... V 22. 12. 1965.   **207** ebd.   **208** Richter, Hans Werner: Was war die Gruppe 47?... 4. Teil, S. 23.   **209** ebd., 3. Teil, S. 20.   **210** ebd., 4. Teil, S. 23.   **211** Schwab-Felisch, Hans: Princeton und die Folgen. V 18.5.66.   **212** Andersch, Alfred: ›Gruppe 47‹. Fazit... S. 14.   **213** Leonhardt, Rudolf Walter: Eine Generation... Z 22. 7. 77.   **214** Bingel, Horst: Schriftsteller als Staatsbürger. In: Publik. 26. 6. 1970.   **215** Enzensberger, Hans Magnus: Gemeinplätze... S. 190.   **216** Böll, Heinrich: Angst... In: Merkur 8/65. S. 779f.   **217** Zum Begriff der Affirmation vgl. Marcuse, Herbert: Über den affirmativen Charakter der Kultur. In: Ders.: Kultur und Gesellschaft I. Ffm. 1965. S. 56 – 101.   **218** Weiss, Peter: 10 Arbeitspunkte des Autors in der geteilten Welt. In: B. Pinkerneil/ D. Pinkerneil/ V. Žmegač (Hg.): Literatur und Gesellschaft. Dokumentation zur Sozialgeschichte der deutschen Literatur seit der Jahrhundertwende. Ffm. 1973. S. 242.   **219** Jens-Interview, S. 24.   **220** Härtling, Peter: Gegen rhetorische Ohnmacht. Kann man über Vietnam Gedichte schreiben? In: Der Monat

Anmerkungen

Mai 1967. S. 60. **221** Enzensberger, Hans Magnus: Berliner Gemeinplätze...S. 157. **222** Vgl. Hüser, Fritz/von der Grün, Max (Hg.): Almanach der Gruppe 61 und ihrer Gäste. Neuwied u. Berlin 1966. S. 22ff. und: 12 Thesen zur westdeutschen Arbeiterliteratur. These 5. In: alternative. Heft 51. Dezember 1966. S. 206/207. **223** Mayer, Hans: Woran starb...SZ 21./22. 8. 1971. **224** Weiss, Peter: 10 Arbeitspunkte... S. 245. **225** Enzensberger, Hans Magnus: Poesie und Politik. In: Ders.: Einzelheiten II. Ffm. 1970. S. 133. **226** Vgl. Enzensberger, Hans Magnus: Einzelheiten. Nachbemerkung. Ffm. 1973. S. 207. **227** Enzensberger, Hans Magnus: Gemeinplätze... S. 195. **228** ebd. S. 189. **229** Enzensberger, Hans Magnus: Berliner Gemeinplätze...S. 158. **230** Enzensberger, Hans Magnus: Klare Entscheidungen...S. 230f. **231** Schwab-Felisch, Hans: Mehr Selbstprüfung erbeten. In: M 8/65. S. 787. **232** Jens-Interview, S. 15f. **233** Richter, Hans Werner. Zit. nach: Kahle, Sigrid: Die Gruppe 47... CuW 25. 9. 1964. **234** Lattmann, Dieter: Die Gruppe 47. In: Kindlers Literaturgeschichte der Gegenwart. Hg. v. Dieter Lattmann, Heinrich Vormweg, Karl Krolow und Hellmuth Karasek. München 1973. S. 98. **235** Richter, Hans Werner: Briefe... S. 160.

6. BIBLIOGRAPHIE DER BENUTZTEN LITERATUR

6.1 Abkürzungsverzeichnis verwendeter Zeitungen und Zeitschriften

Akzente	Ak
Christ und Welt	CuW
Civis	C
Colloquium	Co
Darmstädter Echo	DE
Deutsche Zeitung	DZ
Deutsches Allgemeines Sonntagsblatt	DAS
Dokumente	D
Frankfurter Allgemeine Zeitung	FAZ
Frankfurter Rundschau	FR
Frankfurter Hefte	FH
German Quarterly	GQ
Hannoversche Presse	HP
Hessische Nachrichten	HeN
konkret	k
Merkur	M
Münchner Merkur	MM
Neue Deutsche Literatur	NDL
Die Neue Zeitung	NZ
Neue Zürcher Zeitung	NZZ
Neues Deutschland	ND
Rheinischer Merkur	Rm
Der Ruf	R
Der Spiegel	Sp
Sprache im technischen Zeitalter	SpitZ
Stuttgarter Zeitung	StZ
Süddeutsche Zeitung	SZ
Der Tagesspiegel	T
Texte und Zeichen	TuZ
Tribüne	Tr
Vorwärts	V
Die Welt	W
Die Weltwoche	Ww
Die Zeit	Z

6.2 Verzeichnis wichtiger Zeitschriften im Zusammenhang mit der Gruppe 47 und ihren Autoren

Akzente. Zeitschrift für Dichtung. Hrsg. von Walter Höllerer und Hans Bender. München. 1954 ff.

alternative. Zeitschrift für Literatur und Diskussion. Hrsg. von Reimar Lenz und Richard Salis. Berlin. 1958 ff.

Ende und Anfang. Zeitung der jungen Generation. Hrsg. von Franz Josef Bautz und Lothar Kolb. Meitingen bei Augsburg. 1946/47 – 1947/48.

Frankfurter Hefte. Zeitschrift für Kultur und Politik. Hrsg. von Eugen Kogon unter Mitarbeit von Walter Dirks. Neuwied. 1946ff.

Horizont. Halbmonatsschrift für junge Menschen. Hrsg. von Eduard Grosse und Günther Birkenfeld. Berlin. Dezember 1945 – September 1948.

Kursbuch. Hrsg. von Hans Magnus Enzensberger. Berlin. 1965ff.

Die Literatur. Blätter für Literatur, Film, Funk und Bühne. Hrsg. von Hans Werner Richter. Stuttgart. März 1952 – November 1952.

Merkur. Deutsche Zeitschrift für europäisches Denken. Hrsg. von Hans Paeschke und Joachim Moras. Stuttgart. 1947ff.

Der Ruf. Unabhängige Blätter der jungen Generation. Hrsg. von Alfred Andersch und Hans Werner Richter. München. 1946 – 1947.

Der Skorpion. Hrsg. von Hans Werner Richter unter Mitwirkung von Alfred Andersch u.a. Jg. 1. H. 1. Januar 1948. (unveröffentlicht).

Sprache im technischen Zeitalter. Hrsg. von Walter Höllerer. Stuttgart. 1954ff.

Text + Kritik. Hrsg. von Heinz Ludwig Arnold. München. 1963ff.

Texte und Zeichen. Eine literarische Zeitschrift. Hrsg. von Alfred Andersch. Berlin/Neuwied. 1955 – 1957. Reprint: Frankfurt am Main. 1978.

6.3 Verzeichnis der geführten Interviews

Gespräch mit Alfred Andersch am 16.5.1976 in Göttingen. (Ms. Göttingen 1976). Im Text zitiert als: Andersch-Interview.

Gespräch mit Axel Eggebrecht am 13.11.1976 in Hamburg. (Ms. Göttingen 1976). Im Text zitiert als: Eggebrecht-Interview.

Gespräch mit Günter Grass am 14.2.1977 in Göttingen. (Ms. Göttingen 1977). Im Text zitiert als: Grass-Interview.

Gespräch mit Helmut Heißenbüttel am 13.6.1976 in Göttingen. (Ms. Göttingen 1976). Im Text zitiert als: Heißenbüttel-Interview.

Gespräch mit Walter Jens am 15.10.1976 in Tübingen. (Ms. Göttingen 1976). Im Text zitiert als: Jens-Interview.

Gespräch mit Günter Kunert am 26.6.1976 in Berlin (DDR). (Ms. Göttingen 1976). Im Text zitiert als: Kunert-Interview.

Gespräch mit Hans Werner Richter am 14.10.1976 in München. (Ms. Göttingen 1976). Im Text zitiert als: Richter-Interview I.

Gespräch mit Hans Werner Richter am 14.11.1976 in Norddeich. (Ms. Göttingen 1976). Im Text zitiert als: Richter-Interview II.

Die Manuskripte der vom »Göttinger Seminar« geführten Interviews sind zugänglich im Seminar für Deutsche Philologie der Georg-August-Universität Göttingen, Nikolausberger Weg 15.

6.4 Literaturverzeichnis

Abendroth, Wolfgang (Hg.): *Faschismus und Kapitalismus*. Frankfurt/M. 1967.

Abendroth, Wolfgang: *Der Notstand der Demokratie. Die Entwürfe zur Notstandsgesetzgebung*. In: Ders.: *Arbeiterklasse, Staat und Verfassung. Materialien zur Verfassungsgeschichte und Verfassungstheorie der Bundesrepublik*. Hrsg. und eingeleitet von Joachim Perels. Frankfurt/M. 1975.

Abendroth, Wolfgang: *Ein Leben in der Arbeiterbewegung*. Gespräche, aufgezeichnet und hrsg. von Barbara Dietrich und Joachim Perels. Frankfurt/M. 1976.

Adorno, Theodor W.: *Standort des Erzählers im zeitgenössischen Roman*. In: Ders.: *Noten zur Literatur I*. Frankfurt/M. 1958. S. 61-72.

Adorno, Theodor W.: *Eingriffe. Neun kritische Modelle*. Frankfurt/M. 1963.

Adorno, Theodor W.: *Ästhetische Theorie*. Frankfurt/M. 1973.

Adorno, Theodor W.: *Aufzeichnungen zu Kafka*. In: Ders.: *Prismen. Kulturkritik und Gesellschaft*. (Erstausgabe: Berlin 1955). Hier zitiert nach: Frankfurt/M. 1976. (= stw 178). S. 302 - 342.

a.g.: *An Stelle eines Romanischen Cafés*. In: Die Gegenwart, 5.10.1957. Wieder abgedruckt in: Lettau (1967). S. 282 - 286.

Aichinger, Ilse: *Rede unter dem Galgen*. Vorwort zu: *Der Gefesselte*. Frankfurt/M. 1954.

Albrecht, Günter u.a.: *Lexikon deutschsprachiger Schriftsteller. Von den Anfängen bis zur Gegenwart*. 4 Bde. Kronberg/Ts. 1974.

Almanach der Gruppe 47, 1947 - 1962. Hrsg. von Hans Werner Richter in Zusammenarbei mit Walter Mannzen. Reinbek 1962.

Amery, Carl: *Wir brauchen die Gegen-Mafia. Notruf eines Mitglieds der Gruppe 47*. Z 1.7.1966.

Andersch, Alfred (Hg.): *Europäische Avantgarde*. Frankfurt/M. 1948.

Andersch, Alfred: *Deutsche Literatur in der Entscheidung*. Karlsruhe. 1948.

Andersch, Alfred: *»Gruppe 47«. Fazit eines Experiments neuer Schriftsteller*. Unveröffentlichtes Rundfunkmanuskript. Radio Frankfurt. 26.7.1949.

Andersch, Alfred: *1 (in Worten: ein) zorniger junger Mann*. FH 2/1958. S. 143 - 145.

Andersch, Alfred: *Die Blindheit des Kunstwerks und andere Aufsätze*. Frankfurt/M. 1965.

anonym: *Ration in der Tasche*. (Über Günter Eich). Sp Nr. 27/1950.

anonym: *Stenogramm der Zeit*. (Über Ingeborg Bachmann). Sp Nr. 34/1954.

anonym: *Der Bann ist gebrochen*. V 12.11.1959.

anonym: *Wieder geklingelt*. Sp Nr. 43/1962.

anonym: *Richters Richtfest*. Sp Nr. 43/1962. Wieder abgedruckt in: Lettau (1967). S. 290 - 309.

anonym: *Überdruß an der Gruppe*. C 6/1966. S. 26 - 27.

anonym: *Die Clique. 20 Jahre Gruppe 47*. C 10/1967. S. 21 - 27.

anonym: *Dichter, Dichter*. Sp Nr. 43/1967.

anonym: *Gruppe 47 redivivus?* FR 3.5.1972.

anonym: *Gruppe 47 beim eigenen Begräbnis*. FR 20.9.1977.

anonym: *Heimweh nach den falschen Fünfzigern. Nostalgie und böses Erwachen – die 50er Jahre werden entdeckt*. Sp Nr. 14/1978. S. 90-111.

Arendt, Dieter (Hg.): *Der Nihilismus als Phänomen der Geistesgeschichte in der wissenschaftlichen Diskussion unseres Jahrhunderts*. WdF CCCIX. Darmstadt. 1974.

Arnold, Heinz Ludwig (Hrg.): *Literaturbetrieb in Deutschland*. München. 1971.

Arnold, Heinz Ludwig: *Westdeutsche Literatur von 1945-1971*. 3 Bde. Frankfurt/M. 1972.

Arnold, Heinz Ludwig (Hg.): *Deutsche Literatur im Exil*. 2 Bde. Frankfurt/M. 1974.

Arnold, Heinz Ludwig: *Gespräche mit Schriftstellern*. München. 1975.

Bachmann, Ingeborg: *Der gute Gott von Manhattan*. Hörspiel. München. 1958.

Bachmann, Ingeborg: *Werke*. Hrsg. von Christine Koschel, Inge von Weidenbaum, Clemens Münster. Erster Band: Gedichte, Hörspiele, Libretti, Übersetzungen. München. 1978.

Badstübner, Rolf: *Restauration in Westdeutschland 1945-1949*. Berlin (DDR). 1965.

Bächler, Wolfgang: *Die Zisterne*. Eßlingen. 1950.

Baecker, Sigurd: *Intellektuelle sind von Natur aus offen und selbstkritisch. Ein Gespräch mit Hans Werner Richter*. V 22.12.1965.

Baecker, Sigurd: *Eine bessere Polemik bitte, meine Herren. Die Gruppe 47 im Streit und Widerstreit*. V 30.11.1966.

Bauer, Arnold: *Literarische Öffentlichkeit*. NZ 11.5.1949. Wieder abgedruckt in: Lettau (1967). S. 265 - 270.

Bauer, Arnold: *Hier kann jeder seine Meinung sagen*. Der Kurier, 5./6.10.1957. Wieder abgedruckt in: Lettau (1967). S. 125 - 128.

Bauke, Joachim P.: *Die Gruppe 47 in Princeton*. The New York Times Book Review, 15.5.1966. Wieder abgedruckt in: Lettau (1967). S. 236 - 240.

Baumgart, Reinhard: *Die Enkel von Thomas Proust und Marcel Mann. Zehn Anmerkungen zu Thesen von Leslie Fiedler*. In: Matthaei (1970). S. 22-29.

Bayer, Konrad: *Das Gesamtwerk*. Reinbek 1977.

Bibliographie

Becker, Jürgen: *Felder*. Frankfurt/M. 1964.

Becker, Jürgen: *Ränder*. Frankfurt/M. 1968.

Becker, Jürgen: *Statement*. In: Matthaei (1970). S. 59f.

Becker, Jürgen: *Gegen die Erhaltung des literarischen status quo*. In: *Über Jürgen Becker*. Hrsg. von Leo Kreutzer. Frankfurt/M. 1972.

Becker, Rolf: *47 auch noch 74*. Sp Nr. 20/1966.

Beckmann, Heinz: *Literarisches Scheibenschießen. Vom Händewaschen und der Wahrheitsfrage bei der Gruppe 47*. Rm 13.6.1952.

Bellebaum, Alfred: *Soziologische Grundbegriffe*. Stuttgart. ⁵1972.

Bender, Hans: *Über Ingeborg Bachmann. Versuch eines Porträts*. In: Text + Kritik. H. 6. (Ingeborg Bachmann). S. 1–9.

Benjamin, Walter: *Das Kunstwerk im Zeitalter seiner technischen Reproduzierbarkeit*. Frankfurt/M. ⁶1973.

Benn, Gottfried: *Probleme der Lyrik*. In: Ders.: *Gesammelte Werke in vier Bänden*. Hrsg. von Dieter Wellershoff. Bd. 1: Essays, Reden, Vorträge. Wiesbaden. 1959. S. 494–532.

Benn, Gottfried: *Lebensweg eines Intellektualisten*. In: G.B.: *Gesammelte Werke in acht Bänden*. Hg. von Dieter Wellershoff. München 1975. Bd. 8. S. 1885–1934.

Berghahn, Wilfried: *Argwöhnische Betrachtung eines Emporkömmlings*. FAZ 25.4.1961.

Best, Otto F.: *Kritik à la Gruppe 47*. W 18.6.1966.

Bichsel, Peter: *Die Jahreszeiten*. Darmstadt. 1967.

Bingel, Horst: *Schriftsteller als Staatsbürger*. Publik, 26.6.1970.

Blanke, Bernhard u.a. (Redaktion): *Die Linke im Rechtsstaat*. Bd. 1: *Bedingungen sozialistischer Politik 1945–1965*. Berlin. 1976.

Bloch, Ernst: *Erbschaft dieser Zeit*. Frankfurt/M. 1973.

Blöcker, Günter: *Die Gruppe 47 und ich. Der deutsche Stammtisch ist als »Poeten-Kongregation« wiederauferstanden*. Z 26.10.1962.

Bobrowski, Johannes: *Nachbarschaft*. Berlin 1967.

Bobrowski, Johannes: *Wetterzeichen*. Berlin. 1967.

Bobrowski, Johannes: *Selbstzeugnisse und neue Beiträge über sein Werk*. Berlin. 1975.

Bock, Hans Manfred: *Geschichte des linken Radikalismus in Deutschland. Ein Versuch*. Frankfurt/M. 1976.

Bohrer, Karl Heinz: *Zwei Wörter und ein Schauprozeß. Zum Ausgang des Streites zwischen der Gruppe 47 und Robert Neumann*. FAZ 21.11.1966.

Böll, Heinrich: *Bekenntnis zur Trümmer-Literatur*. Die Literatur 5/1952. S. 1.

Böll, Heinrich: *Ansichten eines Clowns*. Köln. 1963.

Böll, Heinrich: *Angst vor der Gruppe 47?* M 8/1965. S. 775–783. Wieder abgedruckt in: Lettau (1967). S. 389–400.

Böll, Heinrich: *Frankfurter Vorlesungen*. Köln/Berlin. 1966. Taschenbuchausgabe: München. 1968. (= dtv sr 68).

Börsenverein des Deutschen Buchhandels (Hg.): *Buch und Buchhandel in Zahlen*. Frankfurt/M. 1969.

Born, Nicolas/Manthey, Jürgen (Hg.): *Literaturmagazin 7. Nachkriegsliteratur*. Reinbek. 1977. (= das neue buch 87).

Borsdorf, Ulrich/Niethammer, Lutz (Hg.): *Zwischen Befreiung und Besatzung. Analysen des US-Geheimdienstes über Positionen und Strukturen deutscher Politik 1945*. Wuppertal. 1976.

Borsdorf/Brandt/Niethammer (Hg.): *Arbeiterinitiative 1945*. Wuppertal. 1977.

Brenner, Hans-Georg: *Ilse Aichinger – Preisträgerin der Gruppe 47*. Die Literatur 6/1952. S. 1. Wieder abgedruckt in: Lettau (1967). S. 72–77.

Brummach, Jürgen: *Satire*. In: Merker/Stammler: *Reallexikon der deutschen Literatur*. Bd. 3. Berlin. ²1977. S. 601–614.

Bungenstab, Karl-Ernst: *Umerziehung zur Demokratie? Re-education-Politik im Bildungswesen der US-Zone 1945–1949*. Düsseldorf. 1970.

Chotjewitz, Peter O.: *Ein Fall für Soziologen*. Co 6/1966. S. 14–16.

Cwojdrak, Günther: *Gruppe 47 anno 62*. NDL 5/1963. S. 101–111.

Daiber, Hans: *Deutsches Theater seit 1945. Bundesrepublik Deutschland, Deutsche Demokratische Republik, Österreich, Schweiz*. Stuttgart. 1976.

Desch, Kurt: *10 Jahre Verlag Kurt Desch. 1945–1955*. München. 1955.

Deschner, Karlheinz: *Talente Dichter Dilettanten. Überschätzte und unterschätzte Werke in der deutschen Literatur der Gegenwart*. Wiesbaden. 1964.

Deschner, Karlheinz: *Das ist die Gruppe 47!!* k 11/1964.

Dirks, Walter: *Der restaurative Charakter der Epoche*. FH 9/1950. S. 942–954.

Dirks, Walter: *Walter Dirks erinnert sich*. Teil III. Unveröffentlichtes Rundfunkmanuskript. WDR-Köln. 1976.

Dollinger, Hans (Hg.): *außerdem. Deutsche Literatur minus Gruppe 47 = wieviel?* Mit einem Grußwort von Hans Werner Richter. München u.a. 1967.

Dollinger, Hans: *Einleitung*. In: Ders.: *außerdem* (1967). S. 9–11.

Dor, Milo: *Salto mortale*. In: Richter (Hg.): *Almanach der Gruppe 47* (1962). S. 340–358.

Bibliographie

Dowe/Klotzbach (Hg.): *Programmatische Dokumente der deutschen Sozialdemokratie*. Bonn-Bad Godesberg. 1973.

Drommert, René: *Elfenbeinturm und Fernsehen*. Z 21.4.1961. Wieder abgedruckt in: Lettau (1967). S. 252-255.

Eggebrecht, Axel: *Soll die Ära der Heuchelei andauern?* In: Walser: *Die Alternative*: S. 25-35.

Eibach, Maria (Pseud): *Ein bedeutungsvolles Treffen*. Die Epoche, 28.9.1947. Wieder abgedruckt in: Lettau (1967). S. 21-23.

Eich, Günter: (Ohne Titel) [Der Schriftsteller 1947]. In: Der Skorpion. Hrsg. von Hans Werner Richter unter Mitwirkung von Alfred Andersch u.a. Heft 1. Jg. 1. Januar 1948. S. 3-4. (unveröffentlicht). Auch in: Günter Eich: *Gesammelte Werke*. Hrsg. vom Suhrkamp Verlag in Verbindung mit Ilse Aichinger und unter Mitwirkung von Susanne Müller-Hanpft, Horst Ohde, Heinz F. Schafroth, Heinz Schwitzke. Bd. 4. Hrsg. von Heinz F. Schafroth. Frankfurt/M. 1973. (Dort unter dem Titel: »*Der Schriftsteller 1947*«).

Eich, Günter: *Abgelegene Gehöfte*. Frankfurt/M. 1948.

Eich, Günter: *Träume*. Frankfurt/M. 1953.

Eich, Günter: *Botschaften des Regens*. Frankfurt/M. 1955.

Eich, Günter: *Einige Bemerkungen zum Thema »Literatur und Wirklichkeit«*. Ak 3/1956. S. 313-315.

Eich, Günter: *Gesammelte Werke*. Hrsg. vom Suhrkamp Verlag in Verbindung mit Ilse Aichinger. Bd. 1: *Die Gedichte. Die Maulwürfe*. Frankfurt/M. 1973.

Eich, Günter: *Fünfzehn Hörspiele*. Frankfurt/M. 1973. (= st 120).

Eichholz, Armin: *Welzheimer Marginalien*. NZ 27./28.10.1951. Wieder abgedruckt in: Lettau (1967). S. 69-71.

Eichholz, Armin: *Thomas Manns Lob und das Geldverdienen*. MM 4.5.1954. Wieder abgedruckt in: Lettau (1967). S. 97-103.

Enzensberger, Hans Magnus: *Landessprache. Gedichte*. Frankfurt/M. 1960.

Enzensberger, Hans Magnus: *Ich wünsche nicht gefährlich zu leben*. In: Walser: *Die Alternative*. S. 61-66.

Enzensberger, Hans Magnus: *Die Clique*. In: Richter (Hg.): *Almanach der Gruppe 47*. (1962). S. 22-27.

Enzensberger, Hans Magnus: *Gedichte. Die Entstehung eines Gedichts*. Frankfurt/M. 1962.

Enzensberger, Hans Magnus: *Berliner Gemeinplätze*. Kursbuch 11. 1968. S. 151-169.

Enzensberger, Hans Magnus: *Gemeinplätze, die Neueste Literatur betreffend*. Kursbuch 15. 1968. S. 187-197.

Enzensberger, Hans Magnus: *Klare Entscheidungen und trübe Aussichten*. In: Schickel, Joachim (Hg.): *Über Hans Magnus Enzensberger*. Frankfurt/M. 1970. S. 225-232.

Enzensberger, Hans Magnus: *Einzelheiten I. Bewußtseins-Industrie*. Frankfurt/M. ^{8}1973. (Erstauflage: 1962).

Enzensberger, Hans Magnus: *Einzelheiten II. Poesie und Politik*. Frankfurt/M. ^{3}1970.

Erdmann, Sybille/Heister, Gaby/Rütten, Kurt: *Die Nutzung des Mediums Fernsehen durch die Mitglieder der Gruppe 47*. (Seminar- und Zwischenprüfungsarbeit). Aachen 1973. (Unveröffentlichtes Manuskript. Lehrstuhl für Neuere Deutsche Literaturgeschichte; Germanistisches Seminar der RWTH Aachen).

Esser, Rainer/Mosni, Philibert/Lützenkirchen, Detlef: *Die Nutzung des Mediums Rundfunk auf dem Wege der literarischen und funkspezifischen Gattung Hörspiel durch Mitglieder der Gruppe 47*. (Seminar- und Zwischenprüfungsarbeit). Aachen 1972. (Unveröffentlichtes Manuskript; Germanistisches Seminar der RWTH Aachen).

Ferber, Christian: *Die Legende vom Kahlschlag*. Die Literatur 6/1952. S. 1.

Ferber, Christian: *Die Frühjahrstagung der Gruppe 47 in Mainz*. Süddeutscher Rundfunk. Juli 1953. Abgedruckt in: Lettau (1967). S. 87-89.

Ferber, Christian. *Weil es keine geistige Metropole mehr gibt, reisen die Dichter, um sich zu treffen. Frühjahrstagung der Gruppe 47*. W 16.5.1955.

Ferber, Christian: *Man war sich selten einig. Herbstliches Poetentreffen*. W 17.10.1955. Wieder abgedruckt in: Lettau (1967). S. 114f.

Ferber, Christian: *Die Gruppe und die Presse*. In: Richter (Hg.): *Almanach der Gruppe 47*. (1962). S. 37-43.

Ferber, Christian: *Bitte Namen, bitte Zitate. Hans Werner Richter und die Gruppe 47. Offene Antwort an Rudolf Krämer-Badoni*. W 31.1.1968.

Fischbach, Ute: *Kunstbetrachtung im Ruf*. In: Hay, Gerhard (Hg.): *Zur literarischen Situation 1945-1949*. Kronberg/Ts. 1977. S. 118-132.

Flemmer, Walter: *Verlage in Bayern. Geschichte und Geschichten*. Mit einem einführenden Kapitel über die Frühgeschichte des bayerischen Verlagswesens von Fritz Schmitt-Carl. Pullach bei München. 1974.

Freyberg, Jutta von u.a. (Hg.): *Geschichte der deutschen Sozialdemokratie 1863-1975*. Köln. 1975.

Fried, Erich: *Grass oder Gruppe?* k 11/1967.

Friedrich, Heinz: *Vereinigung junger Autoren*. HeN 22.9.1948. Wieder abgedruckt in: Lettau (1967). S. 261-264.

Bibliographie

Friedrich, Heinz: *Wo bleibt die dichterische Aussage? Eindrücke vom Frühjahrstreffen der Gruppe 47*. Z 1.6.1950.

Friedrich, Heinz: *Die Gruppe 47*. Deutsche Kommentare, 14.6.1952. Wieder abgedruckt in: Lettau (1967). S. 77-79.

Friedrich, Heinz: *Gruppe 47 - Anno 1953*. HeN 26.10.1953. Wieder abgedruckt in: Lettau (1967). S. 93-96.

Friedrich, Heinz: *Gruppe 47 am herbstlichen Main*. HeN 21.10.1954. Wieder abgedruckt in: Lettau (1967). S. 104f.

Friedrich, Heinz: *Zehn Jahre danach. Zur Tagung der Gruppe 47*. DZ 5.10.1957.

Friedrich, Henz: *Das Jahr 47*. In: Richter (Hg.):

Friedrich, Heinz: *Das Jahr 47*. In: Richter (Hg.): Almanach der Gruppe 47 (1962). S. 15-21.

Fuchs, Gerd: *Ende des Springer-Boykotts?* FR 15.1.1970.

Gaus, Günter: *Die Intellektuellen. Opposition in der Bundesrepublik (III)*. SZ 4./5.5.1963.

Gehring, Hansjörg: *Amerikanische Literaturpolitik in Deutschland 1945-1953. Ein Aspekt des Reeducation-Programms*. Stuttgart. 1976.

Giefer, Günter/Gundwin, Peter: *Die Siebenundvierziger. Notizen von zwei Schriftstellertreffen*. FH 12/1955. S. 892-898.

Gimbel, John: *Amerikanische Besatzungspolitik in Deutschland 1945-1949*. Frankfurt/M. 1971.

Gottschalch, Wilfried: *Veränderungen der Sozialstuktur und Interessenbewußtsein im CDU-Staat*. In: Blanke/Bernhard u.a. (1976). Bd. 1. S. 72-88.

Grass, Günter: *Die Blechtrommel*. Neuwied/Berlin. 1959.

Grass, Günter: *Katz und Maus*. Neuwied/Berlin. 1961.

Grass, Günter: *Hundejahre*. Neuwied/Berlin. 1963.

Grass, Günter: *Die Plebejer proben den Aufstand*. Neuwied/Berlin. 1966.

Grass, Günter: *Freundliche Bitte um bessere Feinde*. SpitZ H. 20. 1966. S. 318-320.

Grass, Günter. *Örtlich betäubt*. Neuwied/Berlin. 1969.

Groll, Gunter: *Die Gruppe, die keine Gruppe ist*. SZ 10.4.1948. Wieder abgedruckt in: Lettau (1967). S. 31-36.

Gross, Helga: *Keineswegs wie Donnerhall*. FH 5/1963. S. 345-347.

Grosser, Alfred: *Geschichte Deutschlands seit 1945. Eine Bilanz*. München. 1974.

Gsteiger, Manfred: *Innerhalb und außerhalb der Gruppe 47*. NZZ 6.11.1968.

Guggenheimer, Walter Maria: *Nachwort zu: Keineswegs wie Donnerhall*. FH 5/1963. S. 347-350.

Gustafsson, Lars: *Mörderische Kritik*. Expressen, 17.9.1964. Wieder abgedruckt in: Lettau (1967). S. 193-197.

Habe, Hans: *Clique as Clique can. Ein Beitrag zur Soziologie des Literaturbetriebes*. Z 26.10.1962.

Habe, Hans: *Genies, bitte anschnallen! Zum Betriebsausflug der Gruppe 47*. Ww 6.5.1966.

Habermas, Jürgen: *Strukturwandel der Öffentlichkeit. Untersuchungen zu einer Kategorie der bürgerlichen Gesellschaft*. Neuwied/Berlin. [6]1974. (= SL 25).

Handt, Friedrich: *Vom Elend der Metapher*. SpitZ H. 20. 1966. S. 309-318.

Härtling, Peter: *Gegen rhetorische Ohnmacht. Kann man über Vietnam Gedichte schreiben?* Der Monat 5/1967.

Härtling, Peter: *Repräsentanten*. In: Lettau (1967). S. 203-205.

Hartung, Harald: *Experimentelle Literatur und Konkrete Poesie*. Göttingen. 1975.

Hasenclever, Walter: *Dichter und Richter*. Der Monat 12/1959. Wieder abgedruckt in: Lettau (1967). S. 143-150.

Hay, Gerhard (Hg.): *Zur literarischen Situation 1945-1949*. Frankfurt/M. 1977.

Heißenbüttel, Helmut: *Textbuch 1-5*. Olten/Freiburg 1960-1965.

Heißenbüttel, Helmut: *Literatur und Wissenschaft*. Ak 2/1965. S. 171-191.

Heißenbüttel, Helmut: *Über Literatur*. Olten/Freiburg. 196Taschenbuchausgabe: München. 1970. (= dtv sr 84).

Heißenbüttel, Helmut: *Textbuch 6*. Neuwied/Berlin. 1967.

Heißenbüttel, Helmut: *Briefwechsel über Literatur*. Zusammen mit Heinrich Vormweg. Neuwied/Berlin. 1969.

Heißenbüttel, Helmut: *Über den Einfall*. In: Matthaei (1970). S. 3-5.

Heißenbüttel, Helmut: *Das Textbuch*. Olten/Freiburg. 1970.

Heißenbüttel, Helmut: *Nachruf auf die Gruppe 47*. In: Arnold (1971). S. 33-39.

Helbig, Gerd-Rüdiger: *Die politischen Äußerungen aus der Gruppe 47. Eine Fallstudie über das Verhältnis von politischer Macht und intellektueller Kritik*. Diss. phil. Erlangen/Nürnberg. 1967.

Hensel, Georg: *Gruppe 47 macht keine geschlossenen Sprünge*. DE 8.4.1948. Wieder abgedruckt in: Lettau (1967). S. 36-39.

Hey, Richard: *Der Partisan im Kaninchendschungel. Zu Robert Neumanns »Protest, Protest«*. SpitZ H. 20. 1966. S. 292-294.

Hildesheimer, Wolfgang: *Lieblose Legenden*. Frankfurt/M. 1952.

Hildesheimer, Wolfgang: *Amerys koketter Ruf nach einer Mafia*. Z 15.7.1966.

Hilsbecher, Walter: *Der Rückzug auf die Literatur*. M 8/1965. S. 767-770.

Hocke, Gustav René: *Der Ruf in Amerika. Aus den Lebenserinnerungen*. WDR 10.12.1972. (2. Programm).

Hofschen, Heinz-Gerd/Ott, Erich: *Die SPD nach 1959. Wandlung und innere Differenzierung sozialdemokratischer Politik*. In: Freyberg u. a. (1975). S. 364-429.

Hohendahl, Peter Uwe: *Der Streit über die Funktion der Literaturkritik. Das Ende einer Institution?* In: Ders.: *Literaturkritik und Öffentlichkeit*. München. 1974. S. 151-186. Zuerst in: *Revolte und Experiment. Die Literatur der sechziger Jahre in Ost und West. Ein Kolloquium mit Beiträgen von Otto F. Best u. a*. Heidelberg. 1972. S. 41-72.

Hollander, Jürgen von: *Wer und was ist die Gruppe 47?* NZ 16.5.1950. Wieder abgedruckt in: Lettau (1967). S. 276-278.

Hollander, Jürgen von: *Ganz ohne Feierlichkeit. Die 47er tagten und verliehen einen Preis*. V 14.11.1958.

Hollander, Jürgen von: *Das Geheimnis der Gruppe 47*. In: Meyer-Brockmann (1967). S. 105-112.

Höllerer, Walter (Hg.): *Transit. Lyrikbuch der Jahrhundertmitte*. Mit Randnotizen von Walter Höllerer. Frankfurt/M. 1956.

Höllerer, Walter: *Veränderung*. Ak 5/6/1964. S. 386-398.

Höllerer, Walter: *Fikten, Fakten oder: Über die Kunst, daneben zu treffen*. SpitZ H. 20. 1966. S. 279-291. Wieder abgedruckt in: Lettau (1967). S. 423-440.

Höllerer, Walter: *Die Elephantenuhr*. Frankfurt/M. 1973.

Holthusen, Hans Egon: *Der unbehauste Mensch*. München. 1951.

Huber, Heinz: *Früher Schnee am Fluß*. In: Nordwestdeutscher Rundfunk/Süddeutscher Rundfunk (Hg.): *Hörspielbuch 1953*. Frankfurt/M. 1953. S. 11-28.

Humboldt, Wilhelm von: *Über die Verschiedenheit des menschlichen Sprachbaus und ihren Einfluß auf die geistige Entwicklung des Menschengeschlechts*. Darmstadt. 1949.

Hupka, Herbert. *Die Gruppe 47*. Münchner Rundfunk, 22.10.1947. Abgedruckt in: Lettau (1967). S. 46-48.

Hurwitz, Harold: *Die Stunde Null des deutschen Presse. Die amerikanische Pressepolitik in Deutschland 1945-1949*. Köln. 1972.

Hüser, Fritz / von der Grün, Max. In Zusammenarbeit mit Wolfgang Promies (Hg.): *Almanach der Gruppe 61 und ihrer Gäste. Aus der Welt der Arbeit*. Neuwied/Berlin. 1966.

Huster, Ernst-Ulrich u.a.: *Determinanten der westdeutschen Restauration 1945-1949*. Frankfurt/M. 1972.

Das Innere Reich. Zeitschrift für Dichtung, Kunst und deutsches Leben. München 1934/35-1943/44.

Ihlau, Olaf: *Die roten Kämpfer*. Meisenheim/Glan. 1969.

Ironie. In: *Fischer Lexikon Literatur*. Bd. 2,1. Hrsg. von Wolf-Hartmut Friedrich und Walter Killy. Frankfurt/M. 1965. S. 305-312.

Jäger, Manfred: *Der politische Günter Grass*. In: Text + Kritik. H. 1/1a.(Günter Grass). ⁴1971. S. 74-84.

Jauß, Hans Robert: *Literaturgeschichte als Provokation der Literaturwissenschaft*. Frankfurt/M. ⁴1974.

J.D.A.: *Vor historischer Kulisse. Herbsttagung der Gruppe 47 auf Burg Berlepsch*. In: Lettau (1967). S. 80-81.

Jens, Walter: *Nein. Die Welt der Angeklagten*. Roman. Hamburg u.a. 1950.

Jens, Walter: *Der Blinde*. Hamburg. 1951.

Jens, Walter: *Vergessene Gesichter*. Roman. Hamburg. 1952.

Jens, Walter: *Der Mann, der nicht alt werden wollte*. Roman. Hamburg. 1955.

Jens, Walter: *Deutsche Literatur der Gegenwart. Themen. Stile. Tendenzen*. München. 1961.

Jens, Walter: *Eine Kumpanei zur Verhinderung von Unfug. Fünfzehn Jahre Gruppe 47*. Z 21.9.1962.

Jens, Walter: *Herr Meister. Dialog über einen Roman*. München. 1963.

Jent, Louis. *Tagung der Gruppe 47*. NZZ 13.11.1963.

Johnson, Uwe: *Mutmaßungen über Jakob*. Frankfurt/M. 1959.

Johnson, Uwe: *Das dritte Buch über Achim*. Frankfurt/M. 1961.

Johnson, Uwe: *Gast war ich gerne. Keine Mafia, sondern Tagungen meiner Innung*. Z 15.7.1977.

Jünger, Ernst: *Über die Linie*. In: Ders.: *Werke*. Bd. 5. Essays I: *Betrachtungen zur Zeit*. Stuttgart. o. J. S. 245-290.

Kabel, Rainer: *Ein Literaturkritiker läuft Amok. Karlheinz Deschner und seine Methode, Aufsehen zu erregen*. V 3.2.1965.

Kafka, Franz: *Gesammelte Werke*. Hrsg. von Max Brod (1936). Taschenbuchausgabe in sieben Bänden. Bd. 5: *Beschreibung eines Kampfes. Novellen, Skizzen, Aphorismen aus dem Nachlaß*. Frankfurt/M. 1976. S. 100.

Kahle, Sigrid: *Die Gruppe 47 in Schweden*. CuW 25.9.1964.

(Kaiser, Joachim) J.K.: *Dichter-Wochenende in Berlin. Bemerkung*. FAZ 20.5.1955.

Kaiser, Joachim: *Zehn Jahre Gruppe 47*. FAZ 2.10.1957.

Bibliographie

Kaiser, Joachim: *Die Gruppe 47 lebt auf. Zur Herbsttagung in Großholzleute.* SZ 5.11.1958. Wieder abgedruckt in: Lettau (1967). S. 137–139.

Kaiser, Joachim: *Kann eine Gruppe Hauptstadt sein? Bemerkungen zum 15-jährigen Bestehen der Gruppe 47.* SZ 25.10.1962.

Kaiser, Joachim: *Physiognomie einer Gruppe.* In: Richter (Hg.): *Almanach der Gruppe 47.* (1962). S. 44–49.

Kaiser, Joachim: *Die Gruppe 47 in Berlin.* In: Lettau (1967). S. 174–179.

Kaiser, Joachim: *Dufhues im literarischen Zweifronten-Kampf. Mißverständnisse zwischen Schriftstellern und Politikern.* SZ 6.2.1963.

(Kaiser, Joachim) J.K.: *43 Minuten Gruppe 47.* SZ 16.1.1964.

Kaiser, Joachim: *Die Poeten von Sigtuna. Die Gruppe 47 traf sich in Schweden.* SZ 12.9.1964.

Kaiser, Joachim: *Von der Gruppe 47 zu 491. Notizen aus Schweden.* SZ 26./27.9.1964.

Kaiser, Joachim: *Spaß an Tabus.* SZ 24.11.1965.

Kaiser, Joachim: *Drei Tage und ein Tag. Das Amerikatreffen der Gruppe 47 und die Schriftstellerkonferenz in Princeton.* SZ 30.4./1.5.1966. Wieder abgedruckt in: Lettau (1967). S. 219–225.

Kaiser, Joachim: *Eine Entzauberung wird entzaubert.* k 8/1966.

Kaiser, Joachim: *Die aufgescheuchten 47er. Der Erlanger SDS und die Anti-Springer-Aktion der Gruppe 47.* SZ 9.10.1967.

Kaiser, Joachim: *Allerlei Neues aus der Pulvermühle.* SZ 10.10.1967.

Kaiser, Joachim: *Unkonkret, unrichtig: ein Röhl-Nachruf. Zu einem Abgesang auf die Gruppe 47 in konkret.* SZ 11.12.1971.

Kaiser, Joachim: *Ende nach 30 Jahren. Die letzte Tagung der Gruppe 47 in Saulgau.* SZ 20.9.1977.

Karasek, Hellmuth: *Gruppentest in der Pulvermühle.* StZ 14.10.1967.

Karasek, Hellmuth: *Deutschland Deine Dichter. Die Federhalter der Nation.* Hamburg. 1970.

Kayser, Wolfgang. *Das Groteske. Seine Gestaltung in Malerei und Dichtung.* Oldenburg. 1957.

Kepplinger, Hans Mathias: *Realkultur und Medienkultur. Literarische Karrieren in der Bundesrepublik.* Freiburg/München. 1975.

King, Janet K.: *Literarische Zeitschriften 1945–1970.* Stuttgart. 1974.

Kirchheim, Alexander: *Die Gruppe 47 in Klausur. Werkstatt-Herbsttagung in Göhrde – Enzensberger, Rühmkorf, Lenz im Kreuzfeuer der Kritik.* T 2.11.1961.

A.Kl.: *»Texte und Zeichen«.* V 11.2.1955.

Kluge, Alexander: *Lebensläufe. Anwesenheitsliste für eine Beerdigung.* Frankfurt/M. 1974.

Knapp, Manfred: *Zum Stand der Forschung über die deutsch-amerikanischen Nachkriegsbeziehungen.* In: Ders. (Hg.): *Die deutsch-amerikanischen Beziehungen nach 1945.* Frankfurt/M./New York. 1975. S. 7–85.

Knaus, Albrecht: *Die Meistersinger von Inzigkofen.* NZ 16.5.1950. Wieder abgedruckt in: Lettau (1967). S. 52–57.

Koebner, Thomas (Hg.): *Tendenzen der deutschen Literatur seit 1945.* Stuttgart. 1971.

Kolbenhoff, Walter: *Von unserm Fleisch und Blut.* München 1947.

Kolbenhoff, Walter/Schnurre, Wolfdietrich: *Kunst und Künstler. (Eine Kontroverse).* Horizont 1/1947. S. 27. 5/1947. S. 8. 11/1947. S. 22f.

Korn, Karl: *Literarische Werkstattproben.* FAZ 26.5.1953.

Korn, Karl: *»Texte und Zeichen«. Eine neue literarische Zeitschrift.* FAZ 10.11.1955.

Krämer-Badoni, Rudolf: *Narren der Nation?* W 31.10.1962.

Krämer-Badoni, Rudolf: *Das Doppelgesicht der Gruppe 47. Sie wurde, was sie werden wollte: ein Politikum.* Rm 8.2.1963.

Krämer-Badoni, Rudolf: *Mitrollen oder gerollt werden. Offener Brief an H.W. Richter.* W 27.1.1968.

Kröll, Friedhelm: *Die Gruppe 47. Soziale Lage und gesellschaftliches Bewußtsein literarischer Intelligenz in der Bundesrepublik.* Stuttgart. 1977.

Kröll, Friedhelm: *Gruppe 47.* Stuttgart. 1979.

Krüger, Hans Peter: *Wer dazugehört, bleibt Geheimnis.* T 1.11.1963. Wieder abgedruckt in: Lettau (1967). S. 185–188.

Krüger, Horst: *Literatur-Mafia in Berlin?* Der Literat, 10.2.1967. Wieder abgedruckt in: Lettau (1967). S. 440–445.

Kuby, Erich: *Ach ja, da liest ja einer.* Sp Nr. 19/1966.

Künzel, Peter F.: *Literatur als Wirkbild.* SZ 2.9.1966.

Kurz, Paul Konrad: *Die Gruppe 47. Kritik und Bericht.* In: Ders.: *Über moderne Literatur 2.* Frankfurt/M. 1969. S. 275–298.

Kuttenkeuler, Wolfgang: *Poesie und Politik. Zur Situation der Literatur in Deutschland.* Stuttgart. 1973.

Lattmann, Dieter: *Stationen einer literarischen Republik.* In: *Die Literatur der Bundesrepublik Deutschland.* Hrsg. von Dieter Lattmann, Heinrich Vormweg, Karl Krolow und Hellmuth Karasek. München. 1973. (= Kindlers Literaturgeschichte der Gegenwart). S. 10–142.

Lauterbach, Ulrich: *Hörspiel-Arbeit.* FH 4/1956. S. 258–265.

Lehnert, Herbert: *Die Gruppe 47. Ihre Anfänge und ihre Gründungsmitglieder.* In: Durzak, Manfred (Hg.): *Die deutsche Literatur der Gegenwart.* Stuttgart. 1971. S. 31-62.

Lentz, Michael: *Klein-Opas Kino am Nullpunkt. Oberhausener Filmrebellen suchen Kontakt mit der Gruppe 47.* V 14.11.1962.

Lenz, Siegfried: *Der Mann im Strom.* Hamburg. 1957.

Lenz, Siegfried: *Deutschstunde.* Hamburg. 1968. Taschenbuchausgabe: München. 1973. (= dtv 944).

Leonhardt, Rudolf Walter: *Die Gruppe 47 und ihre Kritiker. Schriftsteller, Verleger und Rezensenten auf Schloß Elmau.* Z 30.10.1959.

Leonhardt, Rudolf Walter: *Afaha – aber doch lieber Tregusi. Die Gruppe 47 lud ein zum Treffen deutscher Schriftsteller und Kritiker in Aschaffenburg.* Z 11.10.1960.

Leonhardt, Rudolf Walter: *Was gilt die deutsche Literatur im Inland?* Z 26.10.1962.

(Leonhardt, Rudolf Walter) R.W.L.: *Die sechs Gruppen der deutschen Literatur. Was gilt die deutsche Literatur im Inland? (II).* Z 2.11.1962.

Leonhardt, Rudolf Walter: *Die Gruppe 47 in Berlin. Wie es zu einigen Explosionen und anderen Höhepunkten kam.* Z 2.11.1962.

Leonhardt, Rudolf Walter: *Statt eines Vorworts. Sokratische Auseinandersetzung zwischen drei Stimmen: Pro, Anti, Ko. Ein Rundfunkgespräch von R.W.L.* In: Meyer-Brockmann (1962). S. 9-14.

Leonhardt, Rudolf Walter: *Gruppenbild nach 30 Jahren. Fast auf den Tag genau vor drei Jahrzehnten entstand die Gruppe 47. Eine ZEIT-Serie dokumentiert in drei Folgen diesen Teil jüngster deutscher Literaturgeschichte.* Z 1.7.1977.

Leonhardt, Rudolf Walter: *Freunde, Clique, Wanderzirkus. Vom Aufstieg und Niedergang der Gruppe 47. (Gruppenbild nach 30 Jahren (II)).* Z 8.7.1977.

Leonhardt, Rudolf Walter: *Eine Hauptstadt für zehn Jahre. Das Ende der Gruppe 47. (Gruppenbild nach 30 Jahren (III)).* Z 15.7.1977.

Leonhardt, Rudolf Walter: *Eine Generation zuviel. Das Ende der Gruppe 47. (Gruppenbild nach 30 Jahren (IV und Schluß)).* Z 22.7.1977.

Lettau, Reinhard: *Vernichtungsspiele. Bemerkungen zum Neumannschen »Feuchten Fleck«.* SpitZ H. 20. 1966. S. 277f.

Lettau, Reinhard (Hg.): *Die Gruppe 47. Bericht, Kritik, Polemik.* Ein Handbuch. Neuwied/Berlin. 1967.

Lettau, Reinhard: *Vorbemerkung.* In: Ders. (1967). S. 7-17.

Lettau, Reinhard: *Feinde.* München. ²1969.

Lietzmann, Sabina: *Darf man nach Auschwitz noch Rosen besingen? Die Gruppe 47 in Princeton (USA).* FAZ 29.4.1966.

Literaturmagazin 7. Vgl. Born, Nicolas ...

Lüdke, Alf: *Vorgeschichte und Anfänge der Bundesrepublik Deutschland.* Sozialwissenschaftliche Informationen für Unterricht und Studium. 3/1977. S. 97ff.

Mampell, Klaus: *Die Gruppe 47 lebt noch. Hans Werner Richter 50 Jahre alt. Die diesjährige Tagung in Großholzleute.* T 13.11.1958.

Mampell, Klaus: *Kurswechsel der Gruppe 47. Vorträge und Diskussionen bei der Jahrestagung in Aschaffenburg.* StZ 9.11.1960.

Mampell, Klaus: *So rechts wie links. Kurt Ziesel und die Verschwörung gegen die Literatur.* V 7.8.1963.

Mandel, Siegfried: *Group 47. The Reflected Intellect.* With a Preface by Harry T. Moore. London/Amsterdam. 1973.

Marcuse, Herbert: *Über den affirmativen Charakter der Kultur.* In: Ders.: *Kultur und Gesellschaft I.* Frankfurt/M. 1965. S. 56-101.

Matthaei, Renate (Hg.): *Grenzverschiebung. Neue Tendenzen in der deutschen Literatur. Theorie und Programm.* Köln. 1970.

Matz, Elisabeth: *Die Zeitungen der US-Armee für die deutsche Bevölkerung (1944-1946).* Münster. 1969.

Mayer, Hans: *In Raum und Zeit.* In: Richter (Hg.): *Almanach der Gruppe 47.* (1962). S. 28-36.

Mayer, Hans: *Zur deutschen Literatur der Zeit. Zusammenhänge, Schriftsteller, Bücher.* Reinbek 1967.

Mayer, Hans: *Halbzeit.* In: Ders.: *Deutsche Literatur seit Thomas Mann.* Reinbek. 1967. S. 75-86.

Mayer, Hans: *Das Geschehen und das Schweigen. Aspekte der Literatur.* Frankfurt/M. 1969.

Mayer, Hans: *Woran starb die Gruppe 47? Anmerkungen zur Lage der literarischen Kritik.* SZ 21./22.8.1971.

Meinhof, Ulrike Marie: *Gruppe 47.* k 10/1967.

Meyer-Brockmann, Henry: *Dichter und Richter. Die Gruppe 47 und ihre Gäste.* München. 1962.

Meyer-Brockmann, Henry: *Brockmanns gesammelte Siebenundvierziger. 100 Karikaturen literarischer Zeitgenossen.* München. 1967. (= dtv 447).

Michel, Karl Markus: *Die sprachlose Intelligenz II.* Kursbuch 4.1966. S. 161-212.

Minssen, Friedrich: *Notizen von einem Treffen junger Schriftsteller.* FH 2/1948. S. 110-111. Wieder abgedruckt in: Lettau (1967). S. 27-30.

MM: *Herbsttagung der Gruppe 47 am Ammersee.* In: Lettau (1967). S. 48-51.

Mö: *Tausend Mark suchen einen Dichter. Die Gruppe 47 tagt in Inzigkofen.* FAZ 22.5.1950.

Bibliographie

Mönnich, Horst: *Schreiben – linker und rechter Hand.* DAS 30.10.1949. Wieder abgedruckt in: Lettau (1967). S. 272-274.

Mö(nnich), Horst: *Der fruchtbare Stachel.* DAS 8.6.1952.

Mönnich, Horst: *Lobst du meinen Goethe, lob ich deinen Lessing!* DAS 7.7.1953. Wieder abgedruckt in: Lettau (1967). S. 85-87.

M.R.: *Gruppe 47 Anno 57. Die Jubiläumstagung am Starnberger See.* SZ 1.10.1957.

Müller, Hans-Harald: *Intellektueller Linksradikalismus in der Weimarer Republik.* Kronberg/Ts. 1977.

Nettelbeck, Uwe: *Es war in jeder Weise ein gemischtes Vergnügen. Die Tagung der Gruppe 47 im Rundfunk.* Z 3. 12. 1965.

Neumann, Robert: *Spezis. Gruppe 47 in Berlin.* k 5/1966.

Neumann, Robert: *Protest, Protest. Ein Bericht über 29 Entrüstungen.* k 9/1966.

Neunzig, Hans A. (Hg.): *Der Ruf. Unabhängige Blätter der jungen Generation. Eine Auswahl.* München. 1976.

Neunzig, Hans A. (Hg.): *Hans Werner Richter und die Gruppe 47.* (Mit Beiträgen von Walter Jens, Marcel Reich-Ranicki, Peter Wapnewski u.a.). München. 1979.

Nöhbauer, Hans F.: *Literarische Gruppen.* In: Koebner (1971). S. 520 - 534.

Nolte, Jost: *Selten waren die Momente der Wahrheit. Abermals lasen junge Talente und Arrivierte. Die Gruppe 47 tagte in Saulgau.* W 31. 10. 1963. Wieder abgedruckt in: Lettau (1967). S. 180 - 184.

Nossack, Hans Erich: *Literarische Prostitution. Bemerkungen zur Gruppe 47.* k 6/1966.

Olles, Helmut: *Von den Anstrengungen der Satire.* Ak 2/1954. S. 154 - 163.

Ortega y Gasset, José: *Der Aufstand der Massen.* (Madrid 1930). Reinbek. 1956.

Peukert, Detlev: *Die Entdeckung der Nachkriegszeit. Blätter für deutsche und internationale Politik.* 6/1977. S. 745 - 753.

Pinkerneil, Beate / Pinkerneil, Dietrich / Žmegač, Viktor (Hg.): *Literatur und Gesellschaft. Dokumentation zur Sozialgeschichte der deutschen Literatur seit der Jahrhundertwende.* Frankfurt/M. 1973.

Pirker, Theo: *Die SPD nach Hitler.* München. 1965.

Piwitt, Hermann (P.): *Siebenundvierzig, siebenundvierzig, siebenundv... Nachlese zu einem Streit um eine Gruppe.* Z 21. 10. 1966.

Piwitt, Hermann Peter: *Monstrum mit Monopol?* Sp Nr. 41/1967.

Projekt Klassenanalyse: Materialien zur Klassenstruktur der BRD. 2. Teil. Berlin. 1974.

Projekt Klassenanalyse: Gesamtreproduktionsprozeß der BRD 1950 - 1975. Berlin. 1976.

Pross, Harry: *Literatur und Politik. Geschichte und Programme der politisch-literarischen Zeitschriften im deutschen Sprachgebiet seit 1870.* Olten/Freiburg. 1963.

Raddatz, Fritz J.: *Wiedersehen mit der Gruppe.* In: Lettau (1967). S. 110 - 113.

Raddatz, Fritz J.: *Eine Woche der Brüderlichkeit.* Die Kultur. November 1961. Wieder abgedruckt in: Lettau (1967). S. 163 - 166.

Raddatz, Fritz J.: *Die Bilanz von Princeton.* FH 7/1966. S. 495 - 497. Wieder abgedruckt in: Lettau (1967). S. 241 - 247.

Raddatz, Fritz J.: *Polemik ist gut – Kenntnisse sind besser.* k 8/1966. Wieder abgedruckt in: Lettau (1967). S. 412 - 422.

Ramseger, Georg: *Sie kämpfen im Keller. Gruppe 47 sprach in Hamburg über das deutsche Drama.* W 30. 5. 1952.

Rehmann, Ruth: *Was ist das für ein Verein?* In: Richter (Hg.): *Almanach der Gruppe 47* (1962). S. 428 - 433.

Reich, Wilhelm: *Die Massenpsychologie des Faschismus.* Frankfurt/M. 1974.

Reich-Ranicki, Marcel: *Eine Diktatur, die wir befürworten.* Die Kultur, 15. 11. 1958. Wieder abgedruckt in: Lettau (1967). S. 139 - 142.

Reich-Ranicki, Marcel: *Autoren auf dem Präsentierteller. Das Treffen der Gruppe 47 auf Schloß Elmau – Arbeitstagung oder Dichtermarkt?* W 27. 10. 1959.

Reich-Ranicki, Marcel: *Sollte man jeden aufs Sprungbrett lassen? Wen die Gruppe 47 diesmal präsentierte – Zu ihrer Jahrestagung in Aschaffenburg.* W 8. 11. 1960.

(Reich-Ranicki), Marcel: *4711. Hüben und drüben.* Z 11. 10. 1961.

Reich-Ranicki, Marcel: *Die Gruppe 47 und Er. Man wird daran erinnert, welchem Boden Kollektiv-Vorurteile und diffamierende Legenden entspringen.* Z 26. 10. 1962. Wieder abgedruckt in: Ders.: *Literarisches Leben in Deutschland. (Die Gruppe 47 und Günter Blöcker).* München. 1965. S. 125 - 133. Auch in: Lettau (1967). S. 359 - 367.

(Reich-Ranicki) Marcel: *Das Barometer von Sigtuna.* Z 25. 9. 1964.

Reich-Ranicki, Marcel: *Kritik auf den Tagungen der Gruppe 47.* In: Ders.: *Literarisches Leben in Deutschland.* München. 1965. S. 118 - 125. Zuerst in: Richter (Hg.): *Almanach der Gruppe 47* (1962): *Von der Fragwürdigkeit und Notwendigkeit mündlicher Kritik.* S. 434 - 439.

Reich-Ranicki, Marcel: *Nichts als deutsche Literatur. Nach der diesjährigen Tagung der Gruppe 47.* Z 3. 12. 1965. Wieder abgedruckt in: Lettau (1967). S. 209 - 217.

Reich-Ranicki, Marcel: *Gelungen und fragwürdig zugleich. Erste Bemerkung zur diesjährigen Tagung der Gruppe 47.* Z 13. 10. 1967.

Reich-Ranicki, Marcel: *Politik in den Pausen. Rückblick auf die diesjährige Tagung der Gruppe 47.* Z 20. 10. 1967.

Reich-Ranicki, Marcel: *Das Ende der Gruppe 47.* FAZ 21. 9. 1977.

Richter, Hans Werner (Hg.): *Deine Söhne, Europa. Gedichte deutscher Kriegsgefangener.* München 1947.

Richter, Hans Werner (Hg.): In Zusammenarbeit mit Walter Mannzen: *Almanach der Gruppe 47. 1947 - 1962.* Reinbek. 1962.

Richter, Hans Werner: *Fünfzehn Jahre.* In: Ders.: *Almanach der Gruppe 47.* (1962). S. 8 - 14.

Richter, Hans Werner: *Literarisches Rendezvous an der Newa.* SZ 28. 8. 1963.

Richter, Hans Werner: *Brief an den Herausgeber.* In: Dollinger (1967). S. 5 - 8.

Richter, Hans Werner: *Zum politischen Engagement deutscher Schriftsteller.* Neue Rundschau 2/1967. S. 290 - 298.

Richter, Hans Werner: *Briefe an einen jungen Sozialisten.* Hamburg. 1974.

Richter, Hans Werner: *Was war die Gruppe 47?* NDR III. 1. 10. - 22. 10. 1974. (Unveröffentlichtes Rundfunkmanuskript). In überarbeiteter und erweiterter Fassung, mit dem Titel: *Wie entstand und was war die Gruppe 47,* abgedruckt in: Neunzig (1979). S. 41 - 176.

Röhl, Klaus-Rainer: *Liebe konkret-Leser.* k 9/1966.

Rohnert, E. Th.: *Symposion junger Schriftsteller.* Das Literarische Deutschland, 20. 5. 1951. Wieder abgedruckt in: Lettau (1967). S. 58 - 63.

Rötzer, Hans Gerd: *Hat die Gruppe 47 sich selbst überlebt? Im zwanzigsten Jahr: Ablösung der Dichter durch die Kritiker.* Rm 9. 9. 1966.

Rötzer, Hans Gerd: *Ein Monopol macht Literatur. Rückblick und Bestandsaufnahme zum zwanzigjährigen Bestehen der Gruppe 47.* Rm 13. 10. 1967.

Rotzoll, Christa: *Rätsel der Kritik. Ein Diskussionsabend in Hamburg.* SZ 23. 1. 1963.

Rühmkorf, Peter: *Passionseinheit.* In: Walser: *Die Alternative (1961).* S. 44 - 50.

Rühmkorf, Peter: *Das lyrische Weltbild der Nachkriegsdeutschen.* In: Arnold, Heinz Ludwig (Hg.): *Geschichte der deutschen Literatur aus Methoden - Westdeutsche Literatur von 1945 - 1971.* Bd. 2. Frankfurt/M. 1972. S. 1 - 27. Wiederabgedruckt in: Rühmkorf, Peter: *Strömungslehre I.* Reinbek 1978. S. 11 - 43.

Rühmkorf, Peter: *Die Jahre, die Ihr kennt.* Reinbek. 1972.

Rühmkorf, Peter: *Gesammelte Gedichte.* Reinbek. 1976.

Rupp, Hans Karl: *Außerparlamentarische Opposition in der Ära Adenauer.* Köln. 1970.

Schallück, Paul: *Begegnung in Princeton.* Dokumente 3/1966. S. 170 - 171.

Schickel, Joachim (Hg.): *Über Hans Magnus Enzensberger.* Frankfurt/M. 1970.

Schmidt, Eberhard: *Die verhinderte Neuordnung 1945 - 1952.* Frankfurt/M. 2/1971.

Schmidt, Ute/Fichter, Tilman: *Der erzwungene Kapitalismus. Klassenkämpfe in den Westzonen 1945 - 1948.* Berlin. 1971.

Schmiede, Rudi: *Das deutsche ›Wirtschaftswunder‹ 1945 - 1965.* In: Blanke/Bernhard u.a. (1976). S 107 - 138.

Schneider, H.-D.: *Kleingruppenforschung.* Stuttgart. 1975.

Schnurre, Wolfdietrich/Kolbenhoff, Walter: *Kunst und Künstler.* (Eine Kontroverse). Horizont 1/1947. S. 27. 5/1947. S. 8. 11/1947. S. 22f.

Schnurre, Wolfdietrich: *Das falsche Gleis.* In: Walser: *Die Alternative* (1961). S. 67 - 72.

Schnurre, Wolfdietrich: *Seismographen waren sie nicht. Schriftsteller der Gruppe 47 trafen sich - Die Wirklichkeit blieb vor der Tür.* W 3. 11. 1961. Wieder abgedruckt in: Lettau (1967). S. 159 - 163.

Schnurre, Wolfdietrich: *Verlernen die Erzähler das Erzählen? Pantomimen, Rapporte, Experimente - Ergebnisse einer Tagung der Gruppe 47.* W 31. 10. 1962.

Schriftsteller an Gruppe 47. ND 4. 11. 1962. Wieder abgedruckt in: Lettau (1967). S. 496.

Schroers, Rolf: *Junge deutsche Schriftsteller.* FAZ 7. 11. 1952. Wieder abgedruckt in: Lettau (1967). S. 81 - 84.

Schroers, Rolf: *Dichter unter sich.* FAZ 23. 10. 1953. Wieder abgedruckt in: Lettau (1967). S. 90 - 93.

Schroers, Rolf: *Der Generationenwechsel in der literarischen Aussage. Gruppe 47 und die deutsche Nachkriegsliteratur.* In: Ders.: *Generationenwechsel in der Bundesrepublik.* Stuttgart. 1965. S. 98 - 118. Leicht verändert mit dem Titel: »Gruppe 47« und die deutsche Nachkriegsliteratur; abgedruckt in: M 5/1965. S. 448 - 462. Auch in: Lettau (1967). S. 371 - 389.

Schumacher, Kurt: *Konsequenzen deutscher Politik.* Aufruf Sommer 1945. In: Ders.: *Reden und Schriften.* Hrsg. von A. Scholz und W.G. Oschilewski. Berlin. 1962. S. 25 - 50.

Schumacher, Kurt/Ollenhauer, Erich/Brandt, Willy: *Der Auftrag des demokratischen Sozialismus,* Bonn-Bad Godesberg. 1972.

Schumacher, Kurt: *Wir verzweifeln nicht:* Rede vor sozialdemokratischen Funktionären am 6. Mai 1945 in Hannover. In: Schumacher/Ollenhauer/Brandt (1972). S. 1 - 38.

Schumacher, Kurt: *Politische Richtlinien für die SPD in ihrem Verhältnis zu den anderen politischen Faktoren.* In: Dowe/Klotzbach (1973). S. 245 - 280.

Schumacher, Kurt: *Politische Richtlinien für die SPD in ihrem Verhältnis zu den anderen politischen Faktoren.* In: Dowe/Klotzbach (1973) S. 245 - 280.

Bibliographie

Schwab-Felisch, Hans: *Literarische Gespräche im Klosterpark.* Herbsttagung der Gruppe 47. T 22. 10. 1955.

Schwab-Felisch, Hans: *Dichter auf dem elektrischen Stuhl. Die Tagung der Gruppe 47 am Starnberger See.* FAZ 1. 11. 1956. Wieder abgedruckt in: Lettau (1967). S. 116 - 120.

Schwab-Felisch, Hans: *Talente und Stilfragen bei der Gruppe 47.* FAZ 7. 11. 1958.

Schwab-Felisch, Hans: *Lyriker lesen Prosa. Die Tagung der Gruppe 47 auf Elmau.* FAZ 29. 10. 1959.

Schwab-Felisch, Hans: *Der Dukatenesel und die Pause.* FAZ 3. 6. 1960.

Schwab-Felisch, Hans: *Stimmungswald mit künstlichen Vögeln. Die Tagung der Gruppe 47 in Aschaffenburg blieb ohne Höhepunkte – Experimente im Vordergrund.* T 10. 11. 1960.

Schwab-Felisch, Hans: *Die Schriftsteller und ›der Kasten‹.* T 23. 4. 1961.

Schwab-Felisch, Hans: *Die Grenzüberschreitung als Literatur. Tagung der Gruppe 47 in Berlin – Preis für den Ostberliner Lyriker Johannes Bobrowski.* T 33. 10. 1962. Wieder abgedruckt in: Lettau (1967). S. 167 - 169.

Schwab-Felisch, Hans (Hg.): *Der Ruf. Eine deutsche Nachkriegszeitschrift.* München. 1962.

Schwab-Felisch, Hans: *Die sokratische Würde des »Nein«. Diskussion um die Gruppe 47.* T 5. 2. 1964.

Schwab-Felisch, Hans: *Die Gruppe 47 als Gast in Schweden. Bericht von der Tagung in Sigtuna.* FAZ 14. 9. 1964.

Schwab-Felisch, Hans: *Lesungen am Mälarsee.* FAZ 17. 9. 1964. Wieder abgedruckt in: Lettau (1967). S. 197 - 202.

Schwab-Felisch, Hans: *»Die Provinzialismen überwinden«. Stichworte zur schwedisch-deutschen Begegnung in Stockholm.* FAZ 23. 9.1964.

Schwab-Felisch, Hans: *Rebellen als Botschafter. Die Gruppe 47 zu Gast in Schweden.* T 27. 9. 1964.

Schwab-Felisch, Hans: *Mehr Selbstprüfung erbeten.* M 8/1965. S. 783 - 787.

Schwab-Felisch, Hans: *Princeton und die Folgen.* V 18. 5. 1966.

Schwab-Felisch, Hans: *Die Gruppe 47, Peter Handke und die Folgen.* M 6/1966. S. 598 - 599.

Schwab-Felisch, Hans: *Die Gruppe 47 in den USA.* FH 9/1966. S. 593 - 595.

Schwab-Felisch, Hans: *Politik in der Pulvermühle. Gruppe 47 gegen Springer/Preis für Jürgen Becker.* FAZ 9. 10. 1967.

Schwab-Felisch, Hans: *Gedächtnistagung ohne Pathos. Die Gruppe 47 hat sich seit Princeton erholt.* FAZ 10. 10. 1967.

Schwerbrock, Wolfgang: *Das Treffen der Satiriker.* FAZ 20. 10. 1954.

Schwitzke, Heinz: *Das Hörspiel. Dramaturgie und Geschichte.* Köln/Berlin. 1963.

Saage, Richard: *Faschismustheorien.* München. 1976.

Sartre, Jean Paul: *Ist der Existentialismus ein Humanismus?* Zürich. 1947. Wieder abgedruckt in: Ders.: *Drei Essays.* Mit einem Nachwort von Walter Schmiele. Frankfurt/M/Berlin/Wien. 1975. S. 7 - 51.

Sartre, Jean Paul: *Was ist Literatur?* Reinbek. 1958. (= rde 65).

Sbandi, Pio: *Gruppenpsychologie. Einführung in die Wirklichkeit der Gruppendynamik aus sozialpsychologischer Sicht.* München. 1973.

Seeliger, Rolf: *Gruppe 47 am Ende? Onkel August ist Sieger.* HP 14. 11. 1970.

Seifert, Jürgen: *Die neue Linke. Abgrenzung und Selbstanalyse.* FH 1/1963. S. 30 - 40.

Seyppel, Joachim: *Zwischen allen Stühlen. Offener Brief an Reinhard Lettau.* T 10. 3. 1968.

Sieburg, Friedrich: *Literarischer Unfug.* Die Gegenwart, 13. 9. 1952. S. 594 - 596.

Sieburg, Friedrich: *Freiheit in der Literaturkritik.* FAZ 1. 12. 1962.

Silenius, Axel: *Quo vadis Gruppe 47?* Tribüne 24/1967. S. 2604 - 2614.

Sh (Soehring, Hans-Jürgen): *Gruppe 47: Zusammenschluß junger Autoren.* NZ 7.11.1947. Wieder abgedruckt in: Lettau (1967) S. 24f.

Solouchin, Wladimir: *Sowjetische Eindrücke von Saulgau und München. Wladimir Solouchin berichtet von einer Reise in die Bundesrepublik.* SZ 23. 12. 1963. Wieder abgedruckt in: Lettau (1967). S. 310 - 315.

Sombart, Nicolaus: *Publikation und Öffentlichkeit.* In: Der Skorpion. Hrsg. von Hans Werner Richter unter Mitwirkung von Alfred Andersch u. a. H. 1. Jg. 1. Januar 1948. (Unveröffentlicht).

Sp: *Die 47er unter sich. Die Gruppe 47 traf sich in Saulgau.* SZ 28. 10. 1963.

SpitZ. Sonderheft Nr. 20. 1966: *Kunst und Elend der Schmährede. Zum Streit um die Gruppe 47.*

Stephan, Charlotte: *Junge Autoren unter sich. Zur Berliner Tagung der Gruppe 47 im Haus am Rupenhorn.* T 17. 5. 1955. Wieder abgedruckt in: Lettau (1967). S. 106f.

Stückrath, Jörn: *Zur Poetik der Zitatmontage. Helmut Heißenbüttels Text »Deutschland 1944«.* Replik 4/5/1970. S. 16 - 32.

S.Y.: *Lyrik triumphierte. Gruppe 47 tagte in Mainz.* T 31. 5. 1953.

Szczesny, Gerhard: *Humanistische Union.* In: Walser: *Die Alternative* (1961). S. 36 - 43.

Tagung in Aschaffenburg. In: Meyer-Brockmann (1962). S. 133 - 146.

Tagung in Utting am Ammersee. In: Meyer-Brockmann (1962). S. 46 - 48.

Bibliographie

Tagung in Niendorf an der Ostsee. In: Meyer-Brockmann (1962). S. 80 - 84.

Ter-Nedden. Gisbert: *Allegorie und Geschichte. Zeit- und Sozialkritik als Formproblem des deutschen Romans der Gegenwart.* In: Kuttenkeuler (1973). S. 155 - 183.

Th.G.: *Deutsche Literaturmesse 1952. Gruppe 47 tagte im Ostseebad Niendorf.* T 8. 6. 1952.

Thiemer, Horst: *Wird die Gruppe 47 renoviert? Hans Werner Richter will zurück zu den Anfängen.* FAZ 14. 1. 1970.

Thomas, Hinton R./van der Will, Wilfried: *Der deutsche Roman und die Wohlstandsgesellschaft.* Stuttgart. 1969.

Trommler, Frank: *»Der Nullpunkt 1945« und seine Verbindlichkeit für die Literaturgeschichte.* In: Basis. Frankfurt/M. 1970. S. 9 - 25.

Trommler, Frank: *Der zögernde Nachwuchs. Entwicklungsprobleme der Nachkriegsliteratur in Ost und West.* In: Koebner (1971). S. 1 - 116.

Ude, Karl: *Sind unsere Schriftsteller verantwortungslos?* SZ 12. 2. 1957.

Ulrich, Heinz: *Dichter unter sich.* Z 24. 5. 1951. Wieder abgedruckt in: Lettau (1967). S. 63 - 65.

Umlauff, Ernst: *Beiträge zur Geschichte des Buchhandels in Westdeutschland seit 1945.* 1. Folge. Börsenblatt für den deutschen Buchhandel. Frankfurter Ausgabe Nr. 64, 15. 8. 1967.

Vaillant, Jérôme: *Der Ruf. Unabhängige Blätter der jungen Generation. (1945 - 1949). Eine Zeitschrift zwischen Illusion und Anpassung.* Mit einem Vorwort von Harald Hurwitz. München/New York/Paris. 1978.

Vegesack, Thomas von: *Erfolg für die deutsche Literatur. Gruppe 47 in Stockholm – Eine schwedische Bilanz.* W 29. 9. 1964.

Vegesack, Thomas von: *Synthese in Sicht.* Stockholms Tidningen, 16. 9. 1964. Wieder abgedruckt in: Lettau (1967). S. 189 - 193.

Vogelsang, Thilo: *Das geteilte Deutschland.* dtv-Weltgeschichte des 20. Jahrhunderts. Hrsg. von Martin Broszat und Helmut Heiber. Bd. 11. München. 1973.

Vormweg, Heinrich: *Die Wörter und die Welt.* Ak 1/2/1966. S. 72 - 84.

Vormweg, Heinrich: *Deutsche Literatur 1945 - 1960: keine Stunde Null.* In: Durzak, Manfred (Hg.): *Die deutsche Literatur der Gegenwart.* Stuttgart 1971. S. 13 - 30.

Vormweg, Heinrich: *Prosa in der Bundesrepublik seit 1945.* In: *Die Literatur der Bundesrepublik Deutschland.* Hrsg. von Dieter Lattmann, Heinrich Vormweg, Karl Krolow und Hellmuth Karasek. München. 1973. (= Kindlers Literaturgeschichte der Gegenwart). S. 143 - 346.

Vormweg, Heinrich: *Walter Jens und ein Ende.* In: *Geschichte der deutschen Literatur aus Methoden. Westdeutsche Literatur von 1945 - 1971.* Hrsg. von Heinz Ludwig Arnold. Bd. 2. Frankfurt/M. 1973. S. 110 - 116.

Vormweg, Heinrich: *Von heute aus gesehen.* Ak 1/2/1973. S. 60 - 69.

Vormweg, Heinrich: *Literatur war ein Asyl.* In: Born/Manthey (1977). S. 203 - 208.

Wagenbach, Klaus: *Gruppen-Analyse.* FH 12/ 1959. S. 907 - 910. Wieder abgedruckt in: Lettau (1967). S. 150 - 155.

Wallmann, Jürgen P.: *Richters gesammelte Siebenundvierziger. Gruppe 47: Ein Handbuch, eine Gegen-Anthologie, ein Band Karikaturen.* W 21. 12. 1967.

Walser, Martin: *Die Niederlage.* Die Literatur 4/1952. S. 6.

Walser, Martin: *Gruppenbild 1952.* Radio Bern. November 1952. Abgedruckt in: Lettau (1967). S. 278 - 282.

Walser, Martin: *Ein Flugzeug über dem Haus und andere Geschichten.* Frankfurt/M. 1955.

Walser, Martin: *Beschreibung einer Form. Versuch über Franz Kafka.* München. 1961. (= Druck der Dissertation: *Versuch über die epische Dichtung Franz Kafkas. Beschreibung einer Form.* Tübingen. 1952.). Hier zitiert nach der Taschenbuchausgabe. Berlin. 1973.

Walser, Martin (Hg.): *Die Alternative – oder brauchen wir eine neue Regierung?* Reinbek. 1961.

Walser, Martin: *Brief an einen ganz jungen Autor.* In: Richter (Hg.): *Almanach der Gruppe 47* (1962). S. 418-423.

Walser, Martin: *Sozialisieren wir die Gruppe 47.* Z 3.7.1964. Wieder abgedruckt in: Lettau (1967). S. 368 - 370.

Walser, Martin: *Erfahrungen und Leseerfahrungen.* Frankfurt/M. 1965.

Walser, Martin: *Das Einhorn.* Roman. Frankfurt/M. 1966.

Wapnewski, Peter: *Zwischen allen Stühlen? Eine Antwort an Joachim Seyppel.* T 20. 3. 1968.

Wapnewski, Peter: *Einst hießen sie Gruppe 47. Ein Berliner Treffen ohne Namen – aber mit Fernsehkameras.* Z 5.5.1972.

Weber, Hermann: *Das Prinzip Links. Eine Dokumentation. Beiträge zur Diskussion des demokratischen Sozialismus in Deutschland 1847 - 1973.* O.O. 1973.

Wehdeking, Volker Christian: *Der Nullpunkt. Über die Konstituierung der deutschen Nachkriegsliteratur (1945 - 1948) in den amerikanischen Kriegsgefangenenlagern.* Stuttgart. 1971.

Weiss, Peter: *Der Schatten des Körpers des Kutschers.* Frankfurt/M. 1960.

Bibliographie

Weiss, Peter: *Gespräch der drei Gehenden.* Frankfurt/M. 1963.

Weiss, Peter: *Die Verfolgung und Ermordung Jean Paul Marats dargestellt durch die Schauspieltruppe des Hospizes zu Charenton unter Anleitung des Herrn de Sade.* Frankfurt/M. 1964.

Weiss, Peter: *Statement.* In: Matthaei (1970). S. 304f.

Weiss, Peter: *10 Arbeitspunkte des Autors in der geteilten Welt.* In: Pinkerneil/Pinkerneil/Žmegač (1973). S. 241–246.

Wellershoff, Dieter: *Ein schöner Tag.* Köln. 1966.

Wellershoff, Dieter. *Wiederherstellung der Fremdheit.* In: Matthaei (1970). S. 9–15.

Westdeutschlands Weg zur Bundesrepublik 1945–1949. Beiträge von Mitarbeitern des Instituts für Zeitgeschichte. München. 1976.

Wertheimer, Jürgen. *Une saison en purgatoire, Aspekte der Sartre-Rezeption.* In: Hay (1977). S. 270–284.

Weyrauch, Wolfgang (Hg.): *Tausend Gramm. Sammlung neuer deutscher Geschichten.* Hamburg 1949.

Weyrauch, Wolfgang. *Die Minute des Negers* (1953). In: Ders.: *Mit dem Kopf durch die Wand. Geschichten – Gedichte – Ein Hörspiel 1929–1971.* Darmstadt/Neuwied. 1972. S. 54–109. (= SL 100)

Weyrauch, Wolfgang: *Sie erhielt den Preis. Wolfgang Weyrauch über die junge Lyrikerin Ingeborg Bachmann.* W 30.5.1953.

Weyrauch, Wolfgang: *Kahlschlag.* In: Ders.: *Mit dem Kopf durch die Wand. Geschichten – Gedichte – Ein Hörspiel 1929–1971.* Darmstadt/Neuwied. 1972. S. 45–54. (= SL 100)

Widmer, Urs.: *So kahl war der Kahlschlag nicht.* Z 26.11.1965. Wieder abgedruckt in: Lettau (1967). S. 328–335.

Widmer, Urs.: *1945 oder die ›Neue Sprache‹. Studien zur Prosa der ›Jungen Generation‹.* Düsseldorf. 1966.

Wiegenstein, Roland H.: *In dieser Zeit Literatur zu machen. Tagung der Gruppe 47.* FH 1/1961. S. 70f.

Wiesand, Andreas Johannes/Fohrbeck, Karla: *Literatur und Öffentlichkeit in der Bundesrepublik Deutschland. Situation der Autoren/Kulturpolitik/Bildungswesen/Medien.* Ein Handbuch. München/Wien. 1976.

Wilhelm, Julius: *nouveau roman und anti-théâtre.* Stuttgart. 1972.

Wilk, Gerad H.: *Die Geschäftigen. Tagung der Gruppe 47 in Princeton.* T 29.4.1966.

Winckler, Lutz: *Entstehung und Funktion des literarischen Marktes.* In: Ders.: *Kulturwarenproduktion. Aufsätze zur Literatur- und Sprachsoziologie.* Frankfurt/M. 1973. S. 12–75.

Wiss-Verdier, Antoine: *Die Gruppe 47.* In: Lettau (1967). S. 270–272. Zuerst in: Documents Sept./Okt. 1949.

Zeller, Bernhard (Hg.): *»Als der Krieg zuende war«. Literarisch-politische Publizistik 1945–1950.* Stuttgart. 1973.

Wittgenstein, Ludwig: *Tractatus logico-philosophicus.* Frankfurt/M. [8]1971.

Ziermann, Horst (Hg.): *Gruppe 47. Die Polemik um die deutsche Gegenwartsliteratur.* Eine Dokumentation. Frankfurt/M. 1966.

Zimmer, Dieter E.: *Hinter den Kulissen des Rundfunks. An einem Kommentar von Wolfdietrich Schnurre entzündete sich ein schwelender Konflikt.* Z 8.2.1963.

Zimmer, Dieter E.: *Die Gruppe 47 in Saulgau.* Z 8.11.1963.

Zimmer, Dieter E.: *Gruppe 47 in Princeton.* Z 6.5.1966. Wieder abgedruckt in: Lettau (1967). S. 225–236.

Zimmer, Dieter E.: *Die Literatur-Mafia von Berlin. Eine rabiate Polemik und einige nüchterne Beobachtungen.* Z 25.11.1966.

Zürcher, Gustav/Theobaldy, Jürgen: *Veränderung der Lyrik. Über westdeutsche Gedichte seit 1965.* München 1976.

Zürcher, Gustav: *»Trümmerlyrik«. Politische Lyrik 1945–1950.* Kronberg/Ts. 1977.

Zwerenz, Gerhard: *Bloß keine Sozialisierung der Gruppe 47! Wo kämen ihre Gegner hin, wo bliebe der Spaß?* Z 17.7.1964.

Zwerenz, Gerhard: *Bessere Feinde? Ein Briefwechsel.* StZ 22.10.1966.

Aus unserem Programm:

Jörg Drews

**Vom »Kahlschlag« zu »movens«
Über das langsame Auftauchen experimenteller Schreibweisen in der westdeutschen Literatur der fünfziger Jahre**

149 Seiten, DM 19,50

Der Schwerpunkt der Aufsätze liegt bei dem Entstehen einer »experimentellen« Literatur in den fünfziger Jahren, die damals nur in kleinen Kreisen und in wenig bekannten Zeitschriften diskutiert und publiziert wurde, dann aber ab Anfang der sechziger Jahre ein immer größeres Publikum erreichte. Die Autoren skizzieren in den 9 Aufsätzen und Texten des Bandes die Entwicklung der konkreten und avantgardistischen Literatur in den fünfziger Jahren.

Arnold / Reddick / Beckermann / Buck / Promies / Maler / Laemmle

Positionen im deutschen Roman der sechziger Jahre

172 Seiten, DM 22,–

»Die Autoren untersuchen die Romanliteratur der sechziger Jahre, zeigen Entwicklungslinien im Werk einzelner Autoren auf; sie tun dies vor dem Hintergrund einer offenen, kritischen Literaturtheorie und verzichten auf voreilige Schematisierungen...« (Norddeutsche Rundschau)

H. L. Arnold / St. Reinhardt

Dokumentarliteratur

190 Seiten, DM 7,80

»Verdienst dieses hervorragend edierten Bandes ist es, den Begriff der Dokumentation und die den dokumentarischen Methoden innewohnenden Gefahren zu explizieren.« (Die neue Barke)

J. Theobaldy / G. Zürcher

**Veränderung der Lyrik
Über westdeutsche Gedichte seit 1965**

185 Seiten, DM 18,50

»Diese Vorstellung der bundesrepublikanischen Lyrik der letzten 10 Jahre ist wichtig und bislang ohne Konkurrenz.« (Thomas Rothschild, Germanistik)

P. Laemmle / J. Drews

**Wie die Grazer auszogen, die Literatur zu erobern.
Texte, Porträts, Analysen und Dokumente junger österreichischer Autoren**

288 Seiten, DM 28,–

»Das Pro und Contra dürfte den Leser zu selbständigen Urteilen anregen und das heißt unweigerlich auch, ihn zum Lesen der Grazer zu überreden.« (Deutsche Bücher, Amsterdam)

Peter Laemmle

**Realismus – welcher?
Sechzehn Autoren auf der Suche nach einem literarischen Begriff**

188 Seiten, DM 18,50

Zum Begriff Realismus... »läßt sich eine faszinierende Diskussion erfahren in diesem Band der edition text + kritik.« (Reutlinger Generalanzeiger)

Horst Turk

**Wirkungsästhetik
Theorie und Interpretation der literarischen Wirkung**

138 Seiten, DM 7,80

»Turks Theorie der literarischen Wirkung erschließt dem Umgang mit Texten eine qualitativ neue Dimension.« (K. H. Stahl, Wissenschaftl. Literaturanzeiger)

---

edition text+kritik, Levelingstr. 6 a, 8000 München 80

„Wer das Nichtstun ebenso wie die Arbeit scheut, findet leicht zum Buch..."
Peter Brückner

Carmelo Samonà *Brüder*
Dieser Erstling eines Fünfzigjährigen wurde bei seinem Erscheinen in Italien als einer der wenigen, außerordentlichen Texte gewürdigt, dessen Ansichten den eigentlichen Zielen der Literatur entsprechen: Entdeckungsreisen in die Fremdheit des scheinbar Vertrauten.
Quartheft 104. 144 Seiten, DM 14,80

Wolfgang Hermann Körner *Die ägyptischen Träume*
Hundert Geschichten, die aus der Fremde zwischen den Kulturen und Orten erzählen: zwischen Orient und Okzident, Wasserrädern und Mikroprozessoren, Magie und Mathematik.
Quartheft 105. 72 Seiten, DM 9,80

Ralf Peter Märtin *Dracula. Das Leben des Fürsten Vlad Tepes*
Das erste Buch in deutscher Sprache, das das Vorbild der Dracula-Figur frisch aus dem Staub der Archive zieht: Leben, Taten und Meinungen des rumänischen Fürsten Vlad Tepes (1431-1476).
WAT 65. 192 Seiten, DM 9,50

Peter Brückner *Das Abseits als sicherer Ort*
Ein beispielhafter Bericht über das Aufwachsen im NS-Staat: Wo Kontrolle und Kollektivzwang zum Alltag werden, sucht einer Orte abseits der Macht und gewinnt dabei politische Handlungsfähigkeit.
WAT 66. 160 Seiten, DM 8,50

Conrad Lay *Das tägliche Erdbeben. Ein Bericht über Neapel*
Das Ideal des Kaputten im Zusammenstoß mit der Welt des Konsums. Mit Lebensgeschichten über das tägliche Chaos, in dem jeder festhält, was er gerade in der Hand hat.
Politik 88. 216 Seiten, DM 14,50

... oder zur Schallplatte:

Günter Bruno Fuchs *Ein Ohr wäscht das andere*
Fuchs zu hören, ist ein Genuß: aus vollem Hals, mit schöner Bärenstimme und listigen Betonungen. Ein Wort gibt das andere und steht doch für sich, schmatzend, berlinisch lispelnd, überlegsam.
Quartplatte 19. 30 cm ø. 33 UpM. DM 19,80

Ernst Jandl *him hanflang war das wort*
Neue Sprechgedichte, gelesen vom Autor. Wenn, wie es heißt, im Anfang das Wort war, wo ist es dann heute hingekommen? Es ist flott geworden, es ist flottschsch, hat die fortschreitende Räude bekommen.
Quartplatte 20. 30 cm ø. 33 UpM. DM 19,80

Verlag Klaus Wagenbach Berlin

Gruppe 47 und deutsche Gegenwartsliteratur

Friedhelm Kröll
Die Gruppe 47
Soziale Lage und gesellschaftliches Bewußtsein literarischer Intelligenz in der Bundesrepublik.
Metzler Studienausgabe.
1977. VII, 228 Seiten.
Kartoniert DM 35,–
(ISBN 3-476-**00371**-X)

Friedhelm Kröll
Gruppe 47
Sammlung Metzler Band 181.
1979. VI, 78 Seiten. Kartoniert DM 9,80
(ISBN 3-476-**10181**-9)

Friedhelm Kron
Schriftsteller und Schriftstellerverbände
Schriftstellerberuf und Interessenpolitik 1842–1973.
Metzler Studienausgabe.
1978. X, 506 Seiten. Kartoniert DM 20,–
(ISBN 3-476-**00394**-9)

Volker Neuhaus
Günter Grass
Sammlung Metzler Band 179.
1979. VII, 181 Seiten.
Kartoniert DM 14,80
(ISBN 3-476-**10179**-7)

Jürgen H. Petersen
Max Frisch
Sammlung Metzler Band 173.
1978. XII, 220 Seiten.
Kartoniert DM 14,80
(ISBN 3-476-**10174**-6)

Ralf Schnell
Literarische Innere Emigration 1933–1945
1976. VI, 214 Seiten. Kartoniert DM 34,–
(ISBN 3-476-**00334**-5)

Hannes Schwenger
Literaturproduktion
Zwischen Selbstverwirklichung und Vergesellschaftung.
Sammlung Metzler Band 183.
1979. 114 Seiten. Kartoniert DM 12,80
(ISBN 3-476-**10183**-5)

Volker C. Wehdeking
Der Nullpunkt
Über die Konstituierung der deutschen Nachkriegsliteratur (1945–1948) in den amerikanischen Kriegsgefangenenlagern.
Metzler Studienausgabe.
1971. XII, 208 Seiten.
Kartoniert DM 30,–
(ISBN 3-476-**00233**-0)

Dagmar Barnouw
Elias Canetti
Sammlung Metzler Band 180.
1979. XII, 152 Seiten.
Kartoniert DM 12,80
(ISBN 3-476-**10180**-0)

Bitte fordern Sie ausführliches Prospektmaterial beim Verlag an.

J.B. Metzler Stuttgart

Postfach 529, 7000 Stuttgart 1

LESEN Verlag GmbH
Hamburg München

OMNIBUS
1. Jahrbuch zur Kinder- und Jugendbuchszene

Wer schreibt Kinder- und Jugendbücher, und wer bringt sie an die Leser – ein Angebot von ca. 20 000 Büchern? Das neue Jahrbuch »Omnibus« versucht, Hintergründe kritisch aufzuhellen.
DM 24,—

ABENTEUER! ABENTEUER?

Abenteuer! – Abenteuer? Das seit eh und je verschriene Abenteuerbuch hat sich in den letzten Jahren gemausert. Die vorliegende Materialsammlung versucht, die neu gewonnenen Positionen auszubauen.
DM 24,—

TON-KONSERVEN
Schallplatten und Kasetten für Kinder und Jugendliche

Wie lassen sich Tonkonserven im praktischen Umgang mit Kindern verwenden? Unser neues Buch wendet sich an alle, die mit Kindern und Jugendlichen zusammen Platten und Kassetten anhören.
DM 24,—

RELIGION
im Kinder- und Jugendbuch

Autoren, Verleger, Illustratoren und Lektoren kommen zu Wort und versuchen, Überblick und Hilfestellung bei der praktischen Arbeit im Bereich religiöser Erziehung von Kindern und Jugendlichen zu vermitteln.
DM 24,—

Dies sind die vier neuen, von Horst Künnemann herausgegebenen Beihefte zum Bulletin Jugend + Literatur. Außerdem lieferbar in gleicher Ausstattung: Märchen – wozu? (2. Auflage, DM 22,—) – Sachbuch-Buch Nr. 2 (DM 22,—) – Profile zeitgenössischer Bilderbuchmacher Nr. 2 (DM 28,—). Unverb. empf. Preise.

SPUREN
Zeitschrift für Kunst und Gesellschaft

Heft 2/1980:
Die Linke und Osteuropa - sprachlos
Propaganda- und/oder Samisdat-Kultur?
Über Kulturzustände im anderen Europa, insbesondere in der Sowjetunion

Mit Beiträgen über Trifonow und Sinowjew, Zalygin und Etkind, über Okudschawa und Schostakowitsch, über Andrzej Wajda und Vaclav Havel, über rumänische Literatur und tschechoslowakischen Underground. Texte von Pomeranzew. Und ein Reisebericht aus Georgien zu Stalins Hundertstem...

Außerdem: »Es grünt so grün...« Neue Biermann-Lieder vor der Bundestagswahl

Coupon:
(Bitte ausfüllen, ausschneiden, abschicken)
☐ Ach schicken Sie mir doch mal ein Heft zum Ansehen.
☐ Ich will Heft.. /.... haben. DM 5,60 in Briefmarken lege ich bei.
☐ Mich interessiert, was sonst noch bei Ihnen erschienen ist.
☐ Ja, ich wollte SPUREN schon längst abonnieren. Alsdann.
☐ Lassen Sie mich gefälligst in Ruhe, wenn ich nur das Wort Kultur höre, geht mir schon das Messer in der Tasche auf.

SPUREN Zeitschrift für Kunst Gesellschaft - ein linkes unabhängiges Kulturmagazin, sechsmal jährlich. 56 Seiten für 5 Mark, im Abo DM 33,-. Schreiben Sie uns, oder rufen Sie uns einfach an: Redaktion und Vertrieb SPUREN, Palanter Str. 5 b, 5000 Köln 41, Tel. 0221/444 204.

Beihefte
zur Zeitschrift für Literaturwissenschaft und Linguistik (LiLi)

10. Wolfgang Haubrichs (Hg.)
Probleme der Literaturgeschichtsschreibung
1979. 174 Seiten, kart. etwa DM 36,—; für LiLi-Abonnenten etwa DM 31,—

Historische Fragestellungen sind in vielen Wissenschaften wieder so deutlich in den Vordergrund getreten, daß man mit Recht von einer Rehistorisierung der Forschung spricht. In diesem Zusammenhang steht auch das weithin zunehmende Interesse für Literaturgeschichte. Aber wie kann oder wie sollte Literaturgeschichte als beschreibende und erklärende Disziplin verfahren? Verschiedene für die Klärung von Aufgaben und Möglichkeiten der Literaturgeschichtsschreibung grundlegende Probleme werden in diesem Band erörtert. Dazu gehört das Thema Epochenbegriffe, die historische Funktion literarischer Gattungen und die Diskussion der biographischen Methode ebenso wie die Frage nach dem Stellenwert des einzelnen Texts und nach der Wichtigkeit nicht von Strukturen, sondern des Einzelwerks für die literarhistorische Arbeit. Von allgemeiner Bedeutung ist die kritische Überlegung, wie weit sich die Wissenschaft von der Lesererfahrung entfernen, wie weit die Verwissenschaftlichung des Umgangs mit Literatur gehen darf.

11. Helmut Kreuzer (Hg.)
Fernsehforschung — Fernsehkritik

1979. 284 Seiten, kart. DM 54,—; für LiLi-Abonnenten DM 46,—

Auch das Fernsehen hat schon eine Geschichte: »Ein Medium wird historisch«. Dieser Titel eines Beitrags zu diesem Band bezeichnet die gegenwärtige Situation des Fernsehens wie der Fernsehforschung. Nachdem sie zunächst fast ganz technisch, danach stark soziologisch, psychologisch und pädagogisch orientiert war, entwickelt sich jetzt zusätzlich eine mehr historische Fernsehforschung, die zugleich literatur-, kunst- und sprachwissenschaftlich fundiert ist. Der von Helmut Kreuzer herausgegebene Sammelband vertritt diesen Ansatz. Er enthält Beiträge u. a. zu einzelnen Sendungstypen, Programmgattungen und zur Rezeption, so zum wiederholt umstrittenen Adolf-Grimme-Fernsehpreis, zur Kritik und Selbstkritik des Fernsehens sowie zur Medienpädagogik. Für weitere Arbeiten auf diesen Gebieten grundlegend sind ein Literaturbericht über die Kinderfernsehforschung und zwei Bibliographien zum Fernsehspiel und zur Talk-Show.

Vandenhoeck & Ruprecht in Göttingen und Zürich

Musik-Konzepte
Die Reihe über Komponisten

Musik-Konzepte 13
Jacques Offenbach

Herausgegeben von Heinz-Klaus Metzger und Rainer Riehn

edition text + kritik

Herausgegeben von
Heinz Klaus Metzger und
Rainer Riehn

Die Reihe MUSIK-KONZEPTE führt ein, was bisher in der deutschen Musikpublizistik gänzlich fehlte: musikalische Themenhefte. Jedes Heft dieser neuen Reihe ist einem Komponisten gewidmet, wobei moderne Komponisten und solche der europäischen Vergangenheit sich in unschematischer Folge abwechseln.

»Die These sei gewagt, daß für die öffentliche musikalische Bildung seit Menschengedenken nichts Folgenreicheres geleistet worden ist, als die Herausgabe dieser Hefte.«
(Joachim Kaiser, NMZ, Juni/Juli 1980)

Die Reihe MUSIK-KONZEPTE erscheint seit Januar 1980 mit sechs Heften im Jahr. Alle Hefte der Reihe sind einzeln erhältlich. Der verbilligte Abonnementspreis beträgt für sechs Hefte DM 52,– jährlich.

Bestellungen bitte an Ihre Buch- oder Musikalienhandlung oder an den Verlag.

Verlag
edition text + kritik GmbH
Levelingstraße 6a
8000 München 80

Bisher sind erschienen und lieferbar:

Claude Debussy (1/2)
136 Seiten, DM 24,–

Mozart (3)
Ist die Zauberflöte ein Machwerk?
76 Seiten, DM 12,–

Alban Berg (4)
Kammermusik I
76 Seiten, DM 12,–

Richard Wagner (5)
Wie antisemitisch darf ein Künstler sein?
112 Seiten, DM 12,–

Edgard Varèse (6)
Rückblick auf die Zukunft
118 Seiten, DM 12,–

Leoš Janáček (7)
114 Seiten, DM 12,–

Beethoven (8)
Das Problem der Interpretation
112 Seiten, DM 12,–

Alban Berg (9)
Kammermusik II
104 Seiten, DM 12,–

Giuseppe Verdi (10)
122 Seiten, DM 12,–

Erik Satie (11)
111 Seiten, DM 12,–

Franz Liszt (12)
127 Seiten, DM 12,–

Jacques Offenbach (13)
115 Seiten, DM 12,–

Mendelssohn Bartholdy (14)
120 Seiten, DM 12,–

Dieter Schnebel (15)
September 1980, DM 12,–

J. S. Bach (16)
Das spekulative Spätwerk
November 1980, DM 12,–

John Cage (Sonderband)
174 Seiten, DM 17,–

Franz Schubert (Sonderband)
306 Seiten, DM 34,–

Arnold Schönberg (Sonderband)

DAS ARGUMENT

Argument-Vertrieb
Tegeler Str. 6
1000 Berlin 65

DAS ARGUMENT 120

Dritte Welt und Erste Welt (III)
Kulturelle Identität, Self-Reliance, Grundbedürfnisse. Alltägliche Krisenbewältigung. Spontaneismus. Kommentierte Bibliographie: Umweltfragen.
9,80; 8,50 f. Stud. (Abo: 8,50/7,-).

Niederes Schulwesen und niedere Erziehung, Schulreform. Lehrpläne Geschichte, Chemie. Bildungschancen, Sonderpädagogik. VHS, Weiterbildung. Politische Bildung: Gesellschaftsbilder
15,50; 12,80 f. Stud. (Abo: 12,80/11,-).

Subjektivität.
Wissenschafts- und Erkenntniskritik. Materialistische Psychologie USA. Neue Rubriken: Werkstattpapiere, Arbeitsgruppen, Bibliographie.
15,50; 12,80 f. Stud. (Abo: 12,80/11,-).

Spiegelbild des Kunstgeschehens einst und jetzt

Seit fast 100 Jahren die führende Zeitschrift für den Kunstfreund und Sammler

Alte Kunst — Neue Kunst — Ostasiatica — Kunsthandwerk — Graphik — Architektur
Alte und neue Wohnkultur — Kunst- und Antiquitätenmessen — Ausstellungen:
das sind nur einige der Themen, über die Mitarbeiter aus aller Welt in jedem Heft der Zeitschrift

Fundiertes, Kenntnisreiches aussagen in Form von Berichten, Kommentaren, Analysen und monographischen Beiträgen. Sie vermitteln damit Kennern, Freunden, Fachleuten, Interessenten, Liebhabern aller Kunstrichtungen objektive Information und meinungsbildende Interpretation, immer unterstützt durch exzellente, zum großen Teil farbig gedruckte Bildwiedergaben.

Bilden Sie sich selbst ein Urteil: Verlangen Sie ein Probeheft!
Auf Wunsch senden wir Ihnen auch gern das reich illustrierte, farbige Verzeichnis unserer Kunstbildbände.

 Verlag Karl Thiemig   Postfach 900740   8000 München 90

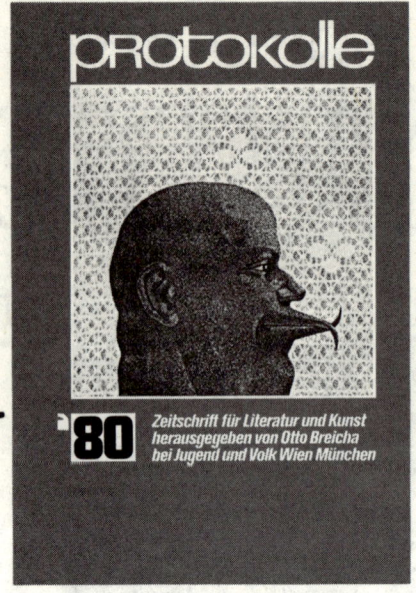

J&V — Jugend und Volk Wien München

protokolle 80/2

»Von Frauen – über Frauen« ist der Inhalt (und Titel) dieses zweiten Bandes aus dem neuen Jahrgang. Im Mittelpunkt stehen die gründlich ergänzten und überarbeiteten Beiträge zum Friederike-Mayröcker-Symposium des Wiener Kunstvereins (mit Texten von Heinz F. Schafroth, Klaus Schöning und Reinhard Priessnitz). Peter Weibel resümiert aus dem gleichen Grund und Anlaß eine »Katastrophentheorie der Literatur«. Dazu bisher Unveröffentlichtes von Friederike Mayröcker selber. Außerdem enthält der Band mit Äußerungen weiblicher Kreativität und Sensibilität Prosa von Jutta Schutting und Ginka Steinwachs, den vollständigen Text eines neuen Hörspiels von Barbara Frischmuth (»Ich möchte, ich möchte die Welt«) sowie den Fotoroman »Bisamberg« von Liesl Ujvary. Angelika Kaufmann hat ein Märchen von F. Mayröcker illustriert, die Düsseldorfer Fotografin Erika Kiffl sich in den Ateliers österreichischer Künstler umgetan. Florentina Pakosta hat ihn bebildert.

Ca. 144 Seiten, davon 16 Seiten Abbildungen, Glanzfolien-Paperback.
Einzelbezug: öS 125,–, sFr. 18,–, DM 18,–; Abonnement: öS 98,–, sFr. 14,50, DM 14,50.

Theodor W. Adorno
Kompositionen

Herausgegeben
von Heinz-Klaus Metzger
und Rainer Riehn

Band 1: Klavierliederzyklen
95 Seiten, DM 62,–

Band 2: Kammermusik, Chöre, Orchestrales
etwa 100 Seiten, DM 62,–
(erscheint im Herbst '80)

Adorno hat als Philosoph und Soziologe Umstürzendes bewirkt, mit Recht steht heute sein Name wie der keines anderen für den Begriff der Kritischen Theorie schlechthin. Daß in seinen vielfältigen Schriften Probleme der Kunst, insbesondere der Musik, eine eigentümliche Schlüsselrolle beanspruchen, wurde zwar allgemein gesehen, doch selten in seiner Tragweite für die Theorie der Gesellschaft selbst, in seiner negatorischen Kraft, begriffen. Vollends aber blieb der künstlerische Ernstfall fast unbeachtet: Adornos eigene Kompositionen.
Das ist kein Wunder, denn sie waren bislang durchwegs unveröffentlicht. Zehn Jahre nach Adornos Tod scheint es den Herausgebern der »Musik-Konzepte«, Heinz-Klaus Metzger und Rainer Riehn, höchste Zeit zu sein, Adornos kompositorisches Oeuvre vorzulegen. Die Edition ist in zwei Bände gegliedert, deren erster alle Klavierliederzyklen umfaßt:

– Vier Gedichte von Stefan George op. 1
– Vier Lieder op. 3 (Däubler, Trakl, Heym)
– Klage. Sechs Gedichte von Georg Trakl op. 5
– Sechs Bagatellen op. 6 (Lasker-Schüler, Kokoschka, Hölderlin und anonyme Texte, bezeichnet »Aus dem Krieg 1914–18« und »Kinderreim«)
– Vier Lieder nach Gedichten von Stefan George op. 7
– Zwei Propagandagedichte von Brecht
– Sept chansons populaires fançaises arrangées pour une voix et piano

Der zweite Band enthält neben einer Einführung in das Werk Adornos die Kompositionen der übrigen Gattungen:

– Zwei Stücke für Streichquartett op. 2
– Sechs kurze Orchesterstücke op. 4
– Drei Gedichte von Theodor Däubler für vierstimmigen Frauenchor a capella op. 8
– Zwei Lieder mit Orchester (aus dem Fragment gebliebenen Singspiel »Der Schatz des Indianer-Joe« nach Mark Twain)
– Kinderjahr. Sechs Klavierstücke von Robert Schumann, instrumentiert für kleines Orchester

Die Ausgabe macht sichtbar, daß Adorno, der bedeutendste Schüler Alban Bergs und Begründer der modernen, geschichtsphilosophisch orientierten Musiktheorie, als Komponist einer der originellsten Exponenten der auf Arnold Schönberg zurückgehenden Zweiten Wiener Schule ist.

edition text + kritik, Levelingstr. 6 a, 8000 München 80

FRANKFURTER HEFTE Zeitschrift für Kultur und Politik

FH-extra 2 Die Aussichten der Republik
224 Seiten, DM 12,80, brosch.

Die Kapitel und die Autoren:
I Das Umfeld
Eugen Kogon / Lotte Paepcke / Sylvia Greiffenhagen / Ilse Staff / Klaus Hansen / Hermann Josef Wallraff SJ
II Die Parteien und ihre Potentiale
Gerhard Gründler / Peter Glotz / Gunter Hofmann / Norbert Blüm / Werner Schulze-Reimpell / Günter Verheugen
III Hoffnungen und Ängste
Bernd Guggenberger / Elsbeth Wolffheim / Ferdinand W. Menne / Hans-Jürgen Benedict / Joseph Huber / Heinrich Albertz
IV Die Oktober-Wahl
Martin Greiffenhagen / Hans-Dieter Bamberg / Ludger Lütkehaus / Michael Th. Greven
V Zur Entscheidung:
Dieter Eißel / Ernst-Otto Czempiel / Manfred Linz / Gottfried Erb / Günter Rohrbach / Walter Dirks

Coupon
Ich bestelle   Exemplar(e) Sonderheft ☐ FH-extra 2 Die Aussichten der Republik (80) DM 12,80
☐ Anpassung und Widerstand heute (4/79) DM 11,80 ☐ Zukunft konkret (4/78) DM 9,80
☐ Arbeitswelt (4/77) DM 9,80 ☐ Bundesrepublik (4/76) DM 9,80 ☐ Jugend (4/75) DM 7,50
☐ FH-extra 1 Alternative Lebensformen (78) DM 6,80

Name:
Straße:
PLZ/Ort:
Datum/Unterschrift:

Neue Verlagsgesellschaft der Frankfurter Hefte mbH
Leipziger Straße 17, D-6000 Frankfurt am Main 90

FORVM

märz/april 1980

khomeini: lieber ajatollah wojtyla! (brief)
heidi pataki u. a.: schmerzobjekt frau
karl blecha: gottes rote markierungen
josef dvorak: bald ist weltuntergang
michael siegert: freßwelle in ungarn
tertulian: letzte briefe von georg lukács
friederike pezold: ich bin ein massenmedium

An NF-Vertrieb A-1070 Wien Museumstraße 5 Tel. 93 33 53 / Ich bestelle ☐ obiges Heft um öS 44 DM/sfr 6,50 ☐ ein Gratisprobeheft ☐ 1 Jahresabo um öS 320 DM/sfr 48 (☐ Student öS 240 DM/sfr 36 / Nachweis!) / Diese Anzeige fand ich in:
NAME
ADRESSE

FORVM

mai/juni 1980

brigitte lehmann: gast im stundenhotel
hureninitiative wien: prostitution ist kein verbrechen, sondern eine dienstleistung
werner vogt: die untoten des doktor gross
rolf thome: filmen in der südsee (interview)
r. engel/m. schulte: bauernsterben in ö
michael siegert: antisemitischer roman aus der udssr

An FORVM A-1070 Wien Museumstraße 5 Tel. 93 33 53 / Ich bestelle ☐ obiges Heft um öS 44 DM/sfr. 6,50 ☐ ein Gratisprobeheft ☐ 1 Jahresabo um öS 320 DM/sfr. 48 (☐ Student öS 240 DM/sfr. 36 / Nachweis!) / Diese Anzeige fand ich in:
NAME
ADRESSE

KLG Information 5

**KLG
Kritisches Lexikon zur deutschsprachigen Gegenwartsliteratur**

Herausgegeben von Heinz Ludwig Arnold

Loseblattwerk, ca. 1550 Seiten, DM 71,– einschließlich Register und zwei Ordnern.

Das KLG ist ein Literaturlexikon, das nicht veraltet. Seine Artikel zu Autoren der deutschsprachigen Gegenwartsliteratur enthalten: Kurzbiographie, ausführliche kritische Darstellung, Werkverzeichnis und Bibliographie der Sekundärliteratur. Alle Abschnitte werden nach Bedarf fortgeschrieben. Die Darstellungen begnügen sich weder mit formalisierten und allgemeinen Charakterisierungen noch mit werkimmanenten Beschreibungen; sie diskutieren Autor und Werk im Zusammenhang zeitgenössischer Literatur und ihrer Rezeption. Das Loseblattsystem des KLG garantiert seinen Benutzern die kontinuierliche Information und Analyse gerade auch der neuesten Literatur; als lebendige Literatur.

Der Vorzug eines Autorenlexikons als Loseblattsammlung ist vor allem, daß seine fortschreibende Methode Offenheit und Beweglichkeit im Blick auf die künftige literarische Entwicklung garantiert: das KLG will mit dieser Entwicklung Schritt halten und so seine Benutzer beständig auch gerade über Schriftsteller der jeweils jungen Generation informieren.

Die 5. und 6. Nachlieferung enthalten Fortschreibungen zu den Beiträgen über Peter Bichsel, Wolf Biermann, Peter Handke, Ludwig Harig, Rolf Hochhuth, Ernst Jandl, Gert F. Jonke, Sarah Kirsch, Dieter Kühn, Adolf Muschg, Ulrich Plenzdorf, Christa Reinig, Michael Scharang, Gabriele Wohmann, Ror Wolf und Peter-Paul Zahl.

Neue Artikel erscheinen u. a. über H. C. Artmann, Arnfried Astel, Ingeborg Bachmann, Manfred Bieler, Tankred Dorst, Erich Fried, Hans Jürgen Fröhlich, Peter Härtling, Stefan Hermlin, Wolfgang Hildesheimer, Renke Korn, Gertrud Leutenegger, Gerlind Reinshagen, Walter E. Richartz, Guntram Vesper, Walter Vogt, Otto F. Walter und Urs Widmer.

**Verlag
edition text + kritik GmbH
Levelingstraße 6 a
8000 München 80**